U0587827

古抄本群書治要二種

金澤文庫本

群書治要

校理

九

〔唐〕魏徵 等撰

江曦 校理

潘銘基 解題

本册目録

校理

附録二　序跋……三六七

附録三……三七〇

金澤文庫本群書治要解題

潘銘基

金澤文庫本群書治要書寫於日本鎌倉時代（1192—1333），約當中國宋元之間。金澤在今日本東京都神奈川縣橫濱市内。金澤文庫爲鎌倉時代北條實時（1224—1276）設立之私人圖書館，藏品包括日本和中國文物。其特點、性質與一般之皇室文庫，抑或寺院文庫，皆有所不同，深具武士家文化之代表性意義。北條實時乃鎌倉幕府第二代執權北條義時（1163—1224）之孫，歷任評定衆、越訴奉行等職，深受北條泰時（1183—1242）信賴，任連署，輔佐北條經時（1224—1246）、北條時賴（1227—1263）、北條時宗（1251—1284）三代幕府執權治政。居住武藏國六浦莊金澤村，建稱名寺。愛好學問，善收藏，書寫，校刊，將收集書籍藏於寺内，後稱「金澤文庫」，使許多珍貴書籍得以傳世。除了收藏以外，北條實時更是親自評點和點校各種寫本，所關心之領域涉及經史、法令、農政、兵法、文學等。據傳法灌頂雜要鈔正嘉二年（1258）識語所云，金澤文庫之建立大抵在此年之前。

金澤文庫本群書治要乃鎌倉僧人所抄，各卷卷末多附有奥書（識語），此等奥書乃由清原教隆（1199—1265）、北條實時等人所加。島田翰（1879—1915）古文舊書考嘗言日本金澤文庫藏有群書治要卷子本。

清原教隆乃北條實時之師。北條實時之所以如此熱衷學問，與清原教隆有莫大關係。北條實時年輕時代即隨清原教隆學習春秋經傳集解和群書治要等。清原教隆本人是明經博士家清原氏之裔，自以經書見長，在金澤文庫本群書治要中，即可見清原教隆之訓點。金澤文庫本與足利學校藏本不同，其目的僅供北條氏一門，以及稱名寺僧人使用。弘元三年（1333），鎌倉幕府崩潰，金澤文庫移交稱名寺住持管理。

進入戰國年代後，日本群雄割據，戰爭不息，金澤文庫庫務日漸式微，其所收藏典籍，大多流散日本各地，其中不少爲江户時代幕府大將軍德川家康所收藏。德川家康有私人藏書處，稱爲「紅葉山文庫」。與平安時代九條家殘本不同，金澤文庫本群書治要幾近全帙，雖未有五十卷之數，但亦有四十七卷，爲現存時代較早而卷數最充足之治要善本。明治維新以後，金澤文庫本群書治要遷移至日本皇室文庫宫内廳圖書寮。此後群書治要作爲日本鎌倉時代之珍貴文化遺産，只有近藤重藏（1771—1829）、島田翰等高級文庫管理人及著名學者才可得參閲。及至二十世紀四十年代，宫内廳圖書寮以珂羅版卷軸裝之形態複製該本，贈送日本各地圖書館及研究機關，使得金澤文庫本群書治要全面公開。[一] 敝校中文系資料室早

[一] 宫内省圖書寮：群書治要，東京宫内省圖書寮，1941年。

年藏有群書治要，即循此本影印所得。至1989年，日本古典研究會據珂羅版拍照複製，由東京汲古書院推出精裝本。〔一〕該本印刷精良，可惜售價昂貴，一册定價13 000日元，全帙共七册，使其流傳終未能廣。因此，如北京中華書局整理本二十四史、新編諸子集成、新編諸子集成續編等，雖嘗利用群書治要以作校勘，絶大多數皆未曾藉助金澤文庫本。2015年，群書治要與春秋經傳集解、世説新語、太平御覽、論語注疏、史記等六部漢籍被納入了「宮内庁書陵部收藏漢籍集覽」〔二〕之計劃，其書影和全文影像皆可供讀者閲覽。此中全文影像掃描十分清晰，使金澤文庫本群書治要終可易於利用。

除了影印出版以外，在日本昭和十六年（1941），宮内廳圖書寮嘗以鉛字排印出版金澤文庫本群書治要。此本裝三函四十七卷（原缺三卷，即卷四、卷十三、卷二十）共四十八册（每卷一册，另附解説、凡例一册）。此本據鎌倉時代金澤文庫本直接排印出版，無訓點，帶句點，便於閲讀。較爲稀見，今日本國文公文書館有藏。

金澤文庫本群書治要共四十七卷，所缺者唯卷四（春秋左氏傳上）、卷十三（漢書一）、卷二十（漢書三）三卷而已。因治要各本俱缺此三卷，則金澤文庫本已屬今傳本之完帙矣。林羅山（1583—1657）曾輯補此三卷，其中卷四、卷十三今存，在關西大學圖書館所藏泊園文庫群書治要尾張藩鈔本之中。其中，卷十三援引漢書高帝紀、高后紀、文帝紀、景帝紀、武帝紀、昭帝紀、宣帝紀、元帝紀、成帝紀、哀帝紀、平帝紀、功臣表序、古今人表序、律曆志。〔三〕林氏輯載漢書之「紀」，蓋亦有識；及於「表」，尚亦有理；至於律曆志，則不似群書治要此卷所當援引矣。今人蕭祥劍亦嘗據漢書補録群書治要卷十三之文，與林羅山所輯有異。蕭氏所輯，包括漢書高帝紀、文帝紀、景帝紀、武帝紀、昭帝紀、宣帝紀、元帝紀、成帝紀、百官公卿表、古今人表、律曆志。〔四〕

據尾崎康群書治要解題，金澤文庫本群書治要有以下特色。金澤文庫本群書治要屬卷子本，今存四十七軸，每軸有江户時代所補之藍色表紙（高29釐米）。每軸皆有題簽「群書治要（卷第）」。卷一第一紙十九行，卷長46.8釐米；第二紙二十行，卷長49.3釐米；第三紙十行，卷長24.6釐米。寫卷有烏絲欄，界高21.1釐米，界幅2.4—2.5釐米，每行14—17字，或15—16字，注釋以小字雙行書寫。第一軸包括了魏徵

〔一〕日本古典研究會：群書治要，東京汲古書院，1989年。

〔二〕案：「宮内庁書陵部收藏漢籍集覽」之網址：http://db.sido.keio.ac.jp/kanseki/T_bib_search.php。

〔三〕可參尾崎康：群書治要とその現存本，斯道文庫論集，第25號，1990年，第184頁。

〔四〕群書治要，團結出版社，2016年，第319—339頁。又，此本之出版説明云：「原缺三卷，由釋淨空老教授依現行左傳經文補録卷四春秋左氏傳（上），蕭祥劍依現行漢書補録卷十三漢書（一）、卷二十漢書（八），以補缺憾。」（第4頁）其實，林羅山早有重輯本，雖未可謂必得群書治要原貌之真，然而必可作參考，而不至於重新創造。

群書治要序、全書目録以及卷一周易。目録所載卷四二爲新序、説苑，卷四三爲鹽鐵論、桓子新論，卷四四爲潛夫論。然而，考諸内文，卷四二實爲鹽鐵論、新序，卷四三爲説苑，卷四四爲桓子新論、潛夫論，顯然與目録所載有異。目録之誤，及後在駿河版、天明本裏皆予以改正。每卷之首，第一紙首行均載有「群書治要卷第幾」字樣，接之以「祕書監鉅鹿男臣魏徵等奉勅撰」。然後，另行書寫該卷所載典籍之名稱。各卷首尾均有「金澤文庫」墨印。

各卷大部分有訓點。訓點年代在日本建長五年（1253，宋寶祐元年）至延慶元年（1308，宋景定元年）之間，由清原教隆、北條實時、北條貞顯等所題寫。據每卷末之奥書所載，各卷識語具録如下：[一]

卷一周易

建長七年（1255）八月十四日，蒙洒掃少尹尊教命，加愚點了。此書非潔齋之時，有披閲之恐。仍先雖點末卷，暫致遲怠，是向本書事有其煩之故耳。

前參河守清原（清源教隆花押）。

同年九月三日，即奉授洒掃少尹尊閤了。抑周易者，當世頗（微），其説欲絶。爰教隆粗慣卦爻之大體，不墮訓説之相傳，雖爲窮鳥之質，爭無稱雄之思哉？

前參河守清原（清源教隆花押）。

卷二尚書

建長五年（1253）七月十九日，依洒掃少尹尊閤教命，校本書，加愚點了。前參河守清原（清源教隆花押）。

卷三毛詩

建長五年（1253）十月五日，點之了。蓋依洒掃員外少尹之嚴命也。

前參河守清原（清源教隆花押）。

卷四春秋左氏傳上

現闕

卷五春秋左氏傳中

建長六年（1254）十一月六日，蒙洒掃少尹尊閤教命，

[一] 詳參尾崎康《金澤文庫本群書治要奥書》，載汲古書院影印本群書治要第七册，第 513—522 頁，以及金光一《群書治要研究》，復旦大學 2010 年博士論文，第 61—68 頁。

加愚點了。

前參河守清原（清源教隆花押）。

卷六春秋左氏傳下

建長第七曆（1255）大蔟十三日，蒙洒扫少尹尊閤嚴命，加點了。

前參河守清原（清源教隆花押）。

卷七禮記

康元二年（1257）三月九日，加點了。蓋依越州使君尊閤教命也。

前參河守清原（清源教隆花押）。

卷八周禮、周書、國語、韓詩外傳

依越州使君尊閤嚴命，加訓點畢。

前參河守清原（清源教隆花押）。

卷九孝經、論語

正嘉元年（1257）四月十二日，加愚點了。

前參河守清原（清源教隆花押）。

卷十孔子家語

建長七年（1255）十二月十三日，依洒掃少尹尊閤教命，詰老眼，加點了。

前參河守清原（清源教隆花押）。

卷十一史記上

建治二年（1276）五月廿一日，以康有之本令書寫了。當卷紛失之故也。抑康有本者，以予之本先年所書寫也。

（北條實時花押）

本奧云：「文永五年（1268）六月廿四日校合了。本云：『弘長三年（1263）十二月卅日，藤京兆被點送了。蓋是去年春之比，依誂置也。』」

卷十二史記下、吴越春秋

無識語

卷十三漢書一

現闕

卷十四漢書二

德治二年（1307）正月廿七日，以左衛門權佐光經本，書寫點校訖。

從五位上行越後守平朝臣貞顯。

同二月八日，重校合畢。

正五位下行越後守平朝臣貞顯。

卷十五漢書三

此書一部，先年於京都書寫了，而當卷誂右京兆茂範加點了。爰去文永七年（1270）十二月，當卷以下少少燒失了，然間以康有之本重書寫點校了。康有之本，以予之燒失本所書寫也。于時建治二年八月廿五日。越州刺史（北條實時花押）。

本奥云：「本云：『正元元年（1259）極月廿八日，右京兆點給了。蓋是去比依誂申也。』」

卷十六漢書四

當卷先年所持之本者，右京兆所加點也。而燒失了，而以件本勾勘康有書寫了。仍今以康有之本所補其闕者也。于時文永十一年（1274）四月十日。越州刺史（北條實時花押）。

卷十七漢書五

建治元年（1275）六月二日，以勾勘本書寫點校終功。抑此書一部事，先年後藤壹州爲大番在洛之日，予依令誂所書寫下也。而於當卷者，假藤三品茂範之手，令加點畢。爰去文永七年（1270）極月回禄成孽，化灰燼畢。今本者，炎上以前，以予本勾勘令書寫之，間還又以件本重令書寫者也。

越州刺史平（北條實時花押）。

卷十八漢書六

當卷先年所持之本者，京兆茂範所加點也，而件本回禄成孽。爰以當本勾勘康有書寫了。然間以康有之本所補闕者也。于時文永十一之曆（1274）初夏上旬之日。

越州刺史（北條實時花押）。

卷十九漢書七

當卷，炎上之間，以勾勘之本，書寫點校了。抑勾勘本者，炎上以前，以愚本所書寫也。于時文永十二年（1275）四月四日。

越州刺史（北條實時花押）。

勾勘本奧云：「本云：『文永三年（1266）七月二日，藤翰林被點送了。蓋是先年依誂置也。越後守平在之。』」

卷二十漢書八

現闕

卷二十一後漢書一

當卷點事，去文永二年（1265）四月之比，誂左京兆俊國朝臣畢，而同四年（1267）三月廿五日所下遣也。且申出仙洞御書移點畢。但件本有不安事者，引勘本書直改云云。

越州刺史平（北條實時花押）。

卷二十二後漢書二

當卷點事，子細同于第十一卷。

越州刺史（北條實時花押）。

卷二十三後漢書三

無識語

卷二十四後漢書四

當卷點事，子細同于第廿一卷。

越州刺史（北條實時花押）。

卷二十五魏志上

無識語

卷二十六魏志下

無識語

卷二十七蜀志、吴志上

點校了。

直講清原隆重。以隆重手跡假表紙書之，訖所注付也。

以仙洞御本點之，而無奥書。但先年點進卷，卷或有之，或無之歟。

卷二十八吴志下

延慶元年(1308)十二月十七日，校合畢。同十八日，重校合訖。貞顯。

卷二十九晉書上

嘉元四年(1306)二月十八日，以右大辨三位經雄卿本，書寫點校畢。此書，祖父越州之時被終一部之功之處，後年少少紛失之。仍書加之而已。

從五位上行越後守平朝臣貞顯。

本奥云：「以天書書點訖。藤判俊國朝臣也。合本紀傳，少少直付之。相違是多不似餘書。同上判。所存點直畢。文永八年(1271)四月十五日。讀畢。藤經雄。」

嘉元四年(1306)二月廿一日，重校合畢。

越後守(北條貞顯花押)。

卷三十晉書下

嘉元四年(1306)四月七日，以右大辨三位經雄卿本，書寫點校畢。

從五位上行越後守平朝臣貞顯。

本奥云：「以御書書點訖。藤判俊國朝臣也。各合晉書之文，相違所所，直付之。判同上。加委點畢。判同上。受畢。藤經雄。」

嘉元四年(1306)四月十七日，重校合畢。越後守(北

條貞顯花押）。

卷三十一　六韜、陰謀、鬻子

無識語

卷三十二　管子

以蓮華王院寶藏御本一校，並寫點了。

直講清原（教隆花押）。

卷三十三　晏子、司馬法、孫子

申出蓮華王院寶藏御本，加校點了。

直講清原（教隆花押）。

卷三十四　老子、鶡冠子、列子、墨子

文應（1260）之冬，參洛之次，申出蓮華王院御本，校點了。

直講清原（教隆花押）。

卷三十五　文子、曾子

文應之曆（1260）仲冬之律，爲進上辛酉（1261）歲運勘文，參華之次，申出蓮華王院寶藏御本，校合寫點了。

蓋是依越州使君閤教命也。

直講清原（教隆花押）。

卷三十六　吴子、商君子、尸子、申子

點本奧云：「長寬二年（1164）五月十五日，正五位下行大内記藤原朝臣敦周點進。」

文應元年（1260）孟冬之候，爲進上革命勘文，參花之次，申出蓮華王院寶藏御本，校之點之了。

直講清原（教隆花押）。

卷三十七　孟子、慎子、尹文子、莊子、尉繚子

爲進上辛酉（1261）勘文，參花之次，申出蓮華王院寶藏御本，加校點了。依越州使君尊閤教命而已。

直講清原（教隆花押）。

御本奧書云：「長寬二年（1164）五月十五日，正五位

下行大内記藤原朝臣敦周點進。」

卷三十八孫卿子

申出蓮華王院寶藏御本，加校寫點了。

直講清原（教隆花押）。

卷三十九呂氏春秋

蓮華王院寶藏御本奧書云：「長寬二年（1164）清凉八月，伏奉綸命，謹以點進。恐多魯魚之疑，獨招周鼠之哂。河内守從五位上臣藤原朝臣敦綱。」

正元元年（1259）仲冬之候，爲進覽革命勘文，參華之次，申出蓮華王院寶藏御本，校合之，又寫點了。

直講清原（教隆花押）。

卷四十韓非子、三略、新語、賈子

御本奧書：「課短材點進之。于時長寬二年（1164）之秋也。河内守從五位上臣藤原朝臣敦綱。」

爲進辛酉（1261）勘文，參洛之次，申出蓮華王院寶藏御本，校合寫點了。

直講清原（教隆花押）。

卷四十一淮南子

以蓮華王院寶藏御本，校點了。

直講清原（教隆花押）。

卷四十二鹽鐵論、新序

依越州使君尊閤教命，申出蓮華王院御本，校點了。

直講清原（教隆花押）。

卷四十三説苑

本奧書云：「點校了。長寬二年（1164）五月十五日，散位從五位下藤原朝臣敦經點進。」

以蓮華王院寶藏御本，校點了。

直講清原（教隆花押）。

卷四十四桓子新論、潛夫論

以蓮華王院寶藏本，一校了。直講清原（教隆花押）。

本奧書云：「長寬二年(1164)五月十五日，散位從五位下藤原朝臣敦經點進。」

卷四十五崔寔政論、昌言

申出蓮華王院寶藏御本，加校點了。

直講清原(教隆花押)。

卷四十六申鑒、中論、典論

誂參州以蓮華王院本點校了。

越後守平(北條實時花押)。

本奧書云：「長寬二年(1164)六月三日，點進之。元來無點本之上，文字多闕繆，頗雖刊正，猶有不通。仍加押紙粗呈其所。助教清原真人賴業。」

卷四十七劉廙政論、蔣子、政要論

申出蓮華王院寶藏御本，校點了。

直講清原(教隆花押)。

卷四十八體論、時務論、典語

申出蓮華王院寶藏御本，加校點了。

直講清原(教隆花押)。

卷四十九傅子

申出蓮華王院寶藏御本，交點了。

直講清原教隆。

卷五十袁子正書、抱朴子

文應改元之曆(1260)，應鐘上旬之候，清家末儒白地上洛。蓋是及六旬之後，加五儒之末。雖無面目，不得默止，爲進上革命勘文，愁所催長途旅行也。以此便宜，依越州使君教命。此書，申出蓮華王院寶藏御本，終校點之功者也。此御本之外，諸儒家更無此書點本云云，尤可秘者歟。

直講清原(教隆花押)。

在初次抄寫群書治要後，此本因文永七年(1270)的一場

火災以及其他原因而丢失或毀壞了部分卷子。但據卷十一北條實時之識語云:「建治二年(1276)五月廿一日,以康有之本令書寫了。當卷紛失之故也。抑康有本者,以予之本先年所書寫也。」據此,可知在初鈔遺失之前,北條實時已經請勘解由三善康有鈔寫副本。到了文永十一年至建治二年(1276)期間,北條實時復以三善康有之副本爲底本,再次抄寫群書治要,並補上闕卷。今所見金澤文庫本群書治要之史部諸卷,即卷十一至卷十九,除了卷十三原闕,以及卷十四爲北條貞顯(北條實時之孫,1278—1333)之再補鈔本以外,其餘各卷基本上皆是北條實時補鈔之本(根據各卷奥書識語)。後來,北條貞顯又發現卷十四、卷二十八、卷二十九、卷三十不存,借出了藤原南家和日野家藏本,復加抄寫、施點、校勘等,據奥書識語所載,此四卷分别於德治二年(1307)、延慶元年(1308)、嘉元四年(1306)、嘉元四年重校完畢,可視爲北條貞顯補鈔本。[一]

金澤文庫本群書治要保留所載録典籍在唐代之舊貌。各卷之中,唐太宗李世民名諱之避改在在可見。「民」字多有缺筆,「世」字亦然。此外,唐高宗李治名諱亦多有據改,如改「治」爲「理」者亦衆。

金澤文庫本與九條家本群書治要關係密切。尾崎康以卷二二爲例,以爲金澤文庫本群書治要與九條家本之訓點幾乎一致,而且金澤文庫本之校勘結果亦與九條家本極爲接近。因此,尾崎康推斷二本屬同一系統,關係密切。[二] 除卷二二外,其他各卷亦可見九條家本與金澤文庫本關係密切。如卷三一引鬻子原句當作「是以禹朝廷間可以羅雀者」,九條家本卷三一第二四紙分作三行,第一行爲前文及「是以禹朝廷間可以」,第二行爲「羅雀」,第三行「者」字連後文(圖一)。金澤文庫本卷三一第二九紙便分列於480、481、482三行(圖二)。如此分行,正可見九條家本與金澤文庫本屬同一系統,抄寫者在書寫金澤文庫本時,必曾參考九條家本或與此本系統相同之本子。

又如卷三六引商君書之權脩篇,九條家本作「權脩」,金澤文庫本亦作「權脩」,惟金澤文庫本於二字之旁有校語,改作「修權」。及後駿河版、天明本皆作「脩權」,亦諸本據金澤文庫本校語而校改之也。今本商君書此篇題作「修權」。群書治要諸本唯九條家本、金澤文庫本爲誤,他本皆不誤,反之亦可證二本關係密切矣。

金澤文庫本群書治要較諸九條家本而言,時代雖然較後,約在宋元之際,然其既近乎爲全帙,即號之爲善本矣。然而,金澤文庫本之誤文俯拾皆是,實非治要之佳本。九條

[一] 案:以上有關金澤文庫本群書治要之訓點,主要參考自尾崎康群書治要解題、小林芳規金澤文庫本群書治要の訓點,以及金光一群書治要研究。

[二] 尾崎康:群書治要とその現存本,載斯道文庫論集第25號(1990年),第135頁。

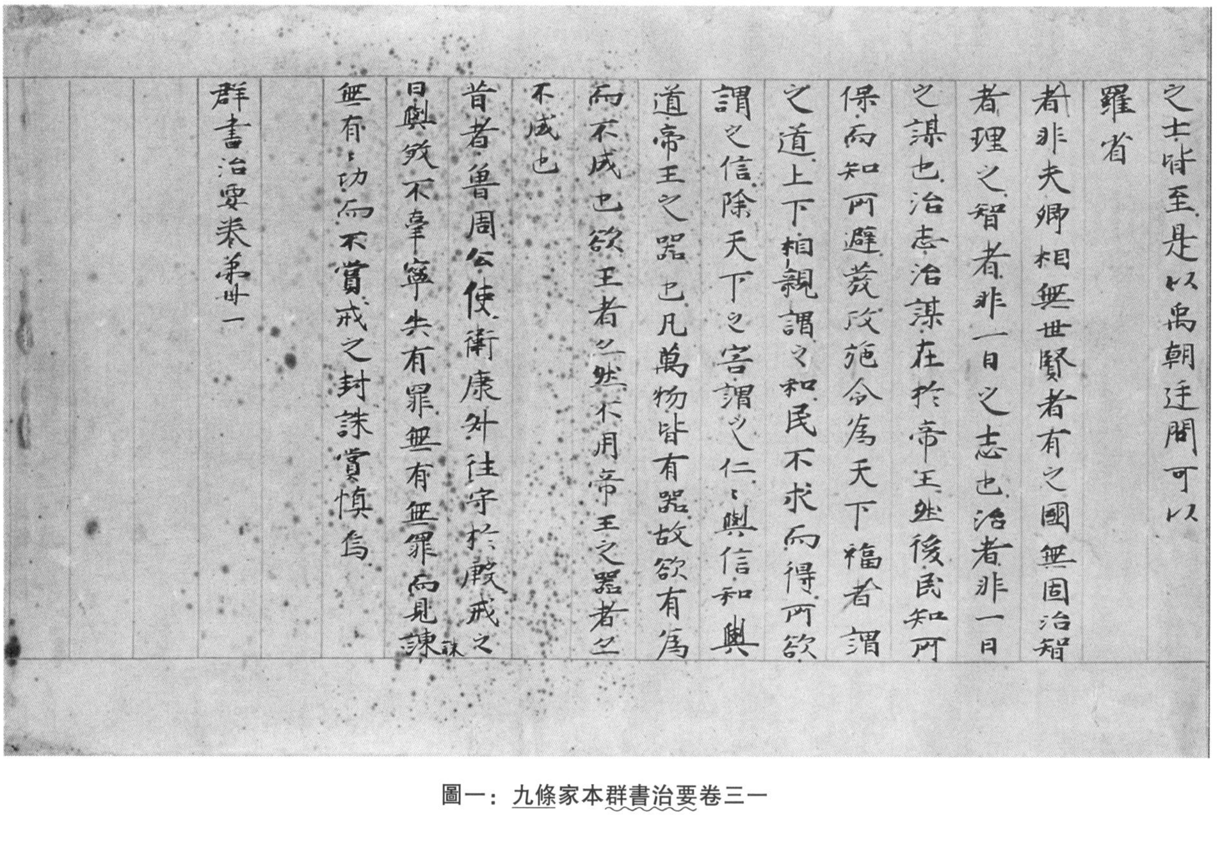

之士皆至是以禹朝廷間可以
羅雀
者非夫卿相無世賢者有之國無固治智
者理之智者非一日之志也治者非一日
之謀也治志治謀在於帝王然後民知所
保而知所避姦攻施令爲天下福者謂
之道上下相親謂之和民不求而得所欲
謂之信除天下之害謂之仁仁與信和與
道帝王之器也凡萬物皆有器故欲有爲
而不成也欲王者必然不用帝王之器者必
不成也
昔者魯周公使衛康叔往守於殷戒之
曰與殺不辜寧失有罪無有無罪而見誅
無有功而不賞戒之封誅賞慎焉
群書治要卷第卅一

圖一：九條家本群書治要卷三一

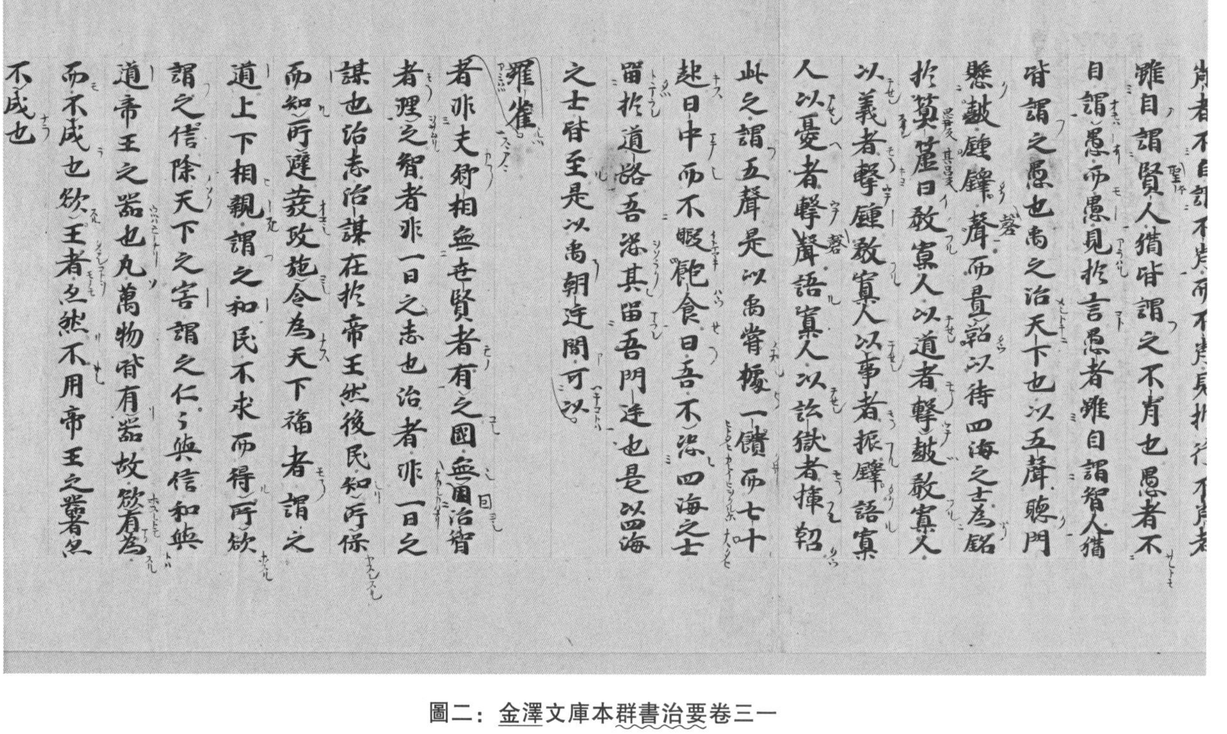

肖者不自謂不肖而不肖見於行不肖者
雖自謂賢人猶皆謂之不肖也愚者不
自謂愚而愚見於言愚者雖自謂智人猶
皆謂之愚也禹之治天下也以五聲聽門
懸鼓鐸磬而置鞀以待四海之士爲銘
於簨簴曰教寡人以道者擊鼓教寡人
以義者擊鐘教寡人以事者振鐸語寡
人以憂者擊磬語寡人以訟獄者揮鞀
此之謂五聲是以禹嘗據一饋而七十
起日中而不暇飽食曰吾不恐四海之士
留於道路吾恐其留吾門廷也是以四海
之士皆至是以禹朝廷間可以
羅雀
者非夫卿相無世賢者有之國無固治智
者理之智者非一日之志也治者非一日之
謀也治志治謀在於帝王然後民知所保
而知所避姦攻施令爲天下福者謂之
道上下相親謂之和民不求而得所欲
謂之信除天下之害謂之仁仁與信和與
道帝王之器也凡萬物皆有器故欲有爲
而不成也欲王者必然不用帝王之器者必
不成也

圖二：金澤文庫本群書治要卷三一

家本群書治要雖爲殘本，惟就今所見卷廿二而言，其較諸金澤文庫本爲善者所在多有。下以金澤文庫本衍文爲例復加説明（括號内數字係在上海古籍出版社影印本中的頁碼和列數）：

例1：「周然後政調於時而躁人可定昔董仲舒」（1403/86）共十六字乃重複上文而衍，九條家本無之（13/81－82），是也。金澤文庫本卷廿二訓點者於此十六字用「　」符號括住表示衍文。〔一〕

例2：「書矯稱讖記以欺惑貪耶詿誤人主」（1405/100－101）共十四字乃重複上文而衍，九條家本無之（15/96），是也。訓點者於此十四字以「　」符號括住表示衍文。

例3：「群下所及然詔書每下寬和而政急不解」（1436/346）共十六字乃重複上文而衍，九條家本無之（46/350－351），是也。訓點者於此十六字以「。」符號標記在字之左側，以爲衍文。

例4：「煞務爲嚴苦吏民愁怨莫不疾之而今之」（1437/353）共十六字乃重複上文而衍，九條家本無之（47/357），是也。訓點者於此十六字以「。」符號標記在字之左側，以爲衍文。

例5：「克責而比日密雲遂無大潤豈政有未得」（1440/381）共十六字乃重複上文而衍，九條家本無之（51/388），是也。訓點者於此十六字以「。」符號標記在字之左側，以爲衍文。

例6：「朗心傷其冤誠以建等物色獨忠平而二」（1446/428）共十六字乃重複上文而衍，九條家本無之（58/440），是也。訓點者於此十六字以「。」符號標記在字之左側，以爲衍文。

就此等金澤文庫本之衍文情況而論，九條家本均不衍，可見九條家本更有勝處。然而從另一方面著眼，則可見後人校正金澤文庫本群書治要時，有以九條家本或與其相同系統之本子作爲勘正之依據矣。群書治要卷三七引孟子之文，亦可見九條家本與金澤文庫本關係密切，今舉例如下：

例7：梁惠王上「未有仁而遺其親者也，未有義而後其君者也」句。

孟子	未有仁而遺其親者也，未有義而後其君者也。
九條家本	未有仁而遺其親，未有義而後其者也。
金澤文庫本	未有仁而遺其親，未有義而後其者也。
駿河版	未有仁而遺其親，未有義而後其君者也。
天明本	未有仁而遺其親者也，未有義而後其君者也。

案：就以上排比對讀所見，唯九條家本與金澤文庫本無

〔一〕所舉金澤文庫本卷二二衍文數例，此卷卷末有北條實時識語，而此卷之訓點則由日野家藤原俊國從仙洞御本移寫。

「者也」與「君」字，二本最爲相近。駿河版補回「君」字，而天明本更與今本孟子文字相同，蓋其據以回改之證也。

例8：梁惠王下「卌里」

孟子	寡人之囿方四十里，民猶以爲大，何也？
九條家本	寡人之囿，方卌里耳，民以猶爲大，何也？
金澤文庫本	寡人之囿，方卌里耳，民以猶爲大，何也？
駿河版	寡人之囿，方四十里耳，民以猶爲大，何也？
天明本	寡人之囿，方四十里耳，民猶以爲大，何也？

案：孟子此處所引「四十」二字，九條家本、金澤文庫本群書治要俱寫作「卌」字，後文「有囿方卌里」、「則是以卌里爲阱於國中也」、「今陷阱乃方卌里」等句，九條家本、金澤文庫本皆寫成「卌」，可見其關係密切。此外，駿河版、天明本俱作「四十」，可見其已據孟子今本回改矣。

例9：公孫丑上「無惻隱之心，非人也」句。

孟子	由是觀之，無惻隱之心，非人也；無羞惡之心，非人也；無辭讓之心，非人也；無是非之心，非人也。
九條家本	由此觀之，無惻隱之，非也。無羞惡之，非人也。無辭之心，非民也；無是非之心，非人也。
金澤文庫本	由此觀之，無惻隱之，非也。無羞惡之，非人也。無辭之心，非民也；無是非之心，非人也。
駿河版	由此觀之，無惻隱之心，非人也。無羞惡之心，非人也。無辭讓之心，非人也；無是非之心，非人也。
天明本	由此觀之，無惻隱之心，非人也。無羞惡之心，非人也。無辭讓之心，非人也；無是非之心，非人也。

案：就上文對讀所見，九條家本與金澤文庫本此文脱漏頗多，却又非常一致，可知金澤文庫本確實來自九條家本，或與九條家本所本相同。此處九條家本「無惻隱之」下脱「心」字、「非」下脱「人」字、「無羞惡之」下脱「心」字、「無辭」下脱「讓」字，金澤文庫本俱與之相同。又，清原教隆校點金澤文庫本之時，在文字旁邊稍作校語，在「無惻隱之非也」句，「之」下補「心」字；「非」下補「人」字。「無羞惡之」句，「之」下補「心」字。「無辭之心」句，「辭」下補「讓」字。其所校補皆與今傳本孟子相同。

例10：公孫丑上「函人唯恐不傷人」句。

孟子	矢人豈不仁於函人哉！矢人惟恐不傷人，函人惟恐傷人。
九條家本	矢人豈不仁於函人哉？矢人唯恐不傷人，函人唯恐不傷人。
金澤文庫本	矢人豈不仁於函人哉？矢人唯恐不傷人，函人唯恐不傷人。
駿河版	矢人豈不仁於函人哉？矢人唯恐不傷人，函人唯恐傷人。
天明本	矢人豈不仁於函人哉？矢人唯恐不傷人，函人唯恐傷人。

案：此言矢人造箭，唯恐不傷人；函人造甲，唯恐不能抵禦刀箭而使人受傷。顯而易見，九條家本與金澤文庫本治要「函人唯恐不傷人」之「不」字當屬衍文，函人所恐應在傷人。駿河版、天明本治要俱已校正，唯九條家本與金澤文庫本同誤，可見二本關係密切。是金澤文庫本有本於九條家本，或二者同祖一本也。

例 11：離婁「不可法於後世者」句。

孟子	今有仁心仁聞，而民不被其澤，不可法於後世者，不行先王之道也。
九條家本	今有仁心仁聞，而民不被澤，不可治於後世者，不行先王之道也。
金澤文庫本	今有仁心仁聞，而民不被澤，不可治於後世者，不行先王之道也。
駿河版	今有仁心仁聞，而民不被澤，不可法於後世者，不行先王之道也。
天明本	今有仁心仁聞，而民不被澤，不可法於後世者，不行先王之道也。

案：今本孟子作「不可法於後世者」，九條家本、金澤文庫本群書治要「法」皆作「治」字。駿河版、天明本治要所引則與今本孟子同。觀後文趙岐注謂「雖然，猶須行先王之道，使百姓被澤，乃可爲後世之法也」，則孟子作「法」者較是。各本治要唯九條家與金澤文庫本同作「治」，因形近而訛，是金澤文庫本有本於九條家本，或二者同祖一本也。

除了上有所承以外，金澤文庫本群書治要亦與駿河版群書治要有著密切的關係。日本慶長十二年（1602），德川家康請諸大名修築駿府城，並遷居於此。德川家康以林羅山（字子信，法號道春）爲監督，鑄銅活字，並欲刊印典籍。元和二年（1616）開印群書治要。群書治要四十七卷，卷帙較繁，乃駿河版最大之工程。金地院崇傳（1569—1633）本光國師日記「元和二年」詳細載録駿河版治要之出版經過：

正月十九日　群書治要板行に付而。役者人數之書立。

二人　木切

二人　彫手

拾人　植手

五人　摺手

三人　校合

以上貳拾三人

右之分被仰付。早々可有御下候。以上。[一]

二月七日　遴選五山僧侶各寺二人，以校勘治要文本。[二]

二月二十三日　製定群書治要板行之間諸法度五條，著手

[一] 崇傳：本光國師日記，東京仏書刊行会，1912 年—1922 年，第二十，第 106—107 頁。

[二] 詳參本光國師日記，第二十，第 124 頁。

工程。〔一〕

二月二十五日　命明人林五官補鑄大小銅活字十餘萬字，至四月二十六日完成。〔二〕

三月十七日　委託清見寺、林濟寺、寶泰寺重新抄寫卷四十一至卷五十，以備值字校勘之用。〔三〕

五月下旬　印書告成。〔四〕

據此所見，群書治要動用技術工人頗多，達二十三人。從籌備至完成，駿河版群書治要只花費四個月時間。駿河版治要所以趕工完成，大抵緣於德川家康之病情。在刊印駿河版治要期間，德川家康病情急轉直下，在四月十七日去世，去世之日，駿河版治要尚未完成。

至於駿河版治要之底本，島田翰、嚴紹璗等嘗加討論。島田翰云：「予以元和活字刊本對校祕府卷子本，稍有異同。」又云：「乃知卷子本不但有異同，又可以知舊本之卷第矣。」〔五〕此所言「祕府卷子本」、「卷子本」，實即前文所言鎌倉時代金澤文庫本，可見島田翰亦嘗對勘二本，以爲有別。此所言「別」，一爲文字上之差異，二爲編次上之異同。觀乎前引金澤文庫本卷四十二至卷四十四在目録上與內文編排之差異，知其與駿河版有所不同。島田翰指出「活字本之根於此書亦可知也」，〔六〕活字本即駿河版銅活字本，此見駿河版實出於金澤文庫本也。嚴紹璗云：「『駿河版』刊印的群書治要，是以鎌倉僧人謄寫的金澤文庫本爲原本的。」〔七〕同樣明確指出金澤文庫本乃駿河版之依據。

駿河版本自金澤文庫本，亦有文字異同上之根據。例如：

例12：卷十一史記「皆平而來服屬也」句，「皆」上尾張本、今史記有「四遠」二字，金澤文庫本同駿河版。

例13：卷十四引漢書禮樂志「人上疏言」句，「人」，尾張本、今漢書作「又」。金澤文庫本同駿河版。

例14：卷十四引漢書刑法志「於是相蕭何捃摭秦法」句，「相」下尾張本、今漢書有「國」字，金澤文庫本同駿河版。

例15：卷十四引漢書食貨志上「莫若使民農而已矣」句，「民」下尾張本、今漢書有「務」字。金澤文庫本同底本。唐寫本無「務」字，適見今漢書「務」字因此文「方今之務」而

〔一〕詳參本光國師日記，第二十，第132頁。
〔二〕詳參本光國師日記，第二十，第132—134頁。
〔三〕詳參本光國師日記，第二十，第149—150頁。
〔四〕詳參本光國師日記，第二十一，第190—195頁；金光一：群書治要研究，第72頁。
〔五〕島田翰：古文舊書考，上海古籍出版社，2014年，卷一群書治要四十七卷，第77—79頁。
〔六〕同上注，卷三聚分韻略五卷，第258頁。
〔七〕嚴紹璗：漢籍在日本的流布研究，江蘇古籍出版社，1992年，第161頁。

誤衍。

以上可見金澤文庫本與駿河版用字一致，與其他各本俱異。再者，金澤文庫本因有清原教隆等人整理，在寫卷上有不少校改痕跡，其校改結果多在駿河版上得以反映，以下利用群書治要卷九引論語爲例略加説明：

例 16：

金澤文庫本	子夏曰（孔子弟子卜商。弟子卜商也。）
駿河版	子夏曰（孔子弟子卜商也。）

案： 據以上排比對讀，可證金澤文庫本治要誤衍之文。金澤文庫本治要嘗經校點，以上「弟子卜商」四字之旁皆有校改符號，以示衍文。駿河版治要在此等校改記號之提醒下，已將此等衍文删除。此亦島田翰所謂金澤文庫本與駿河版「稍有異同」之一例，亦是嚴紹璗以爲駿河版「是以鐮倉僧人謄寫的金澤文庫本爲原本」的意思。

例 17：

金澤文庫本	曾子曰：慎終追遠，民悳歸厚。（慎終者，喪盡其哀其哀。追遠者，祭盡祭盡其敬。人君行此二者，民化其悳，皆歸於厚也。）
駿河版	曾子曰：慎終追遠，民德歸厚。（慎終者，喪盡其哀。追遠者，祭盡其敬。人君行此二者，民化其德，皆歸於厚也。）

案： 據以上排比對讀，可證金澤文庫本治要誤衍之文。金澤文庫本治要嘗經校點，以上「其哀」、「祭盡」四字之旁皆有校改符號，以示衍文。駿河版治要在此等校改記號之提醒下，已將此等衍文删除。

例 18：

金澤文庫本	孔子對曰：舉直錯諸枉，則民服，（錯，置也。舉正直之人用之廢置用之　廢置邪枉之則民服其上人　則民服其上。）
駿河版	孔子對曰：舉直錯諸枉，則民服，（錯，置也。舉正直之人用之，廢置邪枉之人，則民服其上。）

案： 據以上排比對讀，可證金澤文庫本治要誤衍之文。金澤文庫本治要嘗經校點，以上「用之廢置」、「則民服其上」等九字之旁皆有校改符號，以示衍文。駿河版治要在此等校改記號之提醒下，已將此等衍文删除。

以上援引諸例，例 1 至 11 可見金澤文庫本上有所承，而例 12—18 則可見駿河版以金澤文庫本爲依據。作爲現存時代最早，且又卷帙最全（存四十七卷）之群書治要版本，金澤文庫卷子本群書治要之重要性自是不容忽視。

然而，金澤文庫本群書治要乃是寫本文獻，雖具重要之參考價值，但其中不無問題。以下用群書治要卷四十三援引説苑爲例，略作説明。群書治要卷四十三引説苑之文，遍及君道、臣術、貴德、復恩、政理、尊賢、正諫、法誡（今説苑作敬慎）、

善說、修文、反質等十一篇。至於各篇之中，以引用尊賢之章節最多，達十章，占全篇27%。緊隨其後者，乃政理與君道二篇，分別引用七章及六章，各占其篇之14.3%與13%。說苑全書可分901章，治要援引其中38章，占全書13.1%。

1. 異體字〔一〕

此下選取各例，金澤文庫本因手寫之故，多以異體字出之。

例19：篇題「說苑」之「苑」，金澤文庫本作「菀」，駿河版與尾張本作「苑」。考「菀」字可通「苑」，管子水地：「地者，萬物之本原，諸生之根菀也。」漢書何武王嘉師丹傳：「詔書罷菀，而以賜賢二千餘頃，均田之制從此墮壞。」二文之「菀」即「苑」也，皆園林之意。

例20：「堯存心於天下」之「於」，金澤文庫本作「扵」，駿河版與尾張本作「於」。「扵」爲「於」之異體。金石文字辨異平聲魚韻引北魏孝文弔比干文「於」作「扵」。干祿字書平聲：「扵、於。竝上通下正。」新加九經字樣㫃部：「於，本是烏鳥字，象形，古文作[illegible]，篆文作[illegible]，隸變作於，本非從㫃，作扵者訛。」字彙手部：「扵，俗於字。」正字通手部：「扵，俗於字。」按：扵爲於之俗字，故定作「於」之異體。

例21：「今寡人爲君也」之「寡」。金澤文庫本作「⿱宀稟」，見偏類碑別字宀部寡字引隋太僕卿元公墓誌銘、正字通宀部。

例22：「左右曰：罪當烹」之「左」，金澤文庫本作「右」，見原本玉篇零卷工部⿸𠂇乙字。

例23：「匡救其惡」之「惡」，金澤文庫本作「悪」，見金石文字辨異入聲藥韻惡字引隋龍藏寺碑。「悪」爲「惡」之異體。金石文字辨異入聲藥韻：「惡，俗作悪。」引隋龍藏寺碑及安陽隋人殘經刻，惡皆作悪。干祿字書入聲：「悪、惡。上俗下正。」玉篇心部：「惡，於各切，不善也。又烏路切，憎惡也。悪，同上，俗。」廣韻入聲鐸韻：「惡，不善也。說文曰：『過也。』烏各切，又烏故切。悪俗。」按玉篇、廣韻皆謂悪爲惡之俗字，故今定爲惡之異體。

例24：「六曰國家昏亂」之「昏」，金澤文庫本作「昬」，見玉篇日部昬字。「昬」爲「昏」之異體。說文解字日部：「昏，日冥也。从日氐省，氐者下也。一曰民聲。」玉篇日部：「昏，呼昆切，日冥也。昬，同上。」廣韻平聲魂韻：「昏，說文曰：『日冥也。』亦作昬。呼昆切。」字鑑平聲魂韻：「昏，呼昆切，說文：『日冥也。从日从氐省，氐者下也。會意。或从民作昬。凡緍暋婚閽之類从昏。』增韻於緍字下云：『本作緡，誤作緍，今不敢去。』又五經文字云：『本從民，先朝避諱改作昏。』

〔一〕有關各異體字之出處與解釋，參自「異體字字典」https://dict.variants.moe.edu.tw/variants/rbt/home.do

按：昬從氏省者，會意，從民者諧聲也。二字皆通，然説文本字從氏省。於下註云：『一曰民聲。』則昬乃或作之字，昭然可見。」按：先朝避諱者，謂唐朝避太宗李世民之諱，將昬改作昏。今據此定作「昏」之異體。

例25：「是謂六正也」之「正」，金澤文庫本作「㱏」，見干禄字書去聲。説文解字正部：「正是也。从止，一以止。凡正之屬皆从正。徐鍇曰：『守一以止也。之盛切。』正古文正，从二。二，古上字。正古文正，从一足，足者亦止也。」干禄字書去聲：「㱏、正，上通下正。」佛教難字字典止部「正」字之異體有「㱏」。按「㱏」爲「正」字之通俗寫法，筆畫連書而成。故定爲「正」之異體字。

例26：「不顧其後害」之「顧」，金澤文庫本作「頋」，見干禄字書去聲、玉篇頁部顧字、字彙頁部。

例27：「外貌小謹」之「貌」，金澤文庫本作「㒵」，見字彙補八部。「㒵」爲「貌」之異體。説文解字皃部云：「皃，頌儀也。從人白，象人面形。貌，籀文皃從豹省。」按今楷作「皃」，字彙補八部云：「㒵，與貌同，字彙作皃。」是則㒵之爲皃之異體可知矣。「皃」之可以書作「㒵」，亦猶「頁」之可以書作「頁」。康熙字典八部以爲即「皃」字訛文，實則不如説是「皃」之變體。今以籀文之「貌」爲正體，則皃、㒵之爲「貌」之異體亦可知矣。

例28：「巧言令色」之「色」，金澤文庫本作「㐌」，見龍龕手鑑也部。「㐌」爲「色」之異體。「色」之篆文作「色」，從人卪，隸定作「色」，今通行作「色」。「㐌」字始見龍龕手鑑也部，不明字義，僅注音讀：「弋支、羊氏二反。」至集韻則二見：平聲支韻：「㐌，猗㐌，單于名。」尒支切；平聲戈韻：「㐌，闕，人名，後魏桓帝猗㐌。」唐何切。正字通乙部以降諸字書，康熙字典乙部、中文大辭典乙部等均只音「移」，即今所從者也。由此可知：「㐌」與「色」本是二字，音義不類，非是異體也。以「㐌」爲「色」之異體，僅見於佛教難字字典色部，其餘字書未見，則恐是傳抄致訛而以爲異體也。

例29：「如此者，奸臣也」之「奸」，金澤文庫本作「姧」，見集韻平聲删韻。「姧」爲「奸」之異體。奸，説文解字女部云：「奸，犯婬也。从女从干，干亦聲。」姧爲奸之異體，集韻平聲删韻：「奸，亦作姧。」類篇女部同。另敦煌俗字譜女部亦多見「奸」作「姧」者，蓋左偏旁添益一女而成，收爲異體可也。

例30：「五曰專權擅勢」之「勢」，金澤文庫本作「勢」，見佛教難字字典力部。

例31：「盛德之士臣而不名」之「盛」，金澤文庫本作「盛」，見廣韻平聲清韻。「盛」爲「盛」之異體。盛，説文解字皿部篆作「盛」，云：「黍稷在器中以祀者也。从皿，成聲。」隸定作「盛」，亦作「盛」。廣韻平聲清韻：「盛，盛受也。黍稷在器也。是征切。」字作「盛」。集韻平聲清韻：「盛，時征切。説文：『黍稷在器中以祀者也。』」字作「盛」。按：異體字例：

「凡成形多作戌。」故「盛」可收爲「盛」之異體。

例 32：「防我以禮」之「禮」，金澤文庫本作「礼」，見干禄字書上聲。「礼」爲「禮」之異體。大徐本説文解字示部：「禮，履也。所以事神致福也。从示从豊，豊亦聲，靈啓切。𠕁，古文禮。」金石文字辨異上聲薺韻：「禮、礼。漢鄭固碑『導我礼則。』唐兗公頌：『礼經雲委。』」干禄字書上聲：「禮、礼。並正。多行上字。」增廣字學舉隅卷二古文字略：「礼，古禮字。」按：礼即説文𠕁之楷化字，故定作「禮」之異體。

例 33：「莊王怪而問之」之「怪」，金澤文庫本作「恠」，見玉篇心部怪字、字彙心部、中文大辭典心部。

2. 脱文

因手鈔之故，較諸他本而言，金澤文庫本時有脱文，致使文意不清，影響前後文理。

例 34：「死人者不如存人之身」之「之」字，金澤文庫本無；駿河版、尾張本、今説苑同。

例 35：「任人者固逸也」之「固」字，金澤文庫本無；尾張本眉校曰：「舊無『固逸』之『固』字，補之。」此所言舊本，正與金澤文庫本同。駿河版、尾張天明本有「固」字。

例 36：「此非人臣所敢望也」之「此」字，金澤文庫本無；駿河版、尾張本、今説苑同。

3. 脱文而旁校補之

金澤文庫本群書治要嘗經點校，故有不少校改痕蹟，有整理文獻之功。然而，後世讀者披閲治要，却不知哪部分屬原鈔校改，哪部分乃後來改動。故在整理群書治要時，如取金澤文庫本作爲底本，恐怕未必能與前後各本按序比合而觀其流變。

例 37：「則我不能勸也」之「不」字，金澤文庫本原無，其旁校補之；駿河版、尾張本、今説苑皆有此字。

例 38：「堯爲君而九子者爲臣」之「堯」字，金澤文庫本原無，其旁校補之；駿河版、尾張本、今説苑皆有此字。

例 39：「王道知人，臣道知事」之「王道知人臣道」等六字，金澤文庫本原無，其旁校補之；駿河版、尾張本、今説苑皆有此六字。

例 40：「桀紂之爲君也」之「紂」字，金澤文庫本原無，其旁校補之；駿河版、尾張本、今説苑皆有此字。

例 41：「二曰主所言皆曰善」之「主」字、「皆曰」之「曰」字，金澤文庫本原無，其旁校補之；駿河版、尾張本、今説苑皆有此字。

例 42：「則下莫不慕義節之榮」之「莫」字，金澤文庫本原無，其旁校補之；駿河版、尾張本、今説苑皆有此字。

例 43：「不齊事之，皆教不齊所以治之術」句「不齊」下金

澤文庫本原無「事之皆教不齊」六字，其旁校補之；駿河版、尾張本、今説苑皆有此六字。

例44：「人主驕人而亡其國」句「其」下金澤文庫本原無「國大夫驕人而亡其」八字，其旁校補之；駿河版、尾張本、今説苑皆有此八字。

例45：「管仲對曰此極非其貴者耳然亦無害於霸也」句共十八字，金澤文庫本原無，其旁校補之，並云：「已上十八字在本書。」可見校者乃以當時所見説苑補足治要。駿河版、尾張本、今説苑皆有此十八字。

例46：「始皇聞之」之「皇」字，金澤文庫本原無，其旁校補之；駿河版、尾張本、今説苑皆有此字。

4. 誤倒之文

如同前文各項例子，因寫本文獻之抄寫特點，金澤文庫本群書治要亦頗多誤倒之文，有礙讀者閲讀。

例47：「仁昭而義立」句，駿河版「昭」字原在「而」下，據尾張本改，今説苑亦作「仁昭而義立」。金澤文庫本誤倒「昭而」爲「而昭」，與駿河版同。

例48：「鑿江通於九派」之「鑿江」二字，金澤文庫本倒作「江鑿」，駿河版、尾張本、今説苑皆不誤。

例49：「主所爲皆曰可」之「曰可」二字，金澤文庫本倒作「可曰」；駿河版、尾張本、今説苑皆不誤。

例50：「凡此四者」之「四者」二字，金澤文庫本倒作「者四」；駿河版、尾張本、今説苑皆不誤。

例51：「貧賤者驕人」之「者驕」二字，金澤文庫本倒作「驕者」；駿河版、尾張本、今説苑皆不誤。

寫本文獻多能保存古貌，極具參考價值。足本、精本、舊本，乃是善本的三大内涵。其中寫本文獻每多屬於舊本之範疇。刻印之本多見於宋代或以後，此前所言善本，只能是寫本文獻。因此，宋前寫本文獻尤其具參考價值。寫本文獻的價值亦與書手寫作的水平關係密切，部分文獻有大量民間書手，其文化水平不一，難以一概衡量，因而俗字、别字、錯字等時有出現，爲整理者帶來不少難度。以上只是以群書治要卷四十三所引説苑爲例，説明寫本文獻用作文獻整理時之難處所在。上舉各例，分别從異體字、脱文、脱文而旁校補之、誤倒之文四個角度，討論金澤文庫本群書治要之特點，並從而證成了寫本文獻大抵只可以用來作參校本，如取之以作底本，則需慎重。

二〇二三年九月十六日

校理

凡例

一、本次校理以日本宮内廳書陵部藏金澤文庫卷子本群書治要爲底本（以下簡稱「金澤本」），以續修四庫全書據阮元宛委别藏所收日本天明刻本影印本（以下簡稱「天明本」）爲校本。宛委别藏所收實經日本寬政年間修版，阮元又對清諱改字。校勘記獨立成册，分卷與金澤本同。

二、每條校勘記均標明金澤本的行數。若出校正文爲小字注釋，則於行數下標明「注」字。

三、摘句據金澤本。凡天明本與金澤本文字有異，或金澤本有而天明本所無者，皆出校。

四、摘句之下即爲校勘記。摘句及校勘記中書名、人名、地名不加標點符號。校勘記只臚列異同，不定是非。

五、校勘記後附異形異體字表。凡金澤本作俗體或别體且出現頻率較高，天明本作通行字者，入表而不出校。凡金澤本手寫體因筆畫繁簡、部件位置不同等原因與天明本字體存在細微區别，而不構成兩字者，皆不出校，亦不入表。凡金澤本手寫體不清晰，而又與天明本文字形似，不能認作他字者，不出校記。

六、金澤本正文旁有圈點、有小字校改者，或正文上以墨勾塗者、正文書寫超出行格者，皆視作後人校改。凡涉後人校改之處，於此條校勘記末加「*」號標記。若校改與天明本同，則校記僅列天明本異文。若校改不同於天明本，則校記首列「校改作某」，次列天明本異文，以示金澤本原貌。金澤本有用雌黄塗改處，不知是否爲後人塗改，亦不知原字爲何，不入校記。

七、天明本眉批校記附列各條校勘記之下。天明本校記乃據群書治要所引原典出校，其中「本文」「本書」均爲原書之義。金澤本天頭亦有後人據原典批注篇名、音義等，其内容與文字校勘無涉，不入校記。

八、阮元宛委别藏所收日本天明刻本爲避清諱而挖改之字，俱不出校。

九、金澤本習用數目字合文「廿」「卅」「卌」，天明本皆作「二十」「三十」「四十」，已成通例，不再一一出校。

十、參與校勘者：李思怡（卷一至十初校及校記撰寫，卷四十一至五十復校，卷四十一至四十五校記撰寫）；崔質彬（卷二十一至二十五、卷三十一至四十復校及校記撰寫）；孫文軒（卷十至二十復校及校記撰寫，卷二十六至三十復校，卷二十八至三十校記撰寫）；王成娟（卷二十六至二十七、四十

六至五十校記撰寫）；林康（卷二十一至三十初校）；馬寧（卷四十一至五十初校，卷一至十復校）。另有趙俊鳳、常文慧參與了部分校勘工作。最後經江曦覆閱統稿。古人云校書如掃塵，一書三四校，猶有脱謬。况且群書治要金澤本爲日本古寫本，不少文字書寫筆意十分特殊，又有校閲者的大量批改，文本情况複雜。因此，我們的校勘工作難免出現疏漏，尚祈讀者批評指正。

二〇二四年一月江曦記於山東大學儒學高等研究院。

群書治要序

11　**辯彫萬物**　「彫」，天明本作「周」。*

20　**周鑒覽汎觀**　天明本無「鑒」字。*

23　**聖思所存務乎政**　天明本無此句。*

27　**成以致敗者**　天明本「成」上有「業」字。*

28　**具委質策名**　「具」，天明本作「其」。

35　**騰實飛荚**　「荚」，天明本作「英」。

35　**喜言美事**　「喜」，天明本作「嘉」。

36　**崇太之基者**　天明本「太」下有「平」字。*

38　**參徽音於十亂**　「音」，天明本作「猷」。*

42　**下盡沓年**　「沓」，天明本作「晉」。*

44　**名目牙顯**　「牙」，天明本作「互」。

45　**畢乎先作**　「畢」，天明本作「異」。

48　**足以戲覽前古**　「戲」，天明本作「鑒」。*

群書治要目録

61 **苐四春秋氏左傳上**　天明本「上」下標「闕」字。

71 **苐十三漢書一**　天明本「一」下標「闕」字。

78 **苐廿漢書八**　天明本「八」下標「闕」字。

99 **苐卅九吴氏春秋**　「吴」，天明本作「吕」。

103 **苐卌二新序説苑**　「新序」，天明本作「鹽鐵論」三字，「説苑」作「新序」。按，金澤本目録「苐卌二」至「苐卌四」目録次序竄亂。

104 **苐卌三鹽鐵論桓子新論**　「鹽鐵論桓子新論」，天明本作「説苑」二字。

105 **苐卌四潛夫論**　天明本「潛夫論」上有「桓子新論」四字。

108 **苐卌七劉廙政論**　「政論」，天明本作「別傳」。校云：「本文作『劉廙別傳』。」

111 **苐五十表子書抱朴子**　「表」，天明本作「袁」。校云：「本文作『袁子正書』。」

群書治要卷第一

周易

114 乹乹元亨利貞　天明本不重「乹」字。*

117 注　惕猶若厲之也　天明本無「之」字。

118 注　以至德而處盛　天明本「盛」下有「位」字。*

124 注　萬所以寧　天明本「萬」下有「國」字。*

124 享者嘉之會也　「享」，天明本作「亨」。*

132 注　明夫终敝　「敝」，天明本作「敝」。

137 注　下无陰也也　天明本不重「也」字。*

138 注　賢人雖在下而當言位　天明本無「言」字。*

139 問以辯之　「辯」，天明本作「辨」。

156 注　莫善建侯也　天明本「善」下有「於」字，*「侯」下無「也」字。

159 注　明不諂能闇　天明本「明」下有「者」字，「闇」上無「能」字。*

160 蒙蒙以養正聖功也　天明本不重「蒙」字。*

163 注　故師出不出以律　天明本無下「出」字。*

164 注　非其道也也　天明本不重「也」字。*

165 象象曰　天明本不重「象」字。*

171 注　則失其節　天明本「則」下有「物」字。

172 注　其志同也　天明本「其」上有「而」字。*

180 注　弗録能拔之也　天明本無「録」字。*

181 同人之義也　天明本無「也」字。*

186 注　苞容之象也　「苞」，天明本作「包」。

189 是以元享　「享」，天明本作「亨」。

190 注　是以元享也　「享」，天明本作「亨」。

199 注　物元害者　「元」，天明本作「無」，「者」作「也*」。

207 注　不勞明鑒　「鑒」，天明本作「監」。

211 觀觀天之神道　天明本不重「觀」字。*

216 先王以明罰整法　天明本校云：「本書『整』作『敕』。」

223 注　乃得終吉也之　天明本無「之」字。

223 大蓄象曰　「蓄」，天明本作「畜」。

224 大蓄　「蓄」，天明本作「畜」。

226 煇光日新其德　「煇」，天明本作「暉」。

231 水游至　「游」，天明本作「洊」。*

234 注　故得保其威尊也　天明本無「也」字。

235 以守其囶　「囶」，天明本作「國」。*

237 昭于四方　「昭」，天明本作「照」。

238 日月麗乎天　「乎」，天明本作「于」。

239 重明以麗正　天明本「正」上有「乎」字。*
256 注　豥外極　「豥」，天明本作「處」。*
258 注　則失壯矣　天明本「則」上有「凶」字。*
261 君子以自照明德　「照」，天明本作「昭」。
263 注　以明夷莅衆也矣　天明本無「也」字。
263 注　巧所避也　「巧」，天明本作「乃」。*
270 天地之義也　天明本「義」上有「大」字。*
278 君子以及身脩德　「及」，天明本作「反」。*
285 注　否結者日散　天明本無「日」字。*
287 注　理非其正　「理」，天明本作「履」。*
288 注　以容其　天明本「其」下有「身」字。
290 注　莫善忿欲　天明本「善」下有「損」字。
291 君子以以見善則遷　天明本不重「以」字。*
295 注　何事而不利哉也　天明本無「也」字。
301 注　能成文　天明本「成」上有「其」字。*
303 聖人亨上帝　「亨」，天明本作「享」，*「享」上有「以」字。*
303 注　乃上以享上帝　「享」，天明本作「亨」。
306 威震驚　此三字天明本作注。*
308 象曰震來虩虩　天明本「曰」下有「震亨」二字，*「虩」作「虢」。
308 震百里　天明本「震」下有「驚」字。*
315 注　適于其道乃光明也　天明本「其」下有「時」，無「也」字。
317 注　故至豐享　「享」，天明本作「亨」。
317 注　乃勿憂也　天明本「勿」上有「得」字。*
317 注　用夫豐享不憂之德　「享」，天明本作「亨」。
318 注　天明以動　「天」，天明本作「文」。*
319 月盈則食　「食」，天明本作「食」，金澤本校改作「蝕」。*
324 注　剛而違悦則中而柔外　天明本「則」下有「暴剛」二字。*
325 悦先民　天明本「悦」下有「以」字。*
330 澤中有水　「中」，天明本作「上」。*
332 注　爲節過時　「時」，天明本作「苦」。*
332 注　即物不能堪也　「即」，天明本作「則」。
332 注　則不可復也矣　天明本無「矣」字。
333 注　道窮也　天明本「道」上有「則」字。*
337 注　信立而後乃化也　天明本「後」下有「邦」字。*
339 注　虽之隱者也　天明本「隱」上有「潛」字。
339 注　則雖羅微隱之物　天明本無「羅」字。*
340 注　獸之微賤者也　天明本有「也」字。
340 注　信皆及之也矣　天明本無「矣」字。*
344 小者過而享也　「享」，天明本作「亨」。*
344 與行也　天明本「與」上有「時」字。
349 既濟享　「享」，天明本作「亨」。*

353 注　故沼沚毛　天明本「沚」下有「之」字。*
357 注　則剛柔之分著之　「著之」，天明本作「著矣」。
360 是致鼓之以雷霆　「致」，天明本作「故」。*
363 注　故曰易簡之也　天明本無「之也」二字。
364 易知明有親　「明」，天明本作「則」。*
365 注　有易簡之德德　天明本不重「德」字。*
365 注　則能成可久可大之功也　天明本無「也」字。
369 故能旂綸天下之道　「下」，天明本作「地」。
371 注　始之數也　天明本無「始」上之字，「始」下有「終」字。*
372 注　合德天地　「合德」天明本互乙。
376 注　則物宜得矣　「宜得」天明本互乙。
382 日新之謂威德　「威」，天明本作「盛」。*
382 注　以成化生也　天明本無「也」字。
384 注　故曰陰陽不測也矣　天明本無「矣」字。*
390 聖人有以見天下之頤　「頤」，天明本作「賾」。
392 鳴鶴在陰鳴鶴在陰子和之　天明本不重「鳴鶴在陰」四字，*「子」上有「其」字。
395 注　千里或應　天明本無「或」字，「應」下有「之」字。*
400 言行君子之所動天地　天明本「所」下有「以」字。*
403 注　夫所謂同者　「謂」，天明本作「況」。*
409 致恭以在其位者也　「在」，天明本作「存」。*

415 乘也　天明本「也」下有「者」字。*
417 慢藏誨盜　「藏」，天明本作「藏」。
419 以者尚其辭　天明本「以」下有「言」字。*
419 以者尚其變　天明本「以」下有「動」字。*
420 以卜筮尚其占　天明本「筮」下有「者」字。*
422 同焉而以言　「同」，天明本作「問」。*
422 其受命也如嚮　「嚮」，天明本作「響」。*
431 不疾而速　天明本「不」上有「故」字。
437 其孰能爲此哉　「爲」，天明本作「與」，*「與」下有「於」字。
437 吉之聰明睿知　「吉」，天明本作「古」，「知」作「智」。*
437 神武而不煞者夫　「煞」，天明本作「殺」。
438 注　服萬物而不以威形者也　「形」，天明本作「刑」。*
446 探頤索隱　「頤」，天明本作「賾」。
450 注　莫不保其貞觀以全其用也　天明本無「觀」字。*
454 財所以資生也　天明本「資」下有「物」字。*
469 力少而住重　「住」，天明本作「任」。*
472 嶶君子見幾　「嶶」，天明本作「微」。
473 研矴于石　「矴」，天明本作「介」。*
475 注　此知幾其神也　天明本「神」下有「者」字。*
477 不違復　「違」，天明本作「遠」。*
487 德行恒簡以知怚　「怚」，天明本作「阻」。*

490 將粄者　「粄」，天明本作「叛」。*

491 誣善人　天明本「善」下有「之」字。*

493 昔者聖人作易也　天明本「人」下有「之」字。

493 是以立夫之道　「夫」，天明本作「天」。*

493 立地道之　「道之」天明本互乙。

群書治要卷第二

尚書

11 虞舜仄微　「仄」，天明本作「側」。*

14 注　揆度　天明本「度」下有「也」字。

15 注　諸侯群臣來朝　天明本無「群臣」二字，「來朝」下有「者」字。*

15 納于大禁　「禁」，天明本作「麓」。

21 注　中刑雜履下刑黑　「黑」，天明本作「墨」。

21 注　終身已甚恥之　此六字天明本作「而民恥之」四字。

21 注　如被然也　此四字天明本作「而反於禮」。

23 注　終爲殘賤賊　天明本無「賤」字。*

25 注　号饕飻　天明本「飻」下有「也」字。*

26 四罪天下咸服　天明本「罪」下有「而」字。

27 注　故本其徵用之功之　「功之」二字，天明本作「功也」。

32 辨給之言　「辨」，天明本作「辯」。

33 注　九歲三考　「歲」，天明本作「載」。

34 注　九歲三考　「歲」，天明本作「載」。

38 注　善言无所伏　「善」，天明本作「嘉」。*

41 注　益益曰　天明本不重「益」字。

42 注　文經天地　天明本「經」下有「緯」字。*

43 注　以勉舜也　天明本「以」上有「所」字。*

44 惟影嚮　「嚮」，天明本作「響」。

44 注　順道從逆凶　天明本「道」下有「吉」字。*

44 注　嚮之應聲　「嚮」，天明本作「響」。

55 勸之以九哥　「哥」，天明本作「歌」。

57 萬世永賴賴　天明本不重「賴」字。*

58 注　歎美之言　天明本「歎」上有「而」字。

60 注　歎其能以刑輔教　「歎」，天明本作「欲」。

61 乃功懋哉　天明本「乃」上有「時」字。*

61 注　期於無所刑　天明本「期」上有「刑」字。

62 帝悳罔僁　「僁」，天明本作「僁」，金澤本校改作「僁」。*

63 愆過也　「愆」，天明本作「僁」。

67 洽于民　天明本「民」下有「心」字。*

75 注　言衆戴君以自存好　天明本無「好」字。*

77 帝曰咨咨禹　天明本不重「咨」字。*

80 侮嫚自賢　「嫚」，天明本作「嫚」，金澤本校改作「慢」。*

84 注　三旬苗民逆命　天明本「旬」下有「有」字。

87 注　況有苗之　「之」，天明本作「也」。*

87 禹曰俞　天明本「禹」下有「拜昌言」三字。

89 七句有苗　天明本「苗」下有「格」字。*

90 謨明弼　天明本「弼」下有「諧」字。*

90 注　迪蹈也　天明本無「也」字。

90 注　謨謀於人也　天明本「謨」上有「厥其也其古人」六字，「謀」下無「於人」二字。

91 注　以輔謀其政也　「謀」，天明本作「諧」。*

91 注　述其言　「述」，天明本作「然」。*

93 注　言慎脩身　天明本「脩」下有「其」字。*

96 知人則悊　「悊」，天明本作「哲」。

97 能悊而惠　「悊」，天明本作「哲」。

98 何憂乎讙兜　「讙」，天明本作「驩」。*

98 注　禹言有苗讙兜之徒　「讙」，天明本作「驩」。

98 注　畏其亂政　天明本「畏」上有「堯」字。

102 注　有治能而謹敬也　「能而」天明本互乙。

107 注　不爲逸豫欲之教　天明本「欲」上有「貪」字。*

108 注　万事之微也　此五字天明本作「戒懼萬事微也」六字。*

109 注　位非其人爲空　天明本「空」下有「官」字。*

109 政事楙哉　「楙」，天明本作「懋」。

114 注　欲觀亦法象之服制也　「亦」，天明本作「示」。*

115 注　諸侯自龍衣以下　「衣」，天明本作「衮」。*

115 注　上得兼下下下不得僭上　此十一字天明本作「上得兼下下不得僭上」九字。*

115 注　以五采明施五色　天明本「施」下有「于」字。

116 注　言欲以六律和聲　天明本「聲」下有「音」字。*

118 注　退後言不可弼也　天明本「言」下有「我」字。*

119 帝時舉　天明本「帝」上有「惟」字。

120 注　其能用也　「用」下天明本有「之」字。

123 惟嫚遊是好　「嫚」，天明本作「慢」。*

123 敖虐是作　「敖」，天明本作「傲」。*

124 注　敖戲而爲虐　「敖」，天明本「傲」。*

124 罔水舟行　「舟行」天明本互乙。*

126 注　帝其念哉帝其念哉　天明本不重「帝其念哉」四字。*

127 注　言神人洽也　「洽」，天明本作「治」字。

128 注　所以太平也　天明本「以」下有「致」字。*

134 注　則臣懈惰　「惰」，天明本作「隋」。

135 俞往欽哉　天明本無「往」字。

136 太康尸位以逸悆　「悆」，天明本作「豫」。*

136 注　以尊位爲逸途　「途」，校改作「悆」，天明本作「豫」。*

144 懍乎若朽索之馭六畜　「畜」，天明本作「馬」。*

146 外禽荒　天明本「外」下有「作」字。*

147 峻寓雕墻　「寓」，天明本作「宇」。*

148 注 都冀洲也 「洲」，天明本作「州」。

151 荒墜厥緒 「墜」，天明本作「隳」。

152 万姓仇予 「万姓」，天明本作「萬世」。

152 將疇依 天明本「將」上有「予」字。*

154 注 忸怩軟也 「軟」，天明本作「心慙」二字。*

155 注 雖改悔 天明本「雖」下有「欲」字。*

157 曰予恐來 天明本「來」下有「世」字。*

159 惟生聰明時 「聽」，天明本作「聰」，「惟」下有「天」字。

161 德楙楙官功楙楙賞 四「楙」字，天明本皆作「懋」。*

162 注 亦之以賞 天明本「亦」下有「勉」字。*

163 乃葛仇餉 天明本「葛」下有「伯」字。*

165 注 謂之仇餉 「謂」上天明本有「故」字。

166 注 來其可蘇息也 天明本「來」上有「君」字。

168 注 國乃昌感也 「感」，天明本作「盛」。

170 王楙照大德 「楙」，天明本作「懋」，*「照」作「昭」。

171 注 立大忠之道於民 「忠」，天明本作「中」。

171 注 優足之道 天明本「優」上有「垂」字。*

171 注 示後世之也 天明本無「之」字。

172 注 賢而事之 天明本「賢」上有「求聖」二字。*

175 注 昏暴覆亡 天明本於「暴」下有「者」字，*「亡」下有「之」字。

180 弗自敢赦 天明本無「自」字。

184 注 方楙厥德 「楙」，天明本作「懋」。

186 注 布照聖武 「照」，天明本作「昭」。

189 終于四 天明本「四」下有「海」字。*

189 注 於親長 天明本「於」上有「始」字。*

189 注 則家國化並 「化並」天明本互乙。

190 先后敷求悊人 「悊」，天明本作「哲」。

190 注 布求賢智 「布」，天明本作「敷」。

193 恒于遊田 「田」，天明本作「畋」。*

195 注 粐侮聖人之言而不行 「粐」，天明本作「狎」。*

196 注 耆年有意疏遠之 「意」，天明本作「德」。*

196 惟茲三風十愆 「愆」，天明本作「愆」。*

199 袛厥身念哉 「袛」，天明本作「祇」。*

205 言能念其祖 天明本「能」下有「思」字。*

206 伊尹嗣王歸于亳 天明本「尹」下有「奉」字。*

209 天孽猶可違 天明本「天」下有「作」字。*

211 注 言己巳往前 天明本「往」下有「之」字。*

211 注 不能脩德其初 天明本「德」下有「於」字。

212 注 拜君至首也 此五字天明本作「拜手首至手也」六字。

214 注 故民心服其教命 「命」，天明本作「令」。*

215 注 無有不欣喜者也 天明本無「者」字。*

216 聽悳惟聽 「惟聽」，天明本作「惟聰」。

216 注 以聰聽悳也 天明本無「也」字。
224 注 必用下近始 天明本「近」下有「爲」字。*
226 求諸道 天明本「求」上有「必」字。*
230 注 則天下得政也 「政」，天明本作「正」。*
231 邦永孚于休 天明本「邦」下有「其」字。*
236 注 言桀不能常德 天明本「常」下有「其」字。*
237 惟尹躬臮湯 「臮」，天明本作「暨」。*
237 克天心 天明本「克」下有「享」字。*
241 注 民自歸悳 天明本「歸」下有「於一」二字。
242 注 行善吉 天明本「善」下有「則」字。*
243 注 德壹天降之福 「壹」，天明本作「一」。
243 注 不壹天降之災 「壹」，天明本作「一」。
245 右左惟其人 「右左」，天明本互乙。
245 注 不忠非其人也 天明本「忠」下有「良」字。
249 注 然後能盡其力 天明本「後」下有「乃」字。*
251 注 使百工 「工」，天明本作「官」。
256 惟臮乃僚 「臮」，天明本作「暨」。
263 弗逸豫 天明本「弗」下有「惟」字。*
264 注 立之主使治民也 天明本「立」上有「言」字。*
266 王惟戒玆 天明本「玆」下有「允玆克明」四字。*
267 注 政乃無不美也 天明本「政」上有「信能明」三字。*
268 官弗及私胒 「胒」，天明本作「昵」。*
272 説惟服 天明本「説」下有「乃言」二字。*
275 注 使志通達也 天明本「使」下有「我」字。*
276 注 亦言我須汝以成也 天明本無「言」字。
277 王求多聞 天明本「王」下有「人」字。*
284 予弗克俾厥后厥后惟堯舜 天明本不重「厥后」二字。*
286 挌于皇天 「挌」，天明本作「格」。
287 注 汝庶幾明安我 天明本「我」下有「事」字。*
287 注 則与伊尹同美也 天明本無「則」字。
295 刳𤝞孕婦 「𤝞」，天明本作「剔」。
296 受罔有悛心 天明本「受」上有「惟」字，*「心」下有「乃」字。
298 吾有民命 天明本「民」下有「有」字。*
299 注 有天故也 天明本「天」下有「命」字。*
300 注 德鈞則秉義者强 「强」，天明本作「彊」。
302—303 注 惡貫已同罪近 天明本「已」下有「滿天畢其命今不誅紂則爲逆天與紂」十五字，無「近」字。
306 惟日不足 「不」，天明本作「弗」。*
306 凶人爲弗善 「弗」，天明本作「不」。*
307 惟日弗足 天明本「惟」上有「亦」字。
307 注 言吉人渴日以爲善 「渴」，天明本作「竭」。
307 注 凶人亦渴日以行惡者也 「渴」，天明本作「竭」。
308 播弃昵比罪人 天明本「播弃」下有「犁老」二字。*
308 注 鮐背之老稱犁也 「老」，天明本作「耇」，「犁」下有

「老」字，無「也」字。
309 注 傷害也也 天明本不重「也」字。*
310 謂祭無盖 「盖」，天明本作「益」。
316 注 民結怨之也 天明本無「之」字。
317 崇姦回 天明本「崇」下有「信」字。*
320 汝世讎 天明本「汝」上有「乃」字。
321 樹德務 天明本「務」下有「滋」字。*
323 注 言欲行除惡之美 「美」，天明本作「義」。*
324 人有言 天明本「人」上有「古」字。*
326 惟婦言用 「言」下天明本有「是」字。
327 注 而尊長逃亡罪人信用 天明本「用」下有「之」字。
328 是以爲大夫士卿 「士卿」天明本互乙。
329 注 使四方罪 天明本「罪」下有「人」字。*
329 注 暴虐姦宄於都邑 天明本「邑」下有「也」字。
334 率其捺若林 「捺」，天明本作「旅」。
337 注 動有成也 天明本「成」下有「功」字。
338 注 封其土也 天明本「封」下有「益」字。
339 注 紂所積之在倉也 「在」，天明本作「府」。
339 注 皆散發以振貧民也 「振」，天明本作「賑」。*
340 西旅獻敖 「敖」，天明本作「獒」。
340 注 西戎遠國也 「戎」，天明本作「旅」。
340—341 太保乃作旅敖 「敖」，天明本作「獒」。

341 注 陳貢敖之義 「敖」，天明本作「獒」。
342 注 言明王慎德遠 天明本「德」上有「以懷」二字。*
342 畢獻物 天明本「獻」下有「方」字。*
344 王乃照德之致于異姓之邦 「照」，天明本作「昭」。
346 注 以玉分同姓之國 天明本「以」下有「寶」字。*
346 注 是已用誠信其親道也 天明本無「已」字，「親」下有「親之」二字。*
352 注 所以化俗生民也 天明本無「也」字。
352 注 以不習其用也 天明本無「也」字。
354 注 則來服矣 天明本無「矣」字。
355 弗矜細行 「矜」，天明本作「務」。
357 功虧一匱 「匱」，天明本作「簣」。
357 注 未成一匱 「匱」，天明本作「簣」。
357 注 故曰功虧一 天明本「一」下有「匱」字。
357 注 是以聖人乾日側 天明本「乹」下有「乾」字。
362 天乃命文王 天明本「乃」下有「大」字。*
363 注 乃大命之煞兵殷 「煞」，天明本作「殺」。
364 怨在大亦弗在小 天明本「怨」下有「弗」字。*
364 惠弗楙弗楙 天明本「弗」下有「惠」字，二「楙」字皆作「懋」。*
365 注 至於大也 天明本「至」上有「小」字。*
365 注 故當使不順順 天明本「不順」下有「者」字。

367 注　而妄刑殺也　天明本「而」下有「有」字。*

368 注　所以舉刑以戒　天明本「舉」下有「輕」字。*

371 注　非常法　天明本「常」下有「之」字。*

378 注　崇聚也也　天明本不重「也」字。

382 注　紂衆臣群　「臣群」天明本互乙。

383 于民鑒　天明本「于」上有「當」字。*

385 我其可弗其大鉴　「鉴」，天明本作「鑑」。

387 注　歎美君之道　天明本「君」下有「子」字。*

387 注　所在念　天明本「念」下有「德」字。*

388 注　稼穡農夫之艱事　天明本「艱」下有「難」字。*

389 治民祗　天明本「祗」下有「懼弗敢荒寧」五字。*

390 爲政敬身思懼　「思」，天明本作「畏」。

390 注　不敢荒怠自安也　天明本無「也」字。

392 注　至於小大之攻　「攻」，天明本作「政」。*

392 注　民時有怨也　天明本「民」下有「無」字。*

394 弗侮鰥寡　「鰥」，天明本作「鰥」。*

394 注　故能安於衆民　天明本「安」下有「順」字。*

395 注　各承其佚而立者　「佚」，天明本作「後」。*

395 注　生則逸隊　「隊」，天明本作「豫」。*

396 稼積之難弗聞小人之勞　「積」，天明本作「穡」，*「之」下「艱」字。*

397 注　惟樂之從　天明本「惟」下有「耽」字。*

398 七年八年　此四字天明本作「或七八年」。

400 注　言皆能以美自抑畏　「美」，天明本作「義」。

400 注　天王節儉　「天」，天明本作「文」。*

401 自朝至于日中與　「與」，天明本作「昃」。*

401 注　從朝至日昳　「昳」，天明本作「昳」。

403 茲四人迪悊　「悊」，天明本作「哲」。

403 注　明以臨下也　天明本「明」下有「德」字。

404 注　言小又文詈者　「又文」，天明本作「人怨」。*

404 人有乃或譸張爲幻　天明本無「有」字。*

405 注　有人誑之惑之　天明本無上「之」字。*

406 注　言小人死滅禮詈汝　「死滅」，天明本作「怨憾」。*

406 注　則受之也　天明本「則」下有「信」字。*

406 乱四訪無罪　「四訪」二字，天明本作「罰」。*

407 注　信讒含怒　「舍」，天明本作「含」。

407 注　四訪教無理　「四訪」二字，天明本作「罰」，「教」作「殺」，「理」作「罪」。*

407 嗣王其鑒于茲　「鑒」，天明本作「監」。*

408 注　視此乱四訪之禍　「四訪」二字，天明本作「罰」。*

409 蔡蔡叔既没　天明本不重「蔡」字。

410 無常惟惠之懷　天明本「無常」上有「民心」二字。*

414 無作聽明亂舊章　「聽」，天明本作「聰」。*

414 汝爲政當安小民之業循用大中人乃視聽內道無敢爲小聰

明作異辯以變亂舊典文章也　此段天明本爲注文，「中」下有「之道」二字，無「人乃視聽内道」五字。*

416 詳以側言改厥度　天明本「詳」下有「乃視聽罔」四字。*

416 則予一人汝壽　「壽」，天明本作「嘉」。*

417 注　㧑視聽也　「㧑」，天明本作「勿」。*

418 王王若曰　天明本不重「王」字。*

421 和尔惟和哉　天明本「和」上有「自作不」三字。*

421 尔邑明　天明本「邑」下有「克」字。*

422 注　汝有六多士　「六」，天明本作「方」。

423 注　家不睦盻　天明本無「盻」字。*

423 冈攸兼於庶言庶獄庶慎　「冈攸」，天明本作「罔攸」。*

425 注　文王無所兼即知於毁譽衆言　天明本無「即」字。*

426 文王内敢知子兹　「内」，天明本作「罔」，「子」作「于」。

426 注　是萬民順法違法　天明本「違」上有「用」字。*

426 注　衆慎之事　天明本「衆」下有「獄衆」二字。*

426 注　文王壹無敢自知於此　「壹」，天明本作「一」。

427 注　女賓能而已也　「女賓」二字，天明本作「委任賢」三字。*

427 武王率惟撫功　「撫」，天明本作「敉」。*

428 注　不敢厎孜其義悳　「厎孜」二字，天明本作「廢」。*

428 猘子王矣　「猘」，天明本作「孺」。*

429 其勿誤子庶獄庶慎　「子」，天明本作「于」。

430 注　〻人子文孫　「〻人」，天明本作「文」。

430 注　從今也往　「也」，天明本作「以」。

430—431 注　其祈勿設也　天明本無「祈」字，「設」作「誤」。*

432 保邦子未危　「子」，天明本作「于」。*

433 注　言當省古大道　「省」，天明本作「順」。*

433 注　必於未乱未危之前思患象行也之　「患象行」三字，天明本作「患豫防」，*無「也」字。

437 注　言不及唐虞之清要是也　天明本無「是」字。*

438 注　帝明王立政修教也　天明本「帝」上有「言聖」二字。*

438 㢞惟三公　「㢞」，天明本作「兹」。

439 夑理險陽　「夑」，天明本作「燮」，「險」作「陰」。*

439 注　傳相天子　天明本「傳」下有「傳」字。

440 注　以經濤國事　「濤」，天明本作「緯」。*

441 師少傅少保曰三孤　天明本「師」上有「少」字。*

441 注　早於公　「早」，天明本作「卑」。

441 三公弘他　「三」，天明本作「貳」，金澤本校改作「二」。*「他」，天明本作「化」。*

441 㝉亮天地　「㝉」，天明本作「寅」。*

442 注　副貳三公　「副」，天明本作「副」。*

443 注　紞理百官　「紞」，天明本作「統」。

447　庴刑暴亂　「庴」，天明本作「慝」。*

448　注　主寇賊法林示　「林示」二字，天明本作「禁」。*

448　注　庶刑强暴作乱也　「庶」，天明本作「惡」，「也」上有「者」字。*

450　以唱九牧　「唱」，天明本作「倡」。

450　以成兆民　「以」，天明本作「皁」。*

450　注　六卿各帥　「帥」，天明本作「率」。

450　注　其屬官大夫士以九州牧伯爲兆士治其所分之職以唱導大成兆民之性命　此段天明本作「其屬官大夫士治其所分之職以倡導九州牧伯爲政大成兆民之性命」。*

452　注　大夫已上也　「已」，天明本作「以」。*

452　注　歎而之　天明本「而」下有「戒」字。*

453　注　愼出命　「命」，天明本作「令」。*

453　注　令出必惟行之　天明本「令」上有「從政之本也」五字。*

453　注　平滅情　天明本「情」上有「私」字。*

454　注　則民其信歸之矣　天明本無「矣」字。*

454　注　言當先學古詷　「詷」，天明本作「訓」。*

455　注　亂事必以古議義度終始　「亂」，天明本作「制」，「議義」互乙。

456　注　當以舊典常故　天明本「故」下有「事爲師法」四字。*

456　牆面莅事惟煩　「牆」，天明本作「牆」。*

457　注　其猶正牆面而二二　「二二」二字，天明本作「立」。*

458　注　舉其掌事也　天明本「也」上有「者」字。*

459　注　驕侈以己　天明本「以」下有「行」字。

460　注　爲悳直道而行　「悳」，天明本作「德」。*

461　注　爲僞飾巧有端　「有」，天明本作「百」。

461　注　於心苦　天明本「心」下有「勞」字。*

462　注　當思危懼　天明本「當」下有「常」字。*

462　注　若乃至畏　「至」，天明本作「不」。*

462　注　則入可畏之刑也　天明本無「也」字。

465　三事泉大夫　「泉」，天明本作「暨」，金澤本校改作「泉」。*

466　注　礿公卿以下　「礿」，天明本作「勑」。*

466　注　治所有之職也　天明本「治」下有「汝」字。*

466　永康兆正　「正」，天明本作「民」。

467　注　助汝君　天明本「助」上有「以」字。

467　注　我周意也　「意」，天明本作「德」。

468　注　君陳　天明本無「君陳」二字。

468　注　周公所謚　「謚」，天明本作「營」。*

468　注　分居東郊成周之邑　天明本「居」下有「正」字。*

469　我聞　天明本「聞」下有「曰」字。*

469　感子神明　「子」，天明本作「于」。*

470 黍稷非聲　「聲」，天明本作「馨」。*

470 注　所聞上方賢聖　「方」。天明本作「古」，*「賢聖」互乙。

470 注　所謂芬　天明本「芬」下有「芳」字。*

470 注　黍粒之氣乃明德之馨　「黍粒」，天明本作「黍稷」。*

471 注　乃明悳之簪　「簪」，天明本作「馨」。*

472 注　未見聖道之　天明本無「之」字。

472 注　所以無成者也　天明本無「者」字。*

473 注　汝戒爲凡人之行也　天明本「戒」下有「勿」字。*

473 注　猶草應風而僑　「僑」，天明本作「偃」。*

474 注　無無勢位　「無勢」，天明本作「乘勢」。*

474 有制從容以和　天明本「有制」上有「寬而」二字。*

476 注　殷民有在刑法者　天明本「有」下有「罪」字。*

477 注　我曰故赦宥　天明本無「故」字。*

477 注　惟其當以中正平理所之　「所」，天明本作「斷」，*「之」作「也」。

477 有弗于汝　天明本「弗」下有「若」字，*「汝」下有「政」字。

477 化于訓　天明本「化」上有「弗」字，「訓」上有「汝」字。*

478 注　有不順於政　天明本「於」下有「汝」字。*

478 注　不變於汝　天明本「汝」下有「教」字。*

479 注　又有但舊不喻　「又」，天明本作「人」，「但舊」作「頑嚚」。*

479 注　無忿疾之也　天明本「忿」下有「怒」字，無「也」字。

480 注　畢命　天明本無「畢命」二字。

480 命曰烏虖　「命」，天明本作「王」。校云：「『王』舊作『命』，改之。」*

481 注　若異於先王王　天明本不重「王」字。*

482 商俗靡　天明本「靡」下有「靡」字。*

483 注　令殷民利口　「令」，天明本作「今」。*

483 注　念風未絶　「念」，天明本作「餘」。*

486 殽庶士驕淫矜侉　「殽」，天明本作「殷」。*

488 惟公克成厥終　天明本「公」上有「周」字。

489 注　弜公之訓　「弜」，天明本作「弘周」二字。*

489 注　用二公之烈　「用」，天明本作「闡」。*

490 注　所以勉畢公也　天明本無「也」字。

491 注　君牙　天明本無「君牙」二字。

492 世蔦忠真　「真」，天明本作「貞」。*

492 服勞家　天明本「勞」下有「王」字。*

492 厥有成續　「續」，天明本作「績」。*

493 注　其有功　天明本「功」上有「成」。*

493 注　見紀録書於王之太常　「太」，天明本作「大」。

494 詷守文武成康遺緒　「詷」，天明本作「嗣」。

494 亦惟先王臣　天明本「臣」上有「之」字。*

495 注　繼守先業　天明本「先」下有「王遺」二字。*

495 心憂危　天明本「心」下有「之」。*

496 涉于春冰　「涉」，天明本作「涉」。

496 注 故心危懼也 天明本「心」下有「懷」字。*
496 注 春冰畏滔 「滔」，天明本作「陷」。
496 注 懼之甚也 天明本「懼」上有「危」字。
497 作股肱心播 「播」，天明本作「膂」。*
497 注 今令汝爲我輔祤 「令」，天明本作「命」，「祤」作「翊」。*
498 注 言女身能正 「女」，天明本作「汝」。
498 注 如必當正身示民 天明本無「如」字。*
499 注 以中正之道也 天明本無「也」字。
499 注 夏曰看 「曰」，天明本作「月」，*「看」作「暑」。*
499 注 小民惟怨歎差 天明本「歎」下有「咨嗟」二字，無「差」字。*
500 注 小民赤惟曰怨咨 「赤」，天明本作「亦」。*
501 圖其易民乃寧 「圖」，天明本作「圖」。
501 注 民猶怨 天明本「怨」下有「嗟」字。*
501 注 當思慮其難 「難」，天明本作「艱」。
501 注 民乃安也 天明本無「也」字。
502 注 槼命 天明本無「槼命」二字。
502 柏㝠 「柏」，天明本作「伯」，「㝠」作「冏」。*
503 咸懷忠臣 「臣」，天明本作「良」。*
503 内匪正人 「内」，天明本作「罔」，金澤本校改作「冈」。*
506 注 言文戉發号施令 「戉」，天明本作「武」。*

509 詟糺謬 天明本「詟」上有「繩」字。*
510 作大正 天明本「正」上有「僕」字。*
510 正于羣僕侍 「侍」下之字，天明本作「御」。*
511 楙乃后悳 「楙」，天明本作「懋」。
511 文脩弗逯 「逯」，天明本作「逮」。
511 注 言御侍之臣 「御侍」天明本互乙。*
512 注 皆當勉汝君爲意 「意」，天明本作「德」。*
512 注 其所不還也 「還」，天明本作「逮」。*
513 注 無得用巧言實 天明本「言」下有「無」字。*
513 注 悁諂諛之人 「悁」，天明本作「媚」。*
515 注 則其君乃能 天明本「能」下有「正」字。*
515 注 僕臣誦諛 「誦」，天明本作「諂」。*
516 注 惟臣詳之 「詳」，天明本作「誤」。*
516 尔無暱于憸人 「暱」，天明本作「昵」。*
517 注 汝無親近憸利小弓之人 「弓」，天明本作「子」。
518 注 導君上以非先王之法乜 「乜」，天明本作「也」。
518 王曰老 天明本無「老」字。*
518 伯父伯兄 天明本「伯父」上有「嗚呼」二字。*
519 注 子從列者也 「從」，天明本作「孫」。*
521 注 勿謂有悳美 天明本「勿」下有「自」字。
523 告尔尔祥刑 天明本不重「尔」字。*
525 注 惟五刑乎 天明本「惟」上有「非」字。

526 注 則衆獄官共聽其入五刑辭也 天明本「刑」下有「之」字。*

529 注 刑赦從罸 天明本「刑」下有「疑」字。*

529 注 疑赦從免 天明本「疑」上有「罸」字。

530 注 刑乳國 「乳」，天明本作「亂」。*

531 注 用中與 「與」，天明本作「典」。*

531 注 凡刑所斉非斉 天明本「所」下有「以」字，*「斉非斉」作「齊非齊」。

532 注 可以斷獄 「可」上之字，天明本作「才」。*

533 注 敬斷獄之害 「害」，天明本作「害」。*

533 其審克 天明本「克」下有「之」字。*

534 注 其所四訪 「四訪」二字，天明本作「罰」。*

534 注 無失中也 天明本校云：「『中』下有『正』字。」

群書治要卷第三

詩

4 所以風化天下而正夫婦也　天明本無「化」字。*

7 志之所之　天明本「所之」下有「也」字。

8 情動於裏　「裏」，天明本作「衷」。

18—25 以一國之事繫一人之本謂之風言天下之事形四方之風謂之雅雅者正也言王政之所由廢興也政有小大故有小雅焉有大雅焉頌者美盛德之形容以其成功告於神明者也是謂四始詩之至也始者王道興衰之所由也至於王道衰礼義廢政教失國異政家殊俗而變風變雅作矣　天明本校云：「『以一』至『也』，本書入『變雅作矣』下。」

32 注　仇匹也　「匹」，天明本作「逑」。校云：「『仇逑也』作『仇匹也』。」

32 注　宜爲君子仇匹也　「匹」，天明本作「逑」。校云：「『仇逑也』作『匹逑也』。」

33 注　荇接尒也　「尒」，天明本作「荼」。

42 不盈頃筐　「頃」，天明本作「傾」。

43 注　頃筐畚屬也　「頃」，天明本作「傾」。

52 下后一等　天明本「后」上有「王」字。*

54 注　云何乎彼戎者　天明本重「戎」字。

54 注　乃栘也華　「也」，天明本作「之」。*

60 注　今而與衆物汎汎然　天明本「今」下有「不用」二字。*

62 注　憂意也　「意」，天明本作「貌」。

64 溪於新婚而棄其舊室　「溪」，天明本作「淫」。*

66 以陰以習習谷風以陰以雨　天明本無「習習谷風以陰以」七字。*

66 注　東風謂之荅風　「謂」，天明本作「言」，「荅」作「谷」。*

67 注　則室家成之也　天明本無「之」字。

68 注　非夫婦之宜也君子同心也　天明本無「君子同心也」五字。*

68 無以下礼　「礼」，天明本作「體」。

69 注　然而其根惡時　天明本「根」下有「有美時有」四字。*

75 注　雖處高顯之居　「處」，天明本作「居」，「居」作「處」。

77 注　今反無礼之　天明本無「礼」字。

81 注　大夫之旃也　「旃」，天明本作「旗」。

84 注　姝順也　「也」，天明本作「貌」。

89 緑竹綺綺　「綺」，天明本作「猗」。*

91 注　其聽諌　「其聽」天明本互乙，「諌」上有「規」字。*

92 丸蘭　「丸」，天明本作「芄」。

92 注 惠公以童即位 天明本「童」上有「幼」字。*
93 注 而驕於大臣 天明本「驕」下有「慢」字。*
93 丸蘭之支 「丸」，天明本作「芄」。
94 注 丸蘭草 「丸」，天明本作「芄」。
94 注 喻幼稚之君 「稚」，天明本作「穉」。*
94 注 乃能成 天明本「成」下有「其政也」三字。*
95 注 早成其德也 「早」，天明本作「以早」二字。*
96 注 此別稚之君 「別」，天明本作「幼」。*
96 注 雖佩觿与 「与」，天明本作「焉」。
97 注 其才能實不如我衆注之所知爲也 「注」，天明本作「臣」。*
103 懼讒 天明本「讒」下有「也」字。
109 胡不夷 天明本「胡」上有「云」字。*
111 刺學廢也 天明本「學」下有「校」字。
112 注 學子而在學校之中 天明本「而」下有「俱」字。*
113 子寧不嗣 天明本「嗣」下有「音」字。
113 注 嗣績也 「績」，天明本作「積」。
114 注 以恩責其忘己也 天明本「以」上有「我」字。
119 注 則以作早於常時敬 天明本「敬」下有「也」。*
123 注 大田遇度 「遇」，天明本作「過」。*
123 注 終不能推 「推」，天明本作「獲」。*
125 注 忉忉憂 天明本「憂」下有「勞」字。*
125 注 徒勞其心忉忉然也 天明本無「也」字。
128 寡之河之干兮 「寡」，天明本作「寘」。
129 注 伐檀以俟世用 「俟」，天明本作「俟」。*
130 胡取禾三百壥兮 「壥」，天明本作「廛」。
131 注 一夫之居曰壥 「壥」，天明本作「廛」。
131 注 貌 「貌」，天明本作「貆」，下有「獸名也」三字。*
132 不素喰兮 「喰」，天明本作「餐」。
136 鼠大鼠者 天明本「鼠大」上有「大」字。*
141 有有杕之杜 天明本不重「有」字。*
142 其葉滑滑 「滑滑」，天明本作「湑湑」。*
142 注 木特貌 「木」，天明本作「杕」，「特」下有「生」字。*
142 注 骨枝葉不相次比之皃 「骨」，天明本作「湑湑」二字。*
144 注 言昭公棄其宗族 「棄」，天明本作「遠」。*
144 注 恩不如同姓之親耳 天明本重「親」字。*
146 忘穆公業 天明本「公」下有「之」字。
146 棄其賢臣焉 天明本「棄」上有「始」字。*
147 鴥彼晨風 「鴥」，天明本作「鴥」。
147 注 鴥疾皃也 天明本「疾」下有「飛」字。
147 注 晨風鴥也 「鴥」，天明本作「鸇」。
147—148 注 鬱積疾如入北林之中也 天明本無「疾如入北林之中」七字。*

148 注　賢人往之　天明本「往」上有「歸」字。*
148 注　疾如晨風之貌飛入如北林也　天明本「疾」上有「駛」字,「之」下無「貌」字,「入」下無「如」字。*
150 注　大多也　此三字天明本作「實多大也」四字。*
153 康公爲太子　天明本「公」下有「時」字。*
155 我送我送舅氏　天明本不重「我送」二字。*
162 注　設礼食大具只食我　「只」,天明本作「以」。*
163 注　承然也　「然」,天明本作「繼」。
166 始奢而任小人　「始」,天明本作「好」。*
166 蜉蝣蜉蝣之羽　天明本不重「蜉蝣」二字。*
167 注　槑略也　「槑」,天明本作「渠」。*
168 注　以自飾　天明本「自」下有「修」字。*
168 注　喻照公之朝　「照」,天明本作「昭」。
168 注　君子死亡之无日　「子」,天明本作「臣」。
169 注　如渠略土然之也　天明本無「土」「之」二字。*
172 注　不過候人　天明本「人」下有「也」。
175 燕群臣壽賓也　「壽」,天明本作「嘉」。*
177 然後忠臣壽賓　「壽」,天明本作「嘉」。
178 注　苹萍也　天明本「萍」上有「大」字。*
178 注　相招呼以盛礼也　「盛」,天明本作「成」。
179 鼓簧承筐是將　天明本「鼓簧」上有「吹笙」二字。*
183 注　則爲不辱君命之也　天明本無「之」字。

184 注　惟所之則然之也　天明本無下「之」字。
185 注　衆行夫既受君命當　天明本「當」下有「速行」二字。*
188 注　周公吊二叔之不戚　「吊」,天明本作「弔」,「戚」作「咸」。*
190 注　蕚得華之光明　天明本「蕚」下有「足」字。*
191 注　無如兄弟之最厚之　天明本無下「之」字。
191 鷶鴒在原　「鷶」,天明本作「鶺」。
192 注　鷶鴒雍渠也　「鷶」,天明本作「鶺」。
192 注　行則不能自舍尒　天明本「則」下有「搖」字。*
194 注　急難之時　天明本「急」上有「當」字。*
194 注　雖有善月門來　「月」,天明本作「同」。*
194 注　玆對之長歎而已也　天明本無「也」字。
195 外御其侮　「御」,天明本作「禦」。*
195 注　閲恨也　「恨」,天明本作「狠」。
198 則民德厚矣　天明本「德」下有「歸」字。*
199 注　与友生巖伐　天明本「巖」上有「於山」二字。*
200 注　猶以道德相政正也　「政」,天明本作「切」。
200 注　似於友道　天明本「於」下有「有朋」二字,*「道」下有「然」字。*
200 注　故連言之也乎　天明本無「也乎」二字。
201 注　出徙深谷　「徙」,天明本作「從」。*

201 注 今移處高之木也 天明本無「之」字。*
202 注 君子雖遷於高位 天明本「遷」下有「處」字。*
204 注 鳥尚知知居高木 天明本不重「知」字。*
204 注 是人乎 天明本「是」上有「況」字。*
204 注 不可不求之乎也 天明本作「可不求之」四字。
205 則歸美 天明本「則」下有「臣亦」二字。*
208 注 尒汝 天明本「汝」下有「也」。*
209 注 其舉事盡得其宜宜 天明本不重「宜」字。*
209 注 得其宜宜受天多福禄 天明本無此九字。*
209 如月之晅 「晅」，天明本作「恒」。*
210 注 升出也 「升」，天明本作「昇」。
211 注 騫虧也 天明本無「也」字。
214 立本平之基矣 「本」，天明本作「太」。*
214 注 如山之有基趾趾也 天明本不重「趾」字。*
215 注 喻山之有草木以自覆 天明本無「喻」字。*
216 注 成其大 天明本「其」下有「高」字。*
216 注 自以尊顯之也 天明本無「之」字。
217 注 置之於倍 「倍」，天明本作「位」。*
220 注 亦君之賤者 天明本「亦」下有「國」字。*
220 注 天所以潤薄物 「薄」，天明本作「萬」。*
221 注 不爲遠則不及之及之也 天明本「遠」下有「國」字，無「及之也」三字。*

222 燕咲語子 「子」，天明本作「兮」。
223 注 則遠國 天明本「國」下有「之君」二字。*
224 湛露斯 天明本「湛」字重。*
225 匪陽不睎 「睎」，天明本作「晞」。*
225 注 睎乾也露湛湛然 「睎」，天明本作「晞」，「露」下有「雖」字。*
226 注 則自變肅敬承命 天明本校云：「『自』作『貌』。」
229 皇皇者葉廢 「葉」，天明本作「華」。*
245 我是用烝 「烝」，天明本作「急」。*
245 注 北狄交侵甚熾 「交」，天明本作「來」。*
248 外攘狄 天明本「攘」下有「夷」。*
248 復文武之境士 「士」，天明本作「土」。
253 注 言不讙譯也 「譯」，天明本作「譁」。*
253 注 有善聞無讙譁也 天明本無「也」字。
255 而能劳來還安集之 天明本「還」下有「定」字。
255 至乎鰥寡寡 天明本不重「寡」字。
256 宜無不得其所焉 天明本無「宜」字。*
259 注 今飛而又集于澤中 天明本「澤」下有「之」字。
260 百堵作 天明本「作」上有「皆」字。*
260 注 之於懷城之國徵民起屋舍 「之」，天明本作「又」。*
261 注 言趨常也 「常」，天明本作「事」。*
262 注 汝今雖病苦 「苦」，天明本作「勞」。*

262 注　終於有所居安也　天明本無「於」字，「居安」互乙。
263 皎皎白　天明本無「皎皎白」三字。*
265 注　賢者有乘白駒而去　天明本「去」下有「者」字。*
266 注　愛之欲留之也　天明本無下「之」字。*
267 注　今何遊息乎　天明本「今」下有「於」字。*
268—269 注　節節彼南山　天明本不重「節」字。
270 注　喻三公位　天明本「公」下有「之」字。
270 赫赫師君　「君」，天明本作「尹」。*
270 注　國之三公　「國」，天明本作「周」。*
271 注　此言君代汝居三公尹氏爲太師具　此句天明本作「此言尹氏汝居三公之位天下之民」。*
275 注　夏之四月而霜多　天明本無「而」字。
276 注　急恒寒若之異也　天明本無「也」字。*
276 注　故心爲之憂傷也　天明本「心」上有「我」字。*
277 注　致此灾害　「害」，天明本作「異」。*
278 注　此民有疾苦　天明本無「有」字。
280 寧或滅之　「滅」，天明本作「威」。
281 注　滅之者水也　「滅」，天明本作「威」，「者」作「以」。
281 注　寧有能滅息之者　天明本「者」下有「乎」字。*
281 注　無有也　天明本「無」上有「言」字。*
281 注　以無有喻有之者爲甚之乎　「之乎」二字，天明本作「也」。

282 裒姒滅之　「裒」，天明本作「褒」，「滅」作「威」。*
282 注　裒國名　「裒」，天明本作「褒」。
282 注　滅也　天明本「滅」上有「威」字。
282 注　有裒之女　「裒」，天明本作「褒」。
285 朔月辛卯　「月」，天明本作「日」。*
286 注　日月之會之　天明本「會」上有「交」字，「之」作「也」。*
286 注　臣侵君之象　天明本「象」下有「也」。*
287 注　又以侵辛　天明本「侵」上有「卯」字。*
287 注　故甚惡之也　天明本無「也」字。
288 于何否臧　「否」，天明本作「不」。*
288 山冢崩　天明本「冢」下有「崒」字。
289 注　申貴小人也　「申」，天明本作「由」。*
289 注　山頂崔嵬崩者　「崩者」天明本互乙。
290 注　喻君道懷也　「懷」，天明本作「壞」。
291 注　禍亂方興　「興」，天明本作「至」。*
291 注　哀今位之人　天明本「哀」下有「哉」字，「今」下有「在」字。*
291—292 注　曾無以道德止之也　天明本「曾」上有「何」字，「之」下無「也」字。*
293 注　不敢自謂爲勞　天明本無「爲」字。
293 無罪無事　「事」，天明本作「辜」。*

294 時人非有事辜罪　天明本無「事」字。*

296 注　友用之也　天明本無「也」字。

297 注　靈厭之　天明本「靈」上有「軀」字。

298 注　不復告其所圖之吉凶也　天明本無「也」字。

298 注　謀事者衆　天明本「衆」下有「多」字。*

299 注　非相棄　天明本「非」上有「是」字。*

299 注　莫知過從　「知」，天明本作「適」，「過」作「可」。*

301 注　言小人争智而讓過之　天明本無「之」字。

301 是用不不潰于成　天明本不重「不」字。*

302 得人而与謀　天明本「与」下有「之」字。*

305 注　哭恐墜也　天明本無「哭」字。*

307 注　雖無罪過猶懷恐懼之也　天明本無「過懷之」三字。

308 太子之傅作焉作焉　天明本不重「作焉」二字。*

310 愁如擣　「愁」，天明本作「惄」，「如」上有「焉」字。*

311 不脱衣冠而寐　「衣冠」天明本互乙。

312 必恭敬心　「心」，天明本作「止」。*

312 注　已尚不敢　天明本「敢」下有「不恭敬也」四字。*

314 注　今我太子獨不得父之皮膚之氣乎　「得」，天明本作「受」。金澤本「父」上校補「瞻仰」二字。*

315 無逝我梁梁　天明本不重「梁」字。

316 無發我笱　「笱」，天明本作「笱」。*

316 注　此必有盗重之罪　「重」，天明本作「魚」。*

316 注　猶言褒姒淫色來嬖於王　「猶」，天明本作「以」，「姒」下有「以」字。*

317 惶恤我後後　天明本不重「後」字。*

322 注　王之初生亂崩　「崩」，天明本作「萌」。*

322 君子之信讒　天明本無「之」字。*

324 盗言孔其　「其」，天明本作「甘」。*

326 注　巷伯内小臣　天明本「伯」下有「奄官寺人」四字。

328 注　猶女工之集依色成錦文之也　「依」，天明本作「采」，無「之」字。*

328 彼讒人者　「讒」，天明本作「譖」。*

329 取彼讒人　「讒」，天明本作「譖」。*

329 投異村虎村虎不食　二「村」字，天明本皆作「豺」。*

331 付兄天使制其罪也　「付兄」，天明本作「畀昊」。*

336 注　汝今達而安樂　天明本「今」下有「已志」二字。*

337 思我怨　天明本「怨」上有「小」字。*

339 注　長大也　天明本「大」下有「貌」字。*

339 注　喻之憂思心不精識其事也　天明本無「之」字。*

340 注　生生我劬勞　天明本不重「生」字。*

344 父予生我　「予」，天明本作「兮」。*

344 母予鞠我　「予」，天明本作「兮」。*

346 注　旋視之也　天明本無「之」字。*

347 注　我於也欲報父母是德　天明本無「於也」二字。

347 注 我心無極之也 天明本無「之」字。*
351 注 此言王之土地廣大乎 「乎」，天明本作「矣」。*
351 注 王之臣又衆乎 「乎」，天明本作「矣」。*
356 注 鞅掌猶荷也 天明本無「掌」字。
356 注 負荷捧持以趍以走 天明本無下「以」字。
356 注 促遽也 天明本「促」上有「言」字。*
357 注 猶罪遇 「遇」，天明本作「過」。*
359 止于棥 「棥」，天明本作「樊」。
359 注 棥藩也 「棥」，天明本作「樊」。
360 注 衛讒倭人之變亂善惡也 「衛」，天明本作「喻」，「人之」互乙。*
360 注 欲外之令遠物之也 天明本無下「之」字。
363 賔之初遂 「遂」，天明本作「筵」。*
365 躭湎淫液 「躭」，天明本作「沈」。
366 注 飲酒時情能出也 「能出」二字，天明本作「態」。*
367 賔之初遂 「遂」，天明本作「筵」。*
368 睟止威儀幡幡 「睟」，天明本作「既醉」二字。*
369 屢舞僊僊是是 天明本無「是是」二字。*
369 注 僊僊然僛也 天明本無「然」字。*
369 注 此言賔出即遠之時 「遠」，天明本作「筵」。*
373 注 僛不能自止也 「止」，天明本作「正」。
374 注 采叔刺幽王也 「叔」，天明本作「菽」。

377 采叔采叔 二「叔」字，天明本皆作「菽」。
377 注 叔所以芼大牢 「叔」，天明本作「菽」。
379 注 錫諸侯以車馬 「錫」，天明本作「賜」。
382 注 調利也 「利」，天明本作「和」。
383 注 則使之多怨也 天明本「怨」下有「心」字，*無「也」字。
384 注 則大親親之望 「大」，天明本作「以」。*
385 注 正胥然矣 「正」，天明本作「民」。*
386 注 言王汝不親肯灾 「肯灾」，天明本作「骨肉」。*
391 注 豈有不庶幾就欲之止息乎 「就欲」天明本互乙。*
391 注 有盛德 天明本「有」上有「喻王」二字。*
391 注 則天下皆庶幾願往制焉 「制」，天明本作「朝」。*
391 注 憂今然也 天明本「今」下有「不」字。*
392 注 假我朝王 天明本「假」下有「使」字。*
393 注 留我使謀政事 天明本「留」上有「王」字，「使」下有「我」字。*
393 注 不察功孝績 「孝績」，天明本作「考績」。*
396 隰桑有何 「何」，天明本作「阿」。*
396 其菜有儺 「菜」，天明本作「葉」，「儺」作「難」。*
396 注 滌阿儺然長美 「滌」，天明本作「條」，無「儺」字。*
396 注 其案又茂盛 「案」，天明本作「葉」。*
396 注 可以疪瘡 「疪瘡」，天明本作「庇蔭」。*

398 注 我嘉樂无度之也 「嘉」，天明本作「喜」，無「之」字。*

409 注 棄之 天明本「棄」上有「懼而」二字。*

409 注 有狱治 天明本無「治」字。*

409 注 嬖之 天明本「嬖」上有「幽王」二字。*

410 注 王弟能治 「弟」，天明本作「弗」。*

411 注 而欲使外人弟聞 「弟」，天明本作「不」。*

411 注 言申后之於王也 天明本「之」下有「忠」字。*

412 注 念之摻摻然 「摻摻」，天明本作「懆懆」。*

413 後中國背叛 「後」，天明本作「侵」。*

416 注 箫歲晚何矣 「箫」，天明本作「至」，無「何」字。*

416 注 於是聞將率何日不行乎 「聞」，天明本作「間」，無「何」字。*

417 注 言言常行勞苦之也 天明本不重「言」字，「之」作「甚」。*

419 注 長我征夫夫朝夕不暇 「長」，天明本作「哀」，不重「夫」字。*

426 注 其數不徒 天明本「徒」下有「億」字。*

426 注 言多之也 「言多」天明本互乙。

427 天命靡靡常 天明本不重「靡」字。

428 注 常者善則就之 天明本「常」上有「無」字。*

429 裸將于京 「裸」，天明本作「祼」。

429 注 裸灌鬯也 「裸」，天明本作「祼」。

433 注 赫赫然者見於天也 天明本「赫赫」上有「故」字，無「也」字。*

434 天難忱斯 「忱」，天明本作「忱」。

435 使不浹四方 「浹」，天明本作「挾」。

435 注 忱信也 「忱」，天明本作「忱」。

435 注 使達也 「使」，天明本作「挾」。*

435 注 天之意難知矣 天明本無「之」字，「知」作「信」。*

435 注 今紂居王 天明本於「王」下有「位」字。*

438 受方國 天明本「受」上有「以」字。

438 注 遠也 「遠」，天明本作「違」。

438 注 小心翼 「小心翼」，天明本作「小心翼翼」。*

439 注 恭慎皃 天明本「皃」下有「也」字。*

441 京室之婦也 天明本無「也」字。

441 注 京室王也 天明本「王」下有「室」字。*

443 注 大姒文王之妃也 「姒」，天明本作「姒」。*

444 注 衆妾則宜百子者 「者」，天明本作「也」。*

446 注 御迎也 「迎」，天明本作「治」。

446 注 文王以礼法待其妻 天明本「法」下有「接」字。*

447 民始附 天明本「附」下有「也」字。*

448 以及息獸昆蟲焉 「息」，天明本作「鳥」。*

449—450 鹿民政之 「鹿」，天明本作「庶」，*「政」作「攻」。*

451 注　言樂文王之德　「樂」，天明本作「説」。*

451 注　勸其事忘勞也　天明本「忘」下有「己」字。*

453 行葦忠厚仁及草木　天明本「葦」下有「忠厚也周家」五字。*

454 外尊事黃者　「者」，天明本作「耇」。*

457 注　葦初生泥泥然　「葦」，天明本作「葉」。

458 注　物方茂盛　天明本「物」上有「草」字。*

458 注　无使蹸履折傷之　「蹸」，天明本作「蹈」。

458 注　以其終將爲人用也　天明本無「也」字。*

458 注　故用之先王　「用」，天明本作「周」。*

459 黃者台背　「者」，天明本作「耇」。*

460 注　在前曰引　天明本「在」下有「其」字。

464 安民能官人　天明本無「能」字。*

466 注　宜君子天下也　「子」，天明本作「王」。*

467 注　其子孫亦動行而求　天明本句末有「之」字。*

467 不愆不亡　「亡」，天明本作「忘」。*

468 注　不過設　「設」，天明本作「誤」。*

468 注　謂用公之礼法也　「用」，天明本作「周」，無「也」字。*

469 沉可小康　「沉」，天明本作「汔」。*

470 注　康綏皆安　天明本「安」下有「也」字。*

471 注　惠愛　天明本「愛」下有「也」字。*

471 注　諸黃之根本也　「黃」，天明本作「夏」。*

475 注　厷其出善言而不行之也　「厷」，天明本作「癉」。

476 注　王謀　天明本「王」下有「之」字。*

476 注　不能圖　天明本「能」下有「遠」字。*

478 注　分善也　「分」，天明本作「介」。*

478 注　蒲屏也　「蒲」，天明本作「藩」。*

478 注　恒牆垣也　「恒」，天明本作「垣」，無「牆」下之「垣」字。*

478 注　太師之公也　「之」，天明本作「三」。*

479 注　王當用公卿諸侯及宗之貴者　天明本「宗」下有「室」字。

479 注　屖恒幹爲輔弼　「屖」，天明本作「屏」，「恒」作「垣」。*

483 邵穆公傷周室大壞也　「邵」，天明本作「召」。*

485 注　斥君王也　「斥」，天明本作「託」。*

486 注　言法度廢懷之皃　「懷」，天明本作「壞」，「皃」下有「也」字。*

486 注　厲王及以此居人上　「及」，天明本作「乃」。*

486 注　爲天下之君　天明本不重「下」字。*

487 注　刑法也　天明本「刑」上有「峻」字。*

488 注　其政教又多耶僻　「耶」，天明本作「邪」。*

488 天生蒸民　「蒸」，天明本作「烝」。*

492 注　汝既過於沉湎矣　「沉」，天明本作「沈」。
494 注　及不用先王之故法所致也　「及」，天明本作「乃」。*
495 注　謂若伊陟臣扈之屬也　天明本「伊」下有「尹伊」二字。*
497 注　曾无用典刑事者　天明本「刑」下有「治」字。*
497 注　以至以至誅滅也　天明本不重「以至」二字。*
497 殷監不遠　「監」，天明本作「鑒」。*
497 近在夏后之世　天明本無「近」字。
498 注　此言殷紂之明鏡不遠也　天明本無「紂」字。*
498 注　近在夏后之　天明本「之」下有「世」字。*
498 注　後而武王誅紂　天明本無「而」字。*
499 衛武公刺厲王　天明本「王」下有「也」字。*
499 注　亦以自驚也驚也　天明本無「驚也」二字。*
502 注　有德行　天明本「德」上有「大」字。*
502 注　言在所以倡道之　天明本於「在」下有「上」字。*
502 敬慎威儀維民　天明本無此六字。
504 白性之玷　「性」，天明本作「珪」。*
505 不可爲也　天明本無「也」字。
506 注　尚可磨鑪而平　「鑪」，天明本作「鑢」。*
507 芮伯刺幽王也　「芮」，天明本作「芮」。*
507 注　芮伯王卿士也　「芮」，天明本作「芮」。*
507 憂心慇慇　天明本無此四字。*

508 憂心慇慇　「慇慇」，天明本作「殷殷」。*
508 途天僤怒　「途」，天明本作「逢」。
511 前无明居　「居」，天明本作「君」。*
512 注　迪進　天明本「進」下有「也」字。*
513 注　而集用之　「而集」，天明本作「不進」。*
513 注　有忍爲惡之者　天明本「之」下有「心」字。*
513 注　王反欲念而重復之　「欲」，天明本作「顧」。*
514 大風有墜　「墜」，天明本作「隧」。*
515 注　或也貪惡之人　「或」，天明本作「夷」。*
515 注　人滅教之也　「滅教」，天明本作「或勑」。*
519 昭回于天　「回」，天明本作「同」。
520 注　照光也　「照」，天明本作「昭」。
520 注　天漢水氣也　「漢」，天明本作「河」。*
520 注　時渴雨　天明本「時」下有「旱」字。*
520 注　故宣王夜仰視天河望視其候也　天明本無下「視」字。
522 注　王憂早而嗟歎云　「早」，天明本作「旱」。*
522 注　天乃下早灾　「乃」，天明本作「仍」，「早」作「旱」。*
523 注　復童至也　「童」，天明本作「重」。*
524 注　言王爲甲之　「甲」，天明本作「旱」，「之」下有「故」字。*
525 注　无所愛於三神牲　天明本無「神」字，「牲」下有

「也」字。*

525 注　礼之圭璧　天明本「礼」下有「神」字。*

527 逹國親諸侯　「逹」，天明本作「建」。

527 皃賞申伯焉　「皃」，天明本作「褒」。*

527 注　甲吉甫申伯　「甲」，天明本作「尹」。*

528 生甫及　天明本「及」下有「申」字。*

529 注　皆以知人爲周之積翰之臣也　天明本「以」下有「賢」字，「積」作「楨」，*「翰」作「幹」。

532 蒸民　「蒸」，天明本作「烝」。*

533 天生蒸民　「蒸」，天明本作「烝」。*

534 注　莫好有美德之人也　天明本「莫」下有「不」字。*

534 天監有周　「監」，天明本作「臨」。*

535 注　監視也　「監」，天明本作「臨」。*

535 注　天視周王之政教　「王」，天明本作「室」。

537 注　喜善顔色　天明本無「喜」字。*

539 仲山甫助之　「助」，天明本作「明」。*

539 注　若順否猶臧否　天明本「順」下有「也順」二字。*

545 注　无不其志也　天明本無「不」字。*

546 注　仲山甫能行獨擧　天明本無「行」字。*

547 注　仲山父也　「父」，天明本作「甫」。

549 注　昊天王者也　天明本「王」上有「斥」字。*

551 汝覆奪之　「汝」，天明本作「女」。

552 汝反收也　「也」，天明本作「之」。

553 喆夫成城　「喆」，天明本作「哲」。*

553 喆婦傾城　「喆」，天明本作「哲」。

553 注　喆謂多謀慮也　「喆」，天明本作「哲」。

554 懿厥喆婦　「喆」，天明本作「哲」。

554 爲梟爲鴟　「梟」，天明本作「梟」。

555 注　喻褒妣之言无善也　「妣」，天明本作「姒」。*

556 敂匪侮　「敂」，天明本作「教」。*

556 時維婦待　「待」，天明本所「寺」。*

557 注　今王之有此乱　「乱」，天明本作「亂政」二字。*

557 注　但從婦人口出耳　天明本無「口」字。*

557 注　又非有教王爲惡　天明本「有」下有「人」字，「惡」作「亂」。*

557 注　語王之爲乱者　「乱」，天明本作「惡」。

558 如賈三位　「位」，天明本作「倍」。*

559 注　婦人無外政　天明本「無」下有「與」字。*

560 注　小人所望而君子反知也　天明本無「望」字，「所」下有「宜知也」三字，無「知」下之「也」字。*

560 注　今婦人休息其蠶桑織紝之事　天明本無「息」字。*

560 注　而与朝庭之事爲宜　「庭」，天明本作「廷」，「事」下有「其」字，「爲」下有「非」字。*

562 注　弔也　天明本無「也」字。*

562 注　王之爲故　「故」，天明本作「政」。*

562 注　德不至於天矣　天明本「不」下有「能」字。*

562 注　又不善于朝庭矣　「庭」，天明本作「廷」。*

564 清廟　天明本前行有「周頌」二字。

565 注　清厲者　「厲」，天明本作「廟」。*

565 注　祭有清明之德宫也　天明本「德」下有「者之」二字。*

565 注　文王象焉　「焉」，天明本作「也」。

566 注　於歎辭　天明本「歎」下有「之」字，「辭」下有「也」字。*

566 注　雍和也　天明本無「也」字。

567 注　於美哉　天明本「於」下有「乎」字。*

567 注　周公之祭清庿　天明本「庿」下有「也」字。*

567 注　從者來助發之也　「從」，天明本作「德」，「發」作「祭」。

568 康文之德　「康」，天明本作「秉」。*

569 注　天王精神已在文矣　「天」，天明本作「文」，「文」作「天」。*

570 二王之後來助也　天明本「助」下有「祭」字。*

570 振振鷺于飛　天明本不重「振」字。*

572 注　振振群飛之貌　天明本不重「振」字，「貌」下有「也」字。*

572 注　雍澤　天明本「澤」下有「也」字。*

572 注　客王之後也　天明本「王」上有「二」字。*

572 注　白鳥於西澤　天明本「鳥」下有「集」字，「澤」上有「雍之」二字。*

572 注　言所得其出處也　天明本「所」下有「集」字。*

573 注　喻杞宋之君有潔白之來德助祭於周之廟　「來德」天明本互乙。*

573 注　得利之宜也　「利」，天明本作「礼」。*

575 相維群公　「群」，天明本作「辟」。*

580 敬之敬之天　天明本無此五字。*

583 注　故因時戒之曰　天明本「時」上有「此」字。*

583 注　不可變易也　天明本無「可」字。*

583 注　無謂又高　天明本「謂」下有「天高」二字。*

584 注　在在遠人不畏也　「在在」，天明本作「在上」。*

584 注　轉運日月　天明本「轉」上有「謂」字。*

584 注　日月視瞻近在此也　天明本無「月」字。*

587 建尒無子　「無」，天明本作「元」。*

588 注　元首　天明本「首」下有「也」字。*

588 注　宇居　天明本「居」下有「也」字。*

588 注　周外父我立于汝首子　天明本無「周」。*

589 注　謂欲封伯禽　天明本「禽」下有「也」字。*

589 注　大海汝居　「海」，天明本作「開」。*

589 注　謂封以方七百果也　「果」，天明本作「里」。*

590 錫之山川　「錫」，天明本作「賜」。

591 注 加錫之以山川土田及附庸 「錫」，天明本作「賜」。

591 注 令專像之也 「像」，天明本作「統」。*

597 注 故用是愛敬之也 「故」，天明本作「天」，「是」下有「故」字，無「也」字。*

597 注 使用於天下言王之事 天明本「用」下有「事」字，無「王」下之「事」字。*

598 敷優優 天明本「敷」下有「政」字。*

599 百禄是道 「道」，天明本作「遒」。

599 注 絿急㐌 「㐌」，天明本作「也」。*

599 注 道聚也 「道」，天明本作「遒」。*

602 注 不僭不監 「監」，天明本作「濫」。*

603 注 皇暇也 「皇」，天明本作「遑」。*

603 注 能從慎罰 天明本無「從」字，「慎」上有「明德」二字。*

603 注 自暇懈於政事者 天明本無「懈」字。*

604 注 謂命湯使與七十里 「與」，天明本作「由」。*

605 注 翼翼然可則 天明本「則」下有「微」字。*

群書治要卷第五

春秋左氏傳中

7 晋靈不君 天明本「靈」下有「公」字。*

7 注 彫盡也 「盡」，天明本作「畫」。*

9 使婦人載以過期 「期」，天明本作「朝」。*

9 趙盾士季患之 「盾」，天明本作「盾」。*

10 士秀曰 「秀」，天明本作「季」。*

10 會請先入 天明本無「入」字。*

11 注 士季隨會隨會也 天明本不重「隨會」二字。

12 注 欲諫 天明本「欲」上有「公知」二字。*

13 人誰不過 「不」，天明本作「無」。*

14 靡不有初 「初」，天明本作「初」。*

17 晨性 「性」，天明本作「往」。*

18 亡之主也 「亡」，天明本作「民」。*

19 有一於 天明本「於」下有「此」字。*

21 其右提旀明知之 「提」，天明本作「提」。*

22 遂跣以下 「跣」，天明本作「扶」。

23 猛何爲 「猛」，天明本作「猛」。

24 政靈公於桃園 「政」，天明本作「攻」。*

24 注 趙盾之從父昆弟弟子 天明本不重「弟」字。*

30 遂至于雒 「雒」，天明本作「雒」。

31 注 示欲通取天下也 天明本「通」下有「周」字。*

33 注 圖畫山川奇異之物而獻 天明本「獻」下有「之」。

34 使亡知神姦 「亡」，天明本作「民」。*

35 魑魅罔兩 「魑」，天明本作「魑」。*

35 莫能逢稱 「稱」，天明本作「之」。*

43 君曰 「君」，天明本作「箴尹」二字。*

45 何以勸善 「以」，天明本作「以」。*

46 注 斦舒弑君也 「斦」，天明本作「徵」。*

48 湏命而退 「湏」，天明本作「復」。*

49 夏徵舒爲不道敍其君 「敍」，天明本作「弑」。*

50 諸侯懸公皆慶寡人 「懸」，天明本作「縣」。*

52 討戮之 天明本「討」下有「而」字。

55 今縣除 「除」，天明本作「陳」。*

56 無及不可乎 「及」，天明本作「乃」。*

57 所謂取謂其懷 「取謂」，天明本作「取諸」。*

58 注 謂譬如聚人物於其懷而還之 「聚」，天明本作「取」。*

59 聞鄭既乃楚平 「乃」，天明本作「及」。*

63 昔歳人陳 「人」，天明本作「入」。*
64 注 君無怨讟 天明本此句下有小注「讟謗也」。*
65 夅乘輪睦 「夅」，天明本作「卒」，「輪」作「輯」。*
66 注 步有卒 「有」，天明本作「曰」。*
67 注 令尹也 天明本無「也」字。*
67 注 孫叔敖也 天明本無「也」字。*
73 注 踈昏亂也 「踈」，天明本作「昧」。*
74 彘子曰不可 「彘」，天明本作「彘」。*
75 注 彘子先穀 「彘」，天明本作「彘」。*
79 其君無日不討而訓之 天明本「討」下有「國人」二字。
81 紂之百克而卒後 天明本「卒」下有「無」字。*
81 嵗之曰 「嵗」，天明本作「箴」，金澤本校改作「葴」。*
82 葴誡也 「葴」，天明本作「箴」。
84 以力争謂侯也 天明本「以」上有「謂」字，「謂侯」作「諸侯」。*
87 舟中之指掬 天明本「指」下有「可」字。*
87 而妝晋尸以爲京觀 「妝」，天明本作「收」。*
88 注 積尸封土其上 「積」，天明本作「積」。*
89 注 文字字也 天明本不重「字」字。*
90 注 戢藏也 「戢」，天明本作「戢」。*
91 注 櫜韜也 「韜」，天明本作「韜」。*
92 注 此武有七德也 天明本無「有」字。*

95 焉得之功 「之」，天明本作「定」。*
95 民何安 天明本「安」下有「焉」字。
96 以和衆 天明本「以」上有「何」字。*
98 以告成事而已 天明本無「以」字。
101 注 以愈不義之人 「愈」，天明本作「喻」。*
104 注 士渥濁也 天明本無「也」字。
104 師三日穀 天明本「師」上有「晋」字。
105 文公猶有夏色 「夏」，天明本作「憂」。*
106 得臣獨在 「獨」，天明本作「猶」。*
106 注 敭盡也 「敭」，天明本作「歇」。*
108 曰是晋再克 天明本「曰」下有「莫余毒也巳」五字。*
108 而楚再敗 天明本「敗」下有「也」字。*
108 楚以是再世不競 「以是」天明本互乙。*
110 其無乃久競乎 天明本「競」上有「不」字。*
112 晋侯使海其位 「海」，天明本作「復」。*
112 注 言晋侯景所以不失霜也 天明本無「侯」字，*「霜」作「霸」。*
113 師尺多寒 「尺」，天明本作「人」。*
114 撫慰勉之者 天明本無「者」字。*
114 注 纊綿言也 天明本無「言」字。*
115 注 言悅以忘寒也 天明本無「也」字。
118 未可與 天明本「與」下有「争」字。*

119 **注　度時宜也**　天明本「時」下有「制」字。*

121 **天方之道也**　天明本「天」上有「國君含垢」四字，無「方」字。*

122 **使解楊如宗**　「宗」，天明本作「宋」。*

123 **反其言不許**　天明本「反」上有「使」字。*

127 **速尒刑**　天明本「速」下有「即」字。*

131 **注　不廢命也**　天明本「不」上有「已」字。*

133 **晋景公之妹也**　「妹」，天明本作「姊」。*

133 **又潞子之目**　天明本「又」下有「傷」字。*

134 **酆舒有三携才**　「携」，天明本作「儁」。*

137 **虎我伯姬**　「虎」，天明本作「虐」。*

138 **而不以茂意**　「意」，天明本作「德」。*

139 **而申因其命**　「因」，天明本作「固」。*

140 **注　審政命也**　「命」，天明本作「令」，* 無「也」字。

144 **戚潞**　「戚」，天明本作「滅」。*

146 **注　桓子也**　天明本「子」下有「字」字。

147 **周書所謂庸庸袛袛者**　「袛袛」，天明本作「祇祇」。

149 **此之謂明意矣**　「意」，天明本作「德」。*

150 **文王所以造用**　「用」，天明本作「周」。*

153 **善人在上**　天明本「善」上有「夫」字。

154 **民幸**　天明本「民」下有「之多」二字。*

156 **衛使孫良夫侵齊**　天明本「衛」下有「侯」字。*

160 **君之所司**　天明本「司」下有「也」字。*

161 **與人政**　天明本「政」下有「也」字。*

161 **政亡國家從之**　天明本「亡」下有「則」字。*

161 **不可止也**　天明本「也」下有「已」字。*

162 **用蜃灰**　「灰」，天明本作「炭」。

162 **注　燒蛤爲灰**　「灰」，天明本作「炭」。

162 **注　麖壙多埋車馬**　「麖」，天明本作「瘞」。*

163 **於是不臣**　天明本「是」下有「乎」字。*

165 **死則益陳其侈**　天明本無「陳」字。*

168 **淫爲大罰**　天明本「罰」下有「周書曰明德慎罰」七字。

168—169 **若與諸侯以取罰**　「與」，天明本作「興」，*「取」下有「大」字。*

171 **楚公子申以申息之師救蔡**　天明本「楚公子申」下有「公子成」三字。*

171 **趙括欲戰**　天明本「趙」下有「同趙」二字。*

174 **是遷也**　天明本「遷」下有「戮」字。*

174 **戮而不也**　「也」，天明本作「已」。*

176 **而敗楚二懸**　「懸」，天明本作「縣」。*

179 **盍何不可**　天明本無「可」字。*

182 **注　傳善欒書得衆從之義也**　「衆從」天明本互乙。

186 **是以諸侯懷意畏討**　「意」，天明本作「德」。*

186 **謂没陽之田**　「没」，天明本作「汶」。*

187 而用師齊　天明本「師」下有「於」字。*

187 注　用師案之戰也　「案」，天明本作「鞌」。*

190 女也不褻　「褻」，天明本作「爽」。*

191 二三其意　「意」，天明本作「德」。*

191 注　喻魯事晋猶女之不敢過差　天明本「之」下有「事夫」二字。*

192 反二三其意也　「意」，天明本作「德」。*

193 二三熟甚焉　「熟」，天明本作「孰」。*

193 士二三　天明本「士」下有「之」字。

194 霸主將意是以　天明本無「霸主」二字，「意」作「德」。*

195 晋討趙同栝　天明本「同」下有「趙」字，*「栝」作「括」。

196 武從姬氏畜于公宫　「宫」，天明本作「室」。

197 宣之忠　天明本「宣」下有「孟」字。*

199 注　但賴其先人以免禍身　「身」，天明本作「耳」。*

200 鯀宣所以明德也　「鯀」，天明本作「鰥」，*「宣」作「寡」。*

200 注　言文王不侮鰥寡而意益明　「意」，天明本作「德」。*

200 注　欲晋侯之法文王　天明本「欲」下有「使」字。*

203 意刑詳義礼信　「意」，天明本作「德」。*

205 以守物　天明本「以」上有「信」字。*

206 民生敦庬　「庬」，天明本作「龐」。*

207 注　敦庬厚大　天明本此四字作「敦厚龐大」。*

209 干時以動　「干」，天明本作「奸」。

211 吾不見子矣　天明本「不」下有「復」字。*

211 晋楚遇於鄢　天明本「鄢」下有「陵」字。

215 吾先之敬　天明本「先」下有「君」字，「敬」作「亟」。*

217 唯聖人能外内無爲患　天明本無「爲」字。

218 注　驕咒則憂患生　「咒」，天明本作「亢」。*

220 注　續其職也　「也」，天明本作「者」。

222 於是羊舌職死奚　「奚」，天明本作「矣」。*

230 何辱焉　天明本「辱」下有「命」字。*

231 絳至　天明本「絳」上有「魏」字。*

232 君乏使　天明本「君」上有「日」字。*

234 注　諸侯臣敢不敬乎　天明本「諸侯」上有「君合」二字。*

235 懾其死以及楊干　「懾」，天明本作「懼」。*

235 注　懼自犯不武不敬死也　天明本「敬」下有「之」字，「死」作「罪」。

236 臣之罪　天明本「罪」下有「重」字。*

237 公跣而曰　天明本「曰」上有「出」字。*

239 子無量寡人之過　「量」，天明本作「重」。*

240 無終子喜父使盖樂如晋　「喜」，天明本作「嘉」，*「盖」作「孟」。*

243 戎狄無而貪　天明本「無」下有「親」字。*

243 絳曰　天明本「絳」上有「魏」字。*

244 我意則睦　「意」，天明本作「德」。*

247 之蔵王闕　「之」，天明本作「官」，「蔵」作「箴」。

248 注　茫茫遠曷　「曷」，天明本作「貌」。*

249 注　启開也九州道　天明本無「也」字，「道」上有「之」字。*

251 故息不亂也　「息」，天明本作「德」。*

250 冒于原獸　「冒」，校改作「冒」，天明本作「冐」。*

251 亡其國恤　「亡」，天明本作「忘」。

251 而思其麀牡　「麀」，天明本作「麀」。

253 注　不敢厈尊也　「厈」，天明本作「斥」。*

253 虞蔵如是　「虞」，天明本作「虞」，「蔵」作「箴」。

253 可懲乎　天明本「可」下有「不」字。*

254 然則莫如和我　「我」，天明本作「戎」，*「戎」下有「乎」字。*

256 民狆其野　「狆」，天明本作「狎」。*

257 諸侯懷威　「懷威」天明本互乙。*

262 子褁曰不可　「褁」，天明本作「囊」。

263 與不失選也　「與」，天明本作「舉」，無「也」字。*

263 讓勝己也　「也」，天明本作「者」。

266 注　尊官相勞　「勞」，天明本作「讓」。*

269 晋侯以師觸師師斶　天明本不重「師」字。*

272 狄所不諧　天明本無「狄」字，「所」上有「無」字。*

273 八年九合諸侯　天明本「八年」下有「之中」二字。*

273 諸侯無匿心　「匿心」二字，天明本作「慝」。*

276 待遇接納之也　天明本無「之也」二字。*

277 注　度河南服鄭也　天明本無「也」字。*

277 賞國之典　天明本「賞」上有「夫」字，「典」下有「也」字。*

279 晋侯蒐子于綿上以治兵　天明本無「子」字。

280 注　伯游荀偒　「偒」，天明本作「偃」。*

283 注　更命靨色也　天明本無「色」字。*

284 臣不如韓起願上趙武　天明本重「韓起」二字。

286 晋國之臣　「臣」，天明本作「民」。*

290 則貴尚而讓之而　天明本無下「而」字。*

291 小人展力　「展」，天明本作「農」。*

291 而讒慝默遠　「默」，天明本作「黜」。

292 加小人　天明本「加」上有「以」字。*

293 小人伐其枝　「枝」，天明本作「技」。*

293 以憑君子　「憑」，天明本作「馮」。*

293 注　憑亦陵也　「憑」，天明本作「馮」。*

294 注　自稱其能　天明本「能」下有「爲伐」二字。

296 勸戒二子　「勸」，天明本作「勑」。*

298 與孫子盟　天明本「盟」下有「于丘宮」三字。

298 孫子皆教之　「教」，天明本作「殺」。*

299 公出奔應　「應」，天明本作「齊」。*

301 或者其君實甚也　天明本無「也」字。*
302 敬之如明神　「明神」，天明本作「神明」。
306 勿使失姓　「姓」，天明本作「性」。*
311 士傳之　「之」，天明本作「言」。
311 注　聞君過傳失　天明本無「傳」字。*
312 商旅于市　「市」，天明本作「市」。*
312 注　陳其貨物以示時所貴商也　天明本「示」下有「時」字，「商」作「尚」。*
313 以縱其淫　「縱」，天明本作「從」。*
313 注　傳言師曠能困問盡言也　「困」，天明本作「因」。*
319 子罕諸其里　天明本「罕」下有「寘」字。*
320 使玉人爲之政之　「政」，天明本作「攻」。*
320 注　政治也　「政」，天明本作「攻」。*
320 富而使復其所　天明本「而」下有「後」字。
326 注　吾盜謂國中也　天明本無「盜」字。
328 子以姬氏妻之邑　天明本「邑」上有「而與之」三字。*
329 注　從從皂至牧　天明本不重「從」字。*
331 洒濯其心　「濯」，天明本作「濯」。*
334 而莫敢不徵　「徵」，天明本作「懲」。*
336 注　桒盈之黨　「桒」，天明本作「欒」。*
336 欒玉鮒見外向曰　「玉」，天明本作「王」。*
337 注　欒桓子　天明本「欒」上有「晉大夫」三字。

338 室老聞之　天明本「之」下有「曰」字。*
339 祁大夫外舉不弃　天明本「祁大夫」上有「叔向曰」三字。
342 欒玉鮒對曰　「玉」，天明本作「王」。*
344 注　言文武有惠訓之意　「意」，天明本作「德」。*
348 鯀殛而禹與　「與」，天明本作「興」。*
348 周公宥王　「宥」，天明本作「右」。*
349 若之何其以帍也弃稷乎　天明本「弃」下有「社」字。*
351 不見外向歸　天明本「歸」上有「而」字。*
351 注　外向不告免焉而　天明本「而」下有「朝」字。*
352 季孫　天明本「季孫」下有「愛之」二字。*
353 盖孫之悪子也　「盖」，天明本作「孟」。*
353 哀如是　天明本「哀」上有「而」字。*
354 美疢也　天明本無「美」字，「疢」下有「疢」字。*
355 注　猶藥石之療疾　天明本無「之」字。
355 美疾不如悪石　「疾」，天明本作「疢」。
355 夫猶生我　天明本「夫」下有「石」字。*
356 疾之美　「疾」，天明本作「疢」。*
359—360 崔敉莊公　天明本「崔」下有「杼」字。「敉」，天明本作「殺」，金澤本校改作「弑」。*
358 注　斉棠邑丈夫也　「丈」，天明本作「大」*，無「也」字。
363 豈以後人　「後」，天明本作「陵」。
363 臣者　天明本「臣」下有「君」字。*

366 而爲己己　「己己」，天明本作「己亡」。*
367 無爲當其禍禍　天明本無「禍」字。*
368 晉祲鄭卒　「祲」，天明本作「程」。
368 注　故知也　「也」，天明本作「之」。
373 五舉奔晉　「五」，天明本作「伍」。
374 令君子木与之語　「君」，天明本作「尹」。
376 而杞梓皮革自楚往也　「而」，天明本作「如」。
380 濫則懼及善人　天明本「濫」上有「刑」字。*
382 人之言亡　「言」，天明本作「云」。*
382 邦國弥瘁　「弥」，天明本作「殄」。*
383 與其殺不辜　「辜」，天明本作「辜」。*
383 失不經　天明本「失」上有「寧」字。*
386 注　無不厭足　「厭」，天明本作「饜」。*
387 則徹樂　天明本「則」上有「不舉」二字。*
391 所謂不能　天明本「能」下有「也」字。*
391 注　楚人不能用其枚　「枚」，天明本作「材」。*
392 晉人以爲謀主主　天明本不重「主」字。
393 則析公之爲　天明本「爲」下有「也」字。*
394 君与大夫不善是也　「大夫」天明本互乙。*
395 而歸宋　天明本「歸」下有「諸」字。*
396 注　見楚子不能救彭城　天明本無「子」字。
398 通昊于晉　「昊」，天明本作「吴」。*

399 若教之乱　「教」，天明本作「敖」。*
399 伯焚之子苗賁皇奔晉　「焚」，天明本作「賁」，無「苗」字。*
400 使都鄙有章　天明本「都」上有「子産」二字。
404 椒舉聚於申公子牟　「聚」，天明本作「娶」。*
407 益禄爵而復之　天明本「益」下有「其」字。*
408 宋向成欲弭諸侯之兵　「成」，天明本作「戌」。*
408 盟放於宋西門之外　天明本「宋」下有「將」字，無「放」字。*
409 楚人褁甲　「褁」，天明本作「衷」。*
411 是弃其所服諸侯也　天明本「所」下有「以」字。*
413 事利而苟得志焉　天明本「而」下有「已」。*
418 必不捷　「捷」，天明本作「捷」。*
419 濟成也　天明本無「也」字。*
422 晉楚所以威之　天明本「威」上有「兵」字。*
424 驕則乱生必滅　天明本「亂生」二字重。*
425 己並用之　「己」，天明本作「民」。*
428 以誣道幣諸侯　「幣」，天明本作「蔽」。*
434 注　照四年　「照」，天明本作「昭」。*
435 楚公子圍殺大司馬莲掩　「莲」，天明本作「蔿」。*
436 申無字曰　「字」，天明本作「宇」。*
438 縱民主去身也　「縱」，天明本作「絶」，「民」下有

「之」字。*

440 注　國郡及邊鄙　「郡」，天明本作「都」。*

441 上下有賑　「賑」，天明本作「服」。*

441 注　不相踰　天明本「不」上有「服」字。*

441 里有封恤　「里」，天明本作「田」。*

441 注　封强也　「强」，天明本作「疆」。

442 夫人之忠儉者　「夫」，天明本作「大」。*

443 因而　天明本「而」下有「斃之」二字。*

444 注　褚福也　「福」，天明本作「畜」。*

444 注　故福藏也　「福」，天明本作「畜」。*

444 取我田疇而而俉之　天明本不重「而」字，「俉」作「伍」。*

449 然明謂子產　天明本「產」下有「曰」字。*

455 注　以爲也藥石　「也」，天明本作「已」。

463 子之愛之　「愛之」，天明本作「愛人」。

464 其誰敢求愛子於鄭國棟也　天明本「愛」下有「於」字，「子」下有「子」字。*

465 傷僑將猒焉　天明本無「傷」字，「猒」作「厭」。

468 未聞以政入學者也　天明本無「入」字。

469 射御貫則能獲　天明本「獲」下有「禽」字。

470 則敗績猒覆是懼　「績」，天明本作「績」，*「猒」作「厭」。

472 衣服在吾身　天明本「服」下有「附」字。

473 遠而慢之　「遠」，天明本作「遠」。*

474 微子言之　「言之」天明本互乙。*

479 注　言子產之治　天明本「言」上有「傳」字。*

487 謂之儀　天明本「儀」下有「君有君之威儀」六字。

488 令問長世　「問」，天明本作「聞」。

492 言君臣上下父子兄弟外內大小之道　「外內」天明本互乙，無「之道」二字。

492 書數文王之悳　天明本「書」上有「周」字。*

494 順帝之則而象之也　天明本「則」下有「言則」二字。*

494—495 順帝之則而象之也　天明本「則」下有「言則」二字，*無「也」字。

499 可謂像之　「像」，天明本作「象」。*

500 故君子在位畏　天明本「位」下有「可」字。*

500 周施可則　「施」，天明本作「旋」。*

501 容止可　天明本「可」下有「觀」字。*

501 悳行可像　「像」，天明本作「象」。*

群書治要卷第六

春秋左氏傳下

6 注 得志謂歃也 天明本「歃」上有「先」字。*

13 是麃是袞 「麃」，天明本作「穮」，「袞」作「蓘」。

13 注 麃耘也 「麃」，天明本作「穮」。

13 注 壅苗爲袞 「袞」，天明本作「蓘」。

13 雖有飢飢饉必豐年 天明本不重「飢」字，「必」下有「有」字。*

16 注 禍害人 「禍」，天明本作「賊」。*

20 而歸於陳 天明本「陳」下有「氏」字。*

21 蠱而三老陳餒 「蠱」，天明本作「蠹」，「陳」作「凍」。*

21 注 皆八十已上 「已」，天明本作「以」。

26 注 滋畐也 「畐」，天明本作「益」。*

27 民無無所依 天明本不重「無」字。*

29 注 讒鬝鬝名 天明本不重「鬝」字。*

29 昧旦否顯 「否」，天明本作「丕」。*

28 注 木大也 「木」，天明本作「丕」。*

29 注 言風興以務大顯 「風」，天明本作「夙」。*

33 注 囂穀 「穀」，天明本作「聲」。*

34 君子先臣容焉 「子」，天明本作「之」。*

35 注 晏也之先人也 上「也」字，天明本作「子」。*

35 族臣侈矣 「族」，天明本作「於」。*

36 朝夕所求 天明本「所」上有「得」字。*

36 公曰 天明本「公」下有「笑」字。*

37 敢不識 天明本「識」下有「乎」字。*

38 旂是景公繁於刑 「旂」，天明本作「於」。*

38 有術高踊者 「術高」二字，天明本作「鬻」。*

39 景公爲是者於刑 「者」，天明本作「省」。*

41 楚子使椒舉如求諸侯 天明本「如」下有「晋」字。*

41 晉侯欲訏 「訏」，天明本作「勿許」二字。*

47 注 不以吾君也 「吾」，天明本作「爲」。*

49 注 哉之難也 「哉」，天明本作「弑」。*

50 塗陽城 天明本「塗」上有「三」字。*

52 注 無息則滅亡 「息」，天明本作「德」。*

52 臬之北土 「臬」，天明本作「冀」。*

52 注 無息滅亡 「息」，天明本作「德」*，「滅」上有「則」字。

54 是以先務修息音 天明本「先」下有「王」字。*

54 以亨神人 「亨」，天明本作「享」。*

54 注 享通也 「享」，天明本作「亨」。*

56 啓其彊土　「彊」，天明本作「疆」。
63 周以興　天明本「周」下有「是」字。*
63 夫豈争諸侯乃詐　「詐」，天明本作「許」。*
64 椒舉言於楚曰　天明本「楚」下有「子」字。*
65 君始得諸侯　天明本「君」上有「今」。*
67 注　禹子也　天明本無「也」字。
67 注　河南陽翟縣南有鈞臺　天明本「臺」下有「陂」字。
67 商陽有景亳之命　「陽」，天明本作「湯」。*
70 晋文有賤土之盟　「賤」，天明本作「踐」。*
76 汰而愼諫　「愼」，天明本作「愎」。*
77 不十年役　「役」，天明本作「侈」。*
79 年公如晋　天明本「年」上有「五」字。*
82 禮無違者　天明本「者」下有「何故不爲」四字。*
85 注　奸大國之興　「興」，天明本作「盟」。*
87 注　謂三家　天明本「謂」上有「他」字。
89 而屑屑焉習儀以函　「函」，天明本作「亟」。*
90 注　時晋侯失政　天明本「侯」下有「亦」字。*
91 叔向爲　「爲」下之字，天明本作「介」。*
92 及禁　「禁」，天明本作「楚」。*
94 注　時足使守門也　「時」，天明本作「刖」。*
96 恥匹失　「失」，天明本作「夫」。*
108 以逆君心　「逆」，天明本作「逞」。*
109 不轂之過　天明本「過」下有「也」字。*
109 注　謝也啓疆　「也」，天明本作「薳」。*
111 鄭又鑄刑書　「又」，天明本作「人」。*
113 注　不設法也　天明本「設」上有「豫」字，無「也」字。*
113 注　法設　天明本「法」下有「豫」字。*
113 猶不可楚禦　「楚」，天明本作「禁」。*
114 以守之以信　天明本「以」下有「礼」字。*
116 注　放也　天明本「放」上有「淫」字。*
118 莅之以强　「强」，天明本作「彊」。
132 注　錐刀末小事　天明本「末」下有「喻」字。*
134 若子之言　天明本「若」下有「吾」字。*
134 僑不卞　「卞」，天明本作「才」。*
135 五以救世也　「五」，天明本作「吾」。*
137 楚僻我襄　「襄」，天明本作「衷」。*
138 而人之僻乎　天明本「而」下有「則」字。*
140 乃逆之　天明本無「之」字。
147 食土之乇　「乇」，天明本作「毛」。*
149 汝胡執人於王官　「官」，天明本作「宮」。*
150 注　亡人　天明本「亡」上有「有」字。*
153 注　善行法　「善行」天明本互乙。
153 注　澶北至汝水也　「澶」，天明本作「疆」。*
157 注　人欲致死討紂也之　天明本無「之」字。*

159 往法也　「法」，天明本作「去」。*

159 注　盜王自謂也　天明本「盜」下有「有寵」二字。*

162 注　有謂精神憑依石而言也　「有謂」天明本互乙。

165 今宮室崇役　「役」，天明本作「侈」。*

166 莫信其命　「信」，天明本作「保」，「命」作「性」。*

167 虒祁之宮　「虒」，天明本作「虒」。*

167 注　虒祁地名　「虒」，天明本作「虒」。*

168 注　子師野曠字也　「師野」天明本互乙。

169 故怨咎遠其身　天明本無「咎」字，「遠」下有「於」字。*

171 虒祁也　「虒」，天明本作「虒」。*

172 洊吉相鄭伯以如晋　「洊」，天明本作「游」。*

172 虒祁也　「虒」，天明本作「虒」。*

173 史趙見太𣅀曰　天明本「見」下有「子」字。*

173 可兮也　「兮」，天明本作「弔」。*

173 相蒙　天明本「相」上有「其」字。

174 若何兮也　「兮」，天明本作「弔」。*

175 非獨鄭也　天明本無「也」字。*

177 之戎　「之」上之字，天明本作「渾」。*

178 王使詹桓伯辭於晋　「詹」，天明本作「詹」。*

179 亦其癈墜是焉　「癈」，天明本作「廢」。

179 注　爲後世癈墜　「癈」，天明本作「廢」。

180 注　先弟之國　「先」，天明本作「兄」。*

180 禦以擒魅　「禦以」天明本互乙，「擒」作「螭」。*

181 故允姓之戎　「戎」，天明本作「姦」。*

181 注　与三苗俱故於三危也　「故」，天明本作「放」。*

186 注　后稷脩封彊　「彊」，天明本作「疆」。

188 注　宇族之師長　「宇」，天明本作「宗」。*

190 注　無可責　天明本「無」下有「所」字。*

192 而暴英宗周　「英」，天明本作「蔑」，金澤本校改作「滅」。*

193 以宣示侈　天明本「示」下有「其」字。*

193 目一王辭直　「目一」，天明本作「且」。*

195 致閻田反頮俘　「反」，天明本作「及」。*

195 築郭囿　「郭」，天明本作「郎」。*

197 注　言文王姓經營靈臺　「姓」，天明本作「始」。*

197 注　非急病之　「病」，天明本作「疾」。*

197 以勦民也　天明本「勦」上有「其」字。

198 注　勸勞也　「勸」，天明本作「勦」。*

203 注　少曰季　天明本「季」下有「連」字。*

203 注　崁謂昆吾爲伯父也　「崁」，天明本作「故」。*

206 曰昔諸侯遠我而畏晋　天明本「曰」上有「王」字。

207 今我大城陳蔡王羹　「王」，天明本作「不」。*

208 專用畏也　「用」，天明本作「足」。*

212 注　欲自摩厲以斬王之淫志　「斬」，天明本作「斷」，「志」

作「慝」。*

215 皆將必有車徹馬跡　「皆將」天明本互乙，「徹」作「軏」，「跡」下有「焉」字。

217 王是以獲歿於祇宮　「歿」，天明本作「没」。*

217 注　不見纂弑也　天明本無「也」字。

219 祈招之愔愔　「招」，天明本作「昭」。*

219 式昭悳音　「音」，天明本作「音」。*

220 刑民之力　「刑」，天明本作「形」。*

226 而不礼於南蒯　「蒯」，天明本作「蒯」。*

227 治逼夫曰　「逼」，天明本作「區」。*

229—230 爲令主而佚　天明本「爲」下有「之」字，「佚」作「共」。*

230 乏困費來如歸　「乏」，天明本作「乏」。*

234 晋荀吴師伐鮮虞　天明本「師」上有「帥」字。*

234 注　狄之别　「狄」，天明本作「狄」。*

235 鼓人或請叛　天明本無「或」字，「請」下有「以城」二字。*

236 吾聞諸叔向　「諸」，天明本作「之」，「向」下有「曰」字。*

237 好惡不衍　「衍」，天明本作「愆」。*

237 注　衍過也　「衍」，天明本作「愆」。*

238 人以城叛　「叛」，天明本作「來」。

239 注　無以復加所好也　天明本無「也」字。

239 是失信也　天明本「是」下有「吾」字。

245 獲一邑而教民忘　「忘」，天明本作「怠」。*

246 不如貞舊　「貞」，天明本作「完」。*

246 注　貞猶保守　「貞」，天明本作「完」。*

246 注　終也　天明本「終」上有「卒」字。*

248 好惡不衍　「衍」，天明本作「愆」。

252 衛陳鄭也　天明本「衛」上有「宋」字。校云：「舊無『衛』字，補之。」*

252 神竃曰　「神」，天明本作「裨」。*

253 注　禳火　「禳」上之字，天明本作「斝」。*

261 爲之娉於秦　天明本「爲」上有「王」字，*「娉」作「聘」。

265 王牧南方　「牧」，天明本作「收」。*

269 注　潤龍之室　「潤」，天明本作「淵」。*

269 五無求於龍　「五」，天明本作「吾」。*

270 止也　天明本「止」上有「乃」字。

271 建興五畬　「五」，天明本作「伍」。*

274 何信于　「于」下之字，天明本作「讒」。*

276 太子建奔宋　「奔」，天明本作「走」。

279 注　奉初命以周施　「施」，天明本作「旋」。

280 既而倿之　「倿」，天明本作「悔」。*

281 召而來　天明本「來」上有「不」字。*

281 是再干也　「干」，天明本作「奸」。

282 注　干犯也　「干」，天明本作「奸」。

282 注　善其言之　天明本無「之」字。*

285 尒適吴　天明本「尒」上有「曰」字。*

287 不可以莫之奢也　「奢」，天明本作「奔」。*

290 楚君大夫其肝食乎　「肝」，天明本作「旰」。*

290 注　將有呆　「呆」，天明本作「吴」。*

290 注　不得畢食　「畢」，天明本作「早」。*

292 注　店疾也　「店」，天明本作「瘧」。*

292 诸侯賓問疾者多在　天明本「侯」下有「之」。*

297 宋之盟　天明本「宋」上有「日」字。*

299 其祝史陳信不媿　天明本「史」下有「祭祀」二字。*

300 注　故祝史無媿於鬼神　天明本校云：「『求』舊作『媿』，改之。」

305 注　祝史陳祝文　「祝文」，天明本作「説之」。

305 是以鬼鬼神用饗　天明本不重「鬼」字。*

308 以外頗邪　「以外」，天明本作「外内」。*

308 動作僻違　「僻」，天明本作「辟」。*

312 進退退無辭　天明本不重「退」字。*

312 注　作虚辭以求媚於鬼　「鬼」，天明本作「神」。

313 是以鬼神不饗其國以禍　「禍」，天明本作「禍」。*

313 所以昏孤疾者　天明本「昏」上有「夭」字。*

315 澤之萑蒲　「萑」，天明本作「萑」。*

316 藪之薪蒸　「蒸」，天明本作「蒸」。*

316 海之監屢　「監」，天明本作「鹽」。*

317 注　望皆官名祈也　天明本「望」上有「祈」字，無「名」下之「祈」字。*

318 注　言布政　天明本「政」下有「無法制」三字。*

318 徵鈸無度　「鈸」，天明本作「斂」。*

319 注　肆於也　「於」，天明本作「放」。*

320 夫婦皆祖祖　「祖」，天明本作「詛」，不重「詛」字。

321 其爲人也多矣　天明本「其」上有「姑尤以西姑尤齊東界也」十字。*

323 君若誅於祝史　天明本「若」下有「欲」字。*

324 毁關去禁薄斂　天明本「斂」下有「己責」二字。

325 晏子侍子遄臺　「侍子」，天明本作「侍于」。*

325 嗺據與我和夫　「嗺」，天明本作「唯」。*

328 以享魚肉　「享」，天明本作「烹」。*

328 宰夫和之　天明本「之」下有「齊之以味」四字。*

331 注　以成其可　「其」，天明本作「君」。

333 據亦可　天明本「亦」下有「曰」字。*

334 氺濟水　「氺」，天明本作「以水」二字。*

335 同之不也如是　天明本「不」下有「可」字。*

337 簡子簡揖讓旋之礼　「簡子簡」，天明本作「簡子問」，「旋」上有「周」字。*

340 注　行者人所履　天明本「履」下有「行」字。

341 注 天之明 天明本「明」下有「也」字。

341 注 高下川柔 「川」，天明本作「剛」。*

343 注 宮商角徵明也 「明」，天明本作「羽」*，無「也」字。

344 注 過傷性也 天明本「過」下有「則」字。

344 注 制礼以未其性 「未」，天明本作「奉」。*

345 注 此六者皆毫陰陽風雨晦間之氣 「毫」，天明本作「稟」，「間」作「明」。*

346 哀有器泣 「器」，天明本作「哭」。*

346 樂有歌無 「無」，天明本作「舞」。*

347 乃能協于天地之協 「之協」，天明本作「之性」。*

349 禮之大也大也 天明本不重「大也」二字。*

350 是以先王王尚之 天明本不重「王」字。*

351 故人之能自曲直以趍礼者 「趍」，天明本作「赴」。*

351 天不亦宜乎 「天」，天明本作「大」。*

352 注 曲直以移其性 「移」，天明本作「弼」。

354 天道不慆 「慆」，天明本作「諂」。*

356 讓之何損 「讓」，天明本作「禳」。*

358 注 聿脩也 「脩」，天明本作「惟」。*

358 注 言文王悳不遠天人 「遠」，天明本作「違」。*

359 我無監 天明本「監」上有「所」字。*

360 民將亡 天明本「亡」上有「流」字。*

361 悦乃止 天明本「悦」上有「公」字。*

362 其讙不此乎 「讙」，天明本作「誰」，*「不」作「有」。*

366 或歌且舞 「或」，天明本作「式」。*

368 國則也已 「國則」天明本互乙，「也」上有「其國」二字。*

369 唯禮可已之 天明本「可」下有「以」字。*

371 礼之以可爲國也久矣 「以可」天明本互乙。*

373 姑慈聽 天明本「慈」下有「婦」字。*

373 臣臣恭而不貳 天明本不重「臣」字。*

375 注 不自專也 天明本「不」上有「從」字。

376 歸聽而婉 「歸」，天明本作「婦」。*

379 謂子常 天明本「常」下有「曰」字。*

379 注 子惡都宛 「都」，天明本作「却」。*

380 令尹欲酒於子氏 天明本「欲」下有「飲」字。*

380 子惡令尹將必來辱 天明本「惡」下有「曰」字。*

381 注 酬報也 「也」，天明本作「獻」。

383 惟諸門在 「惟」，天明本作「帷」，「在」作「左」。*

383 注 張惟陳兵甲其中 「惟」，天明本作「帷」。

384 無極謂令尹 天明本「尹」下有「曰」字。*

384 吾幾禍子 「禍」，天明本作「禍」。*

384—385 子惡將爲子不利利 天明本不重「利」字。*

387 遂令政郄氏且爇之 「政」，天明本作「攻」。*

388 令尹炮之 「炮」，天明本作「炮」。*

388 盡滅都氏之族黨 「都」，天明本作「却」。*

389 注　皆都氏黨　「都」，天明本作「却」。*

390 未在尹與中蔵尹　「未」，天明本作「夫」，*「在」作「左」，*「蔵」作「厩」。*

391 以與謗讟　「與」，天明本作「興」。*

392 注　郄宛也　「郄」，天明本作「却」。

392 注　處尹陽令終　「處」，天明本作「厩」。*

394 夫無極之讒人也　天明本「極」下有「楚」字。*

395 在中年　「中」，天明本作「二十一」三字。*

396 屏王之耳　天明本「耳」下有「目」字。*

397 有遇成莊　「遇」，天明本作「過」。*

398 注　三木辜　「木」，天明本作「不」。*

401 疆埸日駭　「疆」，天明本作「疆」。*

403 是凡之罪　「凡」，天明本作「瓦」。*

403 子常敖費無極與鄢將師　「敖」，天明本作「殺」。*

404 盡其族　天明本「盡」下有「滅」字。*

404 以悦于國　「悦」，天明本作「説」。*

407 魏伐爲梗楊大夫　「楊」，天明本作「陽」。*

409 何戊之爲人也　天明本「何」下有「也」字。*

412 黄武王克商　「黄」，天明本作「昔」。*

413 姬姓之國卌人　天明本「國」下有「者」字。*

415 今汝有力於王宫　「宫」，天明本作「室」。*

416 無墮乃力　「無」，天明本作「毋」。

421 注　頌者之大京　「京」，天明本作「宗」。*

421 魏子捋受之　「捋」，天明本作「將」。*

421 魏戊謂閻没寬　天明本「没」下有「女」字。*

421 注　文魏子慮大夫　「文」，天明本作「二人」二字，*「慮」作「屬」。*

422 受梗陽人　天明本「受」上有「若」字。*

423 饋人　「人」，天明本作「入」。*

424 吾聞諸護四　「護四」二字，天明本作「伯叔諺曰」四字。*

425 置食之間三歎　「置」，天明本作「置」。*

430 言魏氏所以異興　天明本無「異」字。*

435 無謀非義　「謀」，天明本作「犯」。*

436 吾戰及郢　「吾」，天明本作「五」。*

437 王寢政之以戈擊王　「政」，天明本作「盜攻」二字。*

438 王孫由于背受之　天明本「于」下有「以」字。*

439 將教王　「教」，天明本作「弑」。*

440 注　夢成然之子鬬辛也　「夢」，天明本作「蔓」。*

441 將雠乎　天明本「將」下有「誰」字*，無「乎」字。

442 鯨寡不畏强禦　「鯨」，天明本作「鰥」。

442 唯位者能之　「位」，天明本作「仁」。*

443 注　言山甫不避强凌弱也　天明本「山」上有「仲」字。*

443 乘人之竑　「竑」，天明本作「約」。*

444 非孝　天明本「孝」下有「也」字。*

445 余將敘汝聞　「聞」，天明本作「鬭」。*

446 申包胥如養乞師曰　「養」，天明本作「秦」。*

452 吾年　「吾」，天明本作「五」。*

454 注　竟陵縣西有臼水　天明本「竟」上有「江夏」二字。

454 藍君亹涉其帑　「君」，天明本作「尹」，*「亹」作「亹」。

454 注　亹楚大夫　「亹」，天明本作「亹」。

455 注　安寧也　「寧」，天明本作「定」。*

457 注　惡過也　天明本無「也」字。

457 注　皆通王有大功　「通」，天明本作「從」。*

461 注　有德於王　天明本「有」上有「以」字，*「王」上有「平」字。

462 鄭騶歂鄧析　天明本「歂」下有「殺」字。*

463 注　不受君而私刑法　天明本「君」下有「命」字，「私」下有「造」字。*

463 注　書之於簡　天明本「簡」上有「竹」字。*

465 蔽芾其棠　「其」，天明本作「甘」。*

466 注　召伯決諸於甘嘗之下　「諸」，天明本作「訟」，*「嘗」作「棠」。*

467 而不恤其　天明本「其」下有「人乎」二字。*

471 五冝曰　「五」，天明本作「伍」，「冝」作「員」。*

472 吉疾莫盡　「吉」，天明本作「去」，「莫」下有「如」字。*

472 勾踐親而務施　天明本「親」上有「能」字。*

473 親不勞　天明本「勞」上有「弃」字。*

473 注　不遺小勞　天明本「不」上有「則」字。

474 而爲仇讎　天明本「而」下有「世」字。*

475 違天長讎　天明本「長」下有「寇」字。*

475 後悔之　天明本「後」下有「雖」字。

475 不食已　天明本「不」下有「可」字。*

477 注　爲廿二年　天明本無「爲」字。

479 無從黨　天明本「無」下有「田」字。*

480 陳滑當公而進　「陳」，天明本作「逢」，*「滑」作「猾」。

481 今吴求有福　「求」，天明本作「未」。*

484 況大國平　「平」，天明本作「乎」。*

485 視民如復　「復」，天明本作「傷」。*

485 注　如復　「復」，天明本作「傷」。*

486 是其福也　「福」，天明本作「禍」。*

486 亦不刈殺　「刈」，天明本作「艾」。*

487 吴日斃於兵　「斃」，天明本作「敝」。*

487 福之適吴　「福」，天明本作「禍」。*

492 無患吴　天明本「吴」下有「矣」字。*

492 昔闔閭食不貳味　「閭」，天明本作「廬」*，「貳」作「二」。

493 器不彤鏤　「鑄」，天明本作「鏤」。*

494 注　彤丹　天明本「丹」下有「也」字。

497 注　珍非常食　天明本「珍」上有「甘」字。*

498 是以民不疲　天明本「疲」下有「勞」字。*

500 宿有妃嬙嬪御　天明本「御」下有「焉」字。

500 注　妃嬙者　天明本「者」上有「貴」字。*

502 視民讎　天明本「民」下有「如」字。*

503 沓而飛三日　「沓」，天明本作「夾日」二字。*

504 曰其當王身乎　天明本「曰」上有「周太史」三字。*

505 注　故以爲當王身　天明本無「以」字。

505 注　禜攘祭　「攘」，天明本作「禳」。*

507 天夭諸　天明本「夭」下有「其」字。*

508 遂不榮　「榮」，天明本作「禜」。*

508 楚昭王知天道矣　「天」，天明本作「大」。*

512 心腹之病也　「病」，天明本作「疾」。

512 而有欲於我爲　天明本無「爲」字。*

514 使翳除病　「翳」，天明本作「醫」。*

517 注　鏤劍名　天明本「鏤」上有「屬」字。*

519 注　兵賦之法　「兵」，天明本作「丘」。*

519 注　因其財　天明本「財」上有「田」字。*

521 君子行也　天明本「行」上有「之」字。*

521 取其厚厚　天明本「取」上有「施」字，*不重「厚」字。*

524 且子孫季若欲行而法　「孫季」天明本互乙。*

529 而信子何辱焉　天明本「子」上有「子之言」三字。*

531 注　濟度也　「度」，天明本作「成」。*

532 公子對之母嬖　「對」，天明本作「荊」。*

532 注　表公庶子　「表」，天明本作「哀」。*

532 使完人疊夏獻其禮　「完」，天明本作「宗」。*

535 周公及武聚於薛　天明本「武」下有「公」字，「聚」作「娶」。*

535 注　孝公耕惠公弗皇也　「耕」，天明本作「稱」。

536 注　商宗也　「宗」，天明本作「宋」，*無「也」字。

536 自相以下娶於齊　「相」，天明本作「桓」。*

536 注　賴公始取文姜　「賴」，天明本作「桓」，*「取」作「娶」。*

536 此禮也也則有　天明本不重「也」字。*

群書治要卷第七

禮記

5 傲不可長　「傲」，天明本作「傲」。

6 志不滿　天明本「不」下有「可」字。*

6 樂不極　天明本「不」下有「可」字。*

8 注　誣人以善惡　天明本校云：「『以善』之『以』，本書作『之』。」

15 則不驕不經　「經」，天明本作「淫」。*

15 貧賤而好礼　天明本「而」下有「知」字。*

18 注　登成曰　「曰」，天明本作「也」。*

19 祭事不懸　「懸」，天明本作「縣」。*

20 注　皆爲自損　「爲自」，天明本互乙，「損」上有「貶」字。*

20 注　禮食殺則祭所先　天明本無「殺」字。校云：「『則祭所先』作『殺牲則祭先』。」

20 注　懸樂器　「懸」，天明本作「縣」。

20 注　樂器鐘鉊之屬也　「鉊」，天明本作「磬」。*

22 注　憚子晋大夫荀盈也　「憚」，天明本作「悼」。*

24 又酌　天明本「酌」下有「曰調飲斯又酌」六字。*

27 注　以自戒懼也　天明本「以」上有「所」字。*

28 注　言大夫齊　「齊」，天明本作「喪」。*

28 太師不以詔　天明本「師」下有「也」字。

31 注　近臣亦當視君也疾憂也　「視」，天明本作「規」，*無上「也」字。*

32 介飲何曰　天明本無此四字。*

33 寡又亦有過焉　「又」，天明本作「人」。*

38 孔子過太山側　「太」，天明本作「泰」。*

39 注　恠其哀也　天明本「哀」下有「甚」字。*

39 使子貢問之　天明本校云：「『子貢』作『子路』。」

40 吾夫又焉　天明本「又」下有「死」字。*

42 宋陽門之水夫死　天明本無「宋」字，「水」作「介」。*

43 注　水夫　「水」，天明本作「介」。

44 注　子罕樂喜也　「罕」，天明本作「罕」。

44 晋人乩宋者　「乩」，天明本作「覘」。*

45 陽門之爪夫死　「爪」，天明本作「介」。*

46 注　乩闚視也　「乩闚」，天明本作「覘窺」。*

46 善哉乩國乎　「乩」，天明本作「覘」。*

49 注　論譔考其高行道藝也　「高」，天明本作「德」。*

52 虞人入澤梁　「虞」，天明本作「虞」。*

55 注　取物必須時候也　「須」，天明本作「順」。*

55 注 曰比蟲者 「曰比」二字，天明本作「昆」。*
58 三年耕必有一年之食 天明本「食」下有「九年耕必有三年之食」九字。*
65 注 惠謂恤其不足之立也 天明本無「之立」二字。*
66 注 郊祀后禝 「禝」，天明本作「稷」。
72 注 骨枯曰骼完膚 「完膚」，天明本作「肉腐」。*
74 命有司者圀 「者圀」二字，天明本作「省囹圄」三字。*
76—77 天月天子布德惠 天明本無「天月」二字，*「德」下有「行」字。*
77 發倉稟 「稟」，天明本作「廩」。*
78 注 振由救也 「由」，天明本作「猶」。*
82 无出門 「无」，天明本作「無」，金澤本校改作「毋」。天明本「門」上有「九」字。*
83 注 謂至由及山林之官 「至由」，天明本作「主田」。*
84 后妃齊戒 「齊」，天明本作「齋」。
84 親帥東向射桒 天明本校云：「無『帥』字。」「射」，天明本作「躬」。*
85 注 字帥先天下也 「字」，天明本作「示」。*
86 注 去容肺也 「肺」，天明本作「飾」。*
86 注 縫綵組紃之也 「綵」，天明本作「線」，*「也」作「事」。*
88 注 於百工皆治理其事 天明本「其事」下有「之時」二字。*
89 注 謂動之使生奢奉 「奉」，天明本作「泰」。*
91 勉作 天明本「勉」上有「命農」二字。*
94 注 能興雲百雨者也 天明本無「百」字。*
95 注 古者上公以以下 天明本不重「以」字。*
96 注 爲其末堅刄也 「刄」，天明本作「韌」。
97 注 菽命而待 「命」，天明本作「令」。*
98 注 以其主於稼廧者也 「廧」，天明本作「穡」，*無「者」字。*
101 完堤坊 天明本「完」上有「命百官」三字。
105 注 定其租稅之薄 天明本無「之」字。
107 注 膠漕作不堅好 「漕」，天明本作「漆」。*
108 貴死事 「貴」，天明本作「賞」。*
110 謹開梁 「開」，天明本作「關」。
110 大飲丞 「丞」，天明本作「烝」。
111 祀于公社及門閭臈先祖五祀 天明本校云：「上『祀』作『祠』。」「臈」，天明本作「臘」。
113 注 門户中雷竈行 「雷」，天明本作「霤」。*
113 注 黨正屬屬民飲酒 天明本不重「屬」字。*
114 注 是之也 天明本無「之」字。*
117 注 草木之實爲蔬食 「蔬」，天明本作「蔬」。
118 命告民出五種 「命」，天明本作「令」。*

119 注　令田官告民出五種　「令」，天明本作「命」。

119 注　明大塞氣過　「塞」，天明本作「寒」。

120 共飾國典　「飾」，天明本作「飭」。

121 餝國典者　「餝」，天明本作「飭」。

126 注　如今小吏直日之也　天明本無「之」字。

129 則内豎以告文王色憂　天明本重「文王」二字。*

129—130 注　腹諸地之也　「腹」，天明本作「履」，*「諸」作「蹈」，無「之」字。*

131 注　在窰也　「窰」，天明本作「察」。*

131 注　勝所食也　「勝」，天明本作「膳」。*

132 注　帥循之也　天明本無「之」字。

136 禮樂交錯中於　「中於」天明本互乙。

137 少傅以養　天明本「養」下有「之」字。

137 注　浸成長之　天明本無「之」字。

139 以觀太傅傅之德行　天明本不重「傅」字。*

139 行而察諭之　「察」，天明本作「審」。*

143 慎其者敬身以輔翼之　天明本無「者敬」二字。*

144 是故知爲人子者　天明本無「者」字。

144 然後可以爲人君　天明本「然」上有「然後可以爲人父知爲人臣」十一字。*

147 注　處君父也位　「也」，天明本作「之」。*

150 著將君我　天明本無「著」字。*

152 著將君我　天明本無「著」字。*

154 著將君我　天明本無「著」字。*

156 所以父在斯爲子　「所以」二字，天明本作「故」。*

156 君子與臣之節　「君」，天明本作「居」。*

159 注　學教之也　天明本無「之」字。

160 万國以真　「真」，天明本作「貞」。*

163 昔者仲屈與於蜡賓　「屈」，天明本作「尼」。*

164 注　時孔子在魯　「在」，天明本作「仕」。

165 注　觀闕之也　天明本無「之」字。

167 注　禪位教聖　「教」，天明本作「授」。*

172 大人世以爲禮　天明本「世」下有「及」字。*

173 遘池以爲固　「遘」，天明本作「溝」。*

177 注　盜賊多有之也　天明本無「之」字。

178 注　能用礼義成治者之也　天明本無「之」字。

183 天下國家可得而政　「政」，天明本作「正」。*

183 注　則易教之也　天明本無「之」字。

185 注　養精華之也　天明本無「之」字。

185 聖王之田　天明本「田」下有「也」字。

187 注　威動使之堅固　「威」，天明本作「感」。*

190 猶種而耨也　天明本「而」下有「不」字。*

191 不合以仁　天明本「不」上有「而」字。*

192 注　无以知收豐荒之也　天明本「收」下有「之」字，無

「也」上「之」字。

195 兄弟暌夫姊和　「暌」，天明本作「睦」，*「姊」作「婦」。*

198 士以信相孝　「孝」，天明本作「考」。*

203 皆在郊藪　「藪」，天明本作「椒」。*

205 注　由甘也　「由」，天明本作「猶」。*

205 注　器謂若銀免丹甑也　「免」，天明本作「甕」。

205 注　馬國　「國」，天明本作「圖」。

205 注　龍國龍馬負出國也　天明本無「龍國」二字，*「負出國」三字作「負圖而出」四字。*

205 注　藪藂草也　「藪」，天明本作「椒」，*「藂」作「叢」。

205 注　治池也　「治」，天明本作「沼」。*

205 則是无使　「使」，天明本作「故」。*

210 如竹箭之有筠均　天明本無「均」字。*

212 注　箭篠也　「篠」，天明本作「蓧」。*

213 注　最得氣之本　天明本「本」下有「也」字。*

213 注　或承物於外　「承物」，天明本作「柔韌」。*

213 注　以此不變倘　「倘」，天明本作「傷」。校云：「『傷』作『易』。」

213 注　人是得礼亦猶然　「是」，天明本作「之」。*

215 鬼神嚮德　「嚮」，天明本作「饗」。*

215 注　懷歸之也　天明本無「之也」二字。

215 有本　天明本「本」下有「有文」二字。

217 礼者也　「者也」天明本互乙。

219 鬼神弗嚮　「嚮」，天明本作「饗」。*

222 注　大事祭乇之也　「乇」，天明本作「祀」*無「之」字。

223 注　月出西方之也　「出」，天明本作「生」，無「之」字。

226 注　升上也　天明本「升」下有「猶」字。*

226 注　�章柴祭天　「熣」，天明本作「燔」。*

226 注　以告諸侯之成功也　「以告」天明本互乙。*

227 注　諸侯之成功也　天明本無此六字。

227 注　王者所卜下而居之土也　天明本無「下」字。*

229 嚮帝於邦　「嚮」，天明本作「饗」。*

229—230 而而風雨　天明本不重「而」字，*「雨」下有「節」字。*

230 寒曰者時　「曰者」二字，天明本作「暑」。*

230 注　氣和　天明本「氣」上有「五行之」三字。*

231 注　水爲審　「審」，天明本作「寒」。*

231 注　土爲風之　天明本無「之」字。*

231 天下大治　天明本「天」上有「而」字。*

232 是故先王制禮以節事　天明本「禮」下有「也」字。*

236 雞鳴　天明本「雞」下有「初」字。*

237 注　庶人深衣　天明本「衣」下有「也」字。*

237 注　大帶也　天明本「大」上有「紳」字。*

240 注　必和顏色　天明本「色」下有「也」字。*

243 注　擊之也　「擊」上之字，天明本作「撻」。* 天明本無「之」字。

244 曾子曰　天明本「曾」上有「必果」二字。*

246 所敬亦敬之　天明本「所」上有「父母之」三字。*

252 注　踐猶剪也　「猶」，天明本作「當爲」二字，無「也」字。

256 注　功功於也　天明本不重「功」字，「於」作「臣」。*

256 注　在察也　「在」，天明本作「存」。*

257 无不睦　「睦」，天明本作「瞻」，金澤本校改作「瞻」。*

258 注　猶猶錯錯也　天明本不重「猶」「錯」二字。*

259 注　一事失則民不得其死　「死」，天明本作「死」。*

259 注　明政之難之也　天明本無下「之」字。

259 聖人南面治天下　天明本「面」下有「而」字。

260 注　謂此五事之也　天明本無「之」字。

263 愛百姓故刑罰　「罰」，天明本作「罸」。*

264 故財用足財用　此句天明本作「故財用足財用足」。*

266 注　尊也　天明本「尊」上有「猶」字。*

266 注　人之志　天明本「人」上有「志」字。*

267 注　不承先先人之業乎　天明本不重「先」字。*

271 注　聲宮商角徵羽雜比曰音　天明本無「聲」字，*「此」作「比」。

271 注　單出曰曰聲　天明本不重「曰」字。*

274 其嘉心感者　「嘉」，天明本作「喜」。*

275 其聲以散　天明本「聲」下有「發」字。*

278 注　集跡也　「集」，天明本作「噍」，*「跡」作「踧」。*

278 注　單完綽貌　「單」，天明本作「嘽」，「完」作「寬」，「綽」作「綽」。

278 注　粗戾也　天明本無此三字。

282 生人心也　天明本「心」下有「者」字。*

282 情樂於中　「樂」，天明本作「動」。*

282 形於聲　天明本「形」上有「故」字。*

282 聲成之　「之」，天明本作「文」。*

283 乱世之者　「者」，天明本作「音」。*

286 角爲民臣　天明本無「臣」字。*

287 則無怠滯之音矣　「怠」，天明本作「怗」。天明本校云：「本書『怠』作『怗』。」

289 其官壞　「官」，天明本作「臣」。

290 其財遺　「遺」，天明本作「匱」。*

292 注　則音應而亂也　天明本有「其」字。

292 注　傾之也　天明本無「之」字。

295 誣上行和　「和」，天明本作「私」。*

302 注　尖而知政之得失　「尖」，天明本作「樂」。*

305 將以教民乎好惡　「乎」，天明本作「平」。*

305 爲人之節　天明本此句上有「先王之制禮樂」六字。校云：「舊無『先王』至『禮樂』六字，補之。」「爲人」天明本

互乙。
307 鐘鼓于戚 「于」，天明本作「干」。*
309—310 禮節節民心 天明本不重「節」字。*
315 注 言順天下之氣与其數也 「下」，天明本作「地」。
318 注 助天地成物者之也 天明本無「之」字。
331 注 密言閉 天明本「密」下有「之」字，「閉」下有「也」字。
333 世乱則礼慝而樂淫 「慝」，天明本作「𢘅」。*
335 感條暢之氣 「偹」，天明本作「條」。*
336 注 慝穢也感動也 「慝」，天明本作「𢘅」。*
340 以類想動 天明本「以」上有「各」字，「想」作「相」*。
345 而文以琴 天明本「琴」下有「瑟」字。*
345 動瑟以于戚 天明本無「瑟」字，*「于」作「干」。
347 注 謂降元神 「元」，天明本作「天」。*
347 注 格格祖考也 天明本不重「格」字。*
347 注 猶成之也 天明本無「之」字。
347—348 故樂行故樂行而倫清 天明本不重「故樂行」三字。*
349 注 言樂用則正人和陰陽也 天明本「人」下有「理」字。*
350 吾端冕而聽古樂 「冕」，天明本作「冕」。*
350 唯恐臥 天明本「唯」上有「則」字。
353 今君之所問者樂 天明本「樂」下有「也」字。*
353 所好者音 天明本「音」下有「也」字。*
354 文侯曰 「侯」，天明本作「公」。*
359 注 當謂不失其所之也 天明本「謂」下有「樂」字，無「之」字。
360 宋音黃女溺志 「黃」，天明本作「燕」。*
361 齊音傲僻驕志 「傲」，天明本作「敖」。*
366 故治心之 「之」，天明本作「也」。
368 注 鄙誰入之 「誰」，天明本作「詐」。*
368 注 謂利欲生之也 天明本無「之」字。
369 而慢易之心入之矣 「慢易」天明本互乙。
374 在其族長鄉里之中 天明本無「其」字。
379 夫聖主之制祀 「主」，天明本作「王」，*「祀」上有「祭」字。*
380 以死勤民則祀之 「民」，天明本作「事」。*
385 舜勳衆事而野死 「勳」，天明本作「勤」。*
386 鮌鄣洪水 「鮌」，天明本作「鯀」。
386 莫帝正名百物 「莫」，天明本作「黃」。*
389 文王以之治 「之」，天明本作「文」。*
389 此皆有功引於民者 「引」，天明本作「烈」，*「者」下有「也」字。*
390 及夫地日月星辰 天明本無「地」字。*
390 民所瞻仰仰也 天明本不重「仰」字。*

392 注　謂祭祀也　「祀」，天明本作「禮」。
394 祭不欲⿰馬㐬　「⿰馬㐬」，天明本作「疏」。*
396 注　則以此祭也　天明本「祭」下有「之」字。
399 注　謂搶悽及林惕　「搶悽」，天明本作「悽愴」，*「林」作「怵」。*
402 注　見其所爲者　「者」，天明本作「齊」。*
414 注　言治國有家道之也　天明本無「之」字。
419 施諸侯世而无朝夕　「侯」，天明本作「後」。*
420 自東自西　此句天明本作「自西自東」。
422 猶功也　天明本無「也」字。
427 注　喻貧困猶不取惡人之物以事己親　天明本校云：「『己』作『亡』。」
431 其體　「其」上之字，天明本作「虧」。
431 君子跬步弗敢忘孝也　天明本「君」上有「故」字。*
432 今即忘孝之道　「即」，天明本作「予」。*
437 忿言不及於身　天明本校云：「『及』作『反』。」
438 注　步耶行趍疾之也　「耶」，天明本作「邪」，無「行」「之」二字。*
439 諸侯待見于境天子先見百年者　天明本校云：「無上『見』字。」
440 注　而往見之也　天明本無「也」字。
443 注　謂以吉爲首之也　天明本「吉」下有「礼」字，*無「之」字。
443 非自外至也　天明本「非」下有「物」字。*
444 自中生出於心也　「生出」天明本互乙。
449 注　言恕乃行之也　天明本「恕」下有「己」字，無「也」字。*
451 故曰祭者教本也已　天明本「教」下有「之」字。*
451 注　教由孝順生也　天明本無「也」字。
456 燕處則雅頌之音　天明本「則」下有「聽」字。*
459 其儀不成　「成」，天明本作「忒」。*
464 注　皆在於礼之也　天明本無「之」字。校云：「『在』作『存』。」
468 不可斯以方圓　「斯」，天明本作「欺」。*
469 注　設之也　天明本無「之」字。
474 猶正水之所自來也　天明本「猶」下有「防」字，「正」作「止」。*
477 而淫僻之罪多　天明本「多」下有「矣」字。
476 則夫姊之道苦　「姊」，天明本作「婦」。*
480 而背叛侯陵之敗起矣　「侯」，天明本作「侵」。*
481 其正邪於未形　天明本校云：「『正』作『止』。」
482 使人目徙善遠罪而不自知也　「目」，天明本作「日」。
483 君君子慎始　天明本不重「君」字。*
484 注　微時之也　天明本無「之」字。

487 倀倀乎何之　天明本「乎」下有「其」字。
488 手足无所措　天明本「手」上有「則」字。*
488 譬如終夜有求於幽室之中　天明本無「於」字。
490 閨門之内三族失其和　天明本無「之内」二字。
491 軍旅武功失其制　「旅」，天明本作「旅」。*
496 注　循性行　天明本「行」下有「之」字。
501 注　人於隱者　天明本「人」上有「小」字。
501 注　自以不見覩不見聞　天明本「以」下有「爲」字。*
501 注　則必肆盈其情　「盈」，天明本作「盡」。*
502 民鮮久矣　天明本「久」上有「能」字。*
503 注　故人摩能久行之者　「摩」，天明本作「罕」。*
505 注　子能迷成之　「迷」，天明本作「述」。*
506 注　則宣有寡令問　天明本無「宣有」二字，「問」作「聞」。*
506 武王纘大王王季文王緒　天明本校云：「『緒』上有『之』字。」
509 注　業之也　天明本無「之」字。
515 畏罪者姮仁　「姮」，天明本作「强」。*
516 子君不以辭盡人　「子君」天明本互乙。
524 不口譽人　天明本「不」下有「以」字。*
529 則形不煩矣　「形」，天明本作「刑」。*
530 則刑可以措之也　天明本無「之」字。
536 故上之好惡　天明本「之」下有「所」字。*
537 注　如影之逐表也　天明本無「也」字。*
538 注　言百姓詨禹爲仁　「詨」，天明本作「傚」。*
539 注　非本能性仁也　「能性」天明本互乙。
541 注　秩嗇夫則佩也　「則」，天明本作「所」。*
541 注　引棺索之也　天明本無「之」字。
544 注　言行相應相也　天明本無「相也」二字。*
548 注　言之也　「言之」，天明本作「善言」。
551 故君臣者　「臣」，天明本作「民」。*
552 章好以示民之俗　天明本無「之」字。*
552 則民不或矣　「或」，天明本作「惑」。*
555 注　言民循從之也　天明本無「之」字。
556 注　失所當親也　天明本「失」下有「其」字。
557 注　賤者无壹德之也　天明本無「之」字。
559 以體傷　天明本「以」上有「亦」字。
564 注　言民之化君行也　天明本無「之」字。*
564 注　而之禁民淫於財利　天明本無「之」字。*
566 未之有　天明本「有」下有「也」字。
567 上恒孤而民不背　「恒」，天明本作「恤」。*
568 无以使　「无」，天明本作「毋」，*「使」下有「下」字。*
570 所惡於有　「有」，天明本作「右」。*
571 樂旨君子　「旨」，天明本作「只」。

571 所惡惡之　天明本「所」上有「民之」二字。*
572 此之謂人之父母　「人」，天明本作「民」。*
573 是謂弗人之性　「弗」，天明本作「拂」。*
576 昏義者　「義」，天明本作「禮」。
586 天下聽男教　「下」，天明本作「子」。*
586 天下理陽道　「下」，天明本作「子」。*
587 后聽内職　「職」，天明本作「治」。
588 故難教不脩　天明本「故」上有「是」字。*
590 蕩天下之陽事　「蕩」，天明本作「蕩」。*
592 而脩六官之職　「官」，天明本作「宮」。*
602 注　有德行之者　天明本無「之」字。*
603 天子以騶虞　「騶」，天明本作「騶」。
603 大夫以菜蘋　「菜」，天明本作「采」。*
603 士以采蘩　「蘩」，天明本作「蘩」。
606 射者所以觀盛德　天明本「德」下有「也」字。
606 注　狸首騶虞采蘋采蘩今詩篇名也　天明本無此十一字。
611 注　長示禮樂以飾之　「示」，天明本作「學」。
612 諸侯也歲貢士於天子　天明本無「也」字，「歲」下有「獻」字。*
615 而中少者不得與祭　天明本「與」下有「於」字。
617 數有慶益地　天明本「慶」下有「而」字。

617 射者射爲諸侯故天子之大射謂之射侯也　天明本「天」上無「射者射爲諸侯故」七字，「也」上有「射侯者射爲諸侯」七字。
619 射不中不得爲諸侯　天明本「中」下有「則」字。
621 己正而後祭　「祭」，天明本作「發」。*

群書治要卷第八

周禮

6　注　體國分　「國」，天明本作「猶」。*

6　注　郡畿之度　「郡」，天明本作「邦」。*

6　注　彊理其井盧也　「彊」，天明本作「疆」。

7　注　合天下之人　「合」，天明本作「令」。

15　誥邦國　天明本「誥」上有「以」字。

17　注　王之謂礼经　「之謂」天明本互乙。*

17　注　所常秉以理天下者也　「所常」天明本互乙。

18　注　所常守以爲法式也　「所常」天明本互乙。

21　四曰並　「並」，天明本作「置」。*

23　注　所康執以起事者也　「康」，天明本作「秉」。*

24　注　臣之老者　天明本「臣」上有「賢」字。*

28　注　若堯親九楮也　「楮」，天明本作「族」。*

28　注　尊天下之貴也　天明本「貴」下有「者」字。校云：「『之貴』下舊無『者』字，補之。」

30　則大計郡吏之治而誅賞　「郡」，天明本作「群」。

31　注　載考績也　天明本「載」上有「三」字。*

36　大司徒職　天明本「職」上有「之」字。*

36　掌邦之土地之　天明本「掌」下有「建」字，*「之」下有「圖」字。*

36　其人民之數　天明本「其」上有「與」字。*

37　注　言饒衍也　天明本校云：「『衍也』，本書作『衍之』。」

40　以樂教和　天明本「樂」下有「禮」字。

41　以儀弁等　「弁」，天明本作「辯」。

42　則民不偷　「偷」，天明本作「愉」。*

46　則民慎意　「意」，天明本作「德」。*

47　注　謂鄉射飲湏也　「湏」，天明本作「酒」。*

47　注　昬姻以時　「昬」，天明本作「昏」。*

48　注　謂立地所生習也　「立」，天明本作「土」。*

48　注　偷謂朝不楳夕也　「偷」，天明本作「愉」，「楳」作「謀」。

48　注　則不懈怠也　天明本「不」上有「民」字。*

48　注　謂宫室車服制也　天明本「服」下有「之」字。*

49　注　慎意謂矜其善意　二「意」字，天明本皆作「德」。*

50　一曰慈纫　「纫」，天明本作「幼」。*

52　注　謂安之使蕃息也　「息」，天明本作「足」。

52　注　七十養於學　天明本校云：「本書『學』作『鄉』。」

53　注　救天民之窮者　天明本「者」下有「也」字。*

53　注　不竿也　「竿」，天明本作「箅卒」二字。

54 一曰六意　「意」，天明本作「德」。*

58 注 能制時宜也　「制」，天明本作「斷」。*

58 注 不剛柔也　天明本「剛」下有「不」字。*

59 注 五御也　天明本「御」下有「之節」二字。*

60 注 所以節止民止民之侈僞　天明本不重「止民」二字。*

62 注 使其心隹　「隹」，天明本作「應」。*

62 注 感池　「感」，天明本作「咸」。

62 注 大憂　「憂」，天明本作「夏」。*

62 注 大護　「護」，天明本作「濩」。*

63 以歲時巡國及野　天明本「以」上有「鄉師」二字。校云：「舊無『鄉師』字，補之。」

65 注 而諭諸息者也　「息」，天明本作「德」。*

65 以三息教國子　「息」，天明本作「德」。*

66 至息　「息」，天明本作「德」。*

66 三曰　「三」，天明本作「二」。*

66 敏息　「息」，天明本作「德」。*

67 孝息　「息」，天明本作「德」。*

67 以智逆惡也　「智」，天明本作「知」。*

69 注 息行　「息」，天明本作「德」。*

69 注 在心爲息　「息」，天明本作「德」。*

70 注 至息　「息」，天明本作「德」。*

70 注 中和之息　「息」，天明本作「德」。*

70 注 敏息　「息」，天明本作「德」。*

70 注 孝息　「息」，天明本作「德」。*

71 注 夫孝者善繼人之志　天明本無「者」字。

71 而養國子以道　天明本無「而」字，「養」上有「保氏」二字。天明本校云：「舊無『保氏』字，補之。」

74 朝迮之容　「迮」，天明本作「廷」。

75 運旅　「運」，天明本作「軍」。*

76 注 以師氏之息行審諭之　「息」，天明本作「德」。*

76 注 剡注　天明本「剡」上有「連」字。*

76 注 讓尺　「讓」，天明本作「襄」。*

77 注 五御　「御」，天明本作「馭」。*

77 注 過表　天明本「過」下有「君」字。*

77 注 指事　天明本校云：「『指』作『處』。」

77 注 粟差分　天明本「差」上有「米」字，*「分」下有「少廣商功均輸」六字。

78 注 躋躋蹌蹌　天明本校云：「『躋躋』作『濟濟』。」

81 注 天志　「志」，天明本作「患」。*

81 注 謂灾志也　「志」，天明本作「害」。*

84 息教國子中和　「息」，天明本作「德」，「德」上有「以樂」二字。*

85 注 社敬也　「社」，天明本作「祇」。*

86 合去樂　「合」，天明本作「令」。*

86 注 謂會稽衍山醫無閭霍山也 「衍」，天明本作「沂」。*

87 注 及震裂爲灾者也 「灾」，天明本作「害」。*

89 令絶懸 「絶懸」，天明本作「弛縣」。*

90 注 若今鄭衛也 天明本無「今」字。

91 注 若萊間獝 「獝」，天明本作「濮」。*

91 注 惰不恭之聲 天明本「惰」下有「慢」字。*

94 設儀弁位 「弁」，天明本作「辯」。

97 注 窮也 天明本「窮」下有「治」字。校云：「舊無『治』字，補之。」

104 注 置之空壇之中 「中」，校改作「地」，天明本作「中」。天明本校云：「『中』作『地』。」

105 注 則削其地 天明本「地」下有「也」字。

106 注 正教也 「教」，天明本作「殺」。*

106 放教其君 「教」，天明本作「弑」。*

109 注 皆習載 「載」，天明本作「戰」。*

109 注 以一焉 天明本「以」下有「其」字。*

110 注 攉也擇取禽獸不孕者 「攉」，天明本作「擇」。*

110 注 謂草止之法 天明本無「謂」字，「草」上有「軍有」二字。

111 注 簡取禽獸不任 天明本「不」下有「孕」字。*

111 注 猶苗去不秀實者也 天明本無「猶」字，「苗」上有「若治」二字。*

112 遂以獝田 「獝」，天明本作「獮」。*

112 注 軍實 天明本「軍」上有「簡」字。*

113 注 脩礼如出軍時 天明本「如」上有「不」字。

115 注 祭如大蒸 「蒸」，天明本作「烝」。*

116 注 以識其与其功也 天明本「与」上有「人」字。*

116 注 王旌書日月爲太常也 「書」，天明本作「畫」。

120 注 謂闢地立君之國也 天明本「謂」下有「新」字。*

122 注 謂篡教叛逆之國也 「教」，天明本作「殺」。*

123 注 民不晵作勞 「晵」，天明本作「愍」。*

124 寘之圜立 「立」，天明本作「土」。*

125 注 謂明書其罪於大木板 「木」，天明本作「方」。*

126 其不能改而除圜土者教 「教」，天明本作「殺」。*

130 注 未於法 天明本「未」下有「附」字。*

131 注 使其州里之人任之 天明本「任之」下有「乃赦之」三字。

135 凡命夫命婦 天明本「凡」上有「小司寇」三字。校云：「舊無『小司寇』字，補之。」

136 注 使其屬及弟子弟也 天明本無上「弟」字。*

139 注 目不直則萠然 「萠」，天明本作「眊」。*

141 注 故謂舊也 天明本校云：「『舊』下有『知』字。」

142 注 若今時廣吏有罪先請 「廣」，天明本作「廉」。*

143 注 謂有大勳力立功者 天明本「者」下有「也」字。*

144 議動之辟　「動」，天明本作「勤」。*

145 注　三恪二代之後之　「後之」，天明本作「後與」。

146 掌三剌三宥三都之法　「都」，天明本作「赦」。*

146 以贊司冠　「冠」，天明本作「寇」。*

147 注　剌教也　「教」，天明本作「殺」。*

148 不議　「議」，天明本作「識」。*

150 悆愚　「悆」，天明本作「惷」。*

151 生而癈騃也　「癈」，天明本作「癡」。*

151 教謂免其罪也　「教」，天明本作「赦」。*

153 小行人職　天明本無「職」字。*

154 若國之凶荒　天明本無「之」字。*

155 則令槁禬之　「槁」，天明本作「犒」。

155 注　槁勞也　「槁」，天明本作「犒」。

157 則令褱弔之　「褱」，天明本作「哀」。*

157 掌客職　天明本無「職」字。*

158 國新教礼　「教」，天明本作「殺」。*

158 凶荒教礼　「教」，天明本作「殺」。*

158 札喪教礼　「教」，天明本作「殺」。*

158 禍灾礼　天明本「灾」下有「殺」字。*

159 在野外教礼　天明本「野」下有「在」字，「教」作「殺」。*

159 注　新有兵寮及水火也　「寮」，天明本作「寇」。*

160 注　外軍行也　此句天明本作「行軍在外也」。

周書

163 憂箴曰　「憂」，天明本作「夏」。*

163 秊之食　「秊」，天明本作「年」，金澤本校改作「秊」。*

169 其失如化　天明本「失」下有「天下」二字。*

174 貴富者　「貴富」天明本互乙。

174 觀其施　天明本「其」下有「有礼」二字。*

176 觀其不懾　天明本「懾」下有「懼」字。

176 觀其恭敬好學而能弟弟　天明本不重「弟」字。*

177 其疾者　「疾」，天明本作「壯」。*

177 觀其絜廉　「絜」，天明本作「潔」。

178 觀其忠慎彊其所不足而踰　「忠」，天明本作「思」，*「踰」上有「不」字。*

179 充弟之間　「充」，天明本作「兄」。*

181 忩之以難　「忩」，天明本作「示」。*

183 監之以樂　「監」，天明本作「濫」。

186 復其徵言　「其徵」，天明本作「徵其」。

187 典省其行　「典」，天明本作「曲」。*

188 芮伯陳誥作芮良夫　天明本校云：「『芮良夫』下當有『解』字。」

189 芮若曰　天明本「芮」下有「伯」字。*

189 舍小臣良夫　「舍」，天明本作「余」。*

189 砮首謹誥　天明本校云：「『首』當作『道』，『謹』作『謀』。」

191 注　謂怠改　「改」，天明本作「政」。

194 爾天子嗣文武之業　「爾」，天明本作「爾」。*

195 爾執政小子　「爾」，天明本作「爾」。*

197 注　進於善也　「於」，天明本作「不」。*

199 注　皆聞知也　天明本「皆」下有「所」字。

199 古人求多聞鑒戒　天明本「聞」下有「以」字。校云：「『多聞』下舊無『以』字，補之。」

200 注　言古人不聞故有所不知也　天明本「人」下有「患」字。

201 注　無可知何　「知」，天明本作「如」。

201 不惟害民　「害民」天明本互乙。

202 民至億地　「地」，天明本作「兆」。*

203 注　則危已　天明本「則」下有「寡者」二字。*

204 注　則寡者危亡　「亡」，天明本作「已」。

204 烏季野禽馴服于人　「季」，天明本作「虖」。*

205 注　雖家也畜　天明本無「也」字。*

205 注　隹民亦然也　「隹」，天明本作「治」。*

206 惟以禽諛事王　「禽」，天明本作「貪」。

207 不對以脩難　天明本校云：「本書『對』作『懟德』。」

209 咎起放人輕　「放」，天明本作「於」。*

211 偷王苟安　「王」，天明本作「生」。

211 注　財成　「財」，天明本作「賄」。

211 注　不任意　「意」，天明本作「德」。*

212 並得厥求　「厥」，天明本作「其」。

212 恠曰哀哉　「恠」，天明本作「惟」。*

217 注　乃凶　「凶」，天明本作「汝」。

春秋外傳國語

221 於是乎量資弊　「弊」，天明本作「幣」。*

222 注　平也　「平」，天明本作「稱」。

223 注　民患輕而物貴　天明本「患」下有「幣」字。

224 民皆得　天明本「得」下有「焉」字。

225 注　子母相權　天明本校云：「本書『相權』之『權』作『通』。」

226 小人利之　「人」，天明本作「大」。

227 注　雜而用也之　天明本無「也」字。

228 注　毋者不足　天明本「者」下有「毋」字。

228 注　則以平之　天明本「以」下有「子」字。

229 民失其資　「資」，天明本作「貨」。校云：「『其貨』作『其資』。」

229 能無遺乎　「遺」，天明本作「匱」。

230 注　故民失其資　「資」，天明本作「貨」。

230 若遺　「遺」，天明本作「匱」。

230 注　民財遺　「遺」，天明本作「匱」。

233 注　謂偹豫不虞　「偹豫」天明本互乙。

234 注　至而救之　天明本「而」下有「後」字。

234 注　量資弊平輕重之屬　「弊」，天明本作「幣」。*

234 注　二者先後各有宜　「先」，天明本作「前」。

236 注　離民遺財　「遺」，天明本「匱」。

237 而又離民以恠灾　「恠」，天明本作「佐」。

238 注　天降禍灾未厭　天明本「厭」下有「已」字。

240 令不從　天明本「令」下有「之」字。*

242 注　小錢歛而錢大也　「錢」，天明本作「鑄」。

243 若民離財遺　「遺」，天明本作「匱」。

245 作重弊以絶民資　「弊」，天明本作「幣」，「資」作「貨」。校云：「『民貨』作『民資』。」

247 注　謂度小錢也　「度」，天明本作「癈」。*

250 患真甚焉　「真」，天明本作「莫」。*

252 明則㥁照　「照」，天明本作「昭」。*

252 注　猶歆　「歆」，天明本作「欣」。

257 若視不和　天明本「視」下有「聽」字。

258 注　自轉易也　「自」，天明本作「有」。

258—259 形政放緣　「形」，天明本作「刑」，*「緣」作「紛」。*

260 作則作不濟　天明本無下「作」字。*

262 問之泠則鳩　「泠則」，天明本作「伶州」。*

262 注　明鳩　「明」，天明本作「州」。*

263 夫遺財用　「遺」，天明本作「匱」。

265 注　財遺　「遺」，天明本作「匱」。

265 注　神故矜也　「神故」，天明本作「故神」，「矜」作「怒」。*

266 給人告知　「給」，天明本作「伶」。*

267 注　雅王謂之和　「雅」，天明本作「媚」。*

267 注　故曰不可知也　天明本無「也」字。

269 合財亡民疲　「合」，天明本作「今」。*

272 注　其國如城　「國」，天明本作「固」。

277 翼教哀侯　「教」，天明本作「弑」。*

280 君倉之　「倉」，天明本作「食」。*

280 唯其在　天明本「其」下有「在」字。

285 注　以爲易而輕忽之故其難將至　天明本無此十二字。

288 注　轉厥也　「轉」，天明本作「韓」。*

293 黨埶大信　天明本「埶」作「孰」，*「信」作「焉」。*

295 注　長助也　「助」，天明本作「帥」。

298 筦與比而事君矣　「筦」，天明本作「莫」。*

299 昔者其之始之　「其之」，天明本作「其父」。*

299 注　謂有所迮　「迮」，天明本作「造」。*
300 籍偃在　天明本「在」下有「側」字。
304 與吾舉犻焉　「吾」，天明本作「伍」。*
306 注　聽明有息也　「聽明」，天明本作「聽用」。
307 注　能到遠人　「到」，天明本作「致」。
307 不聞其以土木之崇高彫鏤爲美　「彫」，天明本作「彤」。
308 注　彫謂丹楹　「彫」，天明本作「彤」。
309 高不過望國氣　「氣」，天明本作「氛」。
309 注　祲氣也　「祲」，天明本作「祲」。
310 注　言宴有折俎　「俎」，天明本作「俎」。*
310 注　籩豆之陳　「籩」，天明本作「籩」。
315 皆無容焉　「容」，天明本作「害」。*
317 財用則遺　「遺」，天明本作「匱」。
318 注　朝何　「朝」，天明本作「胡」。
319 君安得肌　「肌」，天明本作「肥」。
319 注　安得獨肥　「肌」，天明本作「肥」。
321 臺不過望氣詳　「氣」，天明本作「氛」，「詳」作「祥」。*
321 注　凶氣爲氣　「氣」，天明本作「氛」。
321 注　吉氣爲詳　「詳」，天明本作「祥」。*
321 其所不奪穡　天明本「穡」下有「地」字。
322 其爲不遺財用　「遺」，天明本作「匱」。
323 其日不敗時務　「敗」，天明本作「廢」。
323 瘠燒之地　「燒」，天明本作「磽」。*
324 注　城守之鍾　「鍾」，天明本作「餘」。*
326 夫爲臺樹　「樹」，天明本作「榭」。*
326 時以教民利也　「時」，天明本作「將」。*
327 注　所以望氣祥　「氣」，天明本作「氛」。
327 注　所以詳軍實　「詳」，天明本作「講」。*
327 不知其以遺之也　「遺」，天明本作「匱」。
328 注　以爲之得事正也　天明本「之」字在「事」下。
329 鬭且廷見令君子常　「君」，天明本作「尹」。*
330 問書貨聚焉　「書」，天明本作「畜」，金澤本校改作「蓄」。*「焉」，天明本作「馬」。*
330 歸以語其苐曰　「苐」，天明本作「弟」。
331 問書聚積實　「書」，校改作「蓄」，天明本作「畜」。*
335 人謂子之曰　「之」，天明本作「文」。*
335 夫信政者　「信」，天明本作「從」。*
336 是民以自封也　天明本「是」下有「勤」字。*
337 我遊死　「遊」，天明本作「逃」。*
338 故莊王之世滅若教氏　「教」，天明本作「敖」。*
340 令子常先大夫之後也　「令」，天明本作「今」，*無「也」字。
342 注　道冢门　「门」，天明本作「曰」。*
342 而蓋聚不厭　「蓋」，校改作「蓄」，天明本作「畜」。

347 楚之所寶者曰觀射父　天明本無「曰」字。*

349 又有在史倚相　「在」，天明本作「左」。*

351 又能下上悅于鬼神　「下上」天明本互乙。*

352 又有雲夢曰　此句天明本作「又有藪曰雲」。

353 注　楚有雲夢藪澤名也　天明本「夢」下有「之」字，無「名」字。

354 龜珠齒角皮革羽毛竹　天明本無「竹」字。*

356 以享於諸侯　「享」，天明本作「亨」。

356 注　享獻也　「享」，天明本作「亨」。

356 宜君其可以免罪於諸侯　「宜」，天明本作「寡」。*

韓詩外傳

360 焚姬下堂而迎之　「焚」，天明本作「樊」。*

361 無不知飢倦也　天明本無「無」字。

368 不敢以私願蔽衆義也　「義」，天明本作「美」。*

373 未必撅也　「撅」，天明本作「橛」。校云：「『橛』作『撅』。」

374 則撅必先矣　「撅」，天明本作「橛」。

376 一旦有非常之憂　「憂」，天明本作「變」。*

376 汩然禍至　天明本校云：「『汩』作『迫』。」

378 亦晚乎　天明本「亦」上有「不」字。

381 足搏距者　「搏」，天明本作「傅」。

381 敵在前敢鬬者冢　「冢」，天明本作「勇」。*

383 君猶日倫而食之者何也　天明本無「日倫」二字，「猶」下有「烹」字。*

385 啄君黍粱　「粱」，天明本作「梁」。

392 有執尊貴者　「執」，天明本作「埶」。

394 有貌義好者　「義」，天明本作「美」。

394 有執尊貴　天明本無「有」字，「執」作「埶」。

395 而及以暴傲　「及」，天明本作「反」。*

395 而及以侈靡無度　「及」，天明本作「反」。*

397 而及以侵淺私鬬　「及」，天明本作「反」，*「淺」作「凌」。*

397 心智惠　「惠」，天明本作「慧」。

397 而及以事姦飾詐　「及」，天明本作「反」。*

398 貌義好　「義」，天明本作「美」。

398 不以統朝伍民　「伍」，天明本作「涖」。

398—399 而及以蟲女從欲　「及」，天明本作「反」，*「蟲」作「蠱」。*

399 所謂上失其美質也　「上」，天明本作「士」。

404 則不以物害性矣　天明本校云：「本書『不以物害性矣』作『不害物性』。」

406 及諸己而已矣　天明本「及」作「反」，無「矣」字。

407 日月成明　天明本「日」上有「而」字。

408 而事得序　天明本「事」上有「百」字。校云：「舊無『百』字，補之。」
409 從之和睦　「和」，天明本作「則」。
409 故聖之教其民也　天明本「聖」下有「王」字。
411 故民之從命速也　「速也」天明本互乙。
412 可以砥礪　天明本「可」上有「智」字。
412—413 行以爲輔檠者　天明本「行」下有「可」字。校云：「『檠』作『弼』。」
414 當前快意　天明本校云：「『快』作『決』。」
417 非賢者再能用賢　「再」，天明本作「莫」。*
421 己情量之也　天明本「己」上有「以」字，*「己」下有「無」字。*
425 心好而已矣　「心好」，天明本作「忠恕」。*
428 絲假之青於藍　天明本「絲」上有「而」字。*
429 而絲之黄於地　天明本「絲」下有「假」字。*
430 可假乎哉　天明本「可」下有「不」字。*
430 皆而行　「皆」，天明本作「比目」二字。*
431 名曰兼　「兼」，天明本作「鶼」。
431 比翼飛　天明本「翼」下有「而」字。
432 夫鳥獸魚猶如假　天明本「魚」下有「鯀」字，「如」作「知」。*
433 而獨不知比假天下之雄英　「雄英」天明本互乙。
433 佊士與之爲伍　「佊」，天明本作「俊」。*
438 雖有天下富矣　天明本「富」上有「不」字。*
440 扶百倍之欲　「扶」，天明本作「挾」。
442 居事力者　「居」，天明本作「居」，金澤本校改作「君」。*
444 故其民雖有餘侈物　天明本「餘」下有「財」字。*
445 即無所用其餘財物故其民皆興仁義而賤財利賤財利即不争不争即强不凌弱　天明本校云：「『即』作『則』，下『即不』『即强』同。」
448 而乱難止矣　「難」，天明本作「斯」。
451 瑟周方調　「周」，天明本作「固」。*
466 武王愕愕而冒　「冒」，天明本作「昌」。*
469 舩人蓋胥跪而對曰　天明本校云：「『蓋』作『盍』。」
469 失珠出於江海　「失」，天明本作「夫」。*
470 猶至之好之也　「至」，天明本作「主」。*
471 蓋不至主君無好士之意耳　天明本無「不至」二字。*
473 夕救市賦　「救」，天明本作「收」。*
475 所持者六翮耳　「持」，天明本作「恃」。
479 是用不就　天明本校云：「『就』作『集』。」
481 諸大夫有能與我起諸侯者乎　「起」，天明本作「赴」。*
483 非大夫易得尚難用　「尚」，天明本作「而」。*
485 三升之稷　天明本校云：「『升』作『斗』。」
487 後宫婦女以相提挃　天明本校云：「『挃』作『擲』。」

489 **下得以爲禄**　「下」，天明本作「士」，「得」上有「曾不」二字，「禄」作「緣」。*

489 **与欲使士致其所重**　「与」，天明本作「而」。

493 **魏文集問狐卷子曰**　「集」，天明本作「侯」。*

494 **賢足恃乎**　天明本「賢」上有「兄」字。*

495 **苐賢足恃乎**　「苐」，天明本作「弟」。

497 **而丹朱於**　「於」，天明本作「放」。*

497 **而瞽叟拘**　「拘」，天明本作「頑」。*

498 **苐賢不過周公**　「苐」，天明本作「弟」。

501 **自求伊裕**　「裕」，天明本作「祐」。

510 **富能貪**　天明本「能」下有「分」字。

513 **痿蹷逆從滿支隔盲煩喻痺風此之謂也**　「從」，天明本作「脹」，「隔」作「膈」，「喻」作「喘」。*

515 **曰省事輕形**　「曰」，天明本作「日」，*「形」作「刑」。*

516 **無使倉廩積府**　「府」，天明本作「腐」。*

517 **則張不作**　「張」，天明本作「脹」。

519 **則隔不作**　「隔」，天明本作「膈」。

519 **則盲不**　天明本「不」下有「作」字。*

520 **則喻不作**　「喻」，天明本作「喘」。

521 **則痺不作**　「痺」，校改作「瘅」，天明本作「痺」。*

529 **於是楚王怉如也**　天明本校云：「『怉』作『悒』。」

群書治要卷第九

孝經

16 注　當脩治其惪也　「也」，天明本作「矣」。

19 形于四海　天明本校云：「本書『形』作『刑』。」

20 盖天子之孝　天明本「孝」下有「也」字。

28 然後能保其社禝　「禝」，天明本作「稷」。

32 非先王之法言不敢道　天明本「非」上有「非先王之法服不敢服」九字。

35 言滿天下無怨惡　天明本「下」下有「無口過行滿天下」七字。

46 然後能保禄位　天明本「保」下有「其」字。

48 注　忝辰也　「辰」，天明本作「辱」。*

48 子曰因天之道　天明本無「子曰」二字。校云：「『因』上舊有『子曰』二字，删之。」

49 注　順四時以奉天之道　天明本「奉」下有「事」字。*

54 注　未之有者善未之有也　「善」，天明本作「言」。校云：「『未』下九字恐有脱誤。」

56 注　物有有死生　天明本不重「有」字。*

56 注　天之之經也　天明本不重「之」字。*

57 民之行也也　天明本不重「也」字。*

59 注　无失其早晚晚也　天明本不重「晚」字。*

62 注　是以其教不肅而成而成之也　天明本無「而成之」三字。*

62 注　政不煩荷　「荷」，天明本作「苛」。

64 是故先之之以博愛　天明本不重「之」字。*

64 注　先脩人事事　天明本不重「事」字。*

64 注　流化於於民　天明本不重「於」字，「民」下有「也」字。

65 注　則義則民莫敢不服也　天明本無「義則」二字。*

66 注　若文王敬讓敬讓於讓於朝　天明本無「敬讓於讓」四字。*

67 注　則下效之法　「之法」天明本互乙。

69 注　知禁　天明本「知」上有「民」字。*

70 注　古者諸侯諸侯　天明本不重「諸侯」二字。*

70 注　歲遣歲遣大夫　天明本不重「歲遣」二字。*

71 注　躬問天子　「躬」，天明本作「聘」。*

73 注　諸侯五年一朝朝天子　天明本不重「朝」字。*

73 注　各以其職其職來助祭宗廟　天明本不重「其職」二字。*

77 况於妻子乎　天明本「况」上有「而」字。

81 禍亂不仕　「仕」，天明本作「作」。*

83 注　其孝也　天明本無此三字。

84 注　順而位之也　「位」，天明本作「行」。*

86 注　貴其異於万物也　天明本無「貴」字。

88 嚴父莫大配天　天明本「大」下有「於」字。*

89 注　尊嚴其父配天食者　天明本「食」在「配」之下。*

93 注　越嘗重譯重譯來貢　「嘗」，天明本作「裳」，不重「重譯」二字。*

93 注　是得万國之勸之歡心也　天明本無「之勸」二字。*

96—97 注　順人人情之也　天明本不重「人」字，無「之」字。*

100 注　但義合耳也　天明本無「也」字。*

101 注　生子骨　天明本無此三字。*

106 注　而敬他人之親　天明本「親」下有「者」字。*

107 不存於善　「存」，天明本作「在」。*

108 注　若桀紂是爲善　天明本無「爲善」二字，「是」下有「也」字。

121 注　忿争爲醜　天明本無此四字。

124 注　惟刃之道　天明本「惟」下有「兵」字。*

125 注　不聽惡於人之親　「聽」，天明本作「敢」。

125 注　今反驕乱忿争　「忿」，天明本作「分」。

126 注　雖日煞三牲之養　「煞」，天明本作「致」。*

127 注　謂劓墨臏宫割大辟也　「劓墨」天明本互乙，無「割」字。校云：「『宫』下舊有『割』字，删之。」

133 莫善於禮也　天明本無「也」字。*

141 注　天子无父事三老　天明本無「无」字。

141—142 所以敬以敬天下之爲人兄者也　天明本不重「以敬」二字。*

142 注　天子无兄事五更　天明本無「无」字。

147 注　至德之君能行至悳之君能行此三者　天明本無「至悳之君能行」六字。*

147 注　教於天下也行此　天明本無「行此」二字。*

149 注　故可移於長光則順也　天明本無「光則順」三字。*

150 治可移於宫　天明本「治」上有「故」字。*

151 曾曾子曰　天明本不重「曾」字。*

153 敢問子從父之令　「令」，天明本作「命」。

153 可謂孝孝乎　天明本不重「孝」字。*

154 是何言與　天明本「與」下有「是何言與」四字。*

156 注　使不危殆輔右弼　天明本無「輔右弼」三字。

158 注　尊卑輔著　「著」，天明本作「善」。

161 促父之令　「促」，天明本作「從」，「令」作「命」。*

164 注　能察其高下　天明本「能」下有「事地」二字。*

165 注　故上下治也　天明本無「也」字。

168 注　必有所先事之若之若兄　天明本不重「之若」二字。*

168 注　五更是也是也　天明本不重「是也」二字。*
171 注　常恐辱己先也　「其」，天明本作「己」。
172 注　故重其文也　天明本無「也」字。
174 自東自西　此四字天明本作「自西自東」。
176 將順其義　「義」，天明本作「美」。*
177 故上下治能相親也　天明本無「治」字。校云：「『上下』下舊有『治』字，删之。」
178 注　故故能相親也　天明本不重「故」字，無「也」字。*

論語

186 注　謂爲之政也　天明本「政」下有「教」字。*
187 注　与民诚信也　天明本「民」下有「必」字。*
190 子憂曰　「憂」，天明本作「夏」。*
190 注　孔子弟子卜商弟子卜商也　天明本不重「弟子卜商」四字。*
195 注　憚難　天明本「難」下有「也」字。
196 注　喪盡其哀其哀　天明本不重「其哀」二字。*
196 注　祭盡祭盡其敬　天明本不重「祭盡」二字。*
204 思無耶　「耶」，天明本作「邪」。
208 注　阿黨爲北　「北」，天明本作「比」。*
209 注　哀魯君讓謚　天明本無「哀」「讓」二字，*「謚」下有「也」字。
210 注　措置也　「措」，天明本作「錯」。
210 注　舉正直之人用之廢置用之廢置邪枉之則民服其上人則民服其上　天明本不重「用之廢置」四字，無「人」上「則民服其上」五字。*
211 舉枉措諸悳　天明本「措」作「錯」，「悳」作「直」*。
213 注　魯卿集孫服也　天明本無此六字。*
214 注　下慈於則民忠矣　天明本「於」下有「民」字，*「則」在「忠」上。*
214 注　於親下慈於民　天明本無此六字。*
218 注　軏在轅端上曲鉤衡也者也　「軏」，天明本作「軌」，*無「在」、上「也」二字。*
222 注　不如哀戚也　天明本無「也」字。*
229 注　僵沛僵仆也　天明本無「僵沛」二字。*
229—230 注　雖急遽僵遽僵仆不違仁也　天明本不重「遽僵」二字。*
239 注　孔文子子　天明本不重「子」字。*
240 注　衛大夫孔圉　「圍」，天明本作「圉」。*
241 注　識疾也　天明本「識」下有「之」字。*
244 左丘明明耻之　天明本不重「明」字。
246 吾未見其過而内自訟者也　天明本「見」下有「能見」

二字。*
251 注　遷者移　天明本「移」下有「也」字。
254 聞義不能從也　「從」，天明本作「徙」。
257 注　言我我三三人行　天明本不重「我」「三」二字。*
265 士不可不弘毅　天明本「可」下有「以」字。
266 注　大毅而能斷也　天明本無「大」字，「毅」下有「强」字。
268 注　遠莫遠焉莫重　天明本無「莫重」二字。*
270 不謀其政政　天明本不重「政」字。*
271 注　欲令各尊一於其職也　天明本無「令」字。*
276 注　言布其德廣遠　天明本校云：「本書『布其』作『其布』。」
278 注　理官者十人　「理」，天明本作「治」。
279 注　南宮栝　「栝」，天明本作「适」。
280 有婦人而已　天明本「人」下有「焉九人」三字。*
281 注　然猶尚有一婦人　天明本無「猶」字。*
282 注　大才難得　「大」，天明本作「人」。
284 而致美于黻免　「免」，天明本作「冕」。*
284 而盡力溝洫　天明本校云：「『力』下脱『乎』字。」
285 注　免冠名也　「免」，天明本作「冕」。*
288 注　其功已多　天明本「功」下有「雖」字。*
290 注　將進如功　「如」，天明本作「加」。*
292 尭己復礼爲仁　「尭」，天明本作「克」。*
292 注　尭己　「尭」，天明本作「克」。*
294 注　善在己　天明本「善」上有「行」字。*
303 没潤之譖　「没」，天明本作「浸」。*
306 子貢贑問政　天明本無「贑」字。
307 子贑曰　「贑」，天明本作「貢」。*
308 民不信不立　「不信」，天明本作「無信」。
312 注　謂什二而税也　天明本無「也」字。
316 惑也　天明本「惑」上有「是」字。*
322 對曰　天明本「對」上有「孔子」二字。
323 言民於上　天明本「民」下有「化」字。*
324 如殺無邊　「邊」，天明本作「道」。*
327 注　作也　「作」，天明本作「仆」。*
328 注　加草草以風　天明本不重「草」字。*
328 焚遲曰　「焚」，天明本作「樊」。
329 注　孔子弟子焚湏也　「焚」，天明本作「樊」。
329 注　治惡善　天明本「惡」下有「爲」字。*
334 注　廢邪枉之人　天明本「廢」上有「舉正直之人用之」七字。*
341 注　然勞後之　「勞後」天明本互乙。
342 仲弓爲季民宰　「民」，天明本作「氏」。*
343 注　而責其事也　天明本「而」下有「後」字，*無「也」字。
344 尒舉所知　「尒舉」，天明本作「舉爾」。

345 尒所不　天明本「不」下有「知」字。*
349 則礼樂不興　「礼」，天明本作「禮」。
350 注　礼樂以安上　天明本無「樂」字。*
350 注　則淫刑監罰矣移風　天明本「則」下有「有」字，「監」作「濫」，無「移風」二字。*
351 則民無所錯手足　「錯」，天明本作「措」。
352 注　必可得明言也　天明本「得」下有「而」字。
356 繦負其子而至矣　「繦」，天明本作「襁」。*
362 注　使不爲惡爲惡也　天明本不重「爲惡」二字。*
362 注　不用殺刑殺也　天明本無上「殺」字。*
366 一言而可以興邦有諸　「邦」，天明本作「國」。
368 注　以興國也　天明本無「以」字。*
371 孔子曰　天明本「子」下有「對」字。*
372 人之言　天明本「言」下有「曰」字。*
374 注　唯樂其言而見違也　天明本「而」下有「不」字。*
376 注　无違之者則善之　下「之」，天明本作「也」。
378 子憂爲莒父宰問政　「憂」，天明本作「夏」。
381 處恭　天明本「處」上有「居」字。*
382 雖之夷秋　「秋」，天明本作「狄」。*
387 子贑問　「贑」，天明本作「貢」，*「問」下有「曰」字。*
393 小人難事而易悦　天明本「悦」下有「也」字。
400 仁者必有慮　「慮」，天明本作「勇」。*
404 夫子然後言　天明本「子」下有「時」字。*
409 祝鮀治宗廟　「鮀」，天明本作「鮀」。*
409 王孫賈治軍旅　「旅」，天明本作「旅」。*
412 抑亦先覺是賢乎　天明本「覺」下有「者」字。*
422 注　言不行也　天明本「不」下有「可」字。*
423 无求生以害人　「人」，天明本作「仁」。
423 注　生而害仁　天明本「生」上有「無求」二字。*
424 行憂之時　「憂」，天明本作「夏」。*
425 注　取其易知也以爲　天明本無「以爲」二字。*
426 樂韶舞　天明本「樂」下有「則」字。
426 注　无舜樂也　天明本無「无」字。
426 注　故取之舜樂　天明本無「舜樂」二字。*
427 注　俱能惑人心　「惑」，天明本作「感」。
427 注　便淫亂危殆　「便」，天明本作「使」。
427 注　故當放遠之也俱能　天明本無「俱能」二字。*
429 臧文仲其窮位者與　「窮」，天明本作「竊」。*
434 不以夊廢言　「夊」，天明本作「人」。*
434 子贑問曰　「贑」，天明本作「貢」。*
438 注　惑衆阿黨比周　「惑」，天明本作「或」。*
438 注　惑其人特立不群　「惑」，天明本作「或」。*
438 注　故毋惡不可不察　「毋」，天明本作「好」，*「察」下有「也」字。*

441 **吾未嘗終日不食**　天明本無「未」字。*

445 **孔子曰是誰之過與**　天明本「曰」下有「求」字，「是誰之過與」五字作「無乃爾是過與」六字。

450 **注　若不能何用相爲者也**　天明本無「者」字。*

451 **龜王毀於櫝中**　「王」，天明本作「玉」。

451 **注　匱也**　「匱」，天明本作「櫝」。

452 **注　非守典者過也**　天明本「非」上有「失虎毀玉」四字，「守典」互乙，*「也」作「耶」。

453 **注　固城郭完堅也**　「完」，天明本作「完」，*「也」上有「兵甲利」三字。*

458 **注　民安則國當富**　天明本無「則」「當」二字。*

458 **和而無寡**　天明本無「而」字。

459 **注　政教平均**　「平均」天明本互乙。*

463 **而謀動干戈於封內**　「封」，天明本作「邦」。*

464 **注　蕭之言肅**　天明本「肅」下有「也」字。

465 **注　橋謂屏也**　「橋」，天明本作「牆」。*

465 **注　是以謂之蕭**　天明本「蕭」下有「牆」字。*

465 **注　果囚季桓子也而加肅敬**　天明本無「而加肅敬」四字。*

467 **注　便避人所忌**　天明本「便」下有「辟巧」二字。*

467 **注　以求容媚者**　天明本無「者」字。

468 **注　辨也謂佞而辨**　二「辨」字，天明本作「辯」。

476 **注　而便逆先意語謂**　「謂」，天明本作「者」。*

486 **聽思聽**　「思聽」，天明本作「思聰」。*

489 **民无稱焉**　天明本「无」下有「得而」二字。*

490 **注　四千匹也**　「匹」，天明本作「疋」。

490 **注　首陽山**　天明本「山」下有「名」字。

495 **能行五者於天下爲仁者矣**　天明本無「者」字。*

503 **其蔽也狂狂妄抵觸人也**　天明本作「其蔽也狂狂妄抵觸人也」。*

506 **注　非但鐘鼓而已**　天明本「但」下有「謂」字。*

508 **患失**　天明本「失」下有「之」字。

509 **惡紫之奪朱**　天明本「朱」下有「也」字。

510 **注　惡者邪音而奪雅樂**　「奪」，天明本作「亂」。

512 **子贛曰**　「贛」，天明本作「貢」。*

512 **君子有惡乎**　天明本「子」下有「亦」字。

513 **惡居下而訕上者**　天明本「而」上有「流」字。*

514 **惡果敢而室者**　「室」，天明本作「窒」。*

515 **亦有惡也**　「也」，天明本作「乎」。

516 **惡訐以爲直者**　「訐」，天明本作「訐」。*

521 **注　苟以直道事人**　天明本「以」在「道」下。*

522 **国公謂魯公**　「国」，天明本作「周」。*

523 **注　不以他人**　天明本「人」下有「之親」二字。*

531 **孟氏使陽膚爲士**　天明本「士」下有「師」字。*

532 注　士獄官也　天明本「士」下有「師典」二字。*

534 注　爲輕剽犯法　「剽」，天明本作「漂」。

535 子贛曰　「贛」，天明本作「貢」。*

537 注　後世憎甚之　「甚之」天明本互乙。

537 子贛曰　「贛」，天明本作「貢」。*

538 如日月之食也　「也」，天明本作「焉」。

542 注　我身過　天明本「身」下有「之」字。

543 注　來則用也　「也」，天明本作「之」。

545 注　稱也　「稱」，天明本作「秤」。

547 注　民之本也　「本」，天明本作「命」。*

548 注　言民公平則民悦矣　「言民」，天明本作「言政」。

548 注　凡此五帝三王所以治　天明本校云：「『五』作『二』。」

549 注　故傳以示後世　天明本「世」下有「也」字。

549 子張問於孔曰　天明本「問」下有「政」字，「孔」下有「子」字。*

550 何如斯可以後政矣　「後」，天明本作「從」。*

555 不亦惠而不費乎　天明本校云：「『不亦』上脱『斯』字。」

556 又誰怨乎　天明本無「乎」字。

557 又焉貪　天明本「貪」下有「乎」字。

563 注　而虛尭期　「尭」，天明本作「刻」。

563 出内之悋　「内」，天明本作「納」，「悋」作「吝」。*

564 注　謂財物也俱當與人　天明本無「也」字。

群書治要卷第十

孔子家語

7 **或者其失之乎** 「其」，天明本作「爲」。*

12 **而少政卯皆魚有之** 「政」，天明本作「正」，「魚」作「兼」。*

14 **其談説足以飾哀熒衆** 「哀」，天明本作「衺」，金澤本校改作「褒」，天明本校云：「『衺』舊作『褒』，改之。」「熒」，天明本作「榮」。

22 **不教** 天明本「教」下有「以孝」二字。*

23 **是殺不事也** 「事」，天明本作「辜」。*

23 **獄犴不治** 「犴」，天明本作「豻」。

24 **不可刑** 天明本「刑」下有「也」字。*

24 **何也** 「也」，天明本作「者」。*

27 **既陳道意以先服之** 「意」，天明本作「德」。*

28 **則廢不能以憚之** 天明本校云：「『則廢』至『憚之』七字作『即廢之又不可而後以威憚之』十三字。」今按，實有十二字。

29 **若是百姓正失** 「失」，天明本作「矣」。*

29 **其有邪民不徒化者** 「徒」，天明本作「從」。*

31 **是以威厲而不誡** 天明本校云：「『誡』作『試』。」

31 **今世不然** 天明本無「今」字。校云：「『世』上有『今』字。」

31 **乱其殺** 「殺」，天明本作「教」。*

32 **放刑旅繁** 「旅」，天明本作「放」。*

33 **而哀不勝也** 「哀」，天明本作「盜」。*

34 **民能幼踰乎** 「幼」，天明本作「勿」。*

37 **所以明意也** 「意」，天明本作「德」。*

37 **意者** 「意」，天明本作「德」。*

38 **是故非意道不尊也** 「意」，天明本作「德」。*

39 **非道意不明也** 「意」，天明本作「德」。*

40 **不以道治之** 天明本「以」下有「其」字。校云：「舊無『其道』之『其』，補之。」

43 **明王之守也** 天明本「之」下有「道其」二字。*

46 **不勞不費之爲明** 天明本「明」下有「王」字。

50 **此則生明之路也** 「明」，天明本作「財」。*

53 **則下益亮** 「亮」，天明本作「寬」。*

54 **則下擇交** 「交」，天明本作「友」。*

54 **上好意** 「意」，天明本作「德」。*

55 **争上廣讓** 「廣」，天明本作「廉」。*

56 **教定** 天明本「教」上有「政」字。*

57 **弟子不足以明之** 「明」，天明本作「則」。*

61 **有司月省而時考之** 「月」，天明本作「日」。*

61 **進賢良** 天明本「進」下有「用」字。*

62 **然則賢良者悦** 天明本無「然」「良」二字。校云：「『不肖』下舊有『然』字，『賢』下舊有『良』字，刪之。」

65 **如腹心** 天明本「如」下有「手足之於」四字。

65 **則下之親上也** 天明本無「則」字。

65 **如幻子之於慈母矣** 「幻」，天明本作「幼」。*

66 **故令則從** 「令」，天明本作「今」。

67 **民懷其意** 「意」，天明本作「德」。*

68 **田獵畢戈** 「畢戈」，天明本作「罩弋」。*

68 **注　畢奄納也戈繁射也** 「畢奄納也」，*天明本作「罩掩綱也」，「戈」作「弋」，*「繁」作「繳」。*

69 **微殿百姓** 「微殿」，天明本作「徵斂」。*

70 **其礼可復** 天明本「可」下有「守其言可」四字，*「復」作「覆」。*

73 **如寒暑之必騐也** 「騐」，天明本作「驗」。*

73 **故視遠若逐** 「逐」，天明本作「邇」。*

73 **道迩也** 天明本「道」上有「非」字。*

74 **見明意也** 「意」，天明本作「德」。*

81 **古者明王必書知天下良士之名** 「書」，天明本作「盡」。*

82 **又知其寶** 「寶」，天明本作「實」。*

83 **然後困天下之爵以尊之** 「困」，天明本作「因」。*

86 **此謂至樂無聲** 天明本「此」下有「之」字。*

91 **智莫大於知賢** 天明本「智」下有「者」字。*

92 **有立之君** 「立」，天明本作「土」。*

96 **至則悦矣** 天明本「則」下有「民」字。*

96 **淳親㫌衆** 「淳」，天明本作「得」。*

97 **不過于物合天道也** 天明本無此八字。

100 **敢問人道雜爲大** 「雜」，天明本作「誰」。*

101 **夫改也者正也** 「改」，天明本作「政」，無上「也」字。*

101 **君爲政** 「政」，天明本作「正」。*

104 **居泾信** 「居泾」，天明本作「君臣」。*

106 **出以治真言之礼** 「真」，天明本作「直」。*

106—107 **注　夫婦夫婦正** 天明本不重「夫婦」二字。*

107 **注　則出可以治政言之礼矣** 天明本無「之」字。*

108 **注　耻事不足如** 天明本無「足」字。*

108 **注　礼則足以振教之也** 天明本無「也」字。

109 **故爲政先于礼** 「于」，天明本作「乎」。*

111 **親之慢也** 「慢」，天明本作「後」。*

113 **身者** 天明本「身」下有「也」字。

114 **是傷其本** 天明本「本」下有「也傷其本」四字。*

115 **注　言百姓之行法而行** 「之行」，天明本作「之所」。*

116 **妃君脩此三者** 天明本「妃」下有「以及妃」三字。

118 **百姓敬恭以從命** 「敬恭」天明本互乙。

121 君子也者　天明本無「也」字。*

121 人之成名也　天明本「人」上有「乃」字。*

121 百姓與之名　天明本無「之」字。*

122 是成其親爲其子也已　天明本「爲」下有「君而爲」三字，* 無「已」字。*

124 則不能安其士不能安其士　二「士」字，天明本皆作「土」，金澤本校改作「士」。*

129 君之言礼　「君」，天明本作「子」。*

133 則無以別男女父子兄弟裀親踈數之交焉　天明本「弟」下有「婚」字，*「裀」作「姻」，*「親」下有「族」字。*

136 心無淫志　「無」，天明本作「不」。*

138 淫意不倦　「意」，天明本作「行」。*

139 遂其心　天明本「遂」上有「以」字。*

139 以怨其正忤其衆　天明本「正」作「政」，無「忤其衆」三字。校云：「『政』下有『以忤其衆』四字。」

142 注　用下所言也　天明本無「也」字。*

145 寡人欲論魯國之上　「上」，天明本作「士」，金澤本校改作「事」。*

151 士人者　天明本「士」上有「所謂」二字。校云：「舊脱『所謂』字，補之。」

153 雖不能徧百善之美　「徧」，天明本作「備」。校云：「『備』作『徧』。」

155 注　所謂言之要也　天明本「所」下有「謂者」二字，金澤本「所」下校補有「務者」二字。*

156 行既由足　「足」，天明本作「之」。*

159 而心不忘　「忘」，天明本作「怨」。*

161 油然若脟可越　「脟」，天明本作「將」。

162 意不踰閑　「意」，天明本作「德」。*

163 注　闁猶法也　「闁」，天明本作「閑」。*

165 富則天下無菀財　「菀」，天明本作「宛」。*

165 注　菀積也　「菀」，天明本作「宛」。

166 意合天地　「意」，天明本作「德」。*

168 他行若神　「他」，天明本作「化」。*

169 下民不知其意　「意」，天明本作「德」。*

174 君入朝而右　「朝」，天明本作「廟」。*

175 俯察机遳　「遳」，天明本作「莛」。

177 注　𣅀也　「𣅀」，天明本作「早」。*

178 可知矣　天明本「可」上有「則憂」二字。*

179 至乎中仄　「仄」，天明本作「昃」。

179 注　仄日映也　「仄」，天明本作「昃」，「映」作「昳」。

179 候子孫　「候」，天明本作「侯」。*

180 往來爲賞　「賞」，天明本作「賔」。*

182 注　言亡國故居　「居」，天明本作「墟」。*

184 民者水所以載舟　天明本「水」下有「也水」二字。*

184 君以此思㐌　「㐌」，天明本作「危」。*
184 可知矣　天明本「可」上有「則危」二字。
186 何有哉　天明本「有」下有「失」字。*
188 無取健　「健」，天明本作「捷捷」二字。*
188 無取鉗　「鉗」，天明本作「鉗鉗」二字。*
188 注　鉗妄對不謹誠　「鉗」，天明本作「鉗」。*
188 無取啍　天明本重「啍」字。*
188 注　閏多言也　天明本無「閏」字。*
188 健貪也　「健」，天明本作「捷捷」二字。*
189 注　健而不良　「健」，天明本作「捷捷」二字。*
189 鉗乱也　「鉗」，天明本作「鉗鉗」二字。*
189 啍誕也　天明本「啍」下重「啍」字。*
190 故弓調而後求焉勁　「焉勁」天明本互乙。
190—191 士必慤信而後求智能焉　「士」，天明本作「士」，*無「信」字。*
191—192 辟之犲狼　「辟」，天明本作「譬」，*「犲」作「豺」。
192 注　迩近也　「近」，天明本作「近」。*
192 注　雖性信不慈信　天明本無「性信」二字，「慈」作「慤」。*
192 注　不慈信而有智能者　「慈」，天明本作「慤」。*
198 帝辛分雀之意　「分」，天明本作「介」，「意」作「德」。*
198 注　分助也　「分」，天明本作「介」。*

198 注　以雀之意爲助也　「意」，天明本作「德」。*
199 其又先世殷太戊之時　「其又」天明本互乙。校云：「『殷』下有『王』字。」*
200 以致夭孽　「孽」，天明本作「孽」。
203 此即迎天時得禍轉爲福也　天明本「即」下有「以已」二字，*「迎」作「逆」，*「福」下有「者」字。*
205 能知　天明本「知」下有「此」字。*
206 至治之極者　「者」，天明本作「也」。*
206 達此者也　天明本「達」上有「明王」二字，*無「者」字。*
208 季羔爲衛士師　「士」，天明本作「士」。*
209 者則守門焉　天明本「者」上有「刖」字，*無「則」字。校云：「『者』下有『則』字。」
209 彼有致　「致」，天明本作「缺」。*
211 注　隧從竇出　「隧」，天明本作「隧」。*
211 既追者罷　天明本「既」下有「而」字。*
212 謂則者曰　「則」，天明本作「刖」。*
215 先後臣　天明本「先」下有「人」字。*
216 君獄然不樂　「獄」，天明本作「愀」。*
217 君豈私臣哉　「私」，天明本作「私」。
218 所以悦君也　天明本校云：「『悦』作『脱』。」
220 思仁恕則樹意　「意」，天明本作「德」。*
221 溝瀆　天明本「溝」上有「修」字。*

225 尒以爲民餓　「爲民」天明本互乙。

226 而私以尒食餽之　「私」，天明本作「私」。

227—228 速已則尒之見罪必矣　天明本「已」下有「則可不已」四字。

228 稟焉　此二字天明本作「懔懔焉」。*

228 注　稟焉　此二字天明本作「懔懔焉」。*

228 注　誠懼之貌　「誠」，天明本作「誠」。*

228 注　扞突之馬也　天明本「扞」下有「馬」字，*無「之」字。*

229 何甚畏也　「甚」，天明本作「其」。

229 夫通達之國　「國」，天明本作「屬」，金澤本校改作「御」。*

233 有君不能事　「不」，天明本作「弗」。*

233 其子而求其報　「其」，天明本作「有」。*

236 上能明於三恕之本　「上」，天明本作「士」。

238 有敧器焉　「敧」，天明本作「欹」。*

242 誡注水焉　「誡」，天明本作「試」。

245 聰明敨智　「敨」，天明本作「叡」。

247 此所謂損之之道也　「損之」下，天明本有「又損」二字。*

249 昔舜何冠乎　天明本「昔」下有「者」字，「舜」下有「冠」字。*

253 若天地之虛静　天明本「若」上有「德」字。*

254 化若四時之率物　「率」，天明本作「變」。*

256 鳥獸馴意　「意」，天明本作「德」。*

256 而冠是問　天明本「冠」下有「冕」字。*

259—260 有堯舜紂桀之象　「紂桀」天明本互乙。

261 拖之而負斧扆　「拖」，天明本作「抱」。*

262 孔子俳佪而望之　「俳佪」，天明本作「徘徊」。

263 此則周之所盛也　天明本「所」下有「以」字。*

265 而忽怠於所以存亡　天明本校云：「『怠於』下有『其』字。」

268 叅緘其口而銘其背曰　「叅」，天明本作「參」，金澤本校改作「叁」。*

273 綿綿不絶　「綿綿」，天明本作「緜緜」。

274 或成内羅　「内」，天明本作「網」。*

274 注　綿綿微而不絶　「綿綿」，天明本作「緜緜」。

275 豪未不札　「札」，天明本作「扎」。

275 注　札拔也　「札」，天明本作「扎」。

275 誡能之　天明本「能」下有「慎」字。*

276 日是何傷　「日」，天明本作「口」。*

278 君子知天下之不可盖也　「盖」，天明本作「上」。*

280 人莫踰之　「踰」，天明本作「踰」。*

281 人皆或惑　「或」，天明本作「惑」。

281 獨不從　天明本「獨」上有「我」字。*

281 注　惑或　「或」，天明本作「惑」。

281 **注　東西轉移之貌之**　天明本無下「之」字。

281 **内藏我**　天明本「我」下有「智」字。*

282 **不示人拔**　「拔」，天明本作「技」。

287 **孰者最賢**　「者」，天明本作「爲」。*

290 **不論其私家之際也**　「私」，天明本作「私」。

301 **鄗有子皮**　「鄗」，天明本作「鄭」。*

302 **鄗無子産**　「鄗」，天明本作「鄭」。*

306 **未聞二子之達賢己之才也**　天明本「才」下有「者」字。*

312 **天下誅桀而有國**　天明本「有」下有「其」字。

320 **對曰**　天明本「對」上有「孔子」二字。*

322 **遠罪戾**　「戾」，天明本作「疾」。校云：「『疾』作『戾』。」*

326—327 **論之於廣堂之上**　天明本「論」作「計」，「廣」作「廟」。*

328 **則民惡之**　「民」，天明本作「人」。

330 **知反之己謂也**　「及之己」，天明本作「反己之」。

333 **無奪無代**　「代」，天明本作「伐」。

336 **是之謂代**　「代」，天明本作「伐」。

338 **柱法以侵民**　「柱」，天明本作「枉」。*

341 **己受之**　天明本「己」上有「若」字。*

344 **然後爲君**　天明本「君」下有「子」字。*

346 **而象爲本**　「象」，天明本作「勇」。*

347 **注　經嗣不立**　「經」，天明本作「繼」。*

348 **置本固**　天明本「本」下有「不」字。*

349 **無務豊桒**　「豊桒」，天明本作「豊末」，金澤本校改作「農桒」。

349 **無務交外**　「交外」天明本互乙。*

350 **無務多菒**　「菒」，天明本作「業」。*

350 **反本脩迯**　「迯」，天明本作「迹」。*

350 **藥酒苦於口**　天明本校云：「『藥酒』作『良藥』。」

352 **塲咸以㦸㦸而昌**　「塲咸」，天明本作「湯武」，「㦸㦸」作「諤諤」。*

354 **其不過者**　「不」，天明本作「無」。校云：「『其無』作『無其』。」*

356 **家無悖乱**　天明本「乱」下有「之惡」二字。*

358 **至於擅益**　「擅」，天明本作「損」。*

358 **喟然而歎曰**　天明本無「曰」字。*

358 **子憂避席問曰**　「憂」，天明本作「夏」。*

360 **勿有決之**　「勿」，天明本作「必」。*

363 **凡持滿而能之者**　「之」，天明本作「久」。*

367 **吾死之後**　「死」，天明本作「死」。*

369—370 **視其所使**　天明本「視」上有「視其父不知其人視其友不知其君」十四字。*

370 **如入蘭芷之室**　「蘭芷」天明本互乙。*

377 **聚人以身**　「聚」，天明本作「取」。*

379 親親之故　「故」，天明本作「殺」，金澤本校改作「教」。*
380 不可以不事親　天明本「親」下有「思事親」三字。*
382 天下之達道五　天明本「道」下有「有」字。*
384 知仁勇三者　「知」，天明本作「智」。*
386 及知之一也　天明本「及」下有「其」字。*
395 敬大臣則不　「不」下之字，天明本作「眩」。*
396 體群臣則士之報禮童　「童」，天明本作「重」。
402 忠信賞禄　「賞」，天明本作「重」。*
404 注　各也當其職事也　天明本無上「也」字。
405 嘉善而務不能　「務」，天明本作「矜」。*
409 言前定則不路　「路」，天明本作「跲」。*
409 注　路躓　「路」，天明本作「跲」。*
416 顔面　「面」，天明本作「回」。*
419 從駕召顔回　「從」，天明本作「促」。*
421 前日寡人問吾子以東冶畢之御　天明本「之」下有「善」字。*
423 舜不窮其民　天明本「民」下有「力」字。*
424 造父不窮其馬　天明本「馬」下有「力」字。*
424 是以舜無逸馬　天明本「舜」下有「無逸民造父」五字。*
427 曰回聞之　「曰回」天明本互乙，「回」上有「顔」字，*「聞」上有「臣」字。*
428 獸窮則擢　「擢」，天明本作「攫」。*
428 馬則逸　天明本「馬」下有「窮」字。*
432 史魚鱳諫　「鱳」，天明本作「驟」。*
435 旂我畢矣　「旂」，天明本作「於」。*
437 公慘然失容　「慘」，天明本作「愕」。*
438 於是命之殯於容位　「容」，天明本作「客」。*
440 右之列　「右」，天明本作「古」，「列」作「烈」。*
441 忠感其君　天明本「君」下有「者也」二字。*
443 以意以法　「意」，天明本作「德」。*
444 猶御馬之有衛勒也　「衛」，天明本作「銜」。*
446 敢問右之政　「右」，天明本作「古」，「之」下有「爲」字。*
448 以悳法爲衛勒　「衛」，天明本作「銜」。*
449 數百官而失　「官」，天明本作「年」，*「而」下有「不」字。*
450 正衡勒　「衡」，天明本作「銜」。*
450 呑轡策　「呑」，天明本作「齊」。*
450 鉤馬力　「鉤」，天明本作「均」。*
452 均夰民力　「均夰」，天明本作「均齊」。*
456 弃其衡勒　「衡」，天明本作「銜」。*
456 而專用𥱋策　「𥱋」，天明本作「箠」。*
457 夫無衛勒而用篓策　「衛」，天明本作「銜」，*「篓」作「箠」。*
459 無所法脩　天明本「無」上有「民」字。*
460 則迷惑矣　天明本「惑」下有「失道」二字，無「矣」字。*

461 御四馬者狖六轡　「狖」，天明本作「執」。

463 鉤馬力　「鉤」，天明本作「均」。*

464 此聖人所以御天地與人事之則也　天明本「之」下有「法」字。校云：「舊無『法』字，補之。」

465 天子以内史爲在左右手　天明本無「在」字。*

466 以六官爲轡　「轡」，天明本作「轡」。*

466 已而與三公　天明本無「而」字。校云：「『已』下舊有『而』字，删之。」

466 狖六官　「狖」，天明本作「執」。

466 均五教　「均」，天明本作「均」。*

469 冄有問於孔子曰　「冄」，天明本作「冉」。*

471 不可以加以刑　天明本無下「以」字。*

471 不可治以礼乎　「治以」天明本互乙。*

472—473 所以厲之以廣耻之節也　「厲」，天明本作「屬」，*「廣」作「廉」。*

474 簠簋不飭　「飭」，天明本作「飾」。*

474 注　餘整旮有　「餘」，天明本作「飾」，*「旮」作「齊」，無「有」字。*

475 則曰憐薄不脩　「憐」，天明本作「惟」。*

475 有坐内上不忠者　「内」，天明本作「罔」。*

477 注　言其下官不務其職　天明本校云：「『務』作『稱』。」

477 注　不行其身也　「行」，天明本作「斥」。*

480 就而爲之諱　「就」，天明本作「既」。*

480—481 所謂愧耻之焉　「謂」，天明本作「以」，無「焉」字。*

481 其在五刑之域者發　天明本「發」上有「譴」字。

485 吾愚子有礼矣　「愚」，天明本作「遇」。*

486 是以刑不土大夫　「土」，天明本作「上」。*

486 夊不失其罪悥　天明本「夊」上有「而大夫」三字，*「悥」作「者」。*

487 教然也　天明本「教」下有「使」字。*

489 政刑　天明本作「刑政」。

490 仲弓問孔子曰　天明本「問」下有「於」字。*

491 桀紂之世是也　「桀」，天明本作「桀」。*

494 其次以政尊民　「尊」，天明本作「導」。*

495 化之苐爕　「苐爕」，天明本作「弗變」。*

495 尊之弗從　「尊」，天明本作「導」。*

499 大曰寇正刑辟　「曰」，天明本作「司」，「刑」下有「明」字。*

500 注　訊吏　天明本「吏」上有「群」。*

500 注　訊悥民也　「悥」，天明本作「萬」。*

504 與衆共之之義也　天明本無「之義」二字。*

504 利人必於市　「利」，天明本作「刑」。*

504 與衆弃之之義也　天明本無「之義」二字。*

505 士遇之進　「進」，天明本作「塗」。*

506 唯其所　天明本「所」下有「之」字。*

506 弗及以故　「故」，天明本作「政」。*

507 之成　天明本「之」上有「獄」字。

508 獄辭於吏　「辭」，天明本作「成」。*

508 注　獄吏也　天明本「獄」下有「官」字。*

509 乃告於大司寇　「寇」，天明本作「寇」。*

509 大司寇聽之　「寇」，天明本作「寇」。*

510 注　外到之法　「到」，天明本作「朝」。*

511 注　孤卿大未位焉　「未」，天明本作「夫」。*

512 以王宥之法聽之　「以王」天明本互乙，*「宥」上有「三」字。*

514 巧讀法令者也　「讀」，天明本作「賣」。*

515 執左道以乱政者　「執」，天明本作「執」。

516—517 設爲枝恠奇器　「爲枝」，天明本作「奇伎」，*無「恠」字。*

517 注　恠異之枝　「枝」，天明本作「伎」。

517 注　可以服曜人心之器　「服」，天明本作「眩」。*

518 行僞四堅　「四」，天明本作「而」。*

520 假於鬼神時日卜筮　「筮」，天明本作「筮」。*

520 以穀民者　「穀」，天明本作「疑」。*

522 問王　「王」，天明本作「玉」。

527 執羽籥　「執」，天明本作「執」。

530 上下有礼㐌　「㐌」，天明本作「也」。*

536 於其辭行也　「其」，天明本作「是」。*

536 故請君之迯吏二人　「迯」，天明本作「近」。*

537 宓子朝邑吏　天明本無「朝」字，*「邑」上有「戒其」二字。*

538 方書掣其時　「時」，天明本作「肘」。*

542 微二吏　「吏」，天明本作「史」。*

544 後子之制　「後」，天明本作「從」。*

549 定公問於孔子曰　「定」，天明本作「哀」。校云：「『定』作『哀』。」*

550 畧之及此言也　「畧」，天明本作「君」。*

551 將天下實賴　天明本「賴」下有「之」字。*

557 八十不俟朝　「俟」，天明本作「仕」。*

564 悌達于　天明本「悌」上有「而」字，*「于」下有「蒐狩矣軍旅什伍同爵則上齒而悌達于」十六字。

566 赦于搜狩　「赦」，天明本作「放」，*「搜」作「蒐」。*

570 擇賢而用不肖　「擇」，天明本作「釋」。

571 老者不幼教者不學　「幼教」天明本互乙。*

576 未𨆉祚　「𨆉」，天明本作「能莅」二字。*

577 周公捔政而治　「捔」，天明本作「攝」。*

577 抗世子之法放伯禽　「放」，天明本作「於」。*

群書治要卷第十一

史記上

2 世家　天明本無「世家」二字。

7 而神農氏弗能正　「正」，天明本作「征」。

10 三戰然後得行其志　天明本「其」上無「行」字。

10 乃與蚩尤　「與」，天明本作「殺」。

11 伐神農氏是爲黄帝　「伐」，天明本作「而代」二字。

12 北遂葷粥　「遂」，天明本作「逐」。

13 注　嚴免也　「嚴免」，天明本作「獫狁」。

13 遷徒　「徒」，天明本作「徙」。

15 于萬國　天明本「于」上有「監」字。

15 舉風后牧常先大鴻　天明本「牧」上有「力」字。

17 節用水火財物　「財」，天明本作「材」。

19—20 注　以斑上下創木爲舟創木爲揖　天明本「斑」作「班」，上「創」字作「刳」，下「創」字作「剡」，「揖」作「檝」。

20 注　服牛乘爲　「爲」，天明本作「馬」。

21 注　掘地爲臼杵　「臼杵」天明本互乙。

21—22 注　剎木爲矢弧矢利以滅天下　「剎」，天明本作「剡」，「利」上有「之」字，「滅」作「威」。

22 注　禽之子涿鹿之野　「子」，天明本作「于」，「涿」作「涿」。

24 注　置衆宮　「宮」，天明本作「官」。

24 注　具餘地典　「具」，天明本作「其」。

26 注　故号爲黄帝四日　「日」，天明本作「目」。

26 注　今涇方本草之書咸出焉　「涇」，天明本作「經」。

34 黄帝之之孫　天明本不重「之」字。

36 北至幽陵　天明本「至」下有「于」字。

37 南至于交阯　「阯」，天明本作「趾」。

40 注　皆平而來服屬也　天明本「皆」上有「四遠」二字。

41 注　大正黎司地以屬民　「大」，天明本作「火」。

42 帝佶高辛者　「佶」，天明本作「嚳」。

42 注　顓頊與佶　「佶」，天明本作「嚳」。

49 莫弗從助　「助」，天明本作「服」。

50 注　帝王世紀曰　「紀」，天明本作「記」。

51 注　后士爲土正　「士」，天明本作「土」。

54 注　命義和四子義仲義叔和仲和叔　三「義」字，天明本皆作「羲」字。

56 注　出而作　天明本「出」上有「日」字。

57 注　帝何力於哉我哉　天明本「力」下有「有」字，＊無上「哉」字。

57 注　土階三等　「階」，天明本作「堦」。
58 注　採椽不鄧　此四字天明本作「採椽不斲」。
60 舜順過不失　天明本「失」下有「子道」二字。
64 雷上人皆讓　天明本「雷」下有「澤」字。
70 注　帝王世記曰　「記」，天明本作「紀」。
71 注　故無蹈刑之民　「蹈」，天明本作「陷」。
71 注　或象盡而化　「盡」，天明本作「畫」。
72 注　夫三載考續　「續」，天明本作「績」。
74 注　上帝之載无見其斯之謂乎也　天明本「帝」作「天」，「无見其」作「無聲無臭」，「乎」下無「也」字。
77 居外十二年　「二」，天明本作「三」。
78 致孝鬼神　天明本「鬼」上有「于」字。
83 以告功成于天天下　天明本不重「天」字。
86 弗堪　天明本「弗」上有「百姓」二字。
88 遂放死而　「死而」天明本互乙。
100 桑穀生於朝　天明本「生」上有「共」字。
104 帝辛天下謂之紂　天明本「天」上有「立」字。
107 人臣以能高天下以聲以爲皆出己　天明本無「能高天下以」五字。
112 注　鹿臺在朝哥城中也　「哥」，天明本作「歌」。
113 蓋牧狗馬奇物宛仞宮室　「蓋牧」，天明本作「益收」，「宛」作「充」，「宮」作「官」。

114 益廣沙兵苑臺　「兵」，天明本作「丘」。
114 注　沙兵在鉅鹿東地　「兵」，天明本作「丘」，「地」作「北」。
116 懸内爲林　「内」，天明本作「肉」。
118 於是紂重刑辟有炮格之法　「刑辟」天明本互乙，「格」作「烙」。
119 注　膏駟桂加之炭　「駟」，天明本作「銅」。
119 注　炮格之刑　「格」，天明本作「烙」。
120 注　鄴懸有九侯城　「懸」，天明本作「縣」。
122 九侯女不喜淫　「喜」，天明本作「憙」。
124 紂囚西伯牖里　「囚」，天明本作「囚」，「牖」作「羑」。
124 注　河内蕩陰有美里　「蕩」，天明本作「湯」，「美」作「羑」。
130 紂怒割比干　「割」，天明本作「剖」。
132 起火而死　「起」，天明本作「赴」。
138 孫昌立　天明本「孫」作「古公卒季歷立季歷卒子」十字。
140 日中暇食　天明本「暇」上有「不」字。
148 昏亂暴虎　「虎」，天明本作「虐」。
150 發臣橋之粟　「臣」，天明本作「鉅」。
151 縱馬華山之陽　天明本「華」上有「於」字。
155 注　無所刑也　天明本「刑」上有「置」字。
156 注　謀文字也　「文」，天明本作「父」。

157 先王曜德不觀兵　「曜」，天明本作「燿」。
160 而厚其姓弃其財　「姓」，天明本作「性」，「弃」作「阜」。
161 明利害之卿　「卿」，天明本作「鄉」。
161 注　卿方也　「卿」，天明本作「鄉」。
163 昔我先王世后稷　「先」，天明本作「光」。
165 照前之光明　「照」，天明本作「昭」。
172 注　拱時享也　「拱」，天明本作「供」。
173 注　莫敢不來也　天明本「也」上有「王」字。
175 注　外傳公　「公」，天明本作「云」。
176 注　以責自也　「責自」天明本互乙。
176 有不享則修文　「有」上天明本有「有不祀則修言言號令也」十字。
178 序成不而有不至則修刑　天明本「而」上無「不」字。
179—180 注　謂上五者次序已成有不至則有刑誅也　天明本「不」上無「有」字，「誅」作「罰」。
182 有改伐之兵　「改」，天明本作「攻」。
183 布命陳辭　「命」，天明本作「令」。
185 今大戎氏以其職來王　「大」，天明本作「犬」。
187—188 其無乃廢先王之訓而王畿頓乎　天明本「無」上無「其」字，「王畿頓」作「幾頓」二字。
197 將道利而布之上下者也　「道」，天明本作「導」。
200 謂之盜　天明本「謂」上有「猶」字。
202 率以榮公爲卿士　「率」，天明本作「卒」。
203 注　名穆公也　「名」，天明本作「召」。
206 國莫敢言　天明本「國」下有「人」字。
209 甚於防水　天明本重「水」字。
212 猶士之有山川也　「士」，天明本作「土」。
212 於是乎　天明本「乎」下有「出猶其有原隰衍沃也衣食於是乎」十四字。
221 萬方欲不笑　「欲」，天明本作「故」。
223 褒似乃大笑　「似」，天明本作「姒」。
223 數爲舉烽火　「數爲」天明本互乙。
230 馳胃晋軍解圍　「胃」，天明本作「冒」。
232 吏遂得欲法之　「遂」，天明本作「逐」。
240 則神勞矣　「神勞」天明本互乙。
243 乃中國所以亂也　天明本「乃」上有「此」字。
248 上下交　天明本「交」下有「争」字。
249 上合淳德以遇其下　「合」，天明本作「含」。
250 下忠信以事其上　天明本「忠」上有「懷」字。
253 孫聞鄰國有聖人　「孫」，天明本作「孤」。
254 今由余　天明本「余」下有「賢」字。
258 乃可慮也　「慮」，天明本作「虜」。
259 戎王愛而悦之　「愛」，天明本作「受」。
268 作之咸陽北阪上　「阪」，天明本作「坂」。

269 注　在高陸縣　「陸」，天明本作「陵」。

272 注　胡胡充秦二世名也　「充」，天明本作「亥」。

274 始皇乃使將軍蒙怙發兵卅萬人　「怙」，天明本作「恬」。

276 他時秦地時不過千里　天明本「不」上無「時」字。

281 封弟功臣　天明本「封」下有「子」字。*

284 事而不師古　天明本「不」上無「而」字。

285 能長久者　天明本「能」上有「而」字。

295 則至勢降於上　「至」，天明本作「主」。

298 注　禁臣聚語　「臣」，天明本作「民」。

305 表南山之顛以爲闕　「闕」，天明本作「闕」。

305 爲復道自阿房渡渭　「復」，天明本作「複」。

309 發北山石掠　「掠」，天明本作「椁」。

310 皆至閣中　「閣」，天明本作「關」。

311—312 因從三百家驪色　天明本「從」作「徙」，「百」作「萬」，「色」作「邑」。

313 盧生始皇曰　天明本「始」上有「説」字。

316 上所居　天明本「居」下有「宫」字。

318—319 復道道相連　天明本「復」作「複」，下「道」上有「甬」字。

319 帷帳鍾鼓美人充之　「鍾」，天明本作「鐘」。

320 案署不移從徙　天明本「徙」上無「從」字。

324 將備員弗用　「將」，天明本作「特」。

326—327 下攝伏謾欺以聚容　天明本「攝」作「慴」，「聚」作「取」。

330 乃大怒曰盧生　天明本「生」下有「等」字。

332 於是使於御史悉案問諸生　天明本「御」上無「於」字。

336 監蒙陌於上郡　「陌」，天明本作「恬」。

340 盡取石旁舍誅之　「舍」，天明本作「居人」二字。

341 承相李斯少子胡亥從　「承」，天明本作「丞」。

342 益甚　天明本「益」上有「病」字。

350 無以巨畜天下　「巨」，天明本作「臣」。

350 尊用趙高　「尊」，天明本作「遵」。

357 大臣怏怏　「怏怏」，天明本作「鞅鞅」。

357 特以貌徒人　「徒」，天明本作「從」。

357 其實心不服也　「實心」天明本互乙。

360 以阿除上平生所不可者　天明本「除」上無「阿」字。

366 而六公子戮死於社　「社」，天明本作「杜」。

367 羣臣誅者　「誅」，天明本作「諫」。

370 反以應陳陟　「陟」，天明本作「涉」。

370 不勝數也　天明本「勝」上有「可」字。

372 郡守方遂捕　天明本「方」上有「尉」字，「遂」作「逐」。

373 章耶等圍鉅鹿　「耶」，天明本作「邯」。下374、376、377、380列同。

375 人弗信　「人」，天明本作「又」。

376 軍有功亦誅　天明本「軍」上有「將」字。

377 有功亦誅　天明本「誅」下有「無功亦誅」四字。

380 問在右在右或言馬　二「在」字，天明本皆作「左」。

383 及項羽虜將王離等　「離」，天明本作「離」。

386 二世夢白虎齧馬殺之　天明本「齧」下有「其驂」二字。

389 乃陰與其聟智咸陽令　「聟」，天明本作「壻」，無「智」字。

391 令樂召吏卒發追　天明本「發」在「吏」上。

393 足下驕　天明本「驕」下有「恣」字。

399 爲天子誅足下　「子」，天明本作「下」。

400 臣不敢　天明本「敢」下有「報」字。

401 趙高乃立二世之兄子嬰爲秦王　天明本「嬰」上有「公子」二字。

402 當廟見受王璽　「王」，天明本作「玉」。

407 項藉殺子嬰及秦諸公子宗師　「藉」，天明本作「籍」。

414 圖而不改　「圖」，天明本作「因」，「因」上有「之」字。*

414 暴虎以重禍　「虎」，天明本作「虐」。

417 世非無無深慮知化之士也　天明本不重「無」字。

418 然所以不敢盡忠咈過者　「咈」，天明本作「拂」。

421 拑口而不言　「拑」，天明本作「鉗」。

423 先王知壅蔽之傷國也　「壅」，天明本作「雍」。

424 置公卿大夫士　天明本「置」上有「故」字。

427 守内附　天明本「附」上有「外」字。

430 秦本未並失　「未」，天明本作「末」。

432 野諺曰　「諺」，天明本作「諺」。

433 驗之當世　「驗」，天明本作「驗」。

437 權雍州之地　「權」，天明本作「擁」。

438 苞舉宇内　「苞」，天明本作「包」。

438 囊枯四海之意　「枯」，天明本作「括」。

444 東割高腴之地　「高」，天明本作「膏」。

444 牧要害之郡　「牧」，天明本作「收」。

445 會嬰而弱秦　「嬰」，天明本作「盟」，「弱」上有「謀」字。

446 和徒締交　「徒」，天明本作「從」。

449 明智而忠信　天明本「明」上有「皆」字。

452 於是六國之士有寧越除尚蘇秦杜赫之屬　「除」，天明本作「徐」。

454 吴起孫臏思忘廉頗之朋制其兵　「思忘」，天明本作「田忌」。

455 嘗以十倍之地　「嘗」，天明本作「常」。

456 秦人聞關延敵　「聞」，天明本作「開」。

457 秦無亡失遺鏃之費　「失」，天明本作「矢」。

459 割地而秦　天明本「秦」上有「奉」字。

462 續六世之餘列　「列」，天明本作「烈」。

462 注　照武王孝文王襄王　天明本作「武王昭王孝文王莊襄王」。

465　注　一作橋朴　「橋」，天明本作「僑」。

467　士不敢貫弓而報怨　「貫」，天明本作「彎」。

473　臨不測之谿以固　天明本「固」上有「爲」字。

473　良將勁努　「努」，天明本作「弩」。

475　注　猶何問也　「猶何」天明本互乙。

481　出倔起什百之中　「百」，天明本作「佰」。

481　注　首出十長百長中也　「百」，天明本作「佰」。

483　元下雲集相應　「元」，天明本作「天」。

483—484　羸糧而影從山兵揭竿爲旗元東豪俊　「羸」，天明本作「贏」，「影」作「景」，無「兵揭竿爲旗元」六字。

488　注　櫌推愧推也　「推愧推」，天明本作「椎塊椎」。

488　非錟長鐵矛戟　天明本「長」上有「於」字，「鐵」作「鎩」。

494　則不同年內語矣　天明本「同」上有「可」字，「內」作「而」。

497　而七廟墮　「墮」，天明本作「隨」。

498　而政守之勢異也　「政」，天明本作「攻」。

500　裴然向風　「裴」，天明本作「斐」。

509　雖有淫驕之至　「至」，天明本作「主」。

511　今秦二立　天明本「立」上有「世」字。

512　夫寒者利矩褐　「矩」，天明本作「短」。

512　注　小襦也　「襦」，天明本作「襦」。

513　天下之敖敖　「敖敖」，天明本作「嗷嗷」。

519　除去首孥汙穢之罪　「孥」，天明本作「帑」。

520　以推振孤獨窮困之士　天明本「振」上無「推」字。

521　輕賊少事　「賊」，天明本作「賦」。

525—526　皆驩然各自安其處　天明本「驩」作「讙」，「其」上有「樂」字。

528　無以師其智　「師」，天明本作「飾」。

529　二世不此術　天明本「此」上有「行」字。

530　則斂無度　「則」，天明本作「賦」。

537　故先王見終始之變　「終始」天明本互乙。

539　必無嚮應之助矣　「嚮」，天明本作「響」。

541　此之謂也　「此」，天明本作「世」。

542　身不免於殺者　天明本「殺」上有「戮」字。

543　釐公立同母弟　天明本「釐」上有「齊」字，「同」上無「立」字。

544　公瑤無知　「瑤」，天明本作「孫」。

546　襄公立立　天明本不重「立」字。

546　絀其扶服　「扶」，天明本作「秩」。

546—547　殺欺大臣羣弟恐禍及故次弟子糾奔魯　天明本「殺」作「數」，無「恐禍及故次弟」六字。

557　羣臣誰誰可相者　天明本不重「誰」字。

559　聞方何如　「聞」，天明本作「開」。

561　豎力何如　「力」，天明本作「刁」。

564　易牙與豎刀　天明本「易」上有「桓公卒」三字，「刀」

作「刁」。
565 注　吏羣諸大夫也　「吏羣」天明本互乙。
566 而立公子無詭爲羣　「羣」，天明本作「君」。
568 宮中宮莫敢棺　下「宮」字，天明本作「空」。
573 成王之叔文　「文」，天明本作「父」。
574 然我一沐三投髮　「投」，天明本作「捉」。
574 起待士　天明本「起」下有「以」字。
575 失天下之魯慎無以國驕人　天明本「魯」上有「賢人子之」四字。
578 仲山文諫曰　「文」，天明本作「父」。
578 必犯王犯王必誅之　天明本二「王」字下皆有「命」字。
579 故出令不可不慎也　「慎」，天明本作「順」。
580 注　即政不立也　「即」，天明本作「則」。
581 今天子違諸侯　「違」，天明本作「建」。
582 王之命將有所壅　天明本「之」在「王」上。
583 注　將壅寒不行也　「寒」，天明本作「塞」。
586 注　不誅則命廢也　天明本「命」上有「王」字。
587 公栝之子伯御　「栝」，天明本作「括」。
588 攻殺懿公　「殺」，天明本作「弑」。
594 先生視不者　「不」，天明本作「可」。
596 賢於隗者　天明本「賢」上有「況」字。
600 與秦三晋　天明本「三」上有「楚」字。

600 合謀以代齊　「代」，天明本作「伐」。
601 佤王出亡於外　「佤」，天明本作「湣」。
602 入至臨菑　「菑」，天明本作「淄」。
602 燒其宮室宗廟廣　天明本「廟」下無「廣」字。
605 與樂毅大隟　「隟」，天明本作「隙」。
605 使騎刦代將　「刦」，天明本作「劫」。
607 騎刦死　「刦」，天明本作「劫」。
610 微子數誅　「誅」，天明本作「諫」。
612 爲玉坏玉坏則必思遠方　「爲玉坏玉坏」，天明本作「爲玉杯爲玉杯」六字。
614 自此　天明本「此」下有「始」字。
614 紂爲淫逸　「逸」，天明本作「佚」。
617 吾聞聖人之心有竅　天明本「竅」上有「七」字。
621 奉其先祀曰宗　「宗」，天明本「宋」。
623 削相葉爲珪　「相」，天明本作「桐」。
624 史佚因其請釋日立叔虞　天明本無「其」字，「釋」作「擇」。
625 吾與之戲之戲耳　天明本不重「之戲」二字。
625 吏佚曰　「吏」，天明本作「史」。
628 烈侯好音　天明本「烈」上有「趙」字。
630 夫鄭哥者槍石二人　「哥」，天明本作「歌」。
632 代哥者田　「哥」，天明本作「歌」。
633 求朱有可者　「朱」，天明本作「未」。

635 注　常山有蒲五縣　「蒲五」，天明本作「番吾」。
636 今公相趙　天明本「相」上有「仲」字。
638 牛畜葛欣徐越皆可　「葛」，天明本作「荀」。
639 烈侯復問哥者田何如　「哥」，天明本作「歌」。
640 方使擇其者　天明本「者」上有「善」字。
641 明日苟欣侍　「苟」，天明本作「荀」。
642 官任使能　「官任」天明本互乙。
645 哥者之田且止　天明本「哥」作「歌」，上有「曰」字。
645 苟欣爲仲尉　「苟」，天明本作「荀」，「仲」作「中」。
647 注　單複丹爲襲也　天明本作「單複具爲一襲也」七字。
647 魏文侯受夏經義　天明本「夏」上有「子」字。
648 客段于术　「术」，天明本作「木」。
653 注　文侯謂弟名成也　天明本「弟」上無「謂」字。
658 寡人之相定矣　天明本「相」上無「之」字。
658 李曰魏武子爲相矣　天明本「曰」上有「克」字，「武」作「成」。
666 豈將皆同以求大官哉　「皆同」，天明本作「比周」。
667 且子安得與魏成子比　天明本「比」下有「乎」字。
669 是以東得子夏田子方段于木　天明本「子夏」上有「卜」字。
672 對願卒爲弟子矣　天明本「對」上有「失」字。
675 於是威王名即墨大夫語之曰　「名」，天明本作「召」。
677 毀日至　天明本「日」上有「言」字。
679 名阿大夫語之曰　「名」，天明本作「召」。
680 譽日聞　天明本「日」上有「言」字。
681 曲野不聞　「曲」，天明本作「田」。
682 昔日趙政甄　「政」，天明本作「攻」。
683 是子以弊厚吾左右以求譽也　「弊」，天明本作「幣」。
684 是日也烹阿大夫　天明本無「也」字。
686 敗魏於渴澤　「渴」，天明本作「濁」。
688 莫敢兵於齊　天明本「兵」上有「致」字。
691—692 尚有徑寸之珍照車前後各十二乘者一枚　天明本「珍」作「珠」，「二」作「十」。
694 使使守城南　天明本不重「使」字。
698 吏有黔夫者　天明本「吏」上有「吾」字。
700 注　故祭以求福之也　天明本「也」上無「之」字。
700 從而徙者七千餘家　「從而徙」，天明本作「徙而從」。
701 使備　天明本「備」下有「盜賊」二字。
702 豈持十二乘哉　「持」，天明本作「特」。

群書治要卷第十二

史記下

3 少時嘗與鮑叔牙遊　「嘗」，天明本作「常」。

5 嘗欺鮑叔　「嘗」，天明本作「常」。

6 鮑叔齊公子小白　天明本「齊」上有「事」字。*

6 及小白立　天明本「及」上有「管仲事公子糾」六字。

8 桓公霸　天明本「霸」上有「以」字。*

10 已身下之　「已」，天明本作「以」。

11 下不多管仲之賢　「下」，天明本作「世」。*

13 仲嬰者萊　天明本「萊」下有「人也」二字。

15 君謀及之則危言　「謀」，天明本作「語」。

19 此謂進思盡忠　天明本「謂」上有「所」字。

21—22 作孤憤五内外林説難十餘萬言　天明本「五」下有「蠹」字，「林」作「儲」，「難」上有「林説」二字。

22 人或傳其書至秦　「傳」，天明本作「傳」。

25 秦因急政韓　「政」，天明本「攻」。

28 非終爲韓不秦　天明本「秦」上有「爲」字。*

32 使人殺之　「殺」，天明本作「赦」。

33 使人殺之　「殺」，天明本作「赦」。

34 田宅之苗裔也　「宅」，天明本作「完」。*

37 兵扞燕晋之師　天明本「兵」上有「將」字。*

38 君擢之閭倍之中　「倍」，天明本作「伍」。

43 穰苴先馳至表下漏待賈　天明本「表」上有「軍立」二字。

46 穰苴受命之日　天明本「受」上有「曰將」二字。

49 士卒曝露於境君不安席　「曝」，天明本作「暴」，「不」上有「寢」字。

50 百姓之命　天明本「百」上有「食不甘味」四字。

51 於是遂斬莊賈以徇　「徇」，天明本作「徇」。

53 問症醫藥　「症」，天明本作「疾」。

57 於是遂擊之　「遂」，天明本作「追」。

60 曰子之十三篇　天明本「曰」上有「闔廬」二字。

61 可小誠勒兵乎曰可　「誠」，天明本作「試」，「曰」上有「對」字。

62—63 出宫美人得百八人孫子公爲二隊　天明本「美」上有「中」字，「人」上有「十」字，「公」作「分」。

66 左則手　天明本「手」上有「視左」二字。

70—71 復三令五申之人鼓之　天明本「鼓」上無「人」字，「之」上有「左」字。

72 既已而不如法者　天明本「而」上有「明」字。

75 **見且斬愛姬駭** 天明本「駭」上有「大」字。
76 **寡人非此二人** 「人」，天明本作「姬」。
79 **於是鼓之** 天明本「鼓」上有「復」字。
84 **孫子曰** 天明本「孫」上有「觀」字。
86 **於是闔廬知孫子能也** 天明本「能」下有「用兵」二字。
87 **北威晋顯名諸侯** 天明本「晋」上有「齊」字。
92 **母子卒也** 天明本「子」上無「母」字。
95 **妾不知其所死處矣** 天明本「死」上無「所」字。
96 **事武侯浮西河而下** 天明本「浮」上有「武侯」二字。
97 **美哉河山之故** 「河山」二字，天明本互乙。
99 **左洞庭而又鼓蠡** 「鼓」，天明本作「彭」。
100 **夏梁之居** 「梁」，天明本作「桀」。
101 **河濟右太華** 天明本「河」上有「左」字。
101 **羊腸在其北** 「腸」，天明本作「膓」。
104 **太行經其南脩政不德** 「太行」，天明本作「大河」。
108 **甘戊** 「戊」，天明本作「茂」。下 110、112、114、135、137 列皆同。
113 **然願王勿代也** 「代」，天明本作「伐」。
114 **王迎戊於息懐** 「懐」，天明本作「壤」。
125 **疑臣者非特三臣恐大王之投杼也** 天明本「臣」上有「人」字。
129 **樂羊反而論功** 「反」，天明本作「返」。
144 **使蘇代厚弊説秦相** 「弊」，天明本作「幣」。
146 **雖周邵呂望之功** 「邵」，天明本作「召」。
150 **圍刑丘上黨之人皆反爲趙** 「刑」，天明本作「邢」，「之」上有「上黨」二字。
156 **請許趙之割地以和** 天明本「趙」上有「韓」字。
165 **於是免爲仕伍** 「仕」，天明本作「士」。
170 **其意甚尚怏怏不服有餘言** 天明本「尚」上無「甚」字，「怏怏」作「快快」。
174 **委質爲臣** 天明本「委」上有「遂」字。
176 **昭王於是使毅約趙楚魏以伐齊** 「昭王於是」四字，天明本作「於是昭王」。
179 **破之齊西** 「齊」，天明本作「濟」。
180 **而毅獨追如臨淄** 「淄」，天明本作「菑」。
182 **齊七十餘城皆爲群縣以屬燕** 「群」，天明本作「郡」。
185 **乃縱反問於燕曰** 「問」，天明本作「間」。
187 **聞樂毅與燕新有王隙** 「有王」天明本互乙。
189 **惠下固已疑毅** 「下」，天明本作「王」。
190 **乃使騎劫代將而毅** 天明本「毅」上有「召」字。
194 **趙王與秦王會黽池** 「黽」，天明本作「澠」。
195 **酒酌曰寡人竊聞趙王好音請秦瑟** 「酌」，天明本作「酣」，「秦」作「奏」。
199 **請秦盆缸以想樂** 「秦」，天明本作「奉」。

203 相如長目叱之　「長」，天明本作「張」。
205 相如顧召趙御史書曰其日　「其日」，天明本作「某月」。
217 徒慕君高之義　「高之」天明本互乙。
221 相如故止之曰　「故」，天明本作「固」。
231 爲别勁之交　「别」，天明本作「刎」。
232 枚税而乎原君家不肯出　「枚」，天明本作「收」，「乎」作「平」。
234 殺平原民用事者人　「民」，天明本作「君」，「人」上有「九」字。
235 於趙爲貴公子　天明本「於」上有「君」字。
236 不奉則法削法削則國弱則諸侯加兵　天明本「奉」下有「公」字，重「國弱」二字。
238 有此富号　「号」，天明本作「乎」。
239 則上下乎上下乎則國强國强趙固　「乎」，天明本皆作「平」，「趙」上有「則」字。
241 平原以爲賢言之王王用之治國　天明本「以」上有「君」字，「國」下有「賦」字。
248 趙王因以栝爲將伐廉頗　「伐」，天明本作「代」。
253 乃栝將行　「乃」，天明本作「及」。
262 王以爲如其父　天明本「如」上有「何」字。
264 患更約束　「患」，天明本作「悉」。
267 趙之比邊良將也　「比」，天明本作「北」。
269 謹烽火多聞諦厚遇單于爲約曰凶奴　「聞諦」天明本作「間諜」，「單于」作「戰士」，「凶」作「匈」。
272 亦以吾將　天明本「將」下有「怯」字。
273 趙王讓牧如故趙王怒名之　天明本「如」上有「牧」字，「名」作「召」。
276 趙王乃復强使將牧牧曰　天明本「牧」上有「兵」字，不重「牧」字。
281 詳北不勝　「詳」，天明本作「佯」。
282 以數千委之　天明本「委」上有「人」字。
287 閑於辭令　「閑」，天明本作「嫻」。
300 冀肇君之一悟　「肇」，天明本作「幸」。
302 令尹子蘭卒使上官大夫矩原於頃襄王　「矩」，天明本作「短」。
304 注　故曰日羅　「日」，天明本作「汨」。
309 趙襄子與韓魏令謀滅智伯　「令」，天明本作「合」。
311 變名易姓爲形人　「形」，天明本作「刑」。
312 欲以判襄子　「判」，天明本作「刺」。
313 内梼刀兵　「梼」，天明本作「持」。
317 行乞於币其妻不識行見其友識之曰　「币」，天明本作「市」，「友」下有「其友」二字。
319 襄子衣近幸　「衣」，天明本作「必」。*
320 何乃賊身苦行　「賊」，天明本作「殘」。

322 是壞是二心以事君也　「壞」，天明本作「懷」，「二」上無「是」字。
326 豫讓伏於所當遇之橋下　「遇」，天明本作「過」。
333 范中行氏皆衆人遇我　天明本「范」上有「氏」字。
335 我國士報之　天明本「國」上有「故」字。
342 與長會咸陽而葬　「長」，天明本作「喪」。
346 咸陽發喪　天明本「咸」上有「至」字。*
351 以安宗厲而樂萬姓　「厲」，天明本作「廟」。*
355 夫沙丘之謀　天明本「謀」上無「之」字。
367 群臣莫不被潤澤蒙原德　「原」，天明本作「厚」。*
371 十公主磔死於社　「磔」，天明本作「矺」。
373 公子高奔恐收族乃上書曰先帝無恙時　天明本「奔」上有「欲」字。
379 胡亥下書　「下」，天明本作「可其」二字。
384 斯數欲問諫　「問」，天明本作「間」。
386 茀茨不剪　「茀」，天明本作「茅」。
388 粱糲之食藜藿之羹飯出甄　「粱」，天明本作「粢」，「出」作「土」，「甄」作「甌」。
389 啜干鎙　「鎙」，天明本作「鉶」。
390 禹鑿龍門九河手足胼胝　天明本「九」上有「疏」字。
391 臣處之勞不列於此矣　「處」，天明本作「虜」，「列」作「烈」。
392 豈苦欲苦行勞神　天明本「欲」上無「苦」字。
406 莫敢不盡竭任以殉其君矣　天明本「竭」上有「力」字。
406 則臣不敢不竭能以殉其主矣　「殉」，天明本作「徇」。下414、416、417、418、421列皆同。
409 有天下而不恕睢　「恕」，天明本作「恣」。
410 以天下爲柱者　「柱」，天明本作「桎梏」二字。下412、422列皆同。
414 而從務苦刑勞神以身殉百姓　「從」，天明本作「徒」，「刑」作「形」。
422 可謂大謬矣　「謬」，天明本作「繆」。
425 則能罷罰之加焉必也　天明本「罰」上無「罷」字。
429 況有重罪号故民弗敢佀也　「号」，天明本作「乎」，「佀」作「犯」。
431 而獨檀天下之利者　「檀」，天明本作「擅」。
433 今不勢所以不犯　「勢」，天明本作「務」。
435 必將能弼世磨俗　「弼」，天明本作「佛」，「磨」作「摩」。
443 而草敢逆　「草」，天明本作「莫」。
449 雖申韓更生弗能加也　「更」，天明本作「復」。
454 二世曰此可謂能督矣　天明本「此」上有「若」字，「可」上有「則」字。
456 恐大臣入朝秦事毁惡之　「秦」，天明本作「奏」。*
457 曰天子所以責者　「責」，天明本作「貴」。

459 令坐朝廷　「令」，天明本作「令」。

460 則見矩於大臣　「矩」，天明本作「短」。

464 二世由其計　「由」，天明本作「用」。

465 乃不坐庭見大臣於禁中　「庭」，天明本作「廷」，「於」作「居」。

466 趙高常侍中由事。事皆泱於高　「由」，天明本作「用」，「泱」作「決」，下 518 列同。

468 益發傜治阿房　「傜」，天明本作「繇」。

471 今時上居不坐朝廷上居深　天明本「不」上無「居」字，「深」下有「宮」字。

474 於是趙高侍二世方宴樂　「侍」，天明本作「待」。

479 且故我哉　「故」，天明本作「固」。

479 趙高固曰　「固」，天明本作「因」。

482 且陛下問臣　天明本「問」上有「不」字。

484 皆丞相房縣之子　「房」，天明本作「傍」。

485 高問其文書相往來　「問」，天明本作「聞」。

489 乃使人安驗三川守與盜通然　「安」，天明本作「案」，「然」作「狀」。

492 今高有邪深之志　「深」，天明本作「佚」。

494 夫高故官人也然不爲安疑人志　「夫」，天明本作「未」，「官」作「宦」，「疑」作「肆」，「志」上無「人」字。

495 危易潔行脩善　天明本「危」上有「不以」二字，「脩」作「循」。

496 以忠得進以信守位朕甚賢之　「甚」，天明本作「實」。

499 當誰哉且趙君爲人精廉施力　天明本「哉」上有「任」字，「施」作「强」。

502 貪慾無厭食食求利不止列勢次主　天明本「求」上無「食」字，「列」作「烈」。

505 丞相欲爲思常所爲　「思」，天明本作「田」。

506 於是二世責斯與子謀友拔　天明本「謀」上有「由」字，「拔」作「狀」。

508 斯所以死者。自肩有功　天明本「死」上有「不」字，「肩」作「負」。

512 更往覆許斯　「許」，天明本作「訊」。

520 世驚自以惑　天明本「世」上有「二」字，「惑」上有「爲」字。

521 乃名太卜令卦之　「名」，天明本作「召」。

524 日游戈獵有人　「戈」，天明本作「弋」，「人」上有「行」字。

526 天子無故賤殺不群人　「賤」，天明本作「賊」，「群」作「辜」。

527 乃望夷之官　天明本「望」上有「出居」二字。

530 貫高等謀殺上　「殺」，天明本作「弑」。

531 趙有敢隨王者罪族　天明本「族」上有「三」字。

536 舒不能竪守　「竪」，天明本作「堅」。

539 漢與楚相桓　「桓」，天明本作「距」。

540 孟知士卒疲弊　天明本「知」上有「舒」字。*
547 王輙休相就舒舍　「舒」，天明本作「館」。
548 王數使人謂相曰　「謂」，天明本作「請」。
552 法令所以道民　「道」，天明本作「導」。
554 奉職修理　「修」，天明本作「循」。
556 公義休者爲魯相奉法修理　天明本「爲」上無「者」字，「修」作「循」。
559 聞居嗜魚　「居」，天明本作「君」。
565 欲令農士工女安所集其貨乎　「集」，天明本作「讎」。
569 有恥且挌　「挌」，天明本作「格」。
571 法之具　「法」，天明本作「治」。
575 任而輸快乎　「輸」，天明本作「愉」。
580 不至於奸黎民刃安　「刃」，天明本作「艾」。
582 滑稽　天明本「稽」下有「傳」字。
585 啗以束脯焉病肥死　「束」，天明本作「棗」，「焉」作「馬」。
587—588 楚國堂堂之　天明本「楚」上有「以」字，「之」下有「大」字。*
593 蓋曰　「蓋」，天明本作「孟」。
594 六畜葬之人腹腸於是王乃使以　天明本「六」上有「大王」二字，「以」下有「馬」字。
597 歲餘象孫叔敖　「象」，天明本作「像」。
605 秦倡朱儒也　「倡朱」，天明本做「倡侏」。

607 優稱曰　「稱」，天明本作「旃」。下 610 列同。
616 用二三十萬爲河伯娶婦　天明本「二」上有「其」字。
617 與巫祝共分其餘錢　「巫祝」天明本互乙。
618 人又困貧　天明本「人」上有「以故城中益空無」七字。
619 不爲河伯取婦水來漂没至河伯取婦　「取」，天明本皆作「娶」，「至」下有「爲」字。
623 巫何久也　天明本「何」上有「嫗」字。
623 弟子役之　「役」，天明本作「趣」。下 625、629 列同。
629 罷婦去　天明本「罷」上有「豹曰若皆」四字。
631 河伯取婦　「取」，天明本作「娶」。
635 民人以給豆　「豆」，天明本作「足」。
640 注　臣以爲君住德則臣咸義而不忍欺　「住」，天明本作「任」，「咸」作「感」。
641 注　君刑則臣畏罪而不欺任德咸義　天明本「刑」上有「任」字，「欺」上有「敢」字，「咸」作「感」。
643 注　辟如此辰居其所　「辟」，天明本作「譬」，「此」作「北」。
644 注—645 注　不能優劣之懸在權衡非從低昂之若乃銅銖之覺也且前志稱仁　天明本「優」上有「欺」字，「從」作「徒」，「若」作「差」，「銅」作「鈞」，「仁」下有「者安仁」三字。
646 注　則不得不異　天明本「則」上有「者」字。
649 注　門所以不欺異　天明本「所」上無「門」字。

650 **注　既不得同渠而此量又不得錯倌而易處**　「渠」，天明本作「槩」，「此」作「北」，「倌」作「綜」。

吴越春秋

656 **下游責泠之澆**　「責」，天明本作「青」，「澆」作「淵」。
658 **上訴天帝**　天明本重「天帝」二字。
664 **掘爲漁溝**　「掘」，天明本作「堀」。
665 **此屬之沂**　「此」，天明本作「北」。
670 **衣沆屢儒**　「沆」，天明本作「洽」。
674 **纆其刑也**　「刑」，天明本作「形」。
679 **掩忽陷墮涉於深井也**　天明本「於」上無「涉」字。
684 **而齊代之**　「代」，天明本作「伐」。
687 **吴越徒知踰境貪敵往伐齊**　天明本「徒」上無「越」字。
688 **不知越王將王選其死士**　天明本「選」上無「王」字。
691 **默然無所所言**　天明本不重「所」字。
693 **此伐乃師軍衍江以襲吴遂入國**　天明本「此」作「北」，「師」作「帥」，「國」上有「吴」字。

群書治要卷第十四

漢書二

5 **人含天地陰陽之氣** 「含」，天明本作「函」。

12 **則長幻之序亂** 「幻」，天明本作「幼」。

14 **衆軨之禮廢** 「衆軨」，天明本作「朝聘」。

15 **侵淩** 「淩」，天明本作「陵」。

16 **女上治民** 「女」，天明本作「安」。

17 **樂和人聲** 「人」，天明本作「民」。

19 **則王道倫矣** 「倫」，天明本作「備」。

21 **和親則無** 天明本「無」下有「怨」字。

32 **吾乃今日知爲天子貴也** 天明本「貴」上有「之」字。

34 **而大臣特以薄書不報期會爲故** 「薄」，天明本作「簿」。

36 **使天下因心** 「因」，天明本骸作「回」。

37 **使緺紀有序** 「緺」，天明本作「綱」。

41 **故其儀遂寢** 「儀」，天明本作「議」。

44 **故務德教而省形罰** 「形」，天明本作「刑」。

52 **愈甚而無益** 天明本「愈」上有「沸」字。

59 **人上疏言** 「人」，天明本作「又」。

59 **欲治之主不世** 天明本「世」下有「出」字。

63 **宜興璧雍** 「璧」，天明本作「辟」。

66 **如有遇差是遇而養人也** 二「遇」字，天明本皆作「過」。

67 **形罰之過** 「形」，天明本作「刑」。

72 **且教所恃以爲治** 天明本「所」上有「化」字。

73 **而獨立其助** 天明本「助」上有「所」字。

74 **帝以向言下公卿議** 天明本「帝」上有「成」字。

75 **請立辟雍** 「雍」，天明本作「廱」。

77 **乃營立明堂辟雍** 「雍」，天明本作「廱」。

79 **羣司無所誦説** 「司」，天明本作「下」。

84 **任智而不恃力** 「任」，天明本作「用」。

85 **故不仁受則不能君** 「受」，天明本作「愛」，「君」作「羣」。

88 **成羣** 天明本「成」上有「從之」二字。

90 **聖人聖類以正名** 下「聖」字，天明本作「取」。

99 **其所由來者上矣** 「由」，天明本作「繇」。

100 **顓項有共工之陣** 「陣」，天明本作「陳」。

102 **放讙兜** 「讙」，天明本作「驩」。

102 **殛骸** 「骸」，天明本作「鯀」。

105 **鞭朴不可絶於家** 「絶」，天明本作「馳」。

106 **用之有本未** 「未」，天明本作「末」。

107 **孔子故曰** 天明本「曰」上無「故」字。

111 三代之威　「威」，天明本作「盛」。

113 王道浸壞　「浸」，天明本作「寖」。

115 增加刑肉大辟　「刑肉」天明本互乙。

115 柚脅　「柚」，天明本作「抽」。

116 鏶享之刑　「鏶享」，天明本作「鑊亨」。

117 遂毀先人之法　「人」，天明本作「王」。

117 躬操父墨　「父」，天明本作「文」。

122 於是相蕭何　天明本「蕭」上有「國」字。

123 鎮以無爲　「鎮」，天明本作「填」。

124 是以衣食兹殖　「兹」，天明本作「滋」。

126 將相皆功臣　天明本「功」上有「舊」字。

129 禁冈　「冈」，天明本作「罔」。

129 張釋之爲廷尉　天明本「張」上有「選」字。*

130 罪疑者與民　「與」，天明本作「予」。

135 雖秀欲改過　「秀」，天明本作「後」。

137 憐悲其意　天明本「憐」上有「天子」二字。

140 注　黥劓二左右止合一　「劓」，天明本作「劓」，「左」上有「則」字，「止」作「趾」。

148 母俗之爲説者　「母」，天明本作「世」。

154 特以禁暴惡且懲其未也　「特」，天明本作「將」，「未」作「末」。

155 不刑　天明本「不」下有「死傷人者不」五字。*

167 息以德衰　「息」，天明本作「自」。

171 是猶以韡羈而御駻馬　「馬」，天明本作「突」。

171 注　駻突之馬也　「突之」，天明本作「突惡」。

181 是以網蜜而姦不塞　「蜜」，天明本作「密」。

181 刑繁而民愈　天明本「愈」下有「嫚」字。*

183 刋定　「刋」，天明本作「刪」。

187 詆欺父致　「欺父」，天明本作「欺文」。

187 徵細之法　「徵」，天明本作「微」。

189 人命得全　「人」，天明本作「民」。

189 令刑罰之中　「令」，天明本作「合」。

190—191 時儿邑之化成　「儿」，天明本作「雍」，無「邑」字。

194 楺木爲耒　「楺」，天明本作「煣」。

198 使民不勧　「勧」，天明本作「倦」。

200 曰人　「人」，天明本作「仁」。

201 帝王以聚人守位　天明本「以」上有「所」字。

202 是以聖城民　「城」，天明本作「王域」二字。

204 仕農工商　「仕」，天明本作「士」。

206 地無壙土　「壙」，天明本作「曠」。

209 一年之番　「番」，天明本作「畜」。

212 甚責傷農民傷則離散　天明本「農」上有「民甚傷農」四字。*

216 管子曰　「管」，天明本作「筦」。

217 **民不足而治者**　天明本「治」上有「可」字。
221 **故其蕃積累足恃**　「蕃」，天明本作「蓄」。
221 **今背本而以末**　「以末」，天明本作「趨末」。
222 **日日長**　天明本「長」上有「以」字。
223 **殘賊分行**　「分」，天明本作「公」。
225 **世之有飢攘**　「攘」，天明本作「穰」。
229 **有勇力者**　天明本「者」上無「力」字。
230 **擿貯者**　「擿貯」，天明本作「積貯」。
234 **未枝遊食之民**　「未枝」，天明本作「末技」。
235 **轉而緣南畝**　「畝」，天明本作「晦」。
237 **注**　**稟危也**　天明本重「稟」字。
238 **始開籍田**　「籍」，天明本作「藉」。
242 **注**　**謂民飢相捐也**　天明本「也」上無「相捐」二字。
242 **注**　**爲齊也**　「齊」，天明本作「捐」。
243 **以蓄積多**　「蓄」，天明本作「畜」。
243 **士地民人之衆**　「士」，天明本作「土」。
244 **而蓄積之未及者何也**　「蓄」，天明本作「畜」。
245 **地有貴利**　「貴」，天明本作「遺」。
246 **生穀之士**　「士」，天明本作「上」。
247 **民貧財姦邪生**　「財」，天明本作「則」。
250 **雖有高城深地**　「地」，天明本作「池」。
253 **夫腸飢**　「腸」，天明本作「腹」。

255 **故務於農桑**　天明本「於」上有「民」字。
256 **以實食廩**　「食」，天明本作「倉」。
260 **輕徵易臧**　「徵」，天明本作「微」。
262 **亡外者得輕資也**　「外」，天明本作「逃」。
271 **急政暴賊**　「賊」，天明本作「虐」。
272 **有者**　天明本「有」上有「賦斂不時朝令而暮改當其」十一字。
275 **操其奇羸**　「羸」，天明本作「贏」。
277 **食必梁肉**　「梁」，天明本作「粱」。
277 **而有千百之得**　「千百」，天明本作「阡陌」。
278 **力過吏勢**　「勢」，天明本作「埶」。
279 **以利相頎**　「頎」，天明本作「傾」。
279 **冠盖相望**　「冠」，天明本作「冠」。
285 **使民農而已矣**　天明本「農」上有「務」字。
288 **粟有海矣**　「海」，天明本作「所渫」二字。
290 **所謂以有餘補不足**　「以」，天明本作「損」。
295 **使天下入粟於邊**　天明本「入」上有「人」字。
297 **於是文帝從錯言**　天明本「錯」上有「之」字。
298 **七年間**　天明本「年」上有「十」字。
302 **街巷**　「巷」，天明本作「巷」。
303 **守閭閻者食梁肉**　「梁」，天明本作「粱」。
305 **先行誼而點媿辱焉**　「點」，天明本作「黜」。

309 教民治田力少而得穀多　「治」，天明本作「代」，「力」上有「用」字。

312 至石五錢　天明本「至」上有「穀」字。

317 減價而糴　「糴」，天明本作「糶」。

319 百姓貲富　「貲」，天明本作「呰」。

331 而田邊一井者　「邊」，天明本作「過」。

332 九挨鄉黨　「挨」，天明本作「族」。

332 制度又不定　天明本「制」下無「度」字。

333 天下謷然　天明本重「謷」字。

334 殷夏以前　「殷夏」天明本互乙。

335 太公爲周立九府圓法　「圓」，天明本作「圜」。

335 注　圓即錢也　「圓」，天明本作「圜」。

340 穀有藏也　天明本「藏」上有「所」字。*

348 更錢四銖　「錢」，天明本作「鑄」。

351 今令細民人造幣之勢　「勢」，天明本作「執」。

352 雖慝罪　「慝」，天明本作「黥」。

352 其勢不正　「勢」，天明本作「執」。

354 吏急而壹之乎　「乎」，天明本作「虖」。

355 錢又大亂　「又」，天明本作「文」。

356 何向而可哉　「向」，天明本作「鄉」。

358 注　民采釰　「釰」，天明本作「銅」。

358 注　故五穀爲多　天明本「爲」上有「不」字。*

359 愿民洎而之刑戮　「洎」，天明本作「陷」。

359 刑戮甚不詳　「詳」，天明本作「祥」。

361 富埒天子　「埒」，天明本作「埒」。

363 忿胡越之害即倍數年　「越」，天明本作「粤」，「倍」作「位」。

364 東甌事兩越　「甌」，天明本作「甌」，「越」作「粤」。

366—367 也蜀之民疲焉　「也」，天明本作「巴」，「疲」作「罷」。

370 天下苦其勞　「苦」，天明本作「共」。

370 行者齊　「齊」，天明本作「賫」。

371 財賂衰耗不贍　「贍」，天明本作「澹」。

373 兼耻相冒昌武力進用　「冒」，天明本作正文，無「昌」字。

377 歿一石　「歿」，天明本作「致」。

377 注　鍾六百四升　「升」，天明本作「斗」。

377 置倉海郡　「倉」，天明本作「滄」。

383 兵甲轂漕之費不興焉　「轂」，天明本作「轉」，「興」作「與」。

386 吏吏道雜而多端　天明本不重「吏」字。

387 驃騎仍再出擊胡　「驃」，天明本作「票」。

387 大尅獲　「尅」，天明本作「克」。

389 衣食仰縣官　天明本「縣」上有「給」字。

389 解乘興駟　「興」，天明本作「輿」。

390 出御府禁藏以贍之　「贍」，天明本作「澹」。

392 更錢造幣以贍之　天明本「錢」上有「造」字，「贍」作「澹」。
393 而摧淫並兼之徒　天明本「淫」上有「浮」字。*
397 大將軍驃騎大出擊胡　「驃」，天明本作「票」。
398 五十萬萬金　天明本不重「萬」字。
399 轉萬漕車甲之費不興焉　天明本「漕」上無「萬」字，*「興」作「與」。
401 雖無市藉　「藉」，天明本作「籍」。
402 商賈人車二筭　天明本「車」上有「軺」。
403 注　其重賦也　「其重」天明本互乙。
405 能告者　天明本「能」上有「有」字。
407 迺越拜式爲中郎將　「越」，天明本作「超」。
410 其不發覺相殺者不計　天明本「計」上有「可勝」二字。
412 吏不能誅　天明本「誅」上有「盡」字。
415 用急刻爲九卿　「急刻」，天明本作「慘急苛刻」四字。
418 而尊下式　「下」，天明本作「卜」。
420 大丘皆遇　「丘」，天明本作「氐」，「遇」下有「告」字。
425 是時越欲與漢用船逐　天明本「逐」上有「戰」字。
430 供具而望幸　「供」，天明本作「共」。
430 南越及　「及」，天明本作「反」。
435 中國道餽糧遠者二千餘里　天明本「道」上有「繕」字，「二」作「三」。
436 迺發武庫工官兵器以贍之　「贍」，天明本作「澹」。
437 願父子死南越　「越」，天明本作「粵」。
444 因孔僅言筭事　天明本「筭」上有「舩」字。
444 兵所過縣訾　天明本「訾」上有「縣以爲」三字。
450 於是弘羊賜爵右庶長　「右」，天明本作「左」。
451 上令官求兩　天明本「官」上有「百」字。
452 縣官當食祖衣税而已　「祖」，天明本作「租」。
453 天迴雨　「迴」，天明本作「乃」。
457 亦以節儉　「亦」，天明本作「示」。
458 宣元成哀平五母　「母」，天明本作「世」。
459 更作金銀龜具錢布之品　「具」，天明本作「貝」。
461 六貨不行　「六」，天明本作「其」。
464 坐賣田宅奴婢鑄錢抵臯者　天明本「田」上有「買」字。
467 龜具布屬且寢　「具」，天明本作「貝」。
471 因興郡縣通姦　「興」，天明本作「與」。
476 私錢作錢布者　上「錢」字，天明本作「鑄」，下「錢」字作「泉」。
478 非沮實貨　「實」，天明本作「寶」。
480 入郡國檻車鐵璅　「檻」，天明本作「檻」，「璅」作「鏁」。
481 匈奴侵寇　「寇」，天明本作「寇」。
483 貲卅而取一　「貲」，天明本作「訾」。
486 自公侯　天明本「自」上有「上」字。
488 獄詔不決　「詔」，天明本作「訟」。

491 **侵淫日廣**　「侵」，天明本作「浸」。

492 **戰鬭死亡**　「云」，天明本作「亡」。

497 **真僞令争**　「令」，天明本作「分」。

499 **開獻書之路**　天明本「開」上有「廣」字。

500 **置寫之官**　天明本「之」上有「書」字。

504 **世而五經立也**　「世」，天明本作「三十」。

505 **後廿經傳**　「廿」，天明本作「世」。

507 **訖五字之文**　「訖」，天明本作「説」。

508 **後進彌以馳遂故幻童而守一藝**　「遂」，天明本作「逐」。「幻」作「幼」。

509 **白首而湲能言**　「湲」，天明本作「後」。

511 **埧陰陽**　「埧」，天明本作「順」。

513 **崇師仲尼**　「崇」，天明本作「宗」。

514 **於道最高**　天明本「高」上有「爲」字。

514 **然或者既失精微**　「或」，天明本作「惑」。

515 **而僻者又隨時柳楊**　「僻」，天明本作「辟」，「柳楊」作「抑揚」。

515 **違離道峯**　「峯」，天明本作「本」。

516—517 **後進脩之其以五經乖折**　「脩」，天明本作「循」，「其」作「是」，「折」作「析」。

517 **儒學侵衰此僻儒之患也**　「侵」，天明本作「寖」，「僻」作「辟」。

518 **道家流者**　「流者」，天明本互乙。

521 **易之謙謙而四面**　「謙謙」，天明本作「嗛嗛」，「而」上有「一謙」二字。

526 **及物者爲之**　「物」，天明本作「拘」。

529 **則亡教化**　「亡」，天明本作「無」。

531 **傷恩薄原**　「原」，天明本作「厚」。

532 **古者名住不同**　「住」，天明本作「位」。

534 **及激者爲之**　「激」，天明本作「警」。

534 **則苟鉤鈲析辞而已**　「辞」，天明本作「亂」。

535 **清廟之宫**　「宫」，天明本作「守」。

536 **三老五更**　天明本「三」上有「養」字。

537 **宗祀嚴文**　「文」，天明本作「父」。

539 **以孝示天下**　「示」，天明本作「視」。

540 **及蔽者爲之**　「蔽」，天明本作「蔽」。

541 **推兼之意**　天明本「之」上有「愛」字。

543—544 **便乎便乎**　二「便」字，天明本皆作「使」。

545 **及耶人爲之**　「耶」，天明本作「邪」。

549 **及蕩者爲之**　「蕩」，天明本作「盪」。

552 **所重人食**　「人」，天明本作「民」。

554 **欲便君臣並耕**　「便」，天明本作「使」。

群書治要卷第十五

漢書三

15 至如　天明本「如」下有「信」字。

16 無所事者　天明本「者」作「信必欲争天下非信無可與計事者王曰吾亦欲東耳何曰王必東」二十六字。

17 即留　天明本「即」上有「信」字。

20 設壇場　「場」，天明本作「場」。

26 大王自料勇仁强　天明本「仁」上有「悍」字。

29 項王意焉猝嗟　「焉」，天明本作「烏」。

30 不能任屬賢將　天明本「不」上有「然」字。

47 伯直也　「伯」，天明本作「柏」。

51 西與大王會於熒陽　「熒」，天明本作「滎」。

58 注　蕉取薪也　「蕉」，天明本作「樵」。

60 數百里　天明本「數」上有「行」字。

69 僕欲北攻燕東代齊　「代」，天明本作「伐」。

88 弱燕不破　「弱」，天明本作「若」。

95 固有先聲後實者　天明本「固」上有「兵」字。

99 使武涉往説信　天明本「信」上無「説」字。

101 盡策不用　「盡」，天明本作「畫」。

106 不忍背漢　天明本「不」上有「信」字。

107 漢不奪齊　天明本「齊」上有「我」字。

108 徒信爲楚王　「徒」，天明本作「徙」。

112 逐械信　「逐」，天明本作「遂」。

113 信知漢畏其能　天明本「畏」上有「王」字。

117 以偏賜諸侯王　「偏」，天明本作「徧」。

136 注　禹作空司弃后　天明本「空司」作「司空」，「后」下有「稷」字。

137 注　乘共　天明本「共」下有「工」字。

149 山谷易虡　「虡」，天明本作「處」。

157 所以營惑耳目　「營」，天明本作「熒」。

165 陵谷易虡　「虡」，天明本作「處」。

166 修詩人之所刺　「修」，天明本作「循」。

169 賢人而行善政　天明本「賢」上有「用」字。

179 與舜雜虡堯朝　天明本「雜」上有「禹」字，「虡」作「處」。

183—184 李斬與叔孫俱官　天明本「斬」作「斯」，*「官」作「宦」。

188 不可轉　天明本「轉」下有「也」字。

196 是以群小覬見間隙　「覬」，天明本作「窺」。

200 禹稷與睪陶　「睪」，天明本作「皋」。

211 而孔子有兩館之誅　「館」，天明本作「觀」。
213 迹察兩舘之誅　天明本「舘」作「觀」。
215 考詳應之福　「詳」，天明本作「祥」。
222 向上疏諫曰　天明本「上」上無「向」字。
234 未不亡之國也　天明本「不」上有「有」字。
238 使中有可欲　天明本「中」上有「其」字。
241 古之葬者藏之中野　天明本「藏」上有「厚衣之以薪」五字。
242 之以棺槨　天明本「之」上有「易」字。
244 舜葬倉梧　「倉」，天明本作「蒼」。
245 注　不改官莖樹木　「莖」，天明本作「里」。
260 官舘之盛　「官」，天明本作「宮」。
261 又多殺官人　「官」，天明本作「宮」。
264 項藉之災　「藉」，天明本作「籍」。
265 内離牧豎之禍　「豎」，天明本作「豎」。
271 及從昌陵　「從」，天明本作「徙」。
274 注　一意也　「意」，天明本作「億」。
275 因之飢饉　天明本「飢」上有「以」字。
277 菝人之墓　「菝」，天明本作「發」。
282 竟未奢侈　「竟」，天明本作「競」。
282 北方丘壠　「北」，天明本作「比」。
289 秦昭始皇增山厚藏　「藏」，天明本作「葬」。

300 崔杼殺其君先　天明本「先」作「光孫林文寧殖出其君衎弑其君」十三字。
301 行下失臣道之所致也　天明本「下」上無「行」字。
303 政建大夫　「建」，天明本作「逮」。
305 注　皆昭王母弟　天明本「母」下有「之」字。
305 上假太后之威　天明本無「上」字。
311 檀相尊王　「檀」，天明本作「擅」。
312 吕産禄席太后之寵　天明本「禄」上有「吕」字。
315 乘朱輪華穀者廿三人　天明本「穀」作「轂」。
317 大將秉事用權　天明本「秉」上有「軍」字。
342 不爲身　天明本「不」上有「縱」字。
350 外之福　天明本「之」上有「家」字。
359 歎息悲傷甚意　「甚」，天明本作「其」。
364 安固徯嗣也　「徯」，天明本作「後」。
365 故常顯訟宋室　「宋」，天明本作「宗」。
368 項藉使將兵　「藉」，天明本作「籍」。
369 項藉滅　「藉」，天明本作「籍」。
373 買置田舍上　天明本「舍」下無「上」字。
391 有以窺下　天明本「下」上有「陛」字。
392 故時召君耳　「時」，天明本作「特」。
402 敗熒陽成睾　天明本「熒」作「滎」，「睾」作「皋」。
407 彭王不行　天明本「不」上有「病」字。

421 而發縱指示獸虡者　「虡」，天明本作「處」。

429 關内侯鄂秋　天明本「秋」上有「千」字。

433 然蕭何常從關中遣軍補其虡　「虡」，天明本作「處」。

435 夫漢與楚相守熒陽數年　「熒」，天明本作「滎」。

441 蕭何當弟一　「弟」，天明本作「第」。

442 於是乃令何當弟一　「當弟」二字，天明本作「第」。

451 有惡自與　「與」，天明本作「予」。

451 今相國多受賈豎金　「豎」，天明本作「豎」。

455 且陛下拒楚數歲　「拒」，天明本作「距」。

462 入徒跣謝　天明本「入」在「跣」下。

468 使人原弊請之　「原弊」，天明本作「厚幣」。

469 既見蓋公蓋公爲言　天明本不重「蓋公」二字。

476 姦人安所以容乎　天明本「所」下無「以」字。

478 注　若窮極姦人无所容竄　天明本「人」下無「无所容竄」四字。

478 注　久且爲亂　「久」，天明本作「反」。

478 注　下天叛　天明本「下天」二字互乙。

480 注　參欲以道化其本　「其」，天明本作「爲」。

483 擇郡國史長大　「史」，天明本作「吏」。

484 注　取年長者大　「者大」二字天明本互乙。

484 印召除爲丞史　「印」，天明本作「即」。

485 吏之言文刻深　「吏之」二字，天明本作「史」。

489 度之欲有言復飲　天明本「飲」下有「酒」字。

490 注　聞謂有所啓白　「聞」，天明本作「開」。

502 趣入待　「待」，天明本作「侍」。

505 能孰與蕭何賢　天明本「孰」上無「能」字。

507 陛下言之是　天明本「言之」二字互乙，「是」下有「也」字。

511 注　講或作輕　「輕」，天明本作「較」。

513—514 沛公以二萬人擊嶢下軍　天明本「以」上有「欲」字，「下」上有「關」字。

515 聞其將屠者子賈豎　「豎」，天明本作「豎」。

516—517 沛公令酈食其持重寶啗秦將　天明本「沛」上有「願」字，重「秦將」二字。

520 王子嬰降沛公　天明本「王」上有「秦」字。

522 焚噲諫沛公不聽　「焚」，天明本作「樊」。

525 此所謂助桀爲桀　下「桀」，天明本作「虐」。

526 注　資藉也公及秦奢儉素以爲藉也　此句天明本作「資質也欲令沛公反秦奢儉素以爲質也」。

528 願沛公聽焚噲言　「焚」，天明本作「樊」。

530 滓淮等或讒平曰　「淮」，天明本作「灌」。

540 注　有子行也　「子」，天明本作「孝」。

541 陛下暇用之乎　天明本「暇」上有「何」字。

545 故去事項王　天明本重「項王」二字。

555 以勃爲太尉　「太」，天明本作「大」。

557 **召産以呂王爲相國秉權** 「召」，天明本作「呂」。

564 **迺書牘背示之** 天明本「之」下有「以公主爲證公主者文帝女也勃太子勝之尚之」十九字。

570 **吾將百萬軍** 天明本「將」上有「嘗」字。

579 **都尉** 天明本「尉」下有「曰」字。

583 **亞夫乃傳言開辟門辟門士請車騎曰** 天明本二「辟」皆作「壁」。

587 **天子爲動改容式卒** 「卒」，天明本作「車」。

592 **焚噲沛人也** 「焚」，天明本作「樊」。

595 **上獨杌一官者** 「杌」，天明本作「枕」，「官」作「宦」。

598 **又何僾也** 「僾」，天明本作「憊」。

600 **顧獨與一官者絶乎** 「官」，天明本作「宦」。

603 **爲人强刀** 「刀」，天明本作「力」。

604 **昌嘗燕入秦事** 「秦」，天明本作「奏」。

608 **高帝欲癡太子** 「癡」，天明本作「廢」。

611 **不奉** 天明本「不」上有「期」字。

615 **是時入朝** 天明本「入」上有「嘉」字。

616 **旁有怠嫚之禮** 「嫚」，天明本作「慢」。

620 **汝弟往** 「弟」，天明本作「苐」。

624 **當斬之** 天明本「斬」下無「之」字。

624 **盡出血** 天明本「盡」上有「首」字。

群書治要卷第十六

漢書四

7 率諸侯破秦乎　天明本「率」上有「欲」字。

8 豎儒　「豎」，天明本作「豎」。

16 漢王起蜀漢之所兵　天明本「兵」上無「所」字。

17 而責義帝之處牧天下之兵　天明本「處」上有「負」字，「牧」作「收」。

26 天下叛　天明本「叛」下有「之」字。

27 故天下之王　「王」，天明本作「士」。

28 授上黨之兵　「授」，天明本作「援」。

30 塞城皋之險　「城」，天明本作「成」。

31 柩飛狐之口　「柩」，天明本作「拒」。

35 有口　「口」下之字作「辯」。

40 注　封於趙城　天明本「封」上有「秦之先造父」五字。

41 階下安得而有之　「階」，天明本作「陛」。

45 吕太后時　「太」，天明本作「大」。

52 過雒　天明本「雒」下有「陽」字。

53 注　以木當勾　「勾」，天明本作「胸」。

61 道里鈎矣　「鈎」，天明本作「鈞」。

65 今陛下起豐犁　天明本「豐」下無「犁」字。

66 與項藉大戰七十　天明本「藉」作「籍」。

71 秦之故資甚　「甚」下之字，天明本作「美」。

74 注　亢龍喉也　「龍喉」，天明本作「喉嚨」。

80 匈匿其壯士肥牛馬　天明本「匈」下有「奴」字。*

86 兵已按行　「按」，天明本作「業」。

92 叔孫通　「通」下之字，天明本作「辥」。

95 爲天下　「下」下之字，天明本作「笑」。

98 注　食無蒙茹爲啖　「蒙」，天明本作「菜」。

99 以頸血汗地　「汗」，天明本作「污」。

110 足而居　天明本「足」上之字作「鼎」，「居」作「立」。

112 反受其殃　「殃」，天明本作「殃」。

120 注　勾鹿喻帝位也　「勾」，天明本作「以」。

136 多所欲　「欲」下之字，天明本作「匡」。

137—138 爲長息者六　天明本「爲」上有「可」字，「息」上有「太」字。*

139 難偏以疏舉　「偏」，天明本作「徧」。

142 皆非事實知治亂之禮者也　「禮」，天明本作「體」。

146 之鍾鼓之樂　天明本上「之」字作「乏」，「鍾」作「鐘」。

147 而加之以諸侯　「侯」下之字，天明本作「軌」。

151 **建安之勢** 天明本「安」上有「久」字。*

151 **以豕祖廟** 「豕」，天明本作「承」。

152 **幸天下** 天明本「幸」上有「以」字。

159 **必相疑之勢** 天明本「勢」下有「也」字。

159 **注　則必与天子有相疑之勢也** 「与」，天明本作「與」。

160 **下數被其** 「其」下之字，天明本作「殃」。

161 **安上而令下也** 「令下也」，天明本作「全下」。

162 **親足之子** 「足」，天明本作「兄」。

162 **注　謂齊悼** 「悼」下之字，天明本作「惠」。

163 **注　濟北王欲擊取滎陽** 天明本「王」下有「反」字，「滎」作「榮」。

169 **偏直私人** 「偏直」，天明本作「偏置」。

170 **雖堯舜不能也** 「能」，天明本作「治」。

172 **延隨骨肉之屬而抗剄之** 「隨」，天明本作「墮」。

179 **天下淆亂** 「淆」，天明本作「殽」。

183 **多者百餘丈** 「丈」，天明本作「城」。*

190 **六七貴人无悉** 天明本「人」下有「皆」字，「悉」作「恙」。

195 **幸而來至法法安可得加** 天明本不重「法」字。

198 **陛下雖** 天明本「雖」下有「賢」字。*

201 **同姓襲是跣而動** 「跣」，天明本作「跡」。

201 **既有** 「有」下之字，天明本作「徵」。

208 **以爲不缺則折** 天明本「以」上有「臣」字。

209 **注** 天明本注在「勢不可也」下。

209 **注　何不施反仁恩** 「反」，天明本作「之」。

211 **韓信倚胡** 天明本「信」上有「王」字。

212 **陳俙兵精** 「俙」，天明本作「狶」。

212 **彭越用** 天明本「用」下有「梁」字。

214 **長沙迺在二萬數千户耳** 「數」，天明本作「五」。

216 **今雖以殘亡可也** 「以」，天明本作「已」。

222 **力少則易使義** 天明本「義」上有「以」字。

224 **雖在細** 天明本「細」下二字作「民且」。

229 **舉使君子之** 天明本「之」上無「子」字。

231 **慮莫不王** 「慮莫」，天明本作「莫慮」。

266 **甚者** 「甚者」，天明本作「日甚」。

270—271 **此其行義之先至者** 天明本「行」上有「無」字，*「先」作「尤」。

271—272 **而大臣不以薄書不報期會之問** 天明本「薄」作「簿」，「問」作「間」。

272 **以爲入故** 「入」，天明本作「大」。

273 **因恬而怪** 天明本「而」上有「不知」二字。

274 **類非俗史之所能爲也** 「史」，天明本作「吏」。

274 **吏之所務** 天明本「吏」上有「俗」字。*

277 **使父子有序** 「序」，天明本作「禮」。

278 **人之所設** 天明本「設」下有「也人之所設」五字。

278 不桓則僵　「桓」，天明本作「植」。

279 不乃滅亡　「不」，天明本作「國」。

280 使筦子愚人也則可筦而少知治體　二「筦」字，天明本皆作「管」。

281 秦滅四維而不帳　「帳」，天明本作「張」。

282 故君子乖亂　「子」，天明本作「臣」。*

285 令君臣君臣上下有差別　天明本不重「君臣」。*

286 此幸壹定　「幸」，天明本作「業」。

287 世世帝安　「帝」，天明本作「常」。

289 可爲長太息者　「太」，天明本作「大」。

296 而殺固已行矣　「殺」，天明本作「教」。

297 召公爲太保　「太」，天明本作「大」。

299 傅傅之意義　「意」，天明本作「德」。

300 保少傅少師　天明本「保」上有「少」字。

302 速去耶　天明本「速」作「逐」，「耶」作「邪」。

306 右前後皆正人也　天明本「人」下無「也」字。

308 少成若性　天明本「性」上有「天」字。

309 則有記過之吏　「吏」，天明本作「史」。

312 士傅民語習與知長　天明本「傅」作「傳」，「知」作「智」。

315 注　計樂也　「計樂」，天明本作「樂詩」。

321 所上者告評也　「評」，天明本作「訐」。

323 胡亥今日即位　天明本「胡」上有「故」字。

335 則大子正矣　「大」，天明本作「太」。

337 刑罰以徵惡　「徵」，天明本作「懲」。

338 無和如天地　「和」，天明本作「私」。

342 危者非一日危也　天明本下「危」上有「而」字。

343 皆以積然　天明本「然」上有「漸」字。*

344 積禮　天明本「禮」下有「義」字。*

354 令人之置器　「令」，天明本作「今」。

356 天下之情興囂無以異　「興」，天明本作「與」。

365 法令教化之不如　天明本無此七字。

367 辟如堂　「辟」，天明本作「譬」。

367 故者聖王製爲等列　「故」，天明本作「古」。

369 而天子加　天明本「加」下有「焉」字。

370 欲投鼠近器　「近」，天明本作「忌」。

371 貴臣之近主乎　「貴」上之字，天明本作「況」。

374 顧其離主上遠也　天明本「遠」上有「不」字。

374 雖或有遇　「遇」，天明本作「過」。

375 尊君敬也　「敬」，天明本作「故」。

378 古天子之所謂伯父舅也　天明本「舅」上有「伯」字。*

378 而令與衆庶同　「令」，天明本作「今」。

379 僞棄市之法　「僞」，天明本作「偶」。

380 不泰迴　「迴」，天明本作「迫乎」二字。

381 今而過　天明本「過」上有「有」字。

383—384 輸之司冠編之徒官司冠小吏　二「冠」字，天明本皆作「寇」。

386 死耳　天明本「耳」上有「而死」二字。

389 刑不上大夫　「上」，天明本作「至」。

393 故羣臣自喜　「喜」，天明本作「熹」。

396 利不敬就　「敬」，天明本作「苟」。

396 之化也　天明本「之」上有「上」字。*

398 誠死君子上　天明本「君」下無「子」字。

398 守国扞敵之臣　「国」，天明本作「固」，*「敵」作「敵」。

399 誠死城廓封疆　「廓」，天明本作「郭」。

403 守節而伏義　「伏」，天明本作「仗」。

404 行禮袒之所致也　「袒」，天明本作「誼」。

405 注　彼长固也　天明本作「彼亡國也」。

407 袁益　「益」，天明本作「盎」，本卷皆同。

410 注　驕倚也　「驕」，天明本作「騎」。

410 不乘危不　「不」下之字，天明本作「徼」。

418 適所以禍之也　天明本「之」下無「也」字。

419 注　戚哭人也　「哭」，天明本作「夫」。

420 賜益金五十斤　天明本「賜」上有「夫人」二字。

425 臣聞兵法有必勝之民　「民」，天明本作「將」。

429 大吾之溝　「大」，天明本作「丈」。

429—430 經川兵民　「兵民」，天明本作「丘阜」。

430 此步兵之地　天明本「地」下有「也」字。

431 五山兵陵　天明本作「土山丘陵」。

432 此車騎之也　天明本「也」上有「地」字。

432 川谷闇　「闇」，天明本作「居間」二字。

437 此劍首之地　天明本「首」作「楯」，「地」下有「也」字。

440 與解金鼓之指相失　天明本「金」上無「解」字，「指」作「音」。

440 此不習勒卒之過　天明本「過」下有「也」字。

441 申不堅密　「申」，天明本作「甲」。

442 注　袒裼内但　「内但」，天明本作「肉袒」。

443 與失同　「失」，天明本作「矢」，「矢」上有「無」字。*

445 以其卒與敵也　「與敵」，天明本作「予敵」。

447 兵之至要也　天明本「要」下無「也」字。

449 令小攻大　天明本「令」作「合」，「攻」上有「以」字。

453 中國之騎弗也　天明本「也」上有「與」字。*

453 風雨疲勞　「疲」天明本作「罷」。

454 此匈奴之長枝也　「枝」，天明本作「技」。

459 注　用失者　「失」，天明本作「矢」。

460 則匈奴之草木薦　「草」，天明本作「革笥」二字。

460 注　草苟以皮作如鎧也　「草苟」，天明本作「革笥」，「也」下有「木薦以木板爲楯」七字。

461 劍戟交接　「交」，天明本作「相」。

467 注　蹉跌不　「不」下三字，天明本作「可復起」三字。

468 出於萬令　「令」，天明本作「全」。

469 來歸義者　「義」，天明本作「誼」。

474 衡如之衆　天明本「如」作「加」，*「衆」上有「以」字。

478—479 其越兵而攻胡越者　天明本上「越」字作「起」，下「越」字作「粵」。

480 而欲廣以也　「以」，天明本作「大」。

482 揚越之地　「越」，天明本作「粵」。

484 注　憤作也　「作」，天明本作「仆」。

488 則有拜爵之　天明本「之」下有「賞」字。

490 矢石　天明本「矢」上有「蒙」字。

492 天下明知其福烈及己也　「福」，天明本作「禍」。

497 往來轉徒　「徒」，天明本作「徙」。

498 時去　天明本「去」上有「至時」二字。

503 娶而不罷　「娶而」二字，天明本作「聚」。

508 便爲之　天明本「便」上有「以」字。

511 延募民之欲者　天明本「者」上有「往」字。

513 人情非有匹　天明本「匹」下有「敵」字。

514 祿利之不厚　天明本「不」上無「之」字。

516 注　謂胡人驅物中國　「物」，天明本作「收」。

519 注　次當戍邊也　天明本「邊」下無「也」字。

520 從民實邊　「從」，天明本作「徙」。

523 募民徒塞下　「徒」，天明本作「徙」。

524 幸募民相從　「從」，天明本作「徙」。

527 臣聞古之從遠方　「從」，天明本作「徙」。

528 嘗其水衆之味　「衆」，天明本作「泉」。

530 先藥室家　天明本「藥」上有「爲」字。

531 此民所以輕去鄉　天明本「鄉」上有「故」字。*

536 服習已成　「已」，天明本作「以」。

537 勿令遷從　「從」，天明本作「徙」。

538 則足相救　天明本「相」上有「以」字。

538 歡愛心　天明本作「驩愛之心」。

539 足以相如死此而勸以厚賞　「如死」天明本互乙。

541 正親策詔之曰　「正」，天明本作「上」。

542 勸求賢士　「勸」，天明本作「勤」。

548 患陳其志　「患」，天明本作「悉」。

548 錯對證策曰　「證」，天明本作「詔」。

549 臣竊以古之三五　「五」，天明本作「王」。

551 莫不欲壽　天明本「莫」上有「人情」二字，*「壽」作「逸」。

554 三王節其力而不盡也　天明本「不」上無「而」字。

560 吏不平政　天明本「不」上有「之」字。

569 者慾無極　「者慾」，天明本作「耆欲」。

570 矜奮曰賢　「曰」，天明本作「自」。

571 注　以求自令　「令」，天明本作「全」。

571 **驕溢縱恣**　「縱」，天明本作「從」。

571 **不顧患福**　「福」，天明本作「禍」。*

574 **系其亂法**　「系」，天明本作「乘」。

575 **上下亦解**　「亦」，天明本作「瓦」。

576 **吏人之所先侵者**　天明本「者」下有「貧人賤民也至其中節所侵」十一字。

578 **陳勝先唱**　「唱」，天明本作「倡」。

580 **遷太中大夫**　「太」，天明本作「大」。

581 **錯以諸使强**　「使」，天明本作「侯」。

群書治要卷第十七

漢書五

4 十年不得調　「調」，天明本作「謂」。

5 乃請徒釋之補謁者　「徒」，天明本作「徙」。

7 登虎圈上林尉禽獸薄　天明本「登」上有「上」字，「上」作「問」，「薄」作「簿」。

9 虎圈嗇夫從傍代尉對上所問禽獸薄甚悉　「傍」，天明本作「旁」，「上」上有「對」字，「薄」作「簿」。

10 口對嚮應無窮者　「嚮」，天明本作「響」。*

16 嗏嗏利口　「嗏嗏」，天明本作「喋喋」。

21 景嚮舉措　「嚮」，天明本作「響」。*

28 注　在橋兩岸之中也　「在橋」天明本互乙。

34 旦方其時　「旦」，天明本作「且」。

39 大怒曰　天明本「大」上有「上」字。

40 欲致族之　「族之」天明本互乙。

41 非吾所以恭承宋廟意也　「恭」，天明本作「共」，「宋」作「宗」。*

42 如是足矣　天明本「如」上有「法」字。

44 一坏土　「坏」，天明本作「抔」。

47 輦過　天明本「輦」上有「帝」字。

51 注　李齊在鉅鹿特也　「特」，天明本作「時」。

51 父知之乎　天明本「知」上有「老」字。

51 尚不如廉頗李牧　天明本「尚」上有「齊」字。*

52 吾獨得不廉頗李牧　「得不」天明本互乙。

55 公何以言不吾能用頗牧也　「不吾」天明本互乙。

67 尚帥車騎　「帥」，天明本作「帥」。*

69 賞太重　天明本「太」上有「太輕罰」三字。

70 陛下可之吏　「可」，天明本作「下」。

76 注　夫知賢之稟　「稟」，天明本作「難」。

77 注　而兕亂女間君者乎　「兕」，天明本作「況」，「女間君」作「君闇王」。

77 注　屈原赴於汨羅　「汨羅」，天明本作「汨灑」。

77 注　鵶夷於江矣　「鵶」，天明本作「鴟」，「江」下無「矣」字。

78 注　卷卷之心　「卷卷」，天明本作「眷眷」。

79 注　狼俱失據　「俱」，天明本作「狽」。*

79 注　胃然囚執　「胃然囚」，天明本作「塊然囚」。

79 注　屈於獄史　「史」，天明本作「吏」。*

80 注　由孝之於其親也　天明本「之」上有「子」字。

80 注　盡心鳥　「鳥」，天明本作「焉」。

80 注 進而毒 「毒」，天明本作「喜」。
80 注 非壞寵也 「壞」，天明本作「懷」。
81 注 戀慕不也 「也」，天明本作「止」。*
81 注 故仲尼去魯遲吾行也 天明本「吾」上有「遲」字。
81 注 蓋軻去齊 「蓋」，天明本作「孟」。*
82 注 過潤水弓屈原 「潤水弓」三字，天明本作「湘弔」二字。
83 注 異律詸意矣 「律詸」，天明本作「異類殊」三字。
84 注 又可懷矣 「懷矣」，天明本作「悼也」。
85 注 此忠臣所以泣而賢指所以傷心也 「而」，天明本作「血」，「指」作「哲」。*
87 不得不得久留内 天明本不重「不得」二字。
89 責大指而不苛 天明本「苛」上有「細」字。*
92 使黯任職居官无以愈人 「官」，天明本作「宦」，「无」作「亡」，「愈」作「瘉」。
102 紛束紛更之爲 「紛」，天明本作「約」。
108 名名曰至言 天明本不重「名」字。*
111 使天之人戴目而視 天明本「天」下有「下」字。*
113 非徒如此也 天明本「非」上有「秦」字。
116 司馬驚馳 「驚」，天明本作「鶩」。
121 使其後世曾不得邪侄而託足焉 「侄」，天明本作「徑」。
123 治錮其内 天明本「錮」上有「銅」字。
126 使其後世曾不得蓬顆蔽冢而託葬焉 「蔽」，天明本作「蔽」。
126 注 蓬顆猶裸裸小冢 下「裸」字，天明本作「顆」。
129 而詳擇中 天明本「中」上有「其」字。
133 不能生烏 「烏」，天明本作「焉」。*
141 蓋賁之勇 「蓋」，天明本作「孟」。*
146 君得聞其過失而改之 天明本「失」下有「也聞其過失」五字。*
149 求脩正正之士 天明本不重「正」字。*
151 至於莒蕘者 「莒」，天明本作「芻」。
152 求善無饜也 「饜」，天明本作「厭」。
153 昔秦力並萬國 天明本「秦」上有「者」字。
154 破國以爲郡 天明本「國」上有「六」字。
155 小大之勢 「小大」天明本互乙。
167 与之爲雠 「雠」，天明本作「讎」。
168 天下四面而政之宋廟滅絶 「政」，天明本作「攻」，「宋」作「宗」。*
172 是以媮合苟容 「媮」，天明本作「偷」。
177 文王好仁興 天明本「興」上有「故仁」二字。*
179 故不致其受敬 「受」，天明本作「愛」。*
179 則能盡其力 天明本「能」上有「不」字。*
181 死則予哭之 「予」，天明本作「弔」。*

183 未歛不飲酒食内　「内」，天明本作「肉」。*
185 故臣平莫敢不竭力盡死　「平」，天明本作「下」。*
186 功德立於世　天明本「世」上有「後」字。
190 怳慨不苟合　「怳」，天明本作「忼」。
192 陽廼從獄中書曰　天明本「書」上有「上」字。
196 注　白兵象也　天明本「兵」上有「虹」字。
197 注　破長平　天明本「破」上有「白起爲秦將伐趙」七字。
203 楚王誅　天明本「硃」下有「之」字。
204 接與避世　「與」，天明本作「輿」。
206 箕子接與所咲　「與」，天明本作「輿」。
208 少加憐鳥　「鳥」，天明本作「焉」。
211 注　被走之燕　天明本「走」上有「讒」字。
211 注　人重購之　「人」，天明本作「又」。*
212 注　令軻齊往也　「齊」，天明本作「齎」。
213 注　民其後　「民」，天明本作「亡至魏」三字。
213 注　其後齊代魏　「代」，天明本作「伐」。*
218 注　而更勝以珍奇之味也　「勝」，天明本作「食」。
220 剖心折肝相信　「折」，天明本作「析」。
228 豈素官於朝　「官」，天明本作「宦」。
231 宋任子舟之計囚墨翟　「舟」，天明本作「冉」。*
235 越人子輒　「輒」，天明本作「臧」。*
237 故意合則骨肉爲讎敵　天明本「則」下有「胡越爲兄弟由余子臧是矣不合則」十四字。
237 未象管蔡是矣　「未」，天明本作「朱」。
239 後宋曾之聽　「曾」，天明本作「魯」。*
247 隋肝膽　「隋」，天明本作「墮」。
252 夜光之壁　「壁」，天明本作「璧」。*
254 注　委曲盤戾　天明本「戾」下有「也」字。
257 樹功而而不忌　天明本不重「而」字，「忌」作「忘」。
258 蒙堯舜之術　天明本「蒙」上有「雖」字。*
259 狹伊筦之辯　「狹」，天明本作「挾」，「筦」作「管」。
261 雖竭精神欲開忠於當世　天明本「世」下有「之君」二字。
261 安劒䏚　「䏚」，天明本作「相盼」二字。
264 此鮑焦所以憤於世　天明本「世」下有「也」字。
270 則士有伏死堀穴巖之中　天明本「之」上有「藪」字。
274—275 臣聞得全孝全昌安全者全巳　「孝」，天明本作「者」，「安」作「失」，「巳」作「亡」。
276 臣乘願披心腹心　天明本「腹」下無「心」字。
281 係絶於天下　天明本「天」下無「下」字。
282 注　言其微切甚急也　「微」，天明本作「激」。
285 今欲拯天下之壽　「下」，天明本作「命」。
286 究萬乘之勢　「勢」，天明本作「執」。
288 此愚臣之所大或也　「或」，天明本作「惑」。*
289 去背而走　「去」，天明本作「却」。

290 不如就陰而止　「如」，天明本作「知」。

293 不絶之於　天明本「於」下有「彼而救之於」五字。

294 辟由抱薪而救火　「辟」，天明本作「譬」。*

301 有時而已　「已」，天明本作「亡」。

302 垂去而至梁　「垂」，天明本作「乘」。*

307 孝文爲宗　天明本「宗」上有「大」字。

314 存已繼絶　「已」，天明本作「亡」。

318 故盛服先王　「王」，天明本作「生」。

325 上下相歐　「歐」，天明本作「毆」。

327 非增人也　「増」，天明本作「憎」。*

329 比肩而而立　天明本不重「而」字。

334 注　精孰周致之法忠也　天明本「致」上有「悉」字，「忠」作「中」。

342 烏䵷之卵　「䵷」，天明本作「鳶」。

350 持節送匈奴使會虞常等謀反匈奴中　天明本「會」上有「與副中郎將張勝及假吏常惠等俱」十四字。

352 素與武副張勝相知　天明本「副」上無「武」字。

355 左伊袟　「袟」，天明本作「秩」。

355—356 漢使謀害衛王而殺之　天明本無此九字。

360 單拯于其節使曉武　天明本「于」上無「拯」字，「曉」上有「使」字。

366 君今日復然　天明本「復」上有「降明日」三字。

370 降虜不蠻夷　「不」，天明本作「於」。

373 頭懸比闕　「比」，天明本作「北」。

376 白單于于于愈益　下「于于」二字，天明本作「單于」二字。

378 武臥絜雪與旃毛　「絜」，天明本作「齧」。

389 忽如狂　天明本重「忽」字。*

392 大臣無罪夷滅者數家　天明本「家」上有「十」字。

400 効死於前　「効」，天明本作「效」。

400 唱然歎曰　「唱」，天明本作「喟」。

401 陵與衛律罪　天明本「罪」上有「之」字。

404 歐亶夕臨　「歐亶」二字，天明本作「嘔血旦」三字。

405 服肱之美　「服」，天明本作「股」。*

406 乃啚畫其人　「啚」，天明本作「圖」。

411 博陽侯邴吉　「邴」，天明本作「丙」。*

412 郷史大吏　「郷」，天明本作「御」，「吏」作「夫」。*

413 次曰少梁丘賀　天明本「梁」上有「府」字。*

415 明著中興輔佐　天明本「中」上無「著」字。

416 仲甫　「甫」，天明本作「山甫」二字。*

421 今匈奴負我馬足　「我」，天明本作「戎」。

423 自古弗屬爲人　天明本「屬」下無「爲人」二字。

428 伏兵襲擊　天明本「襲」下無「擊」字。

430 弊帛文錦　「弊」，天明本作「幣」。

433 全代之敵　天明本「敵」上有「時北有强胡之」六字。*

436　人遣子弟乘邊守塞　「人」，天明本作「又」。

440　而無忿怒傷　天明本「傷」上有「之心夫聖人以天下爲度者也不以己私怒」十七字。

441　故廼遣擎金千斤　「擎」，天明本作「劉敬奉」三字。

450　中國轄車相望　「轄」，天明本作「轊」。

452　臣聞利不十者不易葉　「葉」，天明本作「業」。

454　强弗能制　天明本無此四字。

455　强弗服也　天明本「服」上有「能」字。

458　歎得而制　「歎」，天明本作「難」。

459　其勢不相摧也　「摧」，天明本作「權」。*

462　政取西戎　「政」，天明本作「攻」。*

466　遣百分之所攻匈奴　「所」，天明本作「一以」二字。

467　潰之癰也　「癰」，天明本作「癰」。

467　必不怨行矣　「怨」，天明本作「留」。*

470　代國隨城　「代」，天明本作「伐」。*

473　能入魯鎬　天明本「能」上有「不」字。

477　意者有他妙巧以禽之　「妙」，天明本作「繆」。

486　陰使聶臺爲間　「臺」，天明本作「壹」。

492　入塞百餘里　天明本「百」上有「未至馬邑」四字。

493　恢然自殺　「然」，天明本作「坐」。*

497　鍾鼓筧弦　「筧」，天明本作「筦」。*

497　大道僘缺　「僘」，天明本作「微」。

499　當塗之　天明本「之」下有「士」字。*

500　以載翼其世者甚衆　「載」，天明本作「戴」。

500　然猶不能及　「及」，天明本作「反日以僕滅」五字。

505　習聞號　天明本「號」上有「其」字。

507　政事宣照　「照」，天明本作「昭」。

513　臣謹春秋之中　天明本「春」上有「按」字。*

514　國家有失道之敗　天明本「有」上有「將」字。

518—519　欲抉而令安　「抉」，天明本作「扶持」二字，「令」作「全」。

527　行善之致也　天明本「致」上有「所」字。

531　邪氣積下　天明本「下」上有「於」字。

536　綏之斯倈　「綏」，天明本作「綏」。

549　謂之虎　「虎」，天明本作「虐」。

549　而欲德之被四海　天明本「之」上有「教」字。

550　正心正朝廷　天明本「心」下有「以」字。

553　而無邪氣奸其其間　天明本「邪」上有「有」字，不重「其」字。

557　河河不出圖　天明本不重「河」字。

562　以教化隄防之　天明本「以」上有「不」字。

563　而奸耶而皆正　「耶而」二字，天明本作「邪」。

567　磨民以義　「磨」，天明本作「摩」。

569　而悉志去之　天明本「去」上無「志」字。

571 **子孫脩之** 「脩」，天明本作「循」。

576 **未嘗以亂濟亂** 天明本「以」上有「有」字。

592 **王者所當脩飾** 天明本「飾」下有「也五者脩飾」五字。

592 **故受天之祐** 「祐」，天明本作「祜」。

592 **而享鬼神之靈** 天明本「之」上無「神」字。

598 **成康不式卌餘** 天明本「餘」下有「年」字。*

608 **孔子曰韶盡美矣又盡善矣** 天明本「善」上無「美矣又盡」四字。

612 **所過之時異也** 「過」，天明本作「遇」。

619 **不禁止** 天明本「止」上有「而」字。

622 **繆盭而陵夷** 「盭」，天明本作「戾」。

624 **与与之上齒者去其角** 「与与之」三字，天明本作「與與」二字。

629 **身寵而戴高位** 「戴」，天明本作「載」。

632 **民浸以大窮** 「浸」，天明本作「寖」。

635 **而奸耶不可勝者也** 「耶」，天明本作「邪」。

639 **大夫所之當脩以爲行也** 「所之」天明本互乙，「脩」作「循」。

642 **在烈位者** 「烈」，天明本作「列」。

645 **而庶人行哉** 天明本「庶」上有「爲」字。

646 **常恐遺之者** 「遺」，天明本作「匱」。*

648 **寇戎乘車者** 「戎」，天明本作「至」。*

群書治要卷第十八

漢書六

5 馳遂野獸 「遂」，天明本作「逐」。

6 故力稱焉獲 「焉」，天明本作「烏」。

6 撻言慶忌 「撻」，天明本作「捷」。

8 阻險射猛獸 天明本「阻」上之字作「陵」。

9 猝然遇逸村之獸 「村」，天明本作「材」。

11 雖有焉獲逢蒙之伎力 「焉」，天明本作「烏」。

11 枯木杇株 「杇」，天明本作「朽」。

17—18 夫輕乘万之重不爲以安樂 天明本「乘万」，天明本作「萬乘」，「爲以」互乙。

19 智者避危於無形 「智」，天明本作「知」。

26 盡衣冠 「盡」，天明本作「畫」。*

28 朱草生 天明本「生」下有「山不童」三字。

28注—29注 無草木也 天明本「無」上無「杌」字。

31 所及 天明本「所」上之字作「跡」。

31 跂行喙 「喙」，天明本作「喙」。*

33 吉凶效 天明本「效」上有「之」字。

44 賞當賢臣下勸 天明本「臣」上有「則」字。

45 故民者業之即不諍 「諍」，天明本作「争」。

46 理得則得則不怨恨 天明本不重「得則」二字。

53 嚴比則應 「嚴」，天明本作「聲」。*

55 氣和則刑和刑和則聲和 天明本二「刑」字皆作「形」。

58 故刑和則無疾 「刑」，天明本作「形」。

60 則麟風至 「風」，天明本作「鳳」。*

60 出書 天明本「出」上有「洛」字。*

62 禮有所履 「履」，天明本作「履」。*

64—65 謂之義義 天明本不重「義」字。

65 檀殺生之禍 「檀」，天明本作「擅」。

66 講輕重之數 「講」，天明本作「權」。*

67 使遠近情僞畢見於上 「畢」，天明本作「必」。

71—72 愛之天罰 天明本此四字作「受天之罰」。

72 天無私親 天明本「無」上有「德」字。

77 卜武河南人也 天明本「武」作「式」。*

78 武書 天明本此二字做「式上書」。*

79 式曰少枚羊不習仕官 天明本「曰」下有「自」字，「枚」作「牧」，「官」作「宦」。

80 上乃台拜式爲中郎 「台」，天明本作「召」。

81 田十項 「項」，天明本作「頃」。

82 初不願爲郎　天明本「初」下有「式」字。

83 布衣蹻而牧羊　天明本「蹻」上有「草」字。

87 拜式爲維氏令　「維」，天明本作「緱」，「令」下有「緱氏」二字。

89 因於燕爵　「因」，天明本作「困」。

90 注　羽翼之林也　「林」，天明本作「材」。

92 海内　天明本「内」下之字作「艾」。

93 上方欲用父武　「父」，天明本作「文」。

96 弘羊擢於賈豎　「豎」，天明本作「豎」。

98 儒雅則公孫仲舒　天明本「仲」上有「宏董」二字。

99 篤行則石慶　天明本「石」上有「石建」二字。

101 東方朔　天明本「朔」下之字作「枚」。

102 落下閎　「落」，天明本作「洛」。

107 修洪業　天明本「修」上之字作「纂」。*

108 君更始　「君」，天明本作「尹」。*

110 將相則張安　天明本「安」下有「世」字。*

111—112 壽尹翁歸　天明本「壽」上之字作「延」。*

114 閎越舉兵圍東甌　「閎」，天明本作「閩」。*

117 患力不能救　天明本「患」上之字作「特」。

119 何能越之　「能」，天明本作「但」。

120 准南王安上書諫曰　「准」，天明本作「淮」。*

126 自漢初以來七十二年矣　天明本「年」下無「矣」字。

128 然天子未嘗舉丘而入其地也　「丘」，天明本作「兵」。

130 昧而多水險　天明本「昧」上之字作「深」。

136 不及上事　「及」，天明本作「給」。

138 是反以中國而營蠻夷也　「營」，天明本作「勞」。

142 得毋轉死溝　天明本「溝」下之字作「壑」。

143 輿轎而踰嶺　「嶺」，天明本作「領」。

143 注　轎車也傾山傾不通車通轉皆擔輿也　天明本「轎」下有「竹輿」二字，「傾山傾」作「嶺山嶺也」四字，下「通」字作「運」。

144 舟而入水　天明本「舟」上之字作「拕」。

150 老親哭泣　「老親」天明本互乙。

158 爲之早閉　天明本「閉」下有「晏開」二字。

160 注　邊城作難也　天明本「邊」上有「爲」字。

166 閩王弟甲戮而殺之　天明本「閩」下有「越」字，「戮」作「弑」。

168 女供貢職　「女」，天明本作「世」。

169 大二之組　「大」，天明本作「丈」。

173 歷年經歲　此四字天明本作「歷歲經年」。

173 則士卒疲勌　「勌」，天明本作「倦」。

174 男子不得耕稼種樹　「種樹」天明本互乙。

175 婦人不得紡績織經　「經」，天明本作「紝」。

176 隨而討之　「討」，天明本作「誅」。

178 四面皆縱　「縱」，天明本作「從」。
184 注　在赤行故曰言也　天明本此注在「廝輿之卒」四字之上，「赤」作「前」。
184 有一備而歸者　天明本「一」下有「不」字。
185 臣竊猶爲大漢羞之　「竊猶」天明本互乙。
191 時漢兵遂出未踰嶺　天明本「出」下無「未」字。
194 越人也　「越」，天明本作「趙」。
195 丞相公孫弘奏言　天明本「言」下有「民不得挾弓弩」六字。
197 則賊盜執短兵　「賊盜」天明本互乙。
203 而施行陣　「陣」，天明本作「陳」。
205 苟得勝爲務　天明本「得到」上有「以」字。*
209 犯法滋衆　天明本「犯」上二字作「撻擊」。
213 方外向風　「向」，天明本作「鄉」。
214 郡國二千石之罪疾　天明本「罪」下無「疾」字。
215 禮曰男子　天明本「子」下有「生」字。
219 爲盜賊之以政奪也罪死　天明本「政」作「攻」，「罪」上有「攻奪之」三字。
220 而吏不能　天明本「能」下有「止」字。
226 其八爲律令　天明本「爲」上有「事」字。
229 争者節也　天明本「節」上有「末」字。*
231 切齊三代　「切」，天明本作「功」。
233 遷從烏舉　「從」，天明本作「徙」。
237 非見計也　「見」，天明本作「完」。
238 遂使蒙恬將兵而改胡　「改」，天明本作「攻」。
243 男子疾稱　「稱」，天明本作「耕」。
249 從之如搏影　「影」，天明本作「景」。
258 而下修近世之失　「修」，天明本作「循」。
260 使邊境之民靡　天明本「靡」下之字作「敝」。
261 注　興外國死求也古章耶之比　此句天明本作「與外國交市若章邯之比也」十一字。
261 故尉他章耶得成其私　天明本「耶」作「邯」。
267 逆節萠起　天明本「逆」上有「則」字。
271 彼人人喜得所願　天明本「彼」上有「之」字。
276 秦之未世是也　「未」，天明本作「末」。
276 非王公大人名族之後　天明本「非」上有「身」字。
279 天下風從　「風從」天明本互乙。
279 曰民困而主不恤　「曰」，天明本作「由」。
285 然不能西壊尺寸之地　「壊」，天明本作「攘」。
291 或首雖而危海内　「雖」，天明本作「難」。*
297 推數修理而觀之　「修」，天明本作「循」。
302 何爲不成　「爲」，天明本作「威而」二字。
304 嚴安臨蕃人也　「蕃」，天明本作「菑」。
305 政教文賢者　「賢」，天明本作「質」。

307 未睹法之至也　「法」，天明本作「治」，不重「之」字。

308 懷諸侯之城　「懷」，天明本作「壞」。

309 向使秦緩其刑罰　「向」，天明本作「鄉」。

312 修其故俗　「修」，天明本作「循」。

315 宿兵於無用之地　天明本「無」上無「於」字。

317 自經然於道樹　天明本「於」上無「然」字。

322 時教然也　天明本「然」上有「使」字。

325 城邑　天明本「城邑」上二字作「州建」。

325 注　東夷也　天明本此注在「略穢州」之下。

327 天下之長縈也　「縈」，天明本作「策」。

328 而外黑於遠方之備　「黑」，天明本作「累」。

328 糜弊國家　「糜」，天明本作「靡」。

330 而不解　天明本「而」上之字作「弩」。

333 米見休時　「米」，天明本作「未」。

333 此天下所共憂　天明本「憂」下有「也」字。

335 列數城十　「數城」天明本互乙。

336 兵卿大盛也　「兵」，天明本作「六」。*

339 封邑千里　「封邑」，天明本作「地幾」。

343 珠厓人反　「人」，天明本作「又」。

348 經義何以覆　天明本「覆」下有「之」字。

351 不欲者不強也故君治歌　天明本「也」上有「治」字，*「君治」作「君臣」，「歌」下之字作「德」。

355 此非兵草之所能致　「草」，天明本作「革」。

356 秦興兵　天明本「兵」下有「遠攻」二字。*

358 賴聖初興　天明本「初」上有「漢」字。*

361 吉行日五十里　天明本「里」下有「師行三十里」五字。

363 其令四方無來獻　天明本「來」上有「求」字。

368 厲兵馬　天明本此三字作「籍兵厲馬」四字。

371 民賦數賦數百　天明本不重「賦數」二字。

372 造監鐵酒權之利　「監」，天明本作「鹽」。

373 寇賦並起　「賦」，天明本作「賊」。

373 數發　天明本「數」上之字作「旅」。

375 於道　天明本「於」上之字作「號」。

376 遥設祭　天明本「祭」上有「虚」字。

376 想魂千萬里之外　「千」，天明本作「乎」。

381 樂夫婦　天明本「樂」上有「莫」字。*

383 欲驅士衆濟之大海之中　「濟」，天明本作「擠」。

387 多毒草蟲蛇木土之害　「木」，天明本作「水」。

388 人未見厲　「厲」，天明本作「虜」。*

388 又非獨殊厓有殊犀　天明本二「殊」字皆作「珠」。

390 臣竊以注者羌單言之　天明本「注」作「往」，「單」作「軍」。

394 亡士無攻乎　天明本「攻」作「功」。

397 專用栖開東爲憂　「栖」，天明本作「恤」，*「開」作「關」。

398 **丞相于定國以以爲捐之議是**　天明本不重「以」字。

402 **則宅長田**　「宅長」，天明本作「守屯」。

403 **與遠變之不討**　「變」，天明本作「蠻」。

405 **況避不嫌之辰哉今開東大困**　「辰」，天明本作「辱」，「開」作「闕」。

410 **侍詔金馬門**　「侍」，天明本作「待」。

412 **夜出多還**　「多」，天明本作「夕」。

414 **吾兵壽王**　「兵」，天明本作「丘」。

415 **隄封頃畝**　「隄」，天明本作「提」。

416 **除以爲上林菀**　「菀」，天明本作「苑」。

417—418 **表之應**　天明本「表」上之字作「慤天」二字。

421 **盡可以爲菀**　「菀」，天明本作「苑」。

422 **故上林雖小**　天明本「上」上無「故」字。

424 **其地從洴隴以東**　「洴」，天明本作「汧」。

425—426 **上灞滻以西**　天明本「上灞滻」三字作「止霸産」。

429 **仰足也**　天明本「仰」上有「取給萬民所」五字，「也」下有「又」字。

432 **今視以爲菀**　「菀」，天明本作「苑」。

436 **廣孤菀之菀**　「孤」，天明本作「狐」，「菀」作「苑」。

438 **車敬南北**　「敬」，天明本作「驚」。

440 **不足以危無隄之興**　「興」，天明本作「輿」。

440 **注　不敢序天子故言興也**　「序」，天明本作「斥」，「興也」二字作「輿」。

441 **非所强國富臣也**　天明本「所」下有「以」字，「臣」作「人」。

442 **注　付於宮中設九市也**　「付」，天明本作「紂」。

445 **犯隆旨**　「旨」，天明本做「指」。

445 **拜朔爲太中大夫**　「太」，天明本作「大」。

447 **然遂起上林**　天明本「林」下有「苑」字。

448 **天下侈靡趍末**　「趍」，天明本作「趨」。

449 **朕化民**　天明本「化」上有「欲」字。

454—455 **集上書裳以爲殿帷**　天明本「裳」作「囊」，「帷」作「帷」。

456 **照然化之**　「照」，天明本作「昭」。

457 **今陛下以小國起建章**　天明本「小」上有「城中爲」三字，「國」作「圖」。

459 **教馳卜逐**　天明本「馳」下無「卜」字。

460 **聚怪**　「聚」，天明本作「叢珍」二字。

463 **推甲乙**　天明本「乙」下有「之帳」二字。

464 **亦不復用**　「亦」，天明本作「示」。

465 **則堯舜之隆宜可與之治矣**　「之」，天明本作「比」。*

468 **其辭**　天明本「辭」下有「曰」字。

470 **談何容卜易**　天明本「容」下無「卜」字。

471—472 **便於耳者**　天明本「便」上有「而」字，「耳」作「身」。

473 **熟能聽之**　「熟」，天明本作「孰」。

475—476 **昔者開龍逢深諫於桀** 「開龍逢」，天明本作「關龍逢」。

479 **除主之禍也** 天明本「也」下有「今則不然」三字。

483 **遂及飛廉惡來草蕁** 「草蕁」，天明本作「革等」。

483 **注 天皆紂時佞臣** 天明本「天」作「二人」二字，「臣」下有「也」字。

486 **遂往不惑** 「惑」，天明本作「戒」。

486 **宗廟崩施** 「施」，天明本作「阤」。

487 **悅色微辞** 「辞」下四字天明本作「愉愉呴呴」。

488 **益於主上之治** 天明本「益」上之字作「無」。

489 **儼然作矜嚴之色** 天明本「儼」上有「將」字。*

490 **則忤於邪主心** 天明本「心」上有「之」字。

492 **故言** 「言」，天明本作「曰」。

493 **捐薦去凡** 「凡」，天明本作「几」。

496 **圖書安危** 「書」，天明本作「畫」。

497 **上以安至體** 「至」，天明本作「主」。

498 **故尹蒙恥辱** 天明本「尹」上有「伊」字。

501 **引議以正其身** 「議」，天明本作「義」。

503 **遠方** 天明本「遠」上之字作「總」。

505 **則天地和給** 「給」，天明本作「洽」。

506 **傅國子孫** 「傅」，天明本作「傳」。

507 **以遇湯興文王也** 「興」，天明本作「與」。

508—509 **太公伊尹獨如此龍逢比干獨彼豈不哀哉** 天明本「獨」下無「以」字，「逢」作「逄」，後「獨」下有「如」字。*

群書治要卷第十九

漢書七

4 故丞相安昌隻張禹　「隻」，天明本作「侯」。

4 以帝師位持進　「持」，天明本作「特」。

6 皆尸位素食　「食」，天明本作「餐」。

7 无所不至者也　「无」，天明本作「亡」。

11 雲攀擥擥折　天明本「攀」下有「殿」字，二「擥」字皆作「檻」。

18 及後當治殿擥　「擥」，天明本作「檻」。

20 梅福守子真　「守」，天明本作「字」。

21 而京兆君尹王章素忠直　天明本「尹」上無「君」字。*

24 夫叔孫生先非不忠也　天明本「先」上無「生」字。

34 得士則重失則輕　天明本「失」下有「士」字。

35 非草苗所當言也　「苗」，天明本作「茅」。

36 并尸卒伍　「并尸」天明本互乙。

39 非特九九　天明本「九九」下有「也」字。

46—47 試下之廷廷尉尉必曰非所宜言　「廷廷尉尉」，天明本作「廷尉廷尉」。

48 資質直　天明本「直」上有「忠」字。

56 建黃　天明本「黃」下有「旄」字。*

60 叱從史使收縛　「史」，天明本作「吏」。

65 聞而喜之曰　「喜」，天明本作「嘉」。

68 爲太子大傅　「大」，天明本作「太」。

69 太子外祖又平恩隻許伯以爲太子幼　「又」，天明本作「父」，「隻」作「侯」。

73 且太子自有太傅　「太」，天明本作「大」，「傅」下有「少傅」二字。

75 免冠謝曰　天明本「免」上有「相」字。

81 務在哀軨　「軨」，天明本作「鰥寡」二字。

84 始國父于公　天明本「國」上有「定」字。

87 子永御史大夫　天明本「御」上有「爲」字。

90 郊泰時　「時」，天明本作「畤」。

92 陛下曰種亡秦之鐘　「種」，天明本作「撞」，「鐘」作「鍾」。

99 陛下不入廟矣　天明本「入」上有「得」字。

102 琅邪人也　「邪」，天明本作「耶」。

103 宮室車　天明本「車」下有「服」字。*

105 吉言得失曰　天明本「言」上有「上疏」二字。

106 王圖藉　「藉」，天明本作「籍」。

106 將與太平　「與太」，天明本作「興大」。

109 欲治之主不出　天明本「出」上有「世」字。

110 舉明主於三代隆者也　天明本「隆」上有「之」字。

126 濟之仁壽之域　「濟」，天明本作「躋」。

130 注　取天子女則尚公主　「取」，天明本作「娶」，「尚」上有「曰」字。

130 注　國人聚諸侯女　「聚」，天明本作「娶」。

135 周之所以能致　天明本「致」下有「治」字。*

137 今使吏得任子弟　天明本「吏」上有「俗」字。

138 注　漢舊　天明本「舊」下有「儀」字。

139 無益民　天明本「民」上有「於」字。*

141 去甬抵　「甬」，天明本作「角」。

148 墻塗而不雕　「墻」，天明本作「牆」。

151 徭戍之役　「徭」，天明本作「繇」。

155 器無雕文金銀之鎊　「鎊」，天明本作「飾」。

161 盡可滅損　「滅」，天明本作「減」。

165 注　河内豫蜀郡成廣漢　天明本「廣」上有「都」字。

167 盡文盡金銀飾　下「盡」字，天明本作「畫」。

167 非當所爲大飢餓死者是也　天明本「爲」上有「以賜食臣下也東宮之費亦不可勝計天下之民所」二十字。

169 至乃日出作之　「出」，天明本作「步」。

173 霍況專事　「況」，天明本作「光」。*

177 故使天下成化　「成」，天明本作「承」。

179 皆在大臣循故事之自辛也　「辛」，天明本作「皋」。

184 以爲田獦之囿　「獦」，天明本作「獵」。

192 省宜春下菀　「菀」，天明本作「苑」。

198 闢地廣境數千萬里　天明本「里」上無「萬」字。

199 乃一切之變　天明本「一」上有「行」字。

202 習於計薄　「薄」，天明本作「簿」。

203 姦宄不勝　「宄」，天明本作「軌」。

208 史書而仕官　「官」，天明本作「宦」。

210 家富埶乃足自指氣使是爲賢　「埶乃」二字，天明本作「埶」，「自」作「目」。

212 父兔其子俗之懷敗　「兔」，天明本作「勉」，「懷」作「壞」。

215 今欲興至治太平　天明本「太」上有「致」字。

216 及有咸者　「咸」，天明本作「臧」。

220 徵孔子之言　「徵」，天明本作「微」。

223 陶治萬物　「治」，天明本作「冶」。

228 選賢以相輔　「相」，天明本作「自」。

229 赦出園陵之女　「赦」，天明本作「放」。

230 去甲乙之悵　「悵」，天明本作「帳」。

233 唯陛下留意有察　「有」，天明本作「省」。

237 外親持擢　「擢」，天明本作「權」。

238 充塞朝廷　天明本「充」上有「以」字。

240 危亡之微　「微」，天明本作「徵」。

240 今奈何反復劇於前乎　「復」，天明本作「覆」。

248 今賞人反或　「或」，天明本作「惑」。

253 豪强大姓家　天明本「姓」下無「家」字。

254 苛吏傜役　「傜」，天明本作「繇」。

255 男女遮迾　「迾」，天明本作「列」。

258 四也　天明本「也」上有「死」字。*

264 志但在營私家　「但」，天明本作「伹」。

265 稱賓容　「容」，天明本作「客」。

267 陛下擢臣岩穴　「擢」，天明本作「擢」。

277 注　所居盧　天明本「盧」上有「爲」字。

282 黎庶見怨　「見」，天明本作「恨」。

286 注　猶朝　天明本「朝」下有「也」字。

287 尚惡毀敗器物　「惡」，天明本作「恐」。

288 帝與侯將軍趙充國等議　天明本「帝」上有「宣」字。

293 急恨小故　「急」，天明本作「爭」。

295 矜民之衆　天明本「之」上有「人」字。

296 此非但人事　天明本「非」上有「五者」二字。

299 雖争田車師　天明本「田」上有「屯」字。

299 不足置意中　「置」，天明本作「致」。

301 食草菜之實　「菜」，天明本作「萊」。

302 難動以兵　「動以」，天明本互乙。

302 軍張之後　「張」，天明本作「旅」。

304 措有後憂　「措」，天明本作「猶」。

308 臣愚以爲此非小變　天明本「變」下有「也」字。

319 鬪相殺　天明本「鬪」上有「民」字。

327 時中書令石顯專擢　「擢」，天明本作「權」。

334 君是任賢必治　「君」，天明本作「若」。

338 亦上聞此君而非咲之　「上」，天明本作「嘗」，「咲」作「笑」。

339 然則任竪刀　「竪刀」，天明本作「豎刁」。

343 星辰乱行　「乱」，天明本作「逆」。

344 春彫秋榮　「彫」，天明本作「凋」。

347 陛下視今所任用者誰與　天明本「所」上有「爲治耶亂耶上曰亦極亂耳尚何道房曰」十六字。

347 然幸甚愈於彼　「甚」，天明本作「其」。

351 如知何故用之　天明本「何」上有「之」字。

355 建言宜誡以房爲郡守　「誡」，天明本作「試」。

357 房與帳博通謀　「帳」，天明本作「張」。

363 而爲文法吏所抵梐　「梐」，天明本作「挫」。

366 食不求餉　「餉」，天明本作「飽」。

367 注　宣帝外家之也　天明本無「之」字。

368 注　金安上張子殤也　此七字天明本作「金日磾張安世也」。

377 上書謝曰　天明本「上」上有「豐」字。
378 武不足以執耶　「耶」，天明本作「邪」。
380 偏書其罪　「偏」，天明本作「編」。
383 尚猶有刎頸之友　「友」，天明本作「交」。
385 忌國家之政　「忌」，天明本作「忘」。
385 上感於心　「心」，天明本作「天」。
389 誠君爲也　「君爲」天明本互乙。
390 唯陛下裁幸　「裁」，天明本作「裁」。
392 子胥忠而誅而於君　天明本無下「而」字。*
396 而爲衆耶所排　「耶」，天明本作「邪」。
397 令讒夫得逐　「逐」，天明本作「遂」。
400 趙婕妤爲皇后　「婕妤」，天明本作「倢伃」。
401 頌於卑賤之女　「頌」，天明本作「傾」。
408 上使侍御史收縛掖庭祕獄　天明本「掖」上有「輔繫」二字。
410 臣聞明王垂寬容之聽　「王」，天明本作「主」。
415 擢爲諫大夫　「擢」，天明本作「擢」。
420 小罪宜隱忍而恕有大惡　「恕」，天明本作「已如」二字。
427 見陛下進用輔豥而折傷害之暴　「豥」，天明本作「亟」。
431 哀帝擢爲尚書僕射　「擢」，天明本作「擢」。
436 今祖母從昆弟二人隻　「隻」，天明本作「已侯」二字。
438 今無故復封商　天明本「復」上有「欲」字。

438 懷亂制度　「懷」，天明本作「壞」。
441 和有爲天子乃反爲一臣專制邪　天明本「専」上有「所」字。
444 發疾頓癰　「頓」，天明本作「頸」。
444 尚書趙昌　天明本「趙」上有「令」字。
445 因奏與宗族通　天明本「與」上有「崇」字。*
449 注　故舉過謁誨　「謁誨」，天明本作「揚非」。
450 注　則刺上之試下　「試下」，天明本作「譏」。
451 注　則惡其奪已明也　天明本「明」上有「之」字。
451 注　則爲順從也　天明本「爲」上有「以」字。
451 注　上則已爲諂媚也　「已」，天明本作「以」。
451 注　下則以爲當同也　「當」，天明本作「雷」。
453 注　侍見獨知　「侍」，天明本作「特」。
453 注　則衆其蓋之　「其」，天明本作「共」。
454 注　則以爲附也隨　「也隨」天明本互乙。
456 注　不使於左不使於或令於前　天明本無下「不使於」三字，「令」作「合」。
457 注　次疑定公　「公」，天明本作「功」。
457 注　不審上下　「審」，天明本作「害」。
460 注　以萬不及之　天明本「及」上有「一」字。
460 注　求百不一過之時　「過」，天明本作「遇」。
471 微入守少府　「微」，天明本作「徵」。

474 春秋晉士凶帥師侵齊　「凶」，天明本作「匈」。*

476 前單于慕化向善　「向」，天明本作「鄉」。*

477 不幸爲賤臣所殺　「賤」，天明本作「賊」。

480 宜遣使者予問　「予」，天明本作「弔」。

486 之堪本以師傅見尊重　天明本「之」上有「望」字。

491 與車騎將軍高爲表裹　「裹」，天明本作「裡」。

491 論議持事　此四字天明本作「論議常持故事」五字。

493 故用官者　「官」，天明本作「宦」。

495 由是大與高恭顯逆　「逆」，天明本作「忤」。

495 恭顯令二人告望之　天明本「人」上有「鄭朋華龍」二字。

497 令上之　天明本「上」上有「朋龍」二字。

499 欲以專擅權勢　「勢」，天明本作「執」。

503 恭顯因史高言　「史」，天明本作「使」。

504 於是詔望之堪更生皆免爲庶人　天明本「望」上無「詔」字。

507 欲專摧擅朝　「摧」，天明本作「權」。

511 蕭大傅素剛　「大」，天明本作「太」。

514 馳圍其弟　「弟」，天明本作「第」。

515 仰天嘆曰　天明本「仰」上有「望之」二字，「嘆」作「歎」。

群書治要卷第二十一

後漢書一

6 進至邯戰　「戰」，天明本作「鄲」。*

7 都戰　天明本「都」下有「邯」字，「戰」作「鄲」。*

8 校文書　「校」，天明本作「收」。*

13 降者猶不安　天明本「不」下有「自」字。*

18 封功臣皆爲侯　天明本「爲」下有「列」字。*

42 初帝在兵間文　「文」，天明本作「久」。

43 自隴蜀儆平　天明本無「儆」字。

44 未嘗復言軍旟　「旟」，天明本作「旅」。

46 此非示所及也　「示」，天明本作「爾」。*

47 每且視朝日興乃罷　「興」，天明本作「晏」。

59 御惟先帝受命中興　「御」，天明本作「仰」。*

61 恠弘大道　「恠」，天明本作「恢」。

65 冬幸璧雍　「璧」，天明本作「辟」。

68 三老更五　「更五」天明本互乙。

76 而下胎民怨　「胎」，天明本作「貽」。*

79 於是在位　天明本「位」下有「者」字。*

81 人冤而不能理　天明本無「而」字。

88 伏臘無糠糟　「糠糟」天明本互乙。*

90 絶命此　「絶」，天明本作「終」，「此」上有「於」字。*

100 明帝善敀　「敀」，天明本作「刑」。*

104 帝第五子也　天明本「帝」上有「明」字。*

106 夙夜懍懍　「懍懍」，天明本作「慄慄」。*

112 不明直僞　「直」，天明本作「真」。

117 其令太傅三公中兩千石兩千石郡國守　天明本「守」下有「相」字。*

120 於是下太常將大夫博士議郎郎官及諸王諸儒會白虎觀　「王」，天明本作「生」。

124 遣吏降迎　「降」，天明本作「逢」。

143 何吏不加治民則失職　「何」，天明本作「而」。*

148 其定律無以十一十二月報囚　天明本「一」下有「月」字。*

151 騑馬可輟解之　天明本重「輟解」二字。*

152 羊牛勿踐履　「羊牛」天明本互乙。

162 嗚呼懋哉也　天明本無「也」字。

167 死者繼路　天明本「路」下有「時懔武長汝南唐羌縣接」十字。

185 滅國亡身　「滅」，天明本作「破」。*

193 唯皇后貴人　天明本重「貴人」二字。*

212 以爲皇后本紀云尒　天明本無「尒」字。
212 明德馬皇后諱　天明本無「諱」字。
215 尤善周官董仲舒書　天明本無「董仲舒書」四字。*
216 望見后袍衣踈廉　「廉」，天明本作「麤」。*
217 後曰　天明本「後」下有「辭」字。*
220 多有降宥　天明本「有」下有「所」字，「宥」下有「每於侍執之際輒言及此事」十一字。
225 吾不欲令帝親數後宮之家　「親數」天明本互乙。
227 太太后不聽　天明本不重「太」字。
227 明年复　「复」，天明本作「夏」。
240 馬如龍　天明本「如」下有「游」字。
241 倉頭衣綠褠　「倉」，天明本作「蒼」。
250 兩校校尉有大病　天明本不重「校」字。
263 穀價數數倍　天明本不重「數」字。
281 日夜愓厲　天明本「日」上有「吾」字。
287 帝深加愛焉　「加」，天明本作「嘉」。*
288 特令后母兄弟入視醫藥　「視」，天明本作「親」。
301 屯兵上林菀　「菀」，天明本作「苑」。
305 呼沱麥飯　天明本「沱」下有「河」字。
307 管仲謂桓公　天明本「公」下有「曰」字。
310 南陽人也　天明本「也」下有「拜廷尉」三字。
314 無遺蕭王北　天明本「北」下有「伐」字。
315 不忌小忌　下「忌」字，天明本作「怨」。
317 與俱謁河陽　天明本「與」下有「彭」字。
331 弱能强　天明本「能」下有「制」字。*
334 勞政多民　天明本「多」下有「亂」字。
340 苟无其時　「无」，天明本作「非」。
359 如蔡征虜者乎　「蔡」，天明本作「祭」。
361 封爲楊虛卿侯　天明本無「卿」字。
364 宥其少失　「少」，天明本作「小」。
373 如管隰之升桓世　天明本「升」上有「迭」字。*
376 亦有鬻繒盜狗輊猾之徒　「盜」，天明本作「屠」，「輊」作「輕」。
381 賢能蔽壅　「壅」，天明本作「雍」。
381 下多枹開之怨　「枹」，天明本作「抱」，「開」作「關」。
387 其傷以甚　「以」，天明本作「已」。*
388 撓情違廢禁典　天明本「情」下有「則」字。*
388 選德功不必厚　天明本「德」下有「則」字。*
390 即事相權　天明本「即」下有「以」字。
396 易啓溺之失　天明本「溺」上有「私」字。*
404 瑯邪太守祝阿侯陳俊　「邪」，天明本作「耶」。
412 太常靈壽侯敗　「侯」，天明本作「邳」，*「敗」作「肜」。
418 馬援字文泉　「泉」，天明本作「淵」。
419 十七季　「季」，天明本作「年」。
430 威武將軍劉向擊武陵五谿蠻夷　「向」，天明本作「尚」。

434 甘心明目　「明」，天明本作「瞑」。
438 則塗夷而而運遠　天明本不重「而」字。
446 前舒土言當先擊充　「土」，天明本作「上」。*
448 今壺頭意不得進　「意」，天明本作「竟」。*
452 初授在交阯　「授」，天明本作「援」。*
454 以勝鄣氣　「鄣」，天明本作「瘴」。
454 南方苡實大　天明本「方」下有「薏」字。*
458 馬武於陵侯　天明本重「侯」字。
459 授妻孥孥惶懼　「授」，天明本作「援」，無「孥」字。*
460 高葬而已　「高」，天明本作「稾」。*
461 莫敢予會　「予」，天明本作「弔」。
461 授兄子嚴　「授」，天明本作「援」。*
461 與授妻子　「授」，天明本作「援」。*
469 故章耶畏口而奔楚　「耶」，天明本作「邯」。
472 竊見故伏波將軍馬授　「授」，天明本作「援」。*
472 欽慕聖義聞間開險難　天明本無「聞」字，「開」作「闢」。
474 馳深泉入虎口　「泉」，天明本作「淵」。
476 授建宜之策　「授」，天明本作「援」。
477 卒破西洲　「洲」，天明本作「州」。
484 士多鄣氣　「鄣」，天明本作「瘴」。
485 尅平一洲聞復南討　「洲」，天明本作「州」，「聞」作「間」。*
486 立陷臨卿　「卿」，天明本作「鄉」。

491 國國土不傳　天明本不重「國」字。
501 罪以治功除　天明本無「治」字。
504 竊感率布哭彭越之義　「率」，天明本作「欒」。
507 時皇太子躬履節儉　「子」，天明本作「后」。
512 夫改政風　天明本「政」下有「移」字。
519 斥去花餝　「花」，天明本作「華」。
519 素所簡安　「所簡」天明本互乙。
520 發自聖性　「性」，天明本作「情」。*
520 下順民聖　「聖」，天明本作「望」。
528 遷蜜令　「蜜」，天明本作「密」。
530 民嘗有言部亭長受其米肉者　天明本「肉」下有「遺」字。
542 亭長素善吏民　天明本無「民」字。
545 何所措其手足乎　「措」，天明本作「厝」。*
551 末身自脩　「末」，天明本作「束」。
554 扶風人也　天明本「也」下有「太傅趙熹」四字。
554 舉直言　天明本「舉」下有「恭」字。
555 拜中牟令魯　天明本無「魯」字。
557 恭爲平理曲悳直　天明本無「悳」字。*
560 掾史泣涕共留之　「泣涕」天明本互乙。
562 恭貰不不問　天明本不重「不」字。
567 親瞿然起　天明本「然」下有「而」字。
570 久留徒擾賢耳　天明本「賢」下有「者」字。

群書治要卷第二十二

後漢書二

4 弘薦浦國桓譚　「浦」，天明本作「沛」。*

5 於是是名譚　天明本不重「是」字，「名」作「召」。*

8 追吏召之　「追」，天明本作「遣」。*

17 而令朝廷躬悦鄭聲　「躬」，天明本作「耽」。*

19 弘推進賢士世餘人　「世」，天明本作「三十」。*

20 弘嘗讌見　「嘗」，天明本作「當」。

21 圖畫烈女　「烈」，天明本作「列」。

23 唆謂弘曰　「唆」，天明本作「咲」。

28 因謂於曰　「於」，天明本作「弘」。

36 故忠可移於於君　天明本不重「於」字。

37 是以孟公卓優於趙魏老　「卓」，天明本作「綽」。*

39 治心近厚　「治」，天明本作「持」。

39 治心近薄　「治」，天明本作「持」。

40 在其所以以靡摩之故也　「以靡摩」三字，天明本作「磨」。

42 不可此純以閥閱　天明本「純」上無「此」字。

42 在於選二千石賢則貢舉　天明本重「二千石」三字。*

44 多以苛刻爲爲能　天明本不重「爲」字。

46 而苛吏奪其其時　天明本不重「其」字。

54 宜鑿齒夫捷之對　天明本「之」上有「急」字。*

57 諫議之職　天明本「諫」上有「又」字。*

57 用直之士　「用直」，天明本作「應用公直」四字。*

62 留聖心　天明本「留」上有「惟」字。*

65 今憲章輕　天明本「輕」下有「薄」字。*

65 故奸宄不勝　「宄」，天明本作「軌」。

66 夫人情挫辰　「辰」，天明本作「辱」。*

72 更立疏納　「納」，天明本作「網」。

74 設欺無限菓桃菜茹之饋　「設」，天明本作「詆」，*「菓」作「果」。

75 故國無廉上　「上」，天明本作「士」。*

80 政事得呋由字輔佐　「呋」，天明本作「失」，*「字」作「乎」，*重「輔佐」二字。

81 而治令世務　「令」，天明本作「合」。*

81 則論時失宜　「時失」，天明本互乙。

83 所謂賢者異者　天明本「所」上有「其」字。

86 周然後政調於時而躁人可定昔董仲舒　天明本無此十六字。

88 難行　天明本「難」上有「未更張」三字。*

89 而朝錯以智死　「朝」，天明本作「晁」。

93 一事殊法　天明本「一」上有「或」字。*

97 而獄無究監矣盡奏　「究」，天明本作「怨」，「監」作「濫」，「盡」作「畫」。

99 今諸巧惠小才伎數之人增益書　「惠」，天明本作「慧」，「書」上有「圖」字。

100 以欺戒貪耶　「戒」，天明本作「惑」。*

100—101 書矯稱讖記以欺惑貪耶詿誤人主　天明本無此十四字。

107 吾欲以讖決定　「定」，天明本作「之」。*

109 良久乃得解　天明本無「乃」字。

114 繕甲羔良士　「羔良」二字，天明本作「養」。

114 及世祖即位　天明本「位」下有「遣宗正劉延攻天井關與田邑連戰十餘合」十七字。

115 即爲上黨太守　天明本「爲」上有「拜」字。*

119 是以晏嬰臨嬰　下「嬰」字，天明本作「盟」。*

119 謝恩守城　「恩」，天明本作「息」，「城」作「郕」。

121 外無桃来之利　「来」，天明本作「萊」。

121 而被叛人之聲　「叛」，天明本作「畔」。

125 搯巾降于河内　「搯」，天明本作「幅」。

127 而衍獨見默　「默」，天明本作「黜」。*

129 今賣明主　「賣」，天明本作「遭」。*

133 在欲其罵人也　天明本「欲」上有「我」字。*

135 帝以衍爲爲曲陽令　天明本不重「爲」字。

135 鄰降五千餘人　天明本無「鄰」字。

136 達武六年　「達」，天明本作「建」。*

137 日蝕　「蝕」，天明本作「食」。

138 日曰　「日」，天明本作「四」。*

140 初衍爲狼孟長狼　上「狼」字，天明本作「浪」，無下「狼」字。

143 護慴之　「慴」，天明本作「等懼」二字。*

145 敬重衍遂与之交結　天明本重「衍」字。

147 故皆以法繩之　天明本無「皆」字。

148 其餘至貶默　「默」，天明本作「黜」。*

149 有詔敕郡閉門　天明本「郡」上有「不問歸故」四字。*

150 達武末　「達」，天明本作「建」。*

152 文明　天明本「明」上有「帝之」二字。*

155 此患臣之常所爲流涕也　天明本無「患」字。

157 董生之才　天明本「董」上有「乏」字。*

168 身無与馬之飾　「身」，天明本作「出」，「与」作「輿」。*

170 貧賤難而士也　「而士」，天明本作「爲工」。*

179 不宜晏逸豫　天明本「逸」上有「安」字。*

180 遂以頭軔乘与輪　「与」，天明本作「輿」。*

181 多帝自巽舉　「巽」，天明本作「選」。

183 乃捶撲牽电於前　「电」，天明本作「曳」。*

186 宣爲王莽所殺　天明本「宣」上有「父」字。*

188 太字簡諫擁護　「字簡」，天明本作「守苟」。

194 永幅巾與諸將及同心客百餘人詣河内　「永」，天明本作「但」。*

199 經更始坴墓　天明本「始」下無「坴」字。

199 從事止之　天明本「止」上有「諫」字。

202 推牛上苟諫冢　天明本「諫」上無「苟」字。

205 帝乃釋　天明本「乃」上有「意」字。

209 難以理乎　天明本「乎」上有「求」字。*

210 誠能釋利以道　天明本「道」上有「循」字。

212 帝嘗出獵　「嘗」，天明本作「常」。

212 拒閚不開　「閚」，天明本作「關」。*

213 帝令徙者見面於閒　天明本「閒」上有「門」字。*

213 火明遼迹　「迹」，天明本作「遠」。

214 明惲上上書諫曰　天明本「惲」上有「日」字，*不重「上」字。

215 逵獵山林　「逵」，天明本作「遠」。*

216 東未至之誠　天明本「未」上無「東」字。

217 誠小臣竊憂也　天明本「竊」上有「所」字。*

217 貶東中門侯爲參封　天明本「封」下有「尉」字。*

219 建武九手　「手」，天明本作「年」。

219 十一季　「季」，天明本作「年」。

226 於道次拜　天明本「拜」上有「迎」字。*

228 逸至郭外　「逸」，天明本作「送」。

228 問使君何目當還　「目」，天明本作「日」。*

229 先期一日　天明本「先」上有「既還」二字。*

231 焚宏字靡卿　「焚」，天明本作「樊」。

231 世祖之舅　天明本「舅」下有「也」字。*

233 吾非不善榮勢也　「善」，天明本作「喜」。

238 以征伐軍增封　天明本「增」上有「功」字。*

238 將師有功者衆　「師」，天明本作「帥」。

239 仍如爵邑　「如」，天明本作「加」。

241 帝後召興欲封之　天明本「召」上無「後」字。

244 臣蒙陛下貴人恩深至厚　「深」，天明本作「澤」。

246 貴人讀書記耶　天明本「讀」上有「不」字。*

248 人當知之　「之」，天明本作「足」。*

248 夸大者益爲觀聽所譏　「大者」二字，天明本作「奢」。*

252 誠戲虧損聖德　「戲虧」二字，天明本作「虧」。

252 感慟左右　「慟」，天明本作「動」。

253 朱將字叔元　「將」，天明本作「浮」。

253 浦國人也　「浦」，天明本作「沛」。*

257 建武六六年有蝕　天明本不重「六」字，「蝕」上有「日」字。*

259 皆爲陽爲上爲長　天明本「上」下有「爲尊」二字。*

263 豈不察然白黑分明哉　「察」，天明本作「粲」，「白黑」互乙。

273 迫於舉　天明本「舉」下有「劾」字。

280 自是牧守代易頗簡　「代易」天明本互乙。

282 遺極史案驗　天明本「遺」上有「三公」二字，「極」作「掾」。*

282 然後默退　「默」，天明本作「黜」。

284 階下清明履約　「階」，天明本作「陛」。

285 皆繩墨　天明本「繩」上有「奉」字。*

286 斯固法合整齊　「合」，天明本作「令」。

290 便加免退　「免退」天明本互乙。

293 決於百石之更　「更」，天明本作「吏」。*

294 容長增愛　「增」，天明本作「憎」。

302 孔父曰　「父」，天明本作「子」。

302 百官總　天明本「總」下有「已」字。*

304 及亡親新王莽　天明本「新」上無「親」字。

306 至乃倍僕告其君長　「倍」，天明本作「陪」。

307 納密法峻　「納」，天明本作「罔」。

310 周公吐之恭　天明本「之」上有「握」字。*

315 以經明入太子　「經明」天明本互乙，「太」上有「授」字。*

319 皆言太子舅令執金吾陰識可　天明本「執」上無「令」字。

319 今階下立太子　「階」，天明本作「陛」。

323 即拜爲太子大傅　天明本「爲」上有「佚」字。*

323 賜以轒車乘馬　「轒」，天明本作「輜」。*

326 與語至多　「多」，天明本作「夕」。*

326 聞卿爲吏勞婦公　「勞」，天明本作「蒡」。*

327 臣娶妻　天明本「娶」上有「三」字。*

329 拜會稽太字　「字」，天明本作「守」。

330 常以牛祭神　天明本「常」上有「人」字。*

330 以之困遺　「遺」，天明本作「匱」。

330 其自食牛肉　天明本「自」上有「有」字。*

333 其巫祝有託鬼神　天明本「託」上有「依」字。*

333 詐惑愚民　「惑」，天明本作「怖」。*

334 民初頗恐懼　天明本「恐」上無「頗」字。

335 倫案之愈焉　「焉」，天明本作「急」。*

337 倫上跡曰　「跡」，天明本作「疏」。

338 繩以法則傷思　「思」，天明本作「恩」。*

338 私親違憲　「親」，天明本作「以親則」三字。*

343 躬天然德　天明本「德」上有「之」字。*

344 出入四季　「季」，天明本作「年」。

344 斯由明聖所鑒　「由」，天明本作「皆」。*

345 而政焉不解　「焉」，天明本作「急」。

346 羣下所及然詔書每下寬和而政焉不解　天明本無此十

六字。

347 **務在節儉** 「在」，天明本作「存」。*

349 **逐成風化** 「逐」，天明本作「遂」。

349 **郡國所所舉** 天明本不重「所」字。

351 **陳留令劉領** 「領」，天明本作「豫」。

351 **臨旦宰邑** 「旦」，天明本作「民」。*

352 **專念掠** 天明本「掠」下有「殺」字。*

353 **殺務爲嚴苦吏民愁恐莫不疾之而今之** 天明本無此十六字。

355 **非徙徙應坐預協** 天明本不重「徙」字，「預」作「豫」。

355 **亦當譴舉者** 天明本「譴」上有「宜」字。*

360 **雖令不徙** 「徙」，天明本作「行」。*

365 **倫以盡節** 「以」，天明本作「奉公」二字。

365 **公有私** 天明本「私」下有「乎」字。*

366 **若人有與吾千里馬者** 「若」，天明本作「昔」。*

371 **時交趾守作贓千金** 天明本「守」上有「太」字，「贓」作「臧」。*

371 **徵伏法資物詔賜羣臣** 天明本「伏」上有「還」字，「資」上有「以」字，「詔」上有「薄入大司農」五字，「賜」上有「班」字。*

374 **此贓穢之寶** 「贓」，天明本作「臧」。*

376 **轉爲尚僕射** 天明本「轉」上有「意」字，「僕」上有「書」字。*

376 **意當車** 天明本「當」上有「常」字。

377 **陳諫盤樂遊田之事** 「盤」，天明本作「般」。

378 **意詣詣闕免冠上疏** 天明本不重「詣」字，「疏」下有「曰」字。*

381 **克責而比日密雲遂無大潤豈政有未得** 天明本無此十六字。

389 **時詔賜降朝胡綀** 「朝胡」，天明本作「胡子」。

390 **尚書事** 天明本「事」上有「案」字。*

390 **召郎將苔之** 「苔」，天明本作「笞」。*

393 **臣當先坐先坐** 天明本不重「先坐」二字。

393 **帝竟解** 「竟」，天明本作「意」。*

394 **使復冠而貫郎** 「貫」，天明本作「貰」。*

394 **好以耳目隱察爲明** 「察」，天明本作「發」。

395 **數被讚毀** 「讚」，天明本作「詆」。

395 **近尚書以下** 天明本「尚」上有「臣」字。*

395 **至見提曳當以事怒郎藥崧** 「曳當」，天明本作「拽常」。

396 **崧走入林下** 「林」，天明本作「牀」。

400 **遝詔書** 「遝」，天明本作「還」。*

400 **知其誠然** 天明本「知」上有「雖不能用然」五字，「誠然」作「至誠」。

402 **鍾離尚書若** 天明本「若」下有「在」字。*

404—405 賜鐵廿萬　「鐵」，天明本作「錢」。*

405 宗均字叔庠　「宗」，天明本作「宋」。*

407 夫虎狗在山　「狗」，天明本作「豹」。*

407 鼃黽龜在水　「鼃黽龜」，天明本作「黿鼉」二字。*

409 令爲人患　「令」，天明本作「今」。*

409 而勞勤張捕非憂卹之本也　「勤」，天明本作「懃」，「憂」作「憂」。*

410 思進患善　「患」，天明本作「忠」。

411 中元元季　「季」，天明本作「年」。

413 縣有唐后二山　天明本「縣」上有「浚猶」二字。

414—415 而不敢嫁聚　天明本「而」上有「既」字，「聚」作「娶」。*

416 於是遂絁　「絁」，天明本作「絶」。*

422 寒朗魯國人也　天明本「魯」上有「字伯奇」三字。

423 辭連及遂鄉侯耿建　「遂」，天明本作「隧」。*

424 濩澤侯　「濩」，天明本作「護」。

424 曲成侯劉達　「達」，天明本作「建」。*

427 誠以建等物色　「誠」，天明本作「試」。

427 獨忠平　天明本「忠」上有「問」字。*

428 朗心傷其冤誠以建等物色獨忠乎而二人　天明本無此十七字。

429 錯愕不能對　「愕」，天明本作「忤」。*

432 莫以自明也　「莫」，天明本作「冀」，*「明」下無「也」字。

434 然恐海別内別有發其奸者　天明本「内」上無「別」字。

440 又公卿胡會　「胡」，天明本作「朝」。

443 不知其多究冤　天明本「冤」上無「究」字。

447 齊侯省利　「利」，天明本作「刑」。*

453 詔不敢　「敢」，天明本作「聽」。*

453 後數數陳乞辞　天明本不重「數」字。

454 而不敢上將軍　「敢」，天明本作「聽」。*

454 上將軍印綬　「綬」，天明本作「綬」。*

457 諸國中傳曰　天明本「諸」上有「告」字。*

457 解别之後　「解」，天明本作「辭」。*

462 建初九年　「九」，天明本作「元」。*

462 苍上便宜　天明本「宜」下有「後帝欲爲原陵顯節陵起縣邑蒼聞之遽上疏諫」十九字。

462 自朝遲遲每有疑政　天明本「朝」上有「是」字，*「遲遲」二字作「廷」。

467 餘悉分布諸王　天明本「王」下有「主」字。

467 特賜及琅耶王京書曰　天明本「及」上有「蒼」字。

470 其人王　「王」，天明本作「亡」。*

471 今送光烈皇后假髮帛布各一　「髮」，天明本作「髻」。*

474 願王保精神　「保」，天明本作「寶」。

474 聖之如渴　「聖」，天明本作「望」。

475 **冬請朝** 天明本「朝」下有「明年正月」四字。
476 **有司復奏蒼** 「蒼」，天明本作「遣」。*
481 **後帝東巡將** 「將」，天明本作「守」。
481 **追感蒼念** 「蒼念」天明本互乙。
482 **其處存** 「存」，天明本作「在」。
483 **親拜祠前** 「前」，天明本作「坐」。*
486 **是時聲貴** 「聲」，天明本作「穀」。*
488 **一取布鼻帛爲租** 天明本「帛」上無「鼻」字。
488 **以通天下之困又監食之急者** 「困」，天明本作「用」，「監」作「鹽」。*
489 **不須** 天明本「不」下有「得不」二字。*
490 **武帝時所謂均輪者也** 「輪」，天明本作「輸」。*
495 **帝本以林等言爲然** 「本」，天明本作「卒」。
497 **不肯復暑議** 「暑」，天明本作「署」。
499 **若心不可** 天明本「不」上有「知」字。*
502 **乃共礿奏暉** 「礿」，天明本作「劾」。
503 **遠安字邵公** 「遠」，天明本作「袁」。*
505 **未嘗不意嗚流涕** 「意」，天明本作「噫」。
507 **朝廷病惜焉** 「病」，天明本作「痛」。
508 **追思前議者耶正之節** 「耶」，天明本作「邪」。
511 **有兄弟共殺人** 天明本「人」下有「者」字。*
515 **法今有故有誤** 天明本「今」作「令」，*「誤」上無「有」字。

518 **且王法天刑** 「且」，天明本作「君」。
520 **陳寵字照公** 「照」，天明本作「昭」。*
520 **帝初** 天明本「帝」上有「章」字。*
524 **而有司報事** 「報」，天明本作「執」。*
524 **猶尚浄別** 「浄別」，天明本作「深刻」。*
525 **酷烈之病** 「病」，天明本作「痛」。*
528 **而美鄭僑之仁政** 「僑」，天明本作「喬」。
529 **格于上下** 「格」，天明本作「假」。
533 **除文致請讞五十餘事** 天明本「請」上有「之」字。
535 **安帝初始親朝事** 天明本「始」上無「初」字。
539 **忠臣盡謇愕之節** 「愕」，天明本作「諤」。
541 **孝文嘉爰盎人遂之譏** 「遂」，天明本作「豕」。*
542 **元帝容薛廣德自別之切** 「別」，天明本作「刎」。*
543 **郭爲大** 「郭」，天明本作「孰」。*
546 **引咎克** 天明本「克」下有「躬」字。*
547 **言事者見松根** 「松」，天明本作「杜」。
549 **如其管究** 「究」，天明本作「穴」。*
550 **以宋聖朝無諱之義** 「宋」，天明本作「示」，*無「義」字。
554 **聲槃貴** 「聲槃」二字，天明本作「穀」字。
555 **徙者數萬** 「數萬」天明本互乙。
556 **臣聞脩善善及子孫** 天明本「聞」下無「脩」字。
556 **行惡惡止其身** 天明本「惡惡」上無「行」字。

561 今以比年之旱牛疫未息　「之」，天明本作「久」，*「牛」作「災」。

562 佐代之隆　「佐」，天明本作「三」。

563 應應暴急　天明本不重「應」字。

565 如以北征匈奴　「如」，天明本作「加」。

566 車師伐己　「伐」，天明本作「戊」。*

567 怨結邊城　「城」，天明本作「域」。

568 愁困之民　天明本「愁」上有「南方暑溼障毒互生」八字。

570 以濟元元　天明本「元元」下有「孝元棄珠崖之郡光武」九字。

572 非李意也常從從之　「李」，天明本作「天」，「常從從」作「帝從」二字。

575 會茂才孝廉　天明本「廉」下有「參以被奏稱疾不得會」九字。

576 上計極廣陵殿　「極廣陵殿」，天明本作「掾廣漢叚」。

578 孤立羣耶之間　「耶」，天明本作「邪」。*

579 臣猶冀陛下之世　天明本「陛」上有「在」字。*

582 魯人喜其綿難　「綿」，天明本作「紓」。*

586 雀駰字亭伯　「雀」，天明本作「崔」。*

586 涿郡案乎人也　天明本「人」上無「案乎」二字。

591 豈可不庶幾夙夜以永衆譽　「衆」，天明本作「終」。

597 位有餘而不足也　天明本「不」上有「仁」字。*

597 公家廿　天明本「公」作「外」。

598 書目鑒干　「鑒」，天明本作「鑑」。

598 不慎哉　天明本「不」上有「可」字。*

599 道家所哉　天明本「家」下有「之」字。

602 慶浩无穷　「浩」，天明本作「流」。*

606 察高第士　天明本「高」上有「駟」字，「士」作「出」。*

群書治要卷第二十三

後漢書三

5 謂見　「謂」，天明本作「謁」。*

14 聖女伯榮　天明本「女」上有「子」字。

15 治以去穢爲務　「治」，天明本作「理」。

20 雖有推乾居濕還之勤　「乾」，天明本作「燥」。*

23 書誡雞雄鳴　「雄」，天明本作「牡」。*

26 令恩德雨隆　「雨」，天明本作「兩」。

26 惟陛下絶嫁孌之私　「嫁」，天明本作「婉」。

30 勞止不怨攷於下　天明本無「攷」字。

32 内皆懷忿恚　天明本「内」下有「倖」字。*

33 與故朝陽侯劉從兄環交通　天明本「劉」下有「護再」二字。*

43 陛下宜覽既往　天明本「覽」下有「鏡」字。

48 不能自瞻　「瞻」，天明本作「贍」。

48 重以　天明本「以」下有「螟蝗」二字。

49 大司農帑藏遺　「遺」，天明本作「匱」。

50 殆非社稷安寧𡧍時　「𡧍」，天明本作「之」。*

51 爲阿母興起津城門内弟舍　「弟」，天明本作「第」。

51 兩爲一　天明本「兩」上有「合」字。*

52 窮極技巧　「技巧」天明本互乙。

55 招來海内貪汙之　天明本「之」下有「人」字。*

56 至有贓棄世之徒　天明本「贓」下有「錮」字。*

57 白黑溷渚　「渚」，天明本作「淆」。*

58 之所取　天明本「之」上有「上」字。*

58 力盡則剌　「剌」，天明本作「叛」。*

58 怨剌之民　「剌」，天明本作「叛」。*

61 各起家舍池盧觀閣役費无數　天明本「舍」下有「園」字，「盧」作「廬」，*無「閣」字，「役」作「侈」。*

64 但以其大儒　「但」，天明本作「俱」。

64 尋有喝河間南又趙騰　「又」，天明本作「子」。*

72 會東尋岱　天明本「岱」下有「宗」字。*

72 樊豐等因乘與有外　「有」，天明本作「在」。

73 競治弟宅　「弟」，天明本作「第」。

73 召震大匠史令考挍之　天明本無「召」字，「震」下有「部掾高舒召」五字，*「史令」互乙，*「挍」作「校」。

74 具奏洹行還上之　「洹」，天明本作「湏」。*

74 豐等聞惶　天明本「惶」下有「怖」字。*

75 深用怨懃懟　天明本無「懃」字。

77 震於是柴門絶賓　天明本「賓」下有「客」字。*
78 乃請大將軍取寶　「取」，天明本作「耿」。
79 震行至城西凡陽亭　「凡」，天明本作「夕」。
80 死者人之常分　天明本「者」下有「士」字。*
81 惡避隙　「避」，天明本作「嬖」，*「隙」作「女」。*
82 亂而不能槃　「槃」，天明本作「禁」。*
84 震中子秉字殊節　「殊」，天明本作「叔」。*
85 延喜五年　「喜」，天明本作「熹」。
86 累有贓罪　「贓」，天明本作「臧」。
86 暴虛　「虛」，天明本作「虐一州」三字。*
87 康劾奏參　「康」，天明本作「秉」。*
89 每朝廷有失得　「失得」天明本互乙。
92 和元年　天明本「和」上有「光」字。*
92 有蜺　天明本「有」下有「虹」字。*
96 乞還女瑝　「瑝」，天明本作「壻」。*
97 固其也　天明本「其」下有「宜」字。*
101 則監其德　「監」，天明本作「鑑」，金澤本校改作「覽」。*
101 耶僻昏亂　「耶僻」，天明本作「邪辟」。
102 應爲蜺　天明本「爲」下有「虹」字。*
102 皆妖耶所生　「耶」，天明本作「邪」。*
105 所謂孰矣　「所」，天明本作「可」，*「孰」作「熟」。
106 今妾媵避人闔　「媵」，天明本作「媵」，「避」作「嬖」，「闔」作「閹」。*
107—108 以虫篆校枝　「枝」，天明本作「技」，金澤本校改作「伎」。*
108 如護兜共工　「護」，天明本作「讙」。*
109 群儉梁鵠　「群」，天明本作「郄」。*
110 以便僻之性　「僻」，天明本作「辟」。
111 蹈絶谷之行　天明本「蹈」上有「身」字。*
112 不見遠及　「遠」，天明本作「逮」。*
112 倒易屨　「屨」，天明本作「履」。*
113 順無知之私歎　「歎」，天明本作「欲」。*
114 意虺之誡　天明本無「意」字，*「虺」下有「蜴」字，*「誡」下有「殆」字。*
119 冀上天還威雋　「雋」，天明本作「衆」。*
119 耆過受師傅之任　「耆」，天明本作「老臣」二字。*
120 數蒙寵異之恩　「寵」，天明本作「龍」。
121 豈敢愛惜垂殁之年　「殁」，天明本作「没」。
121 而不盡其慺慺心哉　天明本「心」上有「之」字。*
127 易脩易見　「脩」，天明本作「循」。
136 大將軍　天明本「君」下有「冀」字。*
137 居衡之任　天明本「居」下有「阿」字。*
137 不能敬敷五教　天明本「教」上有「揚」字。
139 縱恣无厭　「厭」，天明本作「底」。

141 斯皆臣子所以切遨　「遨」，天明本作「齒」。*

142 内寵方威　「威」，天明本作「盛」。*

145—146 以欲以事之中　「之中」天明本互乙。*

156 背正從耶　「耶」，天明本作「邪」。

156 非真也　「真」，天明本作「直」。*

159 若魚遊斧中　「遊」，天明本作「游」。

159 遂復聚相偷生　「聚相」天明本互乙。*

160 喘息湏史間耳　「湏史」，天明本作「須臾」。*

160 乃嬰等更生之辰也　「辰」，天明本作「晨」。

161 不免帑戮　「帑」，天明本作「孥」。

162 綱日約之以天地　天明本無「日」字。

169 百姓老約相携詣府　「約」，天明本作「幼」。*

169 起哀者不可勝數　「起」，天明本作「赴」。

170 皆言千秋萬世　「世」，天明本作「歲」。

171 送到楗爲　「楗」，天明本作「犍」。

173 神mouth子字景伯　「神」，天明本作「种」。

173 擢暠　天明本「擢」上有「順帝」二字。

177 今常侍來無詔侍　下「侍」字，天明本作「信」。

177 何知非奸耶　天明本「何」下有「以」字，「耶」作「邪」。

178 馳令奏之　「令」，天明本作「命」。

180 出爲盖州刺史　「盖」，天明本作「益」。*

184 天地无以人　「无」，天明本作「非」，無「以」字。*

185 是故帝非民不足　「足」，天明本作「立」。*

185 夫天之與常　「常」，天明本作「帝」。

188 震蝕不即損於聖體　「蝕」，天明本作「食」。

194 不悟　天明本「不」上有「陛下」二字。*

196 盖典朕虞之意哉　「盖」，天明本作「益」。*

197 吞食天下　「吞」，天明本作「蠶」。

198 高門獲雨觀之辜　「雨」，天明本作「東」。*

198 豐室羅妖剢之罪　「剢」，天明本作「叛」。*

203 成敗同勢　「勢」，天明本作「執」。

203—204 願陛下迸覽强奏之傾　「迸」，天明本作「遠」，*「强」作「彊」，「奏」作「秦」。

209 後遭章之寇　天明本「章」上有「邊」字。*

212 人有百走退死　天明本「死」下有「之心」二字。*

212 西寇侵前　「寇」，天明本作「羌」。

216 國危臣先亡也　天明本「危」下有「則」字。*

218 詔書亦以威恩　「亦」，天明本作「示」。*

219 自此來　天明本「此」下有「以」字。*

219 今者四方静　天明本「方」下有「安」字。*

225 而中帝侍單超等五人　「帝」，天明本作「常」。

226 又立掖庭女氏爲皇后　天明本「女」上有「人」字，*「氏」上有「亳」字。*

229 德配川靈　「川」，天明本作「坤」。

235 **帝者也** 天明本「也」上有「諦」字。*
236 **得奏震怒** 天明本「得」上有「帝」字。*
237 **下司** 天明本「下」下有「有」字。*
237 **使中常侍管霜** 「霜」，天明本作「霸」。*
239 **傷雲以忠諫權罪** 「權」，天明本作「獲」。*
239 **遂下廷尉** 天明本「下」上有「并」字。*
242 **臣恐割心之譏** 「割」，天明本作「剖」。
245 **詔切責蕃** 天明本「蕃」下有「秉」字。*
248 **驕臣之事** 天明本「臣」下有「虐政」二字。*
249—250 **陛下且以須臾之盧** 天明本「陛」上有「誠願」二字，「盧」作「慮」。*
250 **民何爲咨㫒爲動變邪** 天明本「咨」下有「嗟天」二字。
252 **比肩裂世** 「世」，天明本作「土」。*
254 **一隻九安** 「隻」，天明本作「娶」，*「安」作「女」。*
254 **姪娣有序** 「姪娣」天明本互乙。
254 **今女嬖金色** 「今」，天明本作「令」。
255 **食空宮室** 天明本無「室」字。
255 **勞精神** 天明本「勞」下有「散」字。*
257 **則水旱爲并** 「并」，天明本作「災」。
257 **又常侍門** 天明本「門」上有「黄」字。*
258 **亦塵妻妾** 「塵」，天明本作「廣」，「妾」作「娶」。*
260 **緣空生此謗也** 天明本「緣」上有「然無」二字。*
261 **尚有城崩竇之異** 天明本「竇」上有「霜」字。*
262 **今弟舍增多** 「弟」，天明本作「第」。
263 **民无罪而覆** 天明本「覆」下有「入之」二字。*
264 **輙兵** 天明本「輙」上有「官」字，「兵」上有「興」字。*
264—265 **討誅其罪** 「討誅」，天明本互乙。
266 **若父兄相殘身** 天明本「相」下有「伐」字。
266 **窮之彼** 天明本「之」下有「如」字。*
266 **伐如此** 天明本「伐」下有「之」字。*
267 **神器之穿** 「穿」，天明本作「寶」。*
268 **私幸官者之舍** 「官者」，天明本作「宦官」。
268 **賓客市昌** 「昌」，天明本作「買」。*
272 **治致和平** 天明本「治」上有「則」字。*
272 **德感祥風失** 「失」，天明本作「矣」。*
272 **拜爲議** 天明本「議」下有「郎」字。*
274 **特用擁勢** 「擁」，天明本作「權」，*「勢」作「執」。
274 **每請託爰取** 「爰」，天明本作「受」。*
275 **詡輙之** 天明本「之」上有「案」字。
275 **而屢寢不能** 「能」，天明本作「報」。*
276 **任用豐** 天明本「用」下有「樊」字。*
276 **遂交亂嬌緣** 「嬌緣」，天明本作「嫡統」。*
279 **詡坐論左校** 天明本「論」下有「輸」字。*
279 **防必欲之** 天明本「之」上有「害」字。*

279 百中　「百」，天明本作「二日之」三字。

281 乃相卒奏曰　「卒」，天明本作「率」。*

281 常疾臣　天明本「臣」上有「奸」字。*

282 何以非先帝　天明本「帝」下有「乎」字。*

283 司隸校尉詡　天明本「尉」下有「虞」字。*

283 而更被拘槷　「槷」，天明本作「縶」。*

283 常侍防　天明本「防」上有「張」字。*

283 贓罪明正　「贓」，天明本作「臧」。

284 今星守羽林　天明本「今」下有「客」字。*

284 其占宮有奸臣　天明本「宮」下有「中」字。*

285 以天變　天明本「以」下有「塞」字。*

285 先是陽主簿闞　天明本「陽」上有「寧」字，「闞」上有「詣」字。*

288 陛下爲臣文　「文」，天明本作「父」。*

288 終見省　天明本「終」下有「不」字。*

288—289 臣可北詣單于以若死乎　天明本「臣」下有「豈」字，「若死」作「告怨」。*

289 遂刻劾以大逆　天明本「遂」上有「尚書」二字，*無「刻」字。

291 不多誅　天明本「不」下有「足」字。

291 帝納詶言　「詶」，天明本作「詡」。

292 詶好刺舉　「詶」，天明本作「詡」。

294 傅燓字南客　「客」，天明本作「容」。

299 黃巾衍六州　「衍」，天明本作「亂於」二字。

299 而禍延四海者　「者」，天明本作「也」。

300 始到頻川　「頻」，天明本作「潁」。

302 故閹豎檀權　「檀」，天明本作「擅」。

307 市虎咸於三夫　「咸」，天明本作「成」。

307—308 忠臣將復有杜郵戮之失　「戮之」天明本互乙，「失」作「矣」。*

308 陛下宜思舜四罪之舉　天明本「思」下有「虞」字。*

309 姦凶自去失　「失」，天明本作「矣」。*

311 國之禍也　「禍」，天明本作「福」。*

312 書　天明本「書」下有「奏」字。*

312 燓巧功多當封　天明本無「巧」字。

314 執金吾舉等謂忠曰　天明本「吾」下有「甄」字。*

316 今將軍親當重任　天明本無「親」字。

316 故天下夫望　「夫」，天明本作「失」。*

318 南容少答我常　天明本「常」下有「侍」字。*

319 忠愈懷　天明本「懷」下有「恨」字。*

321 燓猶因守　「因」，天明本作「固」。*

322 皆風懷燓思　「風」，天明本作「夙」，*「思」作「恩」。

323 求燓歸鄉里　天明本「求」下有「送」字。

324 今天下已剌　「剌」，天明本作「叛」。*

327 伯夷食周粟死　天明本「食」上有「不」字，*「死」上有「而」字。*

327 吾德亦豈絶伯　天明本「伯」下有「夷」字。*

328 世亂不能養晧然之志　「晧」，天明本作「浩」。

328 欲避其難守　「守」，天明本作「乎」。*

329 臨陳戰柼　「柼」，天明本作「殁」。*

331 倚恃權勢　「勢」，天明本作「執」。

332 源州刺史梁鵠　「源」，天明本作「涼」，「刺」作「刺」。

334 鷙而烹之　「烹」，天明本作「享」。

336 不爲蘇正和也　天明本無「也」字。

338 而蹇碩等心憚之　「蹇」，天明本作「騫」。

342 案得其贓　「贓」，天明本作「臧」。

345 爲嘗藥監　「嘗」，天明本作「尚」。

349 伊尹霍光　天明本「伊」上有「曰昔」二字。*

350 弔者在　天明本「在」下有「廬」字。*

353 勳雖强真不屈　「强」，天明本作「彊」，「真」作「直」。*

354 遺令勿爰卓賻贈　「爰」，天明本作「受」。*

355 霝帝時信任閹豎　「霝」，天明本作「靈」。*

356 各陳政要　天明本「要」下有「邕上封事」四字。*

357 辟舉孝廉　「辟」，天明本作「郡」。*

358 於是名臣出輩　「出輩」天明本互乙。

365 臣每受詔於感化門　「感」，天明本作「盛」。*

369 武之道　天明本「武」上有「文」字。*

371 比灾變乎生　「乎」，天明本作「互」。*

372 朝廷燋心　「燋」，天明本作「焦」。

372 每訪群二　「二」，天明本作「公」。*

375 皆已國之恠也　「已」，天明本作「亡」。*

376 故出祅變　天明本「故」下有「屢」字。*

377 灾眚之發　天明本「灾」上有「今」字。*

378 蜺墮雞化　「雞」，天明本作「鷄」。

378 皆婦人干政之致也　天明本「之」下有「所」字。

379 前乳子母趙嬈　天明本「前」下有「者」字，無「子」字。*

379 生則貲藏侔於　天明本「於」下有「天府死」三字。*

382 今者道路紛紜　「紜」，天明本作「紛」。

383 宜高提坊　天明本「高」下有「爲」字，*「提坊」作「堤防」。

385 光禄勳瑋璋　「瑋」，天明本作「偉」。*

385—386 長騎校蓋升　「長」，天明本作「屯」，「校」下有「尉」字。*

387 伏見廷尉郭禧　「禧」，天明本作「禧」。*

390 秀任責成　「秀」，天明本作「委」。*

390 不聽納校吏　天明本「聽」上有「宜」字。*

391 雕禄大臣也　「禄」，天明本作「琢」。*

391 意都簾賦之文　「意」，天明本作「鴻」，「簾」作「篇」。*

392 可消息　天明本「可」下有「且」字。*

392 畏天之兕　「兕」，天明本作「怒」。*

393 文戒誡不可戲也　「文」，天明本作「天」。*

394 無便盡忠之吏　「便」，天明本作「使」。*

394 爰怨姧仇　「爰」，天明本作「受」。

395 竟奏　「竟」，天明本作「章」。*

396—397 其爲色所裁默者　「色」，天明本作「邕」，*「默」作「黜」。

397 初與司徒鄧郃　天明本「初」下有「邕」字，「鄧」作「劉」。*

398 而叔文衛尉質　「文」，天明本作「父」。*

398 又與將作大將楊珠有隟　「楊珠」，天明本作「陽球」。*

399 珠即中帝侍程璜女夫也　「珠」，天明本作「球」，「帝」作「常」。*

400 色質數以事請託於郃　「色」，天明本作「邕」，*「以」下有「私」字。*

400 色含隱切　「色」，天明本作「邕」。*

401 於是下色質與洛陽獄　「色」，天明本作「邕」。*

402 議害大　天明本「大」下有「臣」字。*

402 中常侍吕强　「强」，天明本作「彊」。

403 愍色無罪請之　「色」，天明本作「邕」。*

403 有詔滅減死一等　天明本無「滅」字。

405 南陽人也　「陽」，天明本作「郡」。

407 尚書僕射虞詡　「詡」，天明本作「詡」。

408 臣見方今公卿下　天明本「下」上有「以」字。

411 以爲警戒　「警」，天明本作「敬」。

411 實有王臣謇謇之節　「謇謇」，天明本作「蹇蹇」。

412 宜擢在喉后只官　「后」，天明本作「舌」。*

414 寧民務　天明本「民」下有「之」字。

415 然至於景　天明本「景」上有「文」字。*

419 以璽書勉厲　「厲」，天明本作「勵」。

421 俗侵彫敝　「侵」，天明本作「浸」。

421 巧僞僞滋萌　天明本不重「僞」字。

422 典城俗百里　天明本無「俗」字。*

429 州宰不覆　「覆」，天明本作「覈」。

433 灾青不消　「青」，天明本作「眚」。

433 臣愚以爲卿部親民之吏　「卿」，天明本作「鄉」。

437 賦斂之言息　「言」，天明本作「源」。

437 率土民　天明本「土」下有「之」字。

439 而官豎檀權　「官」，天明本作「宦」，「檀」作「擅」。

440 臣聞人君莫不好忠正惡讒諛　天明本「正」下有「而」字。

442 人情所甚惡　天明本「情」下有「之」字。

445 爲尚書五　天明本無「五」字。*

446 五穀傷灾　「傷灾」天明本互乙。

449 變文帝世祖之法　天明本「法」下有「而」字。

456 曝露風塵　「曝」，天明本作「暴」。

457 昔齊有天旱 「天」，天明本作「大」。
457 子諫曰 天明本「子」上有「晏」字。
465 詔又特問當世之弊 「弊」，天明本作「敝」。
469 今之今之進者 天明本不重「今之」二字。
475 改亂嫡嗣 「嫡」，天明本作「適」。
484 梁氏敊 「敊」，天明本作「戚」。
491 即時出阿母還弟舍 「弟」，天明本作「第」。
494 年長有隱 「隱」，天明本作「德」。
495 冀忌帝聰 「聰」，天明本作「聰惠」二字，金澤本校改作「聰慧」二字。*
497 推舉侍毉 「毉」，天明本作「醫」。
497 固議立嗣 「固」，天明本作「因」。*
500—501 先是蠡吾侯志當娶妹時在京師 「當娶」，天明本作「取冀」，無「時在京師」四字。*
501 慎慎不得意 「慎慎」，天明本作「憤憤」。
503 將軍累世椒房之親 天明本「世」下有「有」字。*
503 康攝冀機 「康」，天明本作「秉」，「冀」作「萬」。*
505 則將軍爰禍不久失 「爰」，天明本作「受」，「失」作「矣」。*
505 不知立吾侯 「知」，天明本作「如」，「立」下有「蠡」字。*
506 冀氣凶凶 天明本「冀」下有「意」字。*
507 而言切 天明本「言」下有「辭激」二字。*

507 莫不慴之 天明本「之」上有「憚」字。*
509 堅守本𣏾 「𣏾」，天明本作「議」。*
509 冀冀愈激怒 天明本不重「冀」字。*
510 乃説太后先榮免園 「榮」，天明本作「策」，*「園」作「固」。*
510 竟立吾侯 天明本「吾」下有「蠡」字。*
511 是爲桓帝 天明本「帝」下有「後歲餘甘陵劉文」七字。*
512 共爲訞言 「訞」，天明本作「妖」。
515 聞天下之大驚 天明本「聞」上有「冀」字。
517 固爰恩 天明本「恩」上有「國」字，*「爰」作「受」。
519 公等典從 「典」，天明本作「曲」。
520 從此失 天明本「此」下有「始」字，「失」作「矣」。*
521 固身已失 「失」，天明本作「矣」。*
521 於義得失 「失」，天明本作「矣」。*
521 復何言 天明本「復」上有「夫」字。*
526 陛下越從潘臣 「潘」，天明本作「藩」。
529 今梁氏所一門 天明本無「所」字。
529 官者微孽 「官」，天明本作「宦」。
529 並無功之紱 天明本「並」下有「帶」字。*
530 裂勞臣之世 「世」，天明本作「土」。*
531 爲善夫其所 「夫」，天明本作「失」，*「所」作「望」。
531 姧回誅 天明本「回」下有「不」字，*「誅」作「詰」。

532 **故陳資斧**　「資」，天明本作「質」。

533 **豈伊復政爲亂而已**　「復」，天明本作「傷」。*

533 **衰身已國**　「衰」，天明本作「喪」，「已」作「亡」。*

535 **無所曲橈**　「曲」，天明本作「回」。*

536 **遂自執繫之**　「自」，天明本作「白」。

537 **國統三絶三絶**　天明本不重「三絶」二字。*

538 **賊臣視**　天明本「臣」下有「虎」字。*

539 **豈不和守節之觸禍**　「和」，天明本作「知」。

540 **雖機夫謀乖**　「夫」，天明本作「失」。

541 **至失哉社稷之心乎**　「失」，天明本作「矣」。*

群書治要卷第二十四

後漢書四

5 遣客賫書諒京兆　「諒」，天明本作「諂」。*

6 篤發書收曰　天明本「曰」上有「客」字。*

8 必應陳進醫分　「分」，天明本作「方」。*

12 是時桓帝低敎海王　「敎」，天明本作「渤」。

13 素行險僻　「僻」，天明本作「辟」。

18 孝景皇帝驕梁驕梁孝王　天明本不重「驕梁」二字。

18 終用悖慢　「悖」，天明本作「敎」。

19 卒有播蕩梁禍　天明本「卒」下有「周」字，「梁」作「之」。

20 偏私之愛　天明本「偏」上有「恃」字。*

21 失奉上　天明本「下」下有「之節」二字。*

21 有之心　天明本「有」下有「僭慢」二字。*

22 所典郡居　「郡居」，天明本作「與群」。*

27 以尔百僚　「以尔」，天明本作「宣示」。

32 貶爲廮陶王　「廮」，天明本作「瘻」。

33 弼和多權貴請託　「和」，天明本作「知」。*

35 中常傅侯覽　「傅」，天明本作「侍」。

37 生乃託以他事情謁弼　「託」，天明本作「説」。*

39 當選士報曰　「曰」，天明本作「國」。*

40 即日孝殺之　「孝」，天明本作「考」。*

41 侯覽大怒　「怒」，天明本作「怨」。

41 遂詐飛章　天明本「詐」下有「作」字。

43 得減死一等罪也　天明本「死」下有「罪」字，*無「罪也」二字。

44 汝南人也　天明本「也」下有「爲太尉」三字。

45 南陽大稍張氾等　「稍」，天明本作「猾」。*

46 奉事仲官　「仲」，天明本作「中」。*

47 二郡太守劉瓆成　天明本「成」下有「瑨」字。*

47 孝治其罪　「孝」，天明本作「考」，「治」作「案」。*

47 而並竟孝殺之　「孝」，天明本作「考」。

48 官官怨恚　上「官」字，天明本作「宦」，「恚」作「恚」。

52 輸作右校　「右」，天明本作「左」。

55 臣齊桓修霸　天明本「臣」下有「聞」字。*

55 寇賊在外　天明本「寇」上有「今」字。

55 四之疾　天明本「四」下有「支」字。*

57 食不閉飽　「閉」，天明本作「能」。*

57 患言以疎　「患」，天明本作「忠」。*

58 外殺方深　「殺」，天明本作「難」。*

59 陛下超從別俟　「別」，天明本作「列」。
59 小家治産百萬之資　「治」，天明本作「畜」。*
60 況乃産兼天下　「況乃」天明本互乙。
63 不當念先得之對苦邪　天明本「先」下有「帝」字，「對」作「勤」。*
65 覆車如作　「作」，天明本作「昨」。
72 怒加刑謫　「怒」，天明本作「如」。*
73 況乃重罰令伏歐刀乎　「刀」，天明本作「刃」。
79 召責鄧道　「道」，天明本作「通」。*
80 世祖加重賞　天明本「加」下有「以」字。*
83 當復啼訴陛下陛下　天明本不重「陛下」二字。
85 引納尚書朝脯省事　天明本無「脯」字，「省」下有「之」字。*
90 莫不怨莫不之　天明本無下「莫不」二字。
90 當官由此疾蕃彌甚　「當」，天明本作「宦」。*
91 黨事下獄考實　天明本「黨」上有「以」字。*
94 桀紂悉惑　「悉」，天明本作「迷」。*
94 亡失人　天明本「亡」下有「在」字。
98 正身無點　「點」，天明本作「玷」。
98 死心社禝　「禝」，天明本作「稷」。*
99 禁錮聞隔　「聞」，天明本作「閉」。*
99 或死徙非　天明本「非」下有「所」字。*
99 杜塞天之口　天明本「天」下有「下」字。*
100 聾盲一世之人　「世」，天明本作「代」。*
102 愚善何薄　「愚」，天明本作「遇」。
103 功言如簧　「功」，天明本作「巧」。*
104 親之者昏　「親」，天明本作「視」。*
105 存乎識善　「存」，天明本作「在」。*
105 成敗之幾　「幾」，天明本作「機」。*
106 事四違聖法　「事」，天明本作「秉」，*「四」下有「海之維舉動不可以」八字。*
107 進退不可以離道　天明本「道」下有「規」字。*
118 坐觀成財　「財」，天明本作「敗」。*
118 使身昔分裂　「昔」，天明本作「首」。*
119 所恨也　天明本「所」下有「不」字。*
121 竇太后臨朝　天明本「朝」下有「以蕃爲太傅録尚書事」九字。
122 周心盡力　「周」，天明本作「同」。*
122 徵周名賢　「周」，天明本作「同」。*
123 天下之土　「土」，天明本作「士」。
126 太信之　天明本「太」下有「后」字。*
128 貪竇武有謀　「貪」，天明本作「會」。*
129 臣間言不真而行不正　「間」，天明本作「聞」，*「真」作「直」。*

130 則爲欺天而負乎人　天明本「欺」下有「乎」字。*
134 隨從者升進　「隨」，天明本作「附」。*
136 如何中木耳　「何」，天明本作「河」。
139 縱左右元惡大奸　天明本「縱」上有「復」字。
144 桓靈之世　「世」，天明本作「代」。*
145 而驅馳坦厄之　「坦厄」，天明本作「險阬」，*「之」下有「中」字。*
148 愍夫此上以離俗爲高　「此上」，天明本作「世士」。*
149 而人倫莫能　天明本「能」下有「相恤也以遁」五字。*
149 避世非義　天明本無「避」字，「世」下有「爲」字。*
151 協榮賣武　「榮」，天明本作「策」。
151 自謂萬一遇也　天明本「萬」下有「世」字。*
152 懆懆望之矣　「懆懆」，天明本作「懔懔」，*「望」上有「伊」字，「之」下有「業」字。*
153 信義足以推門⿰木寺世心　「推門」二字，天明本作「携」，*「⿰木寺」作「持」。*
153 漢亂而不亡百餘年間　天明本「漢」下有「代」字。*
158 武王上疏諫曰　天明本無「武」字。
159 以探幽日之時　「日」，天明本作「暗」。*
163 自興位以來　「興」，天明本作「即」。*
165 雖或誅誅滅　天明本不重「誅」字。
169 近者奸臣牢修法度　天明本無「法度」二字。
172 尹考連數百人　「尹」，天明本作「逮」，*「連」下有「及」字。*
176 惟陛下留神神澄省　天明本不重「神」字。
176 以厭人鬼顒顒之心　「顒顒」，天明本作「喁喁」。
178 聞古之明君必須賢佐以治道今臺閣　天明本「聞」上有「臣」字，無「古之明君必須賢佐以治道今臺閣」十四字。
179 臣尚書令陳君　「君」，天明本作「蕃」。*
181 朝之退佐　「退」，天明本作「良」。*
183 尚書恙郎張凌嬀皓菀康楊高邊韶戴恢等　天明本無「恙」字，「菀」作「范」，*「高」作「喬」。*
184 而陛委任近習　天明本「陛」下有「下」字。*
186 內朝心膂　「朝」，天明本作「幹」。*
186 以貶黜　天明本「以」上有「宜」字，*「以」下有「次」字。*
186 抑舊官欺國人封　「舊」，天明本作「奪」，「人」作「之」。
187 治其無狀誣罔之罪　「治」，天明本作「案」。*
187 信忠良　天明本「信」下有「任」字。*
188 各得所　天明本「得」下有「其」字。*
188 實愛天官　「實」，天明本作「寶」。*
190 天應可侍　「侍」，天明本作「待」。
190 間者有嘉禾芝草黃龍見　天明本「見」上有「之」字。*
191 福至寶由吉人　「吉」，天明本作「善」。
193 曰以疾上還城門校尉槐里侯中綬　「曰」，天明本作「因」，

「中」作「印」。*

195 **月詔原李膺桂密等**　「月」，天明本作「有」，「桂」作「杜」。*

197 **常有誅翦官之計**　上「官」字，天明本作「宦」。

199 **武乃白太后**　天明本「后」下有「曰」字。

201 **今乃使與政事而住權童**　「住」，天明本作「任」，「童」作「重」。*

202 **傳爲貪暴**　「傳」，天明本作「專」。*

205 **自可誅**　天明本「誅」下有「耳」字。*

205 **曰大呼曰**　上「曰」字，天明本作「因」。*

207 **遭節問**　「遭」，天明本作「曹」，「問」作「聞」。

207 **驚起白帝**　天明本「驚」上有「之」字。

209 **甫虎賁羽林追圍武**　天明本「甫」下有「將」字。

209 **梟昔洛陽都亭**　「昔」，天明本作「首」。

211 **遷太仃**　「仃」，天明本作「后」。*

212 **循吏傳序**　天明本無「序」字。

213 **見穡稼艱難**　「穡稼」，天明本互乙。

215 **身衣火練**　「火」，天明本作「大」。*

216 **有耳不德鄭衛之音**　天明本無「有」字，「德」作「聽」。

216 **乎不持珠玉之玩**　「乎」，天明本作「手」。*

221 **廢騁望戈擕之事**　「擕」，天明本作「獵」。

224 **若杜詩等南陽**　「等」，天明本作「守」。*

235 **唯先遣饋祠延陽陵季子**　天明本無「陽」字。

237 **掾史貧者**　「史」，天明本作「吏」。

238 **是以郡史賢大夫**　「史」，天明本作「中」。*

241 **每致困**　天明本「困」下有「乏」字。*

242 **教之墾聞**　「聞」，天明本作「闢」。*

245 **以乃使得男女皆年以齒相配**　「年以」天明本互乙。

247 **同時相者兩千餘人**　天明本「相」下有「娶」字。*

247 **是歲風雨從節**　「從」，天明本作「順」。

248 **始種姓**　天明本「始」下有「知」字。*

251 **延遂上罷偵斥候卒**　「上」，天明本作「止」，「斥」作「偵」，「候」下有「戍」字。*

253 **漸以禮義治**　「治」，天明本作「化」。*

257 **生爲立礼**　「礼」，天明本作「祠」。

257 **帝親見之曰**　天明本「見」下有「戒」字。

258 **無失名舉**　「舉」，天明本作「譽」。*

258 **忠臣不和**　「和」，天明本作「私」。*

259 **和臣不忠**　「和」，天明本作「私」。*

261 **即言是也**　「即」，天明本作「卿」。*

262 **酷吏**　天明本無「酷吏」二字。

263 **時湖陽公主倉頭**　「倉」，天明本作「蒼」。

263 **曰匿主家**　「曰」，天明本作「因」。*

264 **及主出**　天明本「出」下有「行」字。*

266 曰挌殺之　「曰」，天明本作「因」。*

273 藏已還死　「藏」，天明本作「臧」，「已」作「亡」，「還」作「匿」。*

275 敕强項令出　天明本「敕」上有「因」字。

282 邪之公真　「真」，天明本作「直」。*

286 然邑否以咎辱加物　天明本「然」下有「朱」字。*

287 袁安未嘗鞫人贓罪　「贓」，天明本作「臧」。

289 故威被之情著　「威」，天明本作「感」。*

291 則刑訟繁厝　「厝」，天明本作「措」。

293 官者傳序　天明本無「序」字。

295 畳中常傳官　「畳」，天明本作「置」，「傳」作「侍」。*

296 然亦引用土人　「土」，天明本作「士」。*

296 以參其遙　「遙」，天明本作「選」。*

297 受詔令　天明本「受」下有「宣」字，「令」作「命」。

298 數宴後宮　「宮」，天明本作「庭」。

299 潛遊離館　「館」，天明本作「宮」。*

299 故請奉機事　「奉」，天明本作「奏」。*

299 多以官人主之　「官」，天明本作「宦」。

299 懃心納忠　「懃」，天明本作「勤」。

303 宇官悉用閹人　「宇」，天明本作「宦」。*

304 悲復掖庭永巷之職　「悲」，天明本作「非」。*

305 其孫程定立順之功　天明本「其」下有「後」字。

306 恩固立心　「立」，天明本作「主」。*

309 真情忤意　「真」，天明本作「直」。*

312 布滿宮闥　「闥」，天明本作「闈」。

312 苴第分虎　「第」，天明本作「茅」。

313 府暑第館　「暑」，天明本作「署」。

314 過半於洲國　「洲」，天明本作「州」。

316 充倫綺空　「倫」，天明本作「備」，「空」作「室」。*

317 競恣奢　天明本「奢」下有「欲」字。*

317 媾害明賢　「媾」，天明本作「搆」。*

318 不可彈書　「彈」，天明本作「單」。

319 劇緣閒　天明本「劇」上有「寇」字。*

323 單超何南人　「何」，天明本作「河」。*

324 左琯　「琯」，天明本作「悺」。

327 世權武　「武」，天明本作「戚」。*

331 延喜二年　「喜」，天明本作「熹」。

336 超新豐進兩萬户　天明本「超」上有「封」字，「進」作「侯」。*

338 衡萬　天明本「萬」上有「汝陽侯各萬三千户賜錢各千三百」十四字。

339 放世謂之五侯　「放」，天明本作「故」。*

340 人封小黄門劉普超忠等入人爲鄉侯　「人」，天明本作「又」，「超」作「趙」，「入」作「八」。*

344 五營騎士　天明本「五」上有「發」字。*
344 侍御史護駕　「駕」，天明本作「喪」。
347 唐兩隋　「隋」，天明本作「墮」。*
347 皆競超第宅　「超」，天明本作「起」。
348 窮極枝功　「枝」，天明本作「伎」，「功」作「巧」。*
348 金銀蜀毦　「蜀」，天明本作「罽」。
348 多取良民美女　「民」，天明本作「人」。*
350 而從別騎　「別」，天明本作「列」。
352 兄弟姻威　「威」，天明本作「戚」。*
353 辜駮更百姓　「駮」，天明本作「較」，無「更」字。
353 與盜賊無　天明本「無」下有「異」字。*
355 衡六十　「六十」，天明本作「卒」。*
358 賓客族縱　「族」，天明本作「放」。*
358 惟稱皆自殺　「惟」，天明本作「悺」。*
360 貶爲卿侯　天明本「爲」下有「都」字，*「卿」作「鄉」。
360 及超　天明本互乙。
360 琁璜衡襲封者　天明本無「琁」字。
361 並降爲卿侯　「卿」，天明本作「鄉」。
363 貶爲關内侯侯　天明本不重「侯」字。
364 進倚勢貪放　「勢」，天明本作「執」。*
365 以臣萬計　「臣」，天明本作「巨」。*
365 延爵關内侯　天明本無「延」字。

366 又託與議誅梁冀功　天明本「託」下有「以」字。*
367 民有豈富　「豈」，天明本作「豐」，*「富」下有「者」字。*
368 皆誅威之　「威」，天明本作「滅」。*
369 攬車徵　「攬」，天明本作「檻」。*
372 建寧四年　「四」，天明本作「二」。
374 前後請奢民宅三百八十一所　「奢」，天明本作「奪」，*「民」作「人」，*「百」下有「八十一所田百」六字。*
376 皆高樓池苑　天明本「皆」下有「有」字。*
376 臺閣相望　「臺」，天明本作「堂」。*
376 以綺盡丹之屬　「盡」，天明本作「畫」，「丹」下有「漆」字。*
378 石椰雙闕　「椰」，天明本作「槨」，*「闕」作「闕」。
379 良民　天明本「良」上有「虜奪」二字。*
380 諸罪疊　天明本「諸」上有「及」字。*
380 誅之　天明本「誅」上有「請」字。*
381 儉遂破覽墓宅　「墓」，天明本作「冢」。*
384 覽遂誣儉爲釣黨　「釣」，天明本作「鈎」。*
386 熹平元年九　天明本無「九」字。
388 阿黨者皆免也　天明本無「也」字。
388 專節字漢豐　「專」，天明本作「曹」。*
398 王尉都卿侯　「王尉」，天明本作「瑀封」，「卿」作「鄉」。
401 賜璃錢五千萬　「璃」，天明本作「瑀」。*

403 有湏疾瘳　「湏」，天明本作「頊」。*

405 喜平元年　「喜」，天明本作「熹」。

405 竇太后崩　天明本「崩」下有「有何人書朱雀闕言天下大亂曹節」十四字。

406 王甫幽戮太后　「戮」，天明本作「殺」，金澤本校改作「弑」。*

408 猛以誹言直　天明本「誹」下有「書」字。*

410 御史中丞段熲代猛　天明本「御」上有「以」字。*

411 乃四出逐捕　「逐」，天明本作「逐」。

411 及大學挺生繫者二千餘人　「挺」，天明本作「遊」，*無「二」字。*

413 使熲以他事奏猛抵一罪　天明本無「一」字。

415 以功者十二人　天明本「功」下有「封」字。*

416 節亦增邑四千户　天明本「千」下有「六百」二字。*

418 河南成皋人也　天明本無「成皋」二字。

418 少以官者遷中常侍　「官」，天明本作「宦」，「者」下有「小黄門」三字。

419 例封官者　「官」，天明本作「宦」。

422 下裂王公　「公」，天明本作「土」。

424 節等説諂媚主　「説」，天明本作「讒」。*

430 陛下惑其才　天明本「其」下有「瑣」字。*

431 吕誠知封事己行　「吕」，天明本作「臣」。

433 臣愚忠　天明本「忠」下有「者」字。

435 及中宫族無功德者　「宫」，天明本作「官」。

435 造館起舍　「館起」天明本互乙。*

436 不可殫言　「殫」，天明本作「單」。*

437 竟相於效　「竟」，天明本作「競」，「於」作「放」。*

439 今上無去奢之檢　「檢」，天明本作「儉」。*

439 至使禽獸食人之甘　「人」，天明本作「民」。

440 木土衣人之帛　「人」，天明本作「民」。

441 梁桎衣繡　「桎」，天明本作「柱」。*

442 廐馬秣人粟有饑色　「人粟」，天明本作「粟民」。

443 遠臣不得暘　「暘」，天明本作「暢」。*

444 對聞於金高門　「聞」，天明本作「問」，*「高」作「商」。*

449 邕於罪　天明本「邕」上有「致」字，*「於」作「刑」。

449 老流離　天明本「老」下有「幼」字。*

450 豈不肩忠臣哉　「肩」，天明本作「負」。*

451 上畏不聞之難　「聞」，天明本作「測」。*

452 夫立無顯過咎　天明本「立」下有「言」字*「過」下有「之」字。*

453 明鏡無見疵人尤　「疵」，天明本作「玼」，*「人」作「之」。*

453 如惡立立言以記過　天明本不重「立」字。

454 不欲明鏡之見疵　「疵」，天明本作「玼」。

455 則不照也　天明本「不」下有「當」字。*

456 不以記過見疵爲貴　「疵」，天明本作「玼」。*

459 與曹王節甫等　「王節」天明本互乙。

461 讓有監奴與　「與」，天明本作「典」。*

461 威形誼赫　「形」，天明本作「刑」。

462 資產贍　天明本「產」下有「饒」字。*

463 奴感德之　「感」，天明本作「咸」。

466 時賓客求謁讓者　「謁」，天明本作「謁」。

467 監奴乃率諸倉頭　「倉」，天明本作「蒼」。

467 近拜於路　「近」，天明本作「迎」。*

468 遂共與　「與」，天明本作「舉」，金澤本校改作「輿」。*

471 及夏惲勝孫璋畢嵐栗嵩段珪高望張恭韓悝宋典十二人　天明本「惲」下有「郭」字。*

474 父子弟　天明本「父」下有「兄」字。*

474 布布列洲郡　天明本不重「布」字，「洲」作「州」。

475 爲民蠹害　「民」，天明本作「人」。*

476 郎中中山張鈞上書曰　「鈞」，天明本作「鈞」。

476 切惟張貧所以能典兵作亂　「貧」，天明本作「角」，*「典」作「興」。*

477 萬民所以賕　「賕」，天明本作「樂」。*

478 其源皆十常侍多放父子兄弟　天明本「皆」下有「由」字。*

479 典據州群　「群」，天明本作「郡」。*

479 辜輊財　「辜輊」，天明本作「辜推」，*「財」下有「利」字。*

480 故議謀不軌　「議謀」天明本互乙。

481 懸頭南郡　「郡」，天明本作「郊」。*

482 又遣者布告天下　天明本「者」上有「使」字。*

482 不須師旅　天明本「不」上有「可」字。*

486 帝怒鈞自　「自」，天明本作「曰」。*

488 詔使廷尉侍奉御　天明本「御」下有「史」字。*

488 考爲張角者　天明本「角」下有「道」字。*

489 遂誣奏鈞與黃巾通　「與」，天明本作「學」，*「通」作「道」。

490 後中常侍封諝徐奉奏事獨發覺坐誅　天明本「後」上有「收掠死獄中」五字，「奉」作「奏」。

491 因怒詰讓等曰　「詰」，天明本作「詰」。

492 汝曹常言黨人欲爲囹　天明本無「囹」字。

494 故侍中常王甫侯覽爲　「侍中常」，天明本作「中常侍」，「覽」下有「所」字。*

496 敍天下田　「敍」，天明本作「斂」。

497 以治宮室　「治」，天明本作「脩」。*

498 送至京師　天明本「送」上有「部」字。*

500 因復貨於官宦　「官宦」天明本互乙。

506 皆責助軍治宮錢　「治」，天明本作「脩」。*

506 大郡至二千萬　天明本「二」下有「三」字。*

506 户各有差　「户」，天明本作「餘」。*

507 皆先至面園諧價　「面」，天明本作「西」。*

509 其守宰　天明本無「宰」字。

509 皆迴遣之　「迴」，天明本作「迫」。*

511 咸責三百萬　「咸」，天明本作「滅」。*

512 爲人父母　「人」，天明本作「民」。

512 而及割剥百姓　「及」，天明本作「反」。*

513 亂疾不聽　「亂」，天明本作「辭」。*

515 帝爲暫絶治宮錢　「治」，天明本作「脩」。*

516 又造萬金堂於西囷　「囷」，天明本作「園」。*

517 引司農金繒帛　天明本「金」下有「錢」字。*

518 起弟觀　「弟」，天明本作「第」。

519 每歎桓帝不能作家尺　「尺」，天明本作「居」。*

519 故聚私藏　天明本「聚」下有「爲」字。*

520 復寄小黄門帝侍錢各數千萬　「帝」，天明本作「常」。*

520 常侍是我母　天明本「常」下有「云張常」三字，「我」下有「父趙常侍是我」六字。*

521 宦官得志　上「官」字，天明本作「宦」。*

522 擬則宮　天明本「宮」下有「室」字。*

522 帝宜登永安候臺　「宜」，天明本作「常」，金澤本校改作「嘗」。*

523 宦官恐其望見居處　上「官」字，天明本作「宦」。*

524 則百姓廉散　天明本「則」上有「登高」二字，*「廉」作「虚」。*

529 捕官官無少長悉斬之　上「官」字，天明本作「宦」。*

529 讓等人　天明本「等」下有「數十」二字。*

530 大之河上　「大」，天明本作「走」。*

531 儒故傳序　「故」，天明本作「林」。

532 及世祖中　「世祖」，天明本作「光武」，「中」下有「興」字。*

534 多壞協圖書　「壞協」，天明本作「懷挾」。

536 自是莫不抱負墳籍　「籍」，天明本作「策」。

538 太常差恣總領焉　「恣」，天明本作「次」。*

539 邊豆干戚之宆　「邊」，天明本作「籩」，「宆」作「容」。*

541 中元二年　「二」，天明本作「元」。

543 備法物之加　「加」，天明本作「駕」。*

543 坐明雲而朝群后　「雲」，天明本作「堂」。*

544 登雲臺以望雲物　上「雲」字，天明本作「靈」。*

545 袒割壁雍之上　「壁」，天明本作「辟」。*

546 别立校倉　「倉」，天明本作「舍」。*

547 自期羽林之上　天明本「期」下有「門」字，*「上」作「士」。*

549 濟濟乎乎　天明本不重「乎」字。

549 盛於永平詳同　「詳同」二字，天明本作「矣」。

549 初中 天明本「初」上有「建」字。*
553 學者頗 天明本「頗」下有「懈」字。*
554 博土倚席不講 「土」，天明本作「士」。
555 舍學頽敝 「舍學」天明本互乙。
555 鞠爲囷 「囷」，天明本作「園」。*
557 乃更脩横宇 「横」，天明本作「黌」。
558 本初元年 「本」，天明本作「太」。
559 詔自 「自」，天明本作「曰」。
560 每歲輒於卿射月 「卿」，天明本作「鄉」。
560 一饗之 天明本「之」上有「會」字。*
561 自是遊增盛 天明本「遊」下有「學」字。*
561 自三餘生 天明本「三」下有「萬」字。*
563 喜平四年 「喜」，天明本作「熹」。
563 靈帝乃詔諸儒者 天明本無「者」字。
565 樹之門 天明本「門」上有「學」字。*
572 陛下見帝庭 天明本無「下」字。
573 喜奏 「喜」，天明本作「書」。*
573 天下子以示公卿 天明本無「下」字。*
574 自明王聖王 天明本「自」下有「古」字。*
577 會人也 天明本「會」下有「稽」字。*
578 有高名 天明本「有」上有「少」字。
579 隱居不見 「居」，天明本作「身」。*
579 帝乃今以物色訪之 「今」，天明本作「令」。*
581 至光臥 天明本無「至」字，「臥」下有「不起帝即其臥所」七字。*
583 良久乃張曰熟視曰 上「曰」字，天明本作「目」。*
584 巢父澆耳 「澆」，天明本作「洗」。*
584 何至相迫守 「守」，天明本作「乎」。*
585 我竟不能下汝邪 「邪」，天明本作「耶」。
587 除爲陳大夫 「陳」，天明本作「諫」，「大」上有「議」字。*
591 幸章陵 「章」，天明本作「竟」。
591 臨巧水 「巧」，天明本作「沔」。*
593 有父老獨耕不 「父老」天明本互乙，「不」下有「輟」字。
595 請問天下邪 「下」下金澤本校改有「亂而立天子耶立天子以父天下有役天下以奉天子邪」二十二字，天明本有「亂而立天子耶立天子以父天下」十三字，*「邪」作「耶」。
596 役天下以奉天子邪 「邪」，天明本作「耶」。
596 昔聖王帝世 「帝」，天明本作「宰」。*
597 第茨采椽 「第」，天明本作「茅」。*
597 今子之居 「居」，天明本作「君」。*
598 子何欲之觀人乎 天明本「何」下有「忍」字，*無「之」字，「觀人」二字互乙，「乎」上有「之」字。*
599 同其名姓 「同」，天明本作「問」。*
599 不告而去也 天明本無「也」字。*

600 西差傳 「差」，天明本作「羌」，無「傳」字。*

601 今涼州部 天明本「部」下有「郡」字。*

601 胡禄髮左衽 天明本「胡」上有「羌」字，*「禄」作「被」。*

603 數爲小吏黠民所見侵奪 天明本無「見」字。

604 故悉致及叛 「及」，天明本作「反」。*

607 徙置天外隴西扶風三郡 「外」，天明本作「水」。*

607 胡年 「胡」，天明本作「明」。*

608 武都參狼差及 「差」，天明本作「羌」，*「及」作「反」。*

609 復遣捕虜將軍馬武等擊滇吾 「虜」，天明本作「虜」。*

609 遠去 天明本「遠」上有「滇吾」二字。

611 差衆析傷 「差」，天明本作「羌」，*「析」作「折」。

612 際者六万餘口 「際」，天明本作「降」，*「万」作「千」。*

613 永初中時 天明本無「時」字。

613 諸降差布在郡縣 「差」，天明本作「羌」。*

614 積怨 「怨」，天明本作「以愁」二字，金澤本校改作「愁」。*

616 以伐戈矛 「伐」，天明本作「代」。*

617 或執鏡銅以象兵 「鏡銅」天明本互乙。

618 郡懸不能制 「懸」，天明本作「縣」。*

622 於是滇零自稱天子於此地 「此」，天明本作「北」。*

623 招集武都參狼上郡西河諸雜稱 「稱」，天明本作「種」。*

624 人益州 天明本無「人」字，「益」上有「南入」二字。*

624 智督諸郡屯兵轉 天明本無「智」字，無「轉」字。

630 多奔南渡河 「渡」，天明本作「度」。

631 將五營土屯孟津 「土」，天明本作「士」。

636 安定從美楊 「楊」，天明本作「陽」。*

636 北地治地陽 「治」，天明本作「徙」。*

637 遂乃刈其稼禾 「稼禾」天明本互乙。*

641 自羌反叛 天明本無「反」字。

642 轉運委輪 「輪」，天明本作「輸」。

644 與以裬邊 「與以裬邊」，天明本作「不可勝數」。

644 遂至康耗 「康」，天明本作「虚」。

645 朝規失綾御之和 「綾」，天明本作「綏」。*

647 或屈强於奴僕之勤 「强」，天明本作「折」。*

648 則憤怒而愚禍 「愚」，天明本作「思」。*

649 則屬鞬而馬烏驚 天明本無「馬」字。

650 未有陵斥上國 「陵」，天明本作「凌」。*

652 和夷貊殊性 「和」，天明本作「知」。*

653 唯與亂要而已 「亂」，天明本作「辭」。*

655 充國遷之内地 天明本「充」上有「趙」字。

656 當煎作罠 「罠」，天明本作「寇」。*

658 忘經世之遠典 「典」，天明本作「略」。

658 豈夫識徵者之爲乎 「徵」，天明本作「微」。*

659 故徵子垂泣於象箸 「徵」，天明本作「微」。*

661 馬桓鮮卑傳　天明本無「馬桓」二字，無「傳」字。*

666 書戒猾憂　「戒」，天明本作「載」，「憂」作「夏」。*

668 征討外類　「外」，天明本作「殊」。*

671 北討强固故　「故」，天明本作「胡」。*

671 征大宛　天明本「征」上有「西」字。*

673 官民俱匱　「民」，天明本作「人」。*

673 既而學悟　「學」，天明本作「覺」。*

674 封丞相富民侯　天明本「相」下有「爲」字。*

675 未有不宗神武將帥良猛　天明本「未」上有「事」字，*「不」下有「悔者也夫以武帝」七字，*無「宗」字。

676 猶侮焉　天明本「猶」下有「有」字，*「侮」作「悔」。*

677 事劣昔　天明本「昔」下有「時乎昔」三字。*

677 段頻良將　「頻」，天明本作「熲」。

679 鮮卑重衆　「重」，天明本作「種」。*

680 自許種衆不弱于前而虚計二載自許有成　天明本無「種衆不弱于前而虚計二載自許」十三字。

682 當復微發於人　「於」，天明本作「衆」。*

683 是耗竭諸憂　天明本「是」下有「爲」字，*「憂」作「夏」。*

684 夫邊垂之忠　「忠」，天明本作「患」。

684 手足之蚡搖　「蚡」，天明本作「蚧」，*「搖」作「搔」。*

684 中國之因　「因」，天明本作「困」。*

684 背之煙也　天明本「背」上有「胷」字，*無「煙」字，*「也」上有「瘭疽」二字。*

685 慢書之詬　天明本「慢」上有「棄」字。*

686 方之今　天明本「之」下有「於」字。*

686 何甚　天明本「何」下有「者爲」二字。*

686 天山漠　天明本「天」下有「設」字，*「漠」作「河」。*

686 奏築長城　「奏」，天明本作「秦」。*

687 漢起審密恒　「審」，天明本作「塞」，*無「密」字，「恒」作「垣」。

688 與蟲蟻狡寇　天明本「與」上有「豈」字，*「狡」作「挍」。*

688 計往來哉　天明本「計」下有「爭」字。*

689 豈可書　「書」，天明本作「殄盡」二字。*

690 而方命本朝爲之肝　「命」，天明本作「令」，「肝」作「旰」。

690 昔雖南王諫伐越曰　「雖」，天明本作「淮」，*「王」下有「安」字。*

691 廝與之平　「與」，天明本作「輿」，*「平」作「卒」。*

692 雖得越主之首　「主」，天明本作「王」。

693 猶爲大漢羞之而旨　天明本無「旨」字。*

695 況乎失得補課量邪　「失得」天明本互乙，「邪」作「耶」。

696 昔珠崖郡及　「及」，天明本作「反」。*

696 小元皇帝納賈捐言　天明本「言」上有「之」字。*

698 此元帝所以崖郡此元帝所以發德音也　天明本無「崖郡此元帝所以」七字。*

698 郵民救雜　天明本「郵」上有「夫」字，*「民」作「人」，*「雜」作「急」。*

702 備二子之策　「備」，天明本作「循」。*

703 守先章之規　「章」，天明本作「帝」。*

705 匈奴中郎將臧日變單于出鴈門　「日」，天明本作「旻」，*「變」作「率」，*「單」上有「南」字，*「門」下有「檀石槐命三部大人」八字。

707 各數十騎奔還　天明本「各」下有「將」字，*「十」作「千」。

707 死十七八　天明本「死」下有「者」字。*

群書治要卷第二十五

魏志上

2 紀傳　天明本無「傳」字。

4 袁紹將政許　「政」，天明本作「攻」。

6 注　猶不能自保　天明本「猶」上有「孤」字。*

6 注　而況人乎　天明本「人」上有「衆」字。

10 授上田　「上」，天明本作「土」。

11 爲立廟　天明本「立」上有「存者」二字。*

11 使礼其先人　「礼」，天明本作「視」，校改作「祀」。*

14 豈吾功也　「也」，天明本作「哉」。

15 吾要當與賢士大夫共定之　「要當」天明本互乙。

19 安定太兵興　「太兵」，天明本作「大守毋丘」四字。*

23 則益事　天明本「則」下有「無」字。

25 使自請爲屬團都尉　「團」，天明本作「國」。*

27 注　畫則講軍策　「畫」，天明本作「晝」。*

27 注　後宮不衣錦繡　「不衣」天明本互乙。

28 注　侍御履不二來　「來」，天明本作「采」。*

28 注　壞則補納　「納」，天明本作「綴」。

28 注　菌蓐取温　「菌」，天明本作「茵」。

33 今魯群脩起舊廟　「群」，天明本作「郡」。*

35 灾異之作作　天明本不重「作」字。

35 歸過股肱　天明本「歸」上有「而」字。

37 後有天地之責　「責」，天明本作「眚」。

39 存不忘也　「忘」，天明本作「忌亡」二字。

40 無封樹　天明本「無」下有「爲」字。*

41 通神通　下「通」字，天明本作「道」。*

42 骨無通癢之知　「癢」，天明本作「痒」。*

44 衣衾足以朽骨肉而已　天明本無「骨」字。

47 含古塗車芻靈之義　「含」，天明本作「唅」。

50 君子謂華元樂莒不臣　「莒」，天明本作「呂」。

51 光武之堀原陵　「堀」，天明本作「掘」。

52 霸陵之皃　「皃」，天明本作「完」。

52 原陵之堀　「堀」，天明本作「掘」。

53 是精之忍以利君　「精之忍」，天明本作「釋之忠」。*

53 明帝受以害親也　「受」，天明本作「愛」。*

54 宜思仲尼明釋之之言　天明本「尼」下有「丘」字。*

55 鑒華元樂莒明帝之戒　「莒」，天明本作「呂」。

57 是無不堀之　「堀」，天明本作「掘」。

58 漢武諸陵　「武」，天明本作「氏」。

58 無不發堀　「堀」，天明本作「掘」。
60 有終歿　「歿」，天明本作「没」。
64 其以此詔藏之宗庿　「庿」，天明本作「廟」。
66 五年春　天明本無「春」字。
67 太則郊祐　「祐」，天明本作「社」。
67 三神五行　「神」，天明本作「辰」。
67—68 名山川澤　「川澤」，天明本作「大川」。*
70 自今其敢設非禮之祭　「禮」，天明本作「祀」。
73 祀故大將軍夏侯惇等放太祖庿廷　「放」，天明本作「於」，「庿」作「廟」。
74 注　昔先王之於功臣　天明本「之」下有「禮」字。*
74 注　故漢武功臣　「武」，天明本作「氏」。*
75 注　大魏无功之臣　「无」，天明本作「元」。
77 注　又於芳林園中起波池　「波」，天明本作「陂」。*
78 注　諸才人以下次序處其中　天明本無「下」字。
79 注　使博上馬釣作水轉百戲魚龍蔓延　「上」，天明本作「士」，「釣」作「均」。
79 注　築閶闔諸門闕外内罘罳　天明本無「内」字。
80 注　以吴蜀數勳　「勳」，天明本作「動」。
80 注　留意於翫飴　「飴」，天明本作「飾」。
80 注　賜與九親　「九親」，天明本作「無度」。
81 注　又簡選　天明本「選」下有「其有姿色者」五字。

83 注　陛下天子之子　天明本無上「子」字。
85 注　貧者舉假奢貫　「奢貫」，天明本作「貸貰」。
86 注　而實之掖庭　天明本「之」上有「内」字。
86 注　未女有歡心　「女」，天明本作「必」。
87 注　也已有憂色　「也已」二字，天明本作「必」。
87 注　而得萬姓之歡心者　天明本「而」下有「不」字。*
89 注　賞賜横與　「與」，天明本作「興」。
90 注　信方技　「技」，天明本作「士」。*
90 注　封土爲　天明本「爲」下有「山」字。
90 注　瀨是時天下爲一　「瀨是」，天明本作「賴此」。
90 注　目衰亂以來　「目」，天明本作「自」。
91 注　案士不釋甲　「案」，天明本作「鞍」。
92 注　猶有强寇在疆　天明本無「有」字。
92 注　念崇儉約　天明本「崇」下有「節」字，*無「儉」字。
92 注　惠所以安天下者　「惠」，天明本作「思」。*
93 注　建承露之槃　「槃」，天明本作「盤」。
94 注　然亦足以騁雠之心矣　天明本作「騁」下有「寇」字。*
95 注　所以除之費　「所以」天明本互乙，「除」下有「無益」二字。*
96 注　而除其惡　天明本「惡」上有「所」字。*
97 注　奉平之路　「奉」，天明本作「太」。
97 注　常恐主死无以報國　「主」，天明本作「至」。

98 注　陛下裁察　天明本「陛」上有「唯」字。
98 注　上領左右曰　「領」，天明本作「顧」。
99 注　事付散騎常侍而已之也　天明本「事」上有「以」字，無「之也」二字。
100 注　折　天明本「折」上有「盤」字。
101 注　鑄銅人二　天明本「銅」上有「作」字。*
102 注　使公卿群寮　「寮」，天明本作「僚」。
102 注　負土公成　「公成」，天明本作「成山」。*
103 注　魏書諫曰　天明本「魏」下有「略義董尋上」五字，無「諫」字。*
104 注　輔避趙后於人婢　天明本「輔」上有「劉」字，「避」作「譬」。*
106 注　九龍承露　天明本「露」下有「盤」字。*
107 注　皆智非道　「智」，天明本作「知」。*
108 注　所以畏於小人　「畏」，天明本作「異」。*
108 注　面目垢墨　「墨」，天明本作「黑」。
110 注　上下通　天明本「下」下有「不」字。
111 注　誰當陛下盡言是者乎　天明本「當」下有「爲」字，*「是」作「事」。
111 注—112 注　又誰當陛下盡言是者乎又誰當　天明本無「陛下盡言是者乎又誰當」十字。
112 注　而自比於牛之一毛　天明本「而」下有「臣」字。

113 注　發筆流涕　「發」，天明本作「秉」。*
113 注　心與世亂　「亂」，天明本作「辭」。
115 齊王芳字蘭鄉　「鄉」，天明本作「卿」。
117 則不令而行　天明本「則」上有「其身正」三字。*
119 於鄭聲而弗聽　「於」，天明本作「放」。*
120 然後耶心不生　「耶」，天明本作「邪」。
122 忠良疏客　「客」，天明本作「遠」。*
123 孝其昏明　「孝」，天明本做「考」。*
125 以爲主慮　「主」，天明本作「至」。
126 其明其明　二「明」字，天明本皆作「朋」。
126 書云　「書」，天明本作「詩」。*
127 可自今以後　天明本作「自今以後可」。
128 及遊豫園　天明本「豫」下有「後」字。
128 並省文書　「並」，天明本作「兼」。
131 徂授諫紹　「徂」，天明本作「沮」。
132 注　九州春秋載授諫曰　天明本「諫」下有「辭」字。*
132 注　人獲之　天明本「人」上有「一」字。*
133 注　德均則長上　天明本無「長」字，「上」作「卜」。*
133 注　上推前代成敗之戒　天明本「上」上有「願」字，*「推」作「惟」。
134 注　出曰　天明本「出」上有「授」字。
135 注　禍其始此乎之也　天明本無「之也」二字。

143 我未勞而彼以困　「以」，天明本作「已」。*

145 豐彊諫　「彊」，天明本作「壂」。*

145—146 紹怒以爲阻衆　「阻」，天明本作「沮」，「衆」下有「械」字。*

147 或謂豐曰君必見重豐曰　天明本無「君必見重豐曰」六字。

151 天地之義也　天明本「義」上有「大」字。

153 妊姒配姖　「妊」，天明本作「任」，「姖」作「姬」。

155 孝之情理　「孝」，天明本作「考」。

158 其以永鑒矣　天明本「其」下有「可」字。*

163 無婦人列士　「列士」，天明本作「裂土」。*

163—164 命爵之制在禮典婦　天明本無「命爵之制在禮典婦」八字。*

164 漢我因之　「我」，天明本作「氏」。*

166 其勿施行以著令　「著令」，天明本作「作著」。

167 廣宋人也　「宋」，天明本作「宗」。

171 禍階未嬉　「嬉」，天明本作「喜」。*

172 紂以炮格　「格」，天明本作「烙」。

173 取先伐代世族之家　天明本無「伐」字。

174 隆教聿脩　「隆」，天明本作「陰」。

174 天下定　天明本「天」上有「而」字。*

175 由及外　天明本「由」下有「内」字。*

175—176 宋人釁夏父亡　「宋」，天明本作「宗」，「父亡」二字作「云」。*

177 齊桓誓命于蔡丘　「蔡」，天明本作「葵」。

179 臣恐後世下陵上聲　「聲」，天明本作「替」。*

179 開長非度　「長」，天明本作「張」。

182 司馬景王問以時事　「景」，天明本作「宣」。

184 孝行在乎閭巷　「在」，天明本作「存」。

189 而機權之多門夫天下爵通　「多門夫天下爵」，天明本作「門多矣夫天爵下」。*

193 但孝行論輩　「孝」，天明本作「考」，「論」作「倫」。*

193 輩尚行均　「尚」，天明本作「當」。*

194 斯可矣　天明本「可」下有「官」字。

195 仁怒稱於九族　「怒」，天明本作「恕」。

198 官可加矣　「加」，天明本作「知」。*

199 則所任之次　「次」，天明本作「流」。*

199 亦焕然別矣　「別」，天明本作「必明」二字，「矣」下有「奚」字。

201 以生繆錯哉　「繆」，天明本作「紛」。*

203 莫核於此　「核」，天明本作「究」。*

205 所得主者　「主」，天明本作「至」。

211 豈若使各值其分　「值」，天明本作「帥」。

212 官能否之第　天明本「官」下有「長」字。*

213 參以鄉閭德行次之　「次之」天明本互乙。

213 中唯考行跡　天明本「中」下有「正則」二字，*「考」下有「其」字。*

215 官所第　天明本「官」下有「長」字。

215 中正所輩擬　天明本無「所」字。

217 干相刑相檢　「干」，天明本作「互」，*無下「相」字。*

217 斯人心定　天明本「斯」下有「則」字。*

218 而理得　天明本「而」下有「事」字。*

221 注　海内莫雋　「莫雋」，天明本作「英俊」。*

222 注　咸宋爲前後所舉　「宋」，天明本作「宗」，「爲」下有「然」字。

223 注　以十數人取士不以一檢　「檢」，天明本作「揆」。*

224 注　皆以智策舉之終古顯名　「古」，天明本作「各」。

225 注　推賢士　天明本「士」上有「進」字。

225 注　五没世不忘也　「五」，天明本作「吾」。*

228 智可及　天明本「及」下有「愚不可及」四字。*

231 注　太祖稱荀令君之舉善　「舉」，天明本作「進」。*

231 注　荀軍師之法惡　「師」，天明本作「帥」，「法」作「去」。*

233 久有黨與　「久」，天明本作「各」。

236 屬有所思　天明本「屬」下有「適」字。*

237 表太祖劉景升父子　「表太祖」，天明本作「思袁本初」四字，*「子」下有「太祖」二字。

238 於是太子也大祖遂定　天明本無「也大祖」三字。

239 注　文帝德詡之對太祖　「德」，天明本作「得」。*

239 注　晋司徒缺　「缺」，天明本作「闕」。

240 注　武帝問其人放勗　「放」，天明本作「於」。

240 注　昔文帝用賈詡爲公　天明本「爲」下有「三」字。*

241 袁渙字曜鄉　「鄉」，天明本作「卿」。

242 後爲吕布拘留　天明本「布」下有「所」字。*

254 爲罷社　天明本「爲」下有「之」字。*

257 夫奇兄弟而不親　「奇」，天明本作「棄」。*

261 可以横天下　天明本「横」下有「行」字。*

261 太祖遂引軍　天明本「軍」下有「攻譚于南皮」五字。

264 收斂譚死　「死」，天明本作「屍」。

265 閬脩　天明本「脩」下有「家」字。*

267 乃群爲司空掾　「群」，天明本作「辟」。*

268 注　衆人多欲取約以邀功　「邀」，天明本作「徼」。

268 注　而憲皆貴怒之言　「貴」，天明本作「責」。

269 注　我常不忍生圖之　「常」，天明本作「尚」。

270 注　乃親疏　「乃親」，天明本作「及現」。*

270 注　以問逵逵等　天明本不重「逵」字。

271 注　具以情對　天明本「具」上有「逵」字。

271 注　太祖歎其至義　「至」，天明本作「志」。

271 注　乃並衣列　「衣」，天明本作「表」。
272 太祖群司空掾　「群」，天明本作「辟」。*
274 原亂曰　「亂」，天明本作「辭」。
274 合葬非古也　「古」，天明本作「禮」。*
275 原之所以自己容明公　天明本「容」下有「於」字。
278 注　自自非公事　天明本不重「自」字。
279 注　太子徵使人從客問之　「子」，天明本作「祖」。
280 注　此典制之也　天明本無「之」字。
283 變服易乘　「服易」天明本互乙。*
284 志存驅逐琰書諫曰　「存」，天明本作「在」。
285 春秋曰譏之　天明本無「曰」字。
285 此周子之格言　「子」，天明本作「孔」。*
287 加公卿馭戎馬　「加」，天明本作「況」。*
288 以行止　天明本「以」上有「慎」字，*「止」作「正」。
289 思經國之略　天明本「略」上有「高」字。*
290 而猥襲虞豫之賤服　「豫」，天明本作「旅」。
292 惟世子燔翳捐褶　「惟」，天明本作「唯」。*
294 惠示雅數　「數」，天明本作「教」。
297 以極令密訪於外　「極」，天明本作「函」。*
299—300 琰植之兄女聟也　「琰植」天明本互乙，「聟」作「壻」。
300 太祖貴其功高　「高」，天明本作「亮」。

302 而太祖亦嚴憚焉　「嚴」，天明本作「敬」。*
302 注　雅譏經遠　「譏」，天明本作「識」。
302 注　雅方直道　「雅」，天明本作「推」。
303 注　魏初委銓衡　天明本「初」下有「載」字，*「銓」作「銓」。
303 注　文武奇才　「奇」，天明本作「群」。*
304 注　天下稱平矣之也　天明本無「之也」二字。
304 有白琰此書傲世怨者　天明本「世」上有「玉薦揚訓太祖爲魏王訓發表褒述盛德時人謂玉爲失所學玉與訓書曰省表事佳耳時乎時乎會當有變時」四十三字，「怨」下有「謗」字。*
305 亂也無橈　「亂也」，天明本作「辭色」。*
306 虬髮直睦　「虬」，天明本作「虯」，「髮」作「鬚」，*「睦」作「視」。*
310 與崔琰典選舉　「典」上天明本有「並」字。*
312 由是天下　天明本「下」下有「之士」二字。*
315 屬所親念　「念」，天明本作「眷」。*
318 注　琰雅亮公正　「琰」，天明本作「玠」。*
318 注　其由選舉　「由」，天明本作「典」。*
319 注　拔直實　「直」，天明本作「貞」。
319 注　進遊行　「遊」，天明本作「遜」。*
319 注　抑賞與　「賞」，天明本作「黨」。

320 注　賤者絶姦化之賕　「化」，天明本作「貨」，「賕」作「求」。

320 注　吏潔於　天明本「於」下有「上」字。*

320 注　民到于今稱也　「也」，天明本作「之」。*

321 雀琰既死　「雀」，天明本作「崔」。

321 後有白玠　天明本「玠」下有「者」字。*

322 没爲官僮　「僮」，天明本作「奴婢」二字。*

326 自起賜劔於梜郵　「梜」，天明本作「杜」。*

334 乞象宣子之使　「象」，天明本作「蒙」，「使」作「辨」。*

337 桓楷和洽　天明本「桓」上有「時」字。*

338 注　魏武於是失政刑矣　「政」，天明本作「制」。

339 注　國無冤民　天明本「國」上有「則」字。

339 注　可以先鼜四海　「先」，天明本作「允」。

340 注　玠之一首　「首」，天明本作「責」。*

342 東莞人也　「莞」，天明本作「莞」。*

344 而奕終不爲勳　「勳」，天明本作「動」。*

344 注　武皇帝主明也　「主」，天明本作「至」。

344 注　皆以忠進顯於魏朝　「進」，天明本作「信」。*

345 注　而崔琰誅之也　天明本「誅」上有「被」字，*無「之也」二字。

347 出爲魏郡西部尉　天明本「部」下有「都」字。*

348 法應奇市　「奇」，天明本作「弃」。*

350 太子能悦　天明本「子」下有「固不」二字。*

353 帝將出遊獦　「獦」，天明本作「獵」。*

355 陛下聖仁惻隱　「聖仁」天明本互乙。

355 臣冀繼蹤前代　天明本「冀」下有「當」字。*

357 唯陛下察馬　「馬」，天明本作「焉」。*

358 帝手毀其表而竟行獦　「竟」，天明本作「競」，「獦」作「獵」。

359 獦之爲樂　「獦」，天明本作「獵」。

359 何與八音也　「與」，天明本作「如」。

360 上通於神明　天明本無「於」字。

361 隆理致化　「理」，天明本作「治」。

362 況獦暴華蓋於原野　「獦」，天明本作「獵」。

365 劉曄諛不忠　天明本「諛」上有「佞」字。*

367 解之謂也　「解」，天明本作「曄」。*

368 還即出爲右中郎將　天明本「出」下有「勛」字。*

371 罔不蕭然　「蕭」，天明本作「肅」。

375 营軍令史刘曜欲推之　「營軍」天明本互乙。

376 解上不舉　「上」，天明本作「止」。*

377 而曜蜜表勛私解邕事　「蜜」，天明本作「密」。

378 牧付廷尉　「牧」，天明本作「收」。

380—381 牧三官下付剌奸　「牧」，天明本作「收」，「官」下有「以」字。

383 求諸勛罪　「諸」，天明本作「請」。
383 還諫勛　「還諫」，天明本作「遂誅」。*
388 書著刑　天明本「刑」上有「祥」字。*
388 慎獄之謂也　天明本「慎」下有「法」字，*「也」下有「昔」字。
389 得其路温舒疾獄之吏　天明本無「得其」二字，「疾」下有「治」字。
389 夫治獄者情　天明本「情」上有「得其」二字。
392 男女無怨曠之恨　天明本「男」上有「則」字。
393 胎生必主　「生必主」，天明本作「養必全」。
394 杜而後　「杜」，天明本作「壯」，*「後」下有「役」字。*
395 二毛不成　「成」，天明本作「戒」。
395 則老無頓伏之患　天明本「老」下有「者」字。*
396 寬傒以樂其業　「傒」，校改作「傜」，天明本作「繇」。*
397 振貸以贍其乏　「振」，天明本作「賑」。
399 帝踐祚　天明本「帝」上有「文」字。
400 時帝頗出遊獦　「獦」，天明本作「獵」。
402 將行則設兵而後出偓稱警而後　天明本無「出偓稱警而後」六字。
406 非萬乘之慎也　天明本「之」下有「至」字。*
407 雖魏稱虞箴以諷晋悼　天明本「魏」下有「降」字。
408 方寇未殊　天明本「方」下有「今二」二字，「殊」作「殄」。

411 上疏陳政曰　天明本「政」下有「本」字。
413 併從容之官　「併」，天明本作「并」。
414 令之所宜也　「令」，天明本作「當今」二字。*
416 莫相倚相伏　天明本「倚」下有「杖」字，無「相伏」二字。*
417 明識以功　「識」，天明本作「試」。*
417 簡帝心矣　天明本「簡」下有「在」字。*
426 雖太極已前　「雖」，天明本作「惟」。*
427 疾或作　天明本「疾」下有「疢」字。*
428 誠願陛下發德音下發德音下　天明本不重「發德音下」四字。
429 厚矜北民之不贍　「北」，天明本作「兆」。
430 非要急之用　「要急」天明本互乙，*「之」上有「者」字。*
430 選其丁强　「强」，天明本作「壯」。*
431 咸知息伐有日　天明本「咸」上有「之」字，*「伐」作「代」。
439 臣愚以爲自今以後　天明本無「愚」字。
439 償復使民　「償」，天明本作「儻」。
440 宜明其命　「命」，天明本作「令」。*
440 使必期　天明本「必」下有「如」字。*
440 若有事次　天明本「事」下有「以」字。*
443 均其死也　「均」，天明本作「鈞」。
444 無使汙于宫掖　「宫」，天明本作「官」。
444 而遠近所疑　天明本「而」下有「爲」字。*

444　且人命重　天明本「命」下有「至」字。*

446　以耳天下　「耳」，天明本作「取」。*

448　廷尉張釋之奏便罰金　「便」，天明本作「使」。*

451　民安所厝　「厝」，天明本作「措」，金澤本校改作「厝」。*

454　反可以或謬乎　「或」，天明本作「惑」。

456　不察　天明本「不」上有「不可」二字。*

458　白馬李雲上書言　天明本「馬」下有「令」字。*

458　是帝帝欲不諦　天明本不重「帝」字。

462　可以示容受訔　「訔」下之字，天明本作「切言」二字。

464　東群人也　「群」，天明本作「郡」。

464　孫曉字季則　「則」，天明本作「明」。

469　故樂書欲杬晉侯　「杬」，天明本作「拯」。

481　遂令上察官廣　「官廣」，天明本作「宮廟」。*

482　惟唯心所適　天明本無「惟」字。

483　法於筆端　天明本「於」上有「造」字。*

483　不領覆訊　「領」，天明本作「顧」。*

484　以憁恫爲賢能　「憁恫」，天明本作「謥詷」。

488　小人畏其鎮茌　「鎮茌」，天明本作「鋒芒」。*

489　肆其姧匿　「匿」，天明本作「慝」。*

492　内有得侍中尚書　天明本無「得」字。

492　綠理萬機　「綠」，天明本作「綜」。*

497　若更高選國土　「土」，天明本作「士」。*

500　上或爲獨烹宏羊　「上或」，天明本作「卜式」。*

501　卜式以爲獨享弘羊　「享」，天明本作「烹」。

501　若使政得失　天明本「政」下有「治」字。*

503　國風記以爲刺　「記」，天明本作「託」。

507　於是遂罷　天明本「罷」下有「校事」二字。*

509　注　出朝臣言　天明本「出」下有「與」字。

510　注　持不可伐蜀義衆賢　天明本「蜀」下有「之」字，「義」作「議」，「衆賢」作「最堅」。

511　注　講不可伐之意　天明本「講」上有「曄」字。

513　注　暨曰曄在可召質也　天明本無「在」字。

513　注　詔曄曄至　天明本「詔」下有「召」字。

514　注　常恐曄夢漏泄　「曄」，天明本作「昧」。

515　注　不厭其蜜　「蜜」，天明本作「密」。

515　注　臣恐敞國已問之矣　「敞」，天明本作「敵」，「問」作「聞」。

516　注　須可制而後牽　「牽」，天明本作「率」。

517注—518注　曄能應物兩端如此　天明本「應」下有「變持」二字，*無「物」字。

518　注　陛下誠言皆反意而問之　「誠」，天明本作「試」。

519　注　問之若皆與問反者　天明本「與」下有「所」字。

519　注　復每問皆同同者　天明本僅有一「同」字。

519　注　曄之惜　「惜」，天明本作「情」。

520 注　曄遂任　「任」，天明本作「狂」。

520 注　出爲鴻臚　天明本「爲」下有「大」字。

520 注　語曰　「語」，天明本作「諺」。

521 注　巧詐不如　「如」下之字，天明本作「拙」。

524 특當使　「특」，天明本作「特」，「當」下有「任」字。*

525 殺人　天明本「人」下有「活人」二字。

525 尚以示濟　天明本「濟」下有「濟既至」三字。

528 天作威作福　「天」，天明本作「夫」。*

529 天子無戲　天明本「戲」下有「言」字。*

532 敦煌獻徑寸之珠　「敦」，天明本作「燉」。

535 後從獵　天明本「從」下有「行」字。*

536 槎柱枝失庶　「柱」，天明本作「桎」，*「枝」作「拔」，*「庶」作「鹿」。

536—537 悉牧吏將斬之　「牧」，天明本作「收」，「吏」上有「督」字。*

537 則稽曰　天明本「曰」上有「首」字。*

540 然以此是憚　「是」，天明本作「見」。*

542 子怒字務伯　「怒」，天明本作「恕」。

543 常引剄維以正言　「剄」，天明本作「綱」。

544 大議考課之制　天明本「大」上有「又」字。*

546 帝王之盛制　天明本「帝」上有「誠」字。*

546 而考續之法不著　「續」，天明本作「績」。

547 而課試之人文不垂　天明本無「人」字。

551 令奏考者　「令」，天明本作「今」，「考」下有「功」字。*

551 陳周漢之云爲　「云」，天明本作「法」。

552 可謂明考謂之要矣　「謂」，天明本作「課」。

555 或辟公府　「或」，天明本作「試」。

556 轉以公次補群守者　「群」，天明本作「郡」。*

558 不當但以其職考課之也　「不」，天明本作「亦」，*「但」作「俱」。

559 乃内職大臣　「乃」，天明本作「及」。*

560 直天下至大　「直」，天明本作「且」。*

561 誠非一明所能偏照　「偏」，天明本作「徧」。

562 明其一體相資而成也　「資」，天明本作「須」。*

563 焉有大臣守職辯課　「辯」，天明本作「辨」。

563 具布衣之交　「具」，天明本作「且」。*

566 所務者　天明本「所」上有「況於束帶立朝致位卿相」十字。

567 非知己之惠　天明本「非」下有「徒」字。

567 豈名聲而已　「名聲」天明本互乙。

570 是以不患於念治之心不盡　天明本「以」下有「古人」二字。

571 患於自任之意不意不足　天明本不重「意不」二字。

573 然骸而放四凶　「骸」，天明本作「殛鯀」。*

574 給事自下　「自」，天明本作「目」。*

576 若尸禄以爲高容　天明本無「容」字。

576 㖡以爲智　「㖡」，天明本做「嘿」。*

577 當荀在於免負　天明本「當」下有「官」字，*「荀」作「苟」。*

582 郎商鞅而上法術　「郎」，天明本作「師」，*「鞅」作「韓」。*

584 後考課意不行　「意」，天明本作「竟」。*

584 樂安廉照　「照」，天明本作「昭」。*

585 怒上書極諫曰　「怒」，天明本作「恕」。

586 伏見尚書郎廉照奏　「照」，天明本作「昭」。*

586 左承曹璠以罰當闕　「承」，天明本作「丞」。

588 不敢亂伐　「亂」，天明本作「辭」。*

592 帥之以禮故世　「世」，天明本作「也」。*

593 近盡群臣智力　天明本「臣」下有「之」字。

595 不可謂使人也　天明本「謂」下有「能」字。

598 源其所由　「源」，天明本作「原」。*

600 而智族族奏　「族族奏」，天明本作「於秦」二字。*

602 朝廷之賢佐　「之」，天明本作「乏」。

603 坐待來世之儁乂乎　「儁乂」，天明本作「俊乂」。

607 陛下當闡廣朝之心　天明本「之」上有「臣」字。*

607 聖與竹帛耳　「聖」，天明本作「望」。

608 反使如廉照者　「照」，天明本作「昭」。

624 聽伊尹作近客出入之制　「近」，天明本作「迎」。

625 選司徒更亞　「亞」，天明本作「惡」。

627 以絶阿黨之厚耳　「厚」，天明本作「原」。

627 尹伊之制　「尹伊」天明本互乙。

629 少見察納　「見」，天明本作「蒙」。

629 何患於姧不消滅　「消」，天明本作「削」。

630 而養若廉照等乎　「照」，天明本作「昭」。

630 夫糺適姧宄　「適」，天明本作「擿」。

631 然而世僧小人行之者　「僧」，天明本作「憎」。*

633 必以違衆逆世爲奉公　「逆」，天明本作「忤」。

633 密行百人爲盡節　「百」，天明本作「白」。

636 人主之最病　天明本「之」下有「所」字，*「病」下有「者」字。*

636 陛下何樂焉　天明本「下」下有「將」字。

636—637 而不絶萌乎乎　「而」，天明本作「胡」，*「絶」下有「其」字，*不重「乎」字。

637 以求容媚　「媚」，天明本作「美」。*

639 非治天下安百姓也　天明本「非」下有「欲」字。*

640 攸豈執其所守以　「攸」，天明本作「彼」。

641 夫人臣得主之心　天明本「得」下有「人」字。*

643 未有不樂此而喜干忤者也　「干」，天明本作「于」。

643 迫於道彊耳　天明本「道」下有「自」字，「彊」作「强」。

645 **如何反録照等傾側之意思**　「照」，天明本作「昭」。

646 **恕論議杭直**　「杭」，天明本作「抗」。

650 **矢盡知兵校**　「知」，天明本作「短」，「校」作「接」。

651 **吾聞良將不法死以苟免**　「法」，天明本作「怯」。*

653 **爲羽得**　天明本「羽」下有「所」字。

654 **我欲以卿爲將**　天明本無「欲」字。

661 **百代美之**　「百」，天明本作「前」。*

661 **惟侯我昭果毅**　「我」，天明本作「式」。*

663 **謚曰桉侯**　「桉」，天明本作「壯」。*

663 **又賜子會等四人爵開内内侯**　「開」，天明本作「關」，不重「内」字。

665 **天水人也**　天明本「也」下有「以涼州別駕守上邽令」九字。

666 **賊執還詣超**　天明本「賊」下有「見」字。*

669 **若吾言**　天明本「吾」上有「從」字。*

671 **大將軍不過三日至**　天明本無「將」字。

675 **吾豈荀生者乎**　「荀」，天明本作「苟」。*

676 **趙遂殺之**　「趙」，天明本作「超」。

群書治要卷第二十六

魏志下

3 陳思王植　天明本「陳」上有「傳」字。

4 見寵愛　天明本「見」上有「特」字。

4 而丁儀廣楊等　天明本「廣」上有「丁」字。

6 太和元年徒爲雍丘王　「徒」，天明本作「徙」，「雍」作「雝」。

8 上疏求存問　天明本「問」下有「親戚」二字，校云：「舊無『親戚』二字，補之。」

10 四海稱其大　「四」，天明本作「江」。

12 善堯之爲教　「善」，天明本作「蓋」。

14 周人弔管蔡之　「人」，天明本作「公」。

16 成骨肉之恩　「成」，天明本作「誠」。

18 臣伏惟陛下姿　「姿」，天明本作「資」。

25 外於胡越　「外」，天明本作「殊」。

25 以一切　天明本「切」下有「之制」二字。

26 於注心皇　天明本「於」上有「至」字。

27 願陛下霈然　「霈」，天明本作「沛」。

28 以救骨肉之虧恩　「救」，天明本作「敘」，「虧」作「歡」。

31 錐刀之用　天明本「錐」上有「無」字。

32 陛下之所戒授　天明本校云：「『戒』作『拔』。」

32 若臣爲異性　天明本「若」下有「以」字。

33 不復於朝士矣　「復」，天明本作「後」。

37 中詠常掉匪他之戒　「掉」，天明本作「棣」。

38 終懷蓼莪岡極之哀　「岡」，天明本作「罔」。

41 不聞樂槲心　「槲」，天明本作「拊」。

45 亦終向也　「也」，天明本作「者」。

47 而臣獨唱言　「唱」，天明本作「倡」。

48 竊不願聖使　天明本「願」下有「於」字，「聖」下有「世」字。

51 被時壅壅之　天明本不重「壅」字。

55 情簡　天明本「情」下有「理」字，「簡」下有「怠」字。

56 王授古喻義　「授」，天明本作「援」。

60 槙復上疏　「槙」，天明本作「植」。

63 用與不同　「同」，天明本作「用」。

68 不取孫吴　天明本「不」下有「必」字。

69 常願一奉朝覲　天明本「願」下有「得」字。

72 徒獨素雲　「素」，天明本作「望青」二字。

72 仰高風而歎息　「風」，天明本作「天」。

75 魚叔陷刑　「魚叔」天明本互乙。

78 唯陛領留意　「領」，天明本作「下少」二字。

80　未若姫周之樹國五品之制也　「品」上天明本有「等」字。
81　淳于越難　天明本校云：「『越』下有『之』字。」
84　豪在執政　「在」，天明本作「右」。
87　唯陛下祭　「祭」，天明本作「察」。
91　不勝憤滿　「滿」，天明本作「懣」。
92　拜表展陳情　天明本無「展」字。
93　藏之書應　「應」，天明本作「府」。
94　注　其遺孔稚弱　「孔」，天明本作「孤」。
96　注　必亡之所以投命　「所」，天明本作「可」。
96　注　雖構會之徒　天明本「雖」下有「有」字。
97　注　初受封　天明本「初」上有「臣」字。
97　注　授植兹青社爲魏　「授植」，天明本作「植受」。
98　注　而所得近百五十人　「近」，天明本作「兵」。
98　注　皆年耳順　天明本「年」下有「在」字。
98　注　或不喻矩　「喻」，天明本作「踰」。
98　注　旅賁官騎及親工　「旅賁」，天明本作「虎賁」，「工」作「事」。
99　注　有不虞候校　「候」，天明本作「檢」。
99　注　領不足以自救　「領」，天明本作「顧」。
99　注　況皆復耄耋疲曳乎　「疲」，天明本作「罷」。
100　注　使屏幹王　「幹」，天明本作「翰」字。
100　注　就諸國　天明本「就」下有「之」字。

101　注　夫負妻戴繈　「負妻」天明本互乙，無「戴」字。
101　注　子懷糧蹈　天明本「子」下有「弟」字。
102　注　愚誠以揮涕河水　天明本「河」上有「增」字。
103　注　甚有廢頓　「頓」，天明本作「損」。
104　注　眼能視　天明本「眼」下有「不」字。
104　注　息裁屬者　天明本「息」上有「氣」字。
105　注　痓瘵風痱　「痓」，天明本作「疲」。「痱」作「靡」。
105　注　疣眉聾聵　「疣」，天明本作「痝」，「眉」作「盲」，「聵」作「瞶」。
105　注　捕可宿衛　天明本無「捕」字，「可」下有「備」字。
106　注　雖不足以禦寇　「寇」，天明本作「寇」。
106　注　爲可使弘鋤穢草　「弘」，天明本作「耘」。
107　注　一日獦　「獦」，天明本作「獵」。
107　注　不卜親自經營　天明本無「卜」字。
108　注　有若嗷日　「嗷」，天明本作「曒」。
109　注　晻若盡晦　「盡」，天明本作「晝」。
110　注　居之藩國　天明本無「之」字。
110　注　家名爲陵　「家」，天明本作「冢」。
111　注　使解雲　「雲」，天明本作「璽」。
112　注　退可守　天明本「退」下有「有」字。
114　注　安得蕩然肆　天明本「肆」下有「志」字。
115　注　潤骨　天明本「骨」上有「白」字。

117 **既自然峻逼**　天明本無「然」字。

118 **皆買賣下才**　「賣」，天明本作「豎」。

118 **丘人給其殘老**　「丘」，天明本作「兵」。

119 **大數不過二百**　天明本「百」下有「人」字。

120 **注　不度先王之曲**　「曲」，天明本作「典」。

122 **注　時世然也**　「世」，天明本作「勢」。

123 **注　風澤既黴**　「黴」，天明本作「微」。

123 **注　而彫萸枝幹**　「萸」，天明本作「翦」，「幹」作「幹」。

123 **注　五嗣忽諸**　「五」，天明本作「不」。

124 **注　曹同論之詳矣**　「同」，天明本作「冏」。

125 **中山恭王哀**　「哀」，天明本作「衮」。

126 **遂共陳表稱**　「陳表稱」，天明本作「表稱陳」。

126 **聞之大驚懼**　天明本「聞」上有「衮」字。

130 **尚約儉**　天明本「尚」上有「衮」字。

131 **紡績紝**　天明本「績」下有「織」。

131 **病困**　天明本「病」上有「衮」字。

134 **老者猶宜益**　「益」，天明本作「答」。

138 **與其守寵羅禍**　「羅」，天明本作「罹」。

141 **聞闈之内**　「闈」，天明本作「閨」。

142 **無怠於心**　「於」，天明本作「乃」。

143 **使大鴻臚持節**　天明本「使」上有「詔」字，「節」下有「典」字。

144 **詳曰**　「詳」，天明本作「評」。

144 **徒有國士之名**　「士」，天明本作「土」。

145 **又禁防擁**　天明本校云：「『擁』作『壅』」。

148 **注　必封異姓**　「封」，天明本作「樹」。

148 **注　庸動親親**　「動」天明本作「勳」。

149 **注　賢無與功**　天明本「賢」上有「非」字，「與」下有「興」字。

151 **注　故傳兼親**　「傳」，天明本作「博」。

152 **注　則有與守其士**　「士」，天明本作「土」。

153 **注　今魏尊尊之法**　「尊尊」，天明本作「尊賢」。

154 **注　鶺鴒在京**　「京」，天明本作「原」。

155 **注　或釋而不任**　天明本校云：「舊無『或任而不重』五字，補之。」

156 **注　開門反距**　「距」，天明本作「拒」。

156 **注　匈心無衛**　「匈」，天明本作「胸」。

157 **注　而秦二世三**　「三」，天明本作「而亡」二字。

158 **注　人必憂其**　天明本「其」下有「憂」字。

160 **注　參異同而並建**　「異同」，天明本互乙。

162 **注　諸侯傲而復南**　「南」，天明本作「肅」。

162 **注　侵以陵遲**　「侵」，天明本作「浸」。

162 **注　吴楚憑淩江**　天明本無「淩」字。

163 **注　情散匈懷**　天明本「散」下有「於」字。

164 注 本根賴之 天明本「之」下有「與」字。

164 注 轉相政伐 「政」，天明本作「攻」。

164 注 至於王赦 「赦」，天明本作「赧」。

165 注 卅餘年 「卅」，天明本作「四十」。

165 注 騁譎作之術 「作」，天明本作「詐」。

167 注 以爲以弱 天明本下「以」字作「小」，「弱」下有「見」字。

167 注 尺士之封 「士」，天明本作「寸」。

169 注 江海棄 天明本「棄」下有「捐楫櫂觀者爲之寒心而始皇晏然自以爲關中之固金」二十二字。校云：「舊無『捐楫』至『固金』二十二字，補之。」

171 注 長遵凶父之業 「遵」，天明本作「遭」。

172 注 而乃師謨申商 「謨」，天明本作「譚」。

173 注 騰廣唱之於前 「唱」，天明本作「倡」。

173 注 劉項斃之於後 「斃」，天明本作「弊」。

177 注 駈鳥合之衆 「合」，天明本作「集」。

177 注 其興功立 「功立」，天明本互乙。

177 注 有若漢之易者 天明本「漢」下有「祖」字。

178 注 擁枯朽者 「擁」，天明本作「摧」。

178 注 封桓子弟 「桓」，天明本作「殖」。

180 注 授命於内 「授」，天明本作「受」。

180 注 齊伐吴楚 「伐」，天明本作「代」。

180 注 向高祖跙踵 天明本「向」下有「使」字，「踵」上無「跙」字。

184 注 用昆錯之計 「昆」，天明本作「晁」。

184 注 削點諸侯 「點」，天明本作「黜」。

184 注 吴越唱謀 「唱」，天明本作「倡」。

185 注 疊成文景 「疊成」，天明本作「疊鍾」。

186 注 猶成不從 「成」，天明本作「或」。

186 注 其可棹哉 「棹」，天明本作「掉」。

187 注 自是後 天明本「自」下有「之」字。

187 注 淮南三郡 「郡」，天明本作「割」。

187 注 衣食祖稅 「祖」，天明本作「租」。

188 注 不豫政事 「豫」，天明本作「預」。

188 注 至於平帝 「平」，天明本作「成」。

189 注 枝落則本根無庇 天明本「枝」下有「葉」字。

190 注 異性乘權 「乘」，天明本作「秉」。

191 注 貢奉稷 天明本「奉」下有「社」字。

193 注 從權輕執弱 「執」，天明本作「勢」。

193 注 不世之恣王 「恣」，天明本作「姿」，「王」上有「禽」字。

194 注 而曾不鑒秦之策 「鑒」，天明本作「監」，「之」下有「失」字。

195 注 而僥倖無旌 「僥」，天明本作「徼」，「旌」作「疆」。

197 注 君九州之地 「君」，天明本作「居」。
198 注 觀立伐之存 「立伐」，天明本作「五代」。
199 而不改其徹迹 「徹」，天明本作「轍」。
200 注 執齊凡庶 「執」，天明本作「勢」。
200 注 無宗盟磐石之助 「宗盟磐石」，天明本作「磐石宗盟」。
201 注 今以州牧 「以」，天明本作「之」。
201 注 有千里之士 「士」，天明本作「土」。
201 注 魚軍武之任 「魚」，天明本作「兼」。
203 注 萬一之慮也 「慮」，天明本作「虞」。
203 注 或偏師之 天明本「之」下有「帥」字。
205 注 褒異宗挨 「挨」，天明本作「室」。
206 注 枯葉枝繁 「枯葉」，天明本作「葉枯」。
206 注 條落者本流 「流」，天明本作「孤」。
207 注 可以譬天 「天」，天明本作「大」。
209 注 其根殖於宫 「殖」，天明本作「植」。
209 注 雖雍之以裏 「雍」，天明本作「壅」。
209 注 似春日 「似」，天明本作「以」。
209 注 何眼蕃育哉 「眼」，天明本作「暇」。
210 注 士民 天明本「士」上有「士猶」二字。
211 注 以惟壬也 「惟壬」，天明本作「懼亡」。
211 注 故病風卒至 「病」，天明本作「疾」。
211 注 無懼拔之憂 「懼」，天明本作「摧」。

213 山陽高平人也 天明本無「高平」二字。
215 阮瑀劉楨 天明本「瑀」下有「應瑒」二字。校云：「舊無『應瑒』二字，補之。」
215 並見善友 「善友」，天明本作「友善」。
217 注 與左焙徐璜 「焙」，天明本作「悺」。
218 注 嵩乞攜 天明本「乞」下有「匄」字。
218 注 職置位 「置」，天明本作「假」，「與」作「輿」。
218 注 與金輦寶 「與」，天明本作「輿」，「寶」作「璧」。
218 注 卒盜鼎司 「卒」，天明本作「竊」。
219 注 姦閹遺醜 「姦」，天明本作「贅」。
220 注 垂兹跋扈 「垂兹」，天明本作「乘資」。
220 注 剝割元元 「剝割」天明本互乙。
221 注 卑侮王官 「官」，天明本作「宫」。
221 注 坐名三臺 「名」，天明本作「召」。
221 注 專制政 天明本「政」上有「朝」字。
221 注 爵由心 天明本「由」上有「賞」字。
222 注 所受光五宗 「受」，天明本作「愛」。
222 注 受顯誅 「受」，天明本作「蒙」。
223 注 先帝母昆 「昆」，天明本作「弟」。
223 注 破棺尸 天明本「尸」上有「裸」字。
223 注 掠取金寶 「掠」，天明本作「略」。
224 注 而行虜之態 天明本「虜」上有「桀」字。

224 注 汗國虐民 「汗」，天明本作「殄」。
225 注 毒施人鬼 「施」，天明本作「流」。
225 注 細政荷慘 「荷」，天明本作「苛」。
225 注 科防可設憎繳 「可」，天明本作「互」，「憎」作「繒」。
225 注 觀古今籍 天明本「今」下有「書」字。
226 注 貪殘虒裂 「虒裂」，天明本作「虐烈」。
226 注 爲甚之也 天明本無「之也」二字。
229 注 崩通進榮 「崩」，天明本作「蒯」。
230 注 故路之容 「路」，天明本作「跖」，「容」作「客」。
230 注 可使吠克也 「克」，天明本作「堯」。
231 注 豪宅心矣 「宅」，天明本作「詫」。
232 注 不咎之也 天明本無「之」字。
234 河東安邑人 天明本無「安邑」二字。
235 凋遺而侈務 「侈」，天明本作「役」。
245 其言治 天明本校云：「『治』上有『政』字。」
250 遺民困共 「共」，天明本作「苦」。
253 徹膳降服降服 天明本無「降服」二字。
253 然奢儉之節 天明本「然」下有「則」字。
255 食不過一肉 「肉」，天明本作「内」。
255 不糸飾 「糸」，天明本作「緣」。
256 器物無曰漆 「曰」，天明本作「丹」。
259 由𢙵不 「𢙵」，天明本作「恐」，「不」下有「及」字。

262 陛下至通 天明本校云：「『至通』作『通明』。」
266 劉廣 「廣」，天明本作「廙」。
266 南陽安衆人 天明本無「安衆」二字。
267 廣弟偉 「廣」，天明本作「廙」。
269 注 廣別傳 「廣」，天明本作「廙」。
269 注 廣表論治道 「廣」，天明本作「廙」。
270 注 亂幣之後 「幣」，天明本作「弊」。
270 注 盡士之孝 「孝」，天明本作「存」。
270 注 蓋尒無幾 「尒」，天明本作「亦」。
271 注 其股肱大職 「股肱」天明本互乙。
272 注 況長史已下群職 「史」，天明本作「吏」。
272 注 小位皆能簡練 「位」，天明本作「任」，「皆能」互乙。
274 爲政者亦以其不得久安之故 天明本「爲」上有「而」字。
275 注 夢想於卒 「卒」，天明本作「聲」。
276 注 所爲點 「點」，天明本作「黜」。
276 注 往來之浮 天明本「浮」下有「言耳」二字。
277 注 恒民也 「恒」，天明本作「恤」。
278 注 闢而從人 「闢」，天明本作「屈」。
280 注 宜使小久 「小」，天明本作「少」。
280 注 歲課能否 天明本「課」下有「之」字，無「否」字。
283 注 大祖甚善之也 天明本無「也」字。
286 猶卑宮 天明本「宮」下有「室」字。

287 之後　天明本「之」上有「滅賊」二字。
292 郡反曰　「郡反」，天明本作「群又」。
294 皆是急要　「急要」天明本互乙。
297 不可壞也　「壞」，天明本作「不置」二字。
304 聖悳不及　「悳」，天明本作「聽」。
305 令帝嘗𢀖至尚書門　天明本「令」下有「明」字，「𢀖」作「卒」。
306 陛下欲之　天明本「欲」下有「何」字。
307 欲安行文書　「安」，天明本作「案」。
308 臣若不稱其職　「臣若」天明本互乙。
309 其高直如此　「高」，天明本作「亮」。
311 涿人也　天明本「涿」下有「郡」字。
312 以宫室事功諫　「功」，天明本作「切」。
313 君明則臣真直　天明本無「真」字。
313 古之聖恐不聞其過　天明本「聖」下有「王」字，「恐」作「恐」。
317 八達之謠　「謠」，天明本作「誚」。
320 以識異　天明本「異」下有「人」字。
323 正以脩明　「脩」，天明本作「循」。
324 朋試以功　「朋」，天明本作「明」。
324 常納言　「常」，天明本作「帝」，「納」下有「其」字。
325 丞相椽屬　「椽」，天明本作「掾」。
331 故汙辱其衣　「汙」，天明本作「汙」。
332 藏其與服　「與」，天明本作「輿」。
334 以撿殊　「撿」，天明本作「檢」。
337 注　則功僞滋生　「功」，天明本作「巧」。
337 注　以刻訓下　「刻」，天明本作「克」。
337 注　門耶存誠之道　「門」，天明本作「閑」。
338 注　於是元矣　「元」，天明本作「允」。
338 爲侍中　天明本「爲」上有「魏國既建」四字。校云：「舊無『魏國既建』四字，補之。」
340 令言事者　「令」，天明本作「今」。
345 臣非敢曲　天明本「曲」下有「理」字。
346 特見狀擢　「狀」，天明本作「拔」。
348 要宜考核　「核」，天明本作「覈」。
348 兩驗其　天明本「其」下有「實令」二字。
349 致之干理　「干」，天明本作「于」。
351 信有謫主　「謫主」，天明本作「謗上」。
357 將軍許遊　「遊」，天明本作「攸」。下 359、364 列同。
358 有惕言　天明本「有」上有「而」字。
362 臣方共殿下成之　「共」，天明本作「助」。
363 雖成宜敗之　「敗」，天明本作「改」。
365 如何置乎　天明本「何」下有「可」字。
366 太祖曰　天明本「曰」下有「凡人也襲曰」五字。
366 夫唯賢　天明本「賢」下有「知賢」二字。

367 凡人聖　「聖」，天明本作「邪」。

368 殿下避彊政弱　「政」，天明本作「攻」。

368 不爲㚒退　「㚒」，天明本作「勇」。

370 萬鈞文　「鈞文」，天明本作「鈞之」。

370 不以挺橦起音　「挺橦」，天明本作「莛撞」。

372 撫遊遊　「遊遊」，天明本作「攸攸」。

373 字文惠　「惠」，天明本作「慧」。

373 相理曹掾　「掾」，天明本作「掾」。

375 各有所司　天明本「司」下有「令」字。

376 信下之指　「指」，天明本作「旨」。

377 宜撿治之　「撿」，天明本作「檢」。

378 而辯衆事　「辯」，天明本作「辨」。

379 則不能　天明本「能」下有「也」字。

380 謝於柔　天明本「謝」上有「以」字。

381 治書勢法　「勢」，天明本作「執」。

381 時人間　「人」，天明本作「民」。

385 相誣内之漸　「内」，天明本作「罔」。

385 緝遐治道也　「遐」，天明本作「熙」。

386 稱殿之祖宗　「殿」，天明本作「殷」。

386 不領小人之惡　「領」，天明本作「顧」。

391 遷廷尉　天明本「遷」下有「爲」字，「尉」下有「明帝即位」四字。校云：「舊無『明帝即位』四字，補之。」

392 禁内射免　「免」，天明本作「兔」。

396 豈妄抆黿　「抆」，天明本作「收」。

398 帝意竊　「竊」，天明本作「寤」。

399 即逯訊　「逯」，天明本作「還」。

401 帝欲徒冀　「徒」，天明本作「徙」。

403 作以色見　「以色」天明本互乙。

404 陛下欲徒　「徒」，天明本作「徙」。

405 謂我徒之　「徒」，天明本作「徙」。

409 容得怒臣　「容」，天明本作「安」。

411 令徒既失人心　「令徒」，天明本作「今徙」。

412 帝遂徒其半嘗　「徒」，天明本作「徙」。

414 帝黜然　「黜」，天明本作「默」。

414 恙爲之希出　「恙」，天明本作「遂」。

416 制斷密政　「密」，天明本作「時」。

417 略子敞諫曰　「略」，天明本作「毘」。

419 有謗言略　「略」，天明本作「毘」。

420 吾之身　天明本「之」下有「立」字。

421 豈有大丈夫欲爲公　天明本無「豈」字。

424 不如辛略略　「略略」，天明本作「毘毘」。

427 然性剛踈而專　天明本無「踈」字。

427 慮所當深也　天明本「深」下有「察」字。

430 數出入戈　「戈」，天明本作「弋」。

431 皇帝開祏之太　「祏」，天明本作「拓」，「太」作「大業」二字。

433 季世放蕩之惡政　「蕩」，天明本作「昆」。

436 所以明明赫赫　天明本不重「明」「赫」二字。

437 至乎泯滅　「乎」，天明本作「于」。

438 萇使桓靈不廢　「萇」，天明本作「曩」。

443 間得察表　「察」，天明本作「密」。

445 借矣悉矣　「借矣」二字，天明本作「備」。

445 甚喜之　「喜」，天明本作「嘉」。

448 治之甚也　天明本「甚」下有「者」字。

452 今守功文吏　天明本「文」下有「俗之」二字。

453 當今之爲　「爲」，天明本作「急」。

457 紂爲湞室　「湞室」，天明本作「傾宮」二字。

463 乃自逸　天明本無「乃」字。

464 是侈是紛必　「紛」，天明本作「飾」。

466 無百之娯　「百」，天明本作「一日」二字。

468 有亡一躰　「有」，天明本作「亡」。

470 不足以感悟陛下　「悟」，天明本作「寤」。

471 烈考之作　「作」，天明本作「祚」。

472 有萬一　天明本「有」下有「補」字。

476 周景王不儀　天明本「儀」下有「刑」字。

478 諫而不聽洽　「洽」，天明本作「泠」。

478 對曰而不從　天明本無「曰」字。

479 周意以衰　「意」，天明本作「德」。

479 以爲永監　「監」，天明本作「鑒」。

480 以蕩聖心　「蕩」，天明本作「盪」。

482 保神之休也　天明本「神」下有「明」字。

483 隆與卞籣從　「籣」，天明本作「蘭」。

487 是以措和之　「措」，天明本作「錯」。

488 以殞大鑄　「鑄」，天明本作「鐘」。

489 周景以斃　「斃」，天明本作「弊」。

492 隆此何咎　天明本「隆」傻瓜有「詔」字。

493 皆所以明教誠也　「誠」，天明本作「誡」。

494 雖率禮　「雖」，天明本作「惟」。

499 增崇大道　「大」，天明本作「人」。

499 以答意　天明本「答」下有「天」字。

500 帝以問隆隆　天明本不重「隆」字。

501 今興室　天明本「室」上有「宮」字。

502 得居之家也　「家」，天明本作「象」。

505 可以繁礼　「礼」，天明本作「祉」。

508 帝改灾動色　「灾」，天明本作「容」。

509 太行之石英　天明本校云：「『行』作『山』」。

510 芳林園　天明本「林」下有「之」字。

510 照陽殿於太極之北　「照」，天明本作「昭」。

515 天作傜兩　「傜」，天明本作「淫」。
519 令無若時之急　「令」，天明本作「今」。
521 乘之竹帛　「乘」，天明本作「垂」。
522 畏天之明命　天明本「天」上有「上」字。
523 准有違災異　「准」，天明本作「惟恐」二字。
524 爰暨未葉　「暨」，天明本作「及」。
526 其情志輊　「輊」，天明本作「恬」。
535 賢主躬約儉　天明本「躬」下有「行」字。
536 以爲天下倒懸　「懸」，天明本作「縣」。
536 可爲痛坐者一十　「坐」，天明本作「哭」，無「十」字。
537 歎息者六　「六」，天明本作「三」。
538 無擔石之儲　「擔」，天明本作「儋」。
538 終年之福　「福」，天明本作「畜」。
539 六軍曝邊　「曝」，天明本作「暴」。
540 不能授命　「授」，天明本作「投」。
542 禄賜穀帛　天明本「禄」上有「夫」字。
543 若令有廢　「令」，天明本作「今」。
544 既之而又之　天明本「既」下有「得」字，「又」下有「失」字。
547 從命奔迸　「迸」，天明本作「走」。
550 天下桎　天明本「桎」下有「梏」字。
551 史遷其不正諫　天明本「遷」下有「議」字。
552 隆寢疾篤　天明本無「寢」字。

554 而踵蹈桀紂　「踵蹈」天明本互乙。
555 莫不豈笑季世　「豈」，天明本作「蚩」。
557 數百尺之士　「士」，天明本作「土」。
561 春然迴顧　「春」，天明本作「眷」。
562 明王之冑也　「冑」，天明本作「胄」。
566 社稷崩地哉　「地」，天明本作「圮」。
568 口爪句赤　「句」，天明本作「胷」。
569 防鷹之臣　天明本「鷹」下有「揚」字。
569 使軍國典兵　「軍」，天明本作「君」。
570 鎮撫皇基　「基」，天明本作「畿」。
572 賴朱虛斯　天明本無「斯」字。
573 則延期　天明本「期」下有「過」字。
574 天下之天下也　天明本「也」下有「非獨陛下之天下也」八字。校云：「舊無『非獨』至『下也』八字，補之。」
575 輙自扶與出還舍　天明本無「扶」字，「與」作「輿」。
578 注　鮮卑索利等　「索」，天明本作「素」。
578 注　豫輙送官　「輙」，天明本作「轉」。
578 注　胡乃密壞卅斤　「壞」，天明本作「懷」。
580 注　開壞以納戎　「壞」，天明本作「懷」。
583 西城流通　「城」，天明本作「域」。
583 皆邀動也　「動」，天明本作「勛」。
585 彈耶繩枉　「耶」，天明本作「邪」。

589 服職前胡　「胡」，天明本作「朝」。
590 入讚庶事　「事」，天明本作「政」。
594 爲兗州　「爲」，天明本作「遷」。
596 字處　天明本「處」下有「静」字。
597 字道仲　「仲」，天明本作「沖」。
597 夫爲人子之道　「爲人」天明本互乙。
602 此成於内　天明本「此」下有「行」字。
605 則有靈僞　「靈」，天明本作「虚」。
605 則有彼之患　天明本「彼」下有「此」字。
606 昭然者明　「者」，天明本作「著」。
606 而脩覆車　「脩」，天明本作「循」。
607 皆由或當時　「或」，天明本作「惑」。
611 悔宏之咎　「宏」，天明本作「吝」。
612 賢往事之成敗　「賢」，天明本作「覽」。
613 能保世持家　天明本「能」上有「而」字。
616 欲使汝曹領名　「領」，天明本作「顧」。
617 古者盤盂有銘　「盂」，天明本作「杅」。
617 凡杖有誡　「凡」，天明本作「几」。
619 晚就善終　天明本「就」下有「則」字。
620 松柏之茂隆寒　天明本「寒」下有「不衰」二字。
621 若范與封秦客　「與」，天明本作「匄」。
621 而武子擊之　「而」，天明本作「至」。
623 有能寡不自矜　天明本「能」下有「者」字。
624 掩人者　天明本「掩」上有「人」字。
624 亦掩之　天明本「亦」上有「人」字。
626 矜善自代　「代」，天明本作「伐」。
627 惡其善人也　「善」，天明本作「蓋」。
630 誰毁誰譽　天明本「譽」下有「如有所譽」四字。
630 必所試　天明本「必」下有「有」字。
632 而輕毁譽者　天明本無「者」字。
632 將軍馬授　「授」，天明本作「援」。
639 加人也　天明本「也」下有「人」字。
639 自脩也　天明本「自」上有「而」字。
640 諺曰救寒　「諺」，天明本作「諺」。
643 吾與吾與時人　天明本不重「吾與」二字。
645 然其爲人弘　天明本無「然」字。
646 得其人也　天明本無「也」字。
649 古人以見其　天明本「其」下有「意」字。
653 兒子之遵　「之遵」天明本互乙。
654 及其則先九族　「則」，天明本作「用財」二字。
655 其出入在　「在」，天明本作「存」。
657 勢或驕淫　「勢」，天明本作「世」。
660 司馬文王欲啚蜀　「啚」，天明本作「圖」。
661 蜀以會鎮　天明本「會」下有「爲」字。

663 密自艾有反狀　「自」，天明本作「白」。

664 辭指倨　「倨」，天明本作「悖」。

665 車徵艾　天明本重「艾」字。

665 而會統大衆　天明本「會」下有「獨」字。

667 注　父王聞鍾　天明本「鍾」下有「會」字。

668 注　而輒收葬　天明本「而」下有「又」字。

669 注　仁流朽骨　「朽」，天明本作「朽」。

669 注　而後葬哉　天明本「後」下有「收」字。

671 注　損之中野　「損」，天明本作「捐」。校云：「『損』作『捐』。」

672 注　豈人賢所掩哉　「人」，天明本作「仁」。

673 注　動明主彼皆忠烈　天明本「動」上有「也哭王經而哀感市人葬鍾會而義」十四字。

673 注　奮到知死　「到」，天明本作「勁」。

673 注　其養奉死之心　天明本無「養」字。

674 注　至忠貞之節　「至」，天明本作「其」。

674 注　之以愧背義　「之」，天明本作「足」。

674 注　可謂明矣　天明本「明」下有「達」字。

群書治要卷第二十七

蜀志

3 劉璋　天明本「劉」上有「蜀志」二字。

3 江夏人　天明本「人」下有「也」字。*

5 不存録　天明本「不」下有「復」字。*

7 注　弃之於俯仰之頃　天明本「弃」上有「而」字。*

7 注　豈不乎　天明本「不」下有「惜」字。*

8 注　君子勞論曰　「論」，天明本作「謙」。

9 注　廣而下愈欣　天明本「而」下有「天」字。*

9 注　愈欣其庋　「庋」，天明本作「慶」。*

9 注　故能有富貴　天明本「有」下有「其」字。

10 注　遂兼天下　天明本「下」下有「者也」二字。*

11 不刑於色　「刑」，天明本作「形」。

12 以上賓待之　天明本「賓」下有「礼」字。*

21 有志之士無競勸　天明本「無」下有「不」字。*

22 乃登發喪　天明本無「登」字。

24 於永安宮　天明本「於」上有「殂」字。

25 注　主曰　天明本「曰」下有「朕」字。*

25 注　五十不稱　天明本「五」上有「人年」二字。*

26 注　能服人　天明本「服」下有「於」字，*金澤本校改「於」在「服」字之上。

27 知人待土　「土」，天明本作「士」。

32 唯博陵雀州平　「雀」，天明本作「崔」。

34 謂葛孔明者　「謂」，天明本作「諸」。

36 與亮情好日蜜　「蜜」，天明本作「密」。

45 詔勅後主　天明本「主」下有「曰」字。*

46 由斜谷出　天明本「出」下有「以流馬運」四字。

46—47 據武功立大原　「大」，天明本作「丈」，「立」作「五」。*

50 有桑八百根　「根」，天明本作「株」。*

51 薄田十五項　「項」，天明本作「頃」。

51 弟子衣食自有餘　「弟子」天明本互乙。

54 注　諸葛亮之治　天明本「治」下有「國」字。校云：「舊無『國』字，補之。」

55 注　聞善以政　「善以」，天明本作「惡必」。

58 諸葛亮之爲國　天明本「國」上有「相」字。*

58 示儀　「儀」，天明本作「義」。

62 善微而不贊　天明本「善」下有「無」字，「贊」作「賞」。*

65 其用心乎　「乎」，天明本作「平」。

68 恩君兄弟　「君」，天明本作「若」。

70 群爲偏將　「群」，天明本作「拜」。*

71 禮之甚⿰氵⿸厂云　「⿰氵⿸厂云」，天明本作「厚」。*

71 紹遺大將軍　天明本「紹」上有「袁」字。

75 封羽爲漢壽亭侯　天明本「封」上有「者遂解白馬圍曹公表」九字。*

76 而察其　天明本「其」下有「心神」二字。*

76 無久留意　天明本「留」下有「之」字。*

77 而遼以問　天明本「而」上有「既」字。

77 吾極知遭公　「遭」，天明本作「曹」。*

79 以報遭公　「遭」，天明本作「曹」。*

79 而復乃歸　「復」，天明本作「後」。*

80 以羽言報遭公　「遭」，天明本作「曹」。*

81 重賞賜　天明本「重」下有「加」字。*

82 封所而奔　天明本「所」下有「賜」字。*

82 左右欲進之遭公　「遭」，天明本作「曹」。*

85 飛呵顏曰　天明本「飛」上有「顏」字。*

87 無降將軍也　天明本「無」下有「有」字。*

88 令左右牢去　「牢」，天明本作「牽」。*

89 斫顯便斫頭　「顯」，天明本作「頭」。

91 魏臣程昱等　天明本「魏」下有「謀」字。*

92 万人敵　天明本「人」下有「之」字，*「敵」下有「也」字。*

93 先主常武之　「武」，天明本作「戒」。*

98 裒陽人　「裒」，天明本作「襄」。*

102 不足莫也　「莫也」，天明本作「慕企」。

103 而爲善少者　「少者」天明本互乙。

103 今狀十失五　「狀」，天明本作「拔」。*

103 而得其半　「而」，天明本作「猶」。*

104 以崇萬世　「萬」，天明本作「邁」。

106 言吴將魯粛　「粛」，天明本作「肅」。*

110 所卒先主　天明本「所」下有「中」字。*

112 有刑吏於家　天明本「於」下有「人」字。*

113 作酒同罰　天明本「酒」下有「者」字。*

113 雍從先主遊觀　「從」，天明本作「從」，金澤本校改作「与」。*

114 謂先主　天明本「主」下有「曰」字。*

114 彼人欲淫　天明本「欲」下有「行」字。*

120 相教與下曰　天明本「與」下有「群」字。*

120 天參署　「天」，天明本作「夫」，*「署」下有「者」字。*

121 廣門損矣　「廣門」，天明本作「曠闕」。*

121—122 違而得　天明本「違」下有「覆」字，*「得」下有「中」字。*

122 而獲玉也　天明本「獲」下有「珠」字。*

123 然人心苦不能　天明本「能」下有「盡」字。*

126 則亮可少過　天明本「過」下有「矣」字。*

126 人曰　「人」，天明本作「又」。*

128 每則盡　天明本「每」下有「言」字。*

128 從事有偉度度　天明本不重「度」字。

131—133 偉度者姓胡名濟義陽人也爲亮主簿有忠盡之效故見褒述　天明本此二十四字作小字注。

138 衹代允为侍中　天明本「衹」上有「陳」字。*

139 皓互相表裏　天明本「皓」上有「與」字。

142—143 蜀郡成都也　天明本無「成都」二字，「都」下有「人」字。*

143 常稱　天明本「稱」下有「曰」字。*

144 罰不阿延　「延」，天明本作「近」。*

147 也西閬中人　「也」，天明本作「巴」，無「閬中」二字。

148 名爲主簿　「名」，天明本作「召」。*

149 將軍有鐃名　「鐃」，天明本作「驍」。

150 欲賓客礼待之　天明本「欲」下有「以」字。*

154 閉城堅守　天明本「城」下有「門」字。*

154 須璋稽服　天明本「須」下有「劉」字。*

159 而道隔　天明本「隔」下有「絕」字。*

162 注　漢武用盧内之言　「内」，天明本作「罔」。*

162 注　咸李陵之家　「咸」，天明本作「滅」。*

163 注　二得失得　天明本「二」下有「主」字，*無下「得」字。

163 君舍　「舍」，天明本作「捨」。

164 陳韓耶　「耶」，天明本作「邪」。*

164 劉氏厚遇降　「氏厚」，天明本作「主殊」。

166 人之可慕乎　「乎」，天明本作「也」。

167 拜鎮南將軍　天明本「拜」下有「爲」字。

167 封涫陽侯　「涫」，天明本作「育」。

168 使之陪乘　天明本「乘」下有「蜀降人或云誅權妻子權知其虛言未使發喪後得審問果如所言及」二十四字。*校云：「舊無『或云』至『言及』二十四字，補之。」

168 魏郡臣咸賀　「郡」，天明本作「群」。*

171 奄主都　天明本「主」下有「廣」字。*

172 諸葛亮曰　天明本「曰」上有「請」字。*

176 王室者也　「室」，天明本作「業」。

176 察表後主　「察」，天明本作「密」。*

179 出類犾葬　「犾葬」，天明本作「拔萃」。*

179 郡寮之右　「郡」，天明本作「群」，*「寮」作「僚」。

182 或搆搆於戲　上「搆」字，天明本作「欲」，*無「於」字。

185 後言古　天明本「古」下有「人」字。*

185 吾是耶　「耶」，天明本作「邪」。*

187—188 位事憒　「位」，天明本作「作」，「憒」作「憒憒」二字。*

188 非前人　天明本「非」下有「及」字。*

190 據問其憒　天明本「據」下有「聽不推則乞」五字。*校

云：「『據』疑『請聽不』字。」

192 何問耶　「耶」，天明本作「邪」。*

195 季漢輔臣　天明本「臣」下有「讚」字。*

195 注　張裔犇琬　「犇」，天明本作「蔣」。*

195 注　楊顒爲朝中多損矣　「矣」，天明本作「益」。*

196 注　請明公以作家　天明本「請」下有「爲」字。*

197 注　婢炊　天明本「婢」下有「典」字。*

197 注　雞主伺晨　「伺」，天明本作「司」。

197 注　馬法遠路　「法」，天明本作「涉」。*

197 注　雍容高拱　「拱」，天明本作「枕」。

198 注　爲此斫務　「斫」，天明本作「碎」。*

199 注　是故人稱坐而論道　天明本「故」下有「古」字。*

199 注　謂之三公　「三」，天明本作「王」。

199 注　謂之卿大夫　「卿」，天明本作「士」。

200 注　躬自校薄　天明本「薄」下有「書」字。*

200 注　又載義陽傳　「載」，天明本作「有」。

201 注　斷後拚戰　「拚」，天明本作「拒」，金澤本校改作「撰」。*

201 注　僉爲開督　天明本「開」下有「中都」二字。

203 注　僉息暮侵人　「暮侵人」，天明本作「著募後没人」五字。

吴志上

204 吴誌　「誌」，天明本作「志上」二字。

205 郡人策茀也甍　「茀」，天明本作「弟」，「也」下有「策」字。*

207 招延雋秀　「雋」，天明本作「後」。

209 初權任信　「任信」天明本互乙。

211 莫敢後言　「後言」天明本互乙。

212 發露伏　天明本「伏」下有「誅」字。*

214 茀亮廢　「茀」，天明本作「弟」。

215 及右將軍張布　「右」，天明本作「左」。

220 休答　天明本「答」下有「曰」字。*

223 從復如此　「從」，天明本作「縱」。

223 亦何損　天明本「何」下有「所」字。*

223 君持當己　「己」，天明本作「以」。*

225 重白序述　「白」，天明本作「自」。

227 王務學業　「王」，天明本作「政」。

229 良甚不取　「甚」，天明本作「所」，金澤本校改作「其」。*

230 叩頭休答　天明本「答」下有「曰」字。*

231 如君之患誠　「患」，天明本作「忠」。

231 遠近可知　「可」，天明本作「所」。

232 鮮有克終　天明本「終」字重。*

234 多行無行　下「行」字，天明本作「禮」。*
238 迎立信　「信」，天明本作「皓」。*
239 注　苑者施之　「施」，天明本作「放」。
240 既得志　天明本「既」上有「皓」字。*
240 鹿暴驕盈　「鹿」，天明本作「麤」。
242 賤奪百姓才物　「賤」，天明本作「刼」，*「才」作「財」。*
245 太守車俊　「俊」，天明本作「浚」。*
246 不出筭民　「民」，天明本作「緡」。*
246 殉首諸郡　「殉」，天明本作「徇」。
246 注　浚在公清　天明本「清」下有「忠值郡荒旱民」六字。*
247 注　又尚書能睦　「能」，天明本作「熊」。
247 注　見皓暴虎　「暴虎」，天明本作「酷虐」。
248 三年　天明本「三」上有「天紀」二字。
249 每宴會郡臣　「郡」，天明本作「群」。*
250 持不與酒　「持」，天明本作「特」。
251 司過之史　「史」，天明本作「吏」。
251 容罷之後　「容」，天明本作「宴」。*
252 逆視之　天明本「之」下有「咎」字。
252 謬言語之　天明本無「語」字。
252 因有不舉　「因」，天明本作「罔」。
253—254 後宮千數　「千數」天明本互乙。

257 好興功夫衆　「夫」，天明本作「役」。
258 蓋積惡已熟　「熟」，天明本作「極」。
258 濬彬所至　「彬」，天明本作「彤」。*
259 奉書降濬　「降」，天明本作「於」，「濬」下有「濬受皓之降」五字。校云：「舊無『濬受皓之降』五字。」
262 一以委晦　「晦」，天明本作「昭」。*
263 欲嘿而而　天明本不重「而」字。
264 聞父歡哭　「父」，天明本作「之」，*「哭」作「笑」。
268—269 詔率郡宜　「郡」，天明本作「群」，*「宜」，天明本作「僚」，金澤本校改作「寮」。*
270 虎嘗突前　「嘗」，天明本作「常」。
270 而前曰　天明本「而」上有「色」字。*
271 謂駕能御英雄　「駕能」天明本互乙。
272—273 校勇於猛獸乎　天明本無「於」字，「獸」下有「者」字。*
273 權謝昭　天明本「昭」下有「曰年少慮事不遠」七字。*
274 飲酒大歡　天明本「大」下有「醉」字，*「歡」作「權」。*
274 郡臣曰今日酣飲　「郡」，天明本作「群」。*
280 辭氣杜　「杜」，天明本作「壯」。
280—281 霄以直言逆旨　「霄」，天明本作「會」，「旨」下有「中」字。*
281 不進見進　天明本無下「進」字。

283 陛下而屬老臣　天明本無「而」字。
284 而意愚淺　「愚」，天明本作「慮」，*「淺」下有「短」字。
285 圖不復蒙引見　「圖不」天明本互乙。
286 然愚臣所以事國　「愚臣」天明本互乙。
286 得奉幃幄　「幃」，天明本作「帷」。
287 志在忠益畢　天明本「畢」下有「命」字。*
288 以公孫淵稱　天明本「以」上有「權」字。*
290 背魏討遠　天明本「魏」下有「懼」字。*
291 取笑放天下　「放」，天明本作「於」。
295 孤常恐失計　「常」，天明本作「嘗」。
295 熟視權曰　「熟」，天明本作「孰」。*
295 知言不見用　天明本無「見」字。
298 權擿刀置地　「擿」，天明本作「擲」，「置」作「致」。
301 代平尚書　天明本「代」下有「雍」字。
304 覬散之望絶　「散」，天明本作「覦」。
305 諸侯之勢　天明本「勢」下有「以爲勢」三字。*
308 吴芮踈臣保　「保」，天明本作「傳」。
312 典校文　天明本「文」下有「書」字。*
314 重案涕誣　「涕」，天明本作「深」。
314 趍欲陷人以成威福　天明本無「欲」字。
316 故民無怨枉　「怨」，天明本作「冤」。
319 刑書傳　天明本「刑」上有「惟」字。*

320 所美自今弊　「弊」，天明本作「蔽」。
320 武昌則陛遜　「陛」，天明本作「陸」。
321 務在得情　天明本「情」下有「鷺黨神明」四字。
322 遇慮不至　「遇」，天明本作「思」。*
326 脩德乎政　天明本無「乎」字，「政」下有「以」字。
326 至於治多不聲　天明本「於」下有「其」字，「聲」作「馨」。
327 其情不能由　「不」，天明本作「弗」。
330 君承弈世　天明本「君」上有「人」字，*「弈」作「奕」。
332 迖逆甘之言　「迖」，天明本作「吐」，*「甘」作「耳」。
333 雖則有曡　「曡」，天明本作「釁」。
335 明君寤之求　「寤」，天明本作「悟」。
340 將軍鬬羽　「鬬」，天明本作「關」。*
341 蒙皆撫慰過於平時　「慰」，天明本作「憪」。
342 及將上家屬　「上」，天明本作「士」。
343 吏士鬬心　天明本「士」下有「無」字。*
344 蒙症發　「症」，天明本作「疾」。*
345 近置内廢　「近」，天明本作「迎」，*「廢」作「殿」。*
345 所以持護者　「持」，天明本作「治」。*
345—346 莫邦内有能愈蒙　「莫邦」，天明本作「募封」，*「蒙」下有「疾」字。*
346 時減加　天明本「時」下有「有」字。*
347 權爲之憯感　「憯」，天明本作「慘」，「戚」作「感」。

350 郡臣畢賀後　「郡」，天明本作「群」，「群」上有「令」字。*
350 權哀瘛甚　「瘛」，天明本作「痛」，校云：「舊『痛』下有『心』字，删之。」
352 策就使范典主　天明本無「就」字。
356 及統事　天明本「及」下有「後」字。*
358 字仲祥　「祥」，天明本作「翔」。*
359 以交友之礼　天明本「以」上有「待」字。*
360 權不能容人性不協俗　「容人」，天明本作「悦又」。*
362 不持去　天明本「去」上有「權」字。*
362 擢翻起坐　天明本無「擢」字。
363 手劔欲之擊　「之擊」天明本互乙。
363 侍坐　天明本「坐」下有「者」字。*
364 大王以三爵後　天明本「爵」下有「之」字。*
364 殺善士　天明本「殺」上有「手」字。
365 且王以能容賢　天明本「王」上有「大」字。*
368 輕害仁士　「仁士」，天明本作「士人」。*
369 何曾自喻於彼乎　「曾」，天明本作「得」。
372 遂徙交州　「徙」，天明本作「徙」，金澤本校改作「竄」，*「交」上有「翻」字。*
372 字惠恕　「惠」，天明本作「慧」。
373 權引見　「引」，天明本作「延」。
374 改權容加礼　「改權」天明本互乙。
374 拜選曹郎　「選曹郎」，天明本作「議即選曹」四字。
375 權陰銜温稱美蜀政　天明本「權」下有「既」字。*
376 衆庶眩惑　「眩」，天明本作「炫」。
377 思以中傷之　天明本「思」下有「有」字。
379 吴郡人　天明本「人」下有「也」字。
380 艷性情厲　「情」，天明本作「狷」。*
384 怨憤之　天明本「怨」上有「而」字。*
385 浸潤之譖行　天明本「行」下有「矣」字。*
387 即罪　天明本「罪」下有「温」字。
389 招髦秀於四海　「海」，天明本作「海」，金澤本校改作「方」。*
390 又於宫朝　「又」，天明本作「乂」。*
392 誠可悲疾　「疾」，天明本作「疢」。*
392 然臣聞旋人聞　上「聞」字，天明本作「周」，*「人聞」作「之間」。*
393 爲國視聽　「視」，天明本作「觀」。
395 寵體卓偉　「偉」，天明本作「僂」。*
396 制褒貶之義　「制」，天明本作「効」。*
398 瑕疊者諱其議　「疊」，天明本作「釁」。
398 此臣下所當詳辦　「辦」，天明本作「辯」。
399 昔賈誼至忠　天明本「昔」上有「在」字。
401 讚之者巧也　「讚」，天明本作「譖」。*

403 威非虓虎　「威」，天明本作「武」。
406 論温才　天明本「論」上有「故」字。
406 則惜罪　「則」，天明本作「即可」二字，「罪」上有「言」字。
406 可恕　天明本「可」上有「則」字。*
407 宜宥賢才　天明本無「宜」字。*
409 交之獨輕　「獨」，天明本作「最」。
410 亦不與艷　天明本「不」下有「嫌」字。*
411 爲獨輕之交　「獨」，天明本作「最」，「交」下有「也」字。*
412 竊念人君　天明本「竊」上有「臣」字。*
414 郡下之情　「郡」，天明本作「群」。
417 又契闕辭　「闕」，天明本作「闊」。
419 然以殿下之聽　「聽」，天明本作「聰」。*
420 讃神留思　「讃」，天明本作「潛」。
420 識粗斫核　「斫」，天明本作「研」。
420 不定事何　「定」，天明本作「宣」。*
421 而不照哉　「照」，天明本作「昭」。
426 統志存補察　「存」，天明本作「在」。*
427 常勸以尊賢　天明本「勸」下有「權」字。*
428 可人人引進　「引」，天明本作「別」。*
429 誘喻使言　「喻」，天明本作「諭」。
430 感恩載義　「載」，天明本作「戴」。
431 爲建中郎　天明本「爲」上有「出」字，*「中」作「忠」，「郎」下有「將」字。*
433 疆士爲强富　「士」，天明本作「土」。
433 燿德義爲榮　「燿」，天明本作「曜」。
435 福田民植　「田」，天明本作「由」，「植」作「殖」。
436 然後應天受禄　「禄」，天明本作「祚」。*
437 保族宜拜　「拜」，天明本作「邦」。
437 書云　「云」，天明本作「曰」。
438 方惟是言之　「惟」，天明本作「推」。
440 海内未乂　「乂」，天明本作「义」。
441 徵賦稠數　「稠」，天明本作「調」。
441 加心郡　「心」，天明本作「以」，*「以」下有「殃疫死喪之災」六字。校云：「舊無『殃疫死喪之災』六字，補之。」「郡」下有「縣」字。*
443 既有安立重遷之性　「立」，天明本作「上」。
444 有前後出爲兵者　「有」，天明本作「又」。*
445 骸骨不及是　「及」，天明本作「反」。*
446 居家重累者　天明本「居」上有「發羸謹」三字。
447 則傾居行賂　天明本無「則」字，「傾」上有「先見輸送小有財貨」八字。
447 則逆入嶮阻　「逆」，天明本作「迸」。
448 黨就郡惡　「郡」，天明本作「群」。
448 嗷然然擾然擾不營業　二「然」字，天明本皆作「愁」，*

「不」上有「則」字。

450 故曰腹忿　「曰」，天明本作「口」。*

450 國之有多　天明本「國」上有「夫」字，*「多」作「民」。*

451 猶水有舟　天明本「水」下有「之」字。

452 禍由之　天明本「禍」下有「福」字。*

454 惟以取辨具　天明本無「取」字。

454 過曰前之急　「曰」，天明本作「目」。*

455 ⿱雨發稱陛下天覆之仁　「⿱雨發」，天明本作「副」。*

456 勤鄗之德者　「鄗」，天明本作「恤」，*「者」下有「也」字。*

458 陛下少以萬機餘間　「間」，天明本作「閑」。*

459 神思者補　天明本「補」下有「足」字。*

461 偏將軍　「偏」，天明本作「偏還」二字。

464 應受三萬紙　「紙」，天明本作「緡」。*

466 主者死於伏　「伏」，天明本作「杖」。*

466 群厚棺斂之　天明本「群」下有「以」字。

群書治要卷第二十八

吳志下

4 權命遜爲大督拒之　天明本「督」上有「都」字。

5 拜上大將軍右督護　「督」，天明本作「都」。

7 將吏羅　「羅」，天明本作「罹罪」二字。

11 此乃聖王忘遇記功　「遇」，天明本作「過」。

15 二宮並闟　「闟」天明本作「闕」。

16 以爲子苟有才　天明本「以」上有「遜」字，「苟」上有「弟」字。

17 不宜私出以要榮　天明本「榮」下有「利」字。

17 若其不往　「往」，天明本作「佳」。

18 且開二宮勢敵　「開」，天明本作「聞」。

22 及太子有不安之義　「義」，天明本作「議」。

26 欲口論嫡鹿之分　「鹿」，天明本作「庶」。

28 枉見流徒　「徒」，天明本作「徙」。

29 權累中使責讓　天明本「中」上有「遣」字，「讓」下有「遜」字。

34 加鎮軍督信陵軍事　天明本「督」上有「大將軍」三字，下「軍」上有「等」字。

34—35 抗教覩政令闕　「教覩」，天明本作「聞都下」三字，「闕」上有「多」字。

36 臣聞門口承家　「門口」，天明本作「開國」。

39 小人所見淺　天明本「淺」上有「既」字。

40 雖使竭情盡　天明本「盡」下有「節」字。

42 而冀熙之聲作　天明本「熙」上有「雍」字。

44 然惑冠之冑　「惑」，天明本作「或」，「之」上有「冕」字。

46 庶□□無穢　「□□」，天明本作「政」。

47 夫後乂者　「後」，天明本作「俊」。

49 故大司農玄　天明本「玄」上有「樓」字。*

50 少府季勖　「季」，天明本作「李」。

53 春秋有宥盖之義　「盖」，天明本作「善」。

53 與殺不辜　天明本「殺」上有「其」字。

57 惧非先王之舌典　「舌」，天明本作「正」。

58 士民同戚　「戚」，天明本作「慼」。

59 赦召召玄出　天明本不重「召」字。

60 瑩父琮納先帝　天明本「先」上有「言」字。*

61 今之坐　天明本「坐」上有「所」字。

63 清澄刑罔　「罔」，天明本作「網」。

65 權長吳王　「長」，天明本作「爲」。

65 旌簡秀士　「旌」，天明本作「銓」。
66 遠良田　天明本「良」上有「避」字。
67 又擇空間之地　「間」，天明本作「閑」。
68 嘗乘馬有彈凡之地　天明本「有」上有「出」字，「凡」作「丸」。
70 比之類非　「類非」天明本互乙。
71 見釋及失盛水金馬　天明本「見」上有「乃」字，「及」作「又」，「馬」下有「盂」字。
73 孫和字子考　「考」，天明本作「孝」。
73 帝言當世士人　「帝」，天明本作「常」。
75 交遊博弈以妨事葉　「葉」，天明本作「業」。
76 言及博　天明本「博」下有「奕」字。
77 而終所無犯　「所無犯」，天明本作「無所成」三字。
78 且志志士　天明本不重「志」字。
80 於人情不能絶　天明本「不」上有「所」字，「絶」下有「誠能絶」三字。
82 不能無嬉娱之好　天明本重「嬉娱」二字。
83 在於飲宴琴書射御之間　天明本「在」上有「亦」字。
83—84 何必博弃以爲勸　天明本「弃」作「奕」，「勸」作「歡」。
85 和賓客　天明本「賓」上有「以示」二字。
86 時蔡欵好弈　「欵」，天明本作「穎」。
86—87 以此風之　天明本「以」上有「故」字，「風」作「諷」。
87 是後王夫人全公主有隙　天明本「全」上有「與」字。
87 權常寢疾　「常」，天明本作「嘗」。
88 妃叔父張休居近廟下　天明本「妃」上有「和」字，「廟」下無「下」字。
89 惡和過住息　「惡」，天明本作「邀」，「住息」作「所居」。
89 全主使人覘　天明本「主」上有「公」字。
91 又言王夫人見上不平　「不平」，天明本作「寢疾」。
91 權由是發恕　「恕」，天明本作「怒」。
93 數陳嫡庶之義　「嫡」，天明本作「適」。
95 粲下獄誅　天明本「下」上有「遂」字。
95 譚徒交州　「徒」，天明本作「徙」。
95注—96注 殷甚通詔曰　「甚」，天明本作「基」，「詔」作「語」。
96注 郡公之議　「郡」，天明本作「群」。
98注 中國疑貳　「中國」，天明本作「仇黨」。
98注 於是有改嗣之規矣也　天明本「矣」下無「也」字。
101 詣關請和　「關」，天明本作「闕」。
102 上書引稱晋獻殺申生李奚齊　「引稱」天明本互乙，「殺」上有「公」字。
103 又據晃固諫下止　「下」，天明本作「不」。
104 杖百　天明本「百」上有「一」字。
104注 入日諫曰　天明本「入」上有「晃」字。

106 注　諱言斥還田里也　天明本「里」下無「也」字。
106 竟徒和於故鄣　「徒」，天明本作「徙」。
107 羣司坐誅放者十數　天明本「誅」上有「諫」字。
108 注　意頗咸寤　「咸」，天明本作「感」。
108 注　乃止也　天明本「止」下無「也」字。
108 封爲南陽王　天明本「爲」上有「和」字。
110 舉封傷焉　「封」，天明本作「邦」。
116 陵又誅寄等　天明本「又」上無「陵」字，「等」上有「安奇」二字。
118 注　濬諫曰　天明本「曰」上有「權權」二字。
118 注　時時出暫耳　「出暫」，天明本作「蹔出」。
118 注　不復如往日時也　「時也」，天明本作「之時」。
119 注　弦絶悟破　「悟」，天明本作「括」。
120 注　濬出見雉翳故存　「存」，天明本作「在」。
120 注　乃自徹　天明本「自」上有「手」字，*「徹」作「撤壞之」三字。
122 皆見禁上　「上」，天明本作「止」。
123 至聞太子已數言之　天明本「已」上有「登」字。
126 無不陳壹之姦險　天明本「險」下有「也」字。
128 時徒都武昌　「徒」，天明本作「徙」。
129 揚士百姓　「士」，天明本作「土」。
134 民安則君樂　「安」，天明本作「樂」。
134 自項年以來　「項」，天明本作「頃」。
135 君威傷於桀臣　天明本「桀」下有「紂」字。
135 君閉於羣孽　天明本「閉」上有「惠」字。
138 而諸公卿媚上以求𢕟因民以求饒　「𢕟」，天明本作「愛」，「因」作「困」。
138 遵君於不義　「遵」，天明本作「導」。
139 敗政於傒俗　「傒」，天明本作「淫」。
139 今鄰國人好　「人」，天明本作「交」。
141 更傾動天心　天明本「更」上有「而」字。
146 百姓業　天明本重「業」字。
146 是以遂有覆巢破卵憂　天明本「憂」上有「之」字。*
151 閑門固守　「閑」，天明本作「閉」。
152 君意恣於奢侈　「意恣」天明本互乙。
154 文理文不及義　天明本無「文理」二字。
155 智慮淺劣　「慮」，天明本作「慧」。
156 臣謹奉耳目所見　天明本「奉」作「奏」，「見」上有「聞」字。
158 又武昌士地　「士」，天明本作「土」。
158 實危嶮而塉确　天明本「嶮」作「險」，「确」作「㮙」。
159 非都安國養民之處　「都」，天明本作「王」。
162 乃以安居而死　天明本「死」上有「比」字。
163 而今無年之穡　天明本「年」上有「一」字，「穡」作「畜」。
167 既空廢　天明本「既」上有「耕種」二字。

167 在所無復輸入　「在所」天明本互乙。

169 稸積日耗　「稸」，天明本作「畜」。

171 在所搔搔　「在所」天明本互乙，下「搔」字作「擾」。

173 此猶魚鼈得也免毒螫之淵　天明本「得」下無「也」字。

174 鳥獸得離絓罔之網　「罔」，天明本作「網」。

178 位非其童　「童」，天明本作「人任非其量」五字。

179 宮忠隱賢　「宮」，天明本作「害」。

181 刑措之理清　「措」，天明本作「錯」。

182 佞巧便辟　「辟」，天明本作「僻」。

184 寧得有以壽終者　「得有」天明本互乙。

187 義刑施色　「刑施」，天明本作「形於」。

191 皆社稷之損幹　「損」，天明本作「楨」。

193 孫動遵先帝　「孫」，天明本作「孤」。

193 有何不爲　「爲」，天明本作「平」。*

195 爲不得徒乎　「爲」，天明本作「何以」二字，「得徒」作「可從」。

196 竊見陛下執政事來陰陽五星失畧　天明本「來」上有「以」字，「陽」下有「不調」二字，「畧」作「晷」。

204 中常侍王番　「番」，天明本作「蕃」。

205 而陛下忿其苦亂　「亂」，天明本作「辭」。

205 其道直對　「其道」，天明本作「惡其」。

206 拜內傷心　「拜」，天明本作「邦」。

210 而萬或陏才凡庸之質　「或陏」，天明本作「彧瑣」。

211 昔從徒隸超步紫闥　「徒」，天明本作「家」。

211 於或已豐　「或」，天明本作「彧」。

212 陛下愛其細分　天明本「陛」上有「而」字，「分」作「介上」二字。

212 榮以遵輔　「遵」，天明本作「尊」。

213 忠良憤慨　「忠」，天明本作「賢」，「慨」作「惋」。

213 智士共咤　「共」，天明本作「赫」。

215 見單衣　天明本「衣」下有「者」字。

216 取埋之　天明本「取」上有「而」字。

217 桀紂滅妖婦　天明本「桀」上有「昔」字。*

218 先帝鑒之　「鑒」，天明本作「覽」。

218 故左右置淫邪之色　天明本「置」上有「不」字。*

219 後房房無曠積之女　天明本不重「房」字。

222 眩或婦女　「或」，天明本作「惑」。

223 下吏奸欺　天明本「吏」下有「容」字。

225 士被玄黃　「士」，天明本作「土」。

226 官有朱朱紫　「官」，天明本作「宮」，不重「朱」字。

226 是不遵先帝　天明本「帝」下有「七也先帝」四字。

227 內近故綜薛瑩　「故」，天明本作「胡」。

227 是以庶績熙　天明本「熙」上有「雍」字。

230 先帝每宴享羣臣　「享」，天明本作「見」。

231 抑損醇酎　「酎」，天明本作「醲」。
234 親近豎官　「豎官」，天明本作「宦豎」。
235 擁於戰兵　「擁於」，天明本作「權以」。
236 若江渚難　天明本「難」上有「有」字。
239 母子死決　「決」，天明本作「訣」。
241 賜與錢則　「則」，天明本作「財」。
242 夫故作作吏　「作吏」二字，天明本作「役」。
243 家爲　天明本「爲」下有「空户是不遵先帝十二也先帝歎曰國以民爲本」十九字。
243 天民以食爲天　天明本「民」上無「天」字。
245 不均貴賤　「均」，天明本作「拘」。
247 受者不妄妄　天明本不重「妄」字。
247 朋當者進　「當」，天明本作「黨」。
250 廩賜不瞻　「瞻」，天明本作「贍」。
251 賞罰不均　「均」，天明本作「中」。
252 則士民散　天明本「散」下有「失」字。
255 是不遵先十七也　天明本「十」上有「帝」字。
259 今州職司　天明本「職」上有「郡」字。
260 紛紛道路　下「紛」字，天明本作「紜」。
261 昌不遵先帝　天明本「帝」下有「十九也先帝」五字。
262 常留心推案　「案」，天明本作「接」。
267 注　無思誡之意　天明本「誡」上有「警」字。
267 注　述脩前德　「脩」，天明本作「履」。
268 注　不當疑上　天明本「不」作「下下」。
269 注—270 注　臣帝忿亡國之　「帝」，天明本作「常」，「之」下有「人」字。
270 注　憂桀殷紂　「憂」，天明本作「夏」。
270 注　復以飾年　「飾」，天明本作「餘」。
271 注　不能脩俗　「脩」，天明本作「循」。
271 注　若比干亻員　「亻」，天明本作「伍」。
272 注　身灰泉懷　「懷」，天明本作「壤」。
273 注　臣聞宫功富起　「富」，天明本作「當」。
273 注　見省報　天明本「見」上有「不」字。
274 注　戒是大起　「戒」，天明本作「誠」，「起」作「趣」。
274 注　鄙意何　天明本「何」上有「如」字。
275 注　子亦倚　天明本「倚」上有「何」字。
275 注　不覺氣結於匈　「匈」，天明本作「胸」。
276 注　復何冀　天明本「冀」上有「何」字。*
276 注　所勸勤數進苦言者　「勸」，天明本作「以勤」二字。
277 注　宜當玄養　「玄」，天明本作「畜」。
278 注　且始旋都　「旋」，天明本作「徙」。
280 注　篤陽宗之至道　「陽」，天明本作「祖」。
280 注　愍黎庶人之因苦　天明本「之」上無「人」字，「因」作「困」。

281 注　德之不殖　「殖」，天明本作「脩」。
282 注　止不喪身覆國　天明本「止」上有「何」字，下有「而」字。
282 注　宗廣作墟乎　「廣」，天明本作「廟」。
282 注　致水旱　天明本「致」上有「既」字。
283 注　使子有倚　「有」，天明本作「無」。
284 注　寇鈔攝威　「攝」，天明本作「懾」。
284 注　未有榮宫　「有榮」，天明本作「肯築」。
285 注　況陛下色側之世　「色」，天明本作「危」。
285 注　之大皇帝之德　「之大」，天明本作「乏太」。
289 遂被詔誥責　「誥」，天明本作「詰」。
289 徒交趾　「徒」，天明本作「徙」。
291 皓尫暴驕矜　「尫」，天明本作「兇」。
294 明照八極之際者　天明本「明」上有「而」字。
295 以康政　天明本「政」上有「庶」字。*
296 直僞相　「直」，天明本作「真」。
300 忠臣結后　「后」，天明本作「舌」。
301—302 令待下從　「待下」，天明本作「行景」。
302 日聞順意之亂　「亂」，天明本作「辭」。
303 而天下平也　天明本「平」上有「已」字。
306 聞其與譽者　天明本「譽」上無「與」字。
306 譽日損而福至　「福」，天明本作「禍」。
307 損讓以進賢　「損」，天明本作「揖」。
309 嚴刑法以禁直亂　「亂」，天明本作「辭」。
312—313 就有逆忤昏醉之言　「就」，天明本作「偶」，「忤」作「迕」。
316 居者以出爲禍　「禍」，天明本作「福」。
317 又何定本麴走小人　「麴」，天明本作「趨」。
319 而陛下愛其佞媚假其佞媚假其威柄　天明本無「假其佞媚」四字。
321 虧日月之明　天明本「虧」上有「上」字。
326 宗景崇德　「宗」，天明本作「宋」。
328 願陛下上懼皇天譴高之消　「消」，天明本作「誚」。
329 近寤今日謬之授失　「之授」天明本互乙。
330 旌釹俊又　「釹」，天明本作「叙」，「又」作「乂」。
331 容受直亂　「亂」，天明本作「辭」。
333 其忘也　「忘」，天明本作「亡」。
333 以民爲草芴　「芴」，天明本作「芥」。
337 調賦益繁　「調賦」天明本互乙。
338 是以力不堪　天明本「力」上有「人」字。
339 感傷調氣　「調」，天明本作「和」。
339 宜持優育以待有事　「持」，天明本作「時」。
341 食不瞻朝夕　「瞻」，天明本作「贍」。
341 出當鋒鏑之歎　「歎」，天明本作「難」。

343 夫民者之本也　天明本「者」下有「國」字。

344 食者民之天也　「天」，天明本作「命」。

345 家無經月之稸　「稸」，天明本作「畜」。

346 内離曠之怨　天明本「離」上有「有」字。

348 而悟敵人之不來　「悟」，天明本作「怙」。

349 而輕虜之爲難　天明本「爲」上有「不」字。

350 誠非長筭廟勝之要也　「筭」，天明本作「策」。

351 雖承天替由實人力　「替由實」，天明本作「贊實由」。

352 至於階下　「階」，天明本作「陛」。

352 陛下宜免崇德器　「免」，天明本作「勉」。

356 昔秦建帝皇之號　「帝皇」天明本互乙。

356 據崤烝之阻　「崤烝」，天明本作「殽函」。

360 任據失賢　「據」，天明本作「授」。

364 親近憚　天明本「憚」上有「所」字。

366 玄見送南　天明本「南」下有「州」字。

368 家屬徒臨海　「徒」，天明本作「徙」。

368 並下　天明本「下」下有「詔」字。

369 誅玄子　天明本「子」下有「孫」字。

371 其亂曰　「亂」，天明本作「辭」。

371 蓋君子恥當年而功不立　天明本「君」上有「聞」字。

373 猶恐失子　「子」，天明本作「之」。

374 而懼名之稱不建也　「之稱」天明本互乙。

375 故免精厲操　「免精」，天明本作「勉精」。

376 故能隆興王道　天明本「隆」下無「興」字。

379 平居不情其業　「情」，天明本作「惰」。

380 窮因不易其業　「因」，天明本作「困」。

387 賓旅闘而不接　「闘」，天明本作「闕」。

388 徒基易行　「徒基」，天明本作「徙碁」。

389 廉恥之意施　「施」，天明本作「弛」。

390 不過方冈封之間　「冈封」二字，天明本作「罫」。

391 獲地無兼士之實　「士」，天明本作「土」。

393 求之戰陳　天明本「戰」上有「於」字。

395 非忠信之事也　天明本「非」上有「則」字。

397 置石投之哉　天明本「投」上有「而」字。

399 何博弈之足耽乎　天明本「何」上有「而」字。

403 則處龍風之署　「風」，天明本作「鳳」。

405 誠千載之喜會　「喜」，天明本作「嘉」。

409 枯基三百　「基」，天明本作「碁」。

410 足兼基局　天明本「足」下有「以」字，「基」作「棊」。

414 有猗頓之當也　「當」，天明本作「富」。

414 是有羿師之備也　「羿師」，天明本作「將帥」。

416 常侍領左國史　天明本「領」上無「侍」字。

418 筐篋中物耳又物耳又皓欲爲父和作紀　天明本不重「物耳又」三字。

419 宜名爲傅 「傅」,天明本作「傳」。

420 益憂懼 天明本「益」上有「曜」字。

423 素飲酒不過二升 天明本「素」上有「曜」字。

424 或客賜茶茗 「客」,天明本作「密」。

425 輒以爲又罪於酒後 「又罪」天明本互乙。

426 使待臣難折公卿 「待」,天明本作「侍」。

426 發擿私短 「擿」,天明本作「摘」,「短」下有「以」字。

427 或設犯皓諱 「設」,天明本作「誤」。

429 故但示歎問 「歎」,天明本作「難」。

430 不意忠盡 「不意」天明本互乙。

431 遂積前後嫌忽 「忽」,天明本作「忿」。

433 爲中書承 「承」,天明本作「丞」。

435 時盛夏功 天明本「功」上有「興」字。

437 猶以爲可痛哭及流涕者三 「猶」,天明本作「獨」。

440 而寢其上竊其上竊以曩時之事 天明本不重「其上竊」三字。

441—442 以欲爲治 「以欲」天明本互乙,「爲」上有「此」字。

442 雖九舜不能安 「九」,天明本作「堯」。

443 乘我馬之舊勢 「我」,天明本作「戎」。

445 今爲緩 天明本「今」上有「比」字。

445 抱大臥薪之喻 「大」,天明本作「火」。

447 免墾植之業 「免」,天明本作「勉」。

447 爲飢之之救 「之之」,天明本作「乏之」。

449 臨怨苦之衆 「臨」,天明本作「驅」。

450 但因守 天明本「但」上有「如」字,「因」作「固」。

451 日廣久 「日廣」,天明本作「曠日持」三字。

451 則軍必之 天明本「必」上有「糧」字,「之」作「乏」。

452 王者以丸域爲宅 「丸」,天明本作「九」。

453 不與編户之民轉徒同也 「徒」,天明本作「徙」。

454 先帝所 天明本「所」下有「營」字。

454 卜士立基 「士」,天明本作「土」。

454 又陽市士地 「陽」,天明本作「楊」。

455 與駕遷住 「與」,天明本作「輿」。

455 五行之神 「五」,天明本作「門」。

459 不可以興士功 「士」,天明本作「土」。

460 士行正王 「士」,天明本作「土」。

461 加之農月 「之」,天明本作「又」。

461 不可失 天明本「不」上有「時」字。

465 計之則廢役興事 「計」,天明本作「討」。

467 大衆聚會希無疾病且人心安則希無疾病且人心安則思善 天明本不重「希無疾病且人心安則」九字。

470 此乃雄夫智士所深憂也 天明本「深」上有「以」字。

472 況敵强大而忽農忘福 「福」,天明本作「畜」。

473 若上下空之 「之」,天明本作「乏」。

473 **敵犯彊傷** 天明本「敵」上有「北」字，「彊傷」二字作「疆」。
476 **今冠充塗** 「冠充塗」，天明本作「寇虜充斥」四字。
478 **出無應敵之穡** 「穡」，天明本作「畜」。
479 **趨時農** 天明本「農」上有「務」字。
479 **國之上急** 「急」，天明本作「務」。
484 **奪其播納之時** 「納」，天明本作「殖」。
484 **責其金年之税** 天明本「責」上有「而」字，「金」作「今」。
485 **則藉没財物** 「藉」，天明本作「籍」。
486 **宜暫自衆役** 「自」，天明本作「息」。
487 **一夫不耕或受其寒** 天明本「其」下有「饑一女不織或受其」八字。
489 **推此撥之** 「撥」，天明本作「揆」。
489 **則蔬食而長飢** 「蔬」，天明本作「蔬」。
492 **望於主者三三謂求其爲己死** 下「三」字，天明本作「二」，「死」上有「勞也求其爲己」六字，「己」下有「也」字。
498 **交繡者身之飾也** 「交」，天明本作「文」。
498 **今事多而役少** 「少」，天明本作「繁」。
500 **不勤麻絲** 「絲」，天明本作「枲」。
500 **並繡文黼** 天明本「黼」下有「黻」字。
500 **轉相放效** 「放」，天明本作「倣」。
501 **猶復遂俗** 「遂」，天明本作「逐」。
504 **百姓不瞻** 「瞻」，天明本作「贍」。
505 **日於靡侈之事** 天明本「日」上有「妨」字，「靡侈」互乙。
506 **下有消賄財費之損** 「消賄」二字，天明本作「耗」。
512 **此救之上務** 「之」，天明本作「乏」。
513 **無以易此漠** 天明本「漠」下有「之」字。
514 **雕文文傷農事** 下「文」字，天明本作「之」。
515 **錦繡之宫女工** 「宫」，天明本作「害」。
516 **況今六分合乖** 「分合」天明本互乙。
517 **兵不離彊** 「彊」，天明本作「疆」。
517 **甲不不解帶** 天明本不重「不」字。

群書治要卷第二十九

晉書上

4 擿登聞鼓　「擿」，天明本作「伐」。*

6 注　帝問右將軍皇甫陶侃事　「侃」，天明本作「論」。

20 注　罷三河三魏見士四萬以充此之　「罷」，天明本作「徙」，「之」上無「此」字。

21 注　万之長策也　天明本「之」上有「世」。

22 注　不能復放放於事物　「放放」，天明本作「孜孜」。*

23 注　不掏拘華門　「掏」，天明本作「拘」。

26 永康元年　「康」，天明本作「平」。

35 書爲是太子手書　天明本「爲」上無「書」字。

38 前西夷校尉司馬閻纂　「纂」，天明本作「纘」。*

39 及旁下　「旁」，天明本作「牓」。*

49 以此明先王欲令知賤　天明本「賤」上有「先」字。*

50 師支學　「支」，天明本「友文」二字。

51 亦取豪族　天明本「族」下有「爲能得者」四字。*

51—52 又無直高三益之節　「又」，天明本作「友」，「高」作「亮」。

54 豈有切磋能相長益者哉　天明本無「者哉」二字。

55 令遹可爲戒　「令」，天明本作「今」，「爲」上有「以」字。

57 而湖關三老上書　「湖」，天明本作「壺」。*

58 猶曰子弄文兵　「文」，天明本作「父」。

60 不敢失子道　天明本「道」上無「子」字。

63 嚴御史監護其家　天明本「嚴」上之字作「共與處使」。*

64 莫非云人　「云」，天明本作「正」。*

67 庸克復　天明本「庸」上有「思」字。*

69 相匡矯　天明本「相」上有「共」字。

71 慈母多敗　天明本「敗」下有「子」字。*

71 嚴家無杅　「杅」，天明本作「格」。*

74 不空虛　天明本「空」上有「宜」字。*

76 當備近職　「當」，天明本作「臣嘗」二字。

81 注　仁以厚下　「厚」，天明本作「原」。

81 注　故誦惟新　天明本「誦」上有「民」字。*

83 注　掩唐虞之舊域　「域」，天明本作「城」。

83 注　外關不閉　「不」，天明本作「下」。

83 注　其遺之者　「遺之」，天明本作「匱乏」。

87 注　國迭移於亂人　天明本「迭」上有「政」字。

88 注　李辱石冰　「辱」，天明本作「辰」。

89 注　梚之青冀　「梚」，天明本作「撓」。

89 注 戎羯制稱 「制稱」天明本互乙。
90 注 樹立失棺 「棺」，天明本作「權託」二字。
93 注 脱木爲兵 「木」，天明本作「未」。
95 注 虜尋於戍卒 「尋」，天明本作「辱」，「戍」作「戎」。
100 注 尊慈愛以固进 「尊」，天明本作「篤」。
101 注 耶僻消於胸懷 「耶」，天明本作「邪」。
102 注 基廣則難傾 「傾」，天明本作「傾」。
104 注 以知諸侯存云之數 「云」，天明本作「亡」。
106 注 談者以虚蕩爲辯俚 天明本「辯」下無「俚」字。
107 注 仕者 天明本「仕」上有「進」字。
108 注 傅咸毎糺耶正 「耶」，天明本作「邪」。
110 注 工者爲身擇利 「工」，天明本作「宦」。
110 注 大極是其尊 天明本「其」上無「是」字。
111 注 小録其要 「録」，天明本作「統」。
111 注 而世族貴盛之子弟 「盛」，天明本作「戚」。
111 注 愆愆風塵 「愆愆」，天明本作「悠悠」。
113 注 庄櫛織紝 「櫛」，天明本作「飾」。
113 注 皆取成於婦漢 「婦漢」，天明本作「婢僕」。
116 注 循真順於今 「循」，天明本作「修」。
117 注 如水期積 「期」，天明本作「斯」。*
117 注 國將亡 天明本「將」上有「之」字。
120 注 而得百官之耶 「耶」，天明本作「邪」。

121 注 事有必見之於祭祀 「事」，天明本作「辛」。
123 注 肆虎於六宫 「虎」，天明本作「虐」。
123 注 韢子明亂於内外 「韢子明」，天明本作「韓午助」。
123 注 其所由來者漸矣 天明本「漸」上無「者」字。
124 成皇帝諱衍 「成」，天明本作「咸」。
137 既當著之史藉 「著」，天明本作「等」，「藉」作「籍」。
144 凡循此術 「循」，天明本作「修」。
145 官自朝未 「未」，天明本作「末」。
149 夫敦本息未 「未」，天明本作「末」。
151 能否殊觀 「觀」，天明本作「貫」。*
155 以存儉約 「約」，天明本作「約」。*
157 宜省之者皆省 天明本「者皆省」三字在「之」上。
161 夫肥道穹谷之賢 「道穹」，天明本作「遁窮」。
167 朕所以震想於今日 「震」，天明本作「虚」。
168 惡無不間 「間」，天明本作「聞」。*
173 使也言於后 天明本「言」上無「也」字。
175 后苦譽賈庶人淑德又蜜使太子太傅荀凱進言 「庶人」，天明本作「后有」，「蜜」作「密」。*
179 逆誠太后 「誠」，天明本作「弑」。*
181 養姝韓壽兒 「姝」，天明本作「妹夫」二字。
190 扶風王俊 「俊」，天明本作「駿」。*
191 能書盡 「盡」，天明本作「畫」。

192 最爲雋望　天明本「望」下有「封汝陰王」四字。
193 入朝　天明本「朝」下有「徙封扶風王」五字。
194 更樹碑讚逑德范　「逑」，天明本作「述」。
197 爲侍中　天明本「中」下有「數年授」三字。*
203 殿拜大司馬　「殿」，天明本作「就」。
204 太築第節館　「太」，天明本作「大」；「館」上無「節」字。
207 唯寵親媚　「媚」，天明本作「昵」。*
210 斬於閶闔門　天明本「門」下有「外」字。
211 夷三挨　「挨」，天明本作「族」。
212 謝夫人所生　「夫」，天明本作「才」。
214 喜與左右言戲　「言」，天明本作「嬉」。*
215 不能尊嚴保傅　「嚴」，天明本作「敬」。*
216 因此密敕黃門閹官　「官」，天明本作「宦」。
219 天下那得思服也　「思」，天明本作「畏」。*
220 於是諠譁溢豫　「諠譁溢豫」，天明本作「慢弛益彰」。*
226 令董猛以太子書及青紙詔曰　「董」，天明本作「薰」。
227 遹書此令賜死　「此令」，天明本作「如此令」三字。
233 孚字叔達　天明本「孚」上有「安平王」三字。*
235 孚往枕屍股　天明本「股」上有「於」字。*
243 泰字子舒　天明本「泰」上有「高密王」三字。
245 食大國之祖　「祖」，天明本作「租」。
245 服餝庶素　「庶」，天明本作「麤」。

246 如布衣寒士者　天明本「士」下無「者」字。
246 居喪哀感　「感」，天明本作「戚」。
255 百官之副　天明本「副」上無「百官具任爲」五字。
262 蕩蕩堯之爲君　天明本「堯」上有「乎」字。
264 賢人相讓於　天明本「於」下有「朝」字。
266 至治興矣　「治」，天明本作「道」。*
266 復何興焉　「興」，天明本作「與」。*
268 在之　「在之」，天明本作「在朝之人」四字。*
270 及縣右職之吏　「縣右」二字，天明本作「在」。
270 臨見授敘　「授」，天明本作「受」。*
274 日見推興　「興」，天明本作「舉」。*
276 不能不毀也　下「不」字，天明本作「無」。*
278 朝廷有大才之人　天明本「有」上有「不」字。*
280 雖有大臣名德　「臣」，天明本作「官」。*
283 雖令稷契復亦存不復能全其名矣　「亦存」天明本互乙。
285 主選吏　天明本「吏」上有「之」字。*
288 而復遷之　天明本「遷之」下有「無已」二字。
292 不限皆次　「皆」，天明本作「階」。*
293 不問時有擢用　「問」，天明本作「聞」。*
296 由當時之莫肯相推　天明本「莫」上有「人」字。
303 廩以數人之奉　「奉」，天明本作「俸」。*
305 虛食數人之奉　「奉」，天明本作「俸」。*

307 **有甚於先生** 「生」，天明本作「王」。*

310 **才高守道之日退** 天明本「日」上有「士」字。

311 **弗能矣** 天明本「矣」上有「禁」字。*

319 **能不伏所聞** 天明本「能」上有「不」字，「伏」作「杖」。*

320 **察之無已其驗至矣** 天明本「之」上無「察之」二字，「已」作「以」。*

322 **主之威日** 天明本「日」下有「衰」字。*

337 **其讓賢推能乃通其章** 天明本「通」下無「其章」二字。

338 **徒費簡絶者** 「絶」，天明本作「紙」。

339 **讓文** 天明本「文」上有「之」字。

346 **巽四征也** 天明本「也」下有「尚書缺擇」四字。*

346 **尚書所讓最多者而用** 天明本「用」下有「之」字。

347 **令主者選八尚書也** 天明本「令」上有「而」字。

349 **詳於者** 天明本「者」上有「任主」二字。*

350 **興主者共相比** 「興」，天明本作「與」。*

353 **讓則競推勝於己** 「勝於」天明本互乙。

353 **故故世爭** 天明本不重「故」字。

355 **不可得亂也** 天明本「亂」上有「而」字。*

356 **退身身脩己者** 天明本不重「身」字。

357 **驁進趣** 天明本「驁」上有「馳」字。*

359 **咸知進身知進取求通** 天明本不重「知進取」三字。

361 **人無所用其心** 天明本「人」下有「人」字。

362 **任衆人議** 天明本「議」上有「之」字。*

364 **楊俊爲太傅** 「俊」，天明本作「駿」。*

365 **以續補舍人** 「續」，天明本作「纘」。

356 **俊既被誅** 「俊」，天明本作「駿」。*

366 **續聞之** 「續」，天明本作「纘」。

368 **續與棺詣闕上書** 「續」，天明本作「纘」。

375 **使如氣類** 「使」，天明本作「並」。*

376 **臥因牀帳** 「因」，天明本作「同」。*

379 **不知稼穡之難艱耳** 「難艱」天明本互乙。

383 **朝廷善其忠到** 「到」，天明本作「烈」。*

384 **燉煌人也** 「燉」，天明本作「敦」。*

389 **言艾不及之狀艾本宅天掌犢民宣皇帝狀之於農吏之中** 「及」，天明本作「反」，「民」作「人」，下「狀」字作「拔」。

392 **受命忘堅敵** 天明本「堅」上有「身前無」三字。*

393 **亦當書之竹素** 「素」，天明本作「帛」。*

394 **艾以禪初降** 天明本「禪」上有「劉」字。

403 **昔秦民憐白起之無罪** 「民」，天明本作「人」。

405 **天下巨人** 「巨」，天明本作「之」。*

406 **收艾屍喪歸葬舊** 「喪」，天明本作「柩」，「舊」下有「墓」字。

415 **命埋爲長史** 「埋」，天明本作「悝」。下 417、419、420、421 列同。

419 闔門爲義鬼　天明本「爲」下有「忠」字。*

420 詔書追述悝望忠勳　「述」，天明本作「述」。

421 望熒陽太守　「熒」，天明本作「滎」。*

425 或應賞　天明本「應」上有「不」字。*

428 成知主如此　「成」，天明本作「咸」。*

431 拘孝父之小仁　「父」，天明本作「文」。

431 輕逮聖王之典型　「逮」，天明本作「違」。*

432 故友命者衆　「友」，天明本作「非」。*

436 廉士分節者　「分」，天明本作「介」。

437 是徒亡日屬　天明本「是」下有「以」字。*

439 自顧反良無期　「良」，天明本作「善」。*

440 而交困逼身志無惠盜　「交」，天明本作「災」，「志」上有「其」字，「無惠」作「亡思」。*

441 古者刑以止刑令反於此　天明本「者」下有「用」字，「令」作「今」。*

444 此以徒生也　天明本「也」上有「徒」字。

444—445 因日不可不赦　「因日」二字，天明本作「囚」。

447 月累而不同　「累」，天明本作「異」。*

447 故自頃以來　天明本「以」上有「年」字。

456—457 今宜取死刑之恨重生刑之恨輕　二「恨」字，天明本皆作「限」。

457 三犯逃亡淫亡淫　天明本不重「亡淫」二字。

460 終身作武　「武」，天明本作「誡」。*

462 同哉哉　天明本不重「哉」字。

463 而獨曰刑不可用　「獨」，天明本作「猶」，「刑」上有「肉」字。*

465 有孝子正文死刑　「孝」，天明本作「考」，「文」作「父」。*

469 將考父父祖逃亡　天明本不重「父」字。

470 别之義廢　「别」，天明本作「則君臣」三字。

473 不蕩其其穢匿。通其地滯　天明本「不蕩」上有「不得」二字，*不重「其」字，「地」作「圯」。

475 著爲心條　「心」，天明本作「正」。*

475 中宗令曰　「中宗」，天明本作「元帝」。*

488 刑之則上　「上」，天明本作「止」。*

492 此畏求投舟　「求」，天明本作「水」。*

493 避坎蹈井思　「蹈」，天明本作「陷」，「井」下無「思」字。

499 爵命九官　「爵」，天明本作「舜」。

502 如掌封秦　「如」，天明本作「始」，「秦」作「奏」。

502 事任尚書輕　天明本「輕」上無「書」字。

511 雖没世不徒官之義也　「徒」，天明本作「徙」。

512 遷補轉徒如流　「徒」，天明本作「徙」。

513 黜陟不得鄣　「鄣」，天明本作「彰」。

516 三年大計郡吏之治　「郡」，天明本作「群」。

527 以爲經理郡務　「郡」，天明本作「群」。

528 分局既　天明本「既」下有「制」字。

534 故稱堯舜於求賢　天明本「於」上有「勞」字。

538 疕職者　「疕」，天明本作「莅」。*

543 陳平不知薄書之目　「薄」，天明本作「簿」。*

544 不可多門　天明本重「多門」二字。

550 帷幄長子房之謀者　「長」，天明本作「張」。*

550 畢力所職　「畢」，天明本作「卑」。

553 臣不勝任簪　「任」，天明本作「狂」。*

558 此子羸病之故　「之故」，天明本作「若此」。*

559 君不能爲身忍耶　「身」，天明本作「吾」。*

561 孫緩位至侍中　「緩」，天明本作「綏」。*

556 綏兄曰　天明本「兄」上無「綏」字。

570 吴軍民前後至者　「民」，天明本作「人」。*

572 色里相達　「色」，天明本作「邑」。

580 選補博士郡率代吴　「選」，天明本作「遷」，「郡」作「群」，「代」作「伐」。

583 及充平議謚　「平」，天明本作「卒」。*

583 秀謚爲荒公　天明本「謚」上有「請」字。

583 初何曾平　「平」，天明本作「卒」。*

584—585 在官奏治尹之横　「治」，天明本作「科」，「横」作「模」。*

585 此三者　「三」，天明本作「二」。*

586 不脩軌則　「脩」，天明本作「循」。

587 曾受寵二伐　「伐」，天明本作「代」。*

592 死又又無貶是則　天明本「則」下有「無正刑也」四字。

592 請案謚法　「請」，天明本作「謹」。*

593 曾宜爲繆配公　「配」，天明本作「醜」。*

594 然後誅行　「誅」，天明本作「誄」。

597 李喜　「喜」，天明本作「憙」。

598 宣帝復辟爲大宰屬　「宰」，天明本作「傅」。*

599 命喜爲大將軍　「喜」，天明本作「憙」。*

599 憙到仍見　「仍」，天明本作「引」。*

600 今孫命君而至何也　「孫」，天明本作「孤」。

601 先公以禮見待　「公」，天明本作「君」。*

602 甚敬焉　天明本「甚」上有「帝」字。

群書治要卷第三十

晉書下

3 東萊人世 「世」，天明本作「也」。

5 詔曲赦 「曲赦」，天明本作「赦之」。

8 一月天下 「一月」，天明本作「混一」。*

10—11 乃欲不如桓靈世 「欲」，天明本作「殆」，「世」作「也」。

13 注 昔馮唐答曰文帝曰 天明本「文」上無「曰」字。

13 注 不用因頗牧 「因」，天明本作「用」。*

14 注 樊雉裘 「樊」，天明本作「焚」，「裘」上有「頭」字。*

14注—15 注 而見褒之重耶 「而」，天明本作「何」，「重」作「甚」。*

16 注 至如何詔 「何」，天明本作「向」。

16 注 非明怒内充 「怒」，天明本作「恕」。

16 注 苞之德慶 「慶」，天明本作「度」。

16 注 臣聞虎豹在田 「虎豹」，天明本作「猛獸」。*

17 注 倉促出於意外故君臣有自然之尊卑 天明本「君」上有「也夫」二字。

19 注 臣之喜慶不宜乎之慶不宜乎 天明本「不」下有「亦」字，*無「之慶不宜乎」五字。

21 有憙色 「憙」，天明本作「喜」。

22 昔龍降鄭時門人之外 天明本「之」上無「人」字。

25 誠未有以應受嘉祥 「應」，天明本作「膺」。*

25 以爲懼然 「懼」，天明本作「瞿」。*

26 動静數示世 天明本「示」下無「世」字。

27 臣聞治理者 「治理」，天明本作「立政」。*

29 治僞難明 「治」，天明本作「情」。*

31 故堯求後人 「人」，天明本作「乂」。

31 三載考續 「續」，天明本作「績」。

35 榮辱決手 「決」，天明本作「在」。*

36 奪天朝之權柄 「柄」，天明本作「勢」。*

38 威福檀行 「檀」，天明本作「擅」。

38 用心百愁 「愁」，天明本作「態」。

40 但争九品 「九品」，天明本作「品位」。*

46 是三仁殊塗而同歸 天明本「三」上有「以」字。*

48 屈原五胥不容於人主 「五」，天明本作「伍」。*

55 美其令俗 「令」，天明本作「合」。

58 興則壯上 「壯」，天明本作「扶」。*

61 必見割割奪 天明本不重「割」字。

66 於是矣 天明本「矣」上有「見」字。*

69 浮華邪求 「求」，天明本作「佞」。*

70 一國之士 天明本「一」上有「今」字。

71 況其才力 天明本「其」上有「盡」字。*

72 而中正知興不知 「興」，天明本作「與」。

73—74 受則有彼此之編 天明本「受」上有「聽」字，「編」作「偏」。*

75 既無鄉老糺行之譽 「糺」，天明本作「紀」。*

76 非朝廷考績之課 天明本「非」上有「又」字。*

79—80 下掌浮華明黨 「明」，天明本作「朋」，「黨」下有「之事」二字。*

86 狀無實行 天明本「狀」上有「則」字。

86 則品不能料 「能料」天明本互乙。*

87 雖職名中正 天明本「職」上無「雖」字。

88 實姦府 天明本「姦」上有「爲」字。*

88 而八損 天明本「八」上有「有」字。

89 未見其德人之功 「德」，天明本作「得」。*

96 詣問得行 「詣問」，天明本作「間言」。*

96—97 以華都督幽州 天明本「都」上有「爲」字，「州」下有「諸軍事」三字。*

98 朝議徵入參相 「入參」，天明本作「華入」。*

101 雖當閻王虐后之朝 「王」，天明本作「主」。

106 河東人世 「世」，天明本作「也」。

107 陳准息匡韓蔚息嵩 二「息」字，天明本皆作「子」。

113 魏末以來 「末」，天明本作「未」。

115 至王演之徒 「演」，天明本作「衍」。

117 風教淩遲 天明本「風」上有「效」字，「淩」作「陵」。*

117 頗有崇有論 天明本「論」上有「之」字。*

118 而莫能革世 「世」，天明本作「也」。

121 其礼久壬故也 「壬」，天明本作「亡」。*

121 頗與張華但見害 「但」，天明本作「俱」。

122 朝綱頃施 「頃施」，天明本作「傾弛」。

125 與皇甫陶俱掌直諫 「直諫」，天明本作「諫職」。*

126 計民而置官 天明本「計」上有「爲政之要」。*

133 凡開言於人主 「開」，天明本作「關」。

139 苟言偏善 天明本「偏」上有「有」字。

140 雖文辭有謬 天明本「謬」下有「誤」字。*

140 曠然怒之 「怒」，天明本作「恕」。

147 是信邪 「邪」，天明本作「耶」。

149 愷性烈直 「烈」，天明本作「忠」。*

152 乃言次稱愷忠公局正 「乃言次」，天明本作「後承間」。*

153 每宜在東宫 天明本「宜」上無「每」字。

153 外假稱楊 「楊」，天明本作「揚」。

154 内斥遠之世 天明本「之」下無「世」字。

155 充計盡不行 「盡」，天明本作「畫」。

156 今總門下樞要　天明本「今」上有「愷」字。

157 自然漸疏　「自然」，天明本作「便得」。*

161—162 充與荀勖馮訦承間譖問　「訦」，天明本作「紞」，「問」作「間」。

162 充毁問得行　「問」，天明本作「間」。

165 人諷有司　「人」，天明本作「又」。

166 被起爲太常　「被」，天明本作「後」。*

167 楷字叔則　天明本「楷」上有「裴」字。*

169 對陛下受命　天明本「對」下有「曰」字。*

170 賈充諸人　「諸人」，天明本作「之徒」。*

172 與弘道不示之以私也　天明本「道」上有「政」字，「示」上有「宜」字。*

173 世遷侍中　天明本「遷」上無「世」字。

176 後與荀勖同侍　天明本「荀勖」上有「荀愷」二字。

182 嶠爲太子少保　「保」，天明本作「傅」。*

182 太子朝西官　「官」，天明本作「宮」。*

184—185 臣往事先曾有斯言　「往」，天明本作「昔」，「曾」作「帝」。*

185 臣敢其罪予　天明本「其」上有「逃」字。*

192 復父兄營之　天明本「父」上無「復」字。

192 親慼助之　「慼」，天明本作「戚」。*

197 不能頓爲治乱　「治乱」，旁校作「隆替」。*

198 當今之世　天明本「世」下有「官者無關梁邪門啓矣朝廷不責賢正路」十六字。*

198 所謂貴賢　「貴」，天明本作「責」。*

199 使人相舉也　「人」，天明本作「之」。*

202 虎咒出檻　「咒」，天明本作「兕」。

203 不知誰可咎者　天明本「者」下有「網漏吞舟何以過此」八字。*

205 奏吏部尚書崔洪　天明本「奏」上有「劾」字。*

208 以軍法戮宣子　天明本「子」下有「之僕宣子」四字。

208 吾選厥世任其事　「世」，天明本作「也」。*

209 崔爲國舉才　天明本「爲」上有「侯」字。*

210 何故斯言乃至於此　「斯」，天明本作「私」。

231 朝論官徵爲中書令　「官」，天明本作「當」，「中」作「尚」。*

232 臣帝謂鍾會之反　「帝」，天明本作「常」。*

238 鍾會才見有限　「見」，天明本作「具」。

240 故會自謂策無遺策　上「策」字，天明本作「筭」。*

244 愚臣之言　天明本「愚」上有「紞稽首曰」。*

248 皆在陛下聖内矣　「内」，天明本作「慮」。*

252 一安難頃一頃難正　二「頃」字，天明本皆作「傾」。

264 而慮遠固　「慮遠」天明本互乙。*

276 雖制度殆錯　「殆」，天明本作「舛」。*

277 諸侯徵時 「徵」，天明本作「微」。*

280 諸侯示食祖俸 「示」，天明本作「止」。

282 蕩天下 天明本「蕩」上有「傾」字。*

285 是以神器速頃大命移在陛下 「頃大」，天明本作「傾天」。

292 古古諸侯 下「古」字，天明本作「之」。*

295 使率由侯章 天明本「使」上有「宜」字，「侯」作「舊」。*

297 遲迴人望 「人」，天明本作「衆」。*

300 足以罫天府之藏 「罫」，天明本作「虧」。*

301 無補鎮固衛土之勢也 「固」，天明本作「國」。*

304 則是郡縣之爲 「爲」，天明本作「職」。*

307 然非急可須 「可」，天明本作「所」。*

310 唯宗廇社稷 「廇」，天明本作「廟」。

314 國之建侯 「國」，天明本作「周」。*

317 故何邪 天明本「故」上有「其」字。*

320 孰興滅繼絶之義 「孰」，天明本作「敦」。

327 易頃大業 「頃」，天明本作「傾」。

332 其建侯之理 「其」，天明本作「且」。

335 盡之玉板 「盡」，天明本作「書」。

335 藏之金遺 「遺」，天明本作「匱」。

335 在有司 天明本「在」上有「副」字。*

337 承難頃之邦 「頃」，天明本作「傾」。

345 同於天下 「下」，天明本作「日」。*

347 分職即定 「即」，天明本作「既」。

350 逆闇是非 「闇」，天明本作「暗」。

350 以能否 天明本「能」上有「別」字。

351 因其成則 「則」，天明本作「敗」。*

354 以衛其下 「衛」，天明本作「御」。

355 形於成敗之徵至大 天明本「徵」下無「至大」二字。

365 歲終事功 天明本「功」下有「不建」二字。

369 何則夫細過欲闕 「欲」，天明本作「微」。*

369 謬妄之夫 「夫」，天明本作「失」。*

370 此人情之所必有 天明本「有」下無「固所不化之地」六字。

371 則朝野無立人 「立」，天明本作「全」。

382 古人又言 天明本「言」下有「曰」字。

382 君子之過 天明本「過」下有「如日之蝕焉」五字。*

392 故宼而前旒 「宼」，天明本作「冕」。*

394 必取其先 「先」，天明本作「尤」。*

397 何異放兕虎於公路 「兕虎」，天明本作「兕豹」。*

399 陛下宜及而求之 「及」，天明本作「反」。

401 爲氐羗所橈 「橈」，天明本作「擾」。*

401 黎庶荼炭 「荼」，天明本作「塗」。*

403 乃作徒戎論 「徒」，天明本作「徙」。*

406 咸居絶域之外 「咸」，天明本作「或」。*

413 而愚昆夷獫狁　「愚」，天明本作「患」。*

419—420 雖詟頞執而贄　「詟頞」，天明本「稽顙」，「而贄」作「贄而」。

420 邊城不施固守　「施」，天明本作「弛」。*

426 居秦晋之城　「城」，天明本作「域」。

433 徒其餘種於關中　「徒」，天明本作「徙」。

434 而齊民誰處　「誰」，天明本作「雜」。

435 既恃其服强　「服」，天明本作「肥」。

435 且苦漢民之　天明本「之」上有「侵」字。*

448 魏武皇帝遂徒武都之種於秦川　「徒」，天明本作「徙」。

450 万世之利也　天明本「万」上有「爲」字。

451 已愛其弊矣　「愛」，天明本作「受」。*

453 戎狄志態　「態」，天明本作「體」。

456 則生其哀心　天明本「生」上有「坐」字，「哀心」作「心以」。

460 宜反兵威　「反」，天明本作「及」，「威」下有「方盛」二字。*

461 徒馮翊北地新平安定界内諸羌　「徒」，天明本作「徙」。

462 著先零罕开祈支之地　「开祈」，天明本作「汧析」。

462—463 徒扶風始平京兆之兵　「徒」，天明本作「徙」，「兵」作「氐」。

466 下爲盛世永已之規　「已」，天明本作「久」。*

471 亦豈不以華民夷異處　天明本「夷」上無「民」字。

472 得成其功世哉　天明本「哉」上無「世」字。

477 誠宜鎮之以静黜　「黜」，天明本作「默」。

478 與功造事　「與」，天明本作「興」。*

479 徒自猜之寇　「徒」，天明本作「徙」。

479 遷有食之虜　「有」，天明本作「乏」。*

480 諸業不卒　「諸」，天明本作「緒」。

481 前交未及弭　「交」，天明本作「害」。

484 爲尚挾資　天明本「資」上有「餘」字。*

487 有餘力　天明本「有」上有「無」字。

488 而今其進退由己矣　「今」，天明本作「令」。*

489 其自疑危懼　天明本「其」上有「方」字。

490 畏怖役遽　「役」，天明本作「促」。*

492 令之心不懷土也　「之」，天明本作「其」。*

495 令子遭弊事之終　「令」，天明本作「今」。

496 而不圖更制之始之　天明本「始」下無「之」字。

496—497 而脩車覆之軜　「脩」，天明本作「得」，「車覆」互乙，「軜」作「軌」。*

499 若有窮之　「之」，天明本作「乏」。*

499 故當仰關中之穀　「仰」，天明本作「傾」。*

500 必无擠於溝谿　「谿」，天明本作「壑」。*

502 自使相瞻　「瞻」，天明本作「贍」。*

503 遺居者以種食　「種食」，天明本作「積倉」。*

505 **若憚蹔之舉小勞**　「蹔之舉」，天明本作「暫舉之」。

506 **非所謂能關物成務**　「關」，天明本作「開」。*

507 **崇基祐跡**　「祐」，天明本作「拓」。

507 **謀及子孫者**　天明本「者」下有「也」字。*

511 **南軍于復求降**　「軍」，天明本作「單」，「降」下有「附」字。*

511 **庞弥扶羅值世喪**　「庞」，天明本作「於」。*

514 **秦始之初**　「秦」，天明本作「泰」。

515 **令五郡之衆**　「令五郡」，天明本作「今五部」。*

518 **令晋民失職**　「令」，天明本作「今」。*

521 **患不在貪而不鈞**　「貪」，天明本作「貧」，「而」下有「不」字，「鈞」作「均」。

521 **不安**　天明本「不」上有「而在」二字。*

522 **豈須夷在虜内**　「在虜」天明本互乙。*

525 **德永世**　天明本「永」上有「施」字。*

528 **注　夫體國營治**　「營治」，天明本作「經野」。*

530 **注　先王知帝業至重**　「先王」，天明本作「夫王者」三字。

531 **注　制廣終乎困人**　「困」，天明本作「因」。*

532 **注　裁其新疏之宜**　「新」，天明本作「親」。*

533 **注　又有以見綏世之長禦**　「禦」，天明本作「御」。

533 **注—534 注　不知其爲人**　天明本無此五字。

534 **注　不知厚己利物**　「知」，天明本作「如」。

534 **注　利物圖身**　天明本「圖」上有「不如」二字。

534 **注　安上不知乎悦下**　「不知乎」三字，天明本作「在於」二字。

534 **注　以分天下厚樂**　天明本「厚」上有「以」字。

536 **注　萬國受世及之祚**　「世及」，天明本作「傳世」。*

539 **注　故及之制**　天明本「及」上有「世」字。*

540 **注　公且涉商人之式**　天明本「涉」上有「目」字。

542 **注　愈珍祀**　天明本「珍」上有「於」字。

543 **注　是以經始權其多福**　「權」，天明本作「獲」。*

543 **注　慮終取其少禍**　「少」，天明本作「小」。

544 **注　故國憂顧其釋位**　「顧」，天明本作「賴」。*

545 **注　豈非置勢使之然與**　「置」，天明本作「事」。*

546 **注　徵周之失**　「徵」，天明本作「懲」。*

546 **注　制國殊於弱下**　「殊」，天明本作「昧」。*

549 **注　國乏令王**　「王」，天明本作「主」。*

549 **注　然行宫勤王**　「行宫」，天明本作「片言」。*

550 **注　故强晋收其雖墜之國**　「墜」，天明本作「隧」。

550 **注　勝廣之敢號呼**　「呼」，天明本作「澤」。*

551 **注　境主踰溢**　「主」，天明本作「土」。*

553 **注　主狹者逆遲**　「主」，天明本作「土」。*

553 **注　七子衡其漏網**　「衡」，天明本作「衝」。

553 **注　皇祚夷於黥徒**　「祚」，天明本作「祖」。*

559 注 然禍止幾旬 「旬」，天明本作「甸」。
560 注 是以宣王興於和共 「和共」天明本互乙。
562 注 士無逆合之志 「逆」，天明本作「匡」。*
563 注 堆心權於卑勢耳 「堆」，天明本作「雄」，「權」作「挫」。*
563 注 故列士扼椀 「列」，天明本作「烈」，「椀」作「腕」。
565 注 民望未改 「民」，天明本作「衆」。*
565 注 而見大漢之滅矣 天明本「見」上有「已」字。
567 注 故郡縣易以治 天明本「治」上有「爲政」二字。*
567 注 默日用 「默」，天明本作「黜涉」二字。*
568 注 故先伐有以之興矣 「伐」，天明本作「代」。*
568 注 旬或衰淩 「旬」，天明本作「荀」，「淩」作「陵」。
569 注 安在不亂之哉 天明本「不」上有「其」字，「哉」上無「之」字。
570 注 故後王省以之廢矣 「省」，天明本作「有」。*
574 注 國傷家嬰其痛 「痛」，天明本作「病」。*
575 注 使其並賢居治 「治」，天明本作「政」。*
575 注 而雨愚處亂 「雨」，天明本作「兩」。
578 威也自京都定省 「威也」天明本互乙。
580 臨别 「别」，天明本作「辭」。*
587 後因他信以曰質 「曰」，天明本作「白」。
588 除史名 「史」，天明本作「吏」。
590 卿清就如父清 「就」，天明本作「孰」。
597 曰伯仁卿屓我 天明本「曰」上有「敦」字，「屓」作「負」。
599 以此屓公 「屓」，天明本作「負」。
599 敦憚其辭 天明本「辭」下有「正」字。
600 吾備爲大臣 「爲」，天明本作「位」。
601 投胡越者邪 天明本「投」上有「外」字。*
607 豈可 天明本「可」下有「逸游荒醉」四字。*
609 乃命取蒱博具 天明本「具」上有「之」字。
610 牧睹奴戲耳 天明本「奴」上無「睹」字。
618 廬江灨人 天明本無「灨」字。
624 奉遺旨 天明本「奉」上有「充」字。*
630 康之母 「之」，天明本作「伯」。
636 酌飲之 天明本「飲」上有「而」字。*
638 在州清操踰厲 「踰」，天明本作「愈」。

群書治要卷第三十一

六韜

8 人食於祿 「於」，天明本作「其」。

8 故以餌取 天明本「取」下有「魚」字。

12 澤得天下 「澤」，天明本作「則」。*

14 免人死之 「死之」天明本互乙。

17 與人同憂同樂同好同惡者 天明本「者」下有「義也」二字。*

22 天時變化當自有之乎 天明本無「天時」二字，無「當」字。

31 滋味重累不不食 天明本不重「不」字。

31 不以私曲之故 「私曲」，天明本作「役作」。*

33 役賦甚寡 天明本「賦」下有「也」字。*

36 問太公 天明本「公」下有「曰」字。*

37 太公曰愛民奈何 天明本「奈」上有「文王曰愛民」五字。

39 太公何 天明本無「太公何」三字。*

42 無多宫臺池 天明本「宫」下有「室」字。*

45 多害室游觀以疲民 「害」，天明本作「營宫」二字。*

54 進賢舉過者 天明本無「舉過」二字。

56 上無滛逻 「逻」，天明本作「匿」。*

58 國元流餓之民國也 「元」，天明本作「無」，無下「國」字。

60 何上何取何去 天明本「上」下有「何下」二字。*

64 淫樂哥舞 「哥」，天明本作「歌」。

64 傷王者德 「者」，天明本作「之」。*

66 傷王之威 「威」，天明本作「化」。*

67 傷王者治 「者治」，天明本作「之權」。*

69 傷功臣 天明本「臣」下有「之勞」二字。*

69 六曰宗强 「宗强」天明本互乙。*

70 侵奪凌侮貧敬 「敬」，天明本作「弱」。*

73 進退爲功 「功」，天明本作「巧」。*

73 王者慎莫與謀 「莫」，天明本作「勿」。*

74 朴其身頭 「頭」，天明本作「躬」。*

75 王者慎勿進 「進」，天明本作「近」。*

76 慎文辨辭 「慎」，天明本作「博」。

80 七曰爲方技 「技」，天明本作「伎」。*

81 不祥訛言 「祥」，天明本作「详」。

87 故壬人之道 「壬」，天明本作「王」。*

92 無得賢之也 天明本「之」下有「實」字。*

94 好用世俗之所舉者 「舉」，天明本作「譽」。*

97 君以世俗之所舉者爲賢 「舉」，天明本作「譽」。*

99 臣虛譽以取爵位　天明本「臣」下有「以」字，* 無「以」字。*
103 令能當名　天明本「當」下有「其」字。
106 則民太利　天明本「則」上有「通」字。*
115 則邪不正　「正」，天明本作「止」。*
119 善惡有禍殃之應　「禍」，天明本作「福」。
120 鬼神福無　天明本「福」上有「之」字。*
124 人主好田獵畢弋　「弋」，天明本作「戈」。
125 禾聲不實　「聲」，天明本作「穀」。*
130 如嚮之應聲　「嚮」，天明本作「響」。*
130 如影之隨刑　「刑」，天明本作「形」。*
131 君國主民　天明本「民」下有「者」字。*
142 大農大工嗃大商　天明本無「嗃」字。
145 義勝欲則從　「從」，天明本作「昌」。*
145 欲勝義則凶　「凶」，天明本作「亡」。*
147 怠勝敬者亡武　天明本無「武」字。
153 諫有六聽　天明本「六」下有「不」字。*
156 忘妄誅殺人　天明本無「忘」字。
161 以寡正强亡衆邪必亡　「亡」，天明本作「正」。*
164 賢者不用　天明本「用」下有「三曰賊臣在外奸臣在内賢者不用」十四字。*
168 小者如推　「推」，天明本作「椎」。
170 君喜以人餧虎　天明本「君」上有「殷」字。*

172 欺者爲貞　「貞」，天明本作「真」。
173 阿諫者賞　「諫」，天明本作「諛」。
179 無升解　「解」，天明本作「斛」。
185 同利相救　「利」，天明本作「病」。
187 無衡機而改　「衡」，天明本作「衝」，「改」作「攻」。*
190 天下皆同其利　「天下」，天明本作「則」。*
191 天下皆同其害　天明本無「天下」二字。
193 無取於國者也　天明本「國」下有「者取國」三字。*
196 微哉微鷙鳥將擊　天明本「鷙」上有「哉」字。*
199 今被殷商　「被」，天明本作「彼」。*
201 暴虎殘賊　「虎」，天明本作「虐」。*
202 而上不覺　天明本「不」上有「下」字。*
202 此亡國之則也　「則」，天明本作「時」。
207 夫天有常刑　「刑」，天明本作「形」。*
207 與天人共其生　「人」，天明本作「下」。
225 接蓋天下　「接」，天明本作「權」。*
226 然後天下時　「時」，天明本作「恃」。*
229 然天下者　「然」，天明本作「殺」。*
230 窮天下者　天明本「窮」上有「徹天下者天下通之」八字，*「者」下有「天下仇之安」五字。*
234 勇智仁詰安者　「詰安」，天明本作「信忠」。*
237 有令貝而喜利者　「令貝」，天明本作「貪」。*

241 有懷心而喜用人者 「懷」，天明本作「懊」。*
244 廉潔而愛人者 天明本「愛」上有「不」字。*
245 對殺而自用者 「對」，天明本作「剛」。
251 微察問之以 天明本「以」下有「言」字。*
252 與之間謀 「謀」，天明本作「諜」。*
253 遠使以財 天明本無「遠」字，「使」下有「之」字。*
254 誡之以色 「誡」，天明本作「試」。*
259 太公人才參差太小 天明本「人」上有「曰」字。*
260 滿則葉矣 「葉」，天明本作「棄」。*
265 賊物平均 「賊」，天明本作「賦」。*
266 數行刑戳 「戳」，天明本作「戮」。*
267 岸人以刑 「岸」，天明本作「斥」。*
269 欲人饑飽 「欲」，天明本作「知」。*
270 戰戰慓慓 「慓慓」，天明本皆作「慄慄」。
274 誠信緣大 「緣」，天明本作「緩」。*
276 天下之王也 「王」，天明本作「主」。*
278 君居正殿 「居」，天明本作「避」。*
278 名將而詔之曰 「名」，天明本作「召」。*
280 君入廟西南而立 「南」，天明本作「面」。*
281 持其首受其柄 「受」，天明本作「授」。*
282 乃復操柄 天明本「操」下有「斧持」二字。*
282 授與其刃 「與」，天明本作「將」。*

284 民聞治國 「民」，天明本作「臣」。*
286 臣不敢還請 天明本無「臣」字。
286 願君赤垂一言之命於臣 「赤」，天明本作「亦」。*
287 不敢將 天明本「不」上有「臣」字。*
288 皆由將軍出 天明本無「軍」字。
289 將臨敵決戰 天明本無「將」字。
289 若此無夫於上 「夫」，天明本作「天」字。*
292 疾若馳驚 「驚」，天明本作「鶩」。*
293 何以爲審 天明本無此四字。
294 殺一人而萬人慄者殺之殺一人而千萬人恐者殺之 此句天明本作「賞一人而萬人説者賞之」九字。
299 是威將之所行也 「威將」天明本互乙。
304 是失衆之衆之紀也 天明本不重「衆之」二字。*
316 失石繁下 「失」，天明本作「矢」。*
317 争先登 天明本「争」上有「士」字。
320 太公攻曰伐之道 「攻曰」天明本互乙。*
322 無窮之原 「原」，天明本作「源」。*
327 備已失之後者 天明本「備」下有「於」字。
331 先弱敵而後戰 天明本「弱」上有「見」字，「敵」上有「於」字。
333 莫大於孤疑 「孤」，天明本作「狐」。
334 及受其災 「及」，天明本作「反」。*

339 三者熟先　「熟」，天明本作「孰」。*

345 逆之者已　「已」，天明本作「亡」。*

347 故作爲諫書　「諫」，天明本作「譎」。*

351 少勇力望天福　天明本「望」上有「而」字。*

353 凡夫道鬼神　「夫」，天明本作「天」。*

365 不可數動之有凶　天明本重「動」字。*

373 而天下御之　「御」，天明本作「仰」。

377 四討在於使人無罪　「四討」二字，天明本作「罰」。*

380 紂之卒握戾流湯　「戾」，天明本作「炭」。*

382 舉百石重涉　「涉」，天明本作「沙」。*

385 紂爲强　天明本「紂」上有「以」字。*

396 今日之　天明本「之」下有「事」字。*

399 謂殘賊也　天明本「謂」上有「此」字。*

陰謀

415 不極耳目之欲以亂攻　「攻」，天明本作「政」。

415 此是賢君之治國也　天明本無「此」字。*

416 不好殺不好殺　天明本無此六字。*

417 不與而好奪　天明本「與」上有「好」字。*

419 發人立墓　「立」，天明本作「亡」。

420 而暮萬民糟糠不厭　天明本無「暮」字。*

427 少其賞而觀善多　「觀」，天明本作「勸」。*

427 簡其合而衆皆化　「合」，天明本作「令」。*

429 賞一而千人喜者　「一」，天明本作「人」。*

430 二人而萬人喜者　天明本「二」上有「賞」字。*

433 賞寘而觀衆　天明本「賞」下有「一」字，*無「寘」字，*「觀」作「勸」。*

438 是内實而外仁也　天明本無「是」字，*「實」作「寬」。*

439 是言行相制　「制」，天明本作「副」。*

447 慓慓恐不滿日　「慓慓」，天明本作「慄慄」。*

448 戰戰恐不見且　「且」，天明本作「旦」。*

鬻子

458 以問其身　「問」，天明本作「賊」。

460 其所爲明者　天明本「爲」上有「以」字。*

466 萬人愛之則萬人愛之　天明本無「則萬人愛之」五字。

466 則萬民之吏也　「民」，天明本作「人」。

467 謂之狂　天明本「謂」上有「則」字。*

473 門懸鼓鍾鐸聲　「鼓鍾」天明本互乙，「聲」作「磬」。*

475 語寡人以憂者擊聲　「語」，天明本作「告」，「聲」作

「磬」。*

477 **是以禹嘗據一饋而七十起** 天明本無「十」字。*

482 **非夫卿相無世** 天明本無「非」字。

489 **而不成也** 天明本「而」下有「不行其器者」五字。

492 **與殺不事** 「事」，天明本作「辜」。*

493 **誅賞慎焉** 天明本「慎」上有「之」字。

群書治要卷第三十二

管子

4 几有地牧民者　「几」，天明本作「凡」。

4 守在倉稟　「稟」，天明本作「廩」。*

9 危可起也　天明本「可」下有「安也覆可」四字。*

9 滅不可復措也　「措」，天明本作「錯」。*

14 能在安之　「在」，天明本作「存」。*

18 殺衆而心不服　天明本「殺」下有「戮」字。*

19 則近親叛之　「親」，天明本作「者」。*

25 有德也　天明本「有」上有「授有德也」四字。*

25 於不凋之倉　天明本「於」上有「積」字。*

31 尒偷取一世也　「尒」，天明本作「不」。*

31 不可復　天明本「不」上有「不行」二字。*

36 則臣服　天明本「服」下有「之」字。*

37 言堂　天明本「堂」下有「滿堂」二字。*

37 是謂聖王聖王　天明本不重「聖王」二字。*

41 患無君以使人　天明本「人」下有「之」字。*

43 審審於時而察於用　天明本不重「審」字。

51 官不以無長　天明本「不」下有「可」字。*

63 則有以牧之　天明本「之」下有「也」字。*

64 其不可也　天明本「其」上有「見其可也喜之有征見」九字。*

64 惡之有形　「形」，天明本作「刑」。*

66 惡之無形　「形」，天明本作「刑」。*

81 臣下賤斂競得　「賤」，天明本作「賦」。*

82 地不務本事　天明本「地」上有「有」字。

83 而宗廟社稷無危　天明本「宗」上有「求」字。*

86 立君　「君」，天明本作「政」。*

91 不可使任大官　天明本「不」上有「則」字。*

100 本大臣不和同　天明本無「本」字。

105 有功不能賞　天明本「不」上有「而」字。*

107 必癈　天明本「必」上有「非」字。*

116 人不可不務　天明本「務」下有「也」字。

117 然也則得道　天明本無「也」字，*「得」下有「人之」二字。*

118 入朝廷間而官府治　天明本無「入」字。

119 倉稟實而囹圄空　「稟」，天明本作「廩」。*

120 君子上忠正而不諂諛　天明本「君」上有「其」字，「不」作「下」。*

127 倉稟虛而囹圄實　「稟」，天明本作「廩」。*

129 上下交引而不和同　天明本「上」上有「其庶人好飲食而惡耕農於是財用匱而食飲薪菜乏上彌殘苟而無解舍下愈覆鷙而不聽從」三十七字。

132 則政不可慎也　天明本「可」下有「不」字。*

136 同謀而離治也也　天明本不重「也」字。

138 則人臣賞黨而成羣　天明本無「賞」字。

144 則上尊民從　天明本「民」上有「而」字。

144 則卒輕患而徹敵　「徹」，天明本作「傲」。*

146 故而久不勝其禍　「而久」天明本互乙。

151 小食於　天明本「小」下有「人」字，*「於」下有「力」字。*

152 在下　天明本「在」上有「勢」字。*

159 萬里之情之通矣　天明本無「之」字。

161 請入而不出謂之威　「威」，天明本作「滅」。*

167 故言有辨而非務者　「辨」，天明本作「辯」。

169 不爲苟辨　「辨」，天明本作「辯」。

169 行身思善　天明本無「身」字，*「思」上有「必」字。*

170 不如拙規之正圜也　天明本「規」下有「矩」字，*「正」下有「方」字。*

174 令而不行　「而」，天明本作「之」。

176 爲賢者之至　天明本「至」上有「不」字。*

178 上好仁則人輕　天明本「輕」下有「財」字。*

180 立義以正立義以自正也　天明本無「以正立義」四字。*

181 是以有之君　天明本「有」下有「道」字。*

182 忠臣真進　「真」，天明本作「直」。*

183 忠臣不誣能干爵禄　天明本「干」上有「以」字。*

184 此道者　天明本「此」上有「行」字。*

189 道血氣以求年長年長德　上「年長」二字天明本互乙。「年」作「長心」二字。*

192 不使臣不凍餒　天明本無「不」字。

201 其爲君猶是也　天明本「猶」上有「亦」字。

202 魯内管仲以與齊　「内」，天明本作「囚」。*

205 闇闢土聚粟　天明本無「闇」字。

207 親死如歸　「親」，天明本作「視」。*

211 請立以大爲諫之臣　「大爲」，天明本互乙，「臣」作「官」。*

214 霸刑　「刑」，天明本作「形」。*

221 民其懼死　「其」，天明本作「甚」。*

226 而重人馬　天明本「重」下有「與」字。*

226 與人軍　天明本「與」上有「輕」字。*

227 重宮闕之營　「營」，天明本作「勞」。

235 君子爲能及矣　天明本「君」上有「唯」字。*

237 庶有疑嫡之之子　天明本不重「之」字。

237 此家亂　天明本「亂」下有「也」字。*

240 相必宜立以聽　「宜」,天明本作「直」。*
241 民之觀人也察矣　天明本無「人」字。
242 故我有善立譽我　天明本「善」下有「則」字。*
242 有過則立毁我　天明本「有」上有「我」字。*
244 故明王有過則反之身　天明本「身」上有「於」字。
244 有善則之於民　天明本「則」下有「歸」字。
249 此其所以失也　天明本「失」下有「身」字。*
252 易牙豎刀堂奕　「刀」,天明本作「刁」,「奕」作「巫」。*
253 公唯蒸嬰兒之未嘗也　天明本「唯」上有「曰」字,*「蒸」作「烝」。*
253 於是越其道子而獻之公　「越」,天明本作「烝」,*「道」作「首」。*
255 豎刀自刑　「刀」,天明本作「刁」。
256 人之情非不愛其身也　天明本無「之」字。
259 逐堂奕而苛病起　「奕」,天明本作「巫」。*
260 逐豎刀而宮中亂　「刀」,天明本作「刁」。
261 人固悖乎　天明本「人」上有「聖」字,*「固」下有「有」字。
262 公曰者無知則已　天明本「曰」下有「嗟死」二字。*
264 乃援幭素以裹首而絶　「幭素」天明本互乙。
264 蟲於尸　天明本「蟲」下有「出」字。*
266 去不起爲寡人壽乎　「去」,天明本作「盍」。*
268 使無管仲無忘其束縛在於魯也　天明本無下「無」字,無「其」字。
273 卿安重家　「卿安」,天明本作「安鄉」。
279 爲之急者　天明本「爲」下有「國」字。*
282 天下之歸之　天明本「天」上有「故」字,*「歸」上有「民」字。*
283 所謂利農也　天明本「謂」下有「興利者」三字,*「農」下有「事」字。
286 上令不能必行　天明本「行」下有「上令不能必行則」七字。
286 禁不能必止　天明本「止」下有「禁不能必止」五字。
290 人主之大務　「人主」,天明本作「大王」。*
295 禹立違鼓於朝　「違」,天明本作「諫」。
299 不欲生而惡死　天明本「不」上有「莫」字。*
303 惠施厚於萬物　「施厚」天明本互乙。*
304 故萬民觀盡其力　「觀」,天明本作「驩」。*
305 以實倉稟　「稟」,天明本作「廩」。*
306 而不敢苦也　「苦」,天明本作「告」。*
312 莅民如仇儲　「儲」,天明本作「讎」。*
315 將行必顧其憂　「將」,天明本作「擇」。*
329 上之所加施於民者厚也　天明本「所」下有「以」字。*
330 故上放厚　「放」,天明本作「施」。*
337 故能長守貴富　「貴富」天明本互乙。*

339 安天下之危者　天明本「者」下有「也」字。*

340 而復能爲之　「復」，天明本作「後」。*

345 必且之危　「之危」天明本互乙。

352 戰卒甚戰　「戰」，天明本作「衆」。*

355 明王度量人力之所能爲　「王」，天明本作「主」。

358 於人之所不能爲　天明本「於」上有「令」字。*

358 使於人所不能爲　天明本「所」上有「之」字。

364 亂主獨其智　天明本「獨」下有「用」字。*

365 故曰獨生之圖　「生」，天明本作「任」，*「圖」作「國」。*

367 有使民親之道也　天明本重「之」字。*

370 唯恐其不復言也　天明本「唯」上有「人」字。*

372 此言之不可復者，明君不言也　天明本「者」下有「也故」二字。*

373 發於身　天明本「發」上有「行」字。*

373 而爲天下法式者　天明本無「者」字。

375 此不可復行也　天明本「行」上有「之」字。*

379 附天怨　天明本「怨」上有「下」字。*

380 國之大禁也　天明本「國」下有「者」字。

383 國故治　「國故」天明本互乙。*

383 不肖君不能六攻　天明本「六」上有「勝」字。*

383 而立三器者　天明本無「者」字，「器」下有「故國不治」四字。*

384 何也　天明本「何」上有「三器者」三字。*

384 禄也賞也　天明本無「也」字。

385 邑也　「邑」，天明本作「色」。*

385 好也　天明本「好」上有「玩」字。*

392 則禄賞不足以觀民　「觀」，天明本作「勸」。*

393 禄賞不足以觀民　「觀」，天明本作「勸」。*

393 則人君以自守也　天明本「君」下有「無」字。*

401 雖心所憎　天明本「所」上有「之」字。

404 案當宜　「當宜」，天明本作「賞罰」。*

408 夫以公法而行私惠　「以」，天明本作「舍」。*

410 則是民輕上而易爲非也　天明本「民」上有「使」字。*

411 夫舍公法用私意　「意」，天明本作「惠」。

411 故曰惠爲法之内　天明本「惠」上有「不爲」二字。*

412 然而人弗事　天明本「事」下有「者」字。*

419 則萬舉而莫不失矣　「莫」，天明本作「萬」。*

420 不益長　天明本「益」上有「爲」字。*

421 弗爲損　天明本「損」下有「短」字。*

426 而法術之士　天明本「士」下有「顯」字。*

429 奸邪之在主側者　天明本「主」下有「之」字。*

433 主莫弗欲也　天明本「主」上有「人」字。*

436 而除主所惡者也　天明本「主」下有「之」字。

438 無死者非罪　「無」，天明本作「所」。*

441 **試於軍有功者則舉之**　天明本「軍」下有「而」字。

444 **故忘言者得用**　「忘」，天明本作「妄」。*

445 **任人而課**　天明本「課」上有「不」字。*

446 **以官任其身而謂其功**　「謂」，天明本作「課」。*

451 **萬民勸盡其力**　「勸」，天明本作「歡」。*

451 **此使之所以爲功也**　「使」，天明本作「吏」。*

453 **無邪僻之行**　天明本「無」上有「主」字。*

459 **言惡者**　天明本「惡」下有「敗」字。*

460 **如此士上通而莫之能妒**　天明本「此」下有「則」字。

461 **而不可飾也**　天明本「而」下有「敗」字。*

462 **終歲之祖金**　「祖」，天明本作「租」。

463 **請以一素賞軍士**　天明本「一」下有「朝」字。*

463 **期於泰林之野**　「林」，天明本作「舟」。*

465 **有一人康劍而前**　「康」，天明本作「秉」。*

466 **千八人之衆**　天明本無「八」字。

467 **陷之**　天明本「陷」上有「千人之衆臣能」六字。*

467 **兵樓弩張**　「樓」，天明本作「接」。*

469 **天人之長**　天明本重「天人之長」四字。

471 **賜一人千金**　「一人」二字，天明本作「之」。*

472 **賞四萬二千人金**　天明本無「人」字。

474 **名名於其鄉爲功於其親**　天明本不重「名」字，*「鄉」上有「內」字。*

474 **家內德其妻子**　「內」，天明本作「爲」*，「德」下有「於」字。*

476 **吾舉兵而功**　「功」，天明本作「攻」。*

479 **必遺之酒四石完四鼎**　「完」，天明本作「肉」。

480 **必遺其妻子酒三石完三鼎**　「完」，天明本作「肉」。

480 **父必教其子**　天明本無「必」字。

482 **桓公終舉兵攻菜**　「菜」，天明本作「萊」。*

482 **而菜人大遁**　「菜」，天明本作「萊」。*

483 **故未列地而虜其將**　天明本無此八字。*

485 **破菜軍**　「菜」，天明本作「萊」。*

群書治要卷第三十三

晏子

5 自鼓盆瓮　「瓮」，天明本作「甕」。*

5 凡問於左右曰　天明本無「凡」字。

6 仁人亦樂此樂平　「平」，天明本作「乎」。*

13 然而不敢者者　天明本不重「者」字。

15 君無禮　天明本「君」上有「人」字。*

19 左子右無罪　天明本無「子」字。

32 孔子以聞之曰　天明本無「以」字。

33 景公行其所善　天明本「行」上有「能」字。

41 宗無別　天明本「宗」下有「孽」字。

42 是設賊樹之本也　天明本「樹」下有「姦」字。

43 以爲淫樂則哀　「淫樂」天明本互乙。

60 則使君失其道　天明本「使」上有「是」字。

61 其立惡　「立」，天明本作「去」。*

62 害於者國者惡之　天明本無下「者」字。

69 而下觀惰君之哀　天明本「觀」上有「不」字。

72 焉呼　「焉」，天明本作「嗚」。

77 諸侯並　天明本「並」下有「立」字。*

84 身溺於婦俗　天明本「婦」下有「侍」字。

84 而謀因於豎刀　「刀」，天明本作「刁」。

85 故身死胡官而不舉　「官」，天明本作「宮」。

86 當是也　天明本「是」下有「時」字。

87 不能善者　天明本「善」上有「終」字。*

88 今君臨民若冠讎　「冠」，天明本作「寇」。

96 吾君將戴哄笠衣褐　天明本無「哄」字。

104 以識不敬　「識」，天明本作「誠」。

117 施鳥獸之禁　「施」，天明本作「馳」。*

123 余將成矣　「余」，天明本作「途」。

127 百姓之力不足一　天明本無「一」字。

129 今君不道君之義　天明本「君」上有「明」字。*

132 於是令斬板而去之　天明本「令」下有「勿收」二字。

140 子亦當聞請葬人主宮者乎　「當」，天明本作「嘗」。*

144 奪人之君　「君」，天明本作「居」。*

157 辭而不拜　「辭」，天明本作「躃」。

157 埌夷而去之　「埌夷」二字，天明本作「乃涕洟」三字。

159 我欲豐厚其葬　「豐」，天明本作「封」。

162 吾以知其忠也　天明本「以」上有「是」字。

163 暮夜求之必存存　天明本不重「存」字。

166 子專於父　「於」，天明本作「其」。
169 以愛於兄弟　天明本「愛」上有「鍾」字，「於」作「其」。
169 施行於諸侯父　天明本無「侯」字。
170 誠信於明友　「明」，天明本作「朋」。
176 無及甚采　「及」，天明本作「乃」，「采」作「乎」。
187 不私其私　下「私」字，天明本作「利」。
204 能擅善於君　「擅」，天明本作「納」。
206 選賢進賢能　天明本無下「賢」字。
207 受祿不過量　天明本「量」上有「其」字。
214 是如君臣無獄　「如」，天明本作「故」。
214 莊子問晏子曰　下「子」字，天明本作「公」。
218 能暴國之邪　天明本「暴」上有「禁」字。*
219 不能愛拜內之民者　「拜」，天明本作「邦」。*
220 不能服境外之不不善　天明本不重「不」字。
223 不能服天下威當世而服天下者　天明本無「服天下」三字。
225 而身及崔氏　天明本「氏」下有「禍」字。
231 葬而不失廉　「葬」，天明本作「蔽」。*
234 百姓樂其攻　「攻」，天明本作「政」。*
235 風雨而不降虎　「虎」，天明本作「虐」。*
245 而任之以事　天明本「事」上有「一」字。*
245 不可責偏成焉　「偏」，天明本作「徧」。
246 知者有不能給矣　「給」，天明本作「洽」。*
246 天地有不能贍矣　「瞻」，天明本作「贍」。*
249 此任人之丈略也　「丈」，天明本作「大」。*
253 尚讒諛而賤賢文　「文」，天明本作「人」。*
259 此古之離其民損其國常行也　「損」，天明本作「隕」。
265 事謀之術也　「事謀」天明本互乙。
268 讒佞人　天明本「佞」下有「之」字。
269 子曰　天明本「子」上有「晏」字。*
270 而好繆事　「繆」，天明本作「謀」。
273 公曰不悅曰　天明本無上「曰」字。
277 則其具往失而益之　「其具」天明本互乙。
281 諛安得容其私　天明本「諛」上有「讒」字。*
281 曰然則夫子助寡人止之　天明本「曰」上有「公」字。*
283 讒人佞人之在君側者　上「人」字，天明本作「夫」。*
295 吾欲脩海而南至於琅耶　「脩」，天明本作「循」。
301 行而貧苦不備　天明本「行」上有「師」字，*「備」作「補」。
304 无無流連之遊　天明本無「无」字。
308 今吾欲具珪璧牲　天明本「牲」上有「犧」字。
308 上下宗廟　「下」，天明本作「帝」。
313 今君政反乎民　「乎」，天明本作「于」。
316 意者逆　天明本「逆」下有「乎」字。
317 於是癈公之遊　天明本「公」下有「皐」字。

321 而善齊國之 天明本「之」下有「政」字。*

322 則可謂不具乎 天明本「不」上有「官」字。

324 獄不中 天明本「獄」下有「讞」字。*

330 而天子致胙 「胙」，天明本作「胙」。

344 不受 天明本「不」上有「辭而」二字。*

353 言言諾而左右悦 天明本不重「言」字。

356 昔嬰之所以當誅者宜賞 天明本「嬰」上有「者」字。*

358 景公正盡被髮 「盡」，天明本作「晝」。*

360 昔者置人有罪 「置」，天明本作「寡」。*

362 寡人以子丈夫之賜 「丈」，天明本作「大」。

371 晏子被玄立於門 天明本「玄」下有「端」字。

383 行歌而至 「至」，天明本作「出」。

385 晏聞之 天明本「晏」下有「子」字。*

388 晏子君探雀鷇 天明本「君」上有「曰」字。*

389 是長幼也 「幼」，天明本作「幼」。

389 而況乎人 「乎」，天明本作「于人」二字。

396 又殺公之最善焉 天明本「最」上有「所」字。

402 哀公對曰 「哀」，天明本作「昭」。

403 是以用無弼 「用」，天明本作「内」。*

405 密其枚葉 「枚」，天明本作「枝」。

408 溺者不問墜 「墜」，天明本作「隧」。

410 量公游於麥丘 「量」，天明本作「景」。*

413 使君壽皆若鄙臣之年 天明本「壽」上有「之嗣」二字，「臣」作「人」。*

415 誠有鄙民得罪於君刖可 「刖」，天明本作「則」。*

417 寡人於是賜封人麥丘以爲邑 天明本「人」下有「過矣」二字。*

419 嬰非君奉餽之也 天明本「之」下有「臣」字。*

420 嬰非茵席之臣也 天明本「茵」上有「君」字。

424 可有於四方也 「有」，天明本作「布」。*

427 公使梁丘據遺之路與乘焉 「與」，天明本作「輿」。*

429 臣節其衣服食飲一之養 天明本無「一」字。

431 也臣亦乘之下 「也」，天明本作「而」。

432 而衣不顧其行者 「衣」，天明本作「多」。*

434 不避君不愛 「不」，天明本作「所」。*

435 行己無私 天明本「己」下有「而」字。

435 言直而無諱 「言直」天明本互乙。

438 子丈夫日夜責寡人 「丈」，天明本作「大」。

442 景公飲諸丈夫酒 「丈」，天明本作「大」。

443 幡弓矢 「幡」，天明本作「播」。

446 章對曰 天明本「章」上有「弦」字。*

448 君之好則臣服之 「之好」天明本互乙。

司馬法

451 人故殺人可也　上「人」字，天明本作「是」，「可」上有「安人殺之」四字。*
453 勇方　天明本「勇」下有「見」字。
454 所守也　天明本「守」上有「以」字。
457 所愛夫其民　天明本「所」下有「以」字，*「夫」作「其」，「民」下有「也」字。
459 注　愛己被之民也　「被」，天明本作「彼」。
461 古者遂奔不遠　「遂」，天明本作「逐」。
462 從經不過三舍　「經」，天明本作「綏」。*
463 成列讓而鼓　天明本「鼓」下有「是以明其信也」六字。*
475 行無獵田　「行無獵田」，天明本作「無行田獵」。
476 無燔屋　天明本「燔」下有「墻」字。*
483 是以君子貴之　天明本「之」下有「也」字。*
486 注　故故能盡民之善　天明本不重「故」字。
487 憂賞而不罰　「憂」，天明本作「夏」。
490 注　賞功不移暴　「暴」，天明本作「時」。*
491 注　所以觀善懲惡　「觀」，天明本作「勸」。*
491 丈捷不賞　「丈」，天明本作「大」。
492 下苟不伐善　天明本「善」下有「必不登矣上下不伐善」九字。*
493 丈敗不誅　「丈」，天明本作「大」。
494 必悔其過　天明本「過」下有「下苟以不善在己必遠其罪」十一字。
495 上分惡　天明本「分」上有「下」字。

孫子兵法

498 注　長驅距其都邑　「距」，天明本作「據」。
501 注　未戰而敵目屈服也　「目」，天明本作「自」。
501 注　敵始有讓　「讓」，天明本作「謀」。*
502 注　兵刑已成　「刑」，天明本作「形」。
502 下攻城　天明本重「攻」字。*
504 必以令争於天下　「令」，天明本作「全」。
505 水之行避高而就下　天明本無「之」字。
507 兵無成勢　「成」，天明本作「定」。*
514 故合之以文　「合」，天明本作「令」。*
515 令素信者　「信」，天明本作「行」。
515 與衆相待也　「待」，天明本作「得」。
517 退避罪　天明本「退」下有「不」字。*
519 故可與之赴谿　天明本「谿」上有「深」字。

520 注　恩不可用罰不可猶任　此小字注在下「譬若驕子不可用也」下「用」上有「專」字，「猶」作「專」。

523 知吾一卒之可以擊　天明本無「一」字。

524 而知地形不可以戰　天明本「知」上有「不」字，*「形」下有「之」字。

525 知地知天　「知地知天」，天明本作「知天知地」。

527 主不可怒興軍　天明本「興」上有「而」字。

528 將不可以慍而戰　天明本「戰」上有「致」字。

528 不合於和而止　「和」，天明本作「利」。

530 長將敬之　「長」，天明本作「良」。*

531 師興十萬　「師興」天明本互乙。

531 出師千里　「師」，天明本作「征」。

534 於知敵之情者　「於」，天明本作「不」。

537 先知　天明本「知」下有「者」字。

群書治要卷第三十四

老子

5 聖人處无之事 天明本「无」下有「爲」字。*
5 注 以身師道之也 「師」，天明本作「帥」。
6 萬作焉 天明本「萬」下有「物」字。*
6 不辭 天明本「不」上有「而」字。
7 注 不恃聖其報也 「聖」，天明本作「望」。
9 注 無貪人也 天明本無「也」字。*
10 注 說聖人治國 「說」，天明本作「謂」。
11 使知者不敢爲也 天明本「知」上有「夫」字。*
12 注 百性安也 「性」，天明本作「姓」。
13 注 不仁以恩 「仁以」天明本互乙。
17 天之道 天明本「道」下有「也」字。*
20 注 則和氣去心之也 天明本無「之」字。
27 注 耶私也 天明本「耶」上有「無」字。*
28 注 抱素守真見其質朴 「抱」，天明本作「見」，「見」作「抱」。
29 注 枉則直窪 天明本「窪」下有「則盈」二字。*
30 注 久久自新也 天明本無「也」字。
33 不自見見故明 天明本不重「見」字。
41 注 操行之 天明本「操」上有「不自知其形醜」六字。*
44 道大 天明本「大」下有「道大者无不容也」七字。
50 注 疾時主傷痛之 天明本「之」下有「也」字。
54 注 聖人所以教民順四時 天明本「教」上有「常」字，「時」下有「者」字。
55 不善之師也 天明本「善」下有「人」字。
56 善人之資 天明本「資」下有「也」字。
56 注 得以給用 天明本「以」下有「爲」字。*
56 不愛其資 天明本「不」上有「貴其師」三字。
59 注 是則天下歸之 天明本「是」上有「如」字。
59 注 如水之流深谿 天明本「流」下有「入」字。*
62 爲下式 天明本「下」上有「天」字。*
64 注 如是則天下之 天明本「之」上有「歸」字。*
66 注 道人心明矣 天明本「心」下有「已」字。*
67 注 神物也安静 天明本「安」上有「神物好」三字。*
67 注 不可以有治也 天明本「有」下有「爲」字。*
67 注 敗則其質性也 「敗則」天明本互乙。*
68 注 生於詐譌也 「譌」，天明本作「僞」。
70 注 處中和行无 天明本「无」下有「爲」字。*

71 不以强兵於天下 「强兵」天明本互乙。*
74 以取强 天明本「强」下有「焉」字。*
79 是樂殺也人 「也人」天明本互乙。
79 注 是以樂美殺人也 天明本無「美」字。
82 注 居右以其殺也 天明本「居」上有「而」字，「右」下有「者」字，「殺」上有「主」字。
83 殺之人衆 天明本無「之」字，「衆」下有「多」字。*
84 注 而害無辜之臣 「臣」，天明本作「民」。
90 注 死而不亡者壽 「亡」，天明本作「妄」。*
96 注 和氣行 天明本「氣」下有「流」字。*
101 而愚之始 天明本「始」下有「也」字。
107 注 故盈滿而不絶 天明本「故」下有「能」字。
108 注 言萬物皆須道生也 天明本「生」下有「成」字。
113 注 恐枯竭不爲谷 天明本「恐」上有「將」字。*
114 注 不可常生 天明本「可」下有「但欲」二字，「生」下有「無已時」三字。
116 注 言必欲尊 天明本「尊」下有「貴」字。*
118 注 車轂爲衆輻所湊也 天明本「車」上有「如」字。*
126 注 水能貫堅剛 天明本「剛」上有「入」字。*
128 注 治身有益精神 天明本「有」上有「則」字。
129 注 天下稀及之 「稀」，天明本作「希」。*
130 注 治身治國也 天明本「治」上有「无爲之治」四字。*

131 注 遇禍患禍患 天明本不重「禍患」二字。
131 注 亡者多 天明本「亡」上有「所」字。*
132 注 死多藏於丘墓 天明本不重「於」字。
132 注 死有掘家柩之患也 天明本「掘」上有「發」字，無「家柩」二字。*
133 注 知可止 天明本「止」下有「則止」二字。*
134 注 福禄在己治身者神不勞 「己」，天明本作「亡」。
139 注 如拙者示不敢見其非也 「示」，天明本作「亦」。
140 注 則天下長 天明本「天」上有「爲」字。
142 注 糞者田也 天明本「田」上有「治」字。*
142 注 却走以治農田也 天明本「以」上有「馬」字。*
146 故知足之常足也 天明本「常」上有「足」字。
147 注 所以見天下也 天明本「所」上有「知人家」三字。*
150 注 所見益少也 「見」，天明本作「知」。*
153 注 所漸去之 天明本「漸」上有「以」字。*
154 注 德道合 天明本「德」下有「与」字。*
155 注 不當勞煩也民 「也民」天明本互乙。
156 注 其好有事則政教煩 天明本「其」上有「及」字。*
159 注 人化之爲善 「爲」，天明本作「使」。*
167 注 是猶刃盜以爲服飾 「刃」，天明本作「劫」。
168 注 不可得引拔也 天明本「引」下有「而」字。*
176 注 上下親 天明本「親」上有「不」字。*

178 注　珍之物　天明本「珍」下有「好」字。*
178 注　滋生彰　天明本「彰」下有「著」字。*
180 注　我无不教　「無」，天明本作「不言」二字。*
192 注　故鬼不敢敢于也　天明本不重「敢」字。
205 注　其未兆易　天明本「易」下有「謀」字。*
206 注　情未見　天明本「情」下有「欲」字。*
209 注　從小成也　天明本「成」下有「大」字。*
210 注　從卑立高　「立」，天明本作「至」。
212 注　妄持不得　「妄」，天明本作「堅」。*
212 注　文不爲色　天明本「色」上有「利」字。*
213 注　不爲殘敗故無敗壞也　天明本無「不爲殘敗」四字。
216 不貴難得貨　天明本「貨」上有「之」字。*
220 注　聖人動作因脩不敢　「脩」，天明本作「循」。*
223 注　而巧僞也　天明本「巧」上有「爲」字。*
223 注　使智慧之人　「慧」，天明本作「惠」。
230 注　不以尊貴虛下　「虛」，天明本作「虐」。*
231 注　民親之若父母　天明本無「民」字。*
235 不敢爲天先下　「先下」天明本互乙。
236 注　且但爲勇武　天明本無「且」字。*
239 注　以守衛則賢固也　「賢」，天明本作「堅」。*
241 注　客者和而唱　天明本「唱」上有「不」字。*
242 注　莫大於欺軟輕敵家　天明本無「軟」字。

246 天下莫能知行　天明本「行」上有「莫能」二字。*
246 注　惡人柔弱　「惡人」天明本互乙。
248 注　故貴也　天明本「貴」上有「爲」字。*
251 注　萬物皆負而向陽也　天明本「負」下有「陰」字。*
254 注　故不畏死畏死也　天明本不重「畏死」二字。
255 若使民法畏死　「法」，天明本作「常」。*
256 而爲者　天明本「爲」下有「奇」字。*
262 注　故親入死也地　天明本無「也地」二字。
263 注　才利不入於身　天明本「才」上有「財」字。*
265 注　但刻契信　天明本「刻」上有「執」字。
266 無德司轍　「轍」，天明本作「徹」。*
269 注　不勞也　天明本「勞」上有「敢」字。
270 不遠徙　天明本「不」上有「而」字。
270 注　正合不煩　「正合」，天明本作「政令」。*
271 注　不遠遷離其常也　天明本「常」下有「處」字。*
271 雖有輿舟　「輿舟」天明本互乙。
275 民至老　天明本無「至」字。
276 注　有德以以教愚　天明本不重「以」字。*

鶡冠子

281 序德程後也　「後」，天明本作「俊」。

282 **二己**　天明本「二」下有「曰十」二字。*

287 **賢聖以博選爲本**　天明本「聖」下有「者」字。

290 **則己者至**　天明本「則」下有「若」字。*

292 **亡主與役**　天明本「役」下有「處」字。*

299 **郯有爲其爲其國乎**　「郯」，天明本作「亦」，*不重「爲其」二字。*

301 **昔堯之任人**　天明本「人」下有「也」字。*

313 **魏文侯曰**　天明本無「魏」字。

列子

322 **教化者不違所宜**　天明本「違」上有「能」字。

323 **非陰陽則**　「陽則」天明本互乙。

324 **非側則柔**　「側」，天明本作「剛」。*

327 **照之以月**　天明本「月」上有「日」字。*

333 **夷吾公誰欲歟**　天明本「吾」下有「曰」字。*

334 **其爲人絜廉善士**　「絜」，天明本作「潔」。

338 **注　則逆而不能納矣**　天明本「而」上有「民」字。

340 **注　矜其民不逮己**　天明本「逮」上有「以」字。*

341 **德分人**　天明本「德」上有「以」字。*

341 **注　化之使合**　天明本「合」下有「道」字。*

342 **以賢臨人**　天明本「人」下有「者」字。*

350 **千里無遺一焉**　「里」，天明本作「百」。

352 **吾恃伺察而盜**　天明本「恃」上有「君」字，「盜」上有「得」字。*

361 **注　智之患**　天明本「患」上有「爲」字。

363 **其懸水卅刃**　「刃」，天明本作「仞」。

365 **此懸水卅刃**　「刃」，天明本作「仞」。

368 **大夫對曰**　「大」，天明本作「丈」。*

372 **注　詹何善隱者也**　「善」，天明本作「蓋」。

373 **詹對曰**　天明本「對」上有「何」字。

374 **學所以守之**　天明本「學」上有「願」字。*

375 **臣未嘗聞身治而國亂者已**　「已」，天明本作「也」。

墨子

390 **晉文染於咎犯**　天明本「文」下有「公」字。*

391 **吳闔廬染於五員**　「五」，天明本作「伍」。

394 **吳夫差染於宰喜**　「喜」，天明本作「嚭」。

395 **此六者所染不當**　天明本「六」下有「君」字。

396 **故國家殘正**　「正」，天明本作「亡」。*

397 **民人流正**　「正」，天明本作「亡」。*

419 **昔之聖禹湯文武**　天明本「聖」下有「王」字。
421 **天下諸侯皆實事之**　「實」，天明本作「賓」。
431 **仕將持禄**　「將」，天明本作「者」。
433 **而無守**　天明本「守」下有「備」字。
434 **蓄菽粟**　天明本「蓄」下有「種」字。*
435 **大臣不足以食之**　天明本無「大臣不足以食之」七字。
435 **大臣不足以事之賞之**　天明本無「賞之」二字。
437 **以七患也國**　「也」，天明本作「居」。
441 **邊足以圍風寒**　「圍」，天明本作「圉」。
442 **足別男女之禮**　天明本「別」上有「以」字。
446 **論於民**　「論」，天明本作「誨」。
447 **當今之王**　「王」，天明本作「主」。
450 **故左右皆法蒙之**　「蒙」，天明本作「象」。*
450 **以待凶振孤寡**　天明本「凶」下有「饑」字。*
452 **而惡亂也**　天明本「亂」上有「其」字。
454 **聖王以爲不中人之清**　天明本「清」上有「温」字。*
461 **其君用財節而易瞻也**　「瞻」，天明本作「贍」。
467 **以身服**　天明本「服」下有「之」字。
468 **以觀之**　天明本「觀」上有「此」字。*
469 **是以其民徭僻而難治**　「徭」，天明本作「淫」。
474 **以增氣充虛**　天明本「以」上有「足」字。
477 **不能偏視**　「偏」，天明本作「徧」。
477 **不能偏摻**　「偏」，天明本作「徧」。
477 **口能偏味**　天明本「口」下有「不」字，*「偏」作「徧」。
479 **故左右蒙之**　「蒙」，天明本作「象」。*
479 **孤寡餒**　天明本「寡」下有「者」字，「餒」上有「凍」字。*
483 **之便民之事**　「之」，天明本作「以」。
485 **民不勞上足以用**　天明本「勞」下有「而」字。
485 **故歸之**　天明本「歸」上有「民」字。
486 **當今之王**　「王」，天明本作「主」。
486 **其舟車**　天明本「舟」上有「爲」字。
487 **飾車文采**　天明本「文」上有「以」字。*
490 **故左右蒙之**　「蒙」，天明本作「象」。*
494 **子墨曰**　天明本「墨」下有「子」字。*
494 **子言古者王公大人爲政於國家者**　「子言古」三字，天明本作「今」。*
498 **則國家之治薄**　「薄」，天明本作「厚」。
517 **上之所使下者一物也**　天明本「使」上有「以」字。
523 **有能舉之**　天明本「舉」上有「則」字。
528 **我以知天下之士君子**　「知」，天明本作「此」。*
535 **建至其國家則不然**　「建至」天明本互乙。*
546 **不可而利人**　「不」，天明本作「下」。*
551 **賞罰以勸湜**　「湜」，天明本作「沮」。*
553 **湯治可使安矣若以爲不然之**　天明本無「可使安矣若以

爲不然」九字。

555 其在湯則治　天明本「湯」下有「武」字。*

556 其桀紂則亂　天明本「桀」上有「在」字。*

558 田獵畢戈　「戈」，天明本作「弋」。

558 我爲形政不善　「形」，天明本作「刑」。*

564 命賢良之人　「命」，天明本作「令」。

569 豈可悖哉　「可」，天明本作「不」。

571 人助之築則慢也　「慢」，天明本作「慍」。*

群書治要卷第三十五

文子

17 夫水濁者魚噞　「噞」，天明本作「險」。*

17 上多欲則下多詐　「則」，天明本作「即」。

26 不去往　天明本「往」上有「自」字。

31 聖人所以爲師　天明本「師」下有「也」字。

43 哭者哀效也　天明本「哀」下有「之」字。*

47 怵苦有喪　「怵苦」，天明本作「憂若」。*

48 民亦憂其　天明本「其」下有「憂」字。*

57 乃能形物之拘之情也　天明本無「拘之」二字。

60 武力毅勇　「毅勇」天明本互乙。*

61 貴富廣大　「貴富」天明本互乙。*

61 德天下　天明本「德」下有「施」字。*

75 無道而不止者　「止」，天明本作「亡」。*

78 令而行誠在令外　天明本無「令而」二字，無「誠」字。

85 能敵者　天明本「敵」上有「勝」字。*

86 必强者者也　天明本不重「者」字。

91 蒙塵而欲无眯　「眯」，天明本作「瞇」。*

93 水致其深心　天明本無「心」字。

95 必有照名　「照」，天明本作「昭」。

97 即功名叛　「名」，天明本作「臣」。*

99 聖人見福於重關之内　天明本「見」上有「先」字。*

100 慮患於置置之外　「置置」，天明本作「冥冥」。*

101 而事有利於小　「而」，天明本作「故」。

105 行知所之事知所之　天明本無「所之事知」四字。

108 名者難立易度　「度」，天明本作「廢」。*

110 夫積愛成福成福　天明本不重「成福」二字。

111 使患無生　天明本「使」上有「夫」字。*

117 而後動利　「動」，天明本作「就」。*

118 而不怨心　「怨」，天明本作「留」。*

120 曰凡人之道　天明本無「曰」字。

123 兼苞萬國　「苞」，天明本作「包」。

124 終始端方無流四遠　「端方無流」，天明本作「無端方流」。*

128 處静以待躁也　「待」，天明本作「持」。*

129 圓者無不知也　天明本「圓」上有「智」字。*

134 是以無爲而不成　「不」，天明本作「有」。

136 事之順常也　「順常」天明本互乙。*

137 國而國存　天明本上「國」上有「圖」字。*

138 其功必不逐矣　「逐」，天明本作「遂」。

139 言雖無中策　天明本「中」下有「於」字。
139 合於義者　天明本「義」上有「仁」字。*
140 故百言百當　天明本「故」下有「曰」字。
140 不若舍趣而審仁也　天明本「仁」下有「義」字。*
142 君子小人各得宜　天明本「宜」上有「其」字。*
144 亡國其所以亡　天明本「其」上有「樂」字。*
145 臣而聽明　「聽」，天明本作「聰」。*
145 君不不與臣争功　天明本不重「不」字。
147 枝葉茂者　天明本「枝」上有「而」字。*
149 聖王之養民　「王」，天明本作「人」。*
149 性不能已　天明本「已」下有「也」字。*
150 賴其功動　「動」，天明本作「勛」。*
153 故人之將疾也　天明本無「故」字。
156 古者親近不以以言　天明本不重「以」字。
159 行有召罰　「罰」，天明本作「寇」。*
164 且其械　「且」，天明本作「事宜」二字。
164 如是外民得以所有易所無　「外」，天明本作「則」。
166 若風之過箭　「箭」，天明本作「蕭」。*
168 雞駒之音相聞　「駒」，天明本作「狗」。*
181 不可使導道也　「導」，天明本作「遵」。*
184 即法度而不用　天明本「度」下有「張」字。*
188 主道者　「主」，天明本作「王」。*

188 因脩任下　「脩」，天明本作「循」。
190 動静脩理　「脩」，天明本作「循」。
198 有一刑者處一位　「刑」，天明本作「功」。*
201 物無棄材矣　「材」，天明本作「財」。
204 脩理而舉事　「脩」，天明本作「循」。
207 故常虛無爲　天明本「虛」下有「而」字。*
211 不以相教者　天明本無「者」字。
216 養老弱勞息倦　「勞息」天明本互乙。*
217 堯度曜　「度曜」，天明本作「瘦臞」。*
222 於事瞻者　「瞻」，天明本作「贍」。
224 百節皆　天明本「皆」下有「寧」字。*
224 養生天之本也　天明本無「天」字。
226 財利争愛少　「愛」，天明本作「受」。*
230 欲法之主不世出　「法」，天明本作「治」。*
231 以不世求　天明本「世」下有「出」字。*
233 與同出一道　天明本「與」下有「民」字。*
234 風俗可美　天明本「美」下有「矣」字。*
236 禁之以以法　天明本不重「以」字。
241 無一人之與　「與」，天明本作「譽」。*
246 事其易爲也　「事其」天明本互乙。*
256 不可傳用　「傳」，天明本作「專」。*
259 所有而普而並用之也　天明本無「普而」二字。

260 色爲難而誅不敢　「色」，天明本作「危」。*

263 獸窮即軍　「軍」，天明本作「觸」。*

268 衆智之爲　天明本「爲」上有「所」字。*

270 職事不慢也　天明本「職」上有「而」字。*

270 夫責少易償也　「少」，天明本作「小」。

272 君臣久　天明本「久」下有「而不相厭也」五字。*

278 善爲政者　天明本「善」上有「故」字。*

280 即權之所服者大德之所服者大　天明本無「大德之所服者」六字。

281 德之所於者　「於」，天明本作「施」。*

286 此不明兵於道也　「兵於」天明本互乙。*

287 上行　「行」，天明本作「仁」。*

287 非惔真無以明德　「惔」，天明本作「漠」。*

290 以天下之力事　「事」，天明本作「争」。*

292 法令察而苛　天明本「苛」上有「不」字。*

295 夫乘夫乘與馬者　天明本不重「夫乘」二字。*

297 雖在夫　天明本「夫」上有「匹」字。*

302 如臨深川　「川」，天明本作「淵」。*

303 昔者商夏之臣　「者商夏」，天明本作「日夏商」。*

304 沙氏之民　天明本「沙」上有「宿」字。*

307 道不可以　天明本「以」下有「小」字。*

309 求多難贍　「贍」，天明本作「贍」。

310 稱丈量　天明本「稱」上有「石」字。*

312 故無益之治　「之」，天明本作「於」。*

317 與无同氣　「无」，天明本作「天」。*

318 一焉者亡　天明本「一」上有「五」字。*

323 而制於螻蟻　天明本「而」上有「鯨魚失水」四字。*

329 喜怒刑於心　「刑」，天明本作「形」。*

336 上攝輿　天明本「上」下有「車」字。*

336 馬死衡下　「死」，天明本作「服」，「衡」作「銜」。*

339 道得也　「道得」天明本互乙。*

348 無爲非者置矣　「置」，天明本作「寡」。*

359 不以爲經　天明本「以」上有「可」字。*

359 言不合於先王者　天明本「言」上有「經」字。*

362 進還曲　天明本「進」下有「退」字。*

363 人之車輿也　天明本「人」下有「主」字。*

364 人主之四馬也　「四」，天明本作「駟」。*

365 故輿馬不調　「輿」，天明本作「駟」。*

369 不用適然之數　「數」，天明本作「教」。*

372 不必脩俗　「脩」，天明本作「循」。

374 脩俗未足多　「脩」，天明本作「循」。

376 若得其所以言者　天明本「言」下有「得其所以言」五字。*

377 名可名　天明本「可名」下有「者」字。*

382 亂於末　天明本「亂」上有「不」字。*

384 先自以爲檢戒　「自以」天明本互乙。

385 即行於民也　天明本「行」上有「令」字。

386 人主度量也　天明本「度」上有「之」字。*

387 缺乘者誅　「乘」，天明本作「繩」。*

391 其立居君也　天明本無「居」字。

393 所以以禁君　天明本不重「以」字。

407 能開闔　天明本「開」上有「制」字。*

412 不可審也　天明本「審」上有「不」字。*

413 今人居之論臣也　「居」，天明本作「君」。*

413 德總其細行　天明本無「德」字。

414 而來其不善　「來」，天明本作「求」。*

419 未有能全其行也　天明本「行」下有「者」字。

420 故君子不責備於人　天明本「人」上有「一」字。*

425 富即觀其所放　「放」，天明本作「施」。*

427 視其所更難　「更」，天明本作「患」。

436 以仁義准繩者也　天明本「義」下有「爲」字。*

441 暴體盈野　「體」，天明本作「骸」。*

442 所以必死也所以必死者　天明本無「也所以必死」五字。

443 所以者威也　天明本「以」下有「行」字。*

444 是謂之强　「之」，天明本作「必」。*

447 視下如弟　天明本「視」上有「上」字。*

448 即不之難爲之死　天明本無上「之」字。

450 是故義君内備其政　「備」，天明本作「脩」。*

452 視死若歸　「若」，天明本作「如」。

457 此其給之紀綱也　「給」，天明本作「治」，*「紀綱」互乙。*

458 有張而不施　「施」，天明本作「弛」。

460 以歸神反淫　「反」，天明本作「杜」。

465 馳騁戈獵　「戈」，天明本作「弋」。

467 萬民懷至德其衰也　「至德」天明本互乙。*

469 反益即損　天明本「反」上有「極即」二字。*

472 不不可以行法　天明本不重「不」字。

472 法能教　天明本「教」下有「不孝」二字。*

473 能刑盜者不能使人孝能刑盜者　天明本無「不能使人孝能刑盜者」九字。

475 非譽以遵之　「遵」，天明本作「導」。

476 禮義備而任賢得也　「備」，天明本作「脩」，*「得」作「德」。*

478 知其無所用　天明本「知」上有「不」字。

482 知其本法火而已　「法」，天明本作「者去」二字。*

曾子

498 昌且就業　「昌」，天明本作「日」。*

498 名夕而自省　天明本無「名」字。*

500 承聞觀色而復指　「聞」，天明本作「問」。*

503 貴其能以讓也　「貴」，天明本作「患」，「能」上有「不」字。*

503 君子學致此五者而已矣　天明本「學」上有「之」字。

509 人之爲不善一佛疾也　「一佛」，天明本作「而弗」。*

514 色勿爲可能也心勿爲　天明本無「色勿爲可能也」六字。

517 其下復而不改　天明本「而」下有「能改復而」四字。*

518 是故君子出言愕　天明本重「愕」字。

520 戰戰唯恐不能夕也　「夕」，天明本作「乂」。

520 諸侯日旦思其罰之内　「罰」，天明本作「四封」二字。*

523 故臨事而慓者　「慓」，天明本作「慄」。

526 故爲人子而能孝　天明本「能」上有「不」字。*

528 爲人弟而不能承其光者　「光」，天明本作「兄」。*

529 爲人臣不能事其君　天明本「臣」下有「而」字。

530 言畜子　天明本「子」下有「與子」二字。*

531 言順弟　天明本「弟」下有「与弟」二字。*

535 致敬而不忠則不仁也　「仁」，天明本作「入」。

536 量故禮以將其力　「量」，天明本作「是」。*

547 故士執仁興義而不聞　「興」，天明本作「與」。

549 故人之相人之相與也　天明本不重「人之相」三字。*

554 欲行則七賢　「七」，天明本作「比」。*

558 夫繁華而置者天也　「繁華」天明本互乙，「而」下有「實」字。*

560 魚鱉元黿比黿　「元黿比黿」，天明本作「魚鱉黿鼉」。*

561 窟穴其中　天明本「窟」上有「而」字。

572 在於他　天明本「在」上有「不」字。*

573 遊苾乎如入蘭芷之室　「苾」，天明本作「必」。*

578 每履而不　「不」，天明本作「下」。*

群書治要卷第三十六

吴子

8 **三曰積德** 「德」，天明本作「惡」。*

13 **舉舉事動衆曰逆** 天明本不重「舉」字。

14 **退義必以禮服** 天明本無「退」字。

15 **逆必以權** 天明本「權」下有「服」字。

18 **夫勇者輕命輕命而不知利** 天明本不重「輕命」二字。

21 **理者治衆如治寡者** 天明本「寡」下有「備」字。*

23 **法令省不煩** 天明本「省」下有「而」字。

23 **愛命而辞不言反** 「愛」，天明本作「受」*，「辞不」作「不辭家敵破而後」七字。

26 **厲以義** 天明本「厲」下有「之」字。*

45 **人之所恃** 天明本「恃」下有「也」字。

48 **餚席無重器上牢** 「無」，天明本作「有」。*

49 **次功中行** 天明本「功」下有「坐」字。

49 **無功後行** 天明本「功」下有「坐」字。*

50 **乃人班賜有功者之** 「人」，天明本作「又」。

51 **父母没則妻子於廟門之外** 天明本無「没則」二字。

56 **奪擊之者** 「奪」，天明本作「奮」。*

57 **吴子曰臣聞之之** 天明本不重「之」字。

59 **今使一死賊於曠野** 天明本「賊」下有「伏」字。*

62 **而爲死賊** 天明本「死」上有「一」字。

68 **群臣莫及** 天明本「莫」下有「能」字。

69 **人不乏賢** 「人」，天明本作「國」。*

71 **而莫之過** 天明本「莫」上有「群臣」二字。*

商君書

80 **爲事廢** 天明本「爲」上有「務」字，*「爲」下有「而」字。*

86 **不危者未之有也** 天明本「不」上有「而」字。*

90 **君臣之共操也** 天明本「共」上有「所」字。*

91 **君臣之所共共立也** 天明本不重「共」字。

96 **亂上多惠言** 「亂」，天明本作「故」。

98 **凡者文也** 天明本「凡」下有「賞」字。*

99 **主者不蔽之謂明** 天明本無「主者」二字。

101 **刑重而信刑重而必** 天明本無「信刑重而」四字。

102 **多釋治而任私議** 「治」，天明本作「法」。

110 **不以爵禄便便延親** 天明本不重「便」字，「延」作「近」。*

113 **以主之好事君**　天明本「以」上有「多」字，*「之」作「所」。
118 **天下五伯以法正**　天明本無「天下」二字。
122 **杖官之吏**　「杖」，天明本作「秩」。*
125 **杖官之吏隱下而漁民**　「杖」，天明本作「秩」。
131 **愚不得不及**　天明本「愚」下有「者」字。*
133 **無寒而去衣也**　天明本「無」上有「欲」字。
134 **而百人逐之**　「逐」，天明本作「追」。
145 **不可亂**　天明本「亂」下有「也」字。*
145 **大勢亂者**　天明本無「大」字。*
146 **一愈亂亂矣**　天明本無「一」字，不重「亂」字。
149 **愚智偏能之**　「偏」，天明本作「徧」，「能」下有「知」字。*
152 **明主因治之**　天明本「治」下有「而治」二字。*

尸子

161 **勿加砥礪**　天明本「勿」上有「而」字。*
165 **夫學身之砥礪也**　「砥礪」天明本互乙。
168 **嘉而不忘**　「嘉」，天明本作「喜」。
171 **至敏以逐**　「敏」，天明本作「敬」。*
171 **無怨**　天明本「無」上有「敬」字。*
173 **子曰自娛設於隱括之中**　天明本「子」上有「孔」字，*無「設」字，*「隱」作「檃」。
173 **直己而不直**　天明本「直」下有「人」字。*
174 **然則興廢**　天明本「興」下有「與」字。*
184 **列士比義**　「列」，天明本作「烈」。
196 **翦勿敗**　「翦」，天明本作「勿剪」二字。*
198 **桀紂處之敗賤矣**　「敗」，天明本作「則」。*
202 **萬物以倫**　「倫」，天明本作「徧」。
202 **禄与尊也**　天明本「禄」上有「不」字，*「与」作「而」。
206 **君奚問欒氏之子以爲**　天明本無「以」字。
209 **內得夫夫**　上「夫」字，天明本作「大」。
214 **清涓田萬百**　「百」，天明本作「畝」。*
214 **以田此也**　「田此」天明本互乙。
215 **子尚袠**　「袠」，天明本作「喪」。*
215 **寡人猶也**　天明本「猶」下有「得」字。*
216 **臣天下一天下**　天明本下「下」有「也」字。*
218 **桀紂令天下者不行**　「者」，天明本作「而」。*
218 **故得臣也**　天明本「得」上有「不」字。*
219 **是所甘心**　「是」，天明本作「口之」二字。*
221 **以心爲不義**　「以心」天明本互乙。*
222 **弗政服也**　「政」，天明本作「敢」。*
223 **故其甘心者**　天明本「故」下有「曰」字，*無「其甘」二字。*

224 天子以天子愛命於心　「子愛命」，天明本作「下受令」。*
224 不當則天下禍　天明本「不」上有「心」字。*
225 諸侯以國愛令於心　「愛」，天明本作「受」。*
228 其除之不可者避二　「二」，天明本作「之」。*
230 始若蘖足易盡也　「盡」，天明本作「去」。*
237 耒者者　「耒」，天明本作「年」，上「者」字作「老」。*
238 故終身無失父之患　「父」，天明本作「火」。*
243 而愚人争於神也　天明本無「而」字。
245 莫見其所以長物而長莫見其所以亡物而物亡　天明本無「長物而長莫見其所以」九字。
246 其樂福也　「樂」，天明本作「興」。*
249 神人益天下以財者爲仁　天明本無「者」字。
251 使天下大夫耕而食　「大」，天明本作「丈」。
263 動有功而可言信也　「可言」天明本互乙。
265 無以於此矣　天明本「於」上有「加」字。
267 有仁者之所以轉輕也　「有」，天明本作「非」，*無「轉」字。*
270 不能耕其巷下　「耕」，天明本作「利」。*
272 則不可視矣　天明本「可」下有「以」字。*
277 不避遠迩　「迩」，天明本作「近」。
279 故堯從於畎畝之中　天明本「於」上有「舜」字。*
281 今諸侯之侯之君　天明本不重「侯之」二字。

283 美其過術以輕上　「過」，天明本作「道」。*
286 而能致太名物天下者　「物」，天明本作「於」。*
288 則鳳皇不奉焉　「奉」，天明本作「至」。*
288 到胎焚夭　「到」，天明本作「刳」。*
289 端澤濂魚　「端」，天明本作「竭」，*「濂」作「漉」。*
293 視聽不　天明本「不」下有「深」字。*
296 下象者得譽　「象」，天明本作「衆」。*
298 未之嘗者也　「者」，天明本作「有」。*
299 夫求事不焉其道　「焉」，天明本作「遵」。*
300 然則者王之道　「者」，天明本作「先」。*
300 務行之而已　天明本「已」下有「矣」字。*
302 物以制分　天明本「物」上有「裁」字。*
318 聽獄不後睪陶　「睪」，天明本作「皋」。*
319 盡之不盈尺簡　「盡」，天明本作「書」。*
330 符節合之　天明本「符」上有「夫」字。*
332 上比廢以觀其賢　「廢」，天明本作「度」。*
334 釋其知事者令之謀　「釋」，天明本作「擇」。
336 釋其知人者　「釋」，天明本作「擇」。*
338 釋其賢者　「釋」，天明本作「擇」。*
339 則民覺於行　「覺」，天明本作「競」。*
341 聖王正無於朝　「無」，天明本作「言」。*
342 正名者僞　「者」，天明本作「去」。*

342 事成爲化　「爲」，天明本作「若」。*
345 復奉原始　「奉」，天明本作「本」。*
345 則無若符節　「無」，天明本作「言」。*
348 發家　「家」，天明本作「蒙」。*
349 造父之所與交者少　天明本「與」上有「以」字。*
351 明王之所以與下交者少　天明本「與」下有「臣」字。*
352 莫敢不里爲竭智矣　「里爲」，天明本作「盡力」。*
354 是故情里而不僞　「里」，天明本作「盡」。*
355 質素而無能　「能」，天明本作「巧」。*
356 若夫臨治事者　天明本「治」上有「官」字。*
360 希不備　「備」，天明本作「濟」。*
363 夫使衆者詔作明遲　「明」，天明本作「則」。*
364 不可分也　天明本「分」上有「不」字。*
366 則木之極者　「極」，天明本作「枉」。*
369 愛而不不利　天明本不重「不」字。
372 而百事乃成　天明本無「而」字。
376 其貌莊　「莊」，天明本作「嚴」。*
377 其視不躁　「躁」，天明本有「動」。*
382 家人子姓和臣妾力　「姓」，天明本作「姪」。*
384 子姓不和臣妾不力　「姓」，天明本作「姪」。*
392 大善者　天明本「大」上有「有」字。*
392 必同孰進之　「同」，天明本作「問」。*

394 今有大善　「善」，天明本作「者」。*
396 而不行賞罰焉　天明本無「焉」字。
397 是非不得見得之蔽　天明本「得」下有「盡」字，*「得」作「謂」。*
398 知而弗能賞罰謂之縱　天明本無「罰」字。
400 三者治之爲也　「爲」，天明本作「道」。*
401 治治則使之　天明本不重「治」字。
403 由觀之　天明本「觀」上有「是」字。
406 則雖堯舜必服矣　「必」，天明本作「不」。*
406 不若進賢而當　天明本重「進賢」二字。*
409 事若化　天明本「若」上有「成」字。*
410 爲又君以者用賢爲功　「又」，天明本作「人」，*無「以」字。
421 賢者之治者害義者也　天明本無上「者」字，*「害」上有「去」字。*
426 射不善而欲教化人　天明本無「化」字。
434 父母之行　天明本「行」下有「也」字。*
435 非堅强也　「堅」，天明本作「賢」。
439 則天下之畜亦必矣　「必」，天明本作「然」。*
441 人有過　天明本「人」上有「見」字。*
442 謂之天下　「下」，天明本作「子」。
449 此其所以其僻小身至穢污　天明本無上「其」字。
454 子産治鄭　「鄭」，天明本作「鄭」。*

458 莫如因智之道　天明本重「智」字。
462 則人必則人必以爲無慧　天明本不重「則人必」三字。
465 此其無慧　天明本「慧」下有「也」字。*
471 無擇也　天明本「擇」下有「人」字。*
475 夫惡也　「夫」，天明本作「無」。*
481 所視不遏數星　「視」，天明本作「見」，*「遏」作「過」。*
483 公上亡上也　上「上」字，天明本作「以」。*
485 以臣妄爲殉　「妄」，天明本作「妾」。
491 必且自公必言之　「必」，天明本作「心」。*
497 爲既私　「既」，天明本作「無」。*
498 南風之薰号　「号」，天明本作「兮」。
499 可以解吾民之愠号　「号」，天明本作「兮」。
501 湯不私其而私萬方　天明本「其」下有「身」字。*
511 君子者孟也　「孟」，天明本作「盂」。*
513 者者勾踐好粤勇而民輕死　上「者」字，天明本作「昔」，*無「粤」字。*
517 王子比子　下「子」字，天明本作「干」。
517 皆亂者象也　「皆」，天明本作「其」，*「象」作「衆」。*
522 德日天地萬物得也　「日」，天明本作「者」。*
523 禮者天地萬物體也　天明本「禮」上有「義者天地萬物宜也」八字。*
528 得之身者之民　天明本「者」下有「得」字。*
538 夫日圜尺　「圜」，天明本作「圓」。
543 有諸心彼正　「心」下天明本有「而」字。*

申子

549 而亂臣不難破國也　天明本無「而」字。
554 蔽君之朋　「朋」，天明本作「明」。*
560 非持琬玉之美　「持」，天明本作「恃」。
562 臣如嚮　「嚮」，天明本作「響」。*
563 行其要臣行其詳君　天明本無「行其要臣」四字。
576 者者遶之治天下也　上「者」字，天明本作「昔」，*「遶」作「堯」。*
577 禁之治之下也　「禁」，天明本作「桀」，下「之」字天明本作「天」。*
578 倚而天下亂　天明本「倚」上有「其名」二字。*
579 臣其潤　天明本「臣」下有「處」字，*「潤」作「細」。*
580 以名其視之　「名其」天明本互乙。
582 即與私天事　「即與私天」，天明本作「身與公無」四字。*
583 而而天下自極也　上「而」字，天明本作「無事」二字。*

群書治要卷第三十七

孟子

8 **注　亦唯有仁義之道者可以利爲名耳**　天明本無「者」字，無「利」字。

11 **注　其利必至於簒弑**　天明本無「其利」二字。

12 **未有仁而遺其親**　天明本「親」下有「者也」二字。

12 **未有義而後其者也**　天明本「者」上有「君」字。*

15 **以刃與以政**　天明本無下「以」字。

16 **注　以刃與殘殺人無異也**　「殘」，天明本作「政」。*

16 **廄有肥馬**　天明本「廄」上有「庖有肥肉」四字。

17 **人且要之**　「人且」天明本互乙，「要」天明本作「惡」。*

18 **不危率獸而食人**　「危」，天明本作「免」。*

18 **其爲父母也**　天明本「爲」下有「民」字。*

20 **若是大乎**　天明本「大」上有「其」字。*

22 **民以猶爲大**　「以猶」天明本互乙。*

23 **方七十里萬**　天明本無「萬」字。

25 **殺其麋者**　天明本「麋」下有「鹿」字。*

25 **如殺人之**　天明本「之」下有「罪」字。*

28 **注　言人人皆不忍加惡**　天明本「皆」下有「有」字。*

29 **注　不忍加惡於人云之心也**　天明本無「云」字。

29 **斯不忍人之政矣**　天明本「斯」下有「有」字。*

31 **注　先聖推不忍害人之心**　「聖」，天明本作「王」。

32 **所以謂人皆有不忍人之心**　天明本「謂」下有「之」字。

33 **今有乍見孺子入於井**　天明本「子」下有「將」字。*

34 **無惻隱之非也**　天明本「之」下有「心」字，*「非」下有「人」字。*

34 **無羞惡之非人也**　天明本「之」下有「心」字。*

35 **無辭之心非正也**　天明本「辭」下有「讓」字，*「正」作「人」。*

43 **函人唯恐不傷人**　天明本無「不」字。

44 **故術技不可不**　天明本下「不」下有「慎也」二字。*

45 **注　利在人死度**　「度」，天明本作「也」。*

47 **樂取人以爲善**　天明本「取」下有「於」字。*

47 **耕稼陶漁**　天明本「耕」上有「自」字。

48 **取人以爲善**　天明本「人」上有「諸」字。*

50 **注　皆取人之善謀而從**　天明本「從」下有「之」字。*

50 **注　故曰莫大與人爲善也**　天明本「大」下有「乎」字。

52 **天下有大人之事**　天明本「天」上有「治」字。

54 **故能治人者**　天明本無「能」字，「人」上有「於」字。

55 天下之通義　天明本「義」下有「也」字。

56 當堯之時水橫流　天明本「水」上有「洪」字。*

60 舜以不得禹睪陶爲己憂　「睪」，天明本作「皋」。*

61 教人之善　「之」，天明本作「以」。*

64 不能爲方圓　「爲」，天明本作「成」。*

64 師曠之聽　「聽」，天明本作「聰」。*

65 堯舜之仁　「仁」，天明本作「道」。*

67 不可治於後世者　「治」，天明本作「法」。*

68 注　人心性仁也　「人」，天明本作「仁」。*

68 注　遠聞也　天明本「遠」上有「仁聲」二字。*

68 注　乃可爲後法也　天明本「後」下有「世」字。*

70 注　但有善心而行之　天明本「而」下有「不」字。*

72 繼之不忍人之政　天明本「不」上有「以」字。*

75 是以唯仁者在高位　「唯」，天明本作「仁」，「在」上有「宜在高位不仁而」七字。*

76 是播千惡千衆也　天明本無上「千」字，*下「千」字作「於」。*

84 君之視臣如土芬　「芬」，天明本作「芥」。*

85 注　芬草芬也　上「芬」字，天明本作「芥」，*下「芬」字作「芥」。*

90 注　故曰不類　天明本「類」上有「知」字。*

92 今爲仁者　天明本「爲」上有「之」字。

94 則謂水不者猶以此杯輿於不仁之甚者也　天明本「水不」下有「勝火」二字，*「猶以此杯輿」五字作「此與」二字。*

97 不如荑草　「草」，天明本作「稗」。*

100 注　役不使失業　天明本「不」上有「有常時」三字。

愼子

117 走背拔　「拔」，天明本作「跋」。*

119 注　故有才之勢　「之」，天明本作「無」。

121 與丘蚓同　「丘」，天明本作「蚯」。*

144 立國也　天明本「也」上有「君以爲國」四字。*

148 使不之上也　天明本無「之」字。

148 明君動事必由慧　「慧」，天明本作「惠」。

150 注　禮者所以更事　「更」，天明本作「便」。

151 貴不得踰親　「親」，天明本作「規」。*

151 慧不得兼官　「慧」，天明本作「惠」。

168 注　聾者使其視　「視」，天明本作「聽」。*

168 注　盲者使其聽　「聽」，天明本作「視」。*

168 是故不設一方以求者　天明本「者」上有「於人故所求」五字。*

175 人君自任而務爲善　天明本「善」下有「以先下」三字。

177 則不敢與争爲善　天明本「争」上有「君」字。

179 有過則臣反責君反責君　天明本不重「反責君」三字。

183 則不瞻矣　「瞻」，天明本作「贍」。

183 注　而況不賢最　「賢最」天明本互乙。

184 以一君而盡瞻下　「瞻」，天明本作「贍」。

185 衰則復反於不瞻之道也　「瞻」，天明本作「贍」。

194 同有忠道之人　天明本「有」上有「世」字。*

198 闇墨之　天明本「之」下有「中」字。*

200 而舜放鼓叟　「鼓」，天明本作「瞽」。*

206 官正以敬其業和順　天明本「和」下有「吏人務其治而莫敢淫偷其事官正以」十五字。*

207 注　惡衆則不足以亡其國之也　天明本「惡」下有「不」字，*無「之」字。*

221 子兩位者　天明本「兩」上有「有」字。*

228 注　雖極聰明以窮轉重　「轉」，天明本作「輕」。*

229 君舍法而以心哉裁輕重　天明本無「哉」字。

232 大君任法而佛躬爲　「佛」，天明本作「弗」。*

239 注　者不得不及焉　天明本「者」上有「愚」字。*

尹文子

244 百度准於法　天明本「准」上有「皆」字。*

245 始此則頑嚚聾瞽　「始」，天明本作「如」。*

245 可與察慧聰明同治矣　「慧」，天明本作「惠」。

246 責其備能於人　天明本「人」上有「一」字。*

247 設一人能備張天下　天明本無「張」字。

251 則處上者何事哉有理而無益於治者　「上者」，天明本作「上有」，「哉」下有「故」字。

256 同務而已　「同」，天明本作「周」。*

256 外人之所必言　「外」，天明本作「小」。*

260 極於儒墨是非之所辦爲者　「所辦」天明本互乙。

266 爲功與衆能之　「功」，天明本作「巧」。

267 巧之巧者　天明本「者」下有「也」字。

267 貴能與衆共治也　天明本「能」上有「其」字。*

269 不貴其獨巧獨功　天明本無「獨功」二字。

269 今世之行欲獨賢　天明本「行」上有「人」字。

271 不足以同務　「同」，天明本作「周」。

272 不可與正陣　「正」，天明本作「征」。*

275 能鄙不相貴　「貴」，天明本作「遺」。*

280 衆逐分　天明本「逐」上有「人」字。

291 富貴者不敢緩貧賤　「緩」，天明本作「凌」。*

291 愚者不敢　天明本「愚」下有「弱」字。*

297 此俗所齊　天明本「俗」下有「之」字。

299 上之所率下　天明本「所」下有「以」字。

305 五帝三王治世之術　天明本「術」下有「也」字。*
314 而常存於　天明本「於」下有「世」字。*
315 逃於桀紂之朝　「逃」，天明本作「逃」。*
317 弭綸天地　天明本「弭」上有「雖」字。*
317 非郡生　「郡」，天明本作「群」。*
319 有哀國　「哀」，天明本作「衰」。
322 衰國者君年長　天明本無「衰國者」三字。
324 公法廢秘欲行　「秘」，天明本作「私」。*
327 昌國者内無專寵　天明本無「昌國者」三字。
327 友庶繁息　「友」，天明本作「支」。*
332 曰見弱　天明本「曰」上有「雖」字。*
335 納於人邪惡　「於人」天明本互乙。
344 亦未必佞人　天明本「佞」上有「憎」字。*
346 如之何其以死懼之也　天明本無「也」字。
347 凡人之不死　天明本「死」上有「畏」字。*
348 視君之於未知也　「於」，天明本作「威」。*
349 由生之可樂　天明本「由」上有「畏死」二字。*
354 居官者必能　天明本「居」上有「而」字。*
363 猶可怒也　「怒」，天明本作「恕」。*
364 此情所易遺而弗能遺　「遺」，天明本作「制」。*
365 不可怒也　「怒」，天明本作「恕」。*
365 貧賤之望富貴微甚　「微甚」天明本互乙。
366 夫富者之所遺　「遺」，天明本作「惡」。*
368 不與同苦故也　天明本「苦」下有「樂」字。*
371 賞罰濫　天明本「濫」上有「不」字。*
371 於君弗損也　天明本「於」上有「則」字。*
372 弗以同勞逸焉故也　天明本無「焉」字。*
373 可不酬貧賤　天明本「可」上有「不」字。*
375 君立替矣　「立」，天明本作「位」。*

莊子

380 當之時　天明本「當」下有「是」字。
381 注　適常甘　天明本「常」上有「故」字。*
383 若此時則至治矣　天明本「時」上有「之」字。*
387 注　猶致其弊　「其」，天明本作「斯」。*
387 則是上好智之過也　天明本無「之」字。
387 在上者謂至治之君　天明本無「在」字，無「者」字。
389 機變之智　天明本「智」下有「多」字。*
390 則鳥亂於上　天明本「上」下有「矣」字。
392 注　雖禽獸　天明本「雖」上有「則」字。
395 堯觀乎華封華封　天明本無上「封」字。
397 辭封人曰壽富多男子　天明本無「辭封人曰」四字。

398 之人所欲　「之人」天明本互乙，「欲」下有「也」字。*

398 汝獨不用何也　天明本無「也」字。

401 天生蒸民　「蒸」，天明本作「烝」。*

403 富而使人分之　天明本無「人」字。

404 注　無事而期安也　「期」，天明本作「斯」。*

405 鳥行而無　天明本「無」下有「章」字。*

407 注　夫志人極壽命之長短　「志」，天明本作「至」，無「短」字。

407 注　任窮理之變　「理」，天明本作「通」。

407 注　其死物化　天明本「死」下有「也」字。

408 注　故化厭世而上德　「化」，天明本作「云」。*

408 注　無不之　天明本「不」下有「至」字。*

411 趨就下　天明本「趨」上有「禹」字，「下」下有「風」字。*

418 天運　「運」，天明本作「道」。

418 夫帝之德　天明本「帝」下有「王」字。*

421 注　欲物爲用故可得而臣也　「物」，天明本作「爲」。*

421 下亦無爲　天明本「下」上有「上無爲也」四字。*

426 注　臣康主用　「康」，天明本作「秉」。*

428 此不易之道　天明本「道」下有「也」字。

431 注　稷不得施其播殖　天明本「稷」上有「后」字。*

431 注　付之天下　天明本「付」上有「而」字。*

432 注　天下皆得其爲　天明本「爲」上有「自」字。*

432 注　則下下之爲　「則」，天明本作「即用」二字，*「爲」上有「无」字。*

434 帝王無爲而天下功　天明本「功」下有「成」字。*

434 注　功自被成　「被」，天明本作「彼」。

437 要在主群　天明本「主」上有「於」字，「群」作「詳」。*

442 然後從者　天明本「者」下有「也」字。

443 注　任自然運動　天明本「然」下有「而」字。*

443 末舉古之人有之　「舉」，天明本作「學者」二字。

445 長先而從　天明本「從」上有「少」字。*

446 注　皆在至理中來　天明本「皆」上有「然」字。*

446 注　聖人之所作也　天明本「聖」上有「非」字。*

447 春夏先秋冬　天明本無「先」字。

449 夫地至神也　天明本「地」上有「天」字。*

453 注　真嘗其實　「真」，天明本作「名」。*

457 注　斯乃畜下者也　天明本「者」下有「之」字。

459 吾不教无告　「教」，天明本作「傲」。*

459 吉死者　「吉」，天明本作「苦」。*

460 此吾用心已　天明本「用」上有「所以」二字。*

462 日月照而四行　天明本「四」下有「時」字。*

463 雲行雨施耳　「耳」，天明本作「矣」。*

463 注　此皆不爲而時然者也　「時」，天明本作「自」。*

468 注　道在然　天明本「然」上有「自」字。*

470 注　故矯效之所由也　天明本「由」下有「主」字。*

471 而無不爲也　天明本「而」上有「無爲」二字。

474 聖人無爲　「聖」，天明本作「至」。*

474 注　唯自任也　「自」，天明本作「因」。*

477 黄帝將見太隗之具茨之山　「之」，天明本作「乎」。*

478 昌寓驂乘張若　「若」，天明本作「苦」。

479 七寶皆迷　「寶」，天明本作「聖」。*

482 又知太隗之所在　「在」，天明本作「存」。*

尉繚子

491 天官時日陰陽背向者也　「背向」天明本互乙。*

496 猶是觀之　「猶」，天明本作「由」。

497 故刑德天官之陳曰　天明本「刑」上有「按」字。*

499 背清水　「清」，天明本作「濟」。*

502 謂之天子　「子」，天明本作「官」。

504 王者民望之如父母　「父母」，天明本作「日月」。*

507 廣而任　天明本「廣」上有「故夫土」三字。*

516 出令之出　下「出」字，天明本作「法」。*

522 而能得其心而能得力者也　天明本無「而能得其心」五字。

527 而後後刑罰先親愛而託其身焉　天明本無「後刑罰先親愛而」七字，「託」作「律」。*

532 民之所榮也　天明本「所」下有「以」字，*「榮」作「營」。*

534 因禄之時　「因」，天明本作「田」。*

535 鄉里通勸　「通」，天明本作「相」。*

535 死喪相收　「收」，天明本作「救」。*

537 故正如堵墻　「正」，天明本作「止」。*

539 城所以守地　天明本「地」下有「也」字。*

540 民不飢　天明本「民」上有「其」字。*

541 其城不違　「違」，天明本作「圍」。*

542 積委不多　「積委」天明本互乙。*

544 則强備用不便　天明本「强」上有「士不」二字。*

547 亡國食府　「食」，天明本作「富倉」二字。*

547 上溢而下　天明本「下」下有「漏」字。*

548 故患無所付　「付」，天明本作「救」。*

556 故無損卒　天明本「無」上有「軍」字。*

561 以武爲橦　「橦」，天明本作「植」。*

562 能審此三者　「三」，天明本作「二」。

565 如響應聲也　天明本「響」下有「之」字。

566 如影之隨身　天明本「身」下有「也」字。

569 卒畏敵於將者　天明本「敵」下有「甚」字。

570 國稱將於敵也　「國」，天明本作「固」。*

571 猶權衡之也 天明本無「之」字。

571 蓋庯之屬 「蓋庯」，天明本作「血膚」。*

573 前雖有千刃之谿 「刃」，天明本作「仞」。

573 入湯火如蹈者 天明本「入」上有「見」字。*

574 後見必之刑也 天明本「之」上有「死」字。*

578 存亡生存死 天明本無「存」字。

578 枹之端矣 天明本「枹」上有「存」字。*

578 雖有天下善者 天明本「善」下有「兵」字。

579 不能圖大鼓之後 天明本「後」下有「矣」字。*

群書治要卷第三十八

孫卿子

4 木受繩則直　天明本「木」上有「故」字。*

8 于越夷貉之子　「貉」，天明本作「貊」。

11 見者遠　天明本「見」上有「而」字。

19 玉在山而木潤　天明本「木」下有「草」字。

19 爲善不積也　天明本無「不」字。*

27 争者疏　天明本「争」上有「諫」字。*

40 不能則妬嫉怨誹傾覆人　天明本「傾」上有「以」字。

41 故君子能則人榮學焉　天明本無「故」字。*

49 天地爲火矣　「火」，天明本作「大」。*

58 君子小人之所同也　天明本無「之」字。

59 若其所以求之之道則異　天明本不重「之」字。

59 而欲人信己　天明本「人」下有「之」字。

61 行難安也　天明本「行」下有「之」字。*

64 慮之易知　天明本「知」下有「也」字。

73 是以不誘於舉　「舉」，天明本作「譽」。

76 言羞稱之五伯　「之」，天明本作「乎」。*

77 非隆高也　天明本「非」下有「致」字。*

82 戰心能殆之　「心」，天明本作「必」。

84 故聖王之誅綦省矣　「綦」，天明本作「甚」。*

85 秦照王問孫曰　「照」，天明本作「昭」，「孫」下有「卿」字。*

87 無置錐之地　「署」，天明本作「置」。

93 法則度量正之官　「之」，天明本作「乎」。

93 忠信受愛利乎下　天明本無「受」字，「利」下有「形」字。

98 非能徧能人之所之謂也　天明本「所」下有「能」字。*

98 君子所謂智者　天明本「所」上有「之」字。*

99 君子所謂辨者　天明本「所」上有「之」字。*

100 非能徧辨人之所辨之謂也謂也　天明本不重「謂也」二字。

103 便借用　「借」，天明本作「備」。

108 言而信　天明本「言」上有「不」字。*

116 以行　天明本「以」下有「法」字。

116 其無法者者　天明本不重「者」字。

117 聽之擀也　「擀」，天明本作「辟」，金澤本校改作「僻」。*

118 有君子而亂者者　天明本不重「者」字。*

121 故君子不安位　「故」，天明本作「則」。*

122 則莫若惠　天明本「惠」下有「之」字。*

134 筐篋已　天明本「已」下有「富」字。＊

140 彼裕民富　天明本「民」下有「則民」二字。＊

149 輕田之稅　天明本「田」下有「野」字。

158 琴瑟笙　天明本「瑟」下有「竽」字。＊

158 使芝以辨吉凶　「芝」，天明本作「之」。＊

159 使芝以避燥濕辨輕重而已　天明本無「芝」字。

171 親如父母　天明本「親」下有「之」字。

175 得之而後安　「得」，天明本作「待」。

177 者以養　天明本「者」上有「老」字。＊

181 以縻弊之　「縻」，天明本作「靡」。＊

184 則姦民歹懲　「歹」，天明本作「不」。＊

190 是何耶則其道易　天明本無「耶」字。

193 主人者天下之利勞也　「主人」天明本互乙，「勞」作「勢」。

199 以濟濟義矣　天明本不重「濟」字。

205 内不修正所其以有　「所其」天明本互乙。

206 莫不以詐心待其上矣　「待」，天明本作「得」。

207 則是上下折也　「折」，天明本作「析」。

212 不善擇者人制之　天明本「者」下有「爲」字。＊

213 國者　天明本「國」下有「君」字。＊

217 與霸者之爲人之　「爲人」天明本互乙。

219 改王改行也　「王」，天明本作「玉」。

236 亦可以察言矣　天明本「察」下有「若」字。＊

239 是夫又主之職也　「又」，天明本作「人」。＊

247 役之夫道也　「之夫」天明本互乙。

250 則莫若羿逢出門矣　天明本無「出」字。

253 智甚其簡　天明本無「其」字。

253 爲事不勞　天明本「爲」上有「其」字。

254 而綦可樂矣　「綦」，天明本作「甚」。＊

255 爲聖王　天明本「爲」上有「名」字。

255 兼制入　「入」，天明本作「人」。＊

265 不務視所不見　天明本「視」下有「其」字。＊

275 是挬者也　「挬」，天明本作「悖」。＊

277 百姓之死者强　天明本「百」上有「得」字。＊

278 三德者具　「德」，天明本作「得」。

278 三德者亡　「德」，天明本作「得」。

283 使民則綦勞苦　「綦」，天明本作「甚」。＊

283 人望百姓爲之死　「人」，天明本作「又」。＊

284 審吾所適人　天明本「所」下有「以」字。

285 好見小利是傷國　天明本無「是傷國」三字。

287 是傷國　天明本「國」下有「者也」二字。

287 主好詐　天明本「主」上有「大國之」三字。

289 則地雖　天明本「雖」下有「廣」字。＊

291 是之傷國　天明本「之」下有「謂」字。＊

293 羿之法非民也　「民」，天明本作「亡」。

300 械數者治之流也　「械數」天明本互乙。*

303 則下亦將綦辭致忠信　天明本「辭」下有「讓」字。

318 則公達而私門塞矣　天明本「公」下有「道」字。

320 而事不留　天明本「而」下有「百」字。*

321 愧然獨坐　「愧」，天明本作「塊」。

324 則與過者論之　「過」，天明本作「愚」。*

326 譬之是獨立直木　「獨」，天明本作「猶」。*

326 或莫大焉　「或」，天明本作「惑」。*

329 譬獨立枉木　天明本「譬」下有「之是」二字，「獨」作「猶」。*

338 外不隱遠人　天明本「不」下有「可」字。

340 將内以城固　「城固」天明本互乙。

341 不能制也　天明本「不」上有「人」字。

347 率不利於所思也　「率」，天明本作「本」。

347 彼不能而主使人　「人」，天明本作「之」。

351 非無便僻也　「僻」，天明本作「辟」。

354 立天下之功　天明本「之」下有「大」字。

359 謂之墓　「墓」，天明本作「篡」。*

369 而闇王或君爲己賤也　「或」，天明本作「惑」，「賤」作「賊」。*

374 故名主好因　「因」，天明本作「同」。

375 而嚮其盛　「嚮」，天明本作「饗」。*

378 有國賤者　「賤」，天明本作「賊」。*

378 以得覆君而化之　「得」，天明本作「德」。

378 大忠忠也　天明本不重「忠」字。

379 次忠　天明本「忠」下有「也」字。

382 夫言困賢　「困」，天明本作「用」，金澤本校改作「因」。*

383 曰却賢者行也　天明本無「曰」字。

386 無蓋也　「蓋」，天明本作「益」。*

390 先王之至　天明本無「王」字。

392 則羿不能以中　天明本「中」下有「微」字。

394 故善附民者孝　天明本無「孝」字。*

395 是乃善用兵也　天明本「兵」下有「者」字。

395 故兵要在乎附民而已　天明本「乎」下有「善」字。

406 詐而襲之之　天明本不重「之」字。

411 修理故要人之亂之也　「要」，天明本作「惡」。*

413 故仁人之　天明本「之」下有「兵」字。

414 故兵者親其善　「兵」，天明本作「近」。

417 强本而而節用　天明本不重「而」字。*

419 故水早不能使之饑　「早」，天明本作「旱」。*

421 故水早未至而饑　「早」，天明本作「旱」。*

426 君子不爲小人之凶凶輟行　「凶凶」，天明本作「匈匈」。

431 是無世而無世而不嘗有之　天明本不重「無世而」三字。*

433 則是雖無一至者無蓋也　「蓋」，天明本作「益」。
436 謂之妖也　「之」，天明本作「人」。*
440 盡不説　「盡」，天明本作「書」。*
441 棄而治不也　「治不」天明本互乙。
442 則日切嗟而不舍也　「嗟」，天明本作「磋」。*
450 故主道莫要乎難知　「要」，天明本作「惡」。*
452 孝子出悌　「孝子」，天明本作「入孝」。
455 乃哀也　「哀」，天明本作「衷」。*
463 然而不得排樠　「樠」，天明本作「檄」。*
463 不能自正　天明本「不」上有「則」字。
467 授後有鞭策之盛　天明本無「授」字，「盛」作「威」。*
469 必求將賢師而事之　天明本無「將」字。
470 堯舜禹湯之行　「行」，天明本作「道也」二字。
473 所見　天明本「見」下有「者」字。
484 先事慮　天明本「慮」下有「事」字。*
485 謂之象　「象」，天明本作「豫」。
486 謂之因　「因」，天明本作「困」。
487 因則禍不可禦　「因」，天明本作「困」。
488 敬戒無哀　「哀」，天明本作「怠」。*
492 身能行也　「也」，天明本作「之」。
496 堯其好義也　「堯」，天明本作「克」。*
498 堯義者爲亂世　「堯」，天明本作「克」。
499 重利則利克義　天明本「重」上有「上」字。
503 然故民不因　「故」，天明本作「後」，*「因」作「困」。*
503 有所竄其乎矣　「乎」，天明本作「中」。*
510 皆智夫盜竊之不可以富爲也　「富爲」天明本互乙。
512 人得其所好焉　天明本「人」上有「則」字。
513 則必遇其所思惡焉　天明本無「思」字。*
513 師姑刑罰綦省　「綦」，天明本作「甚」。*
513 爲威行如流也　「爲」，天明本作「而」。*
515 爵當寶賢則貴　天明本無「寶」字。
518 爲不善者伹　「伹」，天明本作「沮」，金澤本校改作「伹」。*
522 例從必尊　「例」，天明本作「列」。
528 則事業⿰木医成　「⿰木医」，天明本作「捷」。*
530 忠悙慎於此者也　天明本「忠」下有「者」字。

群書治要卷第三十九

呂氏春秋

4 先聖王之治天下　天明本「下」下有「也」字。

5 公則天下平矣　天明本無「矣」字。

5 有德天下者衆矣　「德」，天明本作「得」。*

9 甘露時相　「相」，天明本作「雨」。*

12 用豎刁而蟲出於尸　「尸」，天明本作「户」。

12 注　尸子争位　「尸」，天明本作「五」。*

12 注　无主丧者　天明本無「者」字。

12 注　至使流出尸也　天明本「使」下有「蟲」字，*「尸」作「户」。

15 日月無燭也　天明本「無」下有「私」字。*

18 若使庖人調和而而食之　天明本不重「而」字。

20 故可以爲王伯　「王伯」天明本互乙。

20 若使伯王之君　「伯王」天明本互乙。

21 注　誅暴所私　天明本「暴」下有「有」字。

23 庶草美　「美」，天明本作「茂」。

26 强令令之笑不樂　天明本不重「令」字。

26 强之爲道也　天明本「强」下有「令」字。

27 夫寒既至　「夫」，天明本作「大」。

28 大勢熱在上　天明本無「勢」字。

28 民無常處　天明本「民」下有「清是走故民」五字。*

39 必以六戚四隱　天明本「必」上有「也論人」三字。*

40 注　六親六戚六親也　天明本無「六戚六親」四字。

42 外則八觀六驗　天明本「則」下有「以」字。*

43 無所於失矣　天明本無「於」字。

48 不知義　天明本「義」上有「理」字。*

48 注　在君父則不仁不慈也　天明本無「也」字。

49 是故之聖王有不尊師　天明本「故」下有「古」字，*「王」下有「未」字。*

50 尊師則不論賤貴　「賤貴」天明本互乙。

51 諸侯也　「侯」，天明本作「名」。*

53 謂伊尹也　天明本無「也」字。

54 桓公管夷吾吾　天明本「公」下有「師」字，*不重「吾」字。*

57 注　洗縣大夫　「洗」，天明本作「沈」。*

57 吴王闔閭師五子胥之儀　「五」，天明本作「伍」。

58 越王勾踐師師　「踐」，天明本作「賤」，不重「師」字。

61 此五帝之所以絶也　天明本無「也」字。

63 皆化其其上　天明本不重「其」字。

67 狂者非不舞　天明本「舞」下有「也」字。

70 注　善之何也　「善」，天明本作「若」。*

71 爲草木聲　「草木」，天明本作「木革」。*

72 則若黿爲絲竹歌舞之聲　「黿」，天明本作「霆」。

74 故樂侈　天明本「樂」下有「愈」字。*

79 注　故未嘗聞　天明本「故」下有「耳」字。*

81 注　北正樂也　「北」，天明本作「非」。

83 注　傷也　天明本「傷」下有「病」字。*

89 樂之者弗樂者　「弗」，天明本作「不」，「者」下有「心也」二字。*

93 欲榮而亞辱　「亞」，天明本作「惡」。*

97 在於勝理　天明本無「於」字。

101 故先王制礼也　「礼」，天明本作「樂」。

102 非特以觀耳目極口服之欲也　「觀」，天明本作「歡」。

104 慎發蓋　天明本「慎」下有「毋」字。*

105 注　幾近進也　天明本無「進」字。*

106 摶而農民毋有所使　天明本無「摶」字。*

111 注　四月　天明本「月」下有「也」字。

114 安壯養侅　「侅」，天明本作「孩」。*

114 本期不静　「期」，天明本作「朝」。*

115 注　隋落早枯槁也　「隋」，天明本作「墮」。*

118 厲士兵　天明本無「士」字。

118 誥誅不義　「誥」，天明本作「詰」。*

121 注　罪當斷殺勿赦　天明本「罪」上有「有」字。*

130 以國城　天明本「以」下有「增」字。*

131 是益吾若　「若」，天明本作「咎」。*

134 立國五十一年而終守　天明本無「守」字。*

141 民餓民必饑死　天明本無「民餓」二字。

143 平無復言矣　「平」，天明本作「子」。

144 天子處高而耳卑　「耳」，天明本作「聽」。

144 君有卑　天明本無「君有卑」三字。*

144 君有至憓之言三　「憓」，天明本作「德」。*

145 今昔熒惑必後三舍　「後」，天明本作「徙」。*

149 則竪子嬰兒之有過也立　天明本「立」下有「見」字。*

149 國見無刑罰　天明本無「見」字。*

150 天下無伐　天明本「伐」上有「誅」字。

156 欲偃天下之悖矣　天明本「之」下有「兵」字。*

158 注　不可乍少　「乍少」二字，天明本作「乏」。*

160 得良藥則治人　「治」，天明本作「活」。*

171 欲生而惡死　天明本「欲」上有「人情」二字。*

171 榮而惡辱　天明本「榮」上有「欲」字。*

173 寒人大害也　天明本「寒」上有「饑」字，「人」下有「之」字。*

176 人主其胡可以無務行行德愛人乎　天明本不重

「行」字。*

177 行位愛人　「位」，天明本作「德」。*

179 注　渠名也　天明本「渠」上有「胥」字。

181 主君之臣胥渠有渠有疾　天明本無「有渠」二字。*

183 於是召庖人人殺白羸　天明本不重「人」字。

186 皆先竪而雙甲首　「雙」，天明本作「獲」。*

186 注　獲衣甲者之雙首也　天明本無「雙」字。*

186 人主其故可以不好士也　「故」，天明本作「胡」。*

189 死而棄溝壑　天明本「棄」下有「之」字。*

190 故有葬之義　天明本「葬」下有「死」字。

191 之者　天明本「之」上有「慎」字。*

192 若如無發　「若」，天明本作「莫」。*

193 無動　天明本「無」上有「無發」二字。

193 此之謂閉　天明本「謂」下有「重」字。*

194 葬可不葬也　天明本「可」上有「不」字。*

194 淺則狐狸掘之　天明本「淺」上有「葬」字。*

200 移靡者以爲榮　「移」，天明本作「侈」。*

204 注　辞也　「辞」，天明本作「懈」。*

207 若之世之爲丘壟也　「壟」，天明本作「龍」。

209 以此爲死者不可　天明本「不」上有「則」字。*

212 無窮爲死者慮　天明本「無」上有「以」字。

217 未有不去之國者也　「去」，天明本作「亡」，無「者」字。*

217 無不亡之國者也　天明本「國」下有「者」字。

218 以取目所聞見　「取」，天明本作「耳」。*

218 中山已亡矣　天明本「中」上有「宋」字。

221 而世皆爲之　天明本無「世」字，「皆」下有「争」字。*

225 是故先王以儉節葬葬死也　天明本不重「葬」字。*

226 先王以所惡　「以」，天明本作「之」。

233 不可而不察也　天明本無「而」字。

233 安之反危之　天明本「反」上有「而」字。

237 注　賢主悦恙言　「恙」，天明本作「忠」。*

251 豫讓之友謂謂豫讓曰　天明本不重「謂」字。*

255 而時使我千人共其養　天明本「我」下有「與」字。

256 我者我亦衆人事之　天明本無「我者」二字。*

262 不若使人西觀觀秦　天明本不重「觀」字。*

267 公孫宏見昭王　天明本「王」下有「昭王曰」三字。*

277 昭王笑而謝爲焉　天明本無「爲」字。*

282 衆似竊鈇者　「衆」，天明本作「無」。*

283 郗之故　天明本「故」下有「法」字。

284 公息忌諸郗君曰　「諸」，天明本作「謂」。*

286 下下令　天明本不重「下」字。

290 爲甲以粗不使　「不」，天明本作「而」。*

298 俞易平静以待之　「俞」，天明本作「愉」，金澤本校改作「愈」。*

299 **使自以之**　天明本「使」下有「夫」字。*
301 **聽者自多不得**　天明本「多」下有「而」字。*
304 **其名無辱者**　天明本「無」下有「不」字。*
307 **此所以愈榮愈辱**　天明本「榮」下有「而」字。
307 **欲安而逾危**　「逾」，天明本作「愈」。*
310 **無功伐而求榮富詐**　天明本「詐」下有「也」字。
311 **本莫貴於孝**　天明本「本」上有「務」字。*
313 **民孝**　天明本「民」上有「士」字。*
314 **則耕苦疾**　「苦」，天明本作「芸」。*
317 **先王之所以治天下者**　天明本「者」下有「五」字。*
318 **貴德**　天明本「德」下有「貴」字。*
319 **所爲貴德**　天明本「所」上有「所爲貴貴爲其近於君也」十字。
322 **昔晋天公**　「天」，天明本作「文」。*
325 **不足以詐**　「以」，天明本作「於」。*
328 **得將無復**　「得」，天明本作「後」。*
334 **烏有以一時之務**　「烏」，天明本作「焉」。
337 **强愈恐**　天明本「强」上有「愈」字。*
338 **强者勝其敵**　天明本「敵」下有「也」字。
340 **惡得不懼惡得不懼**　天明本不重「惡得不懼」四字。*
342 **注　亡也**　「亡也」天明本互乙。
344 **盎對曰**　天明本「盎」上有「惠」字。*
347 **臣有道於**　天明本「於」下有「此」字。*
349 **臣有於此**　天明本「有」下有「道」字。*
355 **注　言當爲孔丘墨翟之德則孔丘墨翟之德則得所欲也**　天明本不重「孔丘墨翟之德則」七字。*
355 **注　以德見見尊**　天明本不重「見」字，「尊」下有「也」字。*
356 **天下大夫女子**　「大」，天明本作「丈」。
356 **莫不近頸舉踵**　「近」，天明本作「延」。
359 **注　得賢名孔墨**　天明本「名」下有「過於」二字。
361 **讒慝勝忠良**　天明本「良」下有「武王」二字。*
362 **賢者出走矣**　天明本「矣」下有「武王」二字。*
366 **注　故必先去也**　天明本無「也」字。
368 **累世而有聖人**　天明本「有」下有「一」字。
371 **注　不知其賢而不用之**　天明本無「不」字。
371 **注　故不治**　天明本「治」下有「不治」二字。*
372 **而亂世之所以長**　天明本「長」下有「也」字。
376 **身賢矣**　天明本「身」下有「已」字。*
378 **注　無益我之也**　「之」，天明本作「者」。
378 **以以爲賢者必與賢於己者處**　天明本不重「以」字。*
380 **賢者之得可與處也禮之也**　天明本無「也」字。
380 **不待知知而使**　天明本不重「知」字。*
386 **注　則不勝驥也**　天明本「則」下有「人」字。*

387 不勝人　天明本「不」上有「則驥」二字，*「人」下有「矣」字。*

387 主好人官　天明本「主」上有「人」字。*

389 無去其　天明本「其」下有「車」字。*

392 則百官恫擾亂　天明本無「亂」字，「擾」下有「恫動擾亂」四字小注。

393 王良之所所以使馬者約　天明本不重「所」字。*

401 求牛得名馬　「得」，天明本作「則」。*

405 昊天無刑　「刑」，天明本作「形」。

406 注　又無所制作物刑　「又」，天明本作「天」，「刑」作「形」。

411 以爲無當當爲當　天明本不重「當」字。*

411 以無德爲法者也　「法」，天明本作「得」。*

413 注　各自有才　「才」，天明本作「材」。

417 必有因也　天明本無「也」字。

418 注　己所好情欲爲　天明本「爲」上有「則」字，「爲」下有「也」字。

418 則職者　天明本「則」下有「守」字。*

420 則人主曰侵　「曰」，天明本作「日」。*

420 而人臣曰得　「曰」，天明本作「日」。*

427 注　却思補過　「却」，天明本作「退」。

431 注　君自謂智而　天明本「而」下有「巧」字。*

434 應無請　天明本「請」上有「不」字。*

435 窮患又將反以自多　「窮」，天明本作「其」。*

437 注　因循法舊　「法舊」天明本互乙。

442 伊呂尚管夷　天明本「伊」下有「尹」字。*

443 釋父无與子弟　「无」，天明本做「兄」。

447 注　用其以持社稷立功名之功之道也　天明本無「功之」二字。*

449 到投之溪水　天明本「之」上有「而」字。

450 又後取　天明本「取」下有「道」字。*

458 託授愛利　「授」，天明本作「於」。

458 注　愛則利民愛則利民　天明本不重「愛則利民」四字。

460 身必咎矣矣　天明本不重「矣」字。*

466 少頃東野稷之馬敗而至　「敗」，天明本作「放」。*

467 子何以知其敗也　「敗」，天明本作「放」。*

467 夫進却中繩右　「却」，天明本作「退」，無「右」字。*

469 臣是以知其敗也　「敗」，天明本作「放」。*

470 不反之情　天明本「不」下有「人」字。*

471 注　不能勝其所任者罰　天明本「者」下有「而」字。*

472 却則畏其罪　「却」，天明本作「退」。

473 則以僞繼　天明本「繼」下有「矣」字。*

478 注　則可使矣也　「矣也」天明本互乙。

483 精氣鬱　天明本「鬱」下有「也」字。

483 注　水淺不留曰污　「留」，天明本作「流」。

485 此之鬱也　天明本「此」下有「國」字。*

486 國之處久　天明本「之」下有「鬱」字。*

486 而萬災叢主矣　「主」，天明本作「生」。

489 注　尹驛　「驛」，天明本作「鐸」。*

492 君之過也　天明本「君」上有「而不愛」三字。*

494 注　刻畫刻畫　天明本不重「刻畫」二字。*

507 注　故曰長吾過而絀吾善　天明本「善」下有「也」字。

507 故若故若簡子能以理督責於其臣矣　天明本不重「故若」二字。*

510 與爲直　天明本「與」上有「可」字。*

510 而不可與力枉　「力」，天明本作「爲」。

512 先生將以治西河　天明本「以」上有「何」字。*

513 武曰　天明本「武」下有「侯」字。*

513 曰君　天明本「曰」下有「忠」字。*

514 曰民　天明本「曰」下有「信」字。*

514 注　施民　「民」，天明本作「信」。*

515 用賢　天明本「用」上有「曰敢」二字。*

516 四者足矣矣　天明本不重「矣」字。

520 亡國之主似智智　天明本不重「智」字。*

522 貴直言也　天明本無「貴」字。

529 今身得見而家宅乎齊　天明本「見」下有「王」字。

538 今王之罪笞　天明本「罪」下有「當」字。*

539 先王之令　天明本「先」上有「臣承」二字。*

542 保申束細箭五十　「箭」，天明本作「荆」。

546 王乃至召保申　「至」，天明本作「變更」二字。

549 保身之力也　「身」，天明本作「申」。*

554 非其士　「其」，天明本作「直」。*

555 注　而自以力有餘也　「力」，天明本作「爲」。*

558 規人主欲自知　天明本無「規」字。*

558 注　唯直木能正言　「木」，天明本作「士」。*

561 猶猶恐不能自知　天明本不重「猶」字。

569 惡己之自聞　天明本無「之」字。

570 注　此自揜其耳類也　天明本「耳」下有「之」字。*

572 能視人之友　天明本「友」下有「也」字。*

573 如此者其　天明本無「其」字。

575 此者　天明本「此」上有「如」字。*

577 皆敢交争正諫　天明本無「皆」字。

582 必任功匠奚故　「功」，天明本作「巧」。

586 而賞巧匠巧匠之　天明本無「巧匠之」三字。*

587 而皆曰此其君某王之宫室也　「其」，天明本作「某」。

588 人主之不通主道者則不然　天明本「通」下有「乎」字。

588 任賢者則惡之　天明本無「則」字。

590 國家之所危　天明本「所」下有「以」字。

591 **盡有夏商之財** 天明本「之」下有「地盡有夏商之」六字。

591 **而天莫敢危之** 天明本「天」下有「下」字。*

598 **而令之** 天明本「而」上有「以春之知也」五字，*「令」下有「罷」字。*

598 **福將爲於春也** 「爲」，天明本作「歸」。*

598 **而怨將爲於君** 「爲」，天明本作「歸」。*

599 **我舉之** 天明本「我」上有「而」字。*

601 **而寡人有春之善** 「而」，天明本作「如」。*

602 **非乃寡人之善歟** 天明本無「乃」字。

603 **可謂道君** 「道君」，天明本作「知君道也」四字。*

群書治要卷第四十

韓子

11 危身之道　天明本「危」上有「則」字，「道」下有「也」字。
11 過不聽於忠臣　天明本「過」下有「而」字。*
16 昔者彌子瑕有寵於衛　天明本「衛」下有「君」字。
17 人有夜告彌子　天明本「人」下有「間」字。
19 不盡其半啖君　天明本「盡」下有「以」字。
21 旀罪於君　「旀」，天明本作「馳得」二字。*
22 旀子之行　天明本「旀」上有「故」字。*
23 有愛於主　天明本「有」上有「故」字。
27 功一人之作日　天明本無「功」字。*
28 然則　天明本「則」下有「數變業」三字。*
30 民務變業　天明本「變」下有「謂之變」三字。
40 使秦西持之以歸　天明本「西」下有「巴」字。*
41 秦西以不忍而與之　天明本「西」下有「巴」字。*
42 孟孫大怒逐　天明本「逐」下有「之」字。*
45 秦西以罪益信　天明本「西」下有「巴」字。*
47 智疑於自知　「疑」，天明本作「短」。*
51 之調明生　「調」，天明本作「謂」。*
55 而不得人功　「功」，天明本作「助」。*
56 故焉獲其輕千鈞而重其身　「焉」，天明本作「烏」。*
57 非身而重於千鈞也也　天明本「非」下有「其」字，*無「而」字，不重「也」字。*
60 不用離妻以其不能自見　「用」，天明本作「困」。*
67 則人力盡盡　天明本不重「盡」字。
71 校能　「校」，天明本作「伎」。*
71 勢位　天明本「位」下有「非天」二字。*
72 逆心　天明本「逆」下有「人」字。*
78 古之大體者　天明本「之」下有「全」字。*
78 聖天地　「聖」，天明本作「望」。
80 讬是非賞罰　天明本「非」下有「於」字。*
82 因自然勞　天明本無「勞」字。*
84 則楊不畢載　「楊」，天明本作「物」。
89 外諸說上　「諸」，*天明本作「儲」，*「說」下有「左」字。*
90 文公反至河　天明本「反」下有「國」字。*
90 手足駢眡　「駢」，天明本作「胼」。
92 咎民不欲寡人之反國耶　「民」，天明本作「氏」。*
94 手足駢眡　「駢」，天明本作「胼」。*
98 文侯與虞人期獵　天明本「文」上有「魏」字。*

98 左右上 「上」，天明本作「止」。*

103 㭒與嬰兒戲也 「㭒」，天明本作「特」。*

112 盡其所也 「所」，天明本作「使」。*

115 簡主 天明本「主」下有「曰」字。*

119 怨子之私也往 天明本「往」下有「矣」字。

126 此則不知類之患 天明本「患」下有「也」字。

134 是主有所善 天明本「是」下有「以」字。

138 所所非也 天明本不重「所」字。*

139 達之道也 「達」，天明本作「幸」。*

147 人主者非目 天明本「目」下有「若離婁乃爲明也非耳」九字。*

153 弗能敞欺也 天明本無「敞」字。*

三略

155 夫主將之 天明本「之」下有「法」字。

155 當録有功 「當」，天明本作「賞」。*

157 靡不不成 天明本不重「不」字。*

157 治國家 天明本「國」下有「安」字。*

159 是以君賢臣 天明本「以」下有「明」字。*

160 禮崇則智士至 「禮崇」天明本互乙。*

161 不愛財貨 「貨」，天明本作「賞」。*

165 必同滋味而共安危 天明本「同」上有「與士卒」三字。*

166 注 乃可兵於敵也 天明本「可」下有「加」字。*

168 不能味一河 天明本「河」下有「之水」二字。*

170 軍井達未 「達未」天明本互乙。*

170 注 徹也 天明本「也」上有「之」字。*

171 將言倦 天明本「將」下有「不」字。*

171 冬不服喪 「喪」，天明本作「裘」。*

173 注 与將士同禍福 「与將」天明本互乙。*

174 注 夫以接下 天明本「夫」下有「恩」字。*

179 賞罰明明 天明本不重「明」字。*

179 宮人得 「宮」，天明本作「官」。*

183 用則下歸咎 天明本無「用」字。

185 將財 天明本「將」下有「貪」字。*

186 注 其違主道 天明本「其」上有「以」字。*

187 有二則無式 天明本「則」下有「軍」字。*

187 有三軍乖背 天明本「軍」上有「則」字。*

191 示其所歸貴賞者士之所死招其所歸 天明本無此十五字。*

198 事乃得實 「事」，天明本作「士」。*

199 出軍行將 「將」，天明本作「師」。

202 則厚天下之樂 「厚」，天明本作「享」。*

206 降人以體 「體」，天明本作「禮」。

206 注 體服道化 「體」，天明本作「禮」。

206 注 降人以體者也 「體」，天明本作「禮」。

207 體降可以圖始 「體」，天明本作「禮」。

207 注 體服化道者 「體」，天明本作「禮」。

208 降體以體 二「體」字，天明本皆作「禮」。

217 注 教令施於順化之成民 天明本無「成」字。

219 有守節之士者 「士」，天明本作「志」。*

225 若決江河漑熒火 天明本「河」下有「而」字。

225 其其克之必也 天明本不重「其」字。

227 是道也 天明本「是」下有「天」字。

227 注 夫道樂生也 「夫」，天明本作「天」。

230 注 則姦外奔是 天明本「姦」下有「邪」字。*

232 禍移傳世 「移」，天明本作「乱」。*

233 内外失宜禍乱传世苟失内外之宜爲子孫之禍故曰傳世也 天明本無此二十四字。

235 注 故德流子孙也 天明本「故」下有「曰」字。*

237 害百民 天明本「害」上有「利一」二字。*

237 國思乃散 「思乃」，天明本互乙。*

新語

241 履危者者 天明本不重「者」字。

242 是聖人居高處上 天明本「是」下有「以」字。

247 名傳於不廢 「廢」，天明本作「朽」。

252 杖賊者亡者 天明本無「者」字。

255 南風之詩舜 「舜」，天明本作「寂」。*

257 及有爲者也 「及」，天明本作「乃」。*

258 築城域以備故胡越 「城域」，天明本作「長城」，無「故」字。

262 行身忠和 「忠」，天明本作「中」。

270 則百川無西行者 天明本無「則」字。

273 由風之靡訶 天明本無「訶」字。

276 未有上仁而下賊 天明本「賊」下有「讓」字。*

277 豈家令人見之哉 「見」，天明本作「視」。*

278 以直爲曲 天明本「曲」下有「以白爲黑曲」五字。*

280 邪誤之也 天明本「邪」上有「衆」字，無「也」字。

281 丞相何爲駕鹿 天明本「丞」上有「曰」字。*

283 秦王不敢信其目 天明本「其」下有「直」字。*

286 人之者曾子母曰 「人之者」，天明本作「有人告」。*

291 谿之谷旁 「之谷」，天明本互乙。

291 固河江之道　「固」，天明本作「因」，「河江」互乙。

293 庶賤不得以備器成　「不」，天明本作「而」。*

297 當斯之　天明本「之」下有「時」字。*

297 尚不知道傍之枯楊　「知」，天明本作「如」。*

298 轉於大道之功才　「轉」，天明本作「近」，「道」作「匠」，「功」作「名工」二字，「才」作「材」。

299 小者治傷　「傷」，天明本作「觴」。*

312 刑罰不惠患　天明本無「惠」字。*

315 則百端目耶　「目」，天明本作「廻」。

317 鄉無夜召之正　「正」，天明本作「征」。

320 豈待鎧甲利兵　「鎧」，天明本作「堅」。

327 而傷　天明本「傷」下有「之」字。

328 斯乃去事而戒　「而」，天明本作「之」。

332 以快婦人之目民　天明本無「民」字。

334 故爲不强　天明本「爲」下有「威」字。

336 本行治之道德爲上　天明本無「本行」二字，*「之」作「以」。*

338 賤行而好道者　天明本「者」下有「尊」字。

340 然功不能自在　「在」，天明本作「存」。*

343 之所圖也　天明本「之」上有「兵」字。*

347 高臺百刃　「刃」，天明本作「仞」。

349 不損於行　「於」，天明本作「其」。

349 以好其察　「察」，天明本作「容」。*

355 快侈之心　天明本「快」下有「淫」字。

359 比德於五帝三代　「代」，天明本作「王」。*

359 故危安之效　「危安」天明本互乙。

361 起於善行　天明本「起」上有「一」字。

361 桀紂不暴參辰而亡　「暴參」，天明本作「易辰」。*

362 道不改　天明本「道」上有「天」字。*

364 間亂及萬里之外　「間」，天明本作「則」。

370 無近而去也　天明本「而」下有「不」字。*

370 周公曰躬行禮義　天明本無「曰」字。

374 近恩矜　天明本無此三字。

375 惑以言　天明本「惑」上有「不可」二字。*

376 是君子博思廣聽　天明本「是」下有「以」字，「思」下有「而」字。*

377 聞見衆欲　「衆欲」天明本互乙。

378 見耶而知見直　「見」，天明本作「其」。

378 見華而知實　天明本「知」下有「其」字。

379 雖利之以齊晋之富　「晋」，天明本作「魯」。*

382 目放於富貴之失　「失」，天明本作「榮」。

383 不得所無　天明本「得」下有「其」字。*

383 是以吴主夫差知艾陵之可以取勝　「主」，天明本作「王」。

385 故事或見可利而喪萬敗　「敗」，天明本作「機」。

386 聖人因變而功　天明本「而」下有「立」字。*
388 今之爲君則不然　天明本「君」下有「者」字。
390 而曰家不和也　天明本「家」下有「人」字。
392 自仁君至於庶人　「仁」，天明本作「人」。
393 豐其屋蔀其家　天明本「家」下有「窺」字。*
398 大善惡空作　「大」，天明本作「夫」，「惡」下有「不」字。*
398 禍福不聖　「聖」，天明本作「濫」。*

賈子

403 其徑相如　天明本「如」下有「也」字。
405 朱曰　天明本「朱」下有「公」字。
414 則脆掌監食者　「掌」，天明本作「嘗」。
431 懷王問於賈君　天明本「君」下有「曰」字。
431 人之謂知道者光生　「光」，天明本作「爲先」二字。
437 知所亂　天明本「所」下有「以」字。*
438 故昭先寤乎所以存亡矣　天明本「昭」下有「然」字。*
447 臣得賢佐　「臣」，天明本作「思」。
448 此之謂先寤所以存　天明本「存」下有「亡」字。
450 無不曰人吾君聖者　天明本無「人」字。
453 卒爲賢　天明本「賢」下有「君」字。*

455 諫臣詰逐　「詰」，天明本作「誅」。
458 儲州久矣　「州」，天明本作「之」。*
461 恐先　天明本「先」下有「亡」字。*
463 以太賢也　「太」，天明本作「大」。
464 君之獨賢也　天明本「君」上有「疾」字。
465 嗟賢故是苦耶　天明本「故」下有「若」字。*
466 杭御膝而臥　「杭」，天明本作「枕」。*
466 御以愧自伐而去　「愧」，天明本作「塊」，「伐」作「代」。
471 劬力而數灌其瓜　天明本重「瓜」字。
472 瓜西　「西」，天明本作「惡」。*
473 皆有花焦者矣　「花」，天明本作「華」。
476 而交於梁王　天明本「而」下有「請」字。
482 葺弗翦　天明本「葺」上有「蕢」字，「翦」作「剪」。
482 然且翟王猶以作之者大苦　天明本「以」下有「爲」字。*
491 有職之所守　天明本無「有」字。
496 侍御史也　天明本無「史」字。
496 柔色夸僂　「夸」，天明本作「傴」。
498 與大民爲國者霸　「民」，天明本作「臣」。*
499 與侍御侍御者　天明本不重「侍御」二字，無「者」字。
500 存若亡　天明本「存」上有「若」字。*
501 於政民不爲本也　天明本「民」下有「無」字。*
504 吏以爲吏以爲命　天明本無「爲吏以」三字。

508 君以爲功　天明本「功」下有「吏以爲功」四字。*

515 天父　「父」，天明本作「子也」二字。

517 故子之富也　天明本「子」上有「君」字。*

524 率之以　天明本「以」下有「忠」字。*

524 率之以言　「言」，天明本作「信」。

526 渚澤有水　天明本「水」上有「枯」字。*

528 而無不治之人　天明本「不」下有「可」字。

532 因是國也而爲安　天明本無此七字。*

533 是以湯以桀之亂民爲　天明本「爲」下有「治」字。

537 而戰可以守　「戰」，天明本作「嚴」。*

538 和可戰　天明本「可」下有「以」字。

541 而使禮恭於人者　天明本「使」下有「吏」字。*

548 粥子對曰　「粥」，天明本作「鬻」。*

552 得二生矣　天明本「得」上有「而」字。

554 得三生矣　天明本「得」上有「而」字。

556 得四生矣　天明本「得」上有「而」字。

群書治要卷第四十一

淮南子

2 劉安　天明本無「劉安」二字。
6 姦耶畏之　「耶」，天明本作「邪」。
8 夫峭涖刻者　「涖」，天明本作「法」，「刻」下有「誅」字。*
9 注　峭岐　「岐」，天明本作「峻」，金澤本校改作「嵈」。*
10 離珠之明　「珠」，天明本作「朱」。*
10 察鍼末百步之外　天明本「末」下有「於」字。*
11 淵中之魚　「淵」，天明本作「淵」。*
15 凡人性之　「性之」天明本互乙。*
15 心平欲得樂　天明本「得」下有「則」字。
15 歌舞无節　天明本無「无」字。
16 有愛則悲哀　「愛」，天明本作「憂」。*
18 衰經苴杖　「經」，天明本作「絰」。*
19 古者聖王上　天明本「王」下有「在」字。
21 凡長弟順　「凡長」，天明本作「兄良」。*
22 以節之　天明本「以」下有「和」字。校云：「舊無『和』字，補之。」
22 田歛重稅　「歛」，天明本作「漁」。*
23 關市忿　「忿」，天明本作「急」。*
23 財殫於會賦　天明本「財」下有「用」字。
25 贅妻粥子　「粥」，天明本作「鬻」。*
26 皆流連之心　天明本「皆」下有「有」字。*
26 愴悽之意　「愴悽」天明本互乙。
26 乃始爲之撞人鐘　「人」，天明本作「大」。
31 思慕之心未能絁　「絁」，天明本作「弛」。
32 世風流俗敗　天明本「世」上有「晩」字。
33 怨尤胷　天明本「尤」下有「充」字。*
33 思心盡忘　「忘」，天明本作「亡」。*
33 被衰載絰　「載」，天明本作「戴」。*
35 古者一畿　天明本「古者」下有「天子」二字。*
35 注　百里爲一同也　天明本無「一」字。*
36 暴虎萬民　「虎」，天明本作「虐」。*
37 犯禁者　天明本「犯」上有「政」字，*「禁」作「禁」。
37 儏其君　「儏」，天明本作「戮」。
37 易其當黨　天明本無「當」字。*
38 注　天子不滅姓諸侯不滅國自右之正也　天明本「姓」上有「同」字，*「右」作「古」。*校云：「本注作『天子不滅國諸侯不滅姓古之政也。』」

38 晚世豫廣地 「豫」，天明本作「務」。*

40 絶先聖之後 「先」上天明本作「而絶」二字。*

41 驗人馬牛 「驗」，天明本作「驅」。*

43 非兵製所爲生也 「生」，天明本作「主」。

45 非所以爲以爲淫也 天明本不重「以爲」二字。*

47 而衰爲主 「衰」，天明本作「哀」。*

50 而行不言之敎 天明本無「而」字，「敎」作「教」。*

51 清浄而不度 「度」，天明本作「動」。

51 壹動而不摇 天明本校云：「『壹動』作『壹度』。」

52 口能能言 天明本不重「能」字。*

54 而執政者進諫 天明本校云：「『政』作『正』。」

54 是故慮无失棄 「棄」，天明本作「策」。*

56 進却應對時 「却」，天明本作「退」，*無「對」字。*

57 不爲賞罪喜怒 「罪」，天明本作「罰」。

58 免而前旒 「免」，天明本作「冕」。*

58 注 免冠也 「免」，天明本作「冕」。*

58 注 免前珠飾也 「免」，天明本作「冕」。*

59 注 黈所以塞耳 天明本「黈」下有「纊」字。

61 耳妄聞則惑 天明本校云：「『聞』作『聽』。」

63 夫明主之聽於群臣 「明」，天明本作「明」。

64 不責辯 天明本「責」下有「其」字。*

65 雖耶柱不正不能見也 「耶」，天明本作「邪」。

69 而不能與越人乘舼舟浮江湖 「舼」，天明本校云：「『舼舟』作『斡舟』。」金澤本校改作「斡」。*

70 伊賢相也 天明本「伊」下有「尹」字。*

71 注 在蓋州西南 「蓋」，天明本作「益」。*

72 而不忙與山居者入榛薄出險沮 「沮」，天明本作「阻」。*

74 則其窮不遠矣 「遠」，天明本作「達」。

75 勇不足以爲⿸㫃虽 「⿸㫃虽」，天明本作「彊」。

76 則人才不足以任明矣 「明」，天明本作「明」。

76 不下廟當之上 「當」，天明本作「堂」。*

78 門閨重襲 「門閨」天明本互乙。

79 内不知山澤之形 天明本「知」下有「閭里之情外不知」七字。*

79 目不能見七里之前 「七」，天明本作「十」。

80 耳不能聞 天明本「聞」下有「百步之外」四字。

84 運轉而无竭 「竭」，天明本作「端」。*

89 造父不能以進急 「進急」，天明本作「致遠」。

89 車輕而馬良 「輕」，天明本作「輕」。*

89 中工可以致遠 「致遠」，天明本作「追速」。

91 ⿰虛予自然之性 「⿰虛予」，天明本作「詭」。*

91 未嘗不目資而用之也 「目」，天明本作「因」，「資」上有「其」字。校云：「『因』下舊無『其』字，補之。」

94 迸制木 「迸」，天明本作「匠」。*

96 **旨槖而藏之**　「旨」，天明本作「翳」。

98 **而卿青邑之所不舉**　「卿」，天明本作「鄉」，* 無「青」字，「舉」作「譽」。

99 **其所官之者**　天明本「所」下有「以」字。 校云：「『其所』下舊無『以』字，補之。」

100 **稟之上山也**　「稟」，天明本作「稟」。*

100 **大章不能跋也**　「章」，天明本作「獐」。*

101 **不可責以撻巧**　「撻」，天明本作「捷」。

102 **不可任以大巧**　「巧」，天明本作「功」。

103 **有任一而重**　天明本「重」上有「大」字。*

104 **必遺天地之數**　天明本校云：「『天地之數』作『天下之大數』。」

105 **猶狸之不可使搏鼡牛之不可使捕鼠也**　「鼡牛」天明本互乙。

106 **有欲平九洲從方外**　「洲」，天明本作「州」。* 校云：「『有』作『民』，『從』或作『並』。」

107 **人事間**　天明本「事」下有「之」字。* 校云：「『人事』作『陝窔』。」

108 **脩卿曲之俗**　「卿」，天明本作「鄉」。

109 **而乃任其以天下之擁**　「其」，天明本作「之」，「擁」作「權」。

111 **先計歲扠**　「扠」，天明本作「收」。*

111 **知民饒饉有不足之數**　天明本校云：「『無『民』字。」「有」下有「餘」字。*

112 **然後取車與衣食**　「與」，天明本作「輿」。*

112 **共食其上**　「共食」，天明本作「供養」，*「上」作「欲」。 校云：「『欲』舊作『上』，改之。」

112 **高臺增榭**　「增」，天明本作「層」，金澤本校改作「曽」。*

113 **然民無窟陜廬**　「陜」，天明本作「狹」。

114 **膿甘脆**　「膿」，天明本作「醲」，「醲」上有「肥」字。*

114 **然民無糟糠橡栗**　「橡栗」，天明本作「菽粟」。*

114 **則明主不甘也**　「明」，天明本作「明」。

115 **主牀衽席**　「主」，天明本作「匡」。* 校云：「『衽』作『蒻』。」

115 **然而民有邊城犯危難**　天明本「有」下有「處」字。*

116 **則明主安也**　天明本「安」上有「不」字。*

119 **國哀人**　天明本「哀」上有「無」字。*

120 **故古之爲金右莧絃者**　「右」，天明本作「石」，*「莧」作「管」。*

121 **所以效也**　天明本「效」下有「喜」字。*

121 **衰絰管屨**　「管」，天明本作「菅」。

122 **此皆有裏於内**　「裏」，天明本作「充」，金澤本校改作「哀」。*

122 **而成處於外者也**　「處」，天明本作「象」。*

124 男女不得事耕織之業　「業」，天明本作「業」。*

126 彈瑟琴　「瑟琴」天明本互乙。

126 是由介胄而入廟　天明本「由」下有「貫」字。*

128 国之本也　「国」，天明本作「國」。

131 所以應時脩潘　「潘」，天明本作「備」。

131 實廣來遠者　「廣」，天明本作「曠」。*

132 欲利之　天明本「之」下有「也欲利之也」五字。

133 九竅四支也　「竅」，天明本作「竅」。*

134 皆以爲主　天明本「主」下有「者」字。

135 桀爲非而衆非來　天明本「來」下有「矣」字。

137 欲諫之　天明本校云：「『欲諫』之『欲』作『敢』。」

138 過若豪釐　「豪」，天明本作「毫」。

141 武王克殷　「殷」，天明本作「殷」。*

141 發鉅橋之粟　「粟」，天明本作「粟」。*

142 封比干之墓　「封」，天明本作「封」。

143 用非其　天明本「其」下有「有使非其」四字。

144 即聖人之志大矣　「即」，天明本作「則」。

145 桀紂所以亡者　「紂」，天明本作「紂」。*

146 聖人之智　天明本「聖」上有「則」字。

147 成王繼文王之業　「成王」，天明本作「成康」*，「文王」作「文武」。

149 擇善而後事焉　天明本「後」下有「從」字。

150 孔子之通知旊訟　「知」，天明本作「智」，「旊」作「萇」。

150 張訟周景王之史臣　「張」，天明本作「萇」。

151 勇服盆賁　「盆」，天明本作「孟」。*

152 枝巧不知　「枝」，天明本作「伎」。*

152 專行孝通　「通」，天明本作「道」。*

153 夫聖人智　天明本「人」下有「之」字。

154 故以少矣　「故」，天明本作「固」。*

156 則百莭乱　天明本「乱」上有「皆」字。*

157 故其身治者　「身」，天明本作「心」。

161 知居殊矣　天明本校云：「『居』作『各』。」

162 世莫舉賢　天明本「莫」下有「不」字。*

162 悦其所賢者　「悦」，天明本作「賢」，「賢」作「悦」。

162 南悦其其所行之快行　「南」，天明本作「而」，不重「其」字。校云：「『其所行之快性』作『其性之所快』。」

163 人无不舉与己同者以爲賢也　天明本校云：「『人』上有『凡』字。」

163 或以乱　天明本「或」上有「或以治」三字。*

163 非自道也　「道」，天明本作「遁」。*

166 子路極溺　「極」，天明本作「拯」。

167 贖人而不受金於府　「贖」，天明本作「贖」。*

168 受於府也　天明本「受」下有「金」字。

170 廉有所在　天明本「在」上有「不」字。校云：「無上

『不』字。」*

171 啓於俗可随也　「啓」，天明本作「齊」。*

177 必先平意　天明本「意」下有「清神」二字。

179 哭者而笑　天明本「哭」上有「聞」字。*

179 虚者无所截於哀樂　「截」，天明本作「載」。*

180 昏智不可以爲政　「昏智」天明本互乙。

182 萬物之情測矣　天明本校云：「『測』作『既』。」

184 皆是自而非人　「是自」天明本互乙。

185 不知世之所是非者　天明本「所」下有「謂」字。

186 客有見人於季子者　天明本校云：「『季』或作『宓』，注同。」

188 是僊之　「之」，天明本作「也」。

193 身疏即謀當而見疑也　「即」，天明本作「則」。

193 親母爲其子扢秃　天明本「子」下有「治」字，「扢」作「扤」。

197 於梧即隋　天明本「梧」下有「水」字，「隋」作「橢」。*

197 所圓　天明本「所」上有「有」字。*

197 有所隋　「隋」，天明本作「橢」。*

198 庯遽知世之所自窺我者乎　「庯」，天明本作「庸」。*

200 各其狌　天明本「各」下有「安」字，「狌」作「性」。

201 脩脛者使之超鑃　「超鑃」，天明本作「踏钁」。*

202 注　長胵以踽鍤　「胵」，天明本作「脛」，「踽鍤」作「蹋插」。*

202 使而入深　天明本無「而」字。

202 强信者使之貧土　「强信」，天明本作「彊脊」，*「貧」作「負」。*

202 信强者任重也　「信强」，天明本作「脊彊」。*

202 眇者使之維　「維」，天明本作「准」。*

203 曰其伛也　「伛」，天明本作「俛」。

206 其教一也　「教」，天明本作「數」。*

209 夫待要裹飛免而駕　天明本「駕」下有「之」字。

210 待西施洛莫而爲妃　「洛莫」，天明本作「絡慕」。*

211 西施絡莫　「莫」，天明本作「慕」。校云：「『絡慕』作『毛嬙』，注同。」*

211 然不待右之莫俊　「右」，天明本作「古」，*「莫」作「英」。*

214 工无淫巧　天明本「巧」上有「淫」字。

214 其器皃而不飾　「皃」，天明本作「完」。

216 車與極於雕琢　「與」，天明本作「輿」。

216 器用遽於刻鏤　天明本校云：「『遽』或作『逐』。」

217 詎文者遽於煩繞　「詎」，天明本作「調」。校云：「『遽』作『處』，『繞』作『鐃』。」*

219 丈夫丁社而不耕　「社」，天明本作「壯」。*

223 是故其耕不强者　「强」，天明本作「彊」。

223 以養生　天明本「以」上有「無」字。*

224 无以揜　「揜」，天明本作「掩」。*

224 饒裕　天明本「饒」上有「食」字。*

225 而夫下均平　「夫」，天明本作「天」。*

226 貴成荆　天明本無「貴」字，*「成」上有「孟賁」二字。*

226 成荆古勇士也　「荆」，天明本作「荆」。

229 故其爲户　天明本「爲」下有「編」字。*

230 人君與僕處　天明本「人」上有「猶」字，*「處」作「虜」。*

231 夫乘奇枝爲雅施者　「枝」，天明本作「伎」，*「雅」作「邪」。*

232 不勉乎飢渴之患　「勉」，天明本作「免」。校云：「『渴』作『寒』。」*

232 而欲己之去末凡本　「己」，天明本作「民」。*

234 害女功也　天明本「也」上有「者」字。*

234 農事癡蕖　「癡」，天明本作「廢」。*

236 而能無犯令事誅者　「事」，天明本作「干」。*

236 故河決流　天明本「河」上有「江」字。*

237 争升陵上高丘　天明本「陵」下有「阪」字。*

238 見鄰國之溺　天明本「之」下有「人」字。*

239 有況親戚　天明本無「有」字，*「戚」作「戚」，*「戚」下有「乎」字。*

239 而行不能解也　「行」，天明本作「人」，金澤本校改作「仁」。*

243 湖上不粥魚　「粥」，天明本作「鬻」。*

243 故物隆則欲省　天明本校云：「『隆』作『豐』。」

245 而形不能禁也　「形」，天明本作「刑」。

246 王其悦之　「其」，天明本作「甚」。*

247 可邪　天明本「可」字上有「王曰」二字，「可」下有「行」字，*「邪」作「耶」。

248 呼邪評　「評」，天明本作「許」。*

249 豈無鄭衛激楚之者　「者」，天明本作「音」。*

250 治國有礼　「有」，天明本作「在」。*

251 不在文辨　「辨」，天明本作「辯」。

251 法令滋章　「章」，天明本作「彰」。*

253 趙襄子使功翟而勝之　「功」，天明本作「攻」。*

253 襄子方將食而有憂邑　「邑」，天明本作「色」。*

254 此人之所以喜也　天明本無「以」字。校云：「『喜』上舊有『以』字，去之。」

255 今君有憂邑　「邑」，天明本作「色」。

255 襄曰　天明本「襄」下有「子」字。

256 言其不能終也　「也」，天明本作「日」。

259 非其難也　天明本「也」上有「者」字。

261 然而卒取亡屬　「屬」，天明本作「焉」。*

268 密子治單父三年　「密」，天明本作「宓」。

268 密子治　「密」，天明本作「宓」，無「治」字。

270 密子不欲人之取小魚也　「密」，天明本作「宓」。

272 密子之意至矣　「密」，天明本作「宓」。

272 若有嚴形在其側者　「形」，天明本作「刑」。*

273 密子何以至於此　「密」，天明本作「宓」。

274 密子必行此術也　「密」，天明本作「宓」。

277 則可以正治美　「美」，天明本作「矣」。

279 不能釋甲兵制旝暴　「旝」，天明本作「彊」。

282 而不肖拘焉　天明本「肖」下有「者」字。

289 是言所不行也　天明本「言」下有「其」字。

292 今夫圖工畫鬼魅　天明本「工」下有「好」字。

292 无信驗　天明本「无」上有「而憎圖狗馬鬼魅」七字。

295 今謂旝者勝　「旝」，天明本作「彊」。*

295 富者　天明本「者」下有「利」字。*

296 則量粟而稱金　天明本無「而」字。*

297 大不足持　「持」，天明本作「恃」。*

299 亡在失道而不小　天明本「小」上有「在於」二字。*

301 故桀困於隼門　「隼」，天明本作「焦」。*

302 不能自非其所行　天明本「不」上有「而」字。

302 拘於宣室　「拘」，天明本作「紂」。*

303 而不反其遇　「遇」，天明本作「過」。*

304 嘗試處強大之勢　天明本校云：「『嘗試』作『二君』。」

306 虓弗能奪　「虓」，天明本作「孰」。*

308 且湯武之處小弱而能以者　「以」，天明本作「著」。校云：「『著』作『以王』二字。」*

309 其有道也　天明本「其」上有「以」字。*

312 事有有行而不可言者　「有有」，天明本作「有可」。*

313 或易而爲難成者　「而爲」，天明本互乙。

313 難成而易敗者治也　天明本校云：「『治』作『名』。」

317 功成羊立　「羊」，天明本作「事」。*

318 世之所乱惑也　天明本「世」下有「主」字。*

319 嫌疑骨象者　「骨」，校改：「本作『胥』」，天明本作「肖」。*

320 故怚者類智　「怚」，天明本作「狠」。

320 注　怚愓也　「怚」，天明本作「狠」，*「愓」作「慢」。*

320 愚者類君子而非君子也　天明本校云：「『君子』作『仁』一字，下同。」

321 戇者類勇　「戇」，天明本作「戇」。*

322 葵之与莧也　「莧」，天明本作「莧」。*

327 莫敍嬌誣　「莫」，天明本作「篡」。*

328 而陷於形僇之患者　「形」，天明本作「刑」，*「僇」作「戮」。

331 斬者拜爵　天明本「者」下有「首」字。*

331 然而隊伯之　天明本校云：「『伯』作『陷』。」

332 而後被要之罪　天明本「要」下有「斬」字。*

334 或避　天明本「避」下有「之」字。*

334 足以就之　天明本「足」上有「適」字。*
335 自救水中　「救」，天明本作「投」。*
336 人之嗜欲　天明本「人」上有「故」字。*
337 達道之人　天明本「達」上有「故」字。*
337 讓福　天明本「讓」上有「不」字。
337 其有弗弃　「弗」，天明本作「不」。*
337 非有不索也　天明本「非」下有「其」字。
339 而河江不能實漏巵　「河江」天明本互乙。
340 則充食虛　天明本無「則」字，「充食」互乙。
340 足以養七尺之形矣　天明本「足」上有「則」字。
342 天下之當　「當」，天明本作「富」。*
343 務在安民　天明本「在」下有「於」字。
346 弃数而用林者必因　「林」，天明本作「材」，*「因」作「困」。*
347 有以欲多巳有者　「巳」，天明本作「亡」，*無「者」上「有」字。*
347 有以欲治乱者　天明本「治」下有「而」字。
351 所敉者不忍　「忍」，天明本作「怨」。*
352 求其所　天明本「所」下有「未得」二字。
355 不可奪也　天明本「也」下有「以待敵之可奪也」七字。*
355 文王脩之岐用　「用」，天明本作「周」。*
359 言危可難險不行　天明本「不」下有「可」字*，無「險」字。

363 上之所奴　「奴」，天明本作「好」。*
363 下尤甚焉　天明本校云：「『尤』作『有』。」
366 千里之提　「提」，天明本作「堤」。*
367 以突隟之熛焚　「熛」，天明本作「煙」。*
367 竈突也　「竈」，天明本作「竃」。*
369 躓也　天明本無「也」字。
371 雖有扁鵲愈夫之巧　「愈」，天明本作「俞」。校云：「『夫』作『跗』，注同。」
373 身无大巧　「巧」，天明本作「功」。
374 而有原禄　「原」，天明本作「厚」。*
375 中行穆伯　「穆」，天明本作「繆」。
376 此翟　「此」，天明本作「北」。*
376 餽間倫曰　天明本校云：「『間』或作『聞』，下及注同。」
378 左右　天明本「右」下有「曰」字。*
378 而鼓可得　天明本「得」下有「也」字。
380 吾可以勿賞平　「平」，天明本作「乎」。*
380 是賞佞　天明本「佞」下有「人」字。*
381 是晉使之武　「晉使」天明本互乙。
382 秦族　「秦」，天明本作「泰」。
385 叓狄之國　「叓」，天明本作「夷」。*
388 大王亶父　天明本「父」下有「處邠狄人攻之」六字。校云：「舊無『邠』至『攻之』六字，補之。」

388 策杖而去 「策杖」天明本互乙。*
389 携幼抰老 「抰」，天明本作「扶」。*
389 而國平岐周 「平」，天明本作「乎」。*
389 非所能召也 天明本「非」下有「令之」二字。校云：「舊無『令之』二字，補之。」
391 桊之所貴也 「桊」，天明本作「券」，*「貴」作「責」。*
391 豢契也 「豢」，天明本作「券」。*
391 季子治單父 天明本校云：「『季』作『密』。」
393 田魰皆讓長 「魰」，天明本作「漁」，金澤本校改作「畒」，天明本校云：「『漁』舊作『畒』，改之。」*
394 而斑白不負戴 「戴」，天明本作「載」。
394 戴白 「戴」，天明本作「斑」。
394 夫矣之所以射遠貫堅者 「矣」，天明本作「矢」。*
397 故弩雖强 「强」，天明本作「彊」。
397 不强不能獨中 天明本無「不强」二字。*
398 故揔道以被民 「揔」，天明本作「總」。
399 不從 天明本「不」上有「而民」二字。*
400 非生萬物者也 天明本無「也」字。*
400 陽陰和 「陽陰」天明本互乙。
403 化而欲作則小矣 天明本無「矣」字。*
405 故男女有别 「别」，天明本作「班」。*
405 因其喜音 「喜」，天明本作「好」。*

407 因喜朋支 天明本「因」下有「其」字，*「支」作「友」。
407 而敉之以悌之 「敉」，天明本作「教」，*無下「之」字。
408 長幼有序 天明本「長」上有「故」字。*
408 然後脩朝躬 「躬」，天明本作「聘」。
409 嵬振旅 「嵬」，天明本作「蒐」。*
415 而能使人爲孔墨之行 天明本「而」下有「不」字。校云：「『墨』作『曾』。」*
417 皆入孝出挮 「挮」，天明本作「悌」。*
418 行爲僞儀表 天明本無「僞」字。*
418 敉之所成也 「敉」，天明本作「教」。*
419 皆可使起火蹈刄 「起」，天明本作「赴」。*
420 夫刻肌庸鑱皮革 「庸」，天明本作「膚」。*
420 創流血 天明本「創」上有「被」字。*
421 越人以藏刺其皮 「藏」，天明本作「箴」。
422 明好憎以示人 天明本校云：「『人』作『之』。」
422 經誹譽以道之 「道」，天明本作「導」。*
424 而有高世尊顯之 天明本「之」下有「名」字。*
426 故故舉天下之高 天明本不重「故」字。*
427 一卿之高 「卿」，天明本作「鄉」。*
429 以爲八十一允 「允」，天明本作「元」。*
429 處其位得其 天明本「其」下有「宜」字。*
433 今使愚敉智 「敉」，天明本作「教」。*

433 雖嚴形罰　「形」，天明本作「刑」。*

438 此舉所以周也　「周」，天明本作「同」。*

444 而觀其行者於其終也　天明本無「而」字。*

445 不爲川爲谷　天明本無下「爲」字。*

445 趍行蹐馳　「蹐」，天明本作「蹐」。*

446 故言歸乎可行　天明本「言」上有「善」字。*

448 猶狗之盡吠　「盡」，天明本作「晝」。*

448 何盖於善　「盖」，天明本作「益」。*

452 智能蹐馳　「蹐」，天明本作「蹐」。*

452 聖人以仁義爲之准繩　天明本校云：「『人』下有『一』字。」

457 以積土之高脩隄防　天明本「土」下有「山」字。*

458 則水用必足　天明本「足」下有「矣」字。

458 以食狗馬鴻鴈之貴養士　「貴」，天明本作「費」。*

459 以戈獵博弈之日誦詩書　「戈」，天明本作「弋」。

461 故上下異道則治月　「月」，天明本作「同」。*

462 故小者凶故小快害義　天明本無「故小者凶」四字。*

463 小慧害道　「慧」，天明本作「惠」。

465 至忠復素　「忠復」，天明本作「德樸」。*

465 故民無懬　「懬」，天明本作「慝」。*

465 蝨一歲再收　「蝨」，天明本作「蠶」。*

465 非不利　天明本「利」下有「也」字。*

466 然王法禁之者　天明本「然」下有「而」字。*

466 家産異一飯而食之　天明本無「一」字，「飯」作「糧」。*

467 殊器而享之　「享」，天明本作「烹」。*

468 訮譶　「訮」，天明本作「酌」。*

468 非不貴也　「貴」，天明本作「費」。

469 嫂納而取婦　「取」，天明本作「取」。

470 初玄而親迎　「初玄」，天明本作「紱絻」。

470 所以防淫也　「所」，天明本作「可」。

472 於以禁姧非不軫　「軫」，天明本作「輟」。*

472 然不可行者　天明本「然」下有「而」字。

474 樹一物而万葉生者　天明本「万」下有「生」字。

475 而所聞足以爲敗　「聞」，天明本作「開」。*

480 智伯有五過人之則　「則」，天明本作「材」。*

481 枝藝畢極　「枝」，天明本作「伎」。*

481 三才也　「才」，天明本作「材」。

481 巧文辨慧　「辨慧」，天明本作「辯惠」。

484 不知賢　天明本「賢」下有「也」字。

485 智大於知人　天明本「智」下有「莫」字。*

485 雖察捷巧　天明本「察」下有「惠」字，「捷」作「捷」。*

群書治要卷第四十二

鹽鐵論

7 區治能因君之銅鐵　「區」，天明本作「歐」。*

9 壺齗杆　天明本「杆」上有「槃」字。*

9 君子能因人主之政朝　天明本校云：「本書『政』作『正』。」

10 而不能自鐃其家　「鐃」，天明本作「饒」。

16 賢聖不能正不食善之君　天明本「善」下有「言」字。校云：「『食』疑『受』。」

17 政桀有關龍逢而夏亡　「政」，天明本作「故」。

20 而屈原放逐於楚國也　天明本無「而」字。*

21 焉徃而不三絀　「絀」，天明本作「黜」。

22 行不得合者也　天明本校云：「『不得』作『而不』。」

25 猶茦之於御也　「茦」，天明本作「策」。*

25 有茦而勿用　天明本「用」下有「也」字。*

30 不盡不止　天明本「止」下有「矣」字。*

32 則裒矜而勿喜　「裒」，天明本作「哀」。*

33 猶戈者覩鳥獸挂罻羅而喜也　「戈」，天明本作「弋」。*

34 不必有管蔡之耶　「耶」，天明本作「邪」。

35 鄧晳之爲也　「爲」，天明本作「僞」。

35 仁而不仁　「仁而」，天明本作「人而」。

41 易其田疇也　天明本無「也」字。

46 百姓足而榮辱　「百姓」，天明本作「衣食」，「而」下有「知」字。

48 風雨　天明本「雨」下有「時」字。*

48 故脩行於内　「脩行」天明本互乙。

49 爲之於下　天明本校云：「『爲之』作『爲善』。」

50 周公載己　「載己」，天明本作「在上」。*

51 當此之時　天明本無「之」字。*

52 旬而一雨雨　天明本不重「雨」字。*

54 不知斂也　天明本校云：「『斂』作『撿』。」

55 饑而死　天明本「饑」上有「見」字。*

58 食桑麻　「食」，天明本作「養」。

59 盡地力　天明本「力」下有「也」字。

64 而欲觀中國之礼　天明本校云：「『礼』下有『儀』。」

64 宜設明堂壁雍以示之　「壁」，天明本作「辟」。*

67 角抵必戲　「必」，天明本作「之」。*

67 陳本之　「本」，天明本作「夸」。

68 昔周公處謙以卑士　天明本「謙」下有「讓」字，「以」下有「交」字。*

69 見恭敬之礼　天明本「礼」下有「也」字。*

72 心死以至德　天明本無「以」字，校云：「『充』下舊有『以』字，刪之。」

72 欣然歸　天明本「然」下有「以」字。*

73 夫犀兕虎　天明本「犀」下有「象」。*

74 驢馲騾駝　「馲騾」天明本互乙。

74 北狄之常也　天明本「常」下有「畜」字。*

78 随和世之名寶也　「随」，天明本作「隋」。

82 雖随和滿篋　「随」，天明本作「隋」。

83 衛靈公當隆冬興穿池　天明本「興」下有「衆」字。*

83 海春以諫曰　天明本校云：「『海春』作『宛春』。」

84 天下寒乎哉寒乎哉　天明本無「下」字。校云：「『天寒乎哉』云云七字作『天寒哉我何不寒哉』。」

88 廣夏洞房　「夏」，天明本作「厦」，「房」下有「者」字。

94 胡代䶂　「䶂」，天明本作「䠷」。

94 向清風者之危寒也　天明本無「之」字。校云：「『者』下有『之』字。」*

95 不知老母之燋頳　「燋頳」，天明本作「憔悴」。*

97 推敵方外者之死也　天明本無「者」字，「死」下有「亡」字。校云：「『推』作『距』。」

98 東向伏几　「伏」，天明本作「仗」。*

104 虎兕相據　「據」，天明本作「搏」。

105 是以聖王見利盧害　「盧」，天明本作「慮」。*

109 愚夫童婦　「夫」，天明本作「婦」。

117 而民犯禁也　天明本「禁」下有「滋多」二字。*

117 親服之属其衆　天明本「其」下有「甚」字。*

118 而服不遇五　「遇」，天明本作「過」。*

121 而退耶氣也　「耶」，天明本作「邪」。

122 非貴其下箴石　「箴」，天明本「鍼」。*

126 而專已之賤心　「賤」，天明本作「殘」。

129 一節動而枝摇　天明本「而」下有「百」字。*

131 非患銚耨之不利　「耨」，天明本作「鉏」。*

137 然後等之刑　天明本「之」下有「以」字。*

137 故舜施罪　天明本「施」下有「四」字。*

142 聽之失大者也　「之失」天明本互乙。

144 此則以有罪反誅無罪　天明本「此」上有「如」字。*

149 而刑罪多　天明本「多」下有「矣」字。*

150 雖有罪猶若　「若」，天明本作「匿之」二字。

152 未聞兄弟之坐也　天明本「之」下有「相」字。*

154 炮格致刑　「格」，天明本作「烙」。

159 故政寬則不親其上　「不」，天明本作「下」。*

162 是以務和而不務威　天明本校云：「『和』作『恩』。」

164 唯恐制之重　「制」，天明本作「刑」。

164 是恩施無窮　天明本「是」下有「以」字。

166 或非特慈母乎　天明本校云：「『或』以下六字本書同，疑有誤。」

172 若斯則夫何而不理　「夫」，天明本作「吏」，*「不」作「可」，「理」下有「乎」字。*

174 止則繫之　「繫」，天明本作「擊」。*

176 其之益乎　「之」，天明本作「有」。*

179 未聞刑罰任而孝悌興也　天明本校云：「『任』作『行』。」

182 廉民悉者爲能　「廉」，天明本作「歛」。*

新序

189 劉向　天明本無此二字。

190 常侍莧蕵與我處　「莧」，天明本作「莞」。

191 常恐我以義　「恐」，天明本作「勸」。*

192 必爵之　天明本「必」下有「厚」字。校云：「舊無『厚』字，補之。」

194 吾與處惟樂之　「惟」，天明本作「歡」。*

194 不得則戚　「得」，天明本作「見」。

195 其過不紉　「紉」，天明本作「細」。*

196 令尹即拜莧蕵爲賞卿　「莧」，天明本作「莞」，*「卿」作「卿」。

197 子曰　天明本「子」上有「曾」字。

199 於以關後嗣　天明本「於」下有「是」字。*

206 身死妻子爲徒　天明本校云：「本書『爲徒』作『又死』。」

214 次翟黃　天明本「次」下有「至」字。*

215 不封君之弟　天明本「不」下有「以」字。*

216 而封君之長子　天明本「而」下有「以」字。*

216 臣以知之非仁君也　天明本「以」下有「此」字，「知」下有「君」字。*

220 傷召翟黃　「傷」，天明本作「復」。*

223 昔者吾先君中行密子　「密」，天明本作「穆」。*

225 唯車之不足也　天明本「唯」下有「患」字。*

227 且君苟以爲祝爲有益於國乎　天明本無下「爲」字。*

228 一人祝不勝萬詛　天明本「祝」下有「之一國詛之一祝」七字。*

231 令尹子西對　天明本「對」下有「曰」字。

234 此欲觀吾國得失而之　天明本「之」上有「圖」字。*

238 太宗子牧次之　「牧」，天明本作「敖」。*

239 司馬子發次之　「發」，天明本作「反」。*

239 奚恤自居西面之壇　天明本「奚」上有「昭」字。*

244 太宗子牧在此　「牧」，天明本作「敖」。*

246 以當彊敵　「彊」，天明本作「强」。

246 使皆趣湯蹈火白刄　天明本「使」上有「所」字。*

248 撮治亂之遺風　天明本校云：「『撮』作『攝』。」
254 越裳重譯　「裳」，天明本作「常」。
254 遺安于載　「遺」，天明本作「遂」。*
261 破强雠之齊　「雠之齊」，天明本作「齊之雠」。
262 立頗　天明本「立」上有「兵」字。
264 昭王用樂毅　天明本「毅」下有「以勝」二字。
266 此未遠　天明本「遠」下有「也」字。
267 用賢其福如此　天明本「賢」下有「者」字。
267 君莫不求賢以自輔　天明本「君」上有「人」字。
268 所謂賢者不賢也　天明本「謂」作「以」。校云：「『以』作『謂』。」
270 使智者啚之　「啚」，天明本作「圖」。
272 或用賢而能久也　天明本「能」上有「不」字。*
272 或久之而不能終也　天明本無「之」字。
276 太子質於邯戰　「戰」，天明本作「鄲」。
276 請魏王曰　「請」，天明本作「謂」。
277 不也　天明本「不」下有「信」字。*
278 之乎　天明本「之」上有「王信」二字。*
279 三人言而成虎　天明本「成」下有「有」字。*
279 今邯戰去魏遠去於市　「戰」，天明本作「鄲」。
280 議臣者三人　天明本「者」下有「過」字。
281 及龐共自邯戰反　「戰」，天明本作「鄲」。*

284 乃降與俱生見鄒忌曰　「生」，天明本作「行」。*
289 淳于髡等三辭　天明本校云：「『三辭』之『辭』作『稱』。」
290 淳于髡等辭詘　「詘」，天明本作「屈」。
291 君出獵　天明本「君」上有「梁」字。*
293 其御公孫龍下車撫矢曰　天明本校云：「『龍』作『襲』。」
301 無異於虎狼　天明本「狼」下有「矣」字。*
301 梁君授其手與上車　「授」，天明本作「援」。*
301 歸曰幸哉今日也　天明本「歸」下有「入郭門呼萬年」六字。*
301 呼萬年曰　天明本校云：「『年』作『歲』。」
306 之小澤　天明本「之」上有「徙」字。*
306 厭而欲數移　天明本校云：「無『移』字。」
315 文公逐麋而失之　天明本「文」上有「晋」字。
317 老古振衣而越曰　「越」，天明本作「起」。*
318 厭閭而近人　「閭」，天明本作「閑」。*
320 鳲鳩居之　「鳲鳩」二字，天明本作「維」。
321 君不歸　天明本「君」下有「放」字。*
332 侯有悦色　天明本校云：「『侯』作『而』。」
325 取人之言而弃其身　天明本無「之」字。*
327 魏文侯游出遊　天明本無「游」字。*
344 西有衛秦之患　「衛」，天明本作「衡」。*
344 外有三國之難　天明本校云：「『三』作『二』。」

345 衆仁不附　「仁」，天明本作「人」。*

346 故不務衆婦　天明本「務」下有「衆子而務」四字。*

346 一旦山陵地拖　「拖」，天明本作「阤」。

348 琅玕珠璣　「琅玕」，天明本作「翡翠」。校云：「舊無『翡翠』二字，補之。」

349 諂諛旃於左右　天明本「旃」下有「進」字。*

350 耶僞立於本朝　「耶」，天明本作「邪」。*

355 於是立隔漸臺　「隔」，天明本作「毀」。*

359 雜事　天明本無此二字。

360 有司請吏於桓公　「吏」，天明本作「事」。*

360 司又請桓公曰　天明本「司」上有「有」字。

361 則告仲父　天明本「則」上有「一」字。*

362 吾未得仲父難　天明本「難」上有「則」字。

363 則曷爲不易也　天明本「爲」下有「其」字。

368 假之有賢於子方者　天明本無「之」字。

370 仁人也　天明本「也」下有「者」字。

370 智士智士士也者　天明本不重「智士」二字。*

371 博通之士也博通之士也者　天明本不重「博通之士也」五字。*

373 則人主不　「不」，天明本作「尊」。*

375 而功不及伯者　天明本「伯」上有「五」字。*

377 相則曰　天明本「相」上有「卜」字。*

384 習朋善削齊賓胥無善補録　天明本「習」作「隰」。校云：「『齊』作『縫』，『補』作『純』。」

385 桓公衣而已　天明本「公」上有「知」字。*

386 習朋善煎熬之　「習」，天明本作「隰」。

390 謀則無不與也　天明本無「無」字。校云：「『謀』作『諫』。」

391 人不能用人　「人不」，天明本作「又不」。

392 遇趙衰告而之　「告而」天明本互乙。

393 聽其而弃其身　天明本「而」上有「言」字。*

394 長哉晋國之憂也　「長」，天明本作「哀」。*

394 公乃召賞之　天明本「公」上有「文」字。*

399 臣不敢趙武之爲人也　天明本無「不」字，「敢」下有「言」字。*

408 文王朽骨以喻其意　天明本「王」下有「得」字。*

408 而歸心焉　天明本「而」下有「天下」二字。*

417 恐有小惡　天明本「惡」下有「以其小惡」四字。

417 此主之所以告之士也　天明本「此」下有「人」字，*「告」作「失」。

418 權用其長　天明本「長」下有「者」字。*

419 桓公得之矣得　天明本無下「得」字。*

424 傚霸王者　天明本「傚」上有「其主」二字。

428 此非叚干木之間與　天明本「此」上有「曰」字。*

428 段干木蓋賢者　天明本「者」下有「也」字。*
433 司馬唐諫秦君曰　天明本「唐」下有「且」字。*
436 夫君子之用兵　天明本「兵」下有「也」字。*
436 莫見其刑而功已成　「刑」，天明本作「形」。*
438 腸履涉血　「腸履」天明本互乙。
439 其死者量於澤矣　天明本「者」下有「已」字。*
444 夫夫去曰　天明本不重「夫」字。*
448 於是也　天明本「於」上有「鑿以寫龍屋室雕文以寫龍」十一字。*
449 弃還走　天明本「弃」下有「而」字。
449 夫其魂　「夫」，天明本作「失」，*「魂」下有「魄」字。*
453 中心藏之　「藏」，天明本作「臧」。*
453 何日望之　「望」，天明本作「忘」。
456 爲人上者　天明本「人」下有「之」字。
461 吏以費請以粟食之　天明本校云：「『費』上有『爲』字。」
464 且汝知小利　天明本校云：「『利』作『計』。」
465 囊漏褚中　「褚」，天明本作「貯」。*
467 鳥食之粃　天明本「食」下有「鄒」字。
468 粟之在倉與民　天明本「民」上有「在」字。
471 齊有田巴生者　天明本「生」上有「先」字。*
472 其賢騁而將問政焉　「騁」，天明本作「聘」。*
473 其妾　天明本「妾」下有「曰」字。*

474 問其從者　天明本「者」下有「曰」字。*
475 正身之外　「外」，天明本作「本」。*
477 將造門　天明本「造」下有「公」字。*
477 將出　天明本「出」下有「門」字。*
478 臣臨淄水觀影　天明本「水」下有「而」字。*
480 遇而自改　「遇」，天明本作「過」。*
490 罰則姦耶止矣　「耶」，天明本作「邪」。
490 賞則下勸悦矣　「勸」，天明本作「歡」。*
491 子則賊心已見矣　天明本校云：「下『則』疑『之』，范史注作『之』。」
493 有德厚者　天明本校云：「『德厚』，范史注易地。」
494 宿德滅息　「德」，天明本作「惡」。*
496 故從其便而處之　天明本「其」下有「所」字。*
499 治約而教化行矣　天明本「治」上有「其」字。*
501 囹国空虚　「囹国」，天明本作「囹圄」。*
501 老死　「老」，天明本作「及」。*
501 國人聞之皆郤　「郤」，天明本作「卬」。*
503 其生則見其愛　天明本「生」下有「也」字，無「其」字。*
503 其死而可悲　天明本「死」下有「也」字。*
505 大夫解佩玦　「佩」，天明本作「佩」。*
506 然則思者人恕之道也　「人」，天明本作「仁」。校云：「『思』疑『惠』或『恩』。」

508 **怨大者福深** 「福」，天明本作「禍」。*

509 **而福莫大於刻** 「福」，天明本作「禍」。*

509 **夫善不可以爲求** 天明本校云：「『爲』作『僞』。」

509 **而惡不可以亂去** 天明本校云：「『亂』疑『辭』。」

511 **臧孫子病久愈矣** 「久」，天明本作「又」。*

513 **子之死也** 「死」，天明本作「病」。

523 **屋甚** 天明本「甚」下有「祟」字。*

群書治要卷第四十三

說苑

6 **曰此我寒之民也** 天明本「曰」上有「則」字，無「民」字。

7 **曰此我陷之也** 天明本「曰」上有「則」字。

7 **仁而昭義立** 「而昭」天明本互乙。

9 **河潤獻王曰** 「潤」，天明本作「間」。*

10 **則我能勸也** 天明本「我」下有「不」字。*

10 **疏河而道之** 天明本「疏」上有「故」字。

11 **江鑒通於九落** 「江鑒」，天明本作「鑿江」，*「落」作「派」。*

13 **左曰** 天明本「左」下有「右」字。*

13 **君王何爲痛之至此也** 天明本「至」下有「於」字。*

15 **今寡人爲也** 天明本「爲」下有「君」字。*

15 **百姓各自以其心** 天明本「心」下有「爲心」二字。

17 **憂爲樂正** 「憂」，天明本作「夔」。*

17 **伯夷秩宗** 天明本「夷」下有「爲」字。*

17 **皋陶爲理** 天明本「爲」下有「大」字。*

18 **爲君** 天明本「爲」上有「堯」字。*

19 **堯知九賦之事** 「賦」，天明本作「職」。*

20 **皆勝任以成功** 天明本「勝」下有「其」字。*

21 **是故知人者王道也** 「王」，天明本作「主」。

21 **知事** 天明本「知」上有「主道知人臣道」六字。*

23 **得意而驕** 天明本「而」下有「恐」字。*

26 **中跪潰之** 「跪」，天明本作「流」。

27 **罪當亨** 「亨」，天明本作「烹」。*

29 **臣昔堯舜之爲君也** 天明本無「臣」字。

30 **桀之爲君也** 天明本「桀」下有「紂」字。*

32 **以爲寡人寡人符** 天明本不重「寡人」二字。*

35 **有六正之榮** 天明本校云：「本書『有』作『行』。」

35 **犯六耶則辱** 「耶」，天明本作「邪」。

37 **豫禁乎未然之前** 天明本無「之」字。校云：「『前』上有『之』字。」

39 **諭主以長榮** 「榮」，天明本作「策」。*

40 **匡救其救其惡** 天明本無「其救」二字。*

41 **以屬主意** 「屬」，天明本作「厲」。

43 **君終已無憂** 天明本「君」上有「使」字，*「已」作「以」。

44 **文奉法** 天明本「文」上有「守」字。*

45 **食飲節儉** 天明本「食」上有「衣服端齊」四字。*

45 **如者貞臣也** 天明本「如」下有「此」字。*

46 **所爲不諛**　天明本校云：「『諛』作『道』。」
47 **如者貞臣也**　天明本「如」下有「此」字。*
47 **此者直臣也**　天明本「此」上有「如」字。*
47 **何謂六邪**　「邪」，天明本作「邪」。*
48 **與世浮**　天明本「浮」上有「沈」字。*
49 **如此者具也**　天明本「具」下有「臣」字。*
49 **所言皆**　天明本「所」上有「主」字，「皆」下有「曰」字。*
49 **主所爲皆可曰**　「可曰」天明本互乙。*
50 **以决主之耳目**　「决」，天明本作「快」。
50 **偷苟容**　天明本「偷」下有「合」字。*
52 **人心疾賢**　「人」，天明本作「又」。*
55 **辨足以行説**　「辨」，天明本作「辯」。*
56 **如此讒臣也**　天明本「此」下有「者」字。*
58 **陷主以耶**　「耶」，天明本作「邪」。*
58 **墜於主不義**　「於主」天明本互乙。*
59 **朋黨比周以弊主明**　「弊」，天明本作「蔽」。*
61 **不行六耶之術**　「耶」，天明本作「邪」。*
67 **失四時**　天明本「失」上有「不」字。*
68 **能理利**　「理」，天明本作「利」，*「利」上有「不」字。*
69 **行猶舉绳**　「猶」，天明本作「猷」。
70 **大夫事**　天明本「夫」下有「之」字。*
71 **而無有奸**　天明本「奸」下有「詐」字。*

73 **凡此者四**　「者四」天明本互乙。*
85 **陶外孤從**　「孤」，天明本作「狐」。*
87 **顔色梨黑**　「梨」，天明本作「黧」。
88 **意者君忘我**　天明本「我」下有「與」字。*
88 **有大故與**　天明本「有」上有「我」字。*
89 **豈我忘是子哉**　「豈我」天明本互乙。*
89 **悦我以仁**　「悦」，天明本作「説」。
90 **明我名**　天明本「明」上有「昭」字。*
90 **使我爲成人**　天明本「人」下有「者」字。*
93 **免我於患難中**　天明本「中」下有「者」字。*
93 **吾復以爲賞**　天明本「爲」下有「次」字。*
94 **死人者不如存人身**　天明本「人」下有「之」字。
94 **亡人者如在人之國**　天明本「者」下有「不」字，*「在」作「存」。*
95 **而告勞之士次之**　天明本無「告」字，「勞」下有「苦」字。
95 **子固爲首矣**　天明本「子」上有「勞苦之士」四字。*
96 **周内史興聞之曰**　天明本「史」下有「叔」字。*
96 **者者昔聖王先德後力**　「者者昔」三字，天明本作「昔者」二字。*
98 **日慕**　「慕」，天明本作「暮」，*「暮」下有「酒酣」二字。
98 **華燭滅**　天明本校云：「『華』作『燈』。」
100 **得其纓援待之矣**　天明本「援」在「得」上，校云：「『待』作

『持』。」

102 而欲辱士乎　天明本無「欲」字。

103 君臣皆絶纓而上火　「君」，天明本作「羣」。

104 居二年　天明本校云：「『二』作『三』。」

104 火盡歡而罷居二年　天明本無此八字。*

107 王穩忍不暴而誅　「穩」，天明本作「隱」。*

108 用頸靣湔敵久矣　「靣」，天明本作「血」，「久」，天明本同，金澤本校改作「人」，天明校云：「『久』舊作『人』，改之。」*

112 朝廷吏　天明本「吏」上有「之」字。

112 臣所定者亦過半矣　「定」，天明本作「立」。*

114 親刾臣於君　「刾」，天明本作「却」，金澤本校改作「劫」。*

115 親却臣於兵　「却」，天明本作「劫」。*

115 唯賢者爲能復思　「思」，天明本作「恩」。*

117 樹蒺蔾者　「蔾」，天明本作「藜」。

118 妷得其刾馬　「馬」，天明本作「焉」。*

118 今子之所種者　天明本校云：「『種』作『樹』。」

118 蒺蔾也　「蔾」，天明本作「藜」。

119 蔾也　天明本無此二字。

119 桃李也　天明本「桃」上有「非」字。*

119 自今以來　「以」，天明本作「已」。

122 王者之政化　天明本「化」下有「之」字。*

127 崇礼之節以示下　天明本「礼」下有「義」字，*「下」作「之」。*

128 則下不慕義　天明本「不」上有「莫」字。*

129 其所由教之者　「教」，天明本作「致」。*

132 化之所興　天明本「所」下有「由」字，*「興」下有「也」字。*

132 德者養善而進之者也　天明本校云：「『進之』作『進闕』。」

134 刑者懲惡而禁後者也故德化之者也　天明本無此十五字。*

135 夫誅賞所以別賢不肖　天明本「賞」下有「者」字。*

137 夫有功不賞　天明本「功」下有「而」字。*

138 有惡而不誅　「惡」，天明本作「過」。*

144 旁隣聞之　「旁」，天明本作「傍」。*

146 曰此夷吾之過也　天明本「曰」上有「管仲」二字。*

155 子謂任力　天明本「子」下有「之」字。*

156 任人者逸也　天明本「者」下有「固」字，校云：「舊無『固逸』之『固』字，補之。」

157 而百官治　「百」，天明本作「百」。*

157 巫爲期則不然　「爲」，天明本作「馬」。*

160 語近所以爲之者曰　「近」，天明本作「丘」。*

161 恤諸孤而喪紀　天明本「而」下有「哀」字。

163 月不齊所父事三人　「月」，天明本作「曰」，*「事」下有

「者」字。*
165 兄事人　天明本「事」下有「五」字。*
165 可以教舉矣　「舉」，天明本作「學」。
167 不齊所以治之術　天明本「齊」下有「事之皆教不齊」六字。*
168 昔堯舜清微其身　天明本「昔」下有「者」字。*
169 夫與賢者　「與」，天明本作「舉」。*
172 患夫杜黽　「杜黽」，天明本作「社鼠」。
173 鼠曰託焉　「曰」，天明本作「因往」二字。*
176 則賣權重於百姓　天明本「則」上有「外」字。*
177 據復而有之　「復」，天明本作「腹」，*無「而」字。
178 爲酒其潔清　「酒其」，天明本作「器甚」。*
178 置表其長　「其」，天明本作「甚」。
181 用事者也也　天明本不重「也」字。*
183 用事者爲猛　天明本「猛」下有「狗」字。*
184 治國之所患　天明本「患」下有「也」字。
191 人君人欲平治天下　「人欲」，天明本作「之欲」。*
193 夫聖王之施德而下下　「聖」，天明本作「明」。*
193 將以懷遠而致近也　天明本無「以」字。*
194 夫朝無賢人　天明本無「夫」字。*
194 猶澒之無羽翼　「澒」，天明本作「鴻鵠」二字。*
197 欲霸王託於舩致遠道者託於乘欲霸王王者託於賢　天明本「霸王託」之「王」下有「者」字，無「於舩致遠道者託於乘欲霸王王者託」十五字。*
200 雖舜禹猶亦囙　「囙」，天明本作「困」。*
200 而又況乎俗主幾哉　天明本無「幾」字。*
202 而夫羞以見禽於越　「羞」，天明本作「差」。*
203 穆公以秦顯石尊號　「石」，天明本作「名」。*
205 緜而朝諸侯　「緜」，天明本作「繈褓」二字。*
207 九今諸侯　「今」，天明本作「合」。*
207 任賢豎刀易牙　天明本無「賢」字，「刀」作「刁」。*
208 身死不葬　天明本「身」上有「而」字。*
209 在所生任也　天明本無「生」字。*
209 魏有公子無忌　天明本「魏」上有「故」字。*
215 有賢佐士歸之　天明本「佐」下有「者」字。*
215 文王請除炮挌之刑　「挌」，天明本作「烙」。*
216 湯去張網者之三面　天明本無「者」字。*
216 而二垂至　此四字天明本作「而夏民從」。*
217 故故聲同則處異而相應　天明本不重「故」字。*
222 執賢而所師見者十人　天明本「而」下有「所」字。
226 則心貪而尸祿者也　天明本校云：「『心』作『必』。」
229 至非九九爲足以見　「至」，天明本作「臣」。
236 齊宣公坐　「公」，天明本作「王」。*
241 古有驊駠騏　「駠」，天明本作「騮」，「騏」下有「驥」字。*

241 今無今有　天明本無下「今」字。*
244 王心將待堯舜禹湯而後好之　「心」，天明本作「必」，「湯」下有「之士」二字。
246 術君問於田讓曰　「術」，天明本作「衛」。*
249 猶舉杖呼狗　天明本「杖」下有「而」字。*
253 爲我君　天明本「我」下有「請」字。*
254 方曰　天明本「方」上有「子」字。*
255 貧賤驕者人　此五字天明本作「貧窮者驕人」。
256 驕人而亡其家　天明本「其」下有「國大夫驕人而亡其」八字。*
259 吾安得賢人之言　天明本「得」下有「聞」字。
259 吾下子方以仁　天明本校云：「『仁』作『行』。」
260 君臣盖親　「盖」，天明本作「益」。*
260 百姓盖附　「盖」，天明本作「益」。*
261 三年而中山爲獻我　天明本「獻」下有「於」字。
262 我我是以得友武之功　天明本不重「我」字。
271 完腐於俎　「完」，天明本作「肉」。
272 桓公曰　「桓」上有「管仲對曰此極非其貴者耳然亦無害於霸也」十八字。*
277 齊使盼子將　「盼」，天明本作「眄」。*
280 於是齊使申專將　「專」，天明本作「孺」。*
281 於是齊王更使盼子將　「盼」，天明本作「眄」。*

283 申專爲人　「專」，天明本作「孺」。*
285 是以民也　「民」，天明本作「亡」。*
285 盼子之爲人也　「盼」，天明本作「眄」。*
285 尊賢而愛不肖者　天明本「賢」下有「者」字。
286 是以王僅得存　天明本「存」下有「耳」字。*
288 王臣謇　天明本「謇」下有「謇」字。*
290 君有過失者　天明本無「者」字。
290 危民之萌也　「民」，天明本作「亡」。*
291 是輕君危民也　天明本「君」下有「之」字，「民」作「亡」。*
293 法誠　天明本校云：「『法誠』作『敬慎』。」
296 吾於天下亦不輕矣　天明本無「亦」字。*
297 一食三吐哺　天明本「食」下有「而」字。*
300 禄位尊成　「成」，天明本作「盛」。
301 聰明叡智　「叡」，天明本作「叡」。*
302 博多記　天明本「博」下有「聞」字。*
303 下亡其身　天明本「下」上有「天」字。*
304 故易曰　天明本校云：「無『曰』字。」
306 謙之謂世　「世」，天明本作「也」。*
308 謙享　「享」，天明本作「亨」。
308 子其以魯國驕士矣　天明本「其」下有「無」字。*
311 使受吏民之垢　天明本「使」下有「臣」字。*
312 子猶後來弔　「猶」，天明本作「獨」。*

314 敬受　天明本「受」下有「命」字。*
327 賜父無徭役　天明本「父」下有「老」字。*
328 曰父老皆拜　天明本無此五字。*
330 所爲勞大王　天明本「所」下有「以」字。
331 望得貴於大王　「望」，天明本作「望」。
336 如此臣少以得壽焉　天明本「少」下有「可」字。*
337 無煩擾姓　天明本「姓」上有「百」字。*
339 如是臣可少得以貴与　「与」，天明本作「焉」。*
340 則倉廩特虛也　「𢓜」，天明本作「然」。*
345 侈靡奢秦　「秦」，天明本作「泰」。
351 始聞之大怒曰　天明本「始」下有「皇」字。*
351 諸生多爲䜈言　「䜈」，天明本作「妖」。
352 乃使御史實上諸生　「實」，天明本作「悉」。
354 生曰　天明本校云：「『生』上有『侯』字。」
355 今陛下奔侈失本　「奔」，天明本作「奢」。*
355 泆趣末　「侄泆」，天明本作「淫佚」。
357 數臣万人　「臣」，天明本作「巨」。*
358 無馬文飾　「無」，天明本作「輿」。*
358 以自奉　天明本「以」上有「所」字。*
359 遺竭民力殫盡　「遺」，天明本作「匱」。*
360 嚴威列下　「列」，天明本作「刻」。*
360 下暗上聾　「暗」，天明本作「喑」。

363 昆吾桀紂　「昆」，天明本作「昆」。*
364 陛自下自賢自健　天明本無上「自」字。*
365 下陵三王　「陵」，天明本作「淩」。*
366 陛下亡嶶久見　「嶶」，天明本作「徵」。*
369 吾可以變　天明本「變」下有「乎」字。*
370 刑已成矣　天明本校云：「『刑』作『形』。」
370 陛坐而待亡身　天明本「陛」下有「下」字，*「身」作「耳」。*
371 始皇富然而歎　「富」，天明本作「喟」。
373 生於奸耶淫佚　「耶」，天明本作「邪」。
374 奸耶之心　天明本「奸」上有「凡」字，「耶」作「邪」。
375 事者也父繡纂組　天明本無此七字。
378 而能不爲奸耶者　「耶」，天明本作「邪」。
380 則國貧民侈　天明本「侈」下有「國貧民侈」四字。*
380 則貧窮者爲奸耶　「耶」，天明本作「邪」。
381 則驅民而爲耶也　「耶」，天明本作「邪」。
382 民已爲耶　「耶」，天明本作「邪」。
383 人主不塞其　天明本「其」下有「本」字。*
385 仲孫忌諫曰　天明本校云：「『忌』作『它』。」
387 且不葬國也　「葬」，天明本作「華」。*
390 人得於彼　「人」，天明本作「又」。*
390 若淫於奔侈　「奔」，天明本作「奢」。*
390 沉於文章　「沉」，天明本作「沈」。

群書治要卷第四十四

桓子新論

4 喪攉推於諸侯　「攉」，天明本作「權」。*

5 任人封立諸侯　天明本「任」上有「不」字。*

6 高帝脱定下　「脱」，天明本作「既」，「下」上有「天」字。*

7 攉却關　「攉」，天明本作「推」。*

11 專國庲政得之　「庲」，天明本作「秉」。*

13 大臣生焉　天明本校云：「『焉』恐『怨』。」

14 時民悦喜　「時」，天明本作「恃」。*

15 聽納諫臣謀士　天明本「聽」上有「不」字。*

16 遂以被敗　「被」，天明本作「破」。*

18 則唯量賢智大材　「量」，天明本作「量」。

18 然後先見豫啚　「啚」，天明本作「圖」。

19—20 不愈以人　天明本「不」下有「能」字，*「愈以」互乙。

21 以行術枝　天明本「枝」作「伎」。*

25 不如得一區治　「區」，天明本作「歐」。

27 非特止於十也　「非」，天明本作「非」。

29 爲世之　天明本「之」下有「事」字。*

33 又使明智啚事　「啚」，天明本作「圖」。

37 遂被譖想　天明本校云：「『想』恐『愬』。」

38 材能之　天明本「之」下有「士」字。

38 世所嫡　「嫡」，天明本作「嫉」。*

41 是非君臣致密堅固　天明本「是」下有「故」字。*

42 若伊⿱之見用　「⿱」，天明本作「吕」。*

42 傳説之通夢　天明本無「之」字。

43 則以右之賢輔主　「右」，天明本作「古」，*「主」上有「厲」字。*

44 欲間疏别離　「離」，天明本作「離」。*

46 而人主有高宗孝己之設　天明本校云：「『設』恐『譏』。」

47 時有龍逢比干五員聏錯　「五」，天明本作「伍」，「聏」作「晁」。*

50 重時遇咎　天明本校云：「『咎』恐『合』。」

51 而爲不軌惡行呼　「呼」，天明本作「乎」。*

52 辭齊趙之金封　「辭」，天明本作「解」。

52 虞卿損萬户與國相　「損」，天明本作「捐」。

54 覽諸耶背叛之臣　「耶」，天明本作「邪」。*

56 行親任夻明矣　天明本「行」上有「其」字。*

57 其筞雖廣知得　「筞」，天明本作「策」。*

64 則雖威權王翁　天明本「權」下有「如」字。*

65 察慧如孫龍　天明本「如」下有「公」字。*

68 其智足以飾非　「非」，天明本作「非」。*

71 其不知大體之德也　「德」，天明本作「禍」。*

75 王翁始康國政　「康」，天明本作「秉」。*

78 故卆適破亡　「適」，天明本作「遇」。*

83 而蘭薄漢家法令　「蘭」，天明本作「簡」。*

84 美先制度　天明本「先」下有「聖」字。*

85 而不知己之不能行事其　「事其」天明本互乙。*

92 或遣親屬亍孫　「亍」，天明本作「子」。

92 素所受好　「受」，天明本作「愛」。*

92 咸無權　「權」，天明本作「權」。*

93 當赴强敞　「敞」，天明本作「敵」。*

94 是以軍合則貟　「貟」，天明本作「損」。*

98 而萬民違之所慎乎　「之所」，天明本作「可不」。

101 薦覆以荆棘　「薦」，天明本作「薦」。

102 付損益　「付」，天明本作「何」。*

105 文王之葬枱骨　天明本無「之」字，「枱」作「枯」。*

105 衆庶衆悦之　天明本無下「衆」字。*

106 其思義動之也　天明本校云：「『思』恐『恩』。」

107 惡之者　天明本「惡」上有「生人」二字。*

108 王以亡　天明本「王」下有「翁」字。*

109 知大體不知者遠矣　天明本「體」下有「與」字。*

110 是以卜筮維寡　「以」，天明本作「爲」。

111 察祀用稀　「察」，天明本作「祭」。*

111 王翁如卜筮信時日　「如」，天明本作「好」。*

112 絜齋祀祭　「絜」，天明本作「潔」。

113 吏卆辨治之若　「若」，天明本作「苦」。*

114 無權蒶以自救解　「蒶」，天明本作「策」。*

114 乃馳之南郡告禱　「郡」，天明本作「郊」。*

115 號哭流涕　「哭」，天明本作「興」。*

116 矢射交集　天明本校云：「『矢射』當作『射矢』。」

117 尚抱其符令　「令」，天明本作「命」。*

117 及所作威升　「升」，天明本作「斗」。

121 燔其屋　天明本「燔」上有「而」字。*

122 及滅止而享羊具酒　「享」，天明本作「亨」。*

123 以勞謝投人者　「投人」，天明本作「救火」，金澤本校改「投」作「救」。*

123 突遠薪　天明本「突」上有「曲」字。*

125 反爲上容　「容」，天明本作「客」。*

134 永垂流于後副　「副」，天明本作「嗣」。校云：「『流』恐『統』。」

137 導殷周之長道　天明本校云：「『導』恐『遵』。」

137 襃顯功德　「襃」，天明本作「袞」。*

139 然漢之功德多基本　天明本無「功德多」三字。*

140 周抑奪其權勢　「周」，天明本作「因」。*
142 而住取天下　「住」，天明本作「徑」。*
144 故兵起而莫之救助也　天明本無「而」字。
149 及飯恶人共食　天明本「恶」下有「與」字。*
149 因涕其漿　「漿」，天明本作「醬」。*
150 遂弃而俱不得食焉　「俱」，天明本作「但」。校云：「『但』疑『俱』。」
151 及已得而重不肯與　天明本「重」下有「愛」字。*
153 郭代之墟也　「代」，天明本作「氏」。*
154 復間郭氏曷爲墟　「間」，天明本作「問」。*
154 善善惡惡焉　天明本上「惡」上有「而」字。*
155 而反爲虚　「虚」，天明本作「墟」。
160 更始帝惡三諸假號無義之人　「三諸」，天明本作「諸王」。*
163 二王皆有善善惡惡之資　「資」，天明本作「費」。*
172 帝則　天明本「帝」上有「文」字，*「則」作「時」。*
174 然後邊甬得安　「甬」，金澤本校改作「甬」，天明本校云：「『甬』恐『民』。」
180 及遂持屈强五禮　「及」，天明本同，金澤本校改作「反」，天明本校云：「『及』恐『反』。」
182 以彈索天下　天明本校云：「『彈』當作『殫』。」
182 困大擾亂　「困」，天明本作「因」。
182 意不能挫傷一胡虜　「意」，天明本作「竟」。*
183 天孽可避　天明本校云：「『天』下當補『作』字。」
184 自作孽不活可　「活可」，天明本互乙。*
186 今匈奴无負於王翁　天明本無「无」字。
188 豈所謂肉自生虫而人自生者禍耶　「禍」，天明本作「禍」。*
189 作之甚者也　天明本「作」上有「自」字。
190 夫異變恠者　天明本校云：「『夫』疑『災』。」
192 故咎殃消亡　「殃」，天明本作「殃」。*
193 蟭雉升鼎之異　「蟭」，天明本作「雊」。
195 宗景公有熒惑　「宗」，天明本作「宋」。
196 星爲徒三會　「徒」，天明本作「徙」，「會」作「舍」。
197 則莫善於以德義諸誠報之矣　「諸」，天明本作「精」，*「報」下有「塞」字。*
198 大夫見怪則脩　天明本「脩」下有「職」字。*
199 妖灬不能善德　「善」，天明本作「害」。
200 士庶多耶心惡行　「耶」，天明本作「邪」。*
201 不能自省視　天明本「不」上有「又」字。*
204 而衆人咸緣部署去　「緣」，天明本作「豫」。
205 後何以處　「後」，天明本作「彼」。校云：「『處』作『慮』。」
206 孔子謂子息　「息」，校改作「夏」，天明本作「貢」。*
206 億則屬中　「屬」，天明本作「屢」。*
207 令衆人能與子貢等等乎　天明本不重「等」字。*

208 **其善少愈者**　天明本「其」下有「脩」字。*

209 **智鉤者慮倂**　「鉤」，天明本作「均」。*

209 **常與上周度也**　「周」，天明本作「同」。*

210 **高宗之聚傅說**　「聚」，天明本作「取」。*

212 **爲能貢**　「爲」，天明本作「焉」。校云：「『貢』恐『真』。」*

212 **斯以爲可居大臣輔相者乎**　天明本無「爲」字。

213 **制辟**　天明本「制」下有「刑」字。*

213 **所以定姧耶**　「耶」，天明本作「邪」。*

214 **又內量中丞**　「量」，天明本作「量」，校云：「『量』恐『置』。」

215 **而終平侵輕深刻**　「平」，天明本作「乎」。*

215 **皆務酷虐過或**　「或」，天明本作「度」。*

216 **欲見未盡力而求獲功賞**　天明本校云：「『未』恐衍。」

217 **是以役以華楚**　「華楚」，天明本作「箠楚」。*

225 **如遭如上忽略不宿留**　天明本無下「如」字。*

226 **待詔伍客以知皇好方道數召**　天明本校云：「『皇』恐『星』。」

227 **後坐帝事下獄**　天明本校云：「『坐帝』之『帝』恐衍。」

228 **刻奏以爲先**　「奏」，天明本作「暴」。*

230 **過著失誤**　「著」，天明本作「差」。*

231 **可无於不至罪**　天明本校云：「『於』恐衍。」

233 **或可曰何故比我於死人乎**　天明本「可」下有「怒」字。*

潛夫論

237 **德義之稱成者也智**　「也智」天明本互乙。

240 **禹師黑如**　天明本校云：「本書『黑』作『墨』。」

241 **孔子師差雊**　「差」，天明本作「老」。*

242 **由得待聖也**　天明本無「得」字。*

244 **必先讀其智**　「智」，天明本作「書」。*

245 **以蓄其德**　「蓄」，天明本作「畜」。

245 **是以人之學也**　天明本「之」下有「有」字。

248 **繩墨而之以斤斧**　天明本「而」下有「制」字。*

250 **黼黻之帝**　「帝」，天明本作「章」。*

251 **挕之以良朋**　「挕」，天明本作「攝」。*

252 **幽讃之以易**　天明本「易」上有「周」字。*

255 **離本飾末**　天明本「本」下有「而」字。*

255 **以民爲本**　天明本「以」下有「富」字。*

258 **以爲太平之基也**　天明本無「之」字。

260 **以通之爲本**　「之」，天明本作「貨」。

261 **三者守本**　天明本「本」下有「離末」二字。

262 **則樂而可教訓者**　天明本重「教」字。

263 **辨語者**　「辨」，天明本作「辭」。*

265 **孝悌孝以致養爲本**　天明本無下「孝」字。

266 五者守本　天明本「本」下有「離末」二字。

267—268 慎本略末猶可可也　天明本不重「可」字。*

268 舍末務末則惡矣　「舍末」，天明本作「舍本」。*

270 此分拜之源也　「分拜」，天明本作「貧邦」。*

271 虛无躡跪　「躡跪」，天明本作「譎詭」。*

272 民去農桑赴　天明本「赴」下有「遊」字。*

276 而國家愈病矣　「家」，天明本作「界」。校云：「『界』疑『計』。」

277 以堅牢爲賢　「賢」，天明本作「資」。*

280 然内有損民貧國之公實　「實」，天明本作「費」。校云：「『費』作『實』。」*

281 國辱遊葉　「國」，天明本作「困」。*

282 勿使檀利　「檀」，天明本作「擅」。

284 今學同之士　「同」，天明本作「問」。*

285 争者雕麗之文　「者」，天明本作「著」。

286 而惑朦夫之大者也　「朦」，天明本作「矇」，「大」作「失」。校云：「『失』作『大』。」

287 詩賤者　「賤」，天明本作「賦」。*

288 令賤頌之徒　「令賤」，天明本作「今賦」。*

289 苟爲徒辨屈蹇之辭　「徒」，天明本作「饒」。

290 此悖孩童之愚　「愚」，天明本作「思」。*

291 孝悌於父母　天明本「孝」上有「盡」字。*

291 正操行行於國門　天明本不重「行」字，*「國」作「閨」。*

292 令多務交游以結黨　「令」，天明本作「今」。*

293 助世竊名　「助世」，天明本作「偷勢」。*

293 本末之徒　「本」，天明本作「夸」。

295 令多違志以儉養　「令」，天明本作「今」。*

296 乃崇飾豈紀以言孝　「豈」，天明本作「喪」。*

299 令多姦諛以取媚　「令」，天明本作「今」。*

300 開危亂之源者　天明本「者」下有「也」字。*

301 内有傷道之至實　天明本「道」下有「德」字。*

302 而闇君之所國也　「國」，天明本作「固」。*

305 兼聡也　「聡」，天明本作「聽」。*

306 是故人君通必兼聡　「聡」，天明本作「聽」。校云：「『必』作『心』。」

307 詢于蒭堯　「堯」，天明本作「蕘」。*

308 是以天下輪湊　「輪」，天明本作「輻」。*

309 故共骸之徒弗能塞也　天明本「徒」下有「也」字，無「弗能塞」三字。校云：「『徒』下有『弗能塞』三字。」

310 隔損疏賤　「損」，天明本作「捐」。*

313 罔樂進勸乃悔　「罔」，天明本作「闔」*，「悔」上有「後」字。*

314 故人兼聽納下　天明本「人」下有「君」字。*

318 乃懼慢不肖而絶賢聖也　天明本校云：「上『聖』作

『望』。」

319 是故聖王表小以厲　天明本校云：「『表』作『責』。」

323 宣之使言言　天明本不重「言」字。*

326 尹其職　天明本「尹」下有「居」字。校云：「無『居』字，『尹』疑『尸』。」*

327 是以郡宛得衆　「郡」，天明本作「郤」。*

328 而椒蘭柾　「柾」，天明本作「搆」。*

328 而嚴妬其諫謀　天明本校云：「無『諫』字。」

329 湯殺郅支　天明本「湯」上有「陳」字。*

329 而匡衡捄其功　「捄」，天明本作「抆」。校云：「『抆』作『捄』。」*

331 乘舊寵但之於內　「但」，天明本作「沮」。*

332 此愚善之君　「愚」，天明本作「思」。*

334 其以亡者　天明本「其」下有「所」字。*

335 近古也來　「也」，天明本作「已」。*

337 皆由君常好其以亂　天明本「其」下有「所」字。

337 憎其所與存而愛其所與亡　天明本校云：「二『與』字共作『以』。」

339 若重規襲規　「襲規」，天明本作「襲矩」。*

343 不賢嗜　「賢嗜」天明本互乙，「賢」下有「也」字。

346 先病服荼　「荼」，天明本作「藥」。

346 是以身常安而國永也　天明本「國」下有「脈」字。校云：「舊無『脈』字，補之。」*

347 毉而愈　「毉」，天明本作「毉」。*

348 理世有孔之經　天明本「孔」下有「子」字。*

348 然疾不愈　「疾」，天明本作「病」。

349 非名鍼之法誤　「名」，天明本作「灸」。*

352 馬不可追速　天明本「馬」上有「驅」字。*

352 舟不可涉也　天明本「舟」上有「進」字，「涉」下有「水」字。

354 則又況乎懷道以撫民氓　天明本校云：「『道』下有『術』字。」

355 譬由治病不得真荼也　「荼」，天明本作「藥」。

357 歷千數者也　天明本「歷」下有「載」字。

358 凡有國　天明本「國」下有「之」字。

358 所任不固也　天明本校云：「『固』作『賢』。」

360 主有壹賢之行　「壹」，天明本作「索」。

362 而上而道獨抑下也　天明本無「上而」二字，*「抑」下有「於」字。

363 公法行則究亂絶　「究」，天明本作「宄」。*

364 私術則工法弃　「工」，天明本作「公」。

365 無私之徒　「無」，天明本作「思」。*

366 亟使不相得也　天明本校云：「『亟』作『咸』。」

367 不阿衆以取寒　「寒」，天明本作「容」。*

370 與耶枉之人不兩立　「耶」，天明本作「邪」。*

371 不能粂民泯　天明本「粂」下有「聽」字，「泯」作「泯」。*

372 獨用污吏言　天明本「吏」下有「之」字。

374 必察己之謂　天明本校云：「『謂』作『爲』。」

377 或君則不然　「或」，天明本作「惑」。*

378 唯書從　天明本「書」下有「是」字。*

380 三公至於列士獻曲　「曲」，天明本作「詩」。校云：「『三』上有『使』字。」

380 遮人傳語　「遮」，天明本作「庶」。*

381 耆艻艻脩之　「艻」，天明本作「艾」。*

382 而後王斟酌焉　「斟」，天明本作「斟」。*

382 未世則不然　「未」，天明本作「末」。

383 獨用宿媚蠱惑言之　「言之」天明本互乙。校云：「『宿』作『苟』。」

384 論德義者見尤怨　「怨」，天明本作「惡」。

385 於是諛臣人　天明本「臣」下有「佞」字。*

385 以議上之刑　天明本「以」上有「被」字。*

386 此賢士之始困也　「始」，天明本作「姤」。*

387 坐賢　「坐」，天明本作「噬」。*

387 君内康伐賢之狗　「康」，天明本作「秉」，「狗」作「斧」。*

388 而外招賢欲其至也　天明本「招」下有「噬」字，「賢」下有「之狗」而字，「至」下有「理」字。校云：「自『而外』至『理也』作『權噬賢之狗而外招賢欲其至也』。」*

388 不亦應乎　「應」，天明本作「悲」。*

389 以追于令　「令」，天明本作「令」。*

390 令兵巧之械　「令」，天明本作「令」。*

392 彼彼之情　「彼彼」，天明本作「彼此」。*

393 不用乎將心　天明本校云：「『用』作『明』。」

393 事卒進无利　「事」，天明本作「士」。

394 此以然也　天明本「此」下有「所」字。*

394 夫服重上嵕　天明本校云：「『嵕』作『阪』。」

397 以明君可爲放死也　「明」，天明本作「明」，「放」作「効」。

400 則利厚實也　「實」，天明本作「賞」。

400 則避福乱也　「福」，天明本作「禍」。*

401 慈父不能以畢其子　「畢」，天明本作「必」。

402 使親疏貴賤鄙愚智必順我令　天明本無「鄙」字。*

404 是以一且軍鼓是當震　天明本無下「是」字，*「當」作「雷」。*

404 士皆奮激　「奮」，天明本作「奮」。*

406 乃義士且以求其寶取令吏從軍敗没　天明本「求」上有「徼其名貪夫且以」七字，「寶」作「賞」，金澤本校改作「實」，*「取」作「爾」，「令」作「令」。校云：「『徼』至『爾令』，舊作『求實去令』，改之。」

408 鬲夫无所貪利　「鬲」，天明本作「庸」。*

409 此其所以又懷阻解　「又」，天明本作「人」。

410 曲兵之吏將以千載　「曲」，天明本作「典」。

415 此其所臨陣忘戰　天明本「所」下有「以」字。*

416 令觀諸將　「令」，天明本作「今」。*

419 士以所屈遇敵扐　「屈」，天明本作「屈」，「扐」作「抶」。*天明本校云：「『屈』作『拙』，『抶』作『巧』。」

422 其敗也貧也理数然也　天明本無上「也」字，「貧」作「負」，「然也」作「也然」。

425 此二憶　「憶」，天明本作「德」。*

426 忠不万一者　天明本校云：「『一』作『全』。」

426 非必愚闇不逹而惡名也　「逹」，天明本作「逮」。校云：「『名』下有『揚』。」

429 從懸重利　「從」，天明本作「徒」。

430 可以慈奸　「慈」，天明本作「懲」。*

431 操大威以駈之　「之」，天明本作「民」。*

431 則與世之人　「與」，天明本作「舉」。

433 然獵夫禦之　「禦」，天明本作「御」。*

433—434 使終日日⿱奞木擊而不敢怠　天明本不重「日」字，「⿱奞木」作「奮」。*

434 故進忠⿰山夫危者　「⿰山夫」，天明本作「扶」。*

436 言未⿱日男信而身敗　「⿱日男」，天明本作「得」。

437 貳言之臣　「貳」，天明本作「敢」。

442 然猶且治吟觀德　「治」，天明本作「沈」。*

446 雖日号今　「今」，天明本作「令」。*

447 者懃之不治也　天明本「者」上有「勢亂」二字，「懃」上有「雖」字。*

448 馳驚而不足　「驚」，天明本作「鶩」。*

448 故白言者求之於勢　「白」，天明本作「曰」，*「言」作「善」。*

450 不行私以斯法　「斯」，天明本作「欺」。金澤本校改作「期」。*

450 不續教以辱命　「續」，天明本作「黷」。*

459 教者所以致之也　天明本「者」下有「所以知之也化者」七字。

459 民有性有俗　天明本「俗」上有「情有化有」四字，金澤本校補「情有」二字。*

461 則奸匿心无所生耶　「匿心」二字，天明本作「慝」，*「耶」作「邪」。*

463 使无訟平　天明本「使」上有「必也」二字，「平」作「乎」。*

464 民親愛則无相害傷之尊　「尊」，天明本作「意」。*

465 之以德齊之以礼民親愛則无相害傷之　天明本無此十六字。*

469 以敬敷五　天明本「五」下有「教」字。*

469 而後令皋陶　「令」，天明本作「命」。*

471 撿湆耶而内正道耳　「湆耶」，天明本作「淫邪」。*

473 **故善者之養天也** 天明本「天」下有「民」字。*

473 **由良二之爲麴頭也** 「二」，天明本作「工」，*「頭」作「豉」。*

474 **則一蔭之麴頭** 「頭」，天明本作「豉」。*

475 **其遇拙** 天明本「拙」下有「工」字。*

475 **一蔭之麴頭豉** 天明本「一」上有「則」字，*無「頭」字。*

475 **皆臭敗而弃捐** 「臭」，天明本作「臭」。*

476 **令六合忽由一蔭也** 「令」，天明本作「今」。*

476 **默首之屬猶豆麥也** 「默」，天明本作「黔」。*

478 **則皆懷奸耶而行淺薄** 「耶」，天明本作「邪」。*

480 **德所以修己** 天明本「德」下有「者」字，*「己」下有「也」字。

484 **而无姦陷** 「陷」，天明本作「險」。*

485 **之盧則義農之俗** 「盧」，天明本作「慮」，*「義」作「羲」。*

群書治要卷第四十五

政論

6 囷用隆　「囷」，天明本作「周」。*

8 由也主承平日久　「也」，天明本作「人」。*

9 逸不自覩　天明本校云：「本傳『逸』作『怢』。」

10 或荖耽耆欲　「荖」，天明本作「荒」，*「耆」作「嗜」。

10 或耳蔽葴誨　「葴」，天明本作「箴」。*

12 是以王緦縱施　「緦」，天明本作「綱」，「施」作「弛」。*

22 國之脉脉也　「脉脉」，天明本作「脈診」。

22 咊誠未足爲休　天明本「咊」上有「不」字。*

24 期於補組決壞　「組」，天明本作「綻」。*

25 摧柱耶傾　「摧」，天明本作「枝」，*「耶」作「邪」。

26 要曆期世　「期」，天明本作「斯」。

30 對葉公以來迲　「迲」，天明本作「遠」。

32 然疾俗人牣　「牣」，天明本作「拘」。*校云：「無『然疾』二字。」

32 瑼所聞　「瑼」，天明本作「瑋」。*

37 其頌士闇於時權　「頌」，天明本作「頑」。

38 心閇意舛　「閇」，天明本作「閃」。*

39 則苟且直率由舊章　天明本無「且直」二字，「苟」下有「云」字，「章」下有「而已」二字。

42 期实賈生之所以排於絳灌　「期」，天明本作「斯」。*

45 況其餘哉況其餘哉　天明本校云：「下『況其餘哉』四字恐衍文。」*

49 待不追　天明本「待」下有「放」字。*

50 其故何也　「何」，天明本作「獲」。

51 不讒行以徼名　「讒」，天明本作「詭」。*

52 紀比周之黨　天明本無「紀」字。*

58 猶能察鳴　「鳴」，天明本作「焉」。*

59 是非到紛　「到」，天明本作「倒」。*

59 始相去如豪梵　「豪梵」，天明本作「毫氂」。*

62 則思之　天明本「則」上有「晝」字。*

63 猶意水之歸下　「意」，天明本作「急」。

64 川之赴啓　天明本「川」上有「下」字，「啓」作「壑」。*校云：「舊無『下川』之『下』字，補之。」

64 不原爲之制度　「原」，天明本作「厚」。*

67 項者法度頗不稽古　「項」，天明本作「頃」。

71 律令雖有與服制度　「與」，天明本作「輿」。*

73 今使列肆壹侈功　「壹」，天明本作「賣」。*

73 商賈粥僭服 「粥」，天明本作「鬻」。*
74 不能買 天明本「能」下有「不」字。*
74 買人之則 「買」，天明本作「賈」，「則」作「列」。*
80 土雖皆墾人 天明本「土」上有「生」字，*「人」作「乂」。
81 財鬱畜而盡出 天明本「而」下有「不」字。*
84 命盡則根拔 「拔」，天明本作「扳」。*
86 斯則天下之患也 天明本「患」下有「二」字。*
86 與服无限 「與」，天明本作「輿」。*
88 乃送終止蒙 「蒙」，天明本作「家」。*
88 至用檽梓黄腸 「檽」，天明本作「轜」。
89 享牛作偈 「偈」，天明本作「倡」。*
89 高積大寢 「積」，天明本作「墳」。*
89 熟不可忍 「熟」，天明本作「孰」。*
90 咸健子 天明本「咸」下有「曰」字。*
90 恥相逮 天明本「恥」下有「不」字。*
92 以事淫法之華稱 天明本校云：「『法』疑『汰』。」
93 爲盜賊 天明本「爲」上有「迫」字。*
97 蓋以方数也 「方」，天明本作「萬」。*
100 是以天感感人人汲汲 天明本不重「人」字。*
103 繼苊頓之緒 「苊」，天明本作「荒」。*
103 而徒欲修故 天明本「欲」下有「修舊」二字。*
109 曾不如藩之陪臣 天明本「如」下有「小」字。*

111 言君子所以動天地也 天明本「言」下有「行」字。*
113 不顧先誓 「誓」，天明本作「哲」。
118 既介復平弊敗之勿 「勿」，天明本作「物」。*
119 故謁者冦 天明本校云：「『冦』疑『冠』。」
119 與之至有車與 「車與」，天明本作「車輿」。*
132 政未久 「政」，天明本作「攻」。*
132 朝廷䍃意於武備 「䍃」，天明本作「留」。*
135 項主者既不勑慎 「項」，天明本作「頃」。*
136 進入之賞 「賞」，天明本作「賔」。*
136 貪號之吏 「號」，天明本作「饕」。*
138 米粥雜漆 「漆」，天明本作「滲」。*
138 令脆易治 「治」，天明本作「冶」。*
140 所以能制故明者 天明本無「故」字。*
142 苟兵甲鈋 「鈋」，天明本作「鈍」。
146 亦競奢 「奢」，天明本作「奮」。
146 皆不避水火矣 「皆」，天明本作「皆」。*
146 三軍奮 天明本「軍」下有「皆」字。*
147 誠宜復申明功工舊令 「功」，天明本作「巧」。*
149 荀以牢利任用爲政 「荀」，天明本作「苟」。
151 令雖刻名之 「令」，天明本作「今」。*
153 宜特䍃意 「䍃」，天明本作「留」。*
153 敢有巧詐輒行之軍 「軍」，天明本作「輩」。*

158 我景患其如此　天明本「景」上有「文」字。*

159 末久則相習　「末」，天明本作「永」。

159 上下相照无所竄情　天明本無「相照」二字。*

160 安官樂　天明本「樂」下有「職」字。*

161 亦竭忠盡召　「召」，天明本作「節」。*

161 無壹切之計　天明本「無」上有「而」字。*

166 名競擿微短　「名」，天明本作「各」。

166 次求疵　「次」，天明本作「吹」，*「求」上有「毛」字。*

168 内省不疾　「疾」，天明本作「疚」。

171 人情恥令妻子就逮　「逮」，天明本作「逮」。*

175 滿歲寂漢　「漢」，天明本作「漠」。*

177 猶馮唐平文帝之不能用李牧矣　「平」，天明本作「評」。

181 故天卒成之政　「天」，天明本作「夫」。

182 誥烈之失　「誥」，天明本作「酷」。*

182 故絀己　天明本「已」下有「復」字。*

183 進弃已復用　「進」，天明本作「進」。

185 驅出一撿　「撿」，天明本作「揆」。*

186 詓吏之手　「詓」，天明本作「酷」。*

189 又畏甚罰　「甚」，天明本作「其」。*

190 恐失羣心之和　「心」，天明本作「臣」。

191 隳先生之軌也　「生」，天明本作「王」。

199 黄霜爲頻川太守　「霜」，天明本作「霸」，*「頻」作「潁」。

200 但就僧秩賜金　「僧」，天明本作「增」。*

202 所宜因修　「修」，天明本作「循」。

203 皆增袟中二千石　「袟」，天明本作「秩」。

204 近目所見　「目」，天明本作「日」。

204 惑一暮之中　「惑」，天明本作「或」，*「暮」作「期」。*

207 帝時尚書　天明本校云：「『帝』上疑脱『先』字，或云『帝』當作『當』。」

211 若不尅從　「尅」，天明本作「克」。*

215 制盧井以養其萌　「盧」，天明本作「廬」。*

219 倉實而知禮節　天明本「倉」下有「廩」字。*

221 皆君臣足所爲　「君」，天明本作「羣」，「足」作「之」。*

222 府不足以治妻子　「府」，天明本作「俯」，*「治」作「活」。*

224 雖冒汉求利　「冒」，天明本作「冒」。

229 之使取足於奉　「之使」天明本互乙。

231 而拔荼去織之義形矣　「荼」，天明本作「葵」。*

231 故三代之賊也　「賊」，天明本作「賦」。*

232 故晏平仲諸侯之夫耳　天明本「之」下有「大」字。*

234 而慮遇臣下　「慮」，天明本作「虜」。*

234 漢興因修　「修」，天明本作「循」。

236 得廿斛錢二千　天明本「得」下有「粟」字。*

238 膏月五百　「月」，天明本作「肉」。*

239 薪炭監菜又五百　「監」，天明本作「鹽」。*

239 二人食粟理六斛 「粟」，天明本作「粟」。

242 則繼嗣既 「既」，天明本作「絶」。*

243 迎之不足相贍 「贍」，天明本作「贍」。

243 孰能死 天明本「能」下有「餓」字。*

244 於是則有賣官粥獄 「粥」，天明本作「鬻」。

244 盜賊主守之姧生 天明本「生」下有「矣」字。*

244 孝宣皇帝悼其若此 「若」，天明本作「如」。

246 其益史奉百石以下什五 「益」，天明本作「益」。*

247 然尚儉 天明本「儉」下有「隘」字。*

247 又不上逮古 「逮」，天明本作「逮」。*

248 宜少增盖以賙其匱 「盖」，天明本作「益」。*

255 討亂涂殘 「涂」，天明本作「除」。

256 漸涂化者耳 「涂」，天明本作「涂」。

259 亦不廢舊章而已 「亦」，天明本作「示」。*

260 近永平建初之涂 「涂」，天明本作「際」。*

263 近前年一暮之中 「暮」，天明本作「期」。

264 奴兒噫噁 「噫」，天明本作「暗」。

266 羣輩聚 天明本「輩」下有「屯」字。*

267 姧趣赦 天明本「姧」下有「以」字。*

272 非所以明孝抑耶止道也 「耶」，天明本作「邪」。

274 今如欲尊先王之制 天明本校云：「『尊』疑『遵』。」

275 曠然更下大赦令 天明本「曠」上有「宜」字。*

276 則羣下震慄 「慄」，天明本作「慄」。*

277 乃時壹敍 「敍」，天明本作「赦」。*

仲長子昌言

283 姦宄之成羣 「宄」，天明本作「宄」。*

289 則冈羅當通教路不明 「通教路」，天明本作「道路教」。*

290—291 網羅當通 天明本無「通」字，「當」下有「道路」二字。*

299 京師無佞耶之臣 「耶」，天明本作「邪」。

301 耶心起也 「耶」，天明本作「邪」。

304 任修吏于大亂之會 「修」，天明本作「循」。

308 則士民不敢行其儉矣 「儉」，天明本作「險」。*

310 舍我塗而不用 「用」，天明本作「由」。

312 教有道禁有義 「有義」，天明本作「不義」。*

313 而聽略能行之 「聽」，天明本作「總」。

314 懃以守之 「懃」，天明本作「勤」。

315 鐍詐以御其下 「鐍」，天明本作「譎」。*

316 有立成之功 天明本「有」上有「雖」字。*

317 之令也 天明本「之」上有「德」字。*

318 刾其本 「刾」，天明本作「刈」。*

319 其源　天明本「其」上有「塞」字。*
320 塞其戲隟　「戲」，天明本作「虧」。*
321 睇眄之過視　「眄」，天明本作「盼」。*
322 其侄者乎　「侄」，天明本作「徑」。
324 汚風泥俗　「泥」，天明本作「詭」。*
325 不可斷者也　天明本「可」下有「不」字。*
326 興以來　天明本「興」上有「漢」字。*
327 而所坐以免亂者甚衆　「免」，天明本作「危」。*
328 妙來於萬夫之望　「來」，天明本作「采」。*
328 其良猶未可得而過也　「過」，天明本作「遇」。*
330 夫以大夫之智　「大」，天明本作「丈」。
333 深啚袁慮　「袁」，天明本作「遠」。
334—335 者起絚白不奏事於大后　「者起絚」，天明本作「昔趙綰」。*
338 於其私視　「視」，天明本作「親」。*
343 肌虐用之疾疾也　「虐」，天明本作「膚」，*「疾疾」作「疾病」，*天明本校云：「『用』恐『衍』。」
344 夫以此欬唾眄睇之間至易也　「眄」，天明本作「盼」。
345 猲断絶異之明　「猲」，天明本作「獨」。*
346 有竪剄不移之其　「竪」，天明本作「堅」。*
346 然後可度庶幾不陷没沈淪耳　天明本無「度」字，*「沈」作「流」。

348 超走供　天明本「走」下有「是」字。校云：「『超』疑『趍』。」
349 人亦實刑之所宜也　「人」，天明本作「又」，「刑」下有「者」字。*
352 則昏迷霜亂之政起　「霜」，天明本作「霧」。*
353 乎文子之間　天明本「乎」上有「嗚」字。*
355 侯賢張讓之等　「賢」，天明本作「覽」。*
356 令多門　天明本「令」上有「政」字。*
357 直言正論　「論」，天明本作「諭」。
359 侯賢等　「賢」，天明本作「覽」。
364 使子孫少在師　天明本「師」下有「保」字。*
367 則鍼石湯藥之去也　天明本「之」下有「所」字。*
369 則尭己責躬之所復也　「尭」，天明本作「克」。*
370 吏至之事者　「吏至」，天明本作「史巫」。*
371 下世其本而爲姦之階　天明本「姦」下有「邪」字。校云：「『世』下有脱文。」*
372 於是淫厲亂之祀興言　「祀」，天明本作「禮」。*
372 佛張變恠之言起焉　「佛」，天明本作「侜」。*
373 故常俗忌譸可笺　「譸」，天明本作「諱」，*「笺」作「笑」。*
374—375 且夫掘地九刄以取求　「掘」，天明本作「堀」，「刄」作「仞」。
375 鑿山百步以政金　「政」，天明本作「攻」。*

375 不下日 「下」，天明本作「卜」。*
377 則疑其去兇 「去」，天明本作「吉」。*
377 不亦速乎 「速」，天明本作「迷」。*
381 令有嚴謹於下 「令」，天明本作「今」。*
383 情無止 天明本「無」下有「所」字。*
386 人情之縱横騁 「騁」，天明本作「馳騁」二字。*
388 非元首莫莫知教也 天明本無「莫莫」二字。*
388 臣士民 天明本「臣」上有「君」字。*
390 爵加王主之蹄 「蹄」，天明本作「號」。*
394 不耳典籍之法言 「耳」，天明本作「聞」。*
395 不自師傅之良教 「自」，天明本作「因」。*
402 則腥臊之洿可除 「洿」，天明本作「汚」。*
406 而臺榭則高数十百大 天明本「大」上有「尺」字。*
409 可所壞者也 天明本「可」下有「有」字。*
410 至若門遲 「遲」，天明本作「庭」。*
412 臺榭足以覽都足之有无 「都足」，天明本作「都民」。
414 蒙囿池沼百里而還 「蒙」，天明本作「苑」。*
420 是人自在其中也 「人」，天明本作「又」，「在」作「然」。*
422 有親音釋之蒸厚者矣 「厚」，天明本作「烹」。*
426 有過君子 「過」，天明本作「遇」。*
427 有茨蒿屏 天明本「有」下有「茅」字。*
428 風上漏下隰者矣 「風」，天明本作「而」。*

429 不歎美以爲高潔 天明本「不」上有「莫」字。*
431 真正不行 「真」，天明本作「直」。
432 詐爲獨善 「爲」，天明本作「僞」。
433 乃舍正從耶 「耶」，天明本作「邪」。
433 背道馳 天明本「道」下有「而」字。*
434 彼獨能分然不爲 「分」，天明本作「介」。*
435 禄除從古從古 天明本不重「從古」二字。*
436 則間之以患故 「患」，天明本作「志」。*
437 向之所難云高絜者 天明本無「之」字，*「難」作「歎」，*「絜」作「潔」。
438 欲者何厲哉 「者」，天明本作「以」。*
439 無所復徼 「徼」，天明本作「激」。*
442 中和人君子矣 「人」，天明本作「之」。校云：「『人』當作『之』。」
448 及於其疾時 「疾」，天明本作「病」。*
451 洲牧郡守老於 「洲」，天明本作「州」，*「老」作「遠」，「於」作「者」。*
451 其死然後有币贈之礼也 「币」，天明本作「弔」。*
452 拃而行之 「拃」，天明本作「作」。*
453 幹事必使良能之 天明本「之」下有「人」字。*
457 乃所自弘天德益聖性也 天明本「所」下有「以」字。*
458 猶十五志學 天明本校云：「『猶』上恐脱『聖人』二字。」

458 朋友　「友」下之字，天明本作「講」。
459 至乎七十　「乎」，天明本作「于」。
460 𢁉列校侍中尚書　「𢁉」，天明本作「卿」。
461 皆九洲之選也　「洲」，天明本作「州」。*
462—463 問四海豪豪英　天明本不重「豪」字。*
463 何以昭人心於民物　「人」，天明本作「仁」。
464 廣令問於天下哉　「問」，天明本作「聞」。
466 驕貴外戚　「戚」，天明本作「戚」。*
468 絶其健嗣者也　「健」，天明本作「繼」。*
469 滑乱政治者也　「滑」，天明本作「淆」。
470 此爲傾危比於於黑卵者也　天明本不重「於」字，*「黑」作「累」。*
472 不忌初故仁也　天明本校云：「『忌』恐當作『忘』。」
473 亦足爲恩也　天明本「足」下有「以」字。
475 何必友年彌世　天明本校云：「『友』恐當作『久』。」
480 敬敬爲此　「敬敬」，天明本作「孜孜」。
481 惡有爲此人父母而惜之者也　「惜」，天明本作「憎」。*
482 無術也　「術」，天明本作「愆」，金澤本校改作「衍」。*
485 敬敬爲此　「敬敬」，天明本作「孜孜」。
486 惡有爲此人君長而惜之者也　「惜」，天明本作「憎」。*
487 謙愻敬讓　「愻」，天明本作「遜」。*
492 惡有此人交而惜之者也　天明本「有」下有「與」字，*「惜」作「憎」。*
496 可遂而不報也　「遂」，天明本作「違」。*
501 違而往也　天明本「違」上有「可」字。*
504 昔高祖誅秦湏　「湏」，天明本作「項」。*
506 簫曹丙魏平勃霍光之朩　「朩」，天明本作「等」。
509 布德生号民　天明本無「号」字。
513 其大略也吉凶之祥　天明本無「也」字。
515 是巫毉卜祝之位　「位」，天明本作「伍」。*
520 馮相保章　天明本「馮」上有「周禮之」三字。*
522 是非理主民之惡也　「主」，天明本作「生」，*「惡」作「要」。*
525 故平民安　「故」，天明本作「政」。*
527 惡物將自舍我而已　「已」，天明本作「亡」。*
529 非親屡則竄幸也　「屡」，天明本作「屬」，*「竄」作「寵」。*
530 非美色則功佞也　「功」，天明本作「巧」。*
530 以同異位善要　「要」，天明本作「惡」。*
534 犧牲群於農農碑之間　天明本無「於農農」三字，「碑」上有「麗」字。*
536 无益於敗已也　「已」，天明本作「亡」。*
537 天道末　天明本「道」下有「爲」字。*
538 而不復持乎天道　「持」，天明本作「恃」。*
540 而諸天者　天明本「而」下有「求」字。*

540—541 今失王者 「今」，天明本作「令」，「失」作「夫」。校云：「『令』當作『今』。」*

542 自省無術 「術」，天明本作「愆」。*

545 者之私情 「者」上之字，天明本作「劣」。*

群書治要卷第四十六

申監

20 立武倫以秉　「秉」，天明本作「秉」。*
23 雖使禹布五敎　「禹」，天明本作「禹」，「敎」作「教」。*
23 咎絲作士　「絲」，天明本作「繇」。*
28 善惡於功罪　天明本「惡」下有「要」字。*
30 無或詐僞傜功以蕩衆心　「功」，天明本作「巧」。*
32 故前恭其心　「前」，天明本作「肅」。*
33 諸謂無所行　「諸謂」，天明本作「請謁」。*
34 貨敗無所用　「敗」，天明本作「賂」。*
35 小又以形用榮辰　「又」，天明本作「人」，*「形」作「刑」，「辰」作「辱」。*
37 治其形也　「形」，天明本作「刑」。*
39 則形體兼焉　「體」，天明本作「禮」。*
40 推中人而墜於小人之城　「城」，天明本作「域」。
42 驕則懟　「懟」，天明本作「恣」。*
46 當以勸善　「當」，天明本作「賞」。*
48 非徒預其人也　「預」，天明本作「矜」。*
51 則圜治矣　「圜」，天明本作「國」。*
53 無爲之　天明本重「爲」字。*
53 無事之　天明本重「事」字。*
53 使自憂之　天明本校云：「本書『憂』作『交』。」
55 不不　天明本作「不求」。校云：「『求』作『進』。」
57 以小過絀　「絀」，天明本作「黜」。
58 以干忤傷忠正　「忤」，天明本作「訐」。
58 以耶説亂正度　「耶」，天明本作「邪」。
59 不除　天明本「不」上有「十難」二字。*
65 小臣咨度　天明本校云：「『咨度』作『讒嫉』。」
67 此乘國之風也　「乘」，天明本作「乖」。*
70 以苛爲密　「密」，天明本作「察」。
75 惟替五赦　「替」，天明本作「督」。校云：「『督』作『稽』。」
76 四曰克化　「克」，天明本作「哀」。*
76 凡先王之彼赦　「彼」，天明本作「攸」。*
81 聖王以天下爲乎　天明本「爲」下有「樂」字。*
84 屈天下之憂　天明本「屈」上有「以」字。
86 三曰道　天明本「道」下有「順」字。*
87 所貴乎順者三者　天明本無下「者」字。*
88 真順也　天明本校云：「真」上恐脱「則」字。
89 則逆忠事蔔苟　天明本無「蔔」字。

93 或曰三皇又民至敦也　「又」，天明本作「之」。

93 其治至謂也　「謂」，天明本作「清」。

93 天性曰　天明本「曰」上有「乎」字。校云：「舊無『乎』字，補之。」

94 皇民敦民弊　天明本「民」上有「秦」字。

96 皇民寡斯敦　天明本重「寡」字。

96 唯不求無益之物　天明本「唯」下有「性」字。*

97 不畜難得之貨節華麗之餝退利進之　天明本無此十五字。

99 致情　「情」，天明本作「精」。校云：「『精』舊作『情』，改之。」

100 放耶　「耶」，天明本作「邪」。

100 淫祀　「祀」，天明本作「智」。

103 歸元吉　天明本「元」上有「妹」字。

104 以陰也。以陰乘陽　天明本無「以陰也」三字。

107 有二史　天明本校云：「下『有』字上有『朝』字。」

112 故先重之　天明本「先」下有「王」字。

113 歲書則集之於尚書　「書」，天明本作「盡」。*

113 各脩史官吏掌其典　「吏」，天明本作「使」。

115 鑒乎前。鑒乎前　天明本不重「鑒乎前」三字。

116 商德之衰　天明本校云：「『商德』作『夏商』。」

117 湯禹也　「湯禹」天明本互乙。

118 側卞垢　「卞」，天明本作「弁」。

120 唯義是從之謂明　天明本校云：「義」作「公」。

121 由有焉者矣　天明本「者」上有「異」字。*

125 省闥清　天明本「清」下有「静」字。*

127 政之不可　「政」，天明本作「攻」。*

130 郝遷於繹　「郝」，天明本作「郗」。

132 則社稷輕天命也存　天明本無「輕天命也」四字。

133 故謂民者　天明本無「謂」字，「民」上有「重」字。*

133 所以重社稷而輕天命也　「輕」，天明本作「承」。

135 寫堯之貌同堯之姙　「之」，天明本作「舜」。

136 同堯之姙　「姙」，天明本作「性」。*

136 服堯之道則可矣　「道」，天明本作「制」，「則」上有「行堯之道」四字。

137 則今堯舜也　天明本「今」下有「之」字。*

137 紂乎　天明本「乎」下有「曰」字。

144 則女矯上　「女」，天明本作「必」。*

145 耶臣由之　「耶」，天明本作「邪」。

147 一曰道　天明本校云：「『道』下有『非』字。」

147 以非先上　天明本校云：「『先』作『引』。」

149 道臣誅　「道」，天明本作「導」。*

151 發而進　天明本「進」下有「諫」字。校云：「『進諫』作『止之』。」

153 **有謂**　「謂」，天明本作「諸」。*

154 **其次之者衆焉**　「次」，天明本作「攻」。*

155 **政人主而奪其財**　「政」，天明本作「攻」。*

156 **政人主而奪其志**　「政」，天明本作「攻」。*

157 **政人而奪其行**　「政」，天明本作「攻」，*「人」下有「主」字。*

162 **八域重驛而獻珍**　「驛」，天明本作「譯」。

163 **匐匍而獻善**　「匐匍」天明本互乙。

164 **君所惡乎異者三**　天明本「君」下有「子」字。

168 **而不遠**　天明本「而」上有「行」字。

169 **其下遠而已矣**　天明本校云：「『已矣』作『不也也』三字。」

中論

171 **而望民之我則者**　「我則」天明本互乙。

175 **必有防**　天明本「必」上有「言」字。*

177 **雖妻妾不得而黷也**　天明本「不」下有「可」字。

177 **雖朋友不得而狎也**　天明本「不」下有「可」字。

181 **掩而有九域**　「掩而」天明本互乙，「城」作「域」。*

182 **而彼區夏也**　天明本「而」下有「造」字。*

184 **或乎己**　天明本「乎」上有「用」字。*

185 **君乎己用乎己者謂之務本用乎人者謂之追末**　天明本無此十九字。

186 **故德遠而怨寡**　「遠」，天明本作「建」。*

188 **之矇**　天明本「之」上有「謂」字。*

189 **謂之務**　「務」，天明本作「瞀」。*

192 **位彌高**　天明本校云：「『位』作『德』。」

193 **受彌廣**　天明本校云：「『受』作『愛』。」

194 **懼人之未善好也**　「善」，天明本作「吾」。

200 **隋於今日而懈於後旬**　「隋」，天明本作「墮」，無「於」字。校云：「『墮』下有『於』字。」

201 **如斯如斯以及於老**　天明本無「如斯」二字。

201 **故孔子撫其心曰**　天明本校云：「『撫其心』作『謂子張』。」

202 **而不以此改**　「此改」天明本互乙。

203 **坐施而立望其及**　天明本校云：「『及』作『反』。」

204 **而問絡身之舉**　「絡」，天明本作「終」，「舉」作「譽」。

204 **舉不至則曰**　「舉」，天明本作「譽」。

206 **順其好**　天明本「好」上有「常」字。*

207 **器虚則物徃**　「徃」，天明本作「注」。

210 **君子於善道也**　天明本「子」下有「之」字。

212 **聚於人**　「聚」，天明本作「又取」二字。*

214 未足貴也　天明本「也」下有「君子之所貴者」六字。*
215 政惡恐其有餘　「政」，天明本作「改」。*
220 知其惡者難　天明本校云：「『知』作『攻』。」
221 夫唯君子然後能爲己之難　天明本「難」上有「所」字。*
224 以未有嗜之者也　天明本校云：「『未有』舊作『未良』，改之。」
225 胡其畏　天明本「畏」下有「忌」字。*
228 不過國染之內　「國」，天明本作「閾」。*
229 則我之聽明　「聽」，天明本作「聰」。*
229 無敵於天下夫矣　天明本無「夫」字。
231 左史記言　「言」，天明本作「事」。
231 右史記事　「事」，天明本作「言」。
232 廣倧箴誨　「廣倧」，天明本作「庶僚」。*
234 愚聞訓道　「愚」，天明本作「思」。*
235 云我耄而舍　「云」，天明本作「無謂」二字，「我」下有「老」字，*「舍」下有「我」字。
240 與我異懷故也　「懷」，天明本作「德」。*
241 遂初之繆　「繆」，天明本作「謬」。*
241 可痛矣夫　「夫」，天明本作「已」。
242 莫弃乎無徵　天明本「莫」上有「言」字。
246 猶教人執鬼縛鬼　「鬼」，天明本作「魅」。*
248 則嶶言而篤行之　「嶶」，天明本作「微」。
250 其可乎　天明本「可」下有「誣」乎。
251 而卒不　天明本「不」下字作「免」。*
252 其何故也　「何故」天明本互乙。
253 逃之而俞至　「俞」，天明本作「愈」。
257 或爲世或　下「或」字，天明本作「戒」。
257 夫聞過而不思　「思」，天明本作「改」。
258 思而不改　天明本「思」下有「過」字。
258 喪心之人褡　天明本「喪」上有「失體」二字。
260 須己慎者也　天明本校云：「『慎』作『植』。」
264 加乎善將之人之義　天明本校云：「『乎』疑之誤。」「將」，天明本作「奬」，「義」作「美」。*
268 言足以盡功　「功」，天明本作「巧」。
269 難足以盲俗疑　「盲」，天明本作「斷」字。
269 諜如也　天明本「諜」字重。
271 就知其非乎此　「就」，天明本作「孰」。*
271 而不癡也　天明本「不」下有「見」字，「癡」作「廢」。*
272 先王之法持言　「持」，天明本作「析」。*
273 而辨斂之　天明本「辨」下有「者」字，「斂」作「殺」。
278 見其則知其人之功　天明本「其」下有「禄」字。
279 先王之所輕也　「輕」，天明本作「重」。*
285 各死其願　「死」，天明本作「充」。
286 其爲寶　天明本「寶」上有「大」字。

287 所則聞者遠　「所則」天明本互乙。

290 莫大乎詳小事　天明本「詳」下有「於」字。

291 未有如此而不六也　「六」，天明本作「亡」。*

293 目明乎雕琢采色之事　「事」，天明本作「章」。*

294 射御書數之巧　「巧」，天明本作「功」。

295 體比乎俯仰盤旋之容　「盤」，天明本作「般」。

295 視之足以盡人之心　「視」，天明本作「觀」。

296 學之足以勤人之思　天明本校云：「『勤』作『動』，『思』作『志』。」

299 康慾生之權　「康」，天明本作「秉」。*

299 其勢固已勝人矣　天明本「固」下有「足」字。

305 故皆或於所甘　「或」，天明本作「惑」。*

305 眩於所所易　天明本不重「所」字。

307 故人之所務者　天明本「人」下有「君」字。*

309 以統理萬理萬物　天明本不重「理萬」二字。

310 足以平定[礻盍]　天明本「足」上有「武」字，「[礻盍]」作「禍」。*

313 聽師曠　天明本「聽」下有「如」字。*

315 無此者　天明本「此」下有「六」字。

316 必廢仁義　天明本「必」下有「以」字。

324 君之股肱耳目也　天明本無「之」字。

326 其舉　天明本「其」下有「事」字，「舉」下有「其事舉則」四字。

327 舉百僚莫不任其職　天明本無「舉」字。

330 其朝未嘗無致之臣也　天明本「致」下有「治」字。*

331 然而不免乎已者　「已」，天明本作「亡」。*

331 賢不用　天明本「賢」上有「其」字。

332 而不其事　天明本「不」下有「行」字。

334 紂路于京　「路」，天明本作「踣」。*

334 厲流于庡　「庡」，天明本作「彘」。*

336 楚有五舉　「五」，天明本作「伍」。

336 右史子　「史」，天明本作「尹」。

338 晉有趙宣孟范[言乚]　「[言乚]」，天明本作「武」。*

338 而靈公被[弑異體]　「[弑異體]」，天明本作「弑」。*

338 而照公野死　「照」，天明本作「昭」。

339 而莊公不免　天明本「免」下有「弑」字。

340 舟之喬　「喬」，天明本作「僑」。

340 二絶祀　天明本「二」上有「而」字，「二」下有「公」字。*

341 然後遠　天明本「遠」下有「行」字。

342 瞽必有待使之　「瞽」，天明本作「醫」，*無「有」字。

343 且國之君　天明本「國」上有「六」字。*

345 尚不能　天明本「能」下有「言」字。

347 是脅之以　天明本「以」下有「峻」字。*

348 設虛噓明　天明本無「噓」字。

350 必非者　「必非」天明本互乙。

350 愁憂之謂也　天明本「之」字重。
352 以印風爲鉗鈇也　「風」，天明本作「佩」。*
353 君子惜以爲辱矣　「惜」，天明本作「則」。*
362 口在於誠不用賢言用賢者口也却賢者行也　天明本無此十八字。
364 照其德音　「照」，天明本作「昭」。
365 審其教命　「命」，天明本作「令」。*
366 禺民得所　「禺」，天明本作「萬」。*
367 故其師我也　「師」，天明本作「歸」。*
367 猶決難道滯　「難」，天明本作「壅」。*
369 讒耶在側　「耶」，天明本作「邪」。
369 官館豈　「豈」，天明本作「崇」。*
373 哥樂號哭　天明本「樂」下有「如」字。
377 羅强縛執　「羅」，天明本作「雖」。
378 亦柱口佯愚　「柱」，天明本作「杜」。*
378 毋危將何賴　「毋」，天明本作「安」。*
379 政之大罡　「罡」，天明本作「綱」。*
384 罰者不訪　「訪」，天明本作「罰」。*
384 則亏爲惡者輕　天明本無「亏」字，「輕」下有「其國法」三字。*
385 日賜爵禄於朗　「朗」，天明本作「朝」。
387 之何故哉　「之」，天明本作「夫」。

388 將以有救乜　「乜」，天明本作「也」。*
391 疏則所論者多　「論」，天明本作「漏」。*
392 罰輕則不懼重　天明本「重」上有「賞」字。*
392 則民無卯　「卯」，天明本作「聊」。
393 故先王明怒以德之　「怒」，天明本作「恕」。
394 失賞罰之於萬人　「失」，天明本作「夫」。*
395 至於覆車而轅摧　「轅摧」天明本互乙。
396 賞之不明　天明本「賞」下有「罰」字。*
406 後人遂而行焉　天明本「遂」下有「奉」字。*
408 可以久違　天明本「可」上有「不」字。
409 以己之私意　天明本「以」上有「徒」字。
410 必貪速際也　「際」，天明本作「除」。*
411 故令聖之迹　天明本「聖」下有「王」字。*
412 斯訢誠可博　天明本無「訢」字，「博」作「悼」。*
412 滕文公小囯　「囯」，天明本作「國」。*
413 加生周之末世　天明本「加」下有「之」字。
415 而廢三季之喪　「季」，天明本作「年」。
416 道除於己　「除」，天明本作「隆」。
420 感蓼義之篤行　「義」，天明本作「莪」。*
421 永爲典戜　「戜」，天明本作「式」。*
422 賤有朩差　「朩」，天明本作「等」。
423 故下無潛上之僁　「僁」，天明本作「愆」。

424 往者海内富民　「者」，天明本作「昔」。*
426 不相干贖　「贖」，天明本作「黷」。
428 治人者食人於　天明本「治」下有「於」字，「人」下無「於」字。
431 目喻顊　「顊」，天明本作「頤」。
431 雖懷信之士　天明本「懷」下有「忠」字。*
433 尚多貧遺　「遺」，天明本作「匱」。*
434 躬自槼享一　「槼」，天明本作「爨」，「享一」二字作「烹」。*
434 其何故也。皆由内利之人　「何故」天明本互乙，「内」作「罔」。
439 貴賤財利　天明本「賤」字重。*
442 則無郡縣長吏　「無」，天明本作「與」，*「吏」作「史」。
442 夫婢雖賤　天明本「夫」下有「奴」字。*
444 今自斗食佐史　「史」，天明本作「吏」。*
447 師丹輔政建試　「試」，天明本作「議」。*
449 皆百樂之事　「百」，天明本作「不」。*
449 師舟之徒　「舟」，天明本作「丹」。*
450 然爲耶臣所抑　「耶」，天明本作「邪」。
451 豈況布衣士　天明本「衣」下有「之」字。*

典論

454 何准滅於吴匡張璋　「准」，天明本作「進」。
455 佞人抬　「抬」，天明本作「殆」。
457 大將軍何准　「准」，天明本作「進」。*
458 近士吴匡張境　「境」，天明本作「璋」。*
458 各以異端有寵於准　「准」，天明本作「進」。*
459 匡璋毁苗而稱准　「准」，天明本作「進」。*
459 准聞而嘉之　「准」，天明本作「進」。*
460 准爲宦者轉悝所害　「准」，天明本作「進」，「轉」作「韓」。*
461 遂劫准之　「准」，天明本作「進」。
461 而氏滅矣　天明本「而」下有「何」字。
461 昔鄭照煞於弥渠　「照」，天明本作「昭」，*「昭」下有「公」字，「弥渠」互乙。
462 魯隱公死於旳　「旳」，天明本作「羽」。*
463 天忠臣之事主也　「天」，天明本作「夫」。*
464 況乎骨肉之閬　「閬」，天明本作「間」。*
465 而准獨何己嘉　「准」，天明本作「進」，無「己」字。
465 𧙣紹之子　「𧙣」，天明本作「袁」。*
468 爲譚所不善　「爲譚所不善」，天明本作「不爲譚所善」。
469 繑紹之遺命　「繑」，天明本作「矯」。*
469 類川郭圖辛評　「類」，天明本作「潁」。
471 噉以絀降之辱　「噉」，天明本作「激」。*
474 得收莫雄之謀　「莫」，天明本作「英」。

477 尚此之時　「尚」，天明本作「當」。
478 而不能抑遏妻　天明本「妻」上有「愚」字。*
479 其後敗續喪師　「續」，天明本作「績」。*
480 耶臣飾姦　「耶」，天明本作「邪」。
487 出爲江交太守　「交」，天明本作「夏」。*
488 隨而敗之　「敗」，天明本作「毀」。*
490 昔也柳申詳　天明本無「也」字，「柳」上有「泄」字。*
491 居臣則然　「居」，天明本作「君」。*
492 珂歸省疾　「珂」，天明本作「琦」。
493 瑁允恐其見表　「瑁」，天明本作「琩」。*
494 將軍之命君　天明本無「之」字。
497 坚牛虛直　「坚」，天明本作「豎」，「直」作「器」。*
498 鳥北犬之獻乎　「鳥」，天明本作「梟」。*
500 琦怒捉　「捉」，天明本作「投」。*
501 内有討瑁　「瑁」，天明本作「琩」。*
504 躬寵之罔也　「罔」，天明本作「罔」。
509 捉必忿之　「捉」，天明本作「投」。*
510 忞若發機　「忞」，天明本作「應」。
511 夫受盉之誰　「受」，天明本作「爰」，*「盉」作「盎」，*「誰」作「諫」。*
511 田升之救梁孝　「升」，天明本作「叔」。
512 杜業之結　「業」，天明本作「鄴」，*「結」作「紿」。
513 升孫切諫以陳誠　「升」，天明本作「叔」，「孫」作「孫」。
515 顯懷於前朝　「懷」，天明本作「德」。*
515 或揚聲於正　「正」，天明本作「上」。
518 畫誡哲婦　「畫」，天明本作「書」。*
520 至于三袁　「三」，天明本作「二」。*
521 斯有國者者所宜慎也　天明本「者」字不重。
526 而恣睢於聞時者　「聞」，天明本作「間」。*
527 故龍陽臨釣而注　「注」，天明本作「泣」。*
527 鄣袖僞隆其愛　「鄣」，天明本作「鄭」。
530 甚愛達之　「達」，天明本作「幸」。*
530 結言將軍貴人有志節　「結」，天明本作「紿」。*
531 馮代女以爲然　「代」，天明本作「氏」。*
535 紹死僵　「僵」，天明本作「僵」。
537 惡婦之　天明本「之」下有「爲一」二字。*
538 其少子尚又爲盡敹　「敹」，天明本作「殺」。
543 階除自若　「階」，天明本作「陛」。

群書治要卷第四十七

劉廙別傳

2 世要論　「世」，天明本作「政」。

5 則梁棟爲之斷析　「析」，天明本作「折」。

8 知一物之可以不偹　天明本「之」下有「不」字。*

8 故衆棖與之共成也　「棖」，天明本作「榱」。*

10 故無物而不惜　「惜」，天明本作「備」。

11 輕一事之爲少　「少」，天明本作「小」。*

14 夫政之相傾　「傾」，天明本作「頃」。*

15 無輗錯　「錯」，天明本作「轄」。*

18 而不都其頓之患也　「都」，天明本作「覩」，*「頓」下有「躓」字，*「也」下有「夫車之患」四字。*

28 兄不弟　天明本「不」下有「兄」字。*

30 從政者捐私　「私」，天明本作「私」。

32 衰捐於外　天明本校云：「『衰』疑『棄』。」

35 合問之不登也　「問」，天明本作「門」。*

37 私門之患　「私」，天明本作「私」。

38 見信之　「之」下之字，天明本作「衷」。*

40 人知守清之必曰於終也　「曰」，天明本作「困」。*

41 清而又懼平罰之及其身也　「平」，天明本作「卒」。*

47 好清而賞於盗也　天明本「盗」下有「跖」字。*

50 而智周於清　「智」，天明本作「知」。

56 不君此者也　天明本無此五字。

58 必須　天明本校云：「『必須』至『亡也』百三字恐當連正文。」

60 法陰陽補寫也　「寫」，天明本作「瀉」。

61 不知陰陽補寫　「寫」，天明本作「瀉」。

62 人況逆失之哉　「人」，天明本作「又」。*天明本校云：「『逆』疑『併』。」

62 而不在於善術　「在」，天明本作「存」。*

65 而不恃失之不便亡也　天明本「恃」下有「亡」字。*

67 淫則無以其實　天明本無此六字。*

68 淫則無以禁某非　「某」，天明本作「其」。*

71 其所以成　天明本「其」上有「効」字。*

72 然又何以制之成　「然」，天明本作「物」。*

74 而可以實於世者　「實」，天明本作「寶」。*

78 是以民一於葉　「葉」，天明本作「業」。*

79 無益之實　「實」，天明本作「寶」。*

80 匪賈貴於市也　天明本「匪」下有「謂」字。*

83 夫，人主莫不愛愛地　「地」，天明本作「己」。*

85 忘違己之盖　「盖」，天明本作「益」。天明本校云：「『忘』疑『忌』。」

85 而不能用也　天明本「而」上有「己」字。

85 夫夫之爲猛也　天明本下「夫」作「犬」字。

86 見主　天明本「見」下有「其」字。*

88 而不偟於夙夜　「偟」，天明本作「遑」。

89 酒酸而不集　「集」，天明本作「售」。*

93 人安能敬有道　「人」，天明本作「又」。*

94 愛小臣臣以喪良賢也　天明本不重「臣」字。*

102 見成敗於所闇　天明本無「見」字。

104 此朋曺苦之所以日固　「曺苦」，天明本作「黨者」。*

104 獨善之所以孤弄也　天明本校云：「『弄』疑『弃』。」

112 朝任其身夕謗　「謗」，天明本作「訪」。*

113 謗而後知　「謗」，天明本作「訪」。*

114 又知訪之不能也　天明本無「也」字。

115 以事甚親　「甚」，天明本作「其」。*

115 借龍逄以貫其忠　「逄」，天明本作「逢」。

120 自古人君莫不願忠賢而用之夜　天明本「願」下有「得」字。

123 而常先之於人　「先」，天明本作「失」。

126 而歡謗之於人　「歡謗」，天明本作「獲訪」。*

127 而福不測於身也　「福」，天明本作「禍」。*

130 爲不忠者利利矣利　天明本此句作「則其爲不忠者利矣凡利」。

134 而私名之名之　天明本不重「名之」二字。

137 由田季之恩隆　天明本「由」下有「是」字。

138 雖成之市朝　天明本校云：「『成』恐『戒』或『威』。」

143 是以其聽察其明照　「照」，天明本作「昭」。*

151 日所貴者之　「日」，天明本作「因」，*「所」上有「其」字，「者」下有「貴」字。*

153 不必忠也　「忠」，天明本作「愚」。*

154 夫美大者　天明本校云：「『美』疑『業』。」

154 不可以倉平形也　「平」，天明本作「卒」。

155 阿易見之行塞於側　天明本校云：「『阿』下恐有脱文。」

156 智困不知其乏　「智」，天明本作「知」。*

158 以蔽主　天明本「以」下有「一」字。

161 是更爲臣而万臣爲君　「更」，天明本作「一君」。

162 有不用之人名　天明本校云：「『有』下『不』字恐衍。」

166 天下不多白陶稷契之數　「白」，天明本作「皋」。*

171 而世不可之者　「世」，天明本作「無」。*

173 籥墻之表　「籥」，天明本作「蕭」。

176 豈喻於日月　「喻」，天明本作「踰」。*

177 必有以應應於人　天明本不重「應」字。

177 視下者之詳矣　天明本「者」下有「見」字。

178 章昏之見　「章」，天明本作「童」。

蔣子萬機論

183 譬之一體相而行也　天明本「相」下有「須」字。

184 有慮明目　「慮」，天明本作「虞」。*

185 凱敷教　「凱」，天明本作「愷」。

185 同高天功　「高」，天明本作「亮」。

186 咸熙於　天明本「於」下有「和」字。*

187 因世建葉　「葉」，天明本作「業」。*

190 三日矣　「日矣」，天明本作「者夫」。*

193 敀論　「敀」，天明本作「刑」。

193 患之臣者　「臣」，天明本作「巨」。*

194 僟鄉黨　「僟」，天明本作「貸」。

195 看國家忌諱　天明本校云：「『看』疑『覓』。」

198 父子殄　「殄」，天明本作「孩」。*

199 蒸子啖君　「蒸」，天明本作「烝」。*

202 而詐悉　「悉」，天明本作「忠」。*

206 超等踰弟　「弟」，天明本作「第」。

212 漠祖有賞爵之功　「漠」，天明本作「漢」。

213 是兩帝三君非聖喆　「喆」，天明本作「哲」。

214 然則考功案弟　「弟」，天明本作「第」。

216 論無事之　天明本「之」下有「法」字。*

217 此所以上古多無廠　「廠」，天明本作「嚴」。*

221 使五主二臣　「臣」下之字，天明本作「牽」。*

221 來於脩常　「來」，天明本作「束」。*校云：「『脩』疑『循』。」

222 不念譸諂　「譸」，天明本作「疇」。

227 諫持法泰澡　「澡」，天明本作「深」。*

232 富國强兵　天明本「富」上有「知」字。*

233 威吞六國　「威」，天明本作「滅」。*

233 建帝號而坑儒任敀　「敀」，天明本作「刑」。*

234 外蒙悟之直　「悟」，天明本作「恬」。*

235 受胡死之曲　「死」，天明本作「亥」。

236 前史書二世之智　「智」，天明本作「禍」。*

238 蒸民樸謹　「蒸」，天明本作「烝」。*

239 宣帝愛六受六世之供業　天明本無「愛六」二字，「供」作「洪」。*

240 武照之成法　「武」上之字，天明本作「繼」，*「照」作「昭」。

242 賤儒貴敀　「敀」，天明本作「刑」。*

243 是時名則石願弘恭之徒　天明本校云：「『名則』二字

似衍。」

244 使其君冥無窮之謗也　「冥」，天明本作「負」。*

246 糭柱名之士　「糭」，天明本作「料」，*「名」作「石」。*

247 世年間　「世」，天明本作「三十」二字。

世要論

251 世要論　「世」，天明本作「政」。

252 仲尼稱爲難　天明本「爲」下有「君」字。*

252 處處尊高之位　天明本不重「處」字。

258 風雨潤動於萬物　「潤動」天明本互乙。

260 協協和施化　天明本不重「協」字。

262 有不浸潤於釋　「釋」，天明本作「澤」。*

264 體人君之大意　「意」，天明本作「德」。*

265 必以道　天明本「以」下有「其」字。*

266 行政則動萬物物　天明本不重「物」字。

270 動作周施　「施」，天明本作「旋」。

271 則恤農夫之動　「動」，天明本作「勤」。*

273 賞豪釐之善　「豪」，天明本作「毫」。*

273 罰識外之惡　「外」，天明本作「芥」。*

274 消彫枋之人　「彫枋」，天明本作「凋污」。*

280 造文不能皆得　「文」，天明本作「父」。

282 繞庸臣必勞智慮　「繞」，天明本作「統」。

284 窈妙之中部　「部」，天明本作「割」。*

286 以集大不忠　「集」，天明本作「售」。*

289 塞下情以應上　「應」，天明本作「壅」。*

290 臣有進耶説以亂　「耶」，天明本作「邪」。

291 臣有因賞以恩　天明本校云：「『恩』上恐有脱字。」

292 可不慮之以奸乎　天明本校云：「二『奸』字疑一有誤。」

295 苟令以求薦　「令」，天明本作「合」。*

295 可不慮之以禍子　「子」，天明本作「乎」。*

296 可不慮之以佞乎　天明本無「以佞」二字。*

299 臣有犯難以爲士　天明本校云：「『士』疑當作『上』或『主』。」

301 執法而違私恕　「恕」，天明本作「志」。

303 由卑　「卑」下之字，天明本作「賤」。*

304 可不恕之以刭　「刭」，天明本作「勁」。

311 以愚秦智不易　「秦」，天明本作「奉」。*

316 竭患義之道　「患」，天明本作「忠」。*

317 當危之難　天明本校云：「『危』字上下疑有脱文。」

319 宣化成意　「意」，天明本作「德」。*

322 貪堯家之禄　「堯」，天明本作「充」。*

322 榮華囂之難哉　「囂」，天明本作「躡」。*「難」作「觀」。

322 以忠臣之事主　天明本校云：「『以』上疑脱『是』字。」
325 或仍舊意籍故　「意」，天明本作「德」。*
325 或見見　天明本不重「見」字。*
326 其所以保寵成巧　「巧」，天明本作「功」。
328 達心足之　「心」，天明本作「止」。*
329 乃黨匡上之行　「黨」，天明本作「當」。
330 剛之朩吐　「之朩」，天明本作「亦不」。*
330 柔之不茄　「茄」，天明本作「茹」。
332 使怨各從己身　「各」，天明本作「昝」。*
333 佐万官之儀範　「佐」，天明本作「作」。*
334 然或爲耶臣所譖　「耶」，天明本作「邪」。
334 幸所乱　天明本「幸」下有「臣」字。*
335 忠計詭而爲　天明本「爲」下有「非」字。*
336 善事變而惡　天明本「而」下有「爲」字。*
336 無所禱禱請　天明本不重「禱」字。*
337 深者即時伏　天明本「伏」下有「劍賜死」三字。*
340 大臣所以不易　天明本「易」下有「也」字。
341 受事脩其業　天明本校云：「『事』下疑脱『則』字。」
341 思不出其　天明本「其」下有「位慮不過其」五字。*
342 端力致誠　「端」，天明本作「竭」。*
343 豫非其事　「豫」，天明本作「預」。
346 忤執政之之臣　天明本不重「之」字。

348 而已策謀過　「過」，天明本作「適」。*
349 或顯賊戮其身　天明本無「賊」字。
350 人而奪其筞　「筞」，天明本作「策」。
350 蓋開思見殺　「開」，天明本作「關」。*
351 龐涓則孫臏　「則」，天明本作「刖」。*
352 斯又孤官小臣　「官」，天明本作「宦」。
352 爲小臣者一當佫恭職司　「佫」，天明本作「恪」。*
354 媚不求竈而已　天明本「求」下有「奥」字。*
354 若爲苟若此　天明本校云：「『若爲苟』，『若』疑有誤字。」
355 患爲外人所彈耶　「耶」，天明本作「邪」。
356 奉公倿　「倿」，天明本作「俠」。*
357 懷奸抱耶之臣　「耶」，天明本作「邪」。
359 爰盎讃朝錯　「讃」，天明本作「譖」。*
360 雖示純息　「息」字，天明本作「德」。*
362 疏而自前　「前」，天明本作「簡」。*
363 苟有可以興和除害　「和」，天明本作「利」。*
366 在己典主可也　天明本校云：「『典』恐當作『與』。」
367 貴臣所應制　「應」，天明本作「壅」。
368 吴則起見毀於魏　天明本無「則」字。
369 季牧見殺於趙　「季」，天明本作「李」。
371 豈可得倫論之哉　「倫」，天明本作「備」。*
372 本治又國之本　「本」，天明本作「夫」，*無「又」字。

373 待而成矣　天明本「待」上有「相」字。*

374 故住悳多　「住」，天明本作「任」。*

375 五常也　「常」，天明本作「帝」。*

381 未之有也　天明本校云：「『未之有也』衍。」

383 朩前之有也　「朩」，天明本作「亦」。

388 遭桀紂　「桀」，天明本作「桀」。*

390 禹湯罪也已　天明本無「也」字。

390 桀紂罪人　「桀」，天明本作「桀」。*

392 屠何曰　「屠」，天明本作「詹」。*

394 民之於民　下「民」字，天明本作「吏」。*

395 務在正於此　天明本「正」下有「身身正」三字。

396 旨效矣　「旨」，天明本作「胥」。

400 若君臣於上　「臣」，天明本作「正」。*

400 則不吏敢耶於下　「耶」，天明本作「邪」。

401 則民敢僻於野　天明本「民」下有「不」字。*

401 朝無耶吏　「耶」，天明本作「邪」。

403 則民有餘力　天明本「力」下有「於下下有餘力」六字。*

404 天争訟之有乎民　「天」，天明本作「則無」，*「民」字重。

404 天政無爲治　「天」，天明本作「則」，*「爲」下有「而」字。*

407 物之感人也天窮　「天」，天明本作「無」。*

409 以尋難之物　天明本「難」下有「窮」字。*

409 雖有賢賢聖之姿　天明本不重「賢」字。

414 夏日衣　「衣」下之字，天明本作「葛」。*

415 冬目鹿裘　「目」，天明本作「日」。*

418 國積饒而群術也以仁義興　天明本校云：「『群術也以』恐有脱文誤字。」

420 且夫閉情無欲者工也　「工」，天明本作「上」。*

420 佛心消除者次之　「佛」，天明本作「咈」。*

421 昔常舜藏黄金於漸巖之　「常」，天明本作「帝」，*「漸」作「嶄」。

423 儀狄獻　天明本「儀」上有「及」字。*

423 純上　天明本校云：「『純』當作『絶』。」

426 及共王破陳而得夏姬　天明本校云：「『莊王』誤作『共王』。」

426 其艷國色　天明本校云：「『其艷』當作『艷其』。」

427 壞後恒而出之　「恒」，天明本作「垣」。*

428 既不能逆閉情欲　天明本無「逆」字。

431 夫刑辟之佑　「佑」，天明本作「作」。*

433 死不生　「死」上之字，天明本作「壹」。*

435 肺石壽石之評　「壽」，天明本作「嘉」，「評」作「訊」。*

436 然猶復三刺　「刺」，天明本作「判」。*

438 生者不怨　「怨」，天明本作「忿」。*

439 則災害不告　「告」，天明本作「生」。*

441 明刑之刑至於無刑　天明本無「之刑」二字。

452 然以戰者危　天明本「危」下有「事」字。*
452 不欲人之好用之　天明本無「好用之」三字。*
454 以袠礼處之　「袠」，天明本作「喪」。*
455 夫兵之恶　「恶」，天明本作「要」。*
456 得民心在在於利之　天明本不重「在」字。
463 用其之勝　「其」，天明本作「兵」。*
465 君臣　「臣」下之字，天明本作「輯」。*
466 消奸慝於來萌　「來」，天明本作「未」。*
466 折凶耶於殊俗　「耶」，天明本作「邪」。
469 約誓　天明本「誓」下有「信」字。*
473 行嗬苛刻　「刻」，天明本作「剋」。*
476 背私立　天明本「立」下有「公」字。*
479 不省下民諍嗟之冤　「諍」，天明本作「吁」。*
480 復是申韓寗郅之　天明本「之」下有「罪人」二字。*
482 人間之士所稱　天明本校云：「『士』字似衍。」
483 故使能鄙之分　「鄙」，天明本作「否」。
487 其憖頓傅舍　「憖」，天明本作「整」。* 校云：「『其整頓』當作『整頓其』。」
488 待望逦賓　「逦」，天明本作「迎」。*
488 供其和求　「和」，天明本作「私」。
490 敬順監用　「用」，天明本作「司」。*
491 無降身以接　天明本校云：「『無』字恐衍。」

500 社耶防耶　「社耶」，天明本作「杜邪」。*
501 歷觀前伐　「伐」，天明本作「代」。*
506 錘枉正非　「錘」，天明本作「矯」。*
508 害於事天危道也　「天」，天明本作「則」。*
509 夫將焉用彼相　「夫」，天明本作「則」。
509 扶之道　天明本「之」字重。*
510 故子從令者　「令」，天明本作「命」。
512 微生而不功　「功」，天明本作「切」。* 校云：「『生』疑『言』。」
516 天咈人之耳　「天」，天明本作「則」。*
524 固諫則身强　「强」，天明本作「殆」。*
526 逆人主之鮮　「鮮」，天明本作「鱗」。*
534 禱祝面求也　天明本校云：「『面』恐『而』字誤。」
534 臣之壅其君　天明本「臣」上有「人」字。*
537 在博聽　天明本「在」下有「於」字。*
538 博聽博之義　天明本無下「博」字。
540 雖欲壅弗得也　天明本「雖」上有「則」字。
543 昔晋王好色　「王」，天明本作「公」。*
547 沉寛無端　「沉寛」，天明本作「沈莫」。*
549 沉溺於諂諛之言也　「沉」，天明本作「沈」。
551 囘帝王貴有天下　天明本「帝」上有「曰」字。*
552 同可得聞　「同」，天明本作「固」。*

553 而不可覩　天明本「可」下有「得」字。*

554 臨死乃知見之禍　天明本校云：「『見之禍』恐有誤字。」

556 所以哭述勳悳　「哭」，天明本作「昭」。

558 非專下作也　天明本「下」下有「而」字。*

558 考之　天明本「考」上有「世」字。*

558 導實有勳績　天明本校云：「『導實』疑有誤字。」

559 宜宜詩于國　天明本不重「宜」字，*「詩」作「請」。*

560 之君將之悳　「之」，天明本作「上章」二字。*

561 若言不足絶　「絶」，天明本作「紀」。

562 靈而爲盈　「靈」，天明本作「虚」。*

562 此聖人所疾　天明本「人」下有「之」字。

563 庶幾之所耻　天明本校云：「『庶幾』疑有誤字。」

564 銘誅　「誅」，天明本作「誄」。*

566 無清惠之故　「故」，天明本作「政」。*

569 流放之所亶棄　「亶」字天明本無。

570 利石紀功　「利」，天明本作「刊」。*

571 遠退豹産　「退」，天明本作「追」。*

572 財富文麗　天明本「文」上有「者」字。*

575 且夫賞坐一爵禄　「坐」，天明本作「生」。*

576 榮死以誅謚　「誅」，天明本作「誄」。*

576 是人主樓柄　「樓」，天明本作「權」。*

582 且古者富貴而名賤廢滅　天明本校云：「『賤』疑『姓』。」

583 不勝記　天明本「不」下有「可」字。*

583 唯篇論俶儐之　「儐」，天明本作「儻」，*「之」下有「人」字。*校云：「『篇』疑『篤』。」

585 以其賢之者　「賢」，天明本作「覽」。*

586 盖聞之者　「盖」，天明本作「益」。*

586 豈徒轉相旋　「旋」，天明本作「放」。

587 名作盡論　「盡」，天明本作「書」。*

587 浮辭而無損益哉　天明本「辭」下有「談説」二字。*

588 而務渢溢之言　「渢」，天明本作「汎」。*

590 而惡其傷也　天明本「傷」下有「義」字。*

591 在簡之徒　「在」，天明本作「狂」。*

591 斐成文　天明本「成」上有「然」字。*

群書治要卷第四十八

體論

2 時務 天明本無「時務」二字。
4 人主之公患 「公」,天明本作「大」。*
7 而姦臣以僞事之 天明本「事」下有「應」字。*
8 應之矣君以僞化天下 天明本無此九字。
9 欲天下貞信惇樸樸誠難矣 天明本無「天下」二字,「惇」作「敦」,天明本不重「樸」字。
21 所御群臣也 天明本「所」下有「以」字。*
21 御群臣也御群臣 天明本無下「御群臣」三字。
26 爲徹膳不與 「與」,天明本作「舉」。*
33 而險僞淺薄之士 「險」,天明本作「儉」。*
34 專飾巧辨雅僞之術 「雅」,天明本作「邪」。*
35 以營惑諸侯 「營」,天明本作「熒」。
37 得集其姦説 「集」,天明本作「售」。*
38 不可慎 天明本「可」下有「不」字。*
41 是離其體 天明本「體」下有「也君臣體」四字。
48 憑不移之人 「憑」,天明本作「愚」。*
49 歲一人 天明本「歲」上有「百」字。*
49 是比肩 天明本「是」下有「爲」字。*
51 未如姧臣賊子處之云何 「如」,天明本作「知」。*
55 夫殉名好術之主 「殉」,天明本作「徇」。
62 而人臣及似之間 「及似」,天明本作「反以」,*「之」下有「竊寵擅權疑似之」七字。*
71 有厚得 天明本「有」上有「人」字,*「得」作「德」。
71 有大大譽 天明本「有」上有「人」字,*不重「大」字。
72 未有能令其行者也 「令」,天明本作「全」。*
73 隨侯之珠 「隨」,天明本作「隋」。
77 言法道 「法」,天明本作「治」。
81 人主任術而欲其臣 天明本「欲」下有「御」字。*
86 得無不能勝五尺之童子乎 天明本「無」下有「所」字。*
89 伊君太公 「君」,天明本作「尹」。*
93 除去湯文聖人之君 「文」,天明本作「武」。
95 不疑子紀之親 「紀」,天明本作「糾」。*
96 不也明乎 「也」,天明本作「已」。*
97 二曰父仲 「父仲」天明本互乙。
100 亡之相背 天明本「亡」上有「存」字。*
101 夫人生莫不欲安存而惡危忘 「忘」,天明本作「亡」。*
105 朩以遺果遠 「朩」,天明本作「不」,*「果」作「疎」。*

110 使智慮之　天明本「智」下有「者」字。*
116 自群臣以下至乎麼人　「麼」，天明本作「庶」。*
123 汝爲耳　天明本「爲」下有「君」字。
123 將司聽也　「聽」，天明本作「聰」。*
126 而敬焉　天明本「而」下有「加」字。*
129 其人恩益密　天明本無「人」字。
130 術人離而間之　「術」，天明本作「姧」。*
133 而惑於僞術　「惑」，天明本作「感」。
135 孰如早去耶徑　「耶」，天明本作「邪」。
140 以事君　天明本「以」下有「此」字。
145 不比以闇上　天明本「不」下有「下」字。*
145 不上周以病下　「周」，天明本作「同」。
154 惑被褐懷玉以待時　「惑」，天明本作「或」。*
154 或巧言入於治令色以容身　天明本無「入於治」三字。
157 不傲世以華衆　「華」，天明本作「華」。*
159 懷之於朝廷　「懷」，天明本作「壞」。
160 懷之於闔館　「懷」，天明本作「壞」。
160 君子惜慈仁二者　「慈」，天明本作「兹」，*無「仁」字。
163 忠貞足以悞主　「悞」，天明本作「悟」。*
166 不耽禄以復高　「復」，天明本作「傷」。*
171 而其心愈早　「早」，天明本作「卑」。
172 位滋高而其禮愈恭　「滋」，天明本作「滋」。*

182 外足以拒難　「拒」，天明本作「拒」。
183 不取功　天明本校云：「『取』上疑有『以』字。」
186 端殼而守法　「殼」，天明本作「殼」。
188 以庸主之臣　天明本「臣」下有「也」字。*
189 告之所以成其名者　「告」，天明本作「古」。*
190 故脩之在己　天明本無「故」字。
190 而遭遇在時　「在」，天明本作「有」。
194 其猶土呼　「呼」，天明本作「乎」。*
194 不辭其重　天明本「不」上有「而」字。*
195 水讀污焉　「讀」，天明本作「瀆」。*
195 草木殖焉　「殖」，天明本作「殖」。*
207 義爲之本母也　天明本「義」下有「利」字。*
212 小人恥學而着不能　「着」，天明本作「羞」。*
217 不力以自定　天明本「力」下有「行」字。*
219 君子所懷萬物也　天明本「所」下有「以」字。*
222 不誠則不能化育　天明本「育」下有「君臣有」三字。*
226 導之以德之以禮　天明本「德」下有「齊」字。*
238 以至人之爲治也　天明本「以」上有「是」字。*
239 必原故以輔化也　天明本「輔」下有「仁」字。*
241 睾繇痦而爲大理　「睾」，天明本作「皐」。*
246 是以爲軍政　「政」下之字，天明本作「虜」。*
247 復哉爲君也　「復」，天明本作「難」。*

248 夫君者尊嚴而威　天明本無「者」字。

255 知民然後民力乃從　天明本無「力」字。校云：「『然』上恐脱『情』字。」

256 令安得不乎　天明本「不」下有「從」字。*

257 法在身而民象之　「在」，天明本作「存」。*

261 二曰僻行而志堅　「僻行」，天明本互乙。

264 左右　天明本「左」上有「置之」二字。*

268 亦百姓之惡也　天明本「惡」上有「所」字。*

270 百姓不以我爲徧者　「徧」，天明本作「偏」。

276 是治化在東而走求之　「東」，天明本作「身」。

277 然猶懼其末也　天明本「懼」上有「身」字。*

280 未詳罪人　「詳」，天明本作「訊」。

284 凡聽訟訣決獄　天明本無「訣」字。

291 爲法參之人情也　天明本無「爲」字。

293 取貨略者也　「略」，天明本作「賂」。*

296 是君臣上不通相疑也　天明本「上」下有「下」字。*

297 通相疑　天明本「通」上有「不」字。*

298 無恥民安所厝其乎足乎　天明本「無」上有「免而」二字，*「民」上有「以」字。*

300 子産相鄭而鑄刑書　「晝」，天明本作「書」。*

303 而姧耶並生　「耶」，天明本作「邪」。

304 天下大悦悦　天明本不重「悦」字。

309 禁固積密　天明本校云：「『固』疑『罔』。」

310 姦吏因緣爲　天明本「爲」下有「市」字。*

311 凡法獄之情　「法」，天明本作「治」。*

312 不多端以見聰明也　天明本「不」下有「貴」字。*

313 故律正其擧効之法　天明本校云：「『効』恐『劾』。」

313 參伍其亂　「亂」，天明本作「辭」。*

315 明聽之耳　天明本「耳」下有「目」字。*

317 故拆言以破律　「拆」，天明本作「斥」。*

318 詆安以成法　「安」，天明本作「案」。

時務論

320 安危之讖要也看　「讖」，天明本作「機」，*無「看」字。

321 則謀漏　天明本「謀」下有「有所」二字。*

323 孝察不精　「孝」，天明本作「考」。*

323 則數有亂矣　天明本「有」下有「所」字。*

331 不可不審者如此急　天明本「急」下有「也」字。*

338 謀沍水敗　天明本「謀」下有「則」字，*「沍」作「泜」。*

340 非爲一掘一工也　「掘」，天明本作「拙」。*

344 没秦而不及者　「及」，天明本作「反」。*

347 不能濟都澠之覆　「都」，天明本作「崤」。

348 人主之之聽　天明本不重「之」字。

355 故唯聖主明君　「唯」，天明本作「準」。*

355 莫不皆有獻可進否　「進」，天明本作「退」。*

356 昔在帝舜大聖之君也　「在」，天明本作「者」。

360 然後乃能與功濟業　「與」，天明本作「興」。*

360 誠視聽之聽密　「聽密」，天明本作「聰察」。*

362 忠良慮治益國之至者　「至」，天明本作「臣」。*

364 總萬機而覽之　「覽」，天明本作「賢」。校云：「『賢』當作『監』。」

365 釿治亂而考焉　「釿」，天明本作「料」。

366 釿盡其門户乎　「釿」，天明本作「料」。

370 則殸樂盈耳　「殸」，天明本作「嚴」。

373 遊乎桂林之芳國　「國」，天明本作「園」。*

375 將當何從體覺窮愁之威悴　「威」，天明本作「戚」。*

376 食則膳鼎几俎廣　「廣」，天明本作「庶」。*

379 將當何從覺饑餒之阨艱　天明本校云：「『覺』上疑脱『體』字。」

380 襲纖　天明本「纖」下有「絺」字。*

381 處華屋之大夏　「夏」，天明本作「厦」。

382 烈凝冰以遏微暑　天明本校云：「『烈』當作『裂』。」

385 寒則服綿袍　天明本校云：「『綿』作『錦』。」

386 處複弈之重幄　「弈」，天明本作「帟」。

390 此數者識無從得而知之者也　「識」，天明本作「誠」。

典語

396 重之者貴　天明本「之」下有「則居之」。*

398 覬覦君子　天明本「子」下有「慕義治道之兆小人覬覦」十字。*

400 爵制必俟有德　「爵制」天明本互乙。

401 是以見其爵者照其德　「照」，天明本作「昭」。*

408 卿相猶逝　「逝」，天明本作「避」。

415 故王陽在倍　「倍」，天明本作「位」。*

416 貢彈冠　天明本「貢」下有「公」字。*

419 勤於日仄　「仄」，天明本作「昃」。

421 殛體不嫌登禹　「體」，天明本作「鯀」。*

425 王者任人　天明本「王」上有「故」字。*

426 敬一賢衆賢悦　天明本「賢」下有「則」字。*

428 此非其郊與　「郊」，天明本作「效」。*

437 震之雷電　天明本「之」下有「以」字，*「電」作「霆」。

442 蒸民有昏墊之憂　「蒸」，天明本作「烝」。*

443 於咨嗟四岳　天明本「於」下有「是」字。*

445 故能陽殸億載　「陽」，天明本作「揚」，*「殸」作「嚴」。

445 舜既受終終　天明本不重「終」字。
449 公卿大夫烈士之官者　「烈」，天明本作「列」。
457 邊豆之事　「邊」，天明本作「籩」。
459 股肱揹哉　「揹」，天明本作「惰」。*
459 墮哉此之謂也　「墮」，天明本作「隳」。
462 各得其任其職也　天明本校云：「『各得』下『其』字疑衍。」
470 進真言以求得失　「真」，天明本作「直」，「失」下有「夫」字。*
473 克明後德　「克」，天明本作「堯」。*
476 如身之信乎　「乎」，天明本作「手」。
484 登階於天路也　天明本校云：「『登階』之間恐有脱字。」
485 足以動天也而應　「也」，天明本作「地」。*
487 退之不以權辱　天明本「不」下有「可」字。*
490 夫椒才覈能治世之悪　「椒」，天明本作「料」，*「悪」作「要」。*
491 誰兼姿百行　「姿」，天明本作「資」。*
492 昔舜合群司　「合」，天明本作「命」。*
495 使其探事易枝　「枝」，天明本作「伎」。*校云：「『探』疑『換』。」
501 豈不得哉　「不」，天明本作「可」。*
502 必無曩時之勳　天明本校云：「『無』下恐有脱字。」
513 殘酷之任　天明本無「殘酷之」三字。
517 此之謂　天明本「謂」下有「也」字。
521 任奇細納冊　天明本無「細」字，「冊」作「策」。*
523 此帝高之舉也　「帝高」天明本互乙。
524 秦知守　天明本「知」下有「取而不知」四字。*
526 王莽世　天明本「莽」下有「之」字。*
527 内尚文帝　「帝」，天明本作「章」。*
527 脩壁雍之禮　「壁雍」，天明本作「辟廱」。
528 思導古道　「導」，天明本作「遵」。*
531 班也輸骕功於利器　天明本無「也」字，「骕」作「騁」。*
537 天生蒸民　「蒸」，天明本作「烝」。*
539 此所以爲尊者也　天明本無「爲」字。
541 則天子虓然獨在　「虓」，天明本作「魁」。*
545 軒檻蕚羨　「蕚羨」，天明本作「華美」。*
545 則欲民皆有皆有妃匹之　天明本不重「皆有」二字，「妃」作「配」。
549 衣裳重爾　「爾」，天明本作「璽」。*
554 家無妃匹之偶　「妃」，天明本作「配」。
557 不能社其怨　「社」，天明本作「杜」。*
559 怒下以身　「怒」，天明本作「恕」。*
559 不懼民治不安　「不」，天明本作「丕」。

群書治要卷第四十九

傅子

3 治國有二相　「相」，天明本作「柄」。

7 天地之耶路也　「耶」，天明本作「邪」。

17 夫威者　天明本「威」下有「德」字。*

23 舉賢賢　天明本無此三字。

24 故先王以舉聖爲焉　「聖」，天明本作「賢」，*「焉」作「急」。*

36 唯公然後可以舉賢也　天明本「公」上有「至」字。*

38 臣莫於韓於信　天明本「莫」下有「奇」字，*「韓」下無「於」字。

39 高祖在也　「也」，天明本作「巴」。*

40 信之奇林　「林」，天明本作「材」。*

41 不移景而相取也　天明本校云：「『相取』作『將相可取』。」

42 歷時而見知　天明本「而」下有「不」字。*

43 則身不見面於戮死　天明本無「見」字。

45 市中之怯子　天明本校云：「『子』下有『也』字。」

46 可驅而立半天下之功也　「半」，天明本作「乎」。*

49 高下之處珠也　天明本「高」上有「而」字，*「珠」作「殊」。*

52 其扙人之道固難　「扙」，天明本作「接」。*

56 湯舉伊尹難　天明本「湯」下有「之」字。*

62 任之道專　「之」，天明本作「人」。*

63 故耶不得聞　「耶」，天明本作「邪」，「聞」作「間」。

63 故下无所難　「難」，天明本作「壅」。*

65 則殊滚塞而良材屈　「滚」，天明本作「塗」。*

68 而又人人用自　「用自」天明本互乙。*

69 或氏掌而而言　天明本不重「而」字。

71 豈不甚邪　「邪」，天明本作「耶」。

72 賢能之上　「上」，天明本作「士」。

75 徵王則王位至　「徵」，天明本作「欲」，*「位」作「佐」。*

75 欲霸臣出　天明本「霸」下有「則霸」二字。*

79 授職　天明本無「授職」二字。*

79 夫裁侄尺之帛　「侄」，天明本作「徑」。*

79 刑方寸之木　「刑」，天明本作「刊」。*

80 必求良三者　「三」，天明本作「工」。*

80 裁帛刑木　「刑」，天明本作「刊」。*

83 故搆大夏者　「夏」，天明本作「廈」。

85 小材爲栟撩　「栟」，天明本作「榱」。*

86 尺寸之外木　天明本無「外」字。

90 挾工　天明本無「挾工」二字。*

90 天下害　天明本「下」下有「之」字。*

91 彈生民之巧　「彈」，天明本作「殫」。*

92 盈千金之價　天明本校云：「『價』作『資』。」

93 有盡之力　天明本「盡」下有「用有盡」三字。*

94 追無窮之欲　「追」，天明本作「逞」。

100 猶是推之　「猶」，天明本作「由」，「之」下有「其」字。

102 異端烝起　「烝」，天明本作「並」。*

102 衆耶之亂正若此　「耶」，天明本作「邪」。

103 豈不哀　天明本「哀」下有「哉」字。*

105 撿商賈　天明本無此三字。*

105 所以仲盈虛　「仲」，天明本作「伸」。

106 擢天地之利　「擢」，天明本作「獲」。*

107 蓋利之所死　天明本「利」上有「衆」字，*「死」作「充」。*

109 上少欲而尠下僞　「尠下」天明本互乙。

112 衣交易而退　「衣」，天明本作「民」。

114 圓有定制　「圓」，天明本作「國」。*

114 下供常事賤　天明本無「賤」字。

114 役有佰　天明本「役」下有「賦」字。

118 自公侯皂隸僕妾　天明本「侯」下有「至于」二字。*

121 壹之以中典而民不越　天明本校云：「『典』作『正』。」天明本「越」下有「法」字。

122 及秦亂四民而廢常賤　天明本校云：「『賤』疑『職』。」

124 臣挾耶以内其君　「耶」，天明本作「邪」。校云：「『内』作『罔』。」

127 商賈富半公室　「半」，天明本作「乎」。*

130 右言非典　「右」，天明本作「古」。*

131 事非由桑　「由」，天明本作「田」。*

135 壹朝不知　「知」，天明本作「如」，「如」下有「壹用壹用不如」六字。

136 而欲於上而欲下之安静　天明本無「上而欲」三字。

137 而索原野之不彫庠　「庠」，天明本作「瘁」。*校云：「『瘁』舊作『廢』，改之。」

145 末本竭　天明本「末」下有「盈」字。*

147 利惑不興　「惑」，天明本作「或」。

151 不失其親之道　天明本「其」下有「事」字。*

152 天下之爲人父者　天明本「天」上有「天下則」三字。*

163 而身以立　天明本「而」下有「厥」字。*

163 右之聖君　「右」，天明本作「古」。*

172 大小溷然而懷懷姧心　「溷」，天明本作「混」，*不重「懷」字。

177 大爲人上　「大」，天明本作「夫」。*

178 不信者赦然　「赦」，天明本作「赧」。*

183 亦曰夜見災也　天明本「亦」上有「是」字。*

185 無親則不知所親　上「親」字，天明本作「信」。*

187 喪人而結舌　「人」，天明本作「心」。*

187 懷姦者飾耶以自納　「耶」，天明本作「邪」。

189 禮樂　天明本無「禮樂」二字。*

190 人大本者與天地並存　「人」，天明本作「夫」。

191 雖獘天地　「獘」，天明本作「蔽」。*

193 以殊內外　「殊」，天明本作「別」。

196 用之而敞天地　「敞」，天明本作「蔽」。

198 商君始殊禮樂　「殊」，天明本作「殘」。

204 以救難　天明本「救」下有「其」字。*

206 廢禮義　天明本「廢」上有「秦」字。*

210 法刑　天明本無「法刑」二字。*

211 法也所以正不法也　上「也」字，天明本作「者」。

215 非終乃爲青哉　「青」，天明本作「告」。*

218 賞刑遰用而相齊也　「遰」，天明本作「遞」，*「齊」作「濟」。*

220 設炮格之辟　「格」，天明本作「烙」。

222 司冠行刑　「冠」，天明本作「寇」。*

225 則妾輕其刑　「妾」，天明本作「妄」。*

225 刑妾輕　「妾」，天明本作「妄」。*

228 於是峻法刑以侮天下　天明本「法」下有「酷」字。*校云：「『侮』上疑脱『威』字。」

230 諸侯乘弊而起　天明本「乘」下有「其」字。*

234 則去仁而法　天明本「法」下有「刑」字。*校云：「『法刑』之『法』疑『任』字誤。」

236 重爵禄　天明本無此三字。*

237 非德受不授　天明本無「受」字。

240 而敢虛干爵禄之制于　「于」，天明本作「乎」。*

241 西禄官之實也　「西」，天明本作「而」，*「禄」下有「者」字。*

246 厚足以衒宗黨　天明本校云：「『衒』作『衛』。」

246 居官秦職者　「秦」，天明本作「奉」。

247 既食於人　天明本校云：「『既食於人』四字無。」

248 而或榮私利　「榮」，天明本作「營」。*

249 是以仁議之賡存　「議」，天明本作「讓」，「賡」作「教」。

250 恥之仕行　天明本「恥」上有「廉」字，*「仕」作「化」。*

250 耆欲之情滅　「耆」，天明本作「嗜」。

252 明君必須善制而後致治　「須」，天明本作「順」。

254 欲治甚民而不省其事　「欲」，天明本作「故」，*「甚」作「其」。*校云：「『故』作『欲』。」

255 而不節其吏　天明本「不」下有「知」字。*校云：「『吏』作『利』。」

255 則下力既竭　天明本「則」下有「天」字。*

256 其禄也　天明本「其」上有「薄」字。*

258 不知所以致清而其清　天明本「而」下有「求」字。*
259 此猶得其源也　「得」，天明本作「滑」。*
265 則仁義之理夷矣　「夷」，天明本作「衰」。*
266 必不授薇於首陽　「授」，天明本作「採」。*
267 猶此言之　「猶」，天明本作「由」。
268 弃家門　天明本「弃」上有「夫」字。
271 主不詳察　天明本校云：「『主』上有『人』字。」
275 而終莫之能也　天明本無「終」字，「能」下有「知」字。*
276 下知爲清之　天明本「下」上有「天」字。*
276 則改行而行俗矣　天明本下「行」作「從」字。*
279 平役賦　天明本無此三字。
281 則足以周用　「則」，天明本作「財」。*
286 所勞公而制有常也　「勞」，天明本作「務」。*
287 競相呑伐　「伐」，天明本作「代」。
291 於是當怨積憤　「當」，天明本作「蓄」。*
292 陳汕須梁之疇　「汕須」，天明本作「涉頊」。*
292 奮鈎大呼　「鈎」，天明本作「劍」。*
293 驪山之基未閉　天明本校云：「『基』疑『墓』。」
296 而可盡民之力也哉　「民」，天明本作「人」。*
296 用人之歲力　天明本「用」上有「夫」字，*「歲力」互乙。
298 内設舟車門街甲兵之備　「街」，天明本作「衛」。*
301 琹九山　「琹」，天明本作「築」。

302 樂盡其力　天明本「樂」上有「天下」二字。*
307 此皇帝夏夏禹之所以成其功也　天明本不重「夏」字。
309 周之有常　天明本「周」下有「制」字。*
310 庻幾雖勞而不怨矣　「庻」，天明本作「庶」。*
311 可畏而服　天明本校云：「『畏』作『威』。」
312 未至刭也　「未」，天明本作「木」，*「刭」作「勁」。*
314 人之所重乎身　天明本「乎」上有「莫」字。*
314 貴故之道行　「故」，天明本作「教」。*
319 使下唯利是恃　天明本校云：「『下』上有『天』字。」
320 是務恃湯赴火　「是務恃」，天明本作「至有探」。*
320 而忘其身　天明本「身」下有「者」字。*
324 人以智使力者也　「使」，天明本作「役」。*
325 是智功日用　「功」，天明本作「巧」。*
326 乱熟大焉　「熟」，天明本作「孰」。*
331 戒言　天明本無「戒言」二字。*
331 則下修行　「修」，天明本作「循」。*
331 上言則下飾并　天明本「上」下有「好」字，*「并」作「辯」。*
338 故上妙之　「妙」，天明本作「好」。*
339 雖死亡避也　「亡」，天明本作「不」。*
349 正心　天明本無「正心」二字。*
352 不正　天明本「不」上有「國家」二字。

353 不正　天明本「不」上有「左右」二字。
353 修之於身　天明本無「於」字。
354 湯禹罪巳　「湯禹」天明本互乙。
354 甚興也教焉　「甚」，天明本作「其」，*「教」作「勃」。*
356 而況於人乎　天明本「乎」下有「況於萬物乎」五字。*
358 儀刑文王　「刑」，天明本作「形」。*
358 萬邦作乎　「乎」，天明本作「孚」。*
359 有耶心　「耶」，天明本作「邪」。
392 天下之人　天明本「天」上有「則」字。
393 江海之所以能爲百谷王者　天明本無「之」字。
394 泉流不至者　「泉」，天明本作「衆」。*
395 夫公心　天明本「夫」下有「有」字。*
396 必公制　天明本「必」下有「有」字。*
396 堯舜默之　「默」，天明本作「黜」。
397 爲周公誅之　天明本「爲」下有「惡」字。*
398 舜殛之　「殛」，天明本作「殛」。*
400 彙缺雔也　「彙」，天明本作「冀」，*「雔」作「讎」。*
401 見之謂公道　「見」，天明本作「是」。*
401 未在人上　天明本校云：「『未』作『夫』。」
402 無遠无延　「延」，天明本作「近」。*
403 唯患衆流果源　「果」，天明本作「異」。*
403 愛惡相次　「次」，天明本作「攻」。*

404 所好之流濁進　「濁」，天明本作「獨」。
407 而勢分矣　天明本「而」下有「上」字。
408 昧於利者　「昧」，天明本作「昧」。*
408 左右之通　天明本「之」下有「必」字。*
409 昧利者變業　「昧」，天明本作「昧」。*
413 逆者誅　天明本「逆」下有「法」字。校云：「舊無『法』字，補之。」
414 肉怨而無忌　「肉」，天明本作「内」。*
415 天下志通　天明本「下」下有「之」字。*
415 凡有而氣　「而」，天明本作「血」。*
424 秦不二世而滅滅世餘世而後亡　「滅世」二字，天明本作「漢二十」三字。
425 任私則達者怨　天明本無「則達」二字。
428 不以二世爲滅也　天明本無「以」字。
430 雖内漏呑舟　「内」，天明本作「網」。*
431 世尚簡　天明本校云：「『尚』下有『寛』字。」
433 則上之不害於下　天明本「不」上有「失」字。
434 失而改　天明本「改」上有「能」字。
436 不是自知也　天明本「是」下有「不」字。
441 猶歡然之　天明本校云：「『然』下有『受』字。」
448 曲制　天明本無「曲制」二字。
453 此殷土所以倒戈　「土」，天明本作「士」。

454 秦民所以不期而周叛　天明本校云：「『周』疑『同』。」

456 安民　天明本無「安民」二字。

469 懷士而無遷　「士」，天明本作「土」。

474 重用甚民　「甚」，天明本作「其」。

476 若是者民免　「免」，天明本作「危」。

478 若是者民老　「老」，天明本作「危」。

483 不量民而　天明本校云：「『民而』恐有闕文。」

484 弱窮道不堪其命　天明本校云：「『弱』上下恐有脱文。」

486 而上而上安者　上「而上」二字，天明本作「民危」。*

488 今之郡懸縣　天明本無「懸」字。

490 治之輕也　「輕」，天明本作「經」。*

490 夫彈柱正耶　「柱」，天明本作「枉」，*「耶」作「邪」。

491 擊一驚百者　「驚」，天明本作「警」。

509 爲秦越禽　天明本校云：「『越』恐當作『所』。」

510 親煞人如殺狗　「親」，天明本作「視」。

515 人雠之　「雠」，天明本作「讎」。

516 漢太宗除内刑　「内」，天明本作「肉」。*

517 夫天下者　天明本「夫」下有「王」字。*

524 信直　天明本無「信直」二字。*

526 其或不改　「或」，天明本作「戒」。

528 使惡人不行其境内　天明本「不」下有「得」字。*

530 其君絺陷乎不義　「絺」，天明本作「稀」。*

531 常佞人亂之　天明本校云：「『常』下有『由』字。」

532 故桀信其佞臣推役侈　天明本校云：「『推役侈』作『推侈』。」

532 以殺甚正臣開龍逢　「甚」，天明本作「其」，「開」作「關」。*

533 以割其正臣　天明本校云：「『割』作『剖』。」

534 惑佞之不可用如此　天明本校云：「上『惑』疑衍。」

545 令主所欲而不敢　「令」，天明本作「合」。*

547 行不頷乎天不　「頷」，天明本作「顧」，*「不」作「下」。*

549 君趙高石顯　「君」，天明本作「若」。*

553 治正　天明本無「治正」二字。*

559 一則　天明本「則」下有「順」字。*

560 假言　天明本無「假言」二字。*

群書治要卷第五十

袁子正書

9 **能辯物理者也**　「辯」，天明本作「辨」。

15 **知刑法承其下**　天明本「知」上有「不」字。*

30 **以刑法不爲可用者**　「不爲」天明本互乙。

30 **是不知情爲者也**　「爲」，天明本作「僞」。

32 **反則民忽**　「反」，天明本作「久」，*「忽」下有「民忽」二字。

33 **本本以仁**　下「本」字，天明本作「之」。*

38 **是故以國治而萬民安**　天明本無「以」字。

39 **桊以列國之勢**　「桊」，天明本作「秦」。*

45 **不可則以古始**　「始」，天明本作「治」。

50 **諸俟遊獦**　「俟」，天明本作「侯」，*「獦」作「獵」。

55 **至乎王赦之後**　「赦」，天明本作「赧」。

55 **海内元主卅餘年**　「元」，天明本作「无」。

57 **若楚之君**　天明本「若」下有「吴」字。*

80 **修其治政**　天明本校云：「『治』疑『法』。」

84 **失封封賞**　天明本不重「封」字，「賞」下有「之」字。

86 **此治道所患也**　天明本「道」下有「之」字。

88 **百官奏**　天明本校云：「『奏』上下似脱字。」

90 **國之粰賊也**　「粰」，天明本作「蝆」。*

91 **使人賞於事**　「賞」，天明本作「當」。*

92 **則吏少而民夕**　「夕」，天明本作「多」。

93 **使吏禄厚則養足**　天明本校云：「『養足』下似脱『養足』二字。」

94 **無求於民有**　天明本無「有」字。*

97 **嫁娶賓享**　「賓」，天明本作「宴」。

98 **皆有品哀**　「哀」，天明本作「衺」。*

113 **措禮則攻平**　「攻」，天明本作「政」。

114 **設術則攻險**　「攻」，天明本作「政」。

114 **則民爲**　天明本「則」上有「政險」二字，「爲」作「僞」。

126 **我使之怯**　「怯」，天明本作「怯」。*

130 **善者**　天明本「善」下有「柔」字。*

133 **盡地而守固**　天明本校云：「『盡』疑『晝』誤。」

134 **無偏刑**　「刑」，天明本作「形」。

135 **無偏刑**　「刑」，天明本作「形」。

136 **故禮與法首属也**　「属」，天明本作「尾」。*

138 **以㓞業期之**　「㓞」，天明本作「功」。

142 **刖下無隱情**　「刖」，天明本作「則」。

144 **不以一遇奄衆**　「遇」，天明本作「過」。

145 **夫治天下有**　「有」，天明本作「者」。

147 **故公者所以政天下之耶**　「政」，天明本作「攻」，「耶」作「邪」。

150 **心心而隙塞**　下「心」字，天明本作「公」。

162 **浸潤之諛**　「浸」，天明本作「漫」。校云：「『漫』恐當作『浸』。」「『諛』恐當作『譖』。」

164 **或乱其心**　「或」，天明本作「惑」。

166 **夫佞耶之**　「耶」，天明本作「邪」。

166 **柔順順有文**　下「順」字，天明本作「而」。

173 **則天下悉踊夫危死**　「踊」，天明本作「蹈」。*

174 **有竄伏於堀**　「堀」，天明本作「窟」。

176 **以儌幸成功之利**　「儌」，天明本作「徼」。

178 **爲人臣禮未必尊**　天明本「臣」下有「有」字。*

181 **故人至賞罰一不當**　「至」，天明本作「主」。*

181 **則耶人爲巧滋生**　「耶」，天明本作「邪」。

183 **爲將復用之**　「復」，天明本作「不」。

189 **五子胥爲吴破楚**　「五」，天明本作「伍」。

190 **鵶夷而浮之江**　「鵶」，天明本作「鴟」。

194 **而忠耶之道異故也**　「耶」，天明本作「邪」。

198 **有解狐之恐**　「恐」，天明本作「德」。

199 **亦何由得遠**　「遠」，天明本作「達」。

199 **故有祁溪之真**　「真」，天明本作「直」。

206 **恃門户之閉**　天明本「恃」上有「厚德」二字。*

206 **不知明其刑也**　「知」，天明本作「如」。*

210 **明者知不制之在於本**　天明本無「不」字。

213 **令民德厚矣**　天明本校云：「舊『令』作『有』，改之。」

218 **四日罪罰**　「罪罰」天明本互乙。

243 **苛政甚於猪虎**　「猪」，天明本作「猛」。*

247 **三物者具則國危矣**　天明本無「者」字。

251 **賢士幅奏而樂爲之用**　「奏」，天明本作「湊」。*

258 **由易簡而安**　天明本「而」下有「上」字。

262 **内公族之輔**　天明本「内」下有「無」字。*

263 **弊薄之佸與**　「佸」，天明本作「俗」。

267 **故風雨不能狀也**　「能狀」，天明本作「愆伏」。

274 **不欲爲國者一**　天明本無此六字。

278 **輕重即頗耶**　「耶」，天明本作「邪」。

283 **即目不別精鹿**　「鹿」，天明本作「麤」。

284 **偏於受者**　天明本校云：「『受』當作『愛』。」

289 **百姓之所道者一**　天明本「百」上有「即」字。*

297 **食死民將**　天明本「死」上有「將」字，「民將」作「民亡」。

300 **伯夷餓死於首陽下之人**　天明本無「下」字，「人」作「山」。

301 **而爲君子伯夷餓死於首陽之山**　天明本無此十三字。

308 **貧則所求盡失**　天明本「貧」上有「民」字。*

309 **明主知爲國之不可以不寡**　「寡」，天明本作「富」。*

313 時則農　天明本「農」下有「修」字。*

324 以明君不敢恃其尊　天明本「以」上有「是」字。*

340 則小人不懼居子　「居」，天明本作「君」。*

349 欲强　天明本「强」下有「而强」二字。

349 在人主所志之也　天明本無「之」字。

357 則工不足於財　「財」，天明本作「材」。

359 桓公之甯戚也　天明本「之」下有「於」字。

367 雖使之游　天明本校云：「『之』疑『交』。」

373 官有次則仁静　「仁」，天明本作「人」。

379 才非智至明　天明本無「非」字。

380 天下有赦之心　天明本「赦」上有「可」字。

381 無可赦之心　天明本「無」上有「有可赦之罪」五字。*

381 明主之不赦罪　「主」，天明本作「王」。

383 姦耶得容其議　「耶」，天明本作「邪」。

385 則欲無赦不可已　天明本「則」下有「雖」字。*

387 不爲也　天明本「不」上有「故」字。*

389 故所受虜　「受」，天明本作「俘」。*

393 移法則民移　天明本「民」下有「心」字。*

402 强弩於百万之衆　「强」，天明本作「彍」。

403 夫十失之不能殺百萬人　「失」，天明本作「矢」。*

405 恃滿不發　「恃」，天明本作「持」。*

407 則暴乱之　天明本「之」下有「人」字。*

411 姦除之　天明本「姦」下有「而」字。*

413 非不謂其不可賞也　天明本無「不」字。

420 憂曠之耳　「憂」，天明本作「夔」。*

420 兩聽而聽　「聽」，天明本作「聰」。*

422 而況於凡人乎已　天明本無「已」字。

422 故以雖至明　天明本「以」下有「自」字。

434 相賞罰以隨之　天明本校云：「『相賞』之間疑有脱字。」

438 知軌疏之所由　天明本校云：「『疏』疑『跡』。」

440 是故仁者安　天明本「安」下有「仁」字。

441 死者合所甚惡也　「合」，天明本作「人之」二字。*

443 人之體　天明本「人」上有「斷」字。*

445 避覩貴則法日弊　「覩」，天明本作「親」。*

450 斷立下不犯　「斷立」天明本互乙。

抱朴子

456 不可不慎也　天明本校云：「本書『不慎』作『順』一字。」

465 耽之夷之　「夷」，天明本作「惑」。

467 輕召災之根厚　「厚」，天明本作「原」。*

467 似熱腸之恣給　「給」，天明本作「冷」。*

468 亦冈非　「冈」，天明本作「罔」，「非」下有「酒」字。

470 言希客整　「客」，天明本作「容」。*
471 舉分壽之觴　「分」，天明本作「萬」。
473 鋊投井　「鋊」，天明本作「轄」。*
474 屢舞潛　「潛」，天明本作「僊」。*
475 如佛如羹　「佛」，天明本作「沸」。*
475 或噎噎獨笑　「噎噎」，天明本作「啞啞」。*
476 或顛躓梁倡　天明本校云：「『梁』作『良』。」
477 性愜者　「性」，天明本作「怯」。*
477 效慶踊而魚躍　天明本「慶」下有「忌之蕃捷遲重者蓬轉而波擾整肅者鹿」十六字。校云：「舊無『忌之』至『鹿』十六字，補之。」
479 悉禪瞻以高交　「禪」，天明本作「褌」。*
480 發榻茸之性　「榻」，天明本作「闒」。
480 而徹狠之熊出　「徹」，天明本作「傲」，*「熊」作「態」。*
481 赴硂谷而不憚　「硂」，天明本作「阬」。*
484 或酌醬於妻子　天明本校云：「『酌』作『酗』。」
484 用剡鏑乎六畜　「鏑」，天明本作「鋒」。*
486 褻嚴生以夷戮者有矣　「生」，天明本作「主」。*
491 棒杖弃而冈傾乎先厚　「弃」，天明本作「奮」，*「冈」作「罔」，「傾」作「顧」，*「厚」作「後」。
492 則邦黨加重貴矣　「貴」，天明本作「責」。*　校云：「『邦』作『鄉』。」

492 胥人父兄　「胥」，天明本作「辱」。*
497 然而勸集　「勸」，天明本作「歡」。
498 莫之或割　「割」，天明本作「釋」。
499 粉歷雷於小餘　「粉」，天明本作「料」，*「歷」作「瀝」，「雷」作「霤」。
500 惡色醉音　「醉」，天明本作「醜」。*
502 或愚斯疾　「愚」，天明本作「遇」。
506 在乎呼俞　「俞」，天明本作「嗡」。*
508 仰嚾天墮　「嚾」，天明本作「譁」。
511 辛癸以亾　「亾」，天明本作「亡」。*
513 季布之疏斤　「斤」，天明本作「斥」。*
514 徐邈之禁　天明本「禁」下有「言」字。
514 好之樂之者甚夕　「夕」，天明本作「多」。
516 良減安施　「減」，天明本作「箴」。
519 盛務唯在樗蒲彈棊　「棊」，天明本作「碁」。*
520 舉口離琦襦　「口」，天明本作「足」，「離」上有「不」字。*
525 或下逯婦女　「逯」，天明本作「逮」。*
527 以不應者爲掘劣　「掘」，天明本作「拙」。
531 若不疏拙者　「不」，天明本作「夫」。
534 拂衣拔秣　「秣」，天明本作「棘」。*
535 絶交懷厚　「懷」，天明本作「壞」。
535 以否累相擲　「否累」，天明本作「梧螺」。

537 **灌氏泯之** 「泯之」天明本互乙。

539 **既往之辭別** 天明本「之」下有「失」字。*

539 **班輪不能磨斯** 天明本校云：「『輪』作『輸』。」

540 **調以社䄪萠也** 「社」，天明本作「杜」，「䄪」作「禍」。*

542 **庡美而無直高之鍼** 「庡」，天明本作「恢」，*「高」作「亮」。*校云：「『恢』作『疾』，按『疾』當作『疢』。」

544 **拊節以稱工** 「工」，天明本作「功」。

546 **名害之符也** 「名」，天明本作「召」。

546 **豈徒滅其策之令問** 「其」下天明本有「方」字。*

547 **鹗其設世之德昔而已哉** 「鹗」，天明本作「虧」，*「設」作「没」，「昔」作「音」。

548 **非必篤顧也** 天明本校云：「『顧』作『爲』。」

551 **或以婚姻而成貴戚** 「戚」，天明本作「戚」。*

551 **故并毁譽** 天明本校云：「『并』作『弄』。」「毁」，天明本作「毁」。

553 **情論所不能復制** 「情」，天明本作「清」。

559 **倨傲則去之者多未** 「未」，天明本作「矣」。*

560 **在亡之機** 「在」，天明本作「存」。*

561 **乃在乎已貴下賤** 「已」，天明本作「以」。

562 **非此之謂** 天明本「謂」下有「也」字。

564 **即爲惡小人** 天明本「惡」下有「人無事於大則爲」七字。校云：「舊無『人無』至『則爲』七字，補之。」

565 **仲尼倍臣** 「倍」，天明本作「陪」。*

565 **君子不在乎畜貴** 「畜」，天明本作「富」。*

566 **遄死之機** 「機」，天明本作「譏」。*

570 **不能令人不辱之** 天明本無「不能令人」四字。*

570 **不能令人不償之** 「償」，天明本作「擯」。

570 **而操不可改也** 天明本「操」下有「之」字。

571 **樂天之知命** 天明本無「之」字。

572 **困瘁而益堅** 「瘁」，天明本作「瘁」。*

573 **亦安肯草靡萍** 天明本「萍」下有「浮」字。

574 **劇於寇** 「寇」，天明本作「寇」。*

575 **不能久** 天明本「能」下有「經」字。校云：「舊無『經』字，補之。」

576 **而皆科頭體** 天明本「頭」下有「祖」字。

577 **踞見賓容** 「容」，天明本作「客」。

579 **莫此之美也** 天明本「之」下有「爲」字。

582 **世間或有少無清白之拯** 「拯」，天明本作「操」。*

585 **月彼縱情恣欲** 「月」，天明本作「曰」。*

585 **勑身履道** 「勑」，天明本作「此整」二字。*

588 **民財遺矣** 「遺」，天明本作「匱」。

589 **下刀拯矣而求不矣** 天明本無此八字。

590 **規其寧之推求** 「推求」，天明本作「惟永」。*

591 **割背以裨腹** 「割」，天明本作「剜」。

591 **剢耳以聞** 「剢」，天明本作「割」，*「聞」作「開」。*

595 **削胕踝以就** 「胕」，天明本作「跗」。*

595 **部尺避以納促連也** 「部」，天明本作「剖」，*「避」作「壁」，*「連」作「匣」。*

598 **秄欽禾以計蝗蟲** 「秄」，天明本作「猶」。*

598 **伐木以殺蛣蝎** 天明本校云：「『蛣』作『蠹』。」

599 **減食以中** 天明本校云：「『減食』作『食毒』。」

600 **廣壁** 「壁」，天明本作「譬」。*

601 **根芥靡於此** 「芥」，天明本作「茇」。

601 **則柯條瘁於彼** 「瘁」，天明本作「瘁」。

附：異形異體字表

金澤本	天明本
乂	乂
冈	罔
乹	乾
統	統
虽	蟲
幹	幹
彫	雕
惣	總
旀	彌
桒	桑
域	域
徽	徽
九	凡
片	片
作	作
引	引
苐	第
乗	乘
羕	承
裳	裳
剛	剛
夷	夷
寇 寇 寇	冦
昃	昃
无 无	無
弃	棄
寛	寬
彖	彖
侯	侯
悪	惡
謙	謙
寡 寡	寡

續表

金澤本	天明本
虧	虧
罸 罰	罰
庶 庶	庶
整	整
变	變
喪	喪
辭 辭	辭
象	象
執	執
焉 焉 焉	焉
壯	壯
虗	虛
匡	匡
吝 吝 悋	吝
鼎 鼎 鼎	鼎
迩	邇
號 号 號	號
莭	節
奐	魚
歎	歎
微 微	微
霆	霆
坼	坼
冨	富
尒	爾
咲 笑 笑	笑
害 害	害
豐	豐
慢	慢
制	制
寂	寂
兆	兆
亹	亹
將	將
升 升	升
吉	吉
度	度
備 備 備	備

續表

金澤本	天明本
秉	秉
核	核
荒	荒
故	故
俗	俗
恠	怪
疏	疏
族	族
衰	衰
樸	樸
逆	逆
玩	玩
色	色
奪	奪
壃	疆
文	文
竒	奇
逺	遠
隟	隙

金澤本	天明本
軄	職
伇	役
攻	攻
莚	筵
辜	辜
莫	莫
事	事
徵	徵
禍	禍
旃	旃
攝	攝
充	充
効	効
聽	聽
囚	囚
塡	塡
篪	篪
穢	穢
圡	土

續表

金澤本	天明本
糞	糞
國	國
望	望
轡	轡
助	助
克	克
睦	睦
賔	賓
迎	迎
督	督
敷	敷
履	履
讙	讙
縣	縣
悳	德
厥	厥
貳	貳
戻	戾
欲	欲

金澤本	天明本
戒	戒
歸	歸
徃	往
脩	修
率	率
勸	勸
美	美
督	督
延	延
罪	罪
嗣	嗣
矜	矜
稽	稽
興	興
降	降
姧	姦
班	班
旅	旅
振	振

金澤本	蹈	于	廉 廉	楙	隣	兼	差	殄	夔	勑	惰	怨	兆	冀	忸	怩	又	陷	蘇
天明本	蹈	干	廉	懋	鄰	兼	差	殄	夔	勑	惰	怨	兆	冀	忸	怩	乂	陷	蘇

續表

金澤本	後	垂	赦	亳	烏	孽	允 允	聡	匪	臮	私	迊	巖	谿	礪	沃	瘳	總	盲
天明本	後	垂	赦	毫	烏	孽	允	聰	匪	暨	私	匹 疋	岩	溪	礪	沃	瘳	總	吉

金澤本	酒	胫	郊	社	卿	罸 罰	叔	珎	殺 殺	亦 亦	嗣	酣	奸 姧	刻 刻	氷	臧	糺	謬	諛
天明本	酒	脛	郊	社	卿	罰	叔	珍	殺	亦	嗣	酣	姦	刻	冰	臧	糾	謬	諛

續表

金澤本	核	冈	楙	化	闗 關	刾	邵	淑 淑	参	姖	礼	皃 貌	雋	稚	切	卋	蚕	杖	杜
天明本	核	罔	楙	化	關	刺	邵	淑	參	姬	禮	貌	觿	穉	切	世	蠶	杖	杜

續表

金澤本	天明本	金澤本	天明本
毋	母	庭	庭
属	屬	秖	衹
吊	弔	業	業
蓼	蓼	葉	葉
蕭	蕭	囂	躢
寫	寫	霊	靈
鈌	缺	晝	盡
陔	陔	盂	孟
棫	械	巳 巳 民	民
嬰	嬰	嬰	嬰
灾	災	稱	耦
夘	卯	奚	奚
烕	滅	雔 雔 雔	讎
黽	黽	卆 卆 卆 卒 卆	卒
躢	囂	與 与	與
贤	賢	偃	偃
奪	奪	汏	沃
予	予	霆	霆
懿	懿	奔	奔

續表

金澤本	天明本	金澤本	天明本
大	大	夏	夏
虎	虎	娉	聘
疾	疾	或 或 或	或
莊 莊	莊	失	失
才 文	才	置	置
筵	筵	幸	幸
也	也	咎	咎
姬	姬	匱	匱
歛	斂	咊	和
郤	郤	燥 燥	燥
蓺	蓺	隔	隔
鄢	鄢	淵	淵
莽	莽	辰	辰
夭	夭	丞	丞
慴	慴	促	促
發	發	哀	哀
收	收	顛	顛
稷 稷	稷	弘 弘 弘 弘	弘
單	單	毅	毅

續表

金澤本	天明本	金澤本	天明本
戳	戳	溝	溝
尭	堯	冦	冠
没	没	蔵	藏
偃	偃	愕	愕
僕	僕	賞	賞
雖	雖	綏	綏
冕	冕	回	回
崩	崩	策	策
曰	因	槃盤	盤
夘	卯	執	執
强 强	强	宓	宓
槊	槊	遽	遽
徒	徒	隸	隸
尊	尊	匄	丐
交	交	福 福	福
定	定	舞	舞
足	足	粮	糧
哼	哼	猶	猶
囊	囊	乱	亂

續表

金澤本	天明本	金澤本	天明本
绝	绝	饑	饑
毁	毁	勤	勤
徙	徙	彈	彈
骸	骸	鹿	鹿
醜	醜	堂	堂
着	羞	幾	幾
甲	卑	桮	杯
武	武	浣	浣
前	前	鄉	鄉
所	所	躰	體
酌	酌	激	激
牖	牖	薛	薛
處	處	漁	漁
職	職	密	密
哉	哉	拘	拘
矩	矩	鴈	鴈
佞	佞	抵	抵
鬚	鬚	輜	輜
牀	牀	鬪	鬪

續表

金澤本	天明本	金澤本	天明本
	蒻		絲
	牆		詆
	脇		驅
	弊		亥
	鼠		載
	挈		契
季	年		繼
	廩	侫	佞
	嗇	 閅	閉
	淫		僕
	典		誣
	醫		聞
蔽	蔽		尊
 髡	髡		綱
	竈		篤
	突		相
	蓏		

附録一　歷代著録

日本國見在書目録

群書治要五十卷　魏徵撰。

附孫猛詳考：

〔著録〕舊唐　群書理要五十卷　魏徵撰　新唐　魏徵群書治要五十卷

中興　群書治要十卷（子部類書類）　宋志　群書治要十卷　祕閣所録。（子部類事類）

〔存佚〕存。

〔著者〕魏徵生平事蹟參看本書0086。

〔考證〕

群書治要序：皇上「以爲六籍紛綸，百家蹐駁，窮理盡性則勞而少功，周覽泛觀則博而寡要，故爰命臣等，採摭群書，翦截浮放，光昭訓典，聖思所存，務乎政術，綴敘大略，咸發神衷，雅致鈎深，規摹宏遠，綱羅政體，事非一日。……爰自六經，訖乎諸子，上始古帝，下盡晋年，凡爲五帙，合五十卷。本求治要，故以治要爲名」。

大唐新語卷九著述：「太宗欲見前代帝王事得失以爲鑒戒，魏徵乃以虞世南、褚遂良、蕭德言等，採經史百家之内嘉言善語、明王暗君之跡，爲五十卷，號群書理要，上之。太宗手詔曰：『朕少尚威武，不精學業，先王之道，茫若涉海。覽所撰書，博而且要，見所未見，聞所未聞，使朕致治稽古，臨事不惑。其爲勞也，不亦大哉！』賜徵等絹千疋、綵物五百段。太子諸王，各賜一本。」唐會要卷三六修撰：「貞觀五年（631）九月二十七日，祕書監魏徵撰群書政要，上之。」新唐書卷一九八蕭德言傳曰：「太宗欲知前世得失，詔魏徵、虞世南、褚亮及德言裒次經史百氏帝王所以興衰者上之。帝愛其書博而要，曰：『使我稽古臨事不惑者，公等力也。』賚賜尤渥。」是此書之編纂，德言用力尤多。

此書中土至宋只剩十卷。玉海卷五四：「中興書目十卷，祕閣所録唐人墨蹟，乾道七年（1171）寫副本藏之，起第十一卷，止二十卷，餘不存。」之後亡佚，賴日本藏本而存。日本殘卷復傳回中土，阮元揅經室外集卷二著録五十卷，阮元據上引唐會要及新唐書蕭德言傳，曰：「然則書實成於德言之手。故唐書於魏徵、虞世南、褚亮傳皆不及也。是編卷帙與唐志合。宋史藝文志即不著録，知其佚久矣。此本乃日本人擺印。前有魏徵序，惟闕第四、第十三、第二十三卷。今觀所載，專主治要，不事修辭。凡有關乎政術、存乎勸戒

者，莫不彙而輯之。即所採各書，并屬初唐善策，與近刊多有不同。如晋書二卷，尚爲未修晋書以前十八家中之舊本。又桓譚新論、崔實政要論、仲長統昌言、袁準正書、蔣濟萬機論、桓範政要論，近多不傳，亦藉此以存其梗概。洵初唐古籍也。」

敦煌文獻中有數件節抄杜預春秋左氏傳集解的殘卷，據考，有的可以確認抄自群書治要，有的則疑似抄自此書，附誌於此。一件抄自群書治要：S.0133，節抄杜預春秋左氏傳集解「襄公四年」至「襄公二十五年」部分傳文、杜預集解。陳鐵凡以爲是學塾據群書治要傳抄。圖版見王重民原編、黄永武新編敦煌古籍敘録新編第3册（臺北新文豐出版公司，1986）。又四種疑是抄自群書治要：（1）S.1443V，節抄杜預春秋左氏傳集解「僖公十六年、二十二年、二十三年」部分傳文、杜預集解，陳鐵凡以爲是據群書治要傳抄。圖版見中國社會科學院歷史研究所等編英藏敦煌文獻第3卷（四川人民出版社，1990）。（2）P.3634＋P.3635，節抄杜預春秋左氏傳集解「僖公十九年」至「僖公三十年」部分傳文、杜預集解，陳鐵凡以爲是據群書治要傳抄的。圖版見上海古籍出版社、法國國家圖書館編法藏敦煌西域文獻（上海古籍出版社，1994—2005）。（3）S.11563，節抄杜預春秋左氏傳集解「成公七年、九年」部分傳文，體例頗似群書治要，許建平以爲佚名抄録。圖版見中國社會科學院歷史研究所等編英藏敦煌文獻第14卷。（4）P.2767與S.3354可以綴合，前者節抄杜預春秋左氏傳集解「襄公十八年」至「十九年」傳文，後者節抄「襄公十九年」傳文、杜預集解，陳鐵凡疑是據群書治要傳抄，李索、許建平以爲佚名抄録。以上五種，録文均見李索敦煌寫卷春秋經傳集解校證（中國社會科學院出版社，2005）。後四種疑似抄自群書治要者，因今存群書治要對應卷帙佚失，無法證實是否抄自群書治要，許建平均擬目佚名春秋左氏經傳集解節本。參看陳鐵凡左傳節本考——從英法所藏敦煌兩殘卷之綴合論左傳節本與群書治要之淵源（大陸雜誌第41卷第7期）、許建平敦煌經籍敘録（中華書局，2006）。

〔流佈〕

此書於奈良或平安初期傳入日本。正史所載史料如下：

續日本後紀卷七承和五年（838）六月壬子：「（仁明）天皇御清涼殿。令助教正六位上直道宿祢廣公讀群書治要第一卷，有五經文故也。」三代實録卷二五貞觀十六年（874）閏四月丙戌廿八日：「頃年，（清和）天皇讀群書治要，是日御讀竟焉。」三代實録卷二七貞觀十七年四月廿五日丁丑：「先是，（清和）天皇讀群書治要，參議正四位下行勘解由長官兼式部大甫播磨權守菅原朝臣是善奉授書中所抄納紀傳諸子之文，從五位上守刑部大輔菅野朝臣佐世奉授五經之文，從五位下行山城權

介善淵朝臣愛成爲都講，從四位上行右京大夫兼但馬守源朝臣覺豫侍講席。至是講竟。」日本紀略後篇卷一：昌泰元年(898)二月「二八日，式部大輔紀長谷雄朝臣侍清涼殿，以群書治要奉授(醍醐)天皇。大内記小野朝臣美材爲尚復，公卿同預席」。至鎌倉時期，北條實時及其孫貞顯嘗從京城求得鈔本，清原教隆加點，時在建長五年(1253)以降，事見今存鎌倉鈔本題記，詳小林芳規關於金澤文庫本群書治要之訓點——經部(金澤文庫研究第277號，1986)。日本今存平安時期鈔本殘卷，1945年從東京赤坂九條公爵邸宅發現，習稱九條家本。昭和二十七年(1952)指定爲國寶，今藏國立東京博物館。存十三卷：卷二二、卷二六、卷三一、卷三三、卷三五、卷三六、卷三七、卷四二、卷四三、卷四五、卷四七、卷四八、卷四九；其中一部分有殘闕。詳見是澤恭三新收品研究——關於群書治要、尾崎康群書治要以及其現存本。此外，尚有其他零星殘卷。實隆公記延德二年(1490)十一月十六日甲午曰：「參竹園，權跡正本一卷，被下之，秘藏々々。」此一卷今存(三條西家重書古文書卷二，東京大學史料編纂所藏照片766—10341)，實隆題記曰：「此一卷(小字注：權跡正本)吏部大王賜之，可秘々々，延德二年十一月十六日亞槐拾遺郎。(以下三條西實隆花押)」經考，乃晉劉毅疏，然非抄自晉書，而出自群書治要卷三〇「晉書下」條。又，佐佐木信綱藏孟子　告子殘卷三行，係平安後期鈔本，亦非出自孟子，而自群書治要卷三七「孟子」條抄出。兩殘卷今存天理圖書館。參看太田晶二郎群書治要之殘簡(日本學士院紀要第9卷第1號，1951)、天理圖書館編善本寫真集31古冊殘葉(影印件，附解說，天理大學出版部，1968；重版，京都臨川書店，1988)。據是澤恭三說，酒井氏尚藏有卷三五殘卷。

日本元和二年(1616)，德川家康於金澤文庫發現鎌倉中期鈔本群書治要，翌年以朝鮮銅活字排印刊行，是所謂元和本。元和本印數極尠，又有誤訛，藩主德川宗睦命細井德民、岡田宜生(字挺之，號新川)等校訂，於天明七年再刊，是爲天明本。

金澤文庫本今藏宮内廳書陵部。五十卷四十七軸，卷子本。卷首題「群書治要序，祕書監鉅鹿男臣魏徵等奉勅撰」，缺卷四、卷一三、卷二〇。德川家康嘗命林羅山(1583—1657)補輯，似至元和本刊行時尚未蕆事。其後，細井氏刊印尾張藩刊本時，嘗得輯稿，然已佚其一，故未刊用(尾張藩刊本考例)。輯稿已佚，其卷四、卷一三兩卷鈔本尚存，見關西大學圖書館泊園文庫藏尾張藩本鈔本。

〔參考〕

日本宮内廳書陵部藏、金澤文庫舊藏鎌倉時代鈔本四十七卷(卷四、卷一三、卷二〇原缺)。其影印本有：宮内省圖書

寮本(1941)、京都大學人文科學研究所本(1967)、古典研究會叢書漢籍之部本(第9—15卷，汲古書院，1989—1991，附尾崎康、小林芳規解題)。圖版解説參看：每日新聞社「國寶」委員會編集國寶2平安時代(上)(唐北宋新羅)(每日新聞社，1964)、文化廳監修國寶9書跡1(國書漢籍1，增補改訂版，每日新聞社，1984)。

此外尚有：日本元和二年駿河刊銅活字本(德川家康在駿府命林羅山等以慶長活字排印；重刊本卷六、二五、三五、四〇、四三、四四，以寬政三年尾張刊本配補，此本誤字不少)，日本天明七年(1787)尾張藩刊本(卷四、卷一三、卷二〇原缺。細井德氏據元和二年銅活字印本爲底本，用金澤文庫本校勘，名古屋永樂屋東四郎刊。複製本收入宛委別藏、粵雅堂叢書三編、四部叢刊初編；1988年江蘇古籍出版社影印宛委別藏本，續修四庫全書亦據宛委別藏本)，日本寬政三年(1791)刊本(江户須原屋茂兵衛刊，道光二十七年連筠簃叢書重刻，叢書集成初編、百部叢書集成又據連筠簃叢書本影印)，吕效祖主編新編魏徵集(三秦出版社，1994)，日本弘化三年(1846)紀州藩刊活字本等。

林羅山輯卷四(春秋左氏傳上)、卷一三(漢書一)兩卷鈔本，見關西大學圖書館泊園文庫藏尾張藩本鈔本，尾崎康録出，附載群書治要とその現存本。

小林芳規等宮内廳書陵部藏本群書治要經部語彙索引(古典籍索引叢書10，汲古書院，1996)。

有關研究：是澤恭三新收品研究——關於群書治要について(*Museum* 110，1960)，尾崎康群書治要とその現存本(斯道文庫論集第25輯，慶應義塾大學附屬研究所斯道文庫，1990.3)，吴金華略談日本古寫本群書治要的文獻學價值(文獻2003年第3期)。

(日本藤原佐世撰，孫猛詳考日本國見在書目録詳考。上海古籍出版社，2015年)

舊唐書經籍志丙部子録雜家類

群書理要五十卷，魏徵撰。

(後晉劉昫等撰舊唐書卷四十七。中華書局，1975年)

新唐書藝文志丙部子録雜家類

魏徵群書治要五十卷。

(宋歐陽修、宋祁撰新唐書卷五十九。中華書局，1975年)

中興館閣書目子部類書類

群書治要十卷。秘閣所録唐人墨蹟，乾道七年寫副本藏之。

起第十一，止二十卷，餘不存。

（宋陳騤撰，清趙士煒輯考中興館閣書目輯考。古逸書録叢輯排印本，1933年）

玉海藝文卷二十類書

唐群書治要

志雜家：魏徵群書治要五十卷，劉伯莊音五卷。會要：貞觀五年九月二十七日癸未，秘書監魏徵撰群書理要上之。太宗欲覽前王得失，爰自六經，訖于諸子，上始五帝，下盡晋年，徵與虞世南、褚亮、蕭德言等成五十卷上之，諸王各賜一本。實録作「政要」。書之賜始于儲貳。蕭德言傳：太宗欲知前代得失，詔魏徵、虞世南、褚亮及德言裒次經史百氏帝王所以興衰者上之，帝愛其書博而要，曰：使我稽古臨事不惑者，公等力也。賚賜尤渥。李泌事見王政記。群書政要序例：俯協堯舜，式遵稽古，以爲六籍紛綸，百家踳駁。窮理盡性，則勞而少功；周覽泛觀，則博而寡要。爰命臣等采摭群書，自六經訖諸子，始五帝，盡晋年，凡爲五帙，合五十卷。本求政要，故以「政要」爲名。並棄春華，采秋實。庶弘兹九德，簡而易從；觀彼百王，不疾而速。太宗覽之稱善，敕太子、諸王各傳一本，賜徵帛二百匹。集賢注記：天寶十三載十月，敕院内别寫群書政要，刊出所引道德經文。先是，院中進魏文正所撰群書理要，上覽之稱善，令寫十數本，分賜太子以下。鄴侯家傳：上曰：朕欲知有古政理之要，而史籍廣博，卒難尋究，讀何書而可？對曰：昔魏徵爲太宗略群書之言理道者，撰成五十卷，謂之群書理要。今集賢合有本。又肅宗朝，宰相裴遵慶撰自上古已來至貞觀帝王成敗之政，謂之王政紀，凡六十卷。比寫本送臣，欲令進獻於先朝，竟未果。其書見在，臣請進之，以廣聖聰。上曰：此尤善也，宜即進來。於是表獻。中興書目：十卷，秘閣所録唐人墨蹟，乾道七年寫副本藏之。起第十一，止二十卷，餘不存。

（宋王應麟撰，武秀成、趙庶洋校證玉海藝文校證。鳳凰出版社，2013年）

通志藝文略諸子類儒術

群書治要五十卷，魏徵撰。

（宋鄭樵撰，王樹民點校通志二十略。中華書局，1995年）

宋史藝文志子部類事類

群書治要十卷。秘閣所録。

（元脱脱等撰宋史卷二百七。中華書局，1985年）

竹汀先生日記鈔卷一所見古書

歸安陳鎮衡文學鑾過談，以日本人所刻群書治要前三册見示。共五十卷。題云「祕書監鉅鹿縣男魏徵撰」，僞託不足信。

十駕齋養新録摘鈔卷六

群書治要

日本人刻群書治要五十卷，每卷首題「祕書監鉅鹿男臣魏徵等奉敕撰」。一周易，二尚書，三毛詩，四至六春秋左氏傳，七禮記，八周禮、周書、國語、韓詩外傳，九孝經、論語，十孔氏家語，十一至十二史記，十三至二十漢書，二十一至二十四後漢書，二十五至二十八三國志，二十九至三十晉書，三十一六韜、陰謀、鬻子，三十二管子，三十三晏子、司馬法，三十四老子、鶡冠子、列子、墨子，三十五文子、曾子，三十六吴子、商君子、尸子、申子，三十七孟子、慎子、尹文子、莊子、尉繚子，三十八孫卿子，三十九吕氏春秋，四十韓子、賈子，四十一淮南子，四十二鹽鐵論、新序，四十三説苑，四十四桓子新論、潛夫論，四十五崔寔正論、昌言，四十六申鑒、中論、典論，四十七劉廙政論、蔣子、政要論，四十八體論、典語，四十九傅子，五十袁子正書、抱朴子。前有尾張國校督學臣細井德民序，題云「天明五年乙巳春二月」，未知當中國何年也。

（清錢大昕撰，程遠芬點校，杜澤遜審定潛研堂序跋　竹汀先生日記鈔　十駕齋養新録摘鈔。上海古籍出版社，2018年）

平津館鑒藏書籍記卷三外藩本

群書治要五十卷　唐魏徵撰。

影寫本。題「祕書監鉅鹿男臣魏徵等奉敕撰」。前有魏徵群書治要序。又有天明七年國子祭酒林敬信序，天明五年尾張國校，督學臣細井德民考例，皆日本人。天明五年當乾隆五十年。玉海引魏徵群書治要序，與此本同。其所引子書，多近今闕佚之本。缺第四、第十三、第廿共三卷。

孫氏祠堂書目内編卷二諸子第三儒家

群書治要五十卷

唐魏徵撰。影寫日本國本，原缺三卷。

（清孫星衍撰，焦桂美、沙莎整理，杜澤遜審定平津館鑒藏書籍記　廉石居藏書記　孫氏祠堂書目。上海古籍出版社，2021年）

揅經室外集卷二

群書治要五十卷提要

唐魏徵等奉敕撰。徵字玄成，魏州曲城人，官至太子太師，謚文貞。事蹟具唐書本傳。案宋王溥唐會要云：貞觀五年九月二十七日，秘書監魏徵撰群書治要上之。又云：太宗欲覽前王得失，爰自六經訖于諸子，上始五帝，下盡晋年。書成，諸王各賜一本。又唐書蕭德言傳云：太宗詔魏徵、虞世南、褚亮及德言，裒次經史百氏帝王所以興衰者上之。帝愛其書博而要，曰：使我稽古臨事不惑者，卿等力也。德言賚賜尤渥。然則書實成于德言之手，故唐書于魏徵、虞世南、褚亮傳皆不及也。是編卷帙與唐志合。宋史藝文志即不著録，知其佚久矣。此本乃日本人擺印，前有魏徵序，惟闕第四、第十三、第二十三卷。今觀所載，專主治要，不事修辭。凡有關乎政術，存乎勸戒者，莫不彙而輯之。即所采各書，並屬初唐善策，與近刊多有不同。如晋書二卷，尚爲未修晋書以前十八家中之舊本。又桓譚新論，崔實政要論，仲長統昌言，袁準正書，蔣濟萬機論，桓範政要論，近多不傳，亦藉此以存其梗概，洵初唐古籍也。

（清阮元撰，鄧經元點校揅經室集。中華書局，2006年）

鄭堂讀書記子部雜家類

群書治要五十卷日本國活字版印本

唐魏徵等奉敕編。仕履見史部正史類。新、舊唐志俱著録，惟舊唐志作群書理要，按宋王溥唐會要亦云：「貞觀五年九月二十七日，秘書監魏徵撰群書理要上之。」則其書初名理要，後改治要，其義一也。唐會要又云：「太宗欲覽前王得失，爰自六經，迄于諸子，上始五帝，下盡晋年，書成，諸王各賜一本。」新唐書文苑列傳蕭德言傳云：「太宗詔魏徵、虞世南、褚亮及德言，裒次經史百氏帝王所以興衰者上之。帝愛其書博而要，曰：『使我稽古，臨事不惑者，卿等力也。』德言賚賜尤渥。」據此，則此書出於當時四賢之手而成也。然自崇文總目以下俱不載，則書佚于北宋時。惟日本國有僅存本，乾隆中，其國人始以活字版印出。原闕第四、第十三、第二十共三卷。其書前十卷爲經，凡周易、尚書、毛詩、春秋左氏傳、禮記、周禮、周書、國語、韓詩外傳、孝經、論語、孔子家語十二種；次二十卷爲史，凡史記、吴越春秋、漢書、後漢書、魏志、蜀志、吴志、晋書八種；末二十卷爲子，自六韜以至抱朴子，凡四十七種。前有徵奉敕撰序。瀛舟筆談載阮雲臺元撰此書提要云：「所採各書並屬初唐善策，與近刊多有不同。如晋書二卷，尚爲未修晋書以前十八家中之舊本。又桓譚新論、崔寔政要論、仲長統

昌言、袁準正書、蔣濟萬機論、桓範政要論，近多不傳，亦藉此以存其梗概，洵初唐古籍也。」前又有日本國林信敬序及細井德民考例。

（清周中孚撰，黄曙輝、印曉峰標校鄭堂讀書記補逸卷二十六。上海書店出版社，2009年）

蒲編堂路氏藏書目二十五

群書治要五十卷　日本刊本　二函十三册

唐魏徵撰。是書四庫未經著録。乾隆末日本國始以刊本流布内土。見阮氏揅經室外集。

（清路慎莊撰，杜以恒整理蒲編堂路氏藏書目。齊魯書社，2021年）

增訂四庫簡明目録標注卷十三子部雜家類

群書治要五十卷　唐魏徵等撰。日本國刻本。缺第四、第十三、第二十共三卷。四庫未收。此書山西楊氏新刊。

〔續録〕四部叢刊本

附録三東國書目

群書治要五十卷　日本尾張國天明七年細井德民等校刊本二十五册　中國乾隆五十六年　唐祕書監鉅鹿男魏徵奉敕撰原五十卷。缺第四、第十三、第二十共三卷，現存四十七卷。卷首列校正群書治要序。次列刊群書治要考例。天明七年丁未四月朝散大夫國子祭酒林信敬撰。天明五年乙巳春二月乙未細井德民識。後有尾張國校藏板圓印一。魏徵原序一首。

（清邵懿辰撰，邵章續録增訂四庫簡明目録標注。上海古籍出版社，1979年）

藏園訂補郘亭知見傳本書目子部雜家類

〔增〕群書治要五十卷　唐魏徵等奉敕撰。徵字玄成，魏州曲城人，官至太子太師，謚文貞，事詳本傳。唐會要云，貞觀五年九月二十七日，秘書監魏徵撰群書治要上之。又唐書蕭德言傳，太宗詔魏徵、虞世南、褚亮及德言裒次經史百氏帝王所以興衰者上之，帝愛其書博而要，曰：使我臨事不惑者，卿等力也。德言賚賜尤渥。然則書實成德言手，故諸傳不及也。○此書自宋志即不著録，其佚已久，此本乃日本人擺印，惟缺第四、第十三、第二十，凡三卷。所采各書並初唐善策，與近刻多有不同，晋書二卷尚有未修以前十八家之中舊本。又桓譚新論、崔實政要論、仲長統昌言、袁準正書、蔣濟萬機論、桓範政要論，多近世無傳，亦藉此以存其梗概。

〔補〕○清道光二十七年楊墨林刊連筠簃叢書本。○清

咸豐七年刊粤雅堂叢書二十六集本。○此書中土久佚，清代始有日本得之，故無舊刊本。四部叢刊本即以日本天明七年尾張氏刊本印入。

（清莫友芝撰，傅增湘訂補，傅熹年整理藏園訂補郘亭知見傳本書目卷十。中華書局，2009年）

經籍訪古志子部儒家類

群書治要五十卷　舊鈔卷子本，楓山官庫藏

卷首題「群書治要序，秘書監鉅鹿男臣魏徵等奉勑撰」。界欄長六寸九分，幅八分。每張二十行，行十三字至十四五字。每卷末有建長、康元、正嘉、正元、文應、建治、嘉元、德治、延慶、文永間清原教隆、隆重、賴業及藤原經雄、俊國、敦周、敦綱、敦經等校點記。又有文永中越後守顯時書寫校點記，嘉元中越後守貞顯書寫重校記，俱係親筆題署。每卷首尾有「金澤文庫」印記。

（日本澁江全善、森立之等撰，杜澤遜、班龍門點校經籍訪古志卷四。上海古籍出版社，2017年）

萬卷精華樓藏書記子部雜家類

群書治要五十卷

唐魏徵等撰

連筠簃本。首揅經室外集提要，次校正序，次目録。凡經十卷，易、書、詩、左傳、禮記、周禮、周書、國語、韓詩外傳、孝經、論語、家語；史二十卷，史記、吴越春秋、兩漢書、三國志、晋書；子二十卷，六韜、陰謀、鬻子、管子、晏子、司馬法、孫子、老子、鶡冠子、列子、墨子、文子、曾子、吴子、商君子、尸子、申子、孟子、慎子、尹文子、莊子、尉繚子、孫卿子、吕氏春秋、韓子、三略、新語、賈子、淮南子、鹽鐵論、新序、説苑、桓子新論、潛夫論、崔寔政論、昌言、申鑒、中論、典論、劉廙政論、蔣子、政要論、體論、典語、傅子、袁子書、抱朴子。經、史、子共六十五種，此所謂「群書」也；采其有關治法者，於原文甚有所省，故曰「治要」。上始五帝，下迄晋年。所採各書，并屬初唐善册，與近刻多不同。予欲以此書校正諸子書，僅及管子而止。書中有注，應是輯書時所採。上欄間有説，乃日本人刻書時所增。是書宋志已不著録，則亡佚已久。此本乃日本人擺印、楊氏刻入叢書者。前有天明七年朝散大夫、國子祭酒林信序，序稱「尾公使世子命臣僚校正而上之木」，則尾爲國姓。又按：尾張國序爲活字銅板所刻，外國多僞本。是書證以大唐新語，非僞書也。

例曰：「舊目五十卷，今存四十七卷，其三卷不知亡於何時。羅山先生補其三卷，而一卷不傳。天明五年，尾張國校，督學臣細井德民識。」案：目第四、第十三、第二十注「闕」字。

大唐新語：「太宗欲見前代帝王事得失以爲鑒戒，魏徵乃以虞世南、褚遂良、蕭德言采經史、百家之内嘉言善語、明王暗君之迹爲五十卷，號『群書理要』，上之。太宗手詔曰：『朕少尚威武，不精學業，先王之道茫若涉海。覽所撰書，博而且要，見所未見，聞所未聞。使朕致治稽古，臨事不惑。其爲勞也，不亦大哉。』賜徵等絹千疋、彩物五百段。太子、諸王各賜一本。」案：卷數與唐志同，與今本亦合，惟「治要」作「理要」，微異。阮氏引唐會要，未及新語，因録之。

（清耿文光撰，潘慎、張梅等點校萬卷精華樓藏書記卷九十一。上海古籍出版社，2014年）

善本書室藏書志子部雜家類

群書治要五十卷　日本刊本

祕書監鉅鹿男魏徵等奉敕撰

徵，字玄成，魏州曲城人。官至太子太師。謚文貞。唐書有傳。宋王溥唐會要云：貞觀五年九月二十七日，祕書監魏徵撰群書治要上之。又云：太宗欲覽前王得失，爰自六經訖於諸子，上始五帝，下盡晋年。書成，諸王各賜一本。又唐書蕭德言傳載：太宗詔魏徵、虞世南、褚亮及德言裒次經史百氏帝王所以興衰者，上之，帝愛其廣博而要，曰：使我稽古臨事不惑者，卿等力也。德言賚賜尤渥。故是書題魏徵等奉撰，明非出一人手也。卷帙與唐志合。宋史藝文志即不著録。前有徵序，玉海所引序文與此相同。後有天明七年國子祭酒林敬信序，天明五年尾張國校督學臣細井德民考例。蓋日本人以卷子本擺印，天明五年當乾隆五十年流入中華。儀徵阮元録以進呈，其中子書多近今闕佚之本。惟缺第四、第十三、第二十共三卷。

（清丁丙撰，曹海花點校善本書室藏書志卷十九。浙江古籍出版社，2016年）

皕宋樓藏書志子部雜家類

群書治要五十卷東洋刊本

唐秘書監鉅鹿男魏徵等撰

揅經室外集（下略）

（清陸心源撰，許靜波點校皕宋樓藏書志卷五十八。浙江古籍出版社，2016年）

拙尊園存書目卷五鈔校本

日本板群書治要二十五本，五十卷。

（清黎庶昌撰，黎鐸、龍先緒點校黎庶昌全集。上海古籍出版社，2015年）

古文舊書考舊鈔本考

群書治要四十七卷　殘卷子本

群書治要五十卷，唐魏徵、虞世南、褚亮、蕭德言等奉敕撰。唐會要云：「貞觀五年九月二十七日，祕書監魏徵撰群書治要上之。」又云：「太宗欲覽前王得失，爰自六經，訖于諸子，上始五帝，下盡晉年。書成，諸王各賜一本。」玉海引集賢注記曰：「天寶十三歲，先是院中進魏文正所撰群書政要。唐避高宗諱，「治」改「理」，又改「政」。故玉海依舊本作理要，且云實録作政要。上覽之，稱善，令寫十數本分賜太子以下。」唐書蕭德言傳云：「太宗詔魏徵、虞世南、褚亮及德言，裒次經史百氏帝王所以興衰者上之。帝愛其書博而要，曰：『使我稽古臨事不惑者，卿等力也。』德言賚賜尤渥。」則茲編魏徵爲之總裁，而德言主其撰也。我邦之有群書治要，蓋昉於仁明御宇。續日本後紀云：「仁明天皇承和五年六月，當唐開成三年。天皇御清涼殿，令助教直道宿祢廣公讀群書治要第一卷，有經文故也。」三代實録云：「清和天皇貞觀十七年四月，當唐乾符二年。天皇讀群書治要。」扶桑略記、日本紀略則曰：「醍醐天皇昌泰元年二月，當唐光化元年。式部大輔紀長谷雄朝臣侍清涼殿，以群書治要奉授天皇。大内記小野朝臣美村爲尚復，公卿同預席。」新儀式御讀書條則稱：「舊例，七經召明經博士，史書召紀傳博士，群書治要式用明經、紀傳各一人。」依是觀之，其舶載之久，蓋遣唐留學使臣所齎而來，經筵開講亦已久矣。玉海引中興館閣書目云：祕閣所録唐人墨蹟，乾道七年寫副本藏之，起第十一止二十卷，餘不存。唐劉肅大唐新語載太宗宸翰，册府元龜獨收魏序。爾來崇文總目、宋志以下皆不著録，乃知其在唐時尚未至大顯，遂泯（泯）於宋氏也。是書卷第十七末有北條實時跋，云：「建治元年六月二日，以勾勘本書寫點校終功。此書先年後藤壹州爲大番在洛之日，予依令誂所書寫下也。爰去文永七年極月，回禄成孽，化灰燼畢。今本者炎上以前以予本勾勘，令書寫之間，還又以件本重令書寫者也。越州刺史。」卷第十五末又云：「文永七年十二月，當卷以下少少燒失了，然間以康有本書寫點校了。」卷第二十八有其孫貞顯跋，曰：「嘉元四年二月十八日，以右大辨三位經雄卿本書寫點校畢。此書祖父越州之時，被終一部之功之處，後年少少紛失了，仍書加之而已。從五位上行越後守平朝臣貞顯。」蓋勾勘即勘解，由是指三善康有。今合而考之，實時嘗使後藤壹州就康有藏本傳鈔一通，後又鈔副本。文永七年十二月，不戒于火，壹州所鈔旋化灰燼，而副鈔本亦第十五以下間有佚亡，至貞顯始鈔補之也。但此書既有建長識語，則副鈔亦決不在建長之下矣。每卷末有建長、康元、正喜、正元、文應、建治、嘉元、德治、延慶、文永間，清原隆重、賴業、教隆，及藤原經雄、俊國、敦周、敦綱、敦經等校點記。又有文永中越後守實

時、嘉元中越後守貞顯點校及重校記，俱係親筆題署。卷子之制，接粘楮牋，烏絲欄界，紙高九寸五分弱，界高七寸，一款八分强。每張二十行，行十三字、十四、十五、十六字。首有序，題云「群書治要序　祕書監鉅鹿男臣魏徵等奉勅撰」。「勅」字上一字敬闕，每卷如此。次目録。次題「群書治要卷第一」。次行記「周易」二字，又次行云「乾元亨利貞」。「乾」字欄上横書「易經」二字。予以元和活字刊本對校祕府卷子本，稍有異同。方其入梓時，撲葉掃塵，固不爲無功，然其間有原本不誤，却所妄改者。魏序「乖得一之旨」，「乖」上御本有「旂」字。目録「二十」、「三十」、「四十」、「五十」等字并作「廿」、「卅」、「卌」、「卌」；目録第卌二「鹽鐵論新序」，御本作「新序説苑」；第卌三「説苑」，御本作「鹽鐵論桓子新論」；第卌四「桓子新論潛夫論」，御本「桓子新論」四字無；第卌八「體論典語」，御本「體論」下有「時務論」三字；活字本「貞」字皆闕末筆，御本不闕。論具於活字本聚分韻略條。乾「問以辨之」，又同人「君子以類族辨物」，二「辨」字御本并作「辯」。屯注「莫善於建侯」、賁注「乃得終吉也」、習坎注「故得保其威尊」，「侯」下、「尊」下并有「也」字，「也」下有「之」字。蹇注「志匡王室者也」，御本「匡」作「迋」。益「自上下」，御本「下」下有「下」字。鼎「聖人以享上帝」，御本「人」下有「亨」字。艮注「乃光明」，御本「明」下有「也」字。節注「爲節過時」，御本「時」作「苦」。中孚注「柔有内」，御本「有」作「在」。繫辭「天」字欄上，御本「繫辭」二字横書。御本「聖人有以見天下之頤」云云句，直接上「易行乎其中矣」句。「存其位者也」，御本「存」作「在」。「治容誨淫」，御本「治」作「冶」。御本「易曰困于石，據于蒺藜」云云，直接上「禁民爲非曰義」。又「履德之基」及注「能成可久可大之功」，「基」下、「功」下并有「也」字。「範圍擬範天地」，御本「圍」下有「者」字。「以成化生」，「生」下有「也」字。「乘疊至而也」，御本「至而」作「而至」。又「昔者聖人」以下四十一字，説卦文也，非繫辭文也，而卷子本加之於繫辭中，此恐錯誤。卷第二尚書「虞舜側微」以下，御本別行平頭，「側」作「仄」。注「不有迷錯諐伏」，御本「諐」作「諐」。案，「諐」，籀文愆字。「終身已其」，御本「其」作「甚」。「辯給之言」，御本「辯」作「辨」。「政事懋哉懋哉」，案，今通行尚書此句見咎繇謨中。而「帝曰：吁，臣哉，鄰哉」句，則益稷之一節也。而今兩相接。舊尚書，咎繇謨、益稷相連。今考御本，又如此。乃知卷子本不但有異同，又可以知舊本之卷第矣。他異同極多，録具於群書點勘。又其異字俗文，如「乾」之作「乹」、「鼎」之作「鼑」、「殺」之作「煞」、「麓」之作「禁」、「鯀」之作「骸」、「罔」之作「冈」、「夷」之作「𡗝」、「德」之作「悳」、「哲」之作「悊」、「懋」之作「楙」、「豫」之作「悆」、「兆」之作「垗」、「巫」之作「坙」、「愆」之作「諐」，今不一一採録。是書所載，皆初唐舊本，可藉以訂補今本之譌誤者，亦復不鮮。於孝經採鄭注，晉書則爲未修晉書以前十八家中之古籍，其餘桓譚新論、崔實政要論、仲長統昌言、袁準正書、蔣濟萬機論、桓範政

要論，皆當世所失傳，獨僅存十一於千百。茲書紙質似於卷子本左氏集解，而結體遒勁絶倫，有率更之逸致。夫實時英明雋永，世之所仰以爲山斗，得其片楮隻簡，寶如琬琰。而斯累累四十七卷，而皆經其點校，今雖佚其第四、第十三、第二十三卷，其梗概則存，不亦可幸乎！每卷首尾捺「金澤文庫」圖章，但當時所傳録者，今不可識別。其出於舊時之傳鈔本乎？抑亦據唐鈔本乎？予不敏，不足以知之。雖然，鐮倉氏距今六七百年，書香馣馤，神彩奕奕，其筆精墨妙，光耀日月，數百歲下，俾人凜然生敬也。顧亦繼今而後之君子，苟有拜祕府之藏也，讀斯書也，則必有思所以斯書之存於今者，感極而泣若予者矣。而唐土之人讀斯書，則其尊崇威敬之心，其有不油然而興者耶？學者知先哲之勤懇如斯，憫今本之詭異如彼，緣異文以考作者之意，讀奇字而求制字之原則可，若徒以其珍册異書，則兩失之矣。

（日本島田翰撰，杜澤遜、王曉娟點校古文舊書考卷一。上海古籍出版社，2017年）

書舶庸譚卷三

群書治要四十七卷

古寫卷子本。缺第四、第十三、第廿三，慶長紀州活字本即從此出。後復有官本，連筠簃叢書刻之。閲其首尾各一卷。前有「秘書監鉅鹿男臣魏徵等奉敕撰」題銜。徵序稱：太宗欲覽前王得失，爰自六經訖於諸子，上始五帝，下盡晋年，凡爲五帙，合爲五十卷。本求治要，故以治要爲名云云。卷末有建長七年後深草天皇，當宋理宗寶祐三年八月十四日前叁河守清原跋並署押蓋章，各卷皆有，茲録其末卷跋如後：

文應改元之曆龜山天皇，當宋理宗景定元年。應鐘上旬之候，清家（玉）〔末〕儒，白地上洛，蓋是及六旬之候，加五儒之末。雖無面目，不得點正爲進上革命勘文，愍所催長途旅行也。以此便宜，依越（川）〔州〕使君教命。此書申出蓮花王院寶藏御本，終校點之功者也。此御本之外，諸儒家更無此書點本云云，尤可秘者歟。直講清原署押。

（董康撰，朱慧整理書舶庸譚。中華書局，2013年）

群碧樓善本書録卷五鈔校本

群書治要五十卷十六册

唐魏徵等奉敕編。

鈔本。

有日本天明七年丁未四月朝散大夫國子祭酒林信序，又徵序。

有「淮海世家」、「高郵王氏藏書印」二印。

（鄧邦述撰，金曉東整理，吴格審定群碧樓善本書録 寒瘦山房鬻存善本書目。上海古籍出版社，2020年）

積學齋藏書記子部

群書治要五十卷子部類書類

唐祕書監鉅鹿男臣魏徵等奉敕撰。日本刊本。首有徵自序，有日本天明七年丁未四月朝散大夫國子祭酒林信敬序，又尾張國校督學細井德民刊群書治要考例。後有「尾張國校藏板」朱文大圓印。

（徐乃昌撰，柳向春、南江濤整理，吴格審定積學齋藏書記。上海古籍出版社，2020年）

中國簿録考讀書録卷八讀書録

群書治要五十卷

唐魏徵等撰，有連筠簃叢書本。徵字玄成，曲城人，太宗時拜諫議大夫，轉秘書監，拜特進，知門下省事，卒謚文貞。

（項士元撰，徐三見點校中國簿録考卷八。上海古籍出版社，2019年）

中國善本書提要子部類書類

群書治要五十卷

二十二册（四庫未收書目卷二）（北圖）

日本活字本（八行十七字[21×15.6]）

原題：「秘書監鉅鹿男臣魏徵奉敕撰。」是書自宋以後，中國失傳。日本有舊鈔卷子本四十七軸（闕第四、第十三、第二十，凡三軸）。具詳島田翰古文舊書考卷一。元和二年（萬曆四十四年），德川家康命林道春等以慶長活字，擺印成書，即此本是也。後一百七十一年爲天明七年，林信敬復校正付梓，今有四部叢刊影印本。慶長活字，得自朝鮮，説詳古文舊書考卷三聚分韻略條下。天明間，已稱不易得。此本除無原闕三卷外，又闕卷十四至卷十八，總闕八卷。

自序。

群書治要五十卷

二十五册（國會）

日本天明七年刻本（九行十八字[1.8+19.7×14.5]）

原題：「秘書監鉅鹿男臣魏徵奉敕撰。」按是書中土久佚，此本原缺卷第四、第十三及第二十，凡三卷。阮元始編入宛委別藏中，今四部叢刊即據此本影印。

林信敬序（天明七年[一七八七]）

魏徵序

（王重民撰中國善本書提要。上海古籍出版社，1983年）

附録二　序跋

校正群書治要序

［日本］林信敬

古昔聖主賢臣所以孜孜講求，莫非平治天下之道，皆以救弊于一時，成法于萬世，外此豈有可觀者哉？但世遷事變，時换勢殊，不得不因物立則，視宜創制。是以論説之言日浩，撰著之文月繁，簡樸常寡，浮誕漸勝，其綱之不能知，而况舉其目乎？此書之作，蓋其以此也。先明道之所以立，而後知政之所行；先尋教之所以設，而後得學之所歸。自典誥深奥，訖史子辨博，諸係乎政術、存乎勸戒者，舉而不遺。罷朝而不厭其淆亂，閉室而不煩其尋究，誠亦次經之書也。我朝承和、貞觀之間，致重雍襲熙之盛者，未必不因講究此書之力。則凡君民、臣君者，非所可忽也。尾公有見于斯，使世子命臣僚校正而上之木，又使余信敬序之。惟信敬弱而不敏如宜固辭者，而不敢者，抑亦有故也。群書治要五十卷，五十卷内闕三卷。神祖還駿府，得此書，惜其不全，命我遠祖羅山補之三卷，内一卷今不傳。今尾公此舉，上之欲君民者執以致日新之美，下之欲臣君者奉以贊金鏡之明。爲天下國家冀昇平之愈久，遠心曠度，有不可勝言者也。信敬預事，亦知遠祖所望，信敬是所以奉命不敢辭也。天明七年丁未四月朝散大夫國子祭酒林信敬謹序。

（載天明刻本卷首）

刊群書治要考例

［日本］細井德民

謹考國史，承和、貞觀之際，經筵屢講此書，距今殆千年。而宋、明諸儒無一言及者，則其亡失已久。寛永中，我敬公儒臣堀正意檢此書，題其首曰：正和年中，北條實時好居書籍，得請諸中秘，寫以藏其金澤文庫。及神祖統一之日見之，喜其免兵燹，乃命範金，至台廟獻之皇朝，其餘頒宗戚親臣，是今之活字銅版也。舊目五十卷，今存四十七卷，其三卷不知亡何時。羅山先生補其三[一]卷，其一卷不傳，故不取也。但知金澤之舊藏亦缺三本，近世活本亦難得。如其繕本，隨寫隨誤，勢世以音訛，所處以訓謬，間有不可讀者。我孝、昭二世子好學，及讀此書，有志校刊。幸魏氏所引原書，今存者十七八，乃博募異本於四方，日與侍臣照對是正。業未成，不幸皆早逝。今世子深悼之，請繼其志，勗諸臣相與卒其業。於是我公上自内庫之藏，旁至公卿大夫之家，請以比之，借以對之。乃命臣人見黍、臣深田正純、臣大塚長幹、臣宇野久恒、臣角田明、臣野

［一］「三」，原作「二」。

村昌武、臣岡田挺之、臣關嘉、臣中西衛、臣小河鼎、臣南宮齡、臣德民等，考異同，定疑似。臣等議曰：是非不疑者，就正之，兩可者，共存。又與所引錯綜大異者，疑魏氏所見，其亦有異本歟？又有彼全備而此甚省者，蓋魏氏之志，唯主治要，不事修辭，亦足以觀魏氏經國之器，規模宏大，取舍之意，大非後世諸儒所及也。今逐次補之，則失魏氏之意，故不爲也。不得原書者，則敢附臆考，以待後賢。以是爲例，讎挍以上。天明五年乙巳春二月乙未尾張國校督學臣細井德民謹識。

（載天明刻本卷首）

活字銅版群書治要序

［日本］山本元恒

自古創業之主，高見遠圖，其所爲有大出人意之表者，故能立永久之基，抑我東照神祖是也。神祖以英明之天資，留情於典籍。當戰攻未息之際，文禄元年，始知藤肅於肥之名護屋，問聖學之大要，悦其學術。明年又召見於江府，講貞觀政要。其在駿府，以林忠爲講官，日講經籍，以備顧問。慶長五年，命足利僧三要挍孔子家語、貞觀政要等，而活版之。元和元年，海内統一，厥翌，又以活字銅版印群書治要。非其高見遠圖，有大出人意之表，安能如是也哉。其撥亂反正，拯億兆之焚溺，重熙累洽，到今殆三百年。人浴其鴻澤，目不覩干戈者，實有所從來矣。於戲，何其盛也。後以其銅版，賜我國祖南龍公，公奉而藏之秘府。其所印之群書治要，至台德大君獻之天朝，其餘頒宗室親臣，而賜我藩特數十部。元禄三年，清溪公親製其跋文，納一部于伊勢豐宫崎文庫，餘藏于内庫，傳以到今焉。抑貞觀政要、群書治要二書，在昔爲我恒典，而列於經筵，觀禁秘抄所載順德皇之制詔而可知矣。及至神祖之隆興，振起舊典，特崇尚斯二書，其語群臣，恒稱而不置云。文化年間，一位老公有取秘府所藏之銅版，以活版貞觀政要之微旨，使先臣惟恭粗擬其事，而終不果。文政元年，命故督學山本惟孝挍之，梓以爲官版。天保癸卯之秋，老公與今公謀，又有活版群書治要之微旨，命儒臣閲其字。越翌年，遂有印版之命，令臣元恒及講官執事，通官助教亦與焉。夫曩梓貞觀政要，今又有此命，皆奉承神祖之遺訓。且所賜之銅版不空藏于秘府，又喻國老諸司，以此書之有裨益於政治，不可不（必）讀。又藏諸學館，欲使列于生徒肄業之次也，可不謂盛舉乎。斯書舊五十卷，内欠三卷，今所存四十七卷。元和元年，命林忠補缺卷，則蓋自其時而已然也。然所賜之原本四十七卷，而其所補今不存，故今所活版依原本。且魏氏所引之本書全備，而原本省約，有其義難通者，此全脱誤，則就本書而補正之，如其異同，無害於義，則存舊不敢妄改。本書今不存者，雖有義之難通，亦沿舊而不臆考焉。兩公之意，蓋以不公諸世，欲使國老諸司知其大意故也。今茲弘化丙午仲春竣功，謹以上。督學

臣山本元恒謹序。

（載弘化活字本卷首；又載日本高木文著增補好書雜識，日本昭和八年排印本）

群書治要跋

（清）伍崇曜

右群書治要五十卷，原闕第四、第十三、第二十三卷。唐魏徵等奉敕撰。徵，字玄成，魏州曲城人，官至太子太師，事蹟具唐書本傳。此書四庫未著録，阮文達公揅經室集據蕭德言傳定爲書成於德言之手。按王應麟玉海引集賢注記云：「天寶十三載十月，敕院内别寫群書政要，刊出所引道德經文。」又李蘩鄴侯家傳云：「上曰：『朕欲知有古政理之要，而史籍廣博，卒難尋究，讀何而可？』對曰：『昔魏徵爲太子略群書之言理道者，撰成五十卷，謂之群書理要，今集賢合有本。』」則唐人固甚重其書矣。沿及兩宋，傳本遂稀。考王堯臣等崇文總目已不載此書。惟陳騤中興書目云：群書治要十卷，祕閣所録唐人墨蹟，乾道七年寫副本藏之，起第十止二十卷，餘不存。今宋史藝文志「事類門」亦作十卷。阮文達公謂宋史不著録者，非也。書中所載古籍多與今本歧異，且多近所不傳。内晉書二卷，猶是十八家中舊本，惟本紀後即繼以宗室諸王暨劉寔等傳，而刑法志、百官志乃在虞悝傳之後，何曾傳之前，體例殊爲參錯。考劉知幾史通曰：「舊史以表志之帙分於紀傳之間，降及蔚宗，肇加釐革，沈、魏繼作，相與因循。」是晉宋人撰史多有此例，今是書殆亦仍其舊式歟。近孫淵如觀察平津館叢書輯有六韜逸文、尸子二種，采摭此書凡數十條。而歷城馬氏玉函山房叢書於崔寔政論、仲長統昌言、蔣濟萬機論、劉廙政論、桓範政要論、陸景典語、袁準正書俱有輯本，乃轉一字不録，則馬氏亦未見此書矣。原本有日本尾張國校督學臣細井德民校勘語，標於上方，自稱較金澤舊藏互有補正，今亦姑仍其舊。至新唐志稱劉伯莊有群書治要音五卷，今不可見，疑散佚已久，俟異時或購得當補刊之。咸豐丁巳閏端陽後二日南海伍崇曜謹跋。

（載粤雅堂叢書本卷末）

附録三

群書治要及其現存本

［日本］尾崎康　撰　王菲　譯

一、關於群書治要

群書治要五十卷，正如書名所示，乃是從古來群書中選抄論述治政要諦文章之輯録。因係唐太宗爲其本人及後繼諸帝王而編纂，故完成後隨即繕寫數部分賜諸王。唐玄宗亦有類似舉措。是書於奈良時代或平安時代初期舶來我國，史載仁明天皇以下諸帝均受講説。

至鎌倉時代〔一〕後期，北條實時及北條貞顯（實時之孫）尤爲尊崇是書，往京都尋訪寫本，又令清原教隆等人施添訓點，「跟從彼等講讀經書兩至六回」、「大部分子書一回」，標識此類講説的記號在書中有所殘留。該金澤文庫本原闕三卷，不過衆所周知，其乃唯一一部完具之善本，曾收藏於江户幕府，現藏宮内廳書陵部。

據金澤文庫本大部分卷末所附奥書〔二〕可知，當時京都似乎傳存有數種寫本，由此可窺見群書治要備受尊崇之程度。當時所流傳者蓋爲平安時期寫本或其傳抄本，一般認爲均早已亡佚。然而在第二次世界大戰結束後，九條家傳平安時代中期寫本（殘十三卷）却驟現於世間。

元和二年（一六一六），德川家康擬據金澤文庫本採用銅活字排印是書，隨後遽然病逝，銅活字本在其殁後不久才完成印製。繼承并接管此批印本及活字的紀伊藩於弘化三年（一八四六）復以活字再刊。不過二者現存本皆較爲稀少，普及度不高。

天明七年〔三〕，尾張藩以元和本爲底本、校以金澤文庫本且重加刊刻者，對我國漢學者以及中國學林皆影響深遠。書中所收孝經注文被判明爲鄭玄注，其中三部更是由長崎送往清國并多次翻刻，一度成爲熱門話題。理由是，鄭注孝經在中國未有傳存。就連群書治要在宋代時早已逸失。

以上諸等經緯自右文故事〔四〕卷三見述以來，漸爲世間所知，然似乎未引起廣泛關注。一九四一年，（時）宮内省圖書寮將金澤文庫本按照原有卷子本形式，以珂羅版印刷刊行五十部，并且用朱筆施添句點、乎己止點（訓點），其後又製活字翻印本，附録詳解，廣爲頒布。加上此前天明尾張本被收入四

〔一〕譯者注：公元一一九二至一三三三年。

〔二〕譯者注：奥書，即識語。

〔三〕譯者注：即一七八八年。

〔四〕譯者注：右文故事，一八一七年由江户幕府御書物奉行近藤正齋撰成，既對幕府紅葉山所藏貴重書來歷作有考證，且記載一七五〇年以前歷代將軍學術事跡。

部叢刊，群書治要一書之價值終於得到相關人士普遍認可。只是，元和版銅活字本誤字較多，珂羅版亦屬稀見，可以説未能很好地傳承金澤文庫本所存繁富訓點之原貌。此外，關於群書治要，因本文、注文中引有衆多佚書，諸先學已發表有各種報告、研究，不過好像大多未曾用到原本。

此外，對於金澤文庫本、九條家本、元和銅活字本、天明尾張本各本雖早已分別作有介紹、解題及研究之類，然均未曾顧及諸本其實皆出一家之情況，缺乏綜合論述。今值古典研究會創立二十五週年紀念，作爲古典研究會叢書漢籍部之一種，群書治要得以再次影印（洋裝七册）出版。藉此時機，筆者有機會得以較爲廣泛地調查群書治要現存本情況，部分内容尊重先學研究成果，不厭重複，試作全盤考察，論述各本間相互之關係。

最早述及、著録群書治要者，有舊唐書經籍志、新唐書藝文志、新唐書蕭德言傳、唐會要、中興館閣書目、玉海等。其中，唐會要卷三十六「修撰」篇，對於是書書名、卷數、成立、目的、内容、編者等相關記述最爲簡明扼要，其文云：

貞觀五年九月二十七日，秘書監魏徵撰群書政要，上之。太宗欲覽前王得失，爰自六經，訖於諸子，上始五帝，下盡晋年。徵與虞世南、（諸）〔褚〕亮、蕭德言等，始成凡五十卷，上之。諸王各賜一本。

此處書名之所以稱「政要」，與舊唐書經籍志作「理要」者同，皆爲避唐高宗名諱，亦有可能是唐會要撰者將群書治要與貞觀政要混爲一同。金澤文庫本卷三尾題亦記云「政要」。傳入我國之祖本爲唐高宗至唐玄宗時期亦即七世紀後半至八世紀左右寫本，關於「治」字避諱之痕跡與書中「民」字缺筆一樣，皆有少許殘餘。

唐太宗力求從歷史、故事、古典等中尋找治政典範之記述，同時爲將其理念彰示内外，命腹心頻頻編纂相同目的之著作，而内容、形式却呈現多樣化，如帝王略論、帝範、貞觀政要（吴兢上表在景隆三年，亦即七〇九年）等。從廣義上云，律令、五經正義、晋書、南北朝五代史等亦應包含在内，長孫皇后女則，降至武則天臣軌等亦可歸爲此列。

貞觀五年（六三一）乃太宗統治權力初步確立時期。初唐十餘間年政局多艱，外雖勉强平定隋末以來兵亂，内則經玄武門之變（六二六），太宗弑長兄太子建成及弟元吉，迫父高祖退位，自行稱帝，爾來饑饉、蝗害、洪水相連，導致物價高漲。經四年，内政方趨安定，蓋於此時開始修纂是書。

貞觀三年，太宗詔敕修撰南北朝五代史，帝王略論於此前方才撰成（關於虞世南帝王略論，斯道文庫論集第五輯，一九六七年），序云：「留心墳典，鑒往代之興亡，覽前修之得失。」帝王略論論述古來王朝興亡、帝王得失頗簡潔，然僅止於五卷，内容不甚充分。爲此，相比歷史性敘述，不如從衆多古

典之中系統抄出論述有關政治之目的、理念、理論、名言、事實等文章，擬網羅成五十大卷，以應用於萬機，此即群書治要是也。

儘管太宗下令「諸王各賜一本」，然此時强力中央集權國家尚未確立，故太宗本人率先參考之，以期打開局面，明示未來之展望。如前所述，該系列書籍甚繁，形式、內容雖各自有異，然目的大致相同，多數屬太宗爲後繼諸帝王而命人編纂。貞觀二十二年，帝範撰成。貞觀政要收有太宗一朝論議，編者吴兢上呈該書日期在景龍三年，此時距太宗歿後已過半世紀餘。

唐會要除云「秘書監魏徵撰群書政要，上之」以外，又云虞世南、褚亮、蕭德言等協力編纂。「魏徵」銜名見於全卷卷首。儘管四人於兩唐書中均設有列傳，然包含相關紀事者，僅新唐書卷一百九十八儒學上蕭德言傳有載：

> 蕭德言，字文行，陳吏部郎引子也。……太宗欲知前世（德）〔得〕失，詔魏徵、虞世南、褚亮及德言，裒次經史百氏帝王所以興衰者，上之。帝愛其書博而要，曰：「使我稽古臨時不惑者，公等力也。」賚賜尤渥。

此處所載人名相同，可知是書編纂應是以此四人爲中心而展開。賴於此處記載，歷來研究者皆以魏徵爲總裁，蕭德言爲主編。暫且不論魏徵其人立場，其他三人參與編纂的程度究竟有何差别呢？虞世南、褚亮、蕭德言乃陳朝以來盟友。據唐會要載，三人入唐後，自奉職武德四年秦王（太宗）府文學館（蕭德言任文學館學士一事未見記載），均名列「十八學士」之列。另，武德九年所設修文館於同年三月改稱弘文館，伴隨太宗即位，爲廣開文教，乃搜集群書二十餘萬卷，精選天下賢良文士，在以本官兼學士之中，除去魏徵、蕭德言等三人亦包含在内。完全可以想象，群書治要應於此時開始編纂，弘文館即其舞臺也。然其所言「藏書二十餘萬卷」，較之隋書經籍志序言武德五年藏書約九萬卷，頗值懷疑（興膳宏隋書經籍志序譯注（一），中國文學報二十五期，一九七五年）。不管怎麼說，此數人應該充分利用諸等藏書盡力於是書編纂工作。

據金澤文庫本目録，群書治要五十卷，每十卷爲一袠，首一袠十卷爲經書，中兩袠二十卷爲史書，後兩袠二十卷爲子書，計收書六十八種。前十卷除五經、孝經、論語外，另含有逸周書、國語、韓詩外傳。較爲特殊者，春秋爲左氏傳，占三卷。

史書包含正史（即四史），另附吴越春秋。因群書治要編纂於漢書顔師古注及唐修晋書成立之前，故書中未包含漢書顔注及唐修晋書。四史各占兩卷以上，殊以漢書居多，凡八

卷。史記漢代部分悉見於漢書亦是其中緣由之一，不過仍可看出，對太宗及諸編者而言，漢帝國乃治術之典範。後漢書、三國志各四卷。

子部二十卷，收書四十八種。這些文獻皆成立於先秦至晉代，大致按年代爲序，分類不定。具體而言，以兵家六韜爲首，雜以法家、儒家、道家、墨家、雜家等各家著作，種類甚多。最後五卷收録魏晉時期著述十種，其中四分之一屬佚書，對此後文將另行敘述。

關於群書之數，唐書蕭德言傳云「經史百氏」，然數其目録，實計六十八種，史部魏志、蜀志、吴志若統稱「三國志」，則有六十六種。因群書治要編纂於初唐時期，上述多數文獻應是以秘府所藏初唐以前亦即六朝後期優秀寫本爲底本而抄成。

蓋因群書治要相傳於奈良時代傳來我國，無論現存群書治要是平安中期寫本還是鎌倉時期寫本，毋庸置疑皆爲初唐善本之傳寫本。又因十一世紀以降宋刊本以前之經史子諸寫本殆無傳存，故從七世紀以前寫本、且奉敕從秘府藏本中所抄出的群書本文、注文，雖爲萃選節録，然皆屬長文。若將其與各自通行本相較，自然具備較高的校勘價值。

其實，學者早已利用群書治要對部分典籍進行校勘。除校核本文字句出入、異同之外，亦有所發現。如卷三十七慎子，不僅有少量注文混入本文，知忠（本文三百七十六字、注文一百一十一字）、君臣（本文五十五字，注文三十九字）兩篇還爲今本慎子所無，守山閣叢書、四部叢刊本將此類佚文補入卷末。另有王叔岷所撰群書治要節本慎子義證（文史哲學報三十二期，一九八三）一文。

更應注意者，乃是書收有十餘種唐宋以後亡佚之書。除晉書〔一〕外，子部有尸佼尸子、申不害申子、漢桓譚桓子新論、崔寔政要論、仲長統仲長子昌言、魏文帝典論、劉廙政論別傳、蔣濟蔣子萬機論、桓範政要論、杜恕體論、吴陸景典語、晉楊偉時務論、傅玄傅子、袁準袁子正書等。

以上衆書佚文惟見於群書治要一書，并且內容完整集中，極爲珍貴，故頗受學者重視。孫星衍平津館叢書（嘉慶十一年刊，一八〇六年）、汪繼培湖海樓叢書（嘉慶十七年刊）率先收録尸子，嚴可均全上古三代秦漢三國六朝文（嘉慶二十年刊）中亦採録上述大半文獻。同治年間刊（一八六二—一八七四）榕園叢書內集之治要節鈔五卷附録一卷，即是由尸子、申子、政論、昌言、典論、劉子別傳、（桓範）政要論、體論、典語、萬機論、袁氏（政）〔正〕書構成。馬國翰（咸豐七年進士，一八五七）玉函山房輯佚叢書概因據乾隆年間章宗源稿本而成，未收録此等佚文，王仁俊輯纂同書續編時有補入。

其中，平津館叢書所收尸子，書封及敘均題「尸子集本」，

〔一〕譯者注：指唐前所修晉書。

二卷，上卷以群書治要所收篇章爲主，其餘部分以及下卷乃配以從爾雅、玉篇、史記、山海經、五行大義、長短經、意林、北堂書鈔、太平御覽、事物紀原等書中所採佚文。上卷不僅明確記載篇名，且文章頗成體系；與之相比，下卷則如斷句之匯集，此可反映出群書治要意義之重大。尸子佚文除群書治要所載内容以外，其餘皆是輯自諸子彙函（明天啓六年序刊，一六二六）。

又如傅子，四庫全書中有收録。隋書經籍志、舊唐書經籍志、新唐書藝文志云有一百二十卷，宋代崇文總目云二十三篇，宋史藝文志言僅存五卷，其後終至亡佚。四庫全書本所收雖是從永樂大典中輯録而來，然分量不過群書治要本三分之二。具體而言，文義俱全者有十二篇，不全者亦有十二篇。群書治要正好亦收録二十四篇，然考仁、治正二篇爲永樂大典所無，相反，永樂大典中所收官人、鏡總敘二篇爲群書治要所無。每篇順序整體上差異較大，四庫全書所録順序如下所示（竪排左起），下方數字爲群書治要中收録順序。篇名校工、信直兩篇於群書治要中作核工、信道。

正心 14　仁論 6　義信 7　通志 15
舉賢 2　重爵禄 10　禮樂 8　貴教 12
檢商賈 5　校工 4　戒言 13　假言 2
問政 19　治體 1　授職 3　官人
曲制 16　信直 21　矯違 22　問刑 20
安民 17　法刑 9　平役賦 11　鏡總敘
附録 四十八條

其中，四庫全書本前十二篇文義俱全，且大半與群書治要同文。若然，群書治要其他十二篇亦應完備，字數亦倍於四庫全書本之未全者。不過，仁論篇雖文意完備，於兩書中却内容迥異。嚴可均將其編爲四卷收入全晉文。（余嘉錫）〔嚴可均〕先後於嘉慶七〔十五〕年（一八一〇〔八〕）、嘉慶十二〔二十〕年各從三國志裴松之注、意林等書中採録四卷（四庫提要辨證卷十傅子）。葉德輝輯觀古堂所著書，將其分爲三卷，附訂誤一卷。

群書所附注文多屬佚文，此點早已受到學者關注。然和本文不同的是，注文作者（亦即注者）較難以判定。據林秀一氏研究，明和二年（一七六五）松平龔推定孝經注爲鄭玄注，宇佐美惠更加以斷定，明和七年片山世璠計劃刊刻，至寬政三年（一七九一）才由河村益根付諸刊行（孝經學論集第一篇孝經鄭注相關研究，明治書院，一九七六年）。另，據石浜純太郎氏校證，論語注大多爲何晏集解，部分則採用鄭玄注，尚書舜典中亦含王肅注等（群書治要之論語鄭注，東亞研究第五卷第六號，一九一五年；群書治要之尚書舜典，東亞研究第五卷第十一—十一號，支那學論考，全國書房，一九四三年）。

石浜純太郎氏另有群書治要史類論考一文（同收入支那學論考），指出：史記注除裴駰集解外，另引有帝王世紀中大量篇幅；此書纂於顔師古注成立之前，故其所録漢書注乃後漢蔡謨集解，所用乃是隋書經籍志所載太山太守應劭集解一百一十五卷本；晋書應是採用隋書經籍志所載齊徐州主簿臧榮緒所撰一百一十卷本，且注中所引干寶晋紀亦篇幅較長等。石浜純太郎氏自大正至昭和時期，因與泊園書院素有緣分，且自身從事敦煌文獻研究，故飽含熱情地從各方面對群書治要加以考察，有必要在此特筆記之。

日本國見在書目録於「雜家」條著云：「群書治要五十卷魏徵撰」，故群書治要一般認爲在奈良時代傳入我國。右文故事（卷三）以來亦同樣指出存在以下記録：

（承和五年六月）壬子（仁明）天皇御清涼殿，令助教正六位上直道宿禰公讀群書治要第一卷，有五教文故也。

續日本後紀卷七（七三八）

（貞觀十七年四月二十五日）（清和）天皇讀群書治要，參議正四位下行勘解由長官兼式部大甫播磨權守菅原朝臣是善，奉授書中所抄納紀傳諸子之文，從五位上守刑部大輔菅野朝臣佐世，奉授五經之文。從五位下行行〔一〕山城權介善淵朝臣愛成爲都講，從四位上行右京大夫兼但馬守源朝臣覺豫侍講席。

三代實録卷二十七（八七五）

（昌泰元年二月）二十八日　式部大輔紀長谷雄朝臣侍清涼殿，以群書治要奉授（醍醐）天皇。大内記小野朝臣美材爲尚復，公卿同預席。

日本紀略後篇一（八九八）

由此可看出，仁明天皇讀周易，清和天皇讀紀傳、諸子，醍醐天皇讀五經，雖各自範圍有異，然最遲在平安時代前期天皇等人便想要學習群書治要。如果學習一日即告結束，則不過講讀一兩卷而已。不過，假若此等記録較爲罕見，那麽，從古典中尋求治政理念、將重要部分抄出而撰成的此部書可謂是「帝王學」教科書也〔二〕。後文將提到，從平安時期到鎌倉時期，京都似乎存在若干種寫本，可見對此書需求並不少。

二、鎌倉寫金澤文庫本

宮内廳書陵部現藏金澤文庫本四十七卷卷子本一般被認

〔一〕譯者注：「行」字誤重。
〔二〕小林芳規氏又指出，前田家本西宮記十所云「奉公之輩可設備文書」中，群書治要即居其一，并舉列其後群書治要亦備受重視之實例（參考次節所揭金澤文庫本群書治要訓點一文）。

爲抄寫於鎌倉時代中期，而各部分抄寫時期并不統一，據奥書可知大概分三個時期。

首先是卷一至卷十經書九卷（欠卷四），爲建長五年（一二五三）以前寫本。奥書於影印本記載明確，圖書寮漢籍善本書目、圖書寮典籍解題漢籍編及他書皆有著録，此處不再贅言。以卷二奥書爲例：

建長五年七月十九日依灑掃少尹／尊閣教命校本書加愚點了

前参河守清原（教隆花押）

清原教隆遵灑掃（員外）少尹、越州使君北條實時之命完成加點。以此（一二五三）爲開端，卷三爲建長五年十月五日，卷五爲同六年十一月六日，卷六爲同七年正月十三日，卷一爲同八月十四日，卷十爲同十二月十三日，卷七爲康元二年（一二五七）三月九日，卷九爲正嘉元年（同年三月十四日改元）四月十二日。

十三世紀五十年代教隆對業已抄畢的本子施添訓點，那麽從後面其他卷奥書及教隆經歷可推知，該寫本應是在此之前由京都帶來鎌倉的。

建長七年九月三日，教隆爲北條實時講讀卷一。除卷二、卷十以外，其他各卷殘留有兩至六條標記讀解遍數的横線，可知曾重複講讀。此讀記符號於子部卷三十五、卷四十一、卷四十二、卷四十三、卷四十五、卷四十六、卷四十八、卷四十九、卷五十一〔五十〕亦各有一條。

關於清原教隆與加點以及爲北條氏奉授清原家秘説諸事，小林芳規氏撰有詳（節）〔説〕（金澤文庫本群書治要訓點——經部，金澤文庫研究二七七期，一九八六年），本節亦多依小林氏所論。

教隆，賴業之孫，仲隆之子，自仲隆時由京都下至鎌倉，以清原家家説爲尚書、毛詩、春秋經傳集解、古文孝經、論語施加訓點，且爲北條實時等人授講，此從各種書物所載奥書等可明悉。文永二年〔一〕教隆殁，未及爲群書治要史部、子部施添訓點。

卷三十一至卷五十爲子部，卷次雖靠後，不過亦應於此前後完成抄寫，或與前十卷屬同系列寫本。對此，實時未作記録，經部奥書亦未曾云從蓮華王院本移點。然文應元年（一二六〇）值清原教隆上洛之際，要爲五十大卷抄寫詳密訓點頗費時日，故方有此順序乎？

卷十一至卷三十史部因大多紛失或燒毁，乃是在經部、子部完成後又令人抄補者。其抄寫時期亦分兩次，一爲實時命人重抄康有本者，一爲北條貞顯（實時之孫）令人補寫者。

〔一〕譯者注：即一二六五年。

未附奥書的卷數不太確定。卷十一至卷十九應是北條實時先令京都大番役後藤壱州（壱岐守基政）〔二〕製寫本（卷十七）、正元元年（一二五九）至弘長三年（一二六三）左右又令右京兆藤原茂範（南家）加點而成。隨後，卷十一遺失，其他各卷亦於文永七年（一二七〇）十二月燒毀。現存本卷十一中并無奥書所云加點。未載奥書之卷十二以及次揭北條貞顯令人所抄卷十四之訓點一般認爲皆是藤原茂範所加。不過，因文永五年左右實時又令勾勘三善康有轉寫，故文永十一年至建治二年（一二七六）時所抄者爲第三回。此三番令人抄寫補充者，并未按照卷次順序進行，相當於現存金澤文庫本之卷十一、十二、十五至十九。

卷二十一至卷二十五乃文永二年四月左右實時請左京兆藤原俊國（日野家）移寫仙洞御書本訓點，同四年三月二十五日受領（卷二十一）。卷二十三雖無奥書，然其訓點與前後卷應皆爲俊國所加。卷二十六無訓點，不過與卷二十五筆跡相同。卷二十七奥書雖載云直講清原隆重「點校了」、「以隆重手跡假表書之訖，所注付也」，然又云「以仙洞御本點之」，故其訓點亦應爲藤原俊國所加。因此可謂，上述七卷乃幸免罹災者。

卷十四、卷二十八至卷三十凡四卷，乃是在實時殁後所遺失而實時之孫貞顯又令人抄補者。據奥書可知，卷十四爲德治二年（一三〇七）用左衛門權佐藤原光經本抄寫點校，卷二十九、卷三十爲嘉元四年（一三〇六）用右大弁三位藤原經雄本抄寫點校，卷二十八爲延慶元年（一三〇八）校合。卷二十九、卷三十原奥書云藤原俊國以天書、御書施添訓點，卷二十一以後（至卷二十七）同爲藤原加點本之重抄本。關於此二卷，概因與唐修晋書存異，故經雄云：「合本紀傳，少少直付之，相違是多，不似余書」，「各合晋書之文，相違所所直付之」。

卷三十一（未附奥書）至卷五十子部之訓點，乃文應元年（一二六〇）清原教隆奉實時之命於上洛之際從蓮華王院本所移抄者，此時本文業已抄畢。文應元年十月至十二月（卷三十九爲正元元年，即一二五九年），教隆利用進呈翌年辛酉革命（勸）〔勘〕文被遣入京的機會請求移寫訓點。蓮華王院本附有原奥書，據其可知，書中訓點乃長寛二年（一一六四）藤原敦周（卷三十六、卷三十七）、教綱（卷三十九、卷四十）、敦經（卷四十三、卷四十四）、清原頼業（卷四十六）所加。據小林氏推定，卷三十一至卷三十五、卷三十八訓點亦爲敦周所加，卷四十一、卷四十二爲教綱所加，卷四十五爲教經所加。卷四十七至卷五十則不詳，不過亦應爲頼業所加。對於此經緯及是書價值，清原教隆於終卷卷末記云（句點爲後補）：

〔二〕後藤壱州，此時壱岐守應指後藤基政（一二一四—一二六七）。內閣文庫本系圖纂要第二十一册「藤原氏十五・後藤氏」條，基政於建長三年正月二十二日擔任壱州守，正嘉元年四月一日轉任引付衆，文永四年六月二十三日卒，年五十四。後藤基政一名於吾妻鏡中亦頻頻出現，只是群書治要卷十七奥書所云「建治元年前年任京都大番役」一事並無法確認。

文應改元之曆，應鐘上旬之候，清原〔家〕末儒白地上洛，蓋是及六旬之後，加五儒之末，雖無面目，不得默止，爲進上革命勘文，愍所催長途旅行也。以此便宜，依越州使君教命。此書，申出蓮華王院寶藏御本，終校點之功者也。此御本之外，諸儒家更無此書點本云云，尤可秘者歟。

直講清原（教隆花押）

五十卷（欠卷四、十三、二十）　鎌倉寫　金澤文庫本　四十七軸　宮内廳書陵部藏

據前述各卷奧書可知，金澤文庫本群書治要中三十七卷爲文永七年（一二七〇）以前抄寫，卷十一、卷十五至卷十九之六卷爲建治二年（一二七六）抄寫，卷十四、卷二十八至卷三十凡署爲德治二年（一三〇七）抄寫。

後補藍色表紙〔一〕（二十九釐米×二十三點三釐米），料紙高度隨卷次而異。題簽墨書「群書治要　一」等，右文故事卷三云：「題簽爲慶長御寫本時所書。」〔二〕卷軸爲木製，兩端飾有直徑約八毫米的八角形，與表紙大概同爲江户初期補裝。

料紙縱二十八點八釐米，略短於表紙。關於紙幅，若將糊漿部分包含在内，卷一第一紙寬四十六點八釐米，十九行，第二紙寬四十九點三釐米，二十行，第三紙寬二十四點六釐米、十行，建治二年所抄卷十一紙幅六十釐米，二十一行。如此看來，同卷之中既不統一，則抄寫時期相異之卷更無定數。概言之，一枚近五十釐米的料紙大約容二十行。烏絲欄界高二十一點一釐米，界幅二點四至二點五釐米，每行十四字至十七字，以十五字或十六字居多，注文小字雙行，字數因卷而異，既有與本文相同者，亦有二十字左右者。

該本用薄雁皮紙謄寫，似用較厚之同質紙作襯紙，僅表面存有蟲蝕。建治、德治年間所抄數卷雖亦採用雁皮紙，然紙質略異，蟲蝕之有無、多少皆難以斷定，而形式與卷一相同。該本爲衆人合鈔。

第一軸卷首爲總編者魏徵序、整卷目録，隨後進入正文「卷一周易」。目録卷四十二至卷四十四與各卷所載目録存有以下相異之處：

	總目録	各卷目録
卷四十二	新序　説苑	鹽鐵論　新序
卷四十三	鹽鐵論　桓子新論	説苑
卷四十四	潛夫論	桓子新論　潛夫論

元和銅活字版、天明尾張版對此有訂正。

〔一〕譯者注：表紙一般指書封，表表紙與裏表紙分別指書封、封底。

〔二〕譯者注：原文：籤題は慶長御写本ノ時ノ書ナリ。

序首行題「群書治要序」，各卷（軸）首行均題「群書治要卷第幾」，題下皆以小字記云「秘書監鉅鹿男臣魏徵等奉敕撰」。與序同卷之卷一僅有大題，銜名未見重複。書名之「群」字，亦未採用如元和版以降各本所用「羣」字。

每卷於次行以後均統一揭載其卷所收文獻名稱以作目録，且各文獻正文冒頭均明確記載書名及撰者姓名。不過，卷四十八所收第二書「楊偉時務論」於總目録中見存，本文則闕之，正文緊接杜恕體論之後。因元和版、天明版之總目録中亦俱省去，致使實存之本文被埋没於文中。

因是書屬合鈔，同卷之中哪怕一葉十行左右内尚有不同筆跡，後期所補寫數卷之字體當然亦有所變化。

唐太宗之避諱偶爾於「民」字可窺見，三個時期的鈔本中皆有體現，只是各卷程度不一，避諱方式爲缺末筆及點畫。卷二「民」字約五十處，多數原缺末筆，其後另筆添補，第七十四、九十五、二百八十九、三百六十五、三百六十六、四百九十五至五百零一行皆屬此類，了然可識，換作影印本則較難辨認。另，卷五中有十數例「民」字欠筆尤甚，仿若異體，近於「亡」字，右旁添寫校字。建治、德治年間所抄數卷中亦有缺筆，其中數例乃先寫正字，隨後又削去末筆者。「世」「治」二字似乎并不避諱。

各卷首尾均捺有「金澤文庫」印。據關靖氏所作分類（金澤文庫研究，第四七八—四七九葉，講談社，一九五一年），卷一至卷三十爲七號印，卷三十一至卷五十爲十號印。二印極爲相似，然後者略小。

另外，卷二尚書本文及注文中皆有塗墨之處，甚是醒目，猶如刊本墨釘。較之近本，本文及注文孔安國傳中原似有衍字、衍文，塗墨之處應是於寫畢後校證之際抹消時留下的痕跡。其墨色除極少處較稀薄外，大多與本文相近，原字大都無法辨認。能夠辨識者，僅止於同字重疊（古典研究會影印本第一〇二、三八一行），或抹去助詞「也」（同書第二三〇、二七七行）等。「也」字並不僅限於本卷，注文末亦多附之。塗墨者僅一處施有朱筆句點（第六四行右第二字），其他未見加點。

大半卷中皆施有朱筆乎己止點、人名符、勾點，墨筆句點、返點、聲點、振假名、送假名，行間及眉上添有校字、反切、釋文等批注，惟卷十一、卷二十六無加點。卷八周禮紙背批有五射、五馭、六書、九數、九伐等詞語注釋。此類裏書〔二〕於卷二十五、二十九、三十、三十一、三十七、四十各卷中亦存一到十數處。

最後，除卷十二、二十三、二十五、二十六、三十一外，其餘各卷均附有奥書，據其可大概判明前後歷經數回抄寫、加點以及年代、加點者等情況。如前所言，詳情悉委於小林氏所論。

今書陵部附以江户時期所抄奥書集，目録稱有四十八册。

〔二〕譯者注：裏書，指書寫於紙張背面之文字。

三、平安寫九條家本

關於二戰結束後九條家新發現的平安寫本之經緯以及詳情，目前僅是澤恭三氏關於群書治要，*Museum*〔一〕第110期「新收品研究」，一九六〇年）一文有介紹。今筆者亦多參考該文，並就准許調查的卷二十二、卷二十六兩卷略述管見。

一九四五年（昭和二十年），東京赤坂九條公爵邸因遇空襲而歸爲灰燼，然其中一處土藏〔二〕幸免於焚毀，從中發現衆多古鈔本，如平安時期鈔本中右記部類鈔等，一九四七年一月嘗集中拍賣。群書治要亦應包含在內，不過是書發現略遲，是澤氏述其經緯云：

在因戰災而被燒得不留痕跡、破壞殆盡的九條家宅邸一角，僅一處倉庫幸保存完狀，這部群書治要就是在那裏面被發現的。加上戰後時局混亂，管理不周，倉庫內所藏大部分貴重物品皆遭盜竊，部分公文典籍因與諸雜器物什堆在一起，故免去盜竊一劫，其中就包含這部古書。

被盜之後的倉庫遍地雜亂狼藉，幾乎無下足之處。在架子一端凌亂堆放著的空箱子裏，一個粗製濫造的平板箱上貼著兩枚紙，一枚記云「書第百五十」，一枚記云「群書治要」，這部卷軸本群書治要就隨便丟在裏面。箱子是用來裝存貨物的，蓋子背面貼著一枚明治時代商標，其上記云：「大日本東京本所 一ノ橋越後屋御菓子司製造本鋪 Confedioner K. Kuwahara.」該卷軸本有十五卷左右，不過並無卷軸、表紙，其中十二卷銜接處剥落，皆一同卷在裏面，無法直接判明文章接續情況，故一眼不能弄清楚到底包含幾卷。不過，若展卷而觀，便可以發現，是書紙張採用上色斐紙〔三〕，施有金線，其上抄寫群書治要內容，字體、紙張皆爲平安中期之物，讓人格外吃驚。

該鈔本後來被國家購買，收藏入東京國立博物館，一九五二年被指定爲國寶。然而，因「表紙殘缺，卷軸亦佚，甚至有整卷遭受嚴重蟲蝕、鼠害、損毀等」，目前僅兩卷得以完整修繕。一九八六年，在東京、京都兩家國立博物館舉辦的「日本美術名寶展」上，卷二十二曾公開展覽。〔四〕

據是澤氏一文，該鈔本所存十三卷卷次以及切斷欠佚、現存枚數如下所示：

〔一〕譯者注：東京國立博物館美術雜誌。
〔二〕譯者注：指倉庫。
〔三〕譯者注：即雁皮紙。
〔四〕在今年（一九九〇）春「日本國寶展」上，卷二十二、二十六均被展出。值拙稿三校之際，同館常設展覽中又展出群書治要之卷三十一、六韜（首一紙欠）、卷三十七孟子部分。

卷次	切斷欠佚枚數	現存枚數
卷二十二	卷尾欠	三十一枚
卷二十六		三十一枚
卷三十一	第一紙欠	二十三枚
卷三十三		二十六枚
卷三十五	第二、三紙欠，第十二至二十紙迄九紙欠，第二十六、二十七紙（獻上）	十五枚
卷三十六	第二十紙以下欠	二十枚
卷三十七	第五、九紙（獻上），第十四至十七紙迄四紙欠，第二十四、二十五、二十六紙及第二十七紙內十行（與梅庵）	十九枚
卷四十二	第一紙欠、第十一紙（獻上）	二十三枚
卷四十三	第十四紙（獻上）	十七枚
卷四十五	第十二紙（獻上）	二十六枚
卷四十七	第二十八紙（獻上）	二十八枚
卷四十八	第三紙（獻上）	二十六枚
卷四十九		二十七枚

此次筆者有幸獲允調查修補完畢之卷二十二、二十六兩卷〔一〕。新補瑞雲唐草紋縹錦表紙，見返〔二〕施有金泥，散綴金銀切箔，箱書〔三〕題云昭和三十年、昭和三十二年修繕。

關於料紙尺寸，卷二十二縱二十六點七釐米，卷二十七〔六〕縱二十七釐米，第一紙寬四十七釐米，其餘大多寬四十九釐米至五十釐米。

紙張極其秀麗典雅，每紙表裏均採用色澤相異之斐紙。以卷二十二爲例，暫將是澤氏所云録之於下，裏面較表面色澤略濃者均加括注區分。

第一紙　淡錆蘇芳（暗蘇芳）　二、淡蘇芳（表裏同色）　三、飛雲（肌）　四、金茶（同）　五、淡代赭（同）　六、飛雲（肌）　七、薄縹（錆縹）　八、灰青緣〔緑〕（同）　九、飛雲（肌）　十、黃茶（同）　十一、薄落葉（同）　十二、飛雲（肌）　十三、淡錆燈〔橙〕（錆橙）　十四、白（同）　十五、飛雲（肌）　十六、媚茶（焦茶）　十七、黃茶（同）　十八、飛雲（肌）……

其後便是上述順序之重複。各卷料紙顏色雖未必皆與之相

〔一〕譯者注：賴館員勤加修復，今在日本「emuseum」（e國寶）網站上可覽閲到業已修畢的七卷。上海古籍出版社二〇二三年正式影印出版此七卷。
〔二〕譯者注：即書封背面。
〔三〕譯者注：指書箱題寫文字。

同，但大致相近，如卷二十六前半部分（裏面色澤略）爲：一、淡錆蘇芳；二、淡蘇芳；三、飛雲；四、金茶；五、淡代赭；六、飛雲；七、薄縹，等等。

是澤氏又云：

在濃淡同類的色調之後，接著便置以飛雲，以使顔色漸次産生變化，甚至還留心與紙背顔色的調和，誠可謂唯美典雅搭配，從中可窺見其色彩感之纖細，雖費萬言亦無法描述。觀此色紙明暗變化，不由得令人聯想到奈良時代書寫於色麻紙上的光明皇后御筆杜家（五）〔立〕成雜書要略、詩序，尤其是平安時代繼色紙、關户古今、關户朗詠、曼殊院古今等，此等古書中所用色紙料紙亦極盡調和之妙。世人對於此等古書之讚辭，照樣亦可拿來描繪此部群書治要，流露出平安時代貴族士人之好尚。只是，前揭平安時代文獻多爲歌書，與之相比，漢籍兼備此體裁者實屬罕見，故不得不令人推測，這部群書治要應是特殊場合所製，爲顯貴人士所有之物，傳至五攝家之一九條家中亦正相宜哉。

首題首行「群書治要卷第廿二　秘書監鉅鹿男臣魏徵等奉敕撰」，次行低三格，題「後漢列傳第十六」。施有金界（界高二十點五釐米，界幅二點三釐米——二點四釐米），行二十一字，每紙二十一行，惟第一紙爲二十行。此本屬合鈔，而該兩卷字體頗爲端莊工整。正文施有朱筆句點、紀傳點之乎己止點，墨筆返點、振假名、送假名、聲點、音訓符號，行間批有校語、反切，眉上寫有批注。傳云訓點爲鎌倉時代中期所加。

金澤文庫本卷二十二訓點爲文永年間移自仙洞御書本者，但本文、訓點等處批注與該九條家寫本幾乎一致。將金澤文庫本本文與九條家本相校合，發現不僅存在同字情況，且眉上所引左傳等兩三條批注後半部分雖有簡省，然内容多吻合，可以説兩書爲同一系統中關係最爲相近者。

另，在九條家本中，「世」字不存在欠筆情況，而「民」字則多缺末筆，且字右時見添記「民」字者。

卷二十六中亦施有訓點。然金澤文庫本，此卷既無奥書亦無加點，或因於燒毁後補寫，筆跡略異且轉新，較之九條家本、三國志通行本，存有不少脱字。部分脱字在書陵部活字本中有補添，應是從三國志原本移寫，附「　」以區分。另外，後述河村本中部分脱字於眉上亦添記批注，應是與九條家本相校合的結果。只不過，因校合結果僅限於部分，而且後面提到九條家另傳存有「大型上寫本」，袋綴（線裝本），亦即近世寫本，故河村秀穎所云「九條家御本」〔一〕是否即此平安寫本尚存諸多疑問。卷三十一、卷三十三施有訓點，其他九卷皆無。關於

〔一〕譯者注：據後文所引河村本跋文「以九條殿御本遂校合加朱書了」可知，此處「九條家御本」應作「九條殿御本」。

以上校合情況，稍後爲河村本作解題時再具體揭示。

卷二十二文末有破損，個別文字略欠分明，尾題亦闕。卷二十六尾題亦僅勉强辨識「要卷第廿」數字，上下有裁斷。

卷二十六各紙紙背附有縱長貼紙，主要標記各紙順序，如「卷第三十六也／合叁拾壹枚歟後奧尋出如此也（花押）／此卷墨付合叁拾五丁歟」，或「群書治要卷第廿六幾枚」。據是澤氏推定，此花押屬室町時代九條家當主尚經（後慈眼院）之物，其曾對當時業已混亂的紙張順序有所訂正，但時或存在誤寫，其他卷中亦不在少數。

關於其他無法實際調查的各卷裏書情況，仍再三借用是澤氏一文所述：

其次，卷三十七第一紙裏書爲尚經所記本文筆者情況，文云：「廉義公（花押）／此文表書之筆者之銘。尚後（經）（滋）（慈）眼院殿也，判同前。」關於本文筆者的論述僅見於此處。儘管不能草率輕信，可又找不到其他可與之相較者，故暫且根據所傳試記如下：廉義公，藤原賴忠謚號，藤原氏北家流忠平（貞信公）之孫、太政大臣實賴（清慎公）之子，氏族首長，進封太政大臣從一位等，永祚元年（公元九八九）以六十六歲薨，謚廉義公，稱三條大臣。廉義公爲圓融天皇、花山天皇二帝外戚，當公任之父、佐理之叔父。賴忠筆跡雖不爲世人廣知，然其身邊既有如佐理、公任等聲譽過世之善書者，則賴忠筆跡亦應非凡庸也。

在此暫認爲卷三十七出自廉義公手筆。其第二十三紙裏書云：「以下一二紙與梅庵，兼孝書之畢。」[一]第二十七紙（凡二十七行）中有十行裁斷，殘餘部分裏書記云：「此前三枚半紙裁之，與梅庵（號由己），志之於此（兼孝書之）。」[二]據此可知，江户時代初期，九條家當主兼孝（尚經之孫）[三]曾將群書治要斷簡贈與豐臣秀吉之御伽衆、天正記著者梅庵大村由己。梅庵古筆傳（收入續群書類從）中亦偶見廉義公（賴忠）之名，可以想見，梅庵應該從九條家得到過群書治要中部分廉義公手跡。

據道房（兼孝之孫）親筆記録，寬永二年，其曾從該部群書治要中擇選十紙進獻後水尾天皇，且詳載各紙墨付[四]、行數、首行文字、色紙顏色等，最後附云：

右寬永貳次歲乙丑六月廿一日，以堀川禁中ヘ上申候留也，今日法性寺忠通公消息二通，是又上申候也，別寫留之了，光明峰寺殿願文進上之（中略）。先日直申上，

〔一〕譯者注：原文：此次一二帋程梅庵ニ遺之，兼孝書之畢。
〔二〕譯者注：原文：此以前三枚半別之而梅庵號由／己ニ遺之，爲覺如此。兼孝／書之。
〔三〕譯者注：尚經，九條家第十五代當主；兼孝，九條家第十七代當主。
〔四〕譯者注：指墨色。

又四辻中納言來儀（ママ）次，此一卷進上可申旨先日申上候へ共，有無之仰無之候，如何，猶被申上可給由令言談候處，於申上候へバ，御祝著思食候旨，以堀川四辻言傳也，仍今日令進上畢。

前揭現存卷數、紙數一表中央括號内所標者爲進獻天皇及贈與梅庵者。是等與卷三十一所欠第一紙、卷三十六所欠第二十紙以下、卷三十七所欠四紙，在該九條家本被發現時業已亡佚。卷三十五第十二至第二十紙凡九枚，據説其後亦轉贈他人。此多在一卷中途裁去，致使是書喪失原本使命，而變作「古筆切」〔一〕等藝術品之類也。

卷三十五（文子、曾子）九枚，今應仍藏於某處。關於從（五）〔九〕條家本中所裁部分現存殘簡，在此十三卷被公開發表亦即判定爲九條家本前，太田晶二郎氏在群書治要殘簡（日本學士院紀要第九卷第一號，一九五一年）一文中業已揭明三種，其中有兩種現藏天理圖書館。

卷三〇殘卷　存二十一行　一幅　天理圖書館藏

掛軸裝訂，紙兩枚，皆縱二十六點七釐米，第一紙寬十五點八釐米，第二紙寬三十點一釐米。前者八行，白地，綴有青紫飛雲三朵；後者十三行，料紙黃茶色，施有金界（界高二十點四釐米，界幅二點二釐米——二點四二釐米）。行十五字，筆跡端正，遒勁有力，與卷二十二、卷二十六稍異，略存古風。無訓點等批注。

兩紙内容對應晉書部分，該卷另存有二十一行者，除此以外，不明是否有其他遺存。背面貼有一紙縱二十六釐米、寬十點六釐米，書云：「此一卷權跡正本吏部大王賜之可秘〻〻／延德二年十一月十六日亞槐拾遺郎（花押）／六枚。」

太田氏認爲，此兩行文字與花押俱出三條西實隆手筆，另引實隆公記延德二年（一四九〇）十一月十六日條記云：「參竹園，權跡正本一卷被下之，秘藏〻〻。」此斷簡今有用原色精巧複製者，筆者亦曾有幸得到一部。

太田氏作論考之際，該斷簡并非六枚，而爲兩紙，存四十二行。其文中另揭柏林社古屋幸太郎氏所藏斷簡照片，每紙各二十一行，末尾貼附實隆親書兩行文字等。天理圖書館所藏掛軸爲該四十二行的中央半部。第一紙前十三行、第二紙後八行於裁斷後被拼爲一體，正文没有銜接，一九六三年於東京古典會「古典籍下見展觀大入札會」上展出，現今應仍是以掛軸形式秘藏於某處。〔二〕

太田氏又推測云，據實隆公記同年閏八月十九日條，「竹

〔一〕譯者注：古書斷簡。

〔二〕譯者注：藉助網絡搜索發現，該殘卷現藏慶應義塾大學，歸慶應義塾大學斯道文庫及 Keio Museum Commons 共同所有，原爲旺文社創始人赤尾好夫主辦的 Century 文化財團貴重藏品，可謂學界奇緣也。

園古筆櫃一合返上之，目録注左」，其中記録有七裹六十餘卷，中云「一裹　權跡十卷」。既然上文云「權跡正本一卷」，則其應該領賜其他九卷。鑒於「六枚」二字爲後添，當時所云「一卷」不可能指「六枚」。假若一裹爲首尾完好的十卷，則與群書治要全五十卷本相比，卷數未免過多。

此外，太田氏又推定，此兩枚斷簡相當於卷三十之第三、第四紙。

存卷三十七　斷簡三行　一幅　天理圖書館藏

同爲掛軸裝訂，其旁墨筆書云：「孟子古筆斷簡　萩野由之博士舊藏」。次則貼附紙張一枚，題有萩野由之氏親筆文字五行：「孟子告子篇斷簡三行，應爲平安朝末期之人所書，從『民』字因避唐太宗之諱而存缺筆來看，應是抄寫唐人所書，亦可見其他異體字。論語古抄往往存世，至於孟子古筆殊爲希覯。」〔一〕

料紙縱二十六點四釐米，寬六點七釐米，薄縹色，金界三行（界幅分別爲二點二釐米、二點三釐米、二點一釐米）。百代草〔二〕第十三揭載書影，内容較短，暫録於下：

孟子曰：五穀，種之美者也。苟爲不熟，不如

荑萆。夫仁亦在熟之而已矣。熟，成/也。

盡心　孟子曰：以道使民，〔雖〕勞不怨。謂教趣/農

傳〔役〕不

「孟」、「穀」、「美」、「荑」、「熟」（第二行注）、「怨」、「役」等多爲異體，「萆」即「稗」，第三行「民」字欠末筆，未施加訓點。竹（泊）〔柏〕園舊藏，同藏書志（竹柏園藏書志）有著録。

此段文字於金澤文庫本添有訓點，相當於同卷第九十六至第九十九行。「盡心」篇之「以道」二字之間有「佚」字（左旁注云「本書ナ」），注文「教趣」二字之間有「民」字。此文於金澤文庫本中值第七紙。若比照前揭切斷欠佚枚數，應爲獻呈第五紙的一部。

據太田氏云，卷三十五文子中抄寫在裝飾飛雲、金界料紙上的三行文字，見於舊黑田家〔三〕古筆手鑒。其文云：

愚多聞博弁守以儉武力毅勇守以

畏貴富廣太守以狭德施天下守以

讓此五者先王所以守天下也苻言

〔一〕譯者注：原文：孟子告子篇斷簡三行／平安〔朝〕末期の人の筆なるべし／民の字唐太宗の諱を避けて欠畫したるによれば唐人の書を／写せるなるべし他にも異体の字め〔あ〕論〔語古〕写の（の，衍字）は往々世に存す／孟子に至りては古筆殊に希覯とす。

＊括號内爲譯者根據百代草原書增添修改。

〔二〕譯者注：百代草，佐佐木信綱編，大正十四年出版。佐佐木信綱（1872—1963），明治、大正、昭和期間歌人、國文學者，曾著力於古籍複製刊行與萬葉集相關資料的發掘等。

〔三〕譯者注：侯爵。

是澤氏謂，該斷簡現爲酒井氏所藏，僅存兩行。此段文字在金澤文庫本中相當於第四、五紙連接處的第五十九至第六十三行。

是澤氏又云，酒井氏另藏有卷三十五斷簡兩幅。一爲第三紙中的三行，被鑒定爲「源兼行朝臣筆經切」，旁添古筆家鑒定書。因其原本貼於古筆手鑒內，應爲文子中的一節內容。一爲第十五紙中的五行，箱書「伊經卿新千載文」鑒定文字。金澤文庫本卷三十五中，近二十七紙（四百九十二行）屬文子、五紙餘（八十六行）屬曾子，此斷簡內容相必亦應爲文子。

四、元和二年駿河刊銅活字本

群書治要元和古活字本作爲德川家康晚年於駿河時與大藏一覽集一同刊行的銅活字本，廣爲世人所知。關於該活字本，本光國師日記、駿府記等書中記述繁富，右文故事亦有所採録，大日本史料第十二篇之二十三（一九二二年）、古活字版之研究〔一〕等對其進行過反復整理或增補。本光國師日記主要圍繞家康與林道春（羅山）、金地院崇傳（本光國師）、板倉伊賀守等在京相關人員之間往返信簡，對此活字本製作經過有詳細敘述，早已屢見徵引。在此僅圍繞右文故事卷五所載簡約紀事，參考福井保氏所作綜論（江戸幕府刊行物，雄松堂出版，一九八五年），試略述之。

慶長十五年（一六一〇）九月，家康命人抄寫金澤文庫本兩部，擬節之，以作製定公家、武家法度之參考，此乃是沿用唐太宗之編纂目的。慶長二十年（一六一五年，同年改元）七月「禁中并公家中諸法度」第一條云：「寬平遺誡，雖不窮經史，可誦習群書治要。」

因此，元和元年（一六一五）大藏一覽集十卷（目録共一册）印行完成後，翌二年正月十九日，家康即命令道春、崇傳刊行群書治要全卷。道春、崇傳等從京都召集切木工、刻工、植工、印工等諸工匠二十人，又籌集駿府城三之丸納户〔二〕中所存十萬三千餘枚大小銅活字以及必備工具，二月七日又從五山請來兩名校核人員，二十三日於駿府三之丸能舞臺上著手作業，并製定群書治要板行之間諸法度五條。二十五日又命明人林五官補造不足鑄字，至四月二十六日鑄成大小銅活字一萬三千枚〔三〕。在此前三月十日，早命人往直江山城守〔四〕處尋訪異本，十七日爲比校植字又命當地三寺僧人抄寫後十卷，加快進度。四月十七日家康遽然離

〔一〕譯者注：川瀨一馬（一九〇六—一九九九，日本書誌學家）著。
〔二〕譯者注：倉庫。
〔三〕魏隱儒、王金雨所撰小册子中國科技史話叢書印刷史話（上海科學技術出版社，一九八八年）中揭有群書治要卷一卷頭插圖，稱其爲「中日合印」。張秀民中國印刷史（上海人民出版社，一九八九年）更云：「朝鮮、日本、中國三國僧俗合作的成品。」
〔四〕譯者注：直江兼續，米澤藩上杉家家老、著名藏書家，收集有大量和漢書，元和五年以六十歲歿。

世後，至五月下旬，群書治要方製版完畢。儘管如此，此番作業耗僅時四月餘即告竣，速度令人驚訝。新鑄造一萬三千枚銅活字，據説是從後漢書中將文字切割下來，當作活字模具底稿〔一〕，亦需花費一番不小的功夫。

不過，之前已有大藏一覽集於前年三月至六月耗時三個月便完工的經驗，加上利用當時包括新鑄活字在内的六萬七千四百九十枚大字、三萬兩千六百八十二枚小字，合計十萬一百七十二字，故相比而言，群書治要用時四個多月即能完成亦可謂妥當。板行之間諸法度所規定作業時間較長，從卯時以至酉時，并且要求態度謹嚴，可能是吸取前次經驗，而且大量使用有與印行大藏一覽集時相同的活字。

可是，群書治要卷數相當於大藏一覽集的五倍，葉數亦轉多，若是整版，尚能一同分工承擔，而若是使用數量有限的活字，葉數愈多則愈難操作。今群書治要存四十七卷，若各卷葉數以平均三十四葉計算，凡近一千六百葉，若爲半葉八行，行十七字，則總共需要大約四十三萬五千字。若小字占一成，則大字亦近四十萬，小字雙行將近十萬。即便利用刊印大藏一覽集時的舊活字及新鑄活字，也就是以九萬三千餘枚活字來排印將近五十萬字數的話，單純計算亦至少需組五次版。常用文字分類儘管提前有所調查，然並不精確，加上還要置辦備用文字，組版次數自然增多，至少要組十次版，也就是説，每不滿五卷便要重新組版。假設以十次來計，在這四個月内，就要不斷地重複每五卷一組版、校正、印刷、再拆版的作業。

組版作業還不僅限於活字。據載有活字字數的二月二十三日條記録，銅格線（可能用作匡廓、界線）長短合計不過一百五十四根（此中八十三根爲早前已有，七十三根爲刊行大藏一覽集時所製〔二〕）。若有一百五十四根銅格線，用之爲一千六

〔一〕福井氏推定，此後漢書爲其於一九二四年在水户彰考館實際作過調查的宋嘉定元年（一二〇八）建安蔡琪一經堂刊本（前揭書第三十四頁），殘本，八十八卷，二十四册。因慶長十一年（一六〇六）在圓光寺鑄造九萬餘銅活字時曾利用該本，故大量文字被剪切，字體存在共通點。然據本光國師日記載，彼等曾前後兩次從圓光寺借用該本，凡三十七册。該書在二戰時因遇空襲而燒毀，同版本及群書治要元和本現藏静嘉堂文庫（陸心源舊藏）。

直接比較後可發現，銅活字與木版字體風格迥異，銅活字横竪筆畫粗細一致，而南宋中期建安刊本後漢書則是字體往右上傾斜，横畫略細。關於文字大小，比如大字，後漢書行款八行十六字，因字間、行間較窄，故横竪筆畫皆較群書治要銅活字本寬兩毫米（不過，關於小字，後漢書爲每行二十一字，兩本幾乎相同）。

然而，對於群書治要所録後漢書，若從兩本中擇選數行相同文字加以比較，並無前述之違和感，而且極爲近似。群書治要各卷首尾題之「羣」字，在後漢書中儘管少見，却均作此字體，只是下半部分羊字頭作「八」，尤其是後漢書卷一下第三十三葉裏第二行，上半部分「君」字第二筆横畫右側未突出，與群書治要題字極爲相似。若文字被擴大則另當别論，此處文字略微見縮應是與母模有關。

關於宋諱缺筆，後漢書本文並不十分嚴格，大多局限於「貞」、「匡」、「慎」三字，與群書治要活字本一致。若云較大差異，「侯」字在群書治要中雖不盡統一，但並没有後漢書通用之「矦」字。

筆者認同福井氏所論。

〔二〕譯者注：原文：此内八十三本は前方より有之七拾叁本は大藏一览之時仕立申候。

百葉組版，必須要改組十數回。因著急趕工，該書校正想必略草率。不過，令人深感興趣的是，每次在拆版之前，到底各印刷了多少部呢？大藏一覽集因事先定好部數，明載有一百二十五部。傳聞臥於病床之上的家康在看到印成的部分書時頗喜，可是對於完成後的四十七卷動向，却絲毫未見任何記載。

右文故事卷十載：「元和□年□月□日進獻天朝銅版群書治要（尾張本／考例）。」〔一〕好書故事卷五十一亦載：「元和□年□月進獻禁裏群書治要。」〔二〕如右文故事小字注文與好書故事後文所載，此等記述皆是依據天明七年尾張版考例中「至臺廟〔三〕獻之」一句，是否屬實尚存疑問。對於考例後文所云「其餘頒宗戚親臣」，近藤守重亦同樣作出否定：「又，云至臺廟獻之皇朝，是書開版乃在家康晚年，未及印畢便薨逝，故應是至臺廟時方得進獻（注略）。又云頒宗戚親臣，則今日宗戚親臣家應存有傳本，然余未曾聽聞。」〔四〕

右文故事在引用御文庫書籍來歷志、御文庫日記時，亦記有元文五年（一七四〇）七月二十五日幕府將軍德川吉宗令紀伊藩調送大藏一覽集、群書治要各二部并收藏於紅葉山文庫一事，且云：「聞元文以前御庫未藏此本。」〔五〕

除此以外，并未見到其他關於刊行之後獻納、寄贈等記録。現存本應皆是在元禄以後，大半乃是在明治以後出於紀伊藩者。除後文將要提及然現今早已不存的尾張藩諸本以外，從當時流傳下來的版本幾乎無存。

元和五年八月，德川賴（宜）〔宣〕由駿府移封和歌山城，相傳其時群書治要與大藏一覽集殘部以及印行兩書所用銅活字皆一同運來紀州。右文故事卷五云：

守重嘗見寬政八年紀府呈案，其録云：資治通鑑一部（五十九册）、群書治要五十一部（每部四十七册）、大藏一覽五十五部（每部十一册）、大明律詳解二部（每部十册）。右書物目録旁記皆出自駿河御藏，此已確認，拜領時期不詳。然若出自駿河所藏，可想見其傳承關係。九萬餘銅字皆是御讓之物。〔六〕

〔一〕譯者注：原文：元和□年□月銅版群書治要ヲ天朝ヘ獻セラル。尾張本／考例。

〔二〕譯者注：原文：元和□年□月群書治要を禁裏へ進獻セラル。

〔三〕譯者注：臺廟，指德川秀忠。

〔四〕譯者注：原文：又至臺廟獻之皇朝ト云ハ意フニ此書の開板ハ神君ノ御末年ニカカレバ撫印イマタ終ニ及ハスシテ薨御シ玉ヒシ故ニ臺廟ノ御時初テ進獻アリシナルヘシ（注略）又頒宗戚親臣ト云ヘハ今モ宗戚親臣ノ家ニ伝本アルヘキニ更ニ現存スルモノヲ聞ス。（卷五）

〔五〕譯者注：原文：元文以前ハ此本御庫ニモアルコト無ト聞ユ。

〔六〕譯者注：原文：守重嘗テ寬政八年紀府の呈案ヲ見タリシニ其録ニ云資治通鑑一部（但五十九册）、群書治要五十一部（但每部四十七册）、大藏一覽五十五部（但每部十二册）、大明律詳解二部（但每部十册）右書物目録肩書ニ駿河御藏より出と相認有之、何頃拜領被致候哉と之儀、不相分候得共、駿河御藏より出と有之候得は、御讓筋と相見え申候　銅字印員九万餘、右御讓筋之由、申伝御座候云々。

寛政八年（一七九六）時代略晚，然若是紀府呈案，應較爲可信。

不過，令人不解的是，大藏一覽集爲家康寄奉諸寺之後所殘餘者，而群書治要與其部數幾乎相同，甚至偏少。可以想見，從内容、性質來看，可寄奉群書治要的對象要遠少於大藏一覽集。可是，即使其印數不及一百二十五部，此數字（五十一部）亦應是其中一部分。從殘餘部數來看，駿府所印群書治要部數應與大藏一覽集相同，不過究竟刊行了多少部，是否全被運至紀伊藩，從明治四十一年〔一〕南葵文庫目録僅著録十七部來看，亦不免起疑。

守重又云：

惟可疑者在於此書爲家康逝世前月而成，竭盡文思。又大藏一覽集銅版亦如前駿府記所云，特將福音，屢屢賚賜，既謀千載之不朽，命以銅字印之，使廣布天下，流傳後世，乃屬神意。當時道春等人管理此事，却未及印行數千百部，便運往紀伊。此爲本邦未曾有之盛舉，豈可視同普通梓行者也？賴宣卿之所請，果紹述神意，應刊行數千百部，不空藏於其書庫，不使頒布時間，其不爲怪歟？〔二〕

相傳元和二年刊銅活字本於寛永年間尾張藩已見藏，且存有數部轉寫本。現存本中，以元禄三年（一六九〇）紀伊藩奉納神宮（豐宮崎）文庫者爲唯一一部古本，其他皆爲幕府末期或明治以後出於紀伊藩者，蓋合計三十部。

五十卷（原欠三卷）　元和二年刊（銅活字版）　四十七册

神宮文庫藏

淡茶色表紙（二十七點七釐米×十九點三釐米），貼有後印雙廓題簽「群書治要」（十九點三釐米×四點一釐米，整版），墨書卷次。前有群書治要序、群書治要目録，所欠三卷目録下未標注「闕」字。

羣書治要卷第一

周易

序及卷二以下題記銜名「（低三格）秘書監鉅鹿男臣魏徵等奉

〔一〕譯者注：即一九〇八年。

〔二〕譯者注：原文：唯疑へきハ書書ノ如キ薨御ノ前月迄モ厚ク文思ヲ竭させられ、又大藏一覧銅版モ前ニ引ク駿府記ニ云処ノ如ク特ニ徳音ヲ降サレ屢賚賜ありて既に千載不朽を謀らむか爲に銅字に命せられ、以ニノ天下後世に広布流転せしめらるへき神意なるに、當時道春等その事を管理しなから未だ数千百部を撫印するに及ばスして徒に擧て紀府に転搬し本邦未曾有の盛挙を視ること普通の梓と同きは何そや豈はハタ頼宣卿の請はせられし所なるか果然らは猶神意を紹述せられて数千百部を印出せらるへきに空しク彼書庫に宝蔵して人間に頒布せさること是怪むへし。

敕撰」。雙邊（二十點八釐米×十五點三釐米），有界八行，十七字，注文小字雙行。版心黑口，上下皆徑直與花魚尾相連，中間題「群書治要幾」，下方標注葉數。

卷九第十三葉[一]第四行第七字右（注）「林」字倒立，卷五第五葉表第八行行十六字，較他行少一字，卷四十八第十葉表裏[二]皆半葉七行，同卷第十五葉則爲九行。

「匡」、「貞」二字時見缺筆。活字中多有與大藏一覽集相同者，亦有略小一週者，後者可能爲林五官所鑄之物。蓋因「羣」字於大藏一覽集中較罕見，此書首題、尾題所用活字略小，植於一格之中略靠上方的位置，時有觸及雙邊内廓者，因框廓有裁斷，大多較爲醒目。

尾題「羣書治要卷第五十終」，按有「神宮/文庫」、「宮崎/文庫」印。

卷末題跋云：

右羣書治要五十卷者，唐魏徵等所撰，而人牧座右之要典也。本邦在古此書盛行，迨於近世，散逸無聞焉。

東照神君在世之日，偶獲而嘉重之，有印版之命。然其原本欠三卷（第四、第十三、第二十，合三卷），以無別本，姑從之，以付諸梓。後以是傳我先人，而至於余矣。今恭以印本一部奉納於勢州豐宮崎文庫，聊奉神君平素右文之德，意以冀此書之與靈場，共傳於無疆而已。元禄庚午歲季夏月上浣。

紀伊國主

從二位行權大納言源朝臣光貞

據此跋可知，在大半屬江户後期甚至是明治以後出自紀伊藩的現存本中，最早亦即最古者，當爲十七世紀（一六九〇）紀伊藩藩主德川光貞奉納豐宮崎文庫者。蓬左文庫現藏本乃明治四十五年四月南葵文庫捐贈者，與後述德川宗睦[三]、河村秀穎抄寫本屬别本。因無法確定寛永十九年（十八年）堀杏庵校點本（即河村秀穎抄寫本）何時何地得於尾張，故神宮文庫本應爲現存最古版本。

然今日凡所能見到的銅活字本中，自神宮文庫本以後，部分内容在印刷後均經加筆修訂，多及百餘處。修訂之際，皆爲擦削厚（緒）（楮）紙印面，將文字偏旁、部首或冠頭等部分或全部抹掉，大半徑直以墨書，極少數爲按印活字（帶「印」字者）。今將能夠判明者列於下方，并試對顯著字例稍加説明。

[一] 譯者注：此處應爲「第十三葉裏」。

[二] 譯者注：「表」「裏」，日本書志學用語，相當於前半葉、後半葉。爲保持行文簡潔，譯文均遵從原文表述。

[三] 譯者注：德川宗睦（一七三三—一八〇〇），江户時代中期名古屋藩第九代藩主，有「中興名君」之稱。

15	14	13	12	11	10	9	8	7	6	5	4	3	2	1	號序
5	5	5	5	5	5	5	5	5	3	3	2	2	2	2	卷
18	10	10	8	8	7	6	6	5	25	5	36	35	34	34	葉
a	b	b	b	b	a	b	b	b	a	a	a	a	b	b	裏/表
6	7	7	4	2	1	1	1	3	7	3	1	7	6	1	行
右12	左2	右2	左1	13	13	右4	2	3	13	13	5	2	左6	右13	字
獸	父	弁	忌	寒	矢	誠	驕	矢	兕	體	祁	惟	邇	大	
30	29	28	27	26	25	24	23	22	21	20	19	18	17	16	號序
8	8	7	7	7	6	6	6	6	6	6	6	6	5	5	卷
15	11	18	4	4	20	20	18	18	18	14	4	2	24	18	葉
a	a	a	b	b	b	b	a	a	a	a	a	a	b	a	裏/表
6	7	8	3	3	8	8	6	6	5	6	2	2	8	6	行
右13	4	右6	左3	左2	左16	右16	4	右1	左17	13	左5	4	15	左13	字
謂	彊	濮	(印)也	(印)食	也	齊	苟	也	才	轍	衡	侯	殛	夫	

45	44	43	42	41	40	39	38	37	36	35	34	33	32	31	號序
15	15	15	12	10	10	10	10	10	9	9	8	8	8	8	卷
2	2	2	32	17	13	12	11	10	7	7	31	17	17	17	葉
b	b	a	b	a	a	b	a	a	b	b	a	b	b	b	裏/表
4	4	7	5	8	4	6	6	1	2	2	7	4	4	4	行
11	9	3	12	3	17	9	10	右16	右17	13	1	左17	右15	12	字
姓	姓	烏	訴	絶	達	禍	桷	率	忒	忒	弁	雖	鑠	鑠	
60	59	58	57	56	55	54	53	52	51	50	49	48	47	46	號序
17	17	17	16	16	16	16	15	15	15	15	15	15	15	15	卷
3	3	2	25	24	7	6	25	11	8	7	5	5	3	3	葉
b	b	a	a	b	b	a	b	b	b	b	b	a	b	b	裏/表
4	3	3	4	6	2	8	5	3	7	4	5	3	5	5	行
5	1	10	11	6	右6	9	15	12	16	9	10	12	15	14	字
父	馮	靡	戰	丘	鹿	(菜)萊	擊	不	襄	還	背	堅	樵	爨	

續表

續表

號序	61	62	63	64	65	66	67	68	69	70	71	72	73	74	75
卷	17	17	17	17	17	17	17	17	18	21	21	21	22	22	22
葉	7	8	15	16	16	17	21	35	1	13	25	26	8	12	16
裏/表	b	a	b	b	b	a	a	b	b	a	a	b	a	b	a
行	1	2	6	7	7	5	3	8	4	3	3	5	2	5	6
字	9	9	12	右 6	左 4	11	15	6	12	6	15	12	16	10	11
	鶩	顆	世	激	甚	知	日	傳	羌	日	援	餌	或	夭	天
號序	76	77	78	79	80	81	82	83	84	85	86	87	88	89	90
卷	22	22	22	23	23	23	23	23	23	24	24	24	24	24	24
葉	22	33	34	1	6	11	25	31	33	2	2	16	20	20	27
裏/表	b	b	b	a	b	a	a	b	a	b	b	b	b	b	b
行	5	5	2	6	7	2	6	4	1	6	7	6	5	7	4
字	1	3	6	2	6	12	10	8	3	3	17	9	9	5	12
	憂	垂	河	十	今	赴	堤	天	秉	日	士	杜	逐	亟	末

續表

號序	91	92	93	94	95	96	97	98	99	100	101
卷	25	25	25	27	27	28	28	28	29	29	29
葉	3	24	26	8	16	1	3	3	8	10	11
裏/表	a	b	b	b	b	a	b	b	a	b	b
行	2	8	8	4	5	5	6	6	5	8	4
字	12	2	12	14	8	8	7	9	17	2	1
	劾	死	街	主	原	權	殛	圮	卌	嘗	儁
號序	102	103	104	105	106	107	108	109	110	111	
卷	29	29	31	32	33	33	32	37	39	39	
葉	27	33	2	25	17	18	23	1	34	34	
裏/表	b	a	b	b	b	a	b	b	a	b	
行	3	2	3	1	4	5	2	4	3	2	
字	7	14	15	6	4	2	6	13	8	12	
	元	封	敞	虐	順	休	(摯)挈	簒	円	封	

因此類訂正多是在擦削原字之後徑直墨筆，故多少存在變化，或者出現忘記加筆之處，在各本中均可見到，時而亦僅一二本中有見修訂。如2、9兩例，天理圖書館本等如表所示，均作「邇」、「誠」，其他本多作「迶」、「誡」（「戒」近似「戎」字）。而且，該兩例在金澤文庫本中筆跡不甚清楚，例2兩字皆通，

例9則應作「誠」字，「誠」字爲誤。

正因是活字版，才字字皆手寫補正，故應是在拆版後於校正時發現誤字而補訂的。此番校正儘管存在疏漏，但因終於卷三十九，故想必是元和二年在駿河印行時於最終組版之際展開的。紀伊亦可能在校正之後向各處頒發群書治要，但應該未曾持有用以對校的別本。

總而言之，以元禄三年奉納神宮文庫本爲始，各本皆經校正。後文將提到的尾張藩舊藏本雖完成於寬永十八年以前，而一般認爲是抄寫其而成的河村秀穎寫本中已大半有訂正，儘管存在少許疑問，尾張藩舊藏本應該與神宮文庫本、明治時期讓渡本等現存本無差。

神宮文庫本附有元禄三年紀伊藩主德川光貞奉納跋文，蓬左文庫本箱函上題記明治四十五年南葵文庫捐贈要旨：「元和活版群書治要壹部全四拾七册／應侯爵德川義親君懇請／而贈呈／明治四十五年四月　日　南葵文庫（印）。」〔一〕另，京都大學附屬圖書館本各册册首按有「德川賴倫寄贈本」印、明治四十三年七月十六日藏印，以及「舊和歌山／德川氏藏」「南葵文庫」印。靜岡縣立中央圖書館葵文庫本第一册副頁墨書「德川賴貞侯寄贈」，每册册首亦按有「舊和歌山／德川氏藏」「南葵文庫」印，册尾按「紀伊德川／氏藏板記」，藏印日期爲昭和七年一月二十八日。賴倫（大正十四年〔二〕殁）、賴貞兩人爲父子，因賴倫一腔熱意，南葵文庫得以從明治四十一年存續至大正十三年（高木文南葵文庫之興廢，好書雜載所收）。明治四十一年南葵文庫藏書目録載元和駿河版存十七部。然在關東大地震後被捐贈給東京大學綜合圖書館的現藏南葵文庫本中，却僅存兩部。一部爲完本，一部闕卷十四、卷二十九，存四十五册。不過，兩部皆附原裝淡茶色表紙，題簽無，皆按「南葵文庫」印。完本中亦另外按有兩印「舊和歌山／德川氏藏」「紀伊德川／氏藏板記」，殘本另僅按有「紀伊德川／氏藏板記」印。

兩本首册表表紙、末册裏表紙皆有因損傷而補修的痕跡。除殘本第四十五册裏表紙見返〔三〕處以明治時期印刷的借地證補襯以外，將兩本認作是原裝本並無任何問題。

「南葵文庫」「紀伊德川／氏藏板記」「舊和歌山／德川氏藏」三印於南葵文庫現存本中已是參差不齊，看來并不一定是同時所按。不過因在現存本中常可見到，説明諸本皆爲明治以後出於紀伊藩者。對於筆者所見的現存本，稍後會將此三枚藏印之有無，與裝訂、表紙（原裝）、銅活字印刷題簽之有無等合在一起列出。在此之前，請允筆者先行嘗試比較各本裝訂之異同。

〔一〕譯者注：原文：元和／活版群書治要壹部全四十七册／侯爵德川義親君ノ懇請ニ／依リ之ヲ贈呈ス／明治四十五年四月　日　南葵文庫（印）。

〔二〕譯者注：即一九二五年。

〔三〕譯者注：裏表紙見返，日本書志學術語，即底封裏側，譯文皆遵從原文表述。

原裝表紙多爲略泛光澤的淡茶色，少數爲淡縹色或淡紅色，表紙質地相同，尺寸皆約爲二十七點四釐米×十九點一釐米。貼附印刷題簽的版本較少，而且多使用略小於本文字號的活字。看似不像原裝的數版本之中三印皆無，不明有何寓意，逆思之，難不成皆出自南葵文庫以前？

收藏機構	表紙	題簽	紀伊德川氏藏板記	南葵文庫	舊和歌山德川氏藏	備考
神宮文庫	⊙淡茶	⊙				德川光貞／元祿三年
內閣文庫A	⊙淡紅	⊙				二七九—二一〔一〕／淺草文庫印
東京大學A	○淡茶		○	○	○	
南葵文庫B	○淡茶			○	○〔二〕	欠卷十四、二十九
京大圖書館	○淡茶			○	○	德川賴倫／明治四十三年
蓬左文庫	○淡縹	○		○		德川賴倫／明治四十五年
靜岡縣立圖	○淡茶		○	○	○	德川賴貞／昭和七年
天理圖書館	○淡茶		○	○	○	
關西大學	○淡茶	○		○	○	
東洋文庫A	○淡茶	○	○		○	三Ai2
東大東文研	○淡茶	○	○			
內閣文庫B	○淡茶	○	○			別三四—一／寺田望南印
靜嘉堂文庫	○淡茶	○	○			
杏雨書屋	○淡縹		○			
國會圖書館	○淡茶					
成簣堂文庫	○淡茶					
書陵部A	○淡茶					四〇四・二八
和歌山縣圖	○淡茶					
大坂天滿宮	○淡茶					
東洋文庫B	×香					三Ai1
書陵部B	×朱					四二九・二九
書陵部C	×焦茶					五一〇・二六
陽明文庫	×暗藍					
慶應圖書館	×濃藍					

表紙○⊙代表原裝（紀藩以前），其下注明顏色，題簽⊙代表字體略大的整版、○代表活版。三印之有無亦用○表示。備考欄中的記號爲函架號碼（兩部以上）。

神宮文庫本裝訂於元祿以前，如右所述，淡茶色表紙，貼有大型整版題簽。內閣文庫A本表紙爲淡紅色，裝飾空押連綴龜甲紋，題簽與神宮文庫本極其近似，或屬同版。然神宮文庫本題簽未標記卷次，內閣文庫本則有類似銅活字的數字，間或印有「三／四闕」等字樣。神宮文庫漢籍善本解題云神宮文庫本題簽屬後補。福井保氏則認爲，內閣文庫本表紙古雅典麗，合乎元和二年左右裝訂風格。兩本皆未按捺紀州相關藏印。

如上表○所示，按有藏印的大部分版本表紙均爲略泛光澤的淡茶色。儘管蓬左文庫本及杏雨書屋本爲淡縹色，不過可以認爲皆具有共通性。即便是未捺藏印的淡茶色表紙，亦

〔一〕譯者注：據國立公文書館內閣庫藏書信息，此處「二七九」有誤，應作「二九七」。

〔二〕譯者注：據東京大學圖書館藏書信息，且按上文所述，「舊和歌山 德川氏藏」印無，應在「紀伊德川氏藏板記」下標記○。

應與以上兩種表紙的質地相同。題簽欄中標記○的表紙上，皆貼有「群書治要」四字印刷題簽，字體爲略小於本文字號的銅活字。

諸本裝訂可能是元和年間於駿河或搬至紀伊後所爲。且不云表紙，據以上敘述來看，題簽理應是在紀伊補訂的。此外，國會圖書館本題簽有剥落痕跡。

三印俱備以及貼有印刷題簽的版本不到現存本三分之一，大半應是明治以降從紀伊德川家所流出者。從表紙來看，在神宫文庫本、内閣文庫本之後，質地相同者占三分之二，故其裝訂極可能是在紀伊完成。其他裝訂不同表紙的版本略少，且皆未按捺三印，從表紙受損程度來看，應是於早前幕府末期流出。

正如前文所言，寛永十八年（一六四一）以前，尾張藩即存有此元和二年刊銅活字本。據福井保氏天明版群書治要挍刊始末（上）（書志學第六卷第三號，一九三六年），天明二年（一七八二）編纂的御文庫御書物目録中，著録群書治要活字版二十五册（闕卷十三、卷二十、卷二十四），且云「此御本元禄以前西御文庫有之，中有堀正意點并跋」[一]，跋尾云「寛永十八年辛巳冬十月日杏庵叟正意題」。福井氏據此而認爲，天明七年八月十八日尾州御小納户日記中所載群書治要二十五册乃杏庵加點活字版。福井氏又於江户幕府刊行物一書中明確記載，蓬左文庫現藏元和三年正月尾張藩調製駿河御讓本目録原本業已著録此駿河版。然該活字版或云明治維新之際散佚，或云明治初期由尾張家流出，現今早已無存。

名古屋市立鶴舞中央圖書館藏河村秀穎[二]寫本卷末抄有上文所云堀杏庵跋（或爲整文），較之福井保氏移録御文庫御書物目録者更爲詳細。安永五年（一七七六），秀穎以九條殿御本與寫本相校合，抄寫時期應略早於此時。河村寫本本文行款與元和銅活字本完全一致，正如福井氏推斷，本文、跋文明顯依據的是尾張藩文庫所藏銅活字本。

蓬左文庫另藏有紀伊藩主德川宗睦（一七三三—一七九九）「御幼年御筆」中所抄卷一至卷十八（欠卷四、卷十三），殘十六卷六册。是書行款、本文誤字以及空格等皆與河村秀穎寫本一致。兩人年齡相近，秀穎長宗睦五歲[三]。假若爲宗睦幼年所抄，則宗睦率先抄寫完畢，而秀穎并非抄録宗睦寫本，應該同樣是以銅活字本爲底本而抄寫。

關於河村秀穎寫本，前文在平安時代中期九條家寫本一節中已略有言及，在此另行試對宗睦本及河村本兩本聯作解題。

[一] 譯者注：原文：此御本元禄以前西御文庫ニ有之堀正意点併跋有之候。
[二] 河村秀穎，享保三年（一七一八）生，河村秀根之兄，歷任尾張藩書物奉行等職，天明三年以年六十六而殁。名古屋市立鶴舞中央圖書館設河村文庫，藏有諸多秀穎親筆本以及秀根、益根（譯者注：秀根之子）一族舊藏本。
[三] 譯者注：河村秀穎生卒年爲一七一八—一七八三，德川宗睦生卒年爲一七三三—一七八〇，兩人相差十五歲。

殘十六卷（存卷一—卷三、卷五—卷十二、卷十四—卷十八，闕卷五、卷十七後半、卷十八後八葉）　德川宗睦寫　六册

一九七五年刊蓬左文庫漢籍分類目録未曾著録此本。筆者此次拜訪文庫之際，幸惠贈新刊增訂本（一九八八年㈠），方知此本之存在，遂請拜覽。

新補茶色表紙（二十八點七釐米×十九點四釐米），每册表紙因料紙尺寸不一而存在些許差異，如第二册爲二十九點六釐米×二十一釐米，第六册爲三十釐米×二十一釐米。題簽墨書書名、册次，如「群書治要　一（—六）」。

每卷卷首均另附一枚與本文同質料紙，其上記有「御幼年節/御筆」（卷一）、「御筆」（卷二、卷五、卷六）或首題等；左下方間或有貼有小片紙張，墨書卷次。群書治要序、群書治要目録與銅活字本無異，目録卷四、卷十三、卷二十下添注「闕」字。

卷一首題：

　群書治要第一

　周易

序及卷二以後每卷首題次行所列「秘書監鉅鹿男臣魏徵等奉　敕撰」等，亦同活字版。

字面高約二十一點五釐米，無界八行，每行十七字。本文施有藍筆句點，注文施有桃筆句點，文末有朱筆括注「﹂」。另有朱筆圈點，墨筆返點、振假名及送假名。序、卷一、卷二眉上批有另筆所書校語，稱其所據版本爲「足利本」「足利正本」「足利正」「正」「正義本」「一本」等，另引用揚子法言、老子、尚書、史記，亦有「臣謹按……」等批注。序文之批注最爲詳密，其後雖見遞減，然内容與天明尾張版頭注不同，遠爲豐贍。

卷五重複抄寫兩遍，各存首九葉、首五葉，後半部分皆欠（全三十五葉）。卷十七僅存前半部分十九葉，欠三分之一（全三十葉）。卷十一第三葉葉表與末尾半葉相重複。

關於文字異同，在秀穎本解題之後，將一同與銅活字本試作比較。

既然爲「御幼年節御筆」，那麽抄寫時期應是在宗睦十歲左右，概值元文年間（一七三六—一七四〇），最遲亦在寬保、延享（一七四七）年間。然筆跡遒勁有力，全然不似幼年手筆。

五十卷（原欠三卷）　河村秀穎寫　四十七册

字體存在變化，似非一人所書，然若參考秀穎其他親筆本，不妨認爲全卷乃其一人所抄成。

薄茶色表紙（二十六點九釐米×十八點一釐米），題簽墨書「群書治要　一（—五〇）」，次爲群書治要序、群書治要目録，所欠三卷下方標注「闕」字。首題、行款等與前揭德川宗睦寫

㈠ 譯者注：據是書目録，應作「一九八七年」。

本同，全葉字數與前揭本一致。字面高二十點五釐米，無界。

誤字處用朱筆畫大圈號，眉上、行間批注校字、校語。此外，行間校字旁多處標有「イ」字，因河村秀穎云曾與九條家御本〔一〕相校合，可能是九條家御本的異本。全卷末附紙一枚，爲寬永十八年辛巳冬十月日堀杏庵跋。在福井氏文中所録一百七十字前後，另各有八十餘字，想來此處應爲全文，只是末尾無「杏庵叟意題」五字〔二〕，僅跋首下方有朱筆題「堀正意序」數字，也許同爲秀穎手筆。大日本史料第十二篇之二十三引有堀杏庵杏陰稿，與此處跋文幾乎相同。〔三〕

尾題之後，河村秀穎記云：「群書治要五拾本原本欠四、十三、廿/之三本御本亦欠之以/九條殿御本遂校合加朱書了/安永五丙申二月　河村秀穎。」其上又添云：「後聞陽明家/御本亦欠此三卷。」此後又貼附一紙，乃秀穎所書，具體内容如下文，可見河村致力於探求所欠三卷之熱心。然江户、京都似均欠此三卷，暫且不論日本國見在書目〔録〕撰寫之際群書治要是否完闕，其後三卷皆佚失，其轉寫本流傳各地。

> 余承聞文庫藏群書治要欠本，前年罹丙子之災，化爲烏有。寶藏御本辰年罹災，此番獻納五禮通攷以代之，可供吟味。觀其目録，有四十九册，附補二。……
>
> 江户林家欠本問合返簡〔四〕

丙子指寶曆六年（一七五六），辰年指同十年（一七六〇）。寶曆六年化爲烏有之文庫本與寶曆十年時罹災之寶藏御本究指何書，尚未有定論〔五〕。罹〔羅〕山作爲駿河版刊行之際當事者，恐應拜領過銅活字本，早年在輯補所欠三卷之際，理應持

〔一〕譯者注：即下文引尾題中所云「九條殿御本」。

〔二〕譯者注：據下文所引，應作「『杏庵叟正意題』六字」。

〔三〕跋文内容幾乎相同，惟河村秀穎寫本存五六處衍字。大日本史料引文末尾「寬永十八年辛巳冬十月日」下有「杏庵叟意題〔杏庵叟正意題〕」數字，與福井保氏所引一致。如後文所云，九條家除傳有平安時代寫本外，另有「大型上寫本」，河村秀穎對校時所閲者亦有可能不是平安寫本。因皆爲九條家之物，故從常識來看，「九條殿御本」應是據平安寫本抄成。不過，假使「九條殿御本」爲江户時代寫本，則其調取的異本亦有可能是金澤文庫本之轉寫本。

〔四〕譯者注：原文：一群書治要欠本候事承知仕候、文庫ニ有之義先年丙子之災ニ烏有となり申候、寶藏御本ハ辰年罹災此度之右代りニ五禮通攷獻納有之申候、吟味可仕事□□無之。目録を見候へハ四十九册附補ニと有之補ニ如何ニ奉存候、定而元來欠本候而後人之補ニ御座候哉、慥ニハ無之候へ共元より欠本候様ニ先達被申候事髣髴仕候様ニ御座候　江戸林家ニ欠本問合ニ返簡。

〔五〕林家於貞享二年（一六八五）以來在中八重洲構築宅邸，同〔元禄〕十一年（一六九八）因忍岡別邸罹災，又於西牛籠購得宅地（佐藤一齋林氏第三世正獻先生墓表等，近代先哲碑文集四，夢硯堂校〔出版〕，一九八五年）。寶曆六年之災，或指（一七五六）十一月二十三日拂曉起於八重洲河岸而由尾張町波及汐留一帶的大火，中八重洲林邸亦因火勢蔓延而遇焚。辰年火災亦不明，不過林家藏書早於明曆年間焚失。文庫本、寶藏御本也許指昌平黌或聖堂本。此處突然出現五禮通考一書書名，或爲聖堂罹災後林家所獻納者。五禮通考二百六十二卷首四卷，清秦蕙田撰。内閣文庫藏清代味經窩刊本三部（附徐乾學讀禮通考一百二十卷），分别爲佐伯侯毛利高標獻納本、川越城主松平直恒獻納本、亨和王戌〔壬戌〕昌平坂學問所藏本。

有金澤文庫本轉寫本，故文庫本、寶藏御本興許與轉寫本有一定關聯，然諸本於明曆大火[一]（一六五七年）等中或已燒毁。總之，降及寶曆年間傳至榴岡、鳳谷兩人[二]時，林家對群書治要的關注似乎極其淡薄。

德川宗睦寫本、河村秀穎寫本皆八行十七字，與元和銅活字本行款完全一致，二本究竟是否乃以元和銅活字本爲底本而寫成呢？接下來就專門對三本本文試作比較。

從序目來看，三本幾乎一致，唯河村本存少許誤字。卷一誤字雖達三十餘處，但差異並不明顯。只是，第二十二葉冒頭注文「則不可復/正也矣」之「矣」字，雖無關緊要（金澤文庫本有此字），德川本、河村本皆無；裏葉末尾「侵大剥/之道也」最後三字「之道也」亦然，兩本中亦未見，然元和銅活字本有之。若僅此程度，尾張藩藏元和銅活字本在該時期也許因蟲蝕等而出現欠字情況，然像下文卷七般欠字尤甚者，著實怪異。

因河村本卷七多處有用朱筆所書與九條御家本之校合結果，尤其如上述脱字較醒目者，故在此以卷七爲例進行説明。不過，此等脱字於德川本中亦爲空格。另外，河村、德川兩本同字而異於銅活字本者亦不在少數。德川、河村二本卷七，小字雙行注文因脱字而空格的情況如下所示。

與銅活字本相比，先從卷首來看，德川、河村兩本卷首魏徵銜名末尾無「敕撰」二字。再從注文來看，大概有七處，如第二葉表第四行左注「樂」字，同葉裏第二行左注全文「罰爵」，第五葉裏第一行注末字「尸」，第七葉表第六行注末字「之」，第八葉表[三]第六行注四字中脱後三字。後半脱字有所減少，然第二十九葉表第一行注全十字皆脱，空格甚爲醒目。

其中，第七葉表第六行注「定其祖簿稅之」，河村、德川二本皆闕末字「之」，金澤文庫本則作「定其租稅之簿」，通行本禮記鄭注亦然。另，德川、河村本第十葉裏第六行注「言偃孔子弟子字子游也」，「字」字旁朱書「イナシ」三字，金澤文庫本無此「字」字，通行本禮記鄭注則有之。以金澤文庫本爲底本的銅活字本中亦無「字」字，「言偃孔子弟子子游也」九字注文在第六行下方占大字四格，左右凡八字，第七行第一格右側有「也」字，左側爲空格；而德川、河村二本因補添第七字，故第七行第一格右左各填以「游也」二字。此類并非誤字，而是表明明顯依據他本。

另外，在卷七中，德川、河村二本文字一致而與現存銅活字本相異者至少有三十處，而且并不全是兩寫本有誤。雖然三本行款同爲九行十八字，本文亦相近，但因存在上述文字異同情

[一] 譯者注：明曆大火，又稱振袖大火，指一六五七年三月初發生於日本江户的一場大火災，短短兩天之内，江户三分之二化爲灰燼。

[二] 譯者注：父子，分別爲林（羅山）家第四代、第五代，江户時代中期朱子學派儒學者。

[三] 譯者注：表，應作「裏」。

況，究竟兩本是否乃據現存元和銅活字本而抄寫，空格處是否因蟲蝕而造成，多人令人懷疑。尾張藩既在寬永十八年以前藏有元和二年刊銅活字本，則元和二年刊版本有可能在別處亦有傳存。不過，銅活字本所附同年堀杏庵（正意）校字、校語等批注，也許皆被採入德川、河村兩本，故方出現上述相異情況。

河村本既云曾與九條家御本相校合，在此就試將其與平安時代九條家寫本兩卷對校。首先是九條家本與金澤文庫本。

卷二十二於兩本中皆批有詳密訓點等，且如前所述內容近乎一致。若强舉相異之處，暫且不論音訓符，單就假名而言，極少處一本有而另一本卻無，本文誤字、脱字、衍字等亦不過數例，另如「オスホミヨ」等在金澤文庫本中多使用異體字。因河村本的底本爲元和銅活字本，而元和銅活字本的底本又爲金澤文庫本，故河村秀穎寫本中的朱筆校字極少，即便有，亦僅是對元和版、河村本〔一〕之訂誤，意義不大。

針對卷二十六，將河村本與「九條殿御本」校合後的朱筆校字，與九條家本相校亦極其重要。理由在於，如前所述，雖然很難認爲河村秀穎用以校合的九條家御本即平安時代寫本，不過極有可能是平安寫本系列的版本，故仍值得參考。

該卷在金澤文庫本中多誤字、脱字，因河村本乃是據以金澤文庫本爲底本的元和銅活字本抄寫，故因襲之。當然，屬河村本人誤寫者亦不在少數，暫且不議。在此，筆者嘗試列出該卷前五分之二部分中所存二十餘例金澤文庫本以後諸本誤字，尤其是誤脱字句，由此去考察該卷整體情況。爲謹慎起見，在此一併參考三國志校點本。第十二例中，因九條家本與三國志均文字較長（各二十一字），同文第三字之後用括號標注。

葉	表裏	行注	河村本本文（○爲朱筆）	朱筆校字	九條本	三國志
3	b	4	不願聖○使	世	世	世
	b	6	○不如堯舜	爲	爲一本	爲
6	b	左3	子○懷糧	弟	ナシ	弟
	b	右4	以揮涕○河	增	增行間補字	增
	b	右6	○息裁屬者	氣	ナシ	氣
7	a	左7	潤○骨	白	自	白
8	a	1	○聞之	衮	ナシ	衮
9	a	右3	○賢無○功	非 与	非ナシ	非 与
	b	右3	或○釋而任	或任而不重	或任而不重（旁注：一本 行間補字）	或任而不重
10	a	左1	散○胸懷	於	於	於
	a	右5	小弱○奪	見	見補字	見
	a	右7	○棄○城千里	捐棄揖擢金	捐 擢揖	捐 揖擢

〔一〕譯者注：「河村本」疑衍誤。

續表

葉	表裏	行注	河村本本文（○爲朱筆）	朱筆校字	九條本	三國志
				觀者爲之寒心而始皇晏然自以爲關中之固金（「觀者」以下十九字，九家本補語、三國志同文）		
11	a	左3	共○	其	其	其
	a	左8	國之枝葉○	枝葉	枝	枝葉
	b	右1	無○庇蔭	所	ナシ	所
	b	左5	秦之○策	失	失 補入	失
14	b	2	其言○治	政	ナシ	政
	b	8	金玉○飾	之	之	之
15	a	2	武○皇帝之時	皇	皇 補入	皇
16	a	左5	往來之浮非○	言	言耳亦 一本	言耳亦

據此來看，河村本朱筆校字有近六成與九條家本相吻合，其中不少乃是九條家本行間所批的與他本校合之補字；其餘四成朱筆批注爲河村本所獨有，九條家本與金澤文庫本則相一致，未有校訂。這就意味著，河村本有可能是根據現存九條家本之外的版本作了朱筆批注，并且内容與三國志本文一致。雖然不是很清楚，但河村本用於校合的九條家御本與現存平安時代九條家寫本爲同一本的可能性大概占六成。

蓋因河村秀穎在短時日内與九條家御本相校合，自然難免忽略誤字，此類例證不在少數。不過，批注中既然有現存九條家寫本中所未載之校字、校語，就説明或許存在其他系統的九條家御本，亦有可能是參考了版本三國志。雖無從得知秀穎是通過何種途徑借覽到九條家御本，可即便其每日都往京都九條宅邸拜訪，九條家也絶不會准允其隨意閲覽高貴典雅的四十七卷平安寫本。

關於二戰前九條家本的情況，福井保氏在對後述天明尾張版所作的論考中（前揭），曾在討論河村秀穎寫本時略有言及：

> 不過余曾聽聞村口書房保存有九條家舊藏群書治要古鈔本，此本亦有杏庵加點，且附有與前引相同的識語。筆者因至今未有機會拜覽是本，故無從判明詳情。然據林秀一氏關於本邦鄭注孝經之刊行一書，其事應當屬實。此外，安永五年河村秀穎借出該九條家本，與家藏鈔本相校合，不僅添加朱筆批注，還照原樣轉寫了杏庵識語。

倘若此時村口書房果真藏有九條家本，想來應是一九二九年九條家藏品拍賣之際所拍得的二十一册「大型上寫本」，

或爲近世鈔寫本。〔二〕

福井保氏在此段引文前另云，天明二年尾張藩藏有銅活字版群書治要，堀杏庵施加訓點并題寫識語。從前述中可推測，河村秀穎寫本乃轉寫尾張藩藏元和銅活字本而成，且一併移抄杏庵識語。另外，福井氏亦聞云九條家寫本中存有杏庵加點與識語。

大概能夠確定的是，九條家除藏有平安寫卷子本外，又藏有近世抄寫大型册子本，那麽，據以上所述，河村秀穎所用對校本極有可能爲後者。不過，若因其底本（大型册子本）載有杏庵加點、識語，而云其爲元和銅活字本的話，而秀穎亦抄寫銅活字本，則其不可能利用大型册子本對整整四十七卷進行校合，且題記曰「九條家〔殿〕御本」。因缺乏有關資料，在此只能如此推測：九條家平安寫本、金澤文庫本，抑或平安、鎌倉時期京都傳存的其他寫本，也許因皆出同一祖本，故彼此並無較大差異，上述數種寫本説不定亦屬此類。

與元和銅活字版相關的版本，除德川宗睦本、河村秀穎本之外，另存有數種寫本。首先是內閣文庫本。正如福井保氏所論（江户幕府刊行物第二十七頁），是書乃慶長十五年九月德川家康命鎌倉五山僧人謄寫金澤文庫本而成，作爲刊行元和銅活字版之底本而參照之。其他寫本因行款相同，一般認爲是抄寫元和版而成，以下詳細舉之。

五十卷（原欠三卷）　慶長寫　四十七冊　內閣文庫藏

濃紺色表紙（三十點八釐米×二十二點二釐米），題簽記云「群書治要第一」。序、目録、卷一等配列同金澤文庫本。施有淡烏絲欄（二十四點五釐米×十八釐米），有界，九行十八字，注文小字雙行。合抄本。金澤文庫本中的異體字在此本中均被改作通行字體。金澤文庫本未嘗作改行，僅在應改行處皆劃線標識，內閣文庫本皆改行另起。朱筆句點、乎己止點，墨筆返點、振假名、送假名、音訓符、聲點、反切等批注頗忠實於金澤文庫本，僅個别地方有所簡省，而音訓符似乎轉增。除卷二十一等例外場合，其他各卷未見載奥書。第一册裏表紙見返貼有紙片一枚，其上書云：「駿府御文庫本／羣書治要四十七册」。按有「淺草文庫」印。

五十卷（原欠三卷）　宇佐見〔美〕惠（灊水）校　寫　二十四册　大阪天滿宫藏

暗藍色表紙（二十六點二釐米×十八點七釐米），題簽墨書「群書治要第一」，字面高二十點五釐米，無界。

序、目録、卷一等配列，八行十七字行款以及所用「羣」字，

〔二〕反町茂雄：古書肆往憶 2（平凡社，一九八六年），第 215 頁。該版本群書治要成交價爲 71 日圓，因其前後令義解七册（155 日圓）、榮華物語十九册（76 日圓）、狹衣物語五册（100 日圓）、論語二册（5 日圓）皆爲「古寫本」，故從成交價來看，該群書治要或爲近世以後抄本。

皆近同於元和銅活字版。然目録中所欠三卷下方標記有「闕」字，卷四十所收四種書名之排列亦異於元和銅活字版，卷四十三無「説苑」一書書名，卷四十七「政要論」作「世要論」。另，卷九第二十三葉論語憲問「仁有（者）必有勇有勇者不必有仁」，正中之「有」字在該本中爲空格。理由在於金澤文庫本誤用「有ミ勇ミ」中的疊字符號，故産生衍文，元和版亦襲之。

極少處施有朱筆句點，墨筆訓點，卷一批有校語。

卷一—卷十二、卷十六—卷十八、卷三十、卷三十五、卷三十六尾題次行記云「宇惠子迪校正句讀」，字跡與各卷本文相近似，而與他卷大多相異，應爲合抄本。按有「天滿宮御文庫奉/納書籍不許賣買」印。

宇佐見〔美〕惠，號灊水，安永五年（一七七六）殁，享年六十七歲。據林秀一氏研究，灊水乃是與三河松平襲前後發現群書治要孝經鄭注的儒者。灊水雜著開頭云「余衰老甚」，故應屬晚年著作，内文一節論及此部群書治要寫本之底本情況，具體如下所引。婆心代言〔一〕一書所録亦與此處内容相同。

> 先年書賈攜來群書治要一書……書賈初攜來之際，展卷而視，人云其紙張非當世所有，二百年以前書籍嘗用之。板爲活字，片面八行十六字，古書行款大都如是。詢其價，云值金二十片，非余微力所能及也。謀於熊耳（名承祐，字子綽，俗稱大内十太夫），熊耳云：「吾藩大夫常言：若有奇書，留意納入藩侯府庫。」試與大夫相謀，以金十五片購之，今藏唐津藩書庫，余得以借覽此書，加以抄寫、校合且句讀之。

明言所據底本爲活字版，惟有元和駿河版可當之。

活字版群書治要流入市場，被大内熊耳所仕唐津藩購得，灊水將之借出，抄寫、校合并施加句讀。關於校合，灊水又云：

> 略舉六經至晋宋時群書。治要所存誤字，以今行本改之。又今行本誤字甚夥，以治要改之，意義甚明白也。用治要校改古書文字，大益。足利古本異同亦多與治要相一致。余以藏書校改治要誤字，以治要校改藏書誤字。又後漢（陳）〔崔〕寔政論今佚，傳中僅遺一篇，而治要收録政論兩篇。陸賈新語今本多磨滅，其處多塗墨釘，今引合治要，磨滅文字大都得以填埋，誤字亦多有改訂。

對於校書豐富的灊水而言，與群書治要的邂逅顯然意義重大，

〔一〕譯者注：婆心代言，宇佐美灊水撰。

同時似乎批注了大量校語。然此天滿宮本所載句點、校字、校語却未遍及全卷，且不甚詳密，並非如引文所述，也許僅是移抄了灊水校本中的部分内容。

是書抄寫、校合時期，應值二人各任松江藩與唐津藩儒官，且交情深厚之時，即寛延元年（一七四八）灊水見任以來（列志録，據佐野正巳松江藩學藝史の研究漢學篇），至明和五年（一八〔七〕六八）熊耳離開唐津藩期間（熊耳余先生墓誌，事實文編三十七）。據上述可以明知，十八世紀後半期元和版藏於唐津藩，與天滿宮本底本可能存在間接關聯。

當時，元和本除紀伊藩藏本以外，另存有所謂早期尾張藩藏本、元禄三年紀伊藩進獻神宮文庫本、元文年間紀伊藩獻納幕府將軍德川吉宗本，至於是否存在他本，今日無法確定。如前所述，神宮文庫本今尚見存，與其他現存元和本相比并無較大變化，唯目録中有三四處相異、論語文中有空格等，與天滿宮灊水校寫本相通。

尾張藩藏銅活字本原本亦與現存元和銅活字無相異之處，恐是河村秀穎於抄寫時將堀杏庵等人所批校正結果等一併抄入，從而造成文字出現異同，其後又影響到天滿宮本以及後揭神宮文庫藏荒木田尚賢寫本。河村秀穎在抄寫完成後，於安永五年與九條家本相校合，是年宇佐〔見〕〔美〕灊水、大内熊耳皆已離世。僅憑前文所論，并不能立斷尾張藩藏銅活字本曾流入唐津藩，然宇佐美寫本所據銅活字本與尾張藩藏元和銅活字之間應確實存在密切關係。

五十卷（原欠三卷）　天明六—八年　荒木田尚賢等寫
四十七册　神宮文庫藏

草花紋浮出〔一〕薄茶色表紙（二十五點七釐米×十九點四釐米），題簽「羣書治要　一」，而序、目録以及各卷首題、尾題均作「群」字。

字面高二十點四釐米。魏徵序文以下之構成，以及八行十七字、注文小字雙行等行款（無界）亦同元和銅活字版，且承襲前揭大阪天滿宮本特點。神宮文庫〔二〕另藏有元禄三年紀伊藩所獻元和版，然荒木田尚賢等人並未採用之，而是根據其他源出元和版、且較爲流行的寫本進行抄寫。由極少數人合抄。

是本存有朱筆所批校字，大多數所對應本文同元和版，與金澤文庫本亦幾乎相同，應跟宇佐〔見〕〔美〕灊水校本相近，可惜未能直接對校。

諸卷末尾記有以下奥書：

〔一〕譯者注：即空押。
〔二〕譯者注：明治末年由林崎文庫與豐宮崎文庫合併而成。

卷十二	天明六年丙午十二月廿二日尚賢録
卷十三	天明七年丁未正月十日　荒木田尚賢録
卷十九	天明六年丙午十二月初十日尚賢録
卷二十三	天明七年丁未二月五日荒木田尚賢録
卷二十六	天明七年丁未三月初七荒木田尚賢録
卷三十	天明七年丁未四月十七日　尚賢録
卷三十七	天明七年丁未十一月十二日　尚賢録
卷三十八	天明七年丁未十一月二日　尚賢録
卷四十二	天明七年丁未十一月廿二日　尚賢録
卷四十七	天明七年丁未十二月十三日荒木田尚賢録
卷四十八	天明七年丁未十二月十七日　尚賢録
卷四十九	天明七年丁未十二月廿三日荒木田尚賢録
卷五十	天明八年戊申正月廿三日　荒木田尚賢録

此本應是天明六年（一七八六）末至天明八年初荒木田尚賢等人據宇佐〔見〕〔美〕灊水寫校本系列版本抄成，從筆跡來看像是極少數人協力抄寫。按有「林崎/文庫」「林崎文庫」印。

荒木田尚賢先祖曾創設林崎文庫，其本人於天明年間使文庫得以再興。豐宮崎文庫亦藏有元和本，不過荒木田寫本應該不可能是以其爲底本抄成。

五、弘化三年紀伊藩刊銅活字本

元和二年群書治要刊行二百三十年後，紀伊藩謀用該批銅活字對是書進行再刊。傳云從駿河搬運而來的活字秘藏於和歌山城天守閣。

弘化三年（一八四六）山本元恒所撰「活字銅版群書治要序」，從家康講筵、活字版刊行經過起述，篇幅略冗長，然對其間經緯敘述頗爲翔實。據序文可知，紀伊藩或擬效仿家康事跡，文政元年（一八一八）命山本惟孝以整版刊行貞觀政要後，天保十四年（一八四三）秋因老公即第七代藩主治寶、今公第八代藩主齊順〔一〕之意，又議用活字印刷群書治要，翌年（十二月二日改元弘化）遂傳命於山本元恒，弘化三年仲春竣工。

高木文好書雜載（井上書店，一九三二年）云，弘化本題簽、扉頁等文字皆是採用駿河版活字，「據相關儒臣記録」〔二〕，群書治要先於弘化元年在和歌山城内一隅印刷，并賞賜修學諸士。因殘餘無多，同三年又令人在藩學習館内植字刊行，其後便保存於紺屋町書籍館，同年七月天守閣遭雷電失火時而免遭焚毀。然今日相關資料較爲匱乏，據山本元恒序，群書治要活字印刷於弘化元年著手，同三年即告竣。

〔一〕譯者注：應爲第十代、第十一代。
〔二〕譯者注：原文：其関係せし儒臣の記録によれば。

「活字銅版群書治要序」凡五葉，或因現存本較少（與高木氏所言相反）〔一〕，今據管見所知，序文之原本僅和歌山大學附屬圖書館藏弘化本四十七卷（二十五册裝訂本）卷頭有載。另外，和歌山縣立圖書館則藏有四十八册裝訂本，序文獨爲一册，四十七卷亦各訂爲一册，序文爲電子複印件。與上述兩本序文行款相同的寫本見於同館、神宮文庫、大阪天滿宫、御茶之水圖書館成簣堂文庫等（間或附録於元和本、闕序之弘化本），好書雜載、大日本史料（第十二編之二十三）〔二〕等書中亦收録該序。

序文所謂元和版於完成後曾進獻天朝，頒贈宗室親臣等，應是誤傳尾張藩天明版序所説。不過，其又言與銅活字一同被紀伊藩領去的還有數十部群書治要，並且抄録有元禄三年奉納豐宫崎文庫跋文，可供參考。

五十卷（原欠三卷）　弘化三年刊　銅活字版　二十五册

和歌山大學附屬圖書館藏

草色表紙（二十六點四釐米×十八點七釐米），雙廓（外廓十九釐米×三點七釐米）印刷題簽記云「羣書治要　序　一二」等，書名及卷第應均是採用活字，只是字體略小於本文。另，每册題簽文字亦多少存異，雖與殘存元和版之題簽活字字形較爲相似，然終究不同。

活字銅版群書治要序（弘化丙午［三年］仲春，山本元恒），群書治要序，群書治要目録，欠卷下方未見標注「闕」字。卷一首題次行列魏徵銜名：

羣書治要卷第一

秘書監鉅鹿男臣魏徵等奉　敕撰

該格式另僅見於天明版。出此緣由，儘管弘化版行款與元和版相同，然卷一本文整體較元和版後退一行。此外，弘化版各卷尾題皆置於末葉末行，元和版則置於本文結束後空一行處。

雙邊（二十一點一釐米×十五點七釐米），有界八行，行十七字。版心上下黑口與魚尾相連，非花口〔三〕，題「群書治要」，稍下方刻記葉數。版心字體似另鑄，字體猶若整版刻印，與本文字體相異。尾題「羣書治要卷第五十」。

本文等活字大多與元和版近似，亦有許多像是新鑄而字

〔一〕譯者注：高木氏原文大意云「紀伊家藏有大量駿河版，故未珍視之，明治初年屢屢贈與舊藩好學之徒」，並不是指弘化本。

〔二〕橘井清五郎關於紀州家舊藏銅活字（積翠先生華甲壽記念論纂，一九四二年，古版書志論考所收）中亦有收録。橘井氏認爲，紀州家舊藏活字，亦即印製大藏一覽集、群書治要時所用元和、駿河活字，與孝經以降的慶長敕版等、元和七年皇宋事實類苑所用活字不同。其關於弘化版之論述頗富見解，以下亦有引用，然未嘗述及此版刊行之事。

〔三〕譯者注：元和版版心上下黑口、花魚尾，所謂「花口」應是指「花魚尾」，以與元和版對比。

體略異者，以及明顯凸出、墨色厚重者。同一處即便皆是採用元和活字，然大半字體存在些微變化，顯然是重植字。

冒頭序第二行魏徵銜名處，「書監」二字字形在兩本中存異。第一葉裏第七行元和版之「咸（龍）（襲）冕纓」，在弘化版中作「咸（龍）（襲）纓冕」。卷一第十八葉裏第五行「鶴在陰子和之」，弘化版因新添魏徵銜名而改爲第六行，且於「子」上添入「其」字，故以下至第二十葉表第六行段落各後退一字。

在卷二中，第二葉表第四行第七字元和版爲空格，弘化版提字填之，故至第三葉表第六行均上提一字；第四葉（表）（裏）第七行第四字（注右）元和版作「洽」，弘化版改作「治」；第四葉裏第五行（注）左「九功」下，弘化版增添「而」字，故整體後退一字；第五葉表第三行（左注）「無犯者」下增添「刑」字，故後退字數變作兩字；第六葉（表）第一行注左第十五字「君」上之「好」字缺，故又變回後退一字。因增此一字，元和版第六葉裏末行注末字「也」在弘化版中後退至第七葉表第一行，并由此改行，故弘化版整體多出一行，延續至卷末。

在卷五中，第三十四葉表第四行「有儀而可象謂之儀，其臣畏而愛之」兩句之間，弘化版新添「君有君之威儀」六字，故至卷末每行均下移六字。此六字在元和版甚至是金澤文庫本中皆無，出自左傳襄公三十一年，應是山本元恒等人察覺到金澤文庫本以後諸本有脱誤而補添者。

在卷六中，第四葉表第三行注「無德則滅亡」之「則」字、第五葉表第二行注「鈞臺陂」之「陂」字，在金澤文庫本以後諸本中皆脱，乃據左傳昭公四年補添。該卷另有三四處在元和版中爲接排，弘化版却在段落處改行，亦有行十八字者。

其他卷從略。只是，卷十一之末尾處，元和版與弘化本相差五行，弘化版明顯經重新組版，屬於新版。蓋因元和版在駿河印行之後即被拆分，出現此種情況亦屬當然。

此本未按藏書印，然應是紀伊藩校學習館藏本。學習館屬城内紀州藩文庫之一。

存卷三十一、三十二　弘化三年刊　銅活字版　一册

和歌山縣立圖書館藏

黄色表紙（二十六點四釐米×十八點九釐米），裝飾連綴卍字文，印刷題簽同前揭本。

起頭依次爲：

羣書治要卷第三十一

秘書監鉅鹿男臣魏徵等奉　敕撰

六韜　三略　鬻子

六韜

序

自第六行進入本文。而元和版第四行爲「六韜序」，自第五行

進入本文。亦即是説，該卷整體較元和版後退一行。

另，第一葉裏第十字「其」爲新添，元和版中未載，故以下各行均後退一字[一]。卷三十二首題與元和版同，卷末却多出兩行。

五十卷(原欠三卷)　四十七册　御茶之水圖書館[二]藏

濃藍色絹表紙(二十九點七釐米×二十點六釐米)，印刷題簽亦屬絹質，題「羣書治要　一」等。

群書治要序、群書治要目録後緊接卷一本文。首題、尾題、版式等皆同和歌山大學附屬圖書館本。按「德富氏/圖書記」印，每字均設方格。

與元和版相同，該本亦有訂正，皆是在擦削誤字之後以墨筆書寫或是按印活字(下表中標注「印」字者)。其中約一半因所用料紙楮紙較薄，擦削後易出現露洞，故在紙張背面又補襯小枚紙片後方才書寫。不過，從數量來看，訂正之處遠少於元和版，大致情況如下：

號序	卷	葉	裏/表	行	字	注	補
1	序	2	a	5	15		網
2	1	17	a	1	1	右	故曰(印)
					2	左	易簡
3	2	5	a	4	15	左	僭
4	2	6	a	4		左右	政　及(印)

續表

號序	卷	葉	裏/表	行	字	注	補
5	2	29	b	5	8	右	循
6	3	5	b	3	13	右	雖
7	3	5	b	3	14	左	儀
8	3	6	a	2	10	右	紕
9	3	6	a	3	3	右	紕
10	3	6	b	5	6		君
11	3	11	a	4	13	左	特
12	5	29	b	6	14	右左	故君
13	6	17	b	6	1	左	之
14	6	17	b	6	2	左	智
15	7	10	b	5	2	右	仕
16	24	16	b	6	1	左	運(印)
					2	左	之(印)
17	25	1	a	8	5	右	紹 墨(空格)
18	29	26	b	7			之(削)
19	30	13	a	5			昜
20	36	27	a	7	14		則(印)
21	38	7	a	6	13		知(印)

該本附有蘇峰學人識語一葉、并木仙太郎[三]考證兩葉(民友社稿紙)以及高浜寬郎致蘇峰書簡一通(九月二十六日落款)。以上皆記於大正元年九月，闡述該本與元和版之異同。并木氏考證一文篇幅略長，因對該本與南葵文庫同版本

[一] 譯者注：據國立國會圖書館藏弘化版二十五册群書治要公開圖像，應是第一葉裏第一行，第二字「其」爲新添，第十字「其」元和版作「於」。

[二] 譯者注：今改稱石川武美記念圖書館，成簣堂文庫亦包含其中。

[三] 譯者注：并木仙太郎，曾入職國民新聞社，任民友社校正部部長，德富蘇峰之秘書，與德富蘇峰有大量書信往來。

之比較頗存見解，暫録於下：

大正元年九月二十七日，余奉蘇峰先生之命至南葵文庫，將該文庫所藏紀州版群書治要與成簣堂藏本對校，乃知二本同爲紀州版，且製作最佳。唯一不同之處在於，南葵文庫藏本載有山本元恒序，成簣堂藏本則未見載。此外，從製本體裁紙質亦可看出二本間相隔懸殊。南葵文庫藏本表紙爲黄色，略泛光澤，而成簣堂藏本表裝爲鼠絹，綴以絹絲，題簽亦爲絹質。在版本尺寸上，成簣堂藏本略大於南葵文庫藏本，天地約超出一寸五六分〔一〕，左右約超出六七分〔二〕，紙質亦甚優良。

據此可推測，南葵文庫藏本原爲頒賜紀州藩國老重臣之物，成簣堂藏本則爲藩主案頭閲覽者，故特製之。南葵文庫一員云，成簣堂文庫本無序，恐是書肆擬用其冒充駿河版以獲利，故去之哉？然據余親自對兩文庫藏本所作對照考察，正如前所云，各文庫藏本非惟於製本體裁相隔懸殊，且南葵文庫藏本題簽「群書治要 序/一二」之字畫與成簣堂藏本題簽「群書治要一」相同，由此可見，成簣堂藏本屬特别製本，起初即未嘗添加序文，故對南葵文庫員所謂書肆云云一説實難首肯。

南葵文庫另藏有山井幹六氏群書治要考異三卷，乃是紀州版與尾州版校合對照時所作考證。

大正元年九月二十七日

并木仙太郎記

和歌山大學附屬圖書館館藏本爲每兩卷一册的裝訂本，而此御茶之水圖書館藏本則爲逐卷裝訂，並且是配有絹表紙的大型特製本。不过，序文一册應另外單獨存在。和歌山縣立圖書館藏有山本元恒序文電子複印件，印刷題簽册次位置印有「序」字，原本已不明所在，複印件表紙尺寸寬十九點二釐米，略小一圈（高度不明），不過根據題簽可以確定序文獨爲一册。姑且不議成簣堂藏本缺序之緣由，總之該本欠此序文一册。抛開此點，并木氏所述妥當。據以上所述可知，弘化版現存本儘管不多，然明顯存在四十八册本、二十五册本這兩種裝訂本。

五十卷（原欠三卷）　弘化三年刊　二十五册　京都大學人文科學研究所藏

草色表紙（二十六點四釐米×十八點七釐米）。印有「群書治要（卷第）」之雙廓印刷題簽似與和歌山大學附屬圖書館藏本相同，只是料紙稍薄，略發黑，紙質低劣。

〔一〕譯者注：約四點五釐米。
〔二〕譯者注：約二釐米。

卷首無山本元恒序，以魏徵群書治要序爲始，後接目録同。本文卷一首題次行列魏徵銜名，屬異於元和版，屬弘化版。

不過，該本與和歌山大學附屬圖書館藏本存在較多差異。首先，序第一葉第六行第十四字「御」字爲異體，和歌山大學藏本則採用與元和本相同的活字；卷二第三葉〔表〕第八行第六字元和本作「敬」字〔一〕，該本則爲空格，和歌山大學藏本作「敏」字。

除此以外，其他地方亦存有大量空格，爲該本特徵之一。如，卷一第四葉表第七〔八〕行第二字「象」、第十二葉裏第六〔七〕行第八字（元和版爲第六字〔二〕）「革」字均缺，空格，和歌山大學藏本皆正確填補。卷二以第六葉裏第七行第七字「誕」字〔三〕爲首，亦有十數處缺字。其中以卷四十六缺字最甚。如第五葉表「争」字四處、第六葉表「憂」字三處、第八葉表「鑑」字三處〔四〕均缺。不過，第六葉「憂」字有一處見存〔五〕。此即意味，因同一文字頻出，造成活字數量不足，隨後通過新鑄或雕製木版重新植字，由是而出現和歌山大學藏本，而所補文字因墨色濃厚，筆畫粗壯，與其他文字不甚協調。

據上所述，此本應是在首次組版後先行試印者，然因活字不足才出現空格，其後加以填補，且另附「活字銅板群書治要序」，由是弘化版方得完成。高木氏所云「弘化元年本」或即指此本。

弘化版現存極爲稀少（包括前揭二種），筆者未嘗聽聞他處有存。然植松安氏（關於群書治要，東亞研究第二卷第十號，一九一二年），石浜純太郎氏、橘井清五郎氏（尾注10所揭論文〔六〕）皆云曾經眼。另外，現存本皆未按有紀伊德川氏、幕末明治初期藏印。南葵文庫亦曾傳存一部二十五册本，今日亦不明所在。正如山本元恒序所云，該本之刊刻乃因二公倡導而推行，以其裨益政治屬必讀書物，應藏諸學館，且高木氏亦云其量應非小數，然今日弘化本傳存如此之少，不禁令人深感意外。若然，舊藩士之藏書多多少少當流入市場。據石浜氏所云，大正十二年〔九年〕泊園文庫展觀上曾展出京都富岡氏藏本（大正十二年泊園書院學會會報），該本於十五年後隨鐵齋逝世而見售〔七〕，今亦不知所在。

傳云，弘化丙午（三年）七月二十六日（弘化本刊行四個月後），和歌山發生落雷，天守閣遇焚，銅活字大多歸爲灰燼，只有少量活字被及時搶出，免遭劫難，其後便保管於明治二十一

〔一〕譯者注：日本宮内廳藏金澤文庫本、國立國會圖書館藏元和本皆作「敏」字。

〔二〕譯者注：據日本國立國會圖書館藏元和本，應爲「第六行第八字」。

〔三〕譯者注：今檢京文研藏弘化本，第八字「敷」處爲空格，此處云「第七字『誕』字下空格」較適宜。

〔四〕譯者注：今檢京文研藏弘化本，「鑑」字四處見闕。

〔五〕譯者注：今檢京文研藏弘化本，第六葉表「憂」字兩處見存。

〔六〕譯者注：本書第四〇五頁注〔一〕。

〔七〕前揭反町茂雄一古書肆往憶2第277頁云，此時杉本梁江堂以352日圓拍得弘化紀州銅活字本，元和版爲898日圓。

年東京所設南葵文庫。高木氏好書雜載一書揭載有收藏該批活字的木箱照片，凡二十三箱，每箱各設抽屜五段，記有當時所存活字數量。福井保氏在江户幕府刊行物（第三十六—三十七葉）一書中，對當時所存活字數量與現今被指定爲重要文化財、凸版印刷株式會社所藏現存數量〔一〕作有如下比較：

南葵文庫		現在	
銅活字父字	1000 個	銅大字	866 個
銅活字母字	31568 個	銅小字	31300 個
木活字母字	5576 個	木活字	5813 個
銅格線（長短合計）	126 個	（附）銅格線	88 根
摺板	3 面	銅輪廓	18 根
	（23 箱）	摺板	2 面
			（23 箱）

福井氏指出，二者對比可見活字散佚嚴重。其又將本光國師日記所載元和二年二月（加上元和補鑄活字，實際數量應當更爲龐大）活字數量與現存數量作比較，元和二年銅大字六萬七千餘，現僅存八百餘，大部分散佚；銅小字三萬兩千餘，今存三萬一千餘，大多得以傳存；木活字五千八百八十九個，今存五千八百十三個，亦幾乎得以保存。由此可見，弘化年間紀伊藩紀所鑄文字數量已出現不足。

六、天明七年尾張藩刊本

天明七年（一七八七），尾張藩刊行群書治要五十卷（原欠三卷），通稱天明版或尾張版，雖爲刻本，然其意義在種種方面備受評價，對此福井保氏已有詳述（天明版群書治要挍刊始末〔上下〕，書志學第六卷第三—四號，一九三六年），故無需贅言。在此僅據福井氏所論，簡要概述該本之刊刻經過及其意義。

天明版卷首林信敬（錦峰）「校正群書治要序」後，接有天明五年細井平洲〔二〕「刊群書治要考例」，據之可明曉刊刻大要。安永年間（一七七二—一七八〇），藩主治休、治興〔三〕覽讀群書治要，遂有志校刊，乃從四方廣搜書中所收古籍異本，與侍臣勤加照對。二人早逝之後，治行〔四〕、宗睦繼其遺志，命

〔一〕此外，東京大學綜合圖書館亦藏有少量與南葵文庫一同被捐贈的銅活字，包括大字 110 種和小字，以及應是弘化年間所補刻的木活字等。

〔二〕譯者注：細井平洲（一七二八—一八〇一），江户時代後期折衷學派儒者，名德民，字世馨，號平洲。早年曾在江户開辦私塾嚶鳴館，其後因任德川治貞、上杉治憲等人之賓師而聞名。晚年被尾張藩德川家聘爲侍講，其後擔任藩校明倫堂總裁，參與策劃藩内行政及教育，同時亦熱心於庶民教育。

〔三〕譯者注：德川治休（一七五三—一七七三），江户時代中期尾張德川家第九代藩主德川宗睦之長子。德川治興（一七五六—一七七六），治休之弟，德川宗睦次子。兩人皆因罹患時疾早逝，未及襲任藩主，刊群書治要考例中僅稱「世子」。

〔四〕譯者注：德川治行（一七六〇—一七九三），美濃國高須藩第五代藩主，過繼爲德川家宗睦世子，亦先逝。

細井平洲等人(「考例」列有十二位人名)負責校勘,前後大約耗費十年歲月,天明六年十月校合完畢,委託書肆風月堂雕版,同七年九月完工。

福井氏指出,尾州御小納户日記十月一日條「群書治要極上之部一部,上之部十八部,印製完畢」〔一〕,此豪華本即天明版初印本。同月下旬,頒賜諸校合人員及其他相關人士、重臣等各一部。初印本數量或云「五六十部」(細井平洲書簡),或云三百部(名古屋市史等)。

此外,翌年(天明八年),七十餘名家臣請求借板木印刷,見允,是爲第二次印行。其後,寬政、享和、文化、文政年間,或出藩命,或應風月堂之請,亦曾頻繁加印。

在此略提印刷費用,福井氏又徵引尾州御小納户日記十月二十日條記事云:

一、今命尾州風月孫助印刷群書治要廿部頭書,付其值,明日遣平野甚右衛門代付,故記之於左:〔二〕

群書治要　一部

直紙　三束二帖　出口新左衛門購買

代十六匁九分六厘

印工　風月方　八匁五分

支五代　同　十二匁九分六厘

合　三十九匁九分六厘

五十卷(原欠三卷)　天明七年刊(尾張藩)　二十五册

濃藍色表紙(二十八點五釐米×十九點五釐米),貼有「羣書治要　一/二」等雙廓印刷題簽。可能基本上均是如此,暫不論豪華初印本,原刻本裝訂,蓋因每次印刷之際料紙尺寸不同,四周存在一點五釐米以内誤差。若是二十五册裝訂本,通常每兩卷爲一册,卷五〔三〕、卷十四、卷十九原應分别與所欠卷三〔四〕、卷十三、卷二十合訂,而今各單爲一册。另有每卷均獨立裝訂之四十七册本。

首有「校正群書治要序」(天明七年四月林信敬)、「刊群書治要考例」(天明五年二月細井德民),考例末尾按有直徑六釐米「尾張/國校/藏板」圓形朱印。凡按有此印之版本大多爲二十五册裝訂。次爲群書治要序(唐魏徵)、群書治要目録。

卷一首題:

羣書治要卷第一

秘書監鉅鹿男臣魏徵等奉　敕撰

金澤文庫本、元和銅活字本卷一首題次行皆無魏徵銜名。

雙邊(十九點八釐米×十四點五釐米),九行十八字,注文

〔一〕譯者注:原文:群書治要極上之部一部,上之部都合十八部,摺立出來。

〔二〕譯者注:原文:一、今度表御用ニ而群書治要風月に摺立被仰付候間其序五部壳本摺立仕度段相願候付願之通相済候云々。

小字雙行。書眉高一點八釐米處畫有橫線，用作校字欄，行三字。版心白口，單魚尾，題「羣書治要 卷之幾（葉數）」。刻有句點。尾題「羣書治要卷第五十終」。

二十五册本今見藏於内閣文庫、慶應義塾圖書館、静嘉堂文庫（陸氏舊藏，有「歸安陸氏守先閣書籍稟請／奏定立案歸公不得盜賣盜賣（買）」印）等，四十七册本今見藏於名古屋市鶴舞中央圖書館等。

臺北故宫博物院現藏楊氏觀海堂二十五册本，中有楊守敬識云：「此日本天明七年初印本／紙質之厚墨印之精可／謂無匹余所得狩谷望之／校本亦在其後也光緒癸未／楊守敬記於東京使館。」（阿部隆一中國訪書志增訂本，第一百頁）

故宫博物院另藏有狩谷望之手校本四十七册，中録有狩谷望之所題寫校合識語，對此後文將另行詳述。只是該手校本考例末尾未見按有「尾張國校藏板」圓印〔一〕。諸如此類未按藏印的版本，多爲四十七册裝訂，所配濃藍色表紙與二十五册本表紙材質近同，印刷類（題）簽尺寸、字形等亦與二十五册本極其相似，唯獨册次作一册一卷。内閣文庫藏有二十五册本及四十七册本兩種，經較考後發現，無印本墨色精良，加上寛政三年修本亦按有此印，故無印本或印刷較早。内閣文庫、蓬左文庫等見藏。關西大學内藤文庫本爲二十四册，表紙經改裝，册數恐有變動。

群書治要雕版一事既然委託於名古屋風月堂，其後版木似乎亦應保管於其處，從諸家臣請求刷印以及獲允一事中，亦可窺見「從風月堂拜借板木〔二〕」「仰命往風月堂印刷〔三〕」等字句。然而，細井平洲在天明版甫成之後的十月二十一日寄「岡田惣裁（新川）關教授（元洲）」書簡（高瀨代次郎 細井平洲 平洲會，一九一九年）中，有文云：

> 風月私に摺申事なと有之候ては甚以て大事に御座候。右板之内要板五枚斗も堂中へ御受取、右留板之分は各様御立合有之御摺せ可成候方にも可有御座哉。私式自分板にても留板と申事をいたし置候。官板之儀は勿論の事と被存候。

可見細井主張尾張藩對版權進行保護。

其後，天明版亦斷續以少量部數印行，其中以寛政三年（一七九一）所印規模最大，裏表紙見返題有賣弘所江户 須原屋茂兵衛、製本所風月堂彌助等書肆名號。

〔一〕譯者注：此處云「無」，而後文云「有」，似乎矛盾。因無法獲睹原本，未能核查，暫且闕疑。

〔二〕譯者注：原文：風月堂より御板木拜借。

〔三〕譯者注：原文：風月堂へ摺立被仰付。

五十卷（原欠三卷）　天明七年刊寬政三年修

二十五册　静嘉堂文庫藏

暗藍色表紙（二十七點五釐米×十八點八釐米），雙廓印刷題簽記云「羣書治要　一二」等。

前有校正群書治要序、刊群書治要考例，考例末尾按有「尾張／國校／藏板」圓朱印。

次爲群書治要序、群書治要目録，卷四、卷十三、卷二十下方補刻「闕」字（天明本無）。

羣書治要卷第一

秘書監鉅鹿男臣魏徵等奉　敕撰

雙邊（十九點八釐米×十四點五釐米），九行十八字，注文小字雙行，眉上一點八釐米處設校語欄。版心白口，單魚尾，題「羣書治要　卷之幾（葉數）」。裏表紙見返奥付記云：

寬政三年辛亥冬

賣弘所　江戸書肆　須原屋茂兵衛

製本所　尾張書肆　風月堂　彌助

此寬政版明顯存有補刻。首先，在目録中，所欠卷四、卷十三、卷二十下方添有原刻本所無之「闕」字。石浜純太郎氏在群書治要尾張本（支那學第一卷第五號，支那學論考所收）一文中，證實尾張本至少存在兩種，并且分別從本文、句點、眉上欄外校語揭示其間之異同。

關於本文，石浜氏「以卷首與第一卷對校爲例」，發現如下七例：

	（位置）	天明原刊本	寬政修本
考例	第一葉裏第五行	補其二卷其一卷不傳	補其三卷而一卷
目録	第一葉表第六行	春秋左氏傳上	春秋左氏傳上　闕
	裏第七行	漢書一	漢書一　闕
	第二葉表第五行	漢書八	漢書八　闕
卷一	第十葉表第一行注	以在其上	以存其上
	第十葉表第七行	𠫪	吝
	第十一葉表第六行	聖人以亨上帝	聖人以享上帝

另外，卷一前兩例金澤文庫本、元和銅活字本皆與天明原刊本同，最後一例兩本則皆與寬政修本吻合。石浜氏指出，關於卷一第一例，弘化銅活字本與寬政修本皆改作「存」，尾張、紀伊兩藩理應皆與當時通行的周易單行本作過對校，然因實際情況不明，著實不解爲何出現此種情況。不過，寬政版明顯屬於補刻本。

其次是句點，石浜氏舉有最典型的一例，即卷一裏〔一〕第五行至第七行。

元者・善之長也、亨者・嘉之會也、利者・義之和也、貞者・事之幹也、君子體仁　足以長人、嘉會足以合禮、

句點「、」爲兩本皆有，「・」處句點爲寬政本新加〔二〕。「君子體仁」後的空格在天明本中施有句點，在寬政本中却被刪除。如石浜氏所云，該處以後此類情況亦甚夥，僅卷一即有如下衆例。「1a1」代表第一葉表第一行，標注記號仿前例，其中大半爲增添句點。

1a1　乾・元亨利貞
1b5－7（前揭）
2b7　地勢・坤
3a5　屯者・天地造始……
5b6　予之時義・大矣哉
7b3　離　麗也
8a8　嘉遯・貞吉
9b1　父父　子子
兄兄　弟弟
夫夫　婦婦
11b6　艮・止也
12a6　兑・悦也
13a7　小者・
b2　牛・禁之盛者也
掄・禁之薄者也
14a5　象・況日月星辰
形・況山川草木也
b4　勞謙君子・有終吉
16b6　謙也者・致恭以存……
7　不出户庭・無咎子
18a5　一闔一闢・謂之變
5　往來不窮・謂之通
20b8　曰　彫與揚
曰　柔與剛
21a1　曰　仁與義

至於卷二更是逾一百二十處。其中，第二葉裏第八行至第九行「陟開、世」〔三〕處，此句點應屬誤筆。寬政修本多於主格後施加句點以彰之，偶有煩雜者輒省去。石浜氏贊曰：「寬政本整理完善，且訂正了無奥書本亦即天明本中的錯誤。」

最後是眉上欄外校語之有無。石浜氏在對兩本之卷五十進行比較後發現，天明本中有八例校語在寬政本中遭到刪除，反之，寬政本中有三例校語屬新添，且又舉出兩例字句相異者，此等皆較典型。在前五卷中，卷一、卷五並無異同，僅卷二第十一葉裏、第十八葉裏及卷三第十葉表中天明本所批校語在寬政本中被刪去。

總之可以明確的是，寬政本於校訂傾注了相當大的勞力，對全卷進行過補修。

此静嘉堂本按有「正齋藏」「白山義學」「近藤/守重」（陰）、「義學/主人」「誤脱之/類諸本/同依舊」「菊地氏/圖

〔一〕譯者注：具體應指第一葉裏。
〔二〕譯者注：「・」處亦作點號，尾崎先生爲區分説明而用之。
〔三〕譯者注：今檢日本内閣文庫藏天明本，「陟開世」應作「陟升也」。

書記」「静嘉堂珍藏」等藏印。

另外，該本各卷卷末幾乎皆附有識語。據諸識語内容可知，文政元年（一八一八）後半，近藤守重曾請市野迷庵、狩谷棭齋兩人將該本與金澤文庫本對校，校字、校語以朱筆書寫，遍及全卷。

臺北故宫博物院藏楊守敬觀海堂天明刊本〔一〕録有相同日期的校合識語，與前揭識語稍有出入，皆出自棭齋之手，然未嘗睹見「市野迷庵」一名。識語云，棭齋此前於文化四年（一八〇七）曾同柴擔人一起對校某本，文政元年與金澤文庫本的校語則稱「古本曰」。

首先，試就兩本校合識語進行比對。故宫本於卷三十一以後未載棭齋識語，僅舉静嘉堂本。

卷數	故宫本	静嘉堂本
卷一	丁卯〔二〕二月十八日與柴擔人對校　棭齋望之	拜借紅葉山御文庫本與市狩二子／對讀　近藤守重
卷二	丁卯二月十八日與柴擔人對校 文政紀元七月十八日以紅葉山庫寶藏金澤古鈔卷子本與市野俊卿對校於近藤氏擁書城樓上　狩谷望之	文政元年七月十八日以金澤文庫卷子本對校　市野光彦／狩谷望之
卷三	文化四年春仲廿四日與柴秋谷對校　望之	文政改元七月對校金澤文庫本／市野光彦／狩谷望之 以紅葉山御文庫本使市狩二老校對／近藤守重

續表

卷數	故宫本	静嘉堂本
卷五	丁卯二月廿四日比讎畢 文政元年七月廿日校弟（旁：ママ）三弟五兩卷　望之	文政元年七月廿日比校了　狩谷望之／市野光彦
卷六	丁卯二月廿四日校讎焉	
卷七	文化丁卯二月廿四日與柴擔人對校　望之 文政戊寅七月廿二日與市野俊卿對校金澤古本　望之	文政紀元七月廿二日以金澤本校正了／狩谷望之／市野光彦
卷八	文化丁卯三月二日比校　望之	文政紀元七月廿四日對挍金澤本／狩谷望之／市野光彦
卷九	文化四年三月溯（旁：二日）與紫〔柴〕秋谷樵校讎焉 文政紀元七月廿四日與市野迷菴光彦對校金澤本	文政紀元七月廿四日校比金澤本／狩谷望之／市野光彦
卷十	丁卯三月二日對校別本　狩谷望之	文政紀元七月廿六日以御庫金澤本比／校畢　市野光彦狩谷望之 文政元年拜借紅葉山御書物御本對校了蓋拜借／御本伺予挪　近藤重藏

〔一〕譯者注：狩谷棭齋手校本，後云「故宫本」亦指此本。

〔二〕譯者注：即文化四年。

續表

卷數	故宮本	靜嘉堂本
卷十一	文化丁卯三月二日對讀讎校了 文政紀元七月廿六日校此卷教 隆真人所寫無有朱點/旁訓 望之識	文政紀元七月廿六日校正金澤本 此卷/教隆之所寫無有朱點旁 訓　市野光彦/狩谷卿雲
卷十二	丁卯三月二日與柴擔人對校 從弟(旁：ママ)八卷至此 望之 文政元年八月廿日校	文政元年八月廿日以金澤文庫卷 子本/校讎了市野光彦狩谷望之 御書物奉行近藤重藏藤原守重 對讀
卷十四	文化(旁：ママ)丁卯三月九日 與柴擔人比讎焉此日春懶不能 多讀止校此册畢共遊觀東叡之 櫻花　椒齋 文政元年八月廿日以金澤本校	文政元年八月廿日以金澤文庫本 比/校　市野光彦/狩谷望之 一校畢　近藤守重
卷十五	與柴秋谷觀東睿之櫻花歸家校 此册/丁卯三月九日　清水後 園落花霏霏吉詳〔祥〕閣右花正開望之	
卷十六	丁卯三月廿四日與柴擔人校此 卷　望之 文政元年八月廿二日校　望之	文政改元八月廿二日以金澤本比 校/市野光彦/狩谷望之 文政元年八月廿二日校了　近藤 守重
卷十七	丁卯三月廿四日對校一本/ 望之	
卷十八	三月廿四日與柴秋谷對校自十六卷至此卷　望之 文政紀元八月廿四日校第十七 第十八兩卷　望之	文政紀元八月廿四日以金澤卷子 本比校/市野光彦/狩谷　望之 文政元年八月廿四日校了/近藤 守重

續表

卷數	故宮本	靜嘉堂本
卷十九	文政紀元八月廿六日校合	文政紀元年八月廿六日以金澤文 庫本對讎/市野〔光〕彦/狩谷望 〔之〕 近藤守重 文政紀元戊寅八月廿六日　狩谷 望之/市野光彦
卷二十一	文政紀元八月廿六日校　望之	
卷二十二	文政改元八月廿八日校　望之	文政元年戊寅秋八月廿八日　狩 谷望之/市野光彦 與狩谷市野對讀了　守重
卷二十三	文化(旁：ママ)紀元八月廿八 日校合	文政紀元戊寅八月廿八日對校 狩谷望之/市野光彦
卷二十四	文化(旁：ママ)戊寅九月十一 日對校	
卷二十五	文政元年九月十二日校	文政元年九月十二日校此卷　/ 市野光彦/狩谷望之
卷二十六	文政元年九月十四日校	文政元年秋季望前一日校讎　市 野光彦/狩谷望之 文政元年本月本日對校　近藤 守重
卷二十七	文政元年九月十六日對校	文政紀元戊寅季秋十六日對校 望之/光彦
卷二十八	文化(旁：ママ)紀元季秋十八 日校　望之	文政紀元九月十八日校讎　市野 光(彦)/狩谷望(之) 文政紀元季秋十八日　近藤守重

續表

卷數	故宮本	靜嘉堂本
卷二十九	文政紀元九月廿日校了	市野迷菴狩谷棭齋以金澤本對校文政元年/九月廿日以紅葉山御文庫本校讎 近藤守重
卷三十	戊寅秋廿二日校此卷	
卷三十一	文政元年季秋廿二日對校 望之/光彥 文政紀元季秋廿四日對校 望之/光彥	
卷三十三	文政紀元九月廿六日校訂 市野光彥/狩谷望之	
卷三十四	文政紀元初冬十日 狩谷望之/市野光彥 守重校讀	
卷三十五	文政紀元初冬十二日對校 望之/光彥	
卷三十六	文政紀元初冬十四日對校 望之/光彥 文政元年十月十四日使市埜狩谷二子對校 守重	
卷三十七	文政元年十月十四日校讀市野光彥/狩谷望之	
卷三十八	文政紀元戊寅初冬十八日校了 望之/光彥 文政元年十月十八日對讀 近藤守重	
卷四十	文政元年十月廿日以金澤文庫本讎校此卷/市野光彥/狩谷望之 今日讀至賈子傳諸侯發政施令政平/於人者謂之文政文政之字出於此 近藤守重	
卷四十一	文政紀元戊寅十月十二日對校 望之/光彥	
卷四十二	文政元年十月廿六日校此卷畢/市野光彥/狩谷望之 十月十六日對校 近藤守重	
卷四十三	文政紀元十月廿六日校此卷/市野光彥 狩谷望之	

續表

卷數	故宮本	靜嘉堂本
卷四十四	文政元年十二月二日以金澤本比校 市野光彥/狩谷望之 以御文庫金澤卷子本對讀 守重(花押)	
卷四十六	文政元年戊寅十二月六日 市野光彥/狩谷望之/近藤守重	
卷四十八	以官本對校了 守重	
卷五十	以紅葉山御文庫御本使市野狩谷二老/對讀畢 文政元年十二月 近藤守重	

阿部隆一氏中國訪書志一書對故宮本撰有解題(第一百零一頁),四十七册,印刷題簽同天明刊本,考例末尾按有「尾張國校藏板」圓印[一]。

文化四年柴擔人與狩谷棭齋兩人所作校語極少,僅卷一第五葉表第三行注「不累于位」,校語云「一本于作王」一處。不過此處顯然是原文無誤,故金澤文庫本、元和銅活字本亦皆作「于」(金澤文庫本字形近似「干」),名古屋蓬左文庫藏德川宗睦寫本、鶴舞中央圖書館藏河村秀穎寫本均作「王」,二人用以校合的版本或爲兩本中的某一寫本。後兩種寫本應均是以元和銅活字本爲底本,不明其爲何將「于」字改爲「王」字。因缺乏資料,針對柴擔人、棭齋二人所用對校本無法再繼續推測下去。與校合識語相同的是,卷三十一中校字、校語等亦非出

[一] 譯者注:今檢阿部隆一先生中國訪書志原文,其中明確記載按有此藏印者爲天明刊二十五册本,狩谷手校本處未見記載。

自棭齋之筆。

另一方面，静嘉堂本乃是近藤守重得之於尾張藩主德川宗睦者。近藤不但囑託迷庵、棭齋進行校合，亦親自題寫校合識語；凡是載有二人署名的識語，大多出自署名中位居後者之手，本文之校字、校語亦遍及全卷。

静嘉堂本校字大半與故宫本一致，當然無「一本曰」者，相反存有少許故宫本所未載之校字。首册凡四例，包括序一處、目録一處、卷一兩處。除目録一處外，金澤文庫本、元和本皆作如校字，獨天明本存異，此意味著故宫本亦應採入此數處校字。關於目録一處，即「吕氏春秋」之「吕」字，金澤文庫本誤作「吴」字。

從上述所論來看，即使同爲棭齋所題校字校語以及識語，静嘉堂本極可能屬前出，故宫本識語則存在以下錯誤：卷十六「柴擔人」之「擔」，一度用朱筆書作「樵」字，隨後又以墨筆訂正；卷十九朱筆所書「文化」二字用墨筆改爲「文政」；卷二十三、卷二十四、卷二十八「文化」之「化」字，正如旁注「ママ」所云，應作「政」字。亦即云，棭齋將静嘉堂本中原本正確之處頻頻寫錯，自然能夠推測應是後來轉録時發生的錯誤。

對於前揭校語、識語，另存有森立之轉寫本。

群書治要校本　森立之寫　二册　斯道文庫藏

紺色表紙（二十四釐米×十六點三釐米），題簽記云「羣書治要校本」。稿紙雙邊（十九點九釐米×十二點九釐米），半葉十行，序、目録之後移録有如下校字校語：

羣書治要卷第一
一オ二　秘書監云々　十三字无
〃　六　二修字作脩　厲下有之字

各卷卷末抄有金澤文庫本清原教隆等人所題奥書，與前揭故宫本近乎相同的棭齋識語，另記有「癸未二月廿七日攝抄了」（卷一）一行文字等。癸未應指文政六年（一八二三）。

静嘉堂本所批校字校語幾乎無所遺漏地得以轉抄，惟個別地方未見採納。此番轉抄止於批有校字之卷三十，以後各卷奥書、識語類均未見抄録。

静嘉堂本第一册裏表紙見返墨書云：「羣書治要一部／尾張大納言宗睦卿之賜也今藏之／白山義學以裨學者之講讀焉後／之學者其勿忽之／寬政九年丁巳秋八月中丁　近藤守重識。」右文故事卷五六載：「寬政八年，守重長崎祗役之時，以此書於西土亡佚，大納言令其臣人見黍郵送此書五部於西土。此時守重亦受賜一部。」〔一〕兩處之「一部」，應是指同一書。

〔一〕譯者注：原文：寬政八年守重長崎祗役ノ時此書西土ニ亡佚スルノ故ヲ以テ大納言ヨリ其臣人見黍ヲシテ此書五部ヲ郵致セラレ西土ニ送リ致サンコトヲ令セラル此時守重ニモ又／外ニ一部ヲ賜フ。

此前，或爲仿效元禄四年〔一〕紀伊藩贈書先例，寛政四年一月，德川宗睦向林崎文庫贈納群書治要一部。據細井平洲傳，涉獵雜抄一書録有奉納手續公文，中云：

寛政四年壬子正月，當大納言宗睦公向伊勢内宮林崎文庫奉納群書治要一部，御目録抄寫如下〔二〕

群書治要　四十七册

右尾張學校藏版，從大納言殿伊勢内宮被納林崎文庫畢

寛政三年辛亥十二月　成田貞之右衛門

善起書判

沢井　新右衛門

元矩同

御奉納書籍之事

群書治要　一部四十七册

目録一通

右從尾張大納言樣，伊勢内宮林崎文庫御奉納之書也。誠以御敬神之至，感應不可少，於是謹録於牓籍，永傳後葉者也。依所請如件。

寛政四年壬子正月十九日

林崎文庫

執事　守屋德大夫㊞

書生等㊞

明倫堂

御役衆中

此番所獻群書治要亦應屬寛政修本，印行完成後隨即贈出。

關於此群書治要被送往中國之經過，前引右文故事續云：

守重以此事告於時尹中川忠英，謀將其中一部送往長崎聖堂，一部置於諏訪社，三部贈與唐館（……其時唐商返抄云，蒙諭有群書治要三部，内兩部給送兩局收去，其一部可否交存館中……辰八月錢公兩局同具。所謂兩局，即唐商費肇陽、顧鳳諧也。）〔三〕

〔一〕譯者注：據前文「神宮文庫藏元和本」一節，應作「元禄三年」。

〔二〕譯者注：原文：寛政四年壬子正月，伊勢内宮林崎文庫へ當大納言宗睦公より群書治要一部御奉納有之，御目録之寫如左……

〔三〕譯者注：原文：守重コレヲ時尹中川忠英ニ言シ、謀テ其一部ヲ長崎聖堂ニ、一部ヲ諏訪社ニ置キ、三部ヲ唐館ニ与フ（……其時唐商ノ返抄ニ云、蒙諭有群書治要三部、内両部給送両局収去、其一部可否交存館中……辰八月錢公両局同具ト、所謂ル両局ノ唐商ハ費肇陽・顧鳳諧ナリ）

此外，其又言及岡田新川輯鄭注孝經：

近日知不足齋叢書收入尾張本鄭注孝經，是書嘉慶七年錢侗序曰：「群書治要凡五十卷，唐魏鄭公撰，其書久佚，僅見日本天明刻本。」由是可知是書已送至彼處。西土久佚名作復得歸於唐山，實可謂大納言之恩賜，亦爲神君懿範之所馴致也。

另據尾張藩記録，尾州御留守日記寬政八年六月六日條載：

一、群書治要六部，交與御用成田貞右衛門，但御本之儀使人見璣邑交與長崎，迄於外國……〔一〕

如上所述，人見璣邑〔二〕擬將西土久佚之書送至清國。福井氏又據守重年譜判明，寬政七年（一七九五）六月，近藤守重於前往擔任長崎奉行出役途中，行至尾張時，嘗受委託將此書送往清國并尋找所欠三卷。

在近藤守重等人協助下，寬政八年群書治要經由長崎輸運至清國，是爲寬政三年修本。故而，道光二十七年（一八四七）所刊連筠簃叢書即以其爲底本，以十行二十一字行款翻刻，眉上批注格式亦同。

另外，稍降至咸豐七年（一八五七），粤雅堂叢書刊行之際，群書治要一書與帝範、臣軌等一同收入該叢書第二十六集。該叢書本所收群書治要乃是據天明七年原刻本，九行二十一字，眉上批注未引横線，每遇批注輒設方格以標記。四部叢刊（民國八年，一九一九年）依天明刊本原樣影印，對此，石浜氏早已作有論述。

寬政三年修本其後亦多番刊印，版權似乎仍握於尾張藩手中，但奥付之後漸次出現書肆之名，且愈加顯露。

五十卷（原欠三卷）　天明七年刊寬政三年修　後印

二十五册（合十册）　東京大學綜合圖書館藏

濃紺色表紙（二十六點六釐米×十八點五釐米），配有合册覆表紙。印刷題簽記云「群書治要　一二」。本文内容與後揭本並無二致。裹表紙見返所題大字幾乎佔據整個匡廓：

製本所
尾張書林風月堂
名古屋本町一丁目
長谷川孫助

〔一〕譯者注：原文：群書治要六部、以御用成田貞右衛門江相渡候、但御本之儀人見璣邑取扱ニ而長崎江相渡、外国迄も差遣候積之由、相聞候。

〔二〕譯者注：人見璣邑（一七二九—一七九七），德川宗睦長男治休之待講名黍，字叔魚，号璣邑。

「孫助」一名前已出現，此處雖冠以長谷川一姓，亦應指風月堂。另，該本按有「三條／之印」「蘭雪堂藏書」(陰)、「蒲(藤)原／實／萬臣」「寄／贈／大正十三年四月七日／三條實憲氏」諸印。

此本又有後印本，販賣權逐漸脱離尾張藩，基本上移入書肆之手。

五十卷(原欠三卷)　天明七年刊寬政三年修　後印

二十五册(合十三册)　國立國會圖書館藏

濃紺色表紙(二十六點六釐米×十八點七釐米)，印刷題簽記云「羣書治要　一二」，與天明本、寬政本及後印本並無變化，只是附有帝國圖書館時期(一)薄茶色覆表紙，合册。

序、考例、目録、卷一以下及本文亦皆與寬政修本無異，惟墨色略淡，然未至漫漶。考例末尾未見按有「尾張國校藏板」圓印。

卷末奥付後印有京都、東京、大坂、名古屋等十二家發行書肆之名：

京都御幸町通姉小路上ル　菱屋　孫兵衛
同　三條道御幸町角　吉野屋仁兵衛
同　寺町通三條下ル　著屋宗八
同　四條通御旅町　田中屋治兵衛
東京日本橋通一丁目　須原屋茂兵衛
同　日本橋通二丁目　山城屋佐兵衛
同　芝神明前　岡田屋嘉七
同　兩國横山町三丁目　和泉屋金右衛門
大坂　心齋橋通北久太郎町　河内屋喜兵衛
同　心齋橋通安土町　河内屋和助
同　心齋橋通安堂寺町　河内屋茂兵衛
尾州　名古屋本町通七丁目　永樂屋東四郎

在寬政修本中，風月堂爲製本所，江户須原屋作爲賣弘所登場，由此可以窺見書店開始參與發行銷售業務。然而，無論是奉納伊勢豐宫崎文庫，還是贈於近藤守重，均是尾張藩所爲，故其時是書版權仍握於尾張藩手中。迨及此時，「風月堂(孫)[彌]助」之名消失，位於四都的十二家書肆均躋身販賣事業，尾張藩參與力度似乎薄弱。須原屋所在地名亦由江户改爲東京，表明時代極其靠後。然福井氏指出，明治十八年(一八八五)，是書版木由尾張家以四十日圓賣與慶雲堂栗田東平，蓬左文庫藏古事記御藏版載有以下記録：

(一) 譯者注：帝國圖書館設立於一八九七年，前身爲一八七二年所設書籍館，一九四七年又改稱國立圖書館，一九四九年被國立國會圖書館合併。

一、十一月十八日左之通東京に懸合および候事慶雲堂より申出候別紙略す

御家蔵群書治要板木之儀別紙之通慶雲堂東平より申出候付而八方今無用之書物にも相成居入置候場所も無之且行末朽敗に及候ては何之詮も無之様被存候、多数之板木至而廉直には候得共御壳却相成候方可然候半哉一応及御相談候。（下略）

另據福井氏云，該版木後來被送至清國，並於當地印刷，傳本今日見存。又，東北大學圖書館（教養學部）亦藏有後印本，和刻本漢籍分類目録未曾著録。

石浜氏於論述尾張本之際，舉有山井重章（號（青）〔清〕溪，明治四十五年歿）群書治要考異（二册）一書，該書乃山井氏以尾張本校合元和本之際所撰。然經石浜氏考證，山井氏所用尾張本，既有天明原刻本亦有寬政修本。

據好書雜載載，群書治要考異爲明治三十九年山井重章奉南葵文庫庫主德川賴倫之命所撰校合成果，書中另揭有山井親筆本照片，墨書於四百字稿紙上（半葉）。

該寫本曾著録於明治四十一年南葵文庫藏書目録，而東京大學綜合圖書館未見傳存。另，大正十（二）〔九〕年十一月於泊園書院學會第六回例會上展出且爲石浜氏所覽者，應是該本之轉抄本，然今亦不明所在，無法獲睹實物。

七、林羅山輯補之卷四、卷十三

金澤文庫本欠卷四、卷十三、卷二十凡三卷，此數卷散佚時期不明。家康籌劃刊行銅活字版，命人鈔寫金澤文庫本之際，如本光國師日記慶長十九年十月三日條所云，加上卷十九共欠四卷。然卷十九今見存，元和銅活字版亦包含之。

群書治要銅活字版之刊行，乃是繼大藏一覽集印成之後而展開。金地院崇傳、林道春二人被任命爲刊行負責人，往京都謀求工匠，又請派五山僧侶前來校正等，與京都聯絡緊密。因此，若京都流傳其他古寫本且此三卷有所殘存，應該不難打聽到一些相關消息。

之所以云此，是因早在鎌倉時代，北條實時、貞顯爲給金澤文庫本移寫加點，以及補鈔所燒毁、紛失數卷，頻頻命人往京都尋求蓮華王院本等，蓋亦是因當時存有數種古寫本。二戰晚期從九條家廢墟中所發現的平安中期寫本亦應是其中一種，然令人遺憾的是，卷二十一之前數卷皆未有殘存。

前已述及，名古屋市立鶴舞中央圖書館藏河村秀穎寫本卷末載有奥書數條，如安永五年（一七七六）「以九條殿御本遂校合加朱書了」，「原本欠四、十三、廿之三本，御本亦欠之」等。將此校合結果與東京國立博物館現藏九條家本相較，儘管只

是比對了卷二十二、卷二十六，却發現兩本非常相近，與金澤文庫本亦同。

河村秀穎對所欠三卷關心頗切，好像還爲此特意徵詢江户林家。河村寫本卷末奥書之後所附堀杏庵跋文上貼有一紙，末尾仍有河村秀穎所題「江户 林家欠本問合返簡」數字。由此來看，直令人欲將「九條殿御本」與現存平安時期寫九條家本等同視之，然僅憑與現存九條本兩卷之校合，實在無法下此斷言。若果真如此，九條家本於安永五年時亦應欠闕三卷。若欠卷相同，那麽金澤文庫本亦應是從九條家本或同系列寫本轉抄而成。日本國見在書目録中著録「群書治要五十」，説明其時是書尚完存。隨後，欠闕三卷之版本漸成爲主流，多數抄本乃是據之重寫，現存本亦皆出此。

關於所欠三卷，道春年譜載：「元和元年春赴駿府，奉旨監群書治要、大藏一覽開板之事，且命補群書治要欠卷。」亦即云，銅活字版印行之際，德川家康似乎曾命林羅山輯補所欠三卷。然輯補工作似乎在距開版前一年半内未能完成，故元和二年銅活字版依舊保持欠卷模樣。

不過，林羅山應於元和年間完成欠卷之纂輯。從河村秀穎寫本所附林家返簡可以看出，在大約歷經一百五十年後，即便是林家後人亦早已不曉此事。羅山所補前兩卷能夠流傳至今，其間存有若干經緯。

尾張版所附天明五年細井平洲刊群書治要考例云：「舊目五十卷，今存四十七卷，其三卷不知亡於何時。羅山先生補其二卷，其一卷不傳，故不取也。」此意味，尾張版刊行之際雖未採用羅山所補兩卷，但此時藩中存有卷四、卷十三、卷二十業已紛失。因此，一般被認作屬於尾張版原稿本的朝日新聞文庫本〔二〕中自然亦未含括此兩卷。同爲九行十八字、内容亦極相近的關西大學圖書館現藏泊園文庫本却含此兩卷，大阪天滿宮還藏有被認爲是此兩卷之轉寫本（二卷一册）。爲讓讀者一睹羅山輯補内容，經關西大學圖書館館長許可，特將兩卷全文附於文後，以供參考。

〔二〕此本現藏大阪府立中之島圖書館朝日文庫。因石浜氏（群書治要雜録）、福井氏（天明版群書治要挍刊始末〔下〕）二人均設專節詳述，此處不再贅言。

薄鼠色布表紙（二十七釐米×二十釐米），十六册，無林信敬（校群正）〔校正群〕書治要序及細井德民刊群書治要考例。稿紙，雙邊（二十點六釐米×十四點五釐米），有界九行，眉上設有一點八釐米高校語欄。行十八字，本文、注文墨書。紙張樣式、尺寸皆近似於尾張版。版心上象鼻處所題「羣書治要」、其下所刻「卷之」等六字，亦與刊本字體極其近似。另，本文、注文、墨筆句點與天明尾張版幾乎一致。本文中用朱筆添畫「〇」者，眉上皆批有校語，尾張版均依之訂正。不過，眉上欄内校語並未全部記入。

每卷卷首另附一葉同樣的稿紙，僅載首題，欄外横題「岡・關・中」三字，間或「岡田中西」四字等，組合時有變化，多爲兩到三名，下方偶見以墨筆或朱筆所署再校者姓名。尤其是卷一首葉記云「關／岡　丙午十月十六日總卒業　關／岡」，意爲天明六年十月十六日岡田新川、關元洲、中西衛等人校合完畢。卷末有跋文三則，爲後添，石浜氏、福井氏二人已有轉録，此處省略。據以上所述，此本被認爲是天明尾張版定稿。

群書治要五十卷（欠卷二十，卷四、卷十三林羅山輯補）寫（合鈔本）　二十五册　關西大學圖書館藏

薄茶色斜縞紋表紙（二十六點九釐米×十八點九釐米），墨書外題如「羣書治要　序目／（低兩格）二」等。群書治要序、群書治要目録皆同天明版，目録原欠三卷下方無「闕」字，卷一首題同樣記有魏徵銜名：

羣書治要卷第一

秘書監鉅鹿男臣魏徵等奉　敕撰。

印刷稿紙，雙邊（十九點八釐米×十三點九釐米），有界九行，版心單魚尾白口，無題，以兩條橫線代替下魚尾，下方爲黑口。墨書，行十八字，注文小字雙行。卷四十七部分有空格。是書含有他本所欠之卷四、卷十三。卷末南嶽藤澤恒[一]跋文亦云此爲林羅山奉幕府之命輯補，故兩卷卷首第二行爲空行，當然未載魏徵銜名。然兩卷筆跡與前後卷相同，屬同時抄寫。

版心處卷題、葉數等皆未見載。全文施有墨筆句點、返點，返點似爲後添。卷四、卷十三無句點。眉上墨書校語等，其中小部分與天明版眉上校語相一致。

尾題「羣書治要卷第五十終」，而卷四尾題僅一「群」字。末卷尾題後爲藤澤南嶽手跋，石浜純太郎氏於一九二二年所撰群書治要雜録文中對手跋全文已有介紹，今復録於此：

禹域茫矣，載籍多矣，其逸乎彼、而存乎我者亦多矣，群書治要其一也。治要原本凡五十卷，正和中，北條實時得之於中秘，抄以藏其庫。及德川公得之，已逸其三卷，羅山林子以命補之，後尾州侯將校以梓，而林子補卷亦已逸其一，乃梓原本四十七卷，補卷依舊欠焉，豈不憾乎？此本不知誰氏手抄，所補二卷存矣，余得之喜甚。夫載籍散逸，稽古者之所慨嘆也。古不可稽，而人人自用，則併家與國將逸之，況此書之盡於治術者乎？故重校批閱以藏於家，傍人或以爲好古之癖，噫！

慶應二年丙寅仲秋　藤澤恒識

藤恒

君成

泊園書院既然藏有包括欠二卷在内的寫本，可見對群書治要關心頗切。藤澤南嶽之甥石浜純太郎氏自一九一五年於東亞研究第五卷第六號上發表群書治要之論語鄭注以來，又於第十至十一號上發表群書治要之尚書舜典一文，結合自身

[一] 譯者注：藤澤南嶽（一八四二—一九二〇），日本幕末至明治時期儒學者，藤澤東畡長子，名恒，字君成，號醒狂、香翁等，繼承大坂泊園書院，門人數千。

的敦煌本研究，從探求經書佚注方面積極對群書治要加以利用。

此前根據行文業已有所觸及，石浜氏其後又陸續撰出關於群書治要欠卷（一九二一年，泊園書院學會（會）報第一册）、群書治要尾張本（一九二一年，支那學第一卷第五號）、群書治要雜録（一九二三年，泊園書院學會（會）報第二册）、群書治要史類（一九三四年，東洋學叢編，刀江書院）等文。關於欠卷，石浜氏未能獲覽金澤文庫本，如實反映出當時信息之不足。以上諸文皆收入支那學論攷一書（全國書房，一九四三年）。

石浜氏此番熱情在其「根據地」泊園學會得到充分發揮。在一九二〇年十一月泊園書院第六回同學會大會〔一〕上，其不僅作了題爲群書治要的演講，還展覽諸本以供衆人參觀。據泊園書院學會會報大正十二年號，當時所陳列版本如下所示：

一、原卷子本見本〔二〕三種

（一）假名遣及假名字體沿革史料

（二）論語年譜附録寫真

（三）留真譜初編第十二雜部

二、元和駿州銅活字本　内二册　京都内藤氏藏本

三、天明尾州校刊本　内三册

四、尾州校刊原稿本　内三册　大阪朝日新聞社藏本

五、天明尾州板寬政修本　内二册　京都富岡氏藏本／此本移寫有迷庵、棭齋與原本之校合識語

六、尾州本鈔本　内五册　大阪泊園書院藏本／此本現存林羅山輯補二卷

七、弘化紀州銅活字本　内二册　京都富岡氏藏本

八、連筠簃叢書本　内二册

九、粵雅堂叢書本　内二册　大阪府立圖書館藏本

附、群書治要考異二册

次爲大阪天滿宮御文庫藏近藤南洲〔三〕令寫二卷。

群書治要卷四、卷十三　林羅山輯補　近藤元粹（南州）令寫　一册　大阪天滿宮御文庫藏

淡灰色表紙（二十三點五釐米×十五點四釐米），假綴〔四〕，外題「羣書治要卷四卷十三補欠」。首題「羣書治要卷第四」，未載撰者姓名，空一行題「春秋左氏傳上」。藍色薄稿紙，雙邊（十七點七釐米×十二點一二釐米），以硬細筆墨書，

〔一〕譯者注：即上文所云「泊園書院學會第六回例會」。

〔二〕譯者注：樣本。

〔三〕譯者注：一作州。

〔四〕譯者注：暫時裝訂，粗訂。

猶如鋼筆字樣，每葉十行，行二十字，注文小字雙行。兩卷均惟於首葉版心處墨書「卷第四（十三）」。卷四凡十八葉，卷十三凡二十一葉。

石浜氏群書治要雜録一文云：

大正十年二月二十五日，在大阪天滿宮文庫所舉辦的文庫開館紀念圖書陳列會上，近藤南洲翁所藏元和駿州版群書治要亦見展出，另附有補寫本（想來是綴爲一册，當時目録云「二册補寫」，應是兩卷之意）。因補寫本爲羅山所補兩卷，故余以爲除泊園本外，此書另有傳存。後來聞藤澤黄坡[一]先生言，南洲翁曾親切告其云，那兩册其實是他令人照泊園本抄寫的。

該令寫本并未抄録泊園文庫本之返點。關於校語，卷四中有兩處相同，卷十三有二十一處皆未記録，理由是其中十五處已利用校語對本文進行訂正，其他則如舊。

欠卷之卷四爲春秋左氏傳之上，卷五、卷六别爲中及下。卷五「中」以春秋經傳集解卷十「宣公上」爲始，迄於卷十九，收録宣公、成公各兩卷以及哀公七卷[二]。群書治要卷六「下」收録春秋經傳集解卷二十至卷二十六之昭公部分以及卷二十七、卷二十八之定公部分，未舉哀公。

林羅山於卷四中所列隱公、桓公、莊公、閔公、僖公、文公等，自然是從春秋經傳集解卷一至卷九中抄録而來。若將其内容與卷五、卷六相較，很難看出共通特徵，不過理應是以此卷五、卷六爲標準而作的輯補。在泊園文庫本中，惟閔公僅約半葉，内容極短，而隱公、桓公、莊公各五葉以上，篇幅較長，僖公、文公更是多出一倍，以與春秋經傳集解原文篇幅相呼應。礙於學識淺陋，筆者無法客觀回顧該時代并對此配置評論是非，不過覽其紀事，又覺此般取捨於群書治要而言甚妥。隱公篇開頭關於莊公即位前之經過有部分省略，若不閱讀全文恐較難以理解，然本文、注文皆經巧妙取捨、節略，具備一定形式。

卷十三漢書一在泊園文庫本中佔據整整二十八葉，其構成如下：

高祖紀　十葉半	高后紀　一葉	文帝紀　二葉
景帝紀　一葉	武帝紀　三葉	昭帝紀　一葉
宣帝紀　一葉半	元帝紀　半葉	成帝紀　一葉又四分之一
哀帝紀　一葉	平帝紀　近一葉	功臣表序　一葉半
古今人表序　四分之三葉		律曆志　半葉餘

[一] 譯者注：藤澤黄坡，藤澤南洲次子藤澤章二郎。

[二] 譯者注：今經核查，「哀公七卷」應作「襄公六卷」。

群書治要史記將漢代諸帝紀全盤省去，應該是起初擬委之於漢書，故以「帝紀」填充卷十三極爲妥當。高惠高后文功臣表（漢書卷十六表四）、古今人表（同卷二十表八）之序文均全部採擇，與史記全二卷僅舉本紀、世家、列傳相比，漢書多達八卷，蓋在於其中包含諸多有用文章。表乃司馬遷獨創，本應該置於史記部分，或因史記在有關前漢紀事途中存在中斷，故群書治要方將表以及與漢代相關之本紀、世家、列傳悉置於漢書卷内。

然而，從次卷（卷十四）以禮樂志爲始來看，將其前之律曆志收録於卷十三中，實在難以令人信服。卷十四「漢書二」專收「志」文，故不應只將律曆志移至前卷。

若欲將本紀十二卷、表以及志一卷收入同一卷，輯録者需對其進行相當大膽的删節，并不得不無視惠帝紀，從中亦可窺見其所下要約功夫。例如，第七葉表「漢王數羽十罪」一句，本文並非如此，而是在「其罪一也」以後具體舉列十罪，該處却將其凝縮爲六字。次葉（第八葉）表「於是諸侯上皇帝尊號，漢王即皇帝位於氾水之陽」一句亦是壓縮而來，將各諸侯之行事、手續等全盤省略。不過，高后紀却惟見敘述高后殁後誅戮吕氏一族經過，宣帝紀則相反，全文惟述宣帝如何於年幼時即身處危險環境而延命以至即位之經過，爲政之事均未觸及。

此外，在群書治要後續漢書六卷（卷十四至卷十九）中，似乎未見「贊曰」二字，而卷十三文帝紀中却出現十五處。

關於注文，卷十三所採注文遠遠多於後六卷，尤以後半部分最爲醒目，與他卷相比略欠均衡。不過，注文本身亦於一節中盡力删節，只引必要部分。

然而一般來説，現行漢書注多是在先舉二三古注之後由顔師古巧妙要約提示結論，或是僅有顔注。今試數卷十三所收注文，總約一百七十條（因計算方式可能存異），其中一百一十二條竟皆屬顔注，亦即前文所云群書治要成立時尚未存在的顔師古注。蓋因林羅山在輯補時只能採用現行漢書，又見其中所收顔注頗成體系，結果便一併採録。

此外，群書治要之漢書二至漢書七（即後六卷）中，不但注文較少（除卷十七「荀悦紀論曰」一處注文較長外），還未曾記載注者姓名。卷十三起頭亦蹈此慣例，中途却驟然出現諸家注者姓名，如「應劭曰」九處，「張晏曰」三處，「服虔曰」「韋昭曰」各兩處，「文穎」「荀悦」「如淳」「鄭氏」各一處，「師古曰」更是有足足十二處。因缺乏相關資料，今日無法判斷羅山究竟是在不清楚群書治要中不可能出現顔師古注的情況下進行引用，還是明明認識到此點却因其内容適當妥切而故意採之。另，若參考敦煌本漢書蔡謨注可以發現，其後顔師古將古注直接冠以「師古曰」者亦不在少數。

以下所揭泊園文庫本卷四、卷十三兩卷原本無句點，而有

返點，今爲便於閱讀，特逆之而行，省去返點，特意加上句點[一]。

羣書治要卷第四　春秋左氏傳上

隱公

元年，鄭武公娶于申，曰武姜……

三年，衛莊公娶于齐，曰莊姜……

四年，衛州吁弑桓公而立……

五年，公將如棠觀魚者……

十一年，滕侯、薛侯來朝，争長……

桓公

二年，公取郜大鼎于宋……

六年，九月，子同生……

十年，虞叔有玉虞公之弟……

十五年，祭仲專……

十八年，公與姜氏如齊始議行事……

莊公

八年，齊襄公立，無常政令無常……

十一年，宋大水……

十四年，初，内蛇与外蛇鬥于鄭南門中……

二十二年，齊侯使敬仲爲卿……

二十四年，哀姜至……

二十八年，晋獻公娶烝于齊姜齊姜，武公妾……

三十二年，有神降于莘有神聲以接人。莘，虢地……

閔公

元年，狄人伐邢……

二年，狄人伐衛……

僖公

二年，晋荀息請以屈产之乘……

四年，齊侯以諸侯之師侵蔡……

晋獻公將立奚齊……

五年，晋侯復假道于虞以伐虢……

九年，王使宰孔賜齐侯胙……

十六年，隕石于宋五……

十九年，宋人圍曹……

二十一年，夏大旱，公欲焚尪……

二十四年，晋侯賞從亡者……

二十五年，晋侯朝王……

二十八年，温之會也……

三十年，晋侯、秦伯圍鄭……

三十三年，狄伐晋及箕……

文公

二年，仲尼曰：臧文仲，其不仁者三……

[一] 譯者注：原文以下録林羅山所補卷四、卷十三，本次節録。

六年，秦伯任好卒……

七年，晉郤缺言于趙宣子曰：日衛不睦……

十一年，鄋瞞侵齊……

十三年，邾文公卜遷于繹……

十四年，邾文公元妃齊姜生定公……

十八年，莒紀公生大子僕……

群書治要卷第四

群書治要卷第十三　漢書一

高祖，沛豐邑中陽里人也……

高皇后呂氏，生惠帝……

孝文皇帝，高祖中子也……

孝景皇帝，文帝太子也……

孝武皇帝，景帝中子也……

孝昭皇帝，武帝少子也……

孝宣皇帝，武帝曾孫，戾太子孫也……

孝元皇帝，宣帝太子也……

孝成皇帝，元帝太子也……

孝哀皇帝，元帝庶孫，定陶恭王子也……

孝平皇帝，元帝庶孫，中山孝王子也……

功臣表　自古帝王之興，曷嘗不建輔弼之臣所與共成天功者乎……

古今人表　孔子曰：生而知之者，上也……

律曆志　虞書曰「乃同律度量衡」……

群書治要卷第十三

在撰寫拙稿之際，承蒙各藏書單位厚意與關照，筆者得以閲覽并調查東京國立博物館藏平安寫本、宫内廳書陵部藏鐮倉寫本以及衆元和古活字本等，尤其是關西大學泊園文庫准允翻刻刊載林羅山輯補二卷，令人感激不盡。關於群書治要在江户時代之諸問題，實際上亦承蒙不少大方之家賜教，文中未及一一明記，在此謹向各位致以深摯感謝。

（原載日本慶應義塾大學附屬研究所斯道文庫所主辦斯道文庫論集，第二十五期，一九九〇年。經尾崎康先生授權，由王菲先生翻譯，刊載於此）

圖書在版編目（CIP）數據

金澤文庫本群書治要 /（唐）魏徵等撰；江曦校理；潘銘基解題. -- 上海：上海古籍出版社，2024. 9
ISBN 978-7-5732-1208-5

Ⅰ. ①金… Ⅱ. ①魏… ②江… ③潘… Ⅲ. ①政書—中國—唐代 Ⅳ. ①D691.5

中國國家版本館 CIP 數據核字（2024）第 110089 號

本書圖版原本藏日本宫内廳書陵部

策劃編輯：郭　沖
責任編輯：郭　沖
技術編輯：隗婷婷
裝幀設計：王楠瑩

古抄本群書治要二種
金澤文庫本群書治要
（全九册）
［唐］魏　徵　等撰
江　曦　校理　潘銘基　解題
上海古籍出版社出版發行
（上海市閔行區號景路 159 弄 1-5 號 A 座 5F　郵政編碼 201101）
（1）網址：www.guji.com.cn
（2）E-mail：guji1@guji.com.cn
（3）易文網網址：www.ewen.co
上海展强印刷有限公司印刷
開本 889×1194　1/16　印張 257　插頁 50　字數 601,000
2024 年 9 月第 1 版　2024 年 9 月第 1 次印刷
ISBN 978-7-5732-1208-5
Z・482　定價：1980.00 元
如有質量問題，請與承印公司聯繫
电话：021-66366565